CHINA STATISTICAL MONITORING ANNUAL REPORT OF INFORMATIZATION DEVELOPMENT INDEX 2011

中国信息化发展指数统计监测年度报告 2011

工业和信息化部信息化推进司
国家统计局统计科学研究所 / 编

Compiled by Department of Information Technology Promotion of MIIT
Research Institute of Statistical Sciences of NBS

中国发展出版社

图书在版编目（CIP）数据

中国信息化发展指数统计监测年度报告（2011）/工业和信息化部信息化推进司，国家统计局统计科学研究所编. —北京：中国发展出版社，2011.5

ISBN 978-7-80234-663-5

Ⅰ. 中… Ⅱ. ①工… ②国… Ⅲ. 信息化进程—统计指数—研究报告—中国—2011 Ⅳ. G203

中国版本图书馆 CIP 数据核字（2011）第 094427 号

书　　名：中国信息化发展指数统计监测年度报告（2011）
著作责任者：工业和信息化部信息化推进司　国家统计局统计科学研究所
出 版 发 行：中国发展出版社
（北京市西城区百万庄大街 16 号 8 层　100037）
标 准 书 号：ISBN 978-7-80234-663-5
经　销　者：各地新华书店
印　刷　者：北京广益印刷有限公司
开　　本：787×1092mm　1/16
印　　张：39.25
字　　数：680 千字
版　　次：2011 年 5 月第 1 版
印　　次：2011 年 5 月第 1 次印刷
定　　价：150.00 元
咨 询 电 话：（010）68990642　68990692
购 书 热 线：（010）68990682　68990686
网　　址：http：//www.develpress.com.cn
电 子 邮 件：fazhanreader@163.com
fazhan02@drc.gov.cn

《中国信息化发展指数统计监测年度报告（2011）》编委会和编辑部名单

目　录

第一部分　总报告——中国信息化发展指数（Ⅱ）统计监测研究总报告 ········· 1

Chapter 1　General Report：General Report of China Statistical Monitoring Research of Informatization Development Index（Ⅱ）

中国信息化发展指数〈Ⅱ〉（IDI_{CN}Ⅱ）统计监测报告（上） ········· 2

中国信息化发展指数〈Ⅱ〉（IDI_{CN}Ⅱ）统计监测报告（下） ········· 19

第二部分　分报告——各省（区、市）信息化发展指数（Ⅱ）统计监测研究分报告 ······ 39

Chapter 2　Regional Report：The Provincial（Autonomous and regions）Report of Statistical Monitoring Research of Informatization Development Index（Ⅱ）

北京市信息化"十一五"规划完成情况的评估与分析 ········· 40

天津市信息化"十一五"规划完成情况的评估与分析 ········· 55

河北省信息化"十一五"规划完成情况的评估与分析 ········· 66

山西省信息化"十一五"规划完成情况的评估与分析 ········· 76

内蒙古自治区信息化"十一五"规划完成情况的评估与分析 ········· 88

辽宁省信息化"十一五"规划完成情况的评估与分析 ········· 100

吉林省信息化"十一五"规划完成情况的评估与分析 ········· 112

黑龙江省信息化"十一五"规划完成情况的评估与分析 ········· 121

上海市信息化"十一五"规划完成情况的评估与分析 ········· 131

江苏省信息化"十一五"规划完成情况的评估与分析 ········· 142

浙江省信息化"十一五"规划完成情况的评估与分析 ········· 152

安徽省信息化"十一五"规划完成情况的评估与分析 ········· 163

福建省信息化"十一五"规划完成情况的评估与分析 ········· 171

江西省信息化"十一五"规划完成情况的评估与分析 ········· 183

山东省信息化“十一五”规划完成情况的评估与分析 …………………………… 193
河南省信息化“十一五”规划完成情况的评估与分析 …………………………… 203
湖北省信息化“十一五”规划完成情况的评估与分析 …………………………… 213
湖南省信息化“十一五”规划完成情况的评估与分析 …………………………… 226
广东省信息化“十一五”规划完成情况的评估与分析 …………………………… 236
广西壮族自治区信息化“十一五”规划完成情况的评估与分析 ……………… 246
海南省信息化“十一五”规划完成情况的评估与分析 …………………………… 256
重庆市信息化“十一五”规划完成情况的评估与分析 …………………………… 268
四川省信息化“十一五”规划完成情况的评估与分析 …………………………… 275
贵州省信息化“十一五”规划完成情况的评估与分析 …………………………… 286
云南省信息化“十一五”规划完成情况的评估与分析 …………………………… 295
西藏自治区信息化“十一五”规划完成情况的评估与分析 …………………… 307
陕西省信息化“十一五”规划完成情况的评估与分析 …………………………… 318
甘肃省信息化“十一五”规划完成情况的评估与分析 …………………………… 330
青海省信息化“十一五”规划完成情况的评估与分析 …………………………… 340
宁夏回族自治区信息化“十一五”规划完成情况的评估与分析 ……………… 349
新疆维吾尔自治区信息化“十一五”规划完成情况的评估与分析 …………… 361

第三部分　专题报告——港、澳、台信息化发展指数（Ⅱ）统计评估分析报告 ………… 373
Chapter 3　Special Report: Hong Kong, Macao and Taiwan Statistical Evaluation Analysis Report of Informatization Development Index（Ⅱ）
香港特别行政区信息化发展指数（Ⅱ）统计评估分析报告 ……………………… 374
澳门特别行政区信息化发展指数（Ⅱ）统计评估分析报告 ……………………… 384
中国台湾信息化发展指数（Ⅱ）统计评估分析报告 ………………………………… 396

第四部分　国际组织信息化报告 ………………………………………………………… 405
Chapter 4　Information Reports from International Organizations
世界经济论坛《全球信息技术报告 2009/2010》 ………………………………… 406
国际电信联盟《衡量信息社会发展报告 2010》 …………………………………… 423
信息社会世界高峰会议《ICT 核心指标报告》 ……………………………………… 440

第五部分　中国及世界信息化统计数据 …… 451

Chapter 5　China and Worldwide Informatization Statistical Data

全国数据汇总概览 …… 452

人口与教育 …… 459

国民经济与信息产业 …… 495

信息技术与应用 …… 522

信息消费 …… 537

中国信息化发展指数（Ⅱ）比较表 …… 564

世界信息化发展指数（Ⅱ）比较表 …… 576

第六部分　指标体系与统计方法 …… 601

Chapter6　Index System and Methodology

中国信息化发展指数指标体系与统计方法研究 …… 602

Chapter 1
General Report
General Report of China Statistical Monitoring Research of Informatization Development Index（Ⅱ）

第一部分
总 报 告
中国信息化发展指数（Ⅱ）统计监测研究总报告

中国信息化发展指数〈Ⅱ〉(IDI_{CN} Ⅱ)统计监测报告(上)

——国家“十二五”规划信息化综合评价指数研究

国家统计局统计科学研究所 信息化统计评价研究组

前 言

人类正在迈入信息社会。作为信息革命的必然结果，信息社会是人类历史发展的又一个新的阶段，这已经成为世界各国的共识。进入21世纪以来，以电子化、数字化和网络化为特征的信息化在全世界、特别是发达国家深入和迅猛地发展，正在引发当今世界的深刻变革，重塑世界政治、经济、社会、文化和军事发展的新格局，改变全球社会经济运行的本质。因此，信息化发展水平已经成为决定国家生产力发展水平、衡量国家综合国力和国际竞争力的重要标志。

随着信息化的发展，国际社会要求对信息化进行监测和定位的呼吁不断加强。2003年，由世界各国主要领导人参加的信息社会全球峰会提出，国际社会需要确定一套共同的核心信息通信技术（Information and Communication Technology，ICT）指标，提供更多的具有国际可比性的信息化统计数据，对全球在信息化方面取得的进展进行跟踪比较，以便为制定经济社会发展战略提供数据支持。为此，国际电信联盟（ITU）、联合国贸易和发展会议、联合国教科文组织、世界银行和世界经济论坛等多个国际组织深入开展了信息化综合评价指数的研究。通过信息化综合指数的统计监测和国际比较，各国能够在了解本国与其他国家信息化发展和比较情况的基础上，深入研究和分析本国信息化发展的相对实力，科学制定信息化发展战略，从而进一步提高国家综合国力和国际竞争力。目前，国际社会对信息化统计评价和监测指数指标有着强烈的需求，此项综合指数研究工作已经引起各国政府的高度关注和重视。信息化的统计监测研究结果，可以为各国政府制定经济社会发展战略和进行决策提供重要的量化参考依据。

中国政府高度重视信息化发展工作。党的十五届五中全会把信息化提到了国家战略的高度，指出“大力推进国民经济和社会信息化，是覆盖现代化建设全局的战略举措”；党的十六大进一步作出了以信息化带动工业化、以工业化促进信息化、走新型工业化道路的战略部署；党的十七大从贯彻落实科学发展观的高度，要求全面认识工业化、信息化、城镇化、市场化、国际化深入发展的新形势新任务，提出大力推进信息化与工业化融合的发展方向。为深入了解和综合反映中国及各省信息化发展的进程，研究和分析信息化发展中的问题，科学地制定国家信息化发展战略和发展规划，中国政府有关部门提出了编制信息化综合评价指数的任务。

从1996年开始，中国国家统计局“信息化统计评价研究组”开展信息化综合评价指数的研究工作，先后推出信息化水平总指数〈Ⅱ〉、信息化水平评价指数（ⅡE）等信息化综合统计评价指数，测评中国各地区的信息化发展水平和进程，进行信息化发展水平的国内外比较分析研究，在信息化综合统计评价指数研究方面掌握了大量的资料，也积累了较为丰富的经验。2004~2005年国务院信息化办公室研究制定2010年和2020年国家信息化发展战略时，国家发展和改革委员会也开始研究制定国家“十一五”信息化发展规划，两单位分别委托国家统计局进行信息化统计调查和中国各省信息化水平测算评价的研究工作。为此，国家统计局开展了全国信息化水平专项统计调查，同时“信息化统计评价研究组”研究编制了信息化发展指数（IDI），对全国和各省信息化发展情况进行综合评价和比较研究，分析中国信息化水平在世界主要国家中的地位及与发达国家的差距，很好地支持和满足了国家制定信息化“十一五”规划进行综合量化评估的需求。

2006年，在国家发展和改革委员会制定的《国民经济和社会发展信息化“十一五”规划》中首次引入了国家统计局研究制定的信息化发展指数（IDI）的指标体系和数据，并据此在“十一五”期间每年监测全国及各省区市的信息化发展水平和发展进程。2010年，为在“十二五”期间继续追踪、了解和综合反映中国及各省信息化发展的进程，研究和分析信息化发展中的问题，科学地制定中国信息化发展战略和发展规划，国家工业和信息化部委托“信息化统计评价研究组”在国家信息化“十一五”规划的综合性指标——信息化发展指数（IDI）基础上，优化信息化发展指数（IDI）指标体系，进一步完善统计监测方法，研究制定国家信息化“十二五”规划的综合评价指标，从而为“十二五”期间准确把握中国及各省信息化发展水平和发展进程提供科学的、量化的依据。

为了便于区分，我们对用于“十一五”国家信息化规划的信息化发展指数称之为信息化发展指数〈Ⅰ〉（IDI_{CN}Ⅰ）（见表1）；而对优化后、用于“十二五”国家信息化规划的信息化发展指数称之为信息化发展指数〈Ⅱ〉（IDI_{CN}Ⅱ）（见表2）。

表1　　信息化发展指数〈Ⅰ〉（IDI_{CN}Ⅰ）指标体系表

总指数	分类指数	指　标
信息化发展指数〈Ⅰ〉	一、基础设施指数	1. 电视机拥有率（台/百人）
		2. 固定电话拥有率（部/百人）
		3. 移动电话拥有率（部/百人）
		4. 计算机拥有率（台/百人）
	二、使用指数	5. 每百人互联网用户数（户/百人）

续表

总指数	分类指数	指 标
信息化发展指数〈Ⅰ〉	三、知识指数	6. 教育指数（国外：成人识字率×2/3+综合入学率×1/3 国内：成人识字率×2/3+平均受教育年限×1/3）
	四、环境与效果指数	7. 信息产业增加值占比重（%） 8. 信息产业研发经费占比重（%） 9. 人均国内生产总值（美元/人）
	五、信息消费指数	10. 信息消费系数（%）

表2　信息化发展指数〈Ⅱ〉（IDI_{CN}Ⅱ）指标体系表

总指数	分类指数	指 标
信息化发展指数〈Ⅱ〉	一、基础设施指数	1. 电话拥有率（部/百人） 2. 电视机拥有率（台/百人） 3. 计算机拥有率（台/百人）
	二、使用指数	4. 人均电信业产值（元/人） 5. 每百万人发明专利申请量（个/百万人）
	三、应用消费指数	6. 互联网普及率（户/百人） 7. 人均信息消费额（元/人）
	四、知识支撑指数	8. 信息产业从业人数占比重（%） 9. 教育指数（国外：成人识字率×2/3+综合入学率×1/3 国内：成人识字率×2/3+平均受教育年限×1/3）
	五、发展效果指数	10. 信息产业增加值占比重（%） 11. 信息产业研发经费占比重（%） 12. 人均国内生产总值（元/人）

一、2010年中国将实现国家信息化“十一五”规划确定的总体目标

（一）中国信息化发展指数〈Ⅱ〉（IDI_{CN}Ⅱ）将达到0.700

据《国民经济和社会发展信息化“十一五”规划》的要求，国家信息化总水平在“十一五”时期再上新台阶，2010年信息化发展指数达到0.7以上。

目前，中国这一发展战略目标的实现情况较好。2006~2009年，中国信息化发展指数〈Ⅱ〉（IDI_{CN}Ⅱ）分别为0.611、0.633、0.654和0.681，按照“十一五”时期前四年的年均增长速度推算，预测2010年信息化发展指数〈Ⅱ〉（IDI_{CN}Ⅱ）将达到0.700，将实现信息化“十一五”规划确定的总体目标（见表3）。

表3　　2001～2010年中国信息化发展指数〈Ⅱ〉(IDI_{CN}Ⅱ)与分类指数比较

	"十五"时期					"十一五"时期				
	2001年	2002年	2003年	2004年	2005年	2006年	2007年	2008年	2009年	2010年
信息化发展指数〈Ⅱ〉	0.510	0.532	0.552	0.569	0.589	0.611	0.633	0.654	0.681	0.700
一、基础设施指数	0.201	0.227	0.255	0.280	0.309	0.335	0.354	0.359	0.389	0.413
二、产业技术指数	0.675	0.709	0.747	0.769	0.808	0.840	0.869	0.897	0.914	0.938
三、应用消费指数	0.361	0.393	0.412	0.425	0.442	0.461	0.505	0.551	0.598	0.620
四、知识支撑指数	0.729	0.726	0.737	0.751	0.752	0.772	0.777	0.792	0.803	0.821
五、发展效果指数	0.586	0.604	0.612	0.621	0.633	0.647	0.659	0.670	0.701	0.707

注：2010年的数据为预测数。

"十一五"期间，中国各省（区、市）的信息化水平也都有了较大的提高。其中，北京和上海2009年信息化发展指数〈Ⅱ〉(IDI_{CN}Ⅱ)已分别达到1.053和0.965，位居前两位；天津、浙江、广东信息化发展指数〈Ⅱ〉(IDI_{CN}Ⅱ)分别为0.820、0.787和0.781，位居全国第3、第4、第5位。"十一五"期间这五个省市信息化发展指数〈Ⅱ〉(IDI_{CN}Ⅱ)始终保持在全国前五位（见表4）。

表4　　2006～2009年中国各地区信息化发展指数〈Ⅱ〉(IDI_{CN}Ⅱ)比较

	2006年		2007年		2008年		2009年	
	指数	排名	指数	排名	指数	排名	指数	排名
全国合计	0.611		0.633		0.654		0.681	
北　京	0.970	1	1.001	1	1.016	1	1.053	1
上　海	0.871	2	0.906	2	0.931	2	0.965	2
天　津	0.736	3	0.751	3	0.787	3	0.820	3
浙　江	0.700	4	0.731	5	0.759	5	0.787	4
广　东	0.699	5	0.738	4	0.761	4	0.781	5
江　苏	0.655	6	0.690	6	0.713	6	0.749	6
辽　宁	0.639	7	0.666	7	0.687	7	0.723	7
福　建	0.614	8	0.645	8	0.682	8	0.712	8
陕　西	0.595	10	0.613	9	0.636	10	0.673	9
山　东	0.592	13	0.610	12	0.641	9	0.664	10
重　庆	0.597	9	0.613	10	0.632	11	0.662	11
湖　北	0.594	11	0.609	13	0.630	12	0.656	12
山　西	0.564	16	0.585	15	0.616	14	0.644	13
吉　林	0.594	12	0.612	11	0.621	13	0.643	14

续表

	2006年		2007年		2008年		2009年	
	指数	排名	指数	排名	指数	排名	指数	排名
黑龙江	0.574	14	0.593	14	0.612	15	0.637	15
海　南	0.552	18	0.572	18	0.595	17	0.621	16
四　川	0.560	17	0.575	17	0.585	19	0.616	17
湖　南	0.565	15	0.579	16	0.596	16	0.615	18
内蒙古	0.543	20	0.565	20	0.584	20	0.614	19
河　北	0.540	22	0.560	21	0.581	21	0.609	20
宁　夏	0.544	19	0.551	23	0.573	22	0.608	21
新　疆	0.541	21	0.567	19	0.589	18	0.600	22
安　徽	0.531	25	0.545	24	0.567	23	0.594	23
江　西	0.535	23	0.555	22	0.562	25	0.588	24
青　海	0.521	26	0.537	25	0.564	24	0.585	25
甘　肃	0.517	27	0.529	28	0.557	26	0.581	26
河　南	0.516	28	0.535	27	0.556	27	0.574	27
贵　州	0.509	29	0.519	29	0.531	30	0.568	28
广　西	0.531	24	0.535	26	0.548	28	0.567	29
云　南	0.498	30	0.508	30	0.537	29	0.555	30
西　藏	0.465	31	0.491	31	0.523	31	0.539	31

（二）信息化五个分类指数呈逐年上升的态势

“十一五”期间，中国信息化发展指数〈Ⅱ〉（IDI_{CN}Ⅱ）五个分类指数值都呈逐年上升的态势（见图1）。

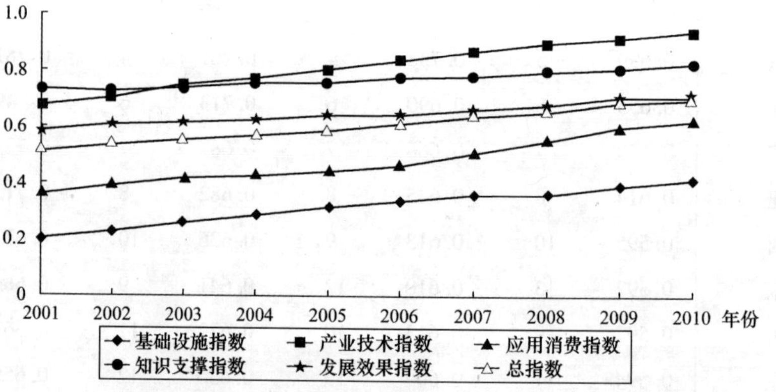

图1　2000～2010年中国信息化发展指数〈Ⅱ〉（IDI_{CN}Ⅱ）与分类指数比较图

(1) 从产业技术指数看：2009 年产业技术指数值已达 0.914，预测 2010 年将达到 0.938。在五个分类指数中，产业技术指数值最高，且上升速度最快。随着国家对信息产业各方面建设力度的加大，信息产业的宏观环境及技术层面都得到了快速发展。

(2) 从知识支撑指数看：随着中国国民基础教育和文化素质稳步提升，“十一五”期间，知识支撑指数值始终高于信息化发展指数〈Ⅱ〉(IDI_{CN}Ⅱ) 的值。2009 年知识支撑指数值已达到 0.803，预测 2010 年将达到 0.821，在五个分类指数中处于第 2 位。

(3) 从发展效果指数看：“十一五”期间，随着中国经济实力的不断提高和科技研发经费投入的逐步加大，发展效果指数稳步上升，2009 年达到 0.701，预测 2010 年将达到 0.707。

(4) 从应用消费指数看：从 1995 年以来，中国互联网的普及程度不断提高，互联网用户数快速增加，目前已成为世界上互联网用户数最多的国家。这不仅是政府对互联网基础设施建设力度不断加大的结果，也是互联网用户市场发展空间与潜力巨大的表现。2009 年应用消费指数值已达到 0.598，预测 2010 年将达到 0.620。

(5) 从基础设施指数看：由于目前中国信息化基础建设的水平仍然偏低，城乡在计算机拥有率等方面的差距较大，致使信息化基础设施指数较低，2009 年为 0.389，预测 2010 年将达到 0.413。

通过绘制雷达图，可以直观地观察全国以及京、沪等地信息化发展的结构性差异。如图 2 所示，2009 年全国信息化发展指数偏向于知识支撑指数和产业技术指数，而信息化基础设施建设尚显不足；北京偏向于发展效果指数，这主要得益于其人均 GDP 水平较高以及信息产业占国民经济比重较大；上海则最为接近正五边形，说明上海信息化发展较为均衡。通过上述比较发现，中国不同地区信息化发展程度不仅在总量上不一致，而且在结构上也有所差异。

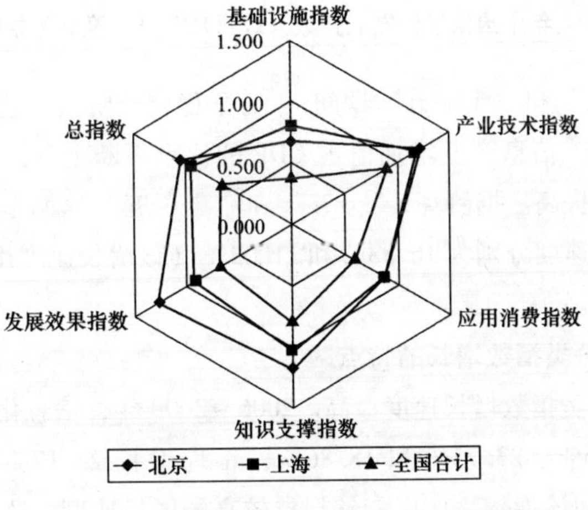

图 2　2009 年全国和北京、上海信息化发展分类指数的雷达图比较

二、中国信息化发展指数〈Ⅱ〉(IDI_{CN}Ⅱ)持续较快增长

(一)"十一五"期间信息化发展指数〈Ⅱ〉(IDI_{CN}Ⅱ)年均增长11%

"十一五"期间，中国信息化发展指数持续较快增长，2006~2009年的年增长速度分别为11.60%、14.06%、11.31%和10.27%，预测到2010年达到7.87%，年均增长11.02%。

自1995年以来，中国信息化的发展经历了国民经济三个五年计划时期，从信息化发展指数的增长速度来看可分为中国信息化增长的两个不同阶段。

第一阶段("九五"期间)：为快速起步阶段。这个阶段的主要特征是信息化开始大规模起步建设，信息化的各个方面迅速发展，计算机得到普及应用，并出现了互联网用户群体，信息产业不断发展。据测算，"九五"期间我国信息化发展指数年均增长速度高达70.14%(该增长速度用信息化发展指数〈I〉的数据计算)(见图3)。

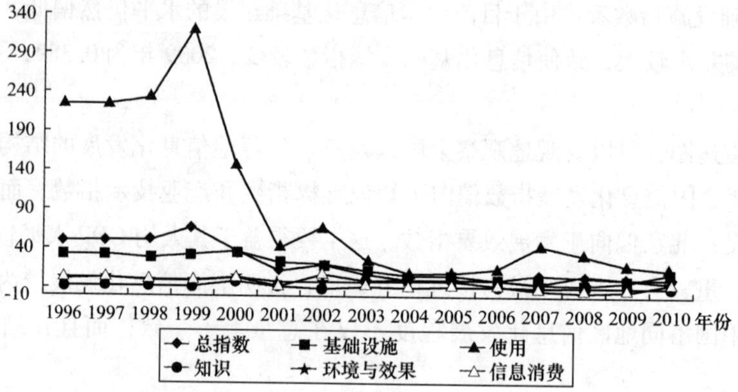

图3 1996~2010年中国信息化发展指数〈I〉(IDI_{CN}I)及分类指数增长速度比较

第二阶段("十五"和"十一五"期间)：为平稳增长阶段。这个阶段的主要特征是移动电话在城乡快速普及，信息产业增加值占GDP的比重不断上升，互联网用户群体日益扩大，信息消费水平不断提高。据测算，"十五"和"十一五"这两个五年规划期间，中国信息化发展指数年均增长速度分别为16.33%和11.02%(该增长速度用信息化发展指数〈Ⅱ〉的数据计算)(见图4)。

(二)信息化五个分类指数增长的特点

(1)信息化应用消费指数增长速度最高。2006~2009年，信息化应用消费指数增长速度分别为17.02%、33.06%、23.75%和18.86%，年均增长23.17%，预测2010年将达到8.47%。"十一五"期间该指数之所以能够保持较高的增长速度，这与互联网普及程度不断提高密不可分，同时也表明中国互联网用户市场发展空间与潜力巨大。

(2)产业技术指数、基础设施指数增长速度较快。2006~2009年，产业技术指数增长速度分别为20.36%、18.94%、18.03%和10.01%，年均增长16.84%，预测2010年将达到

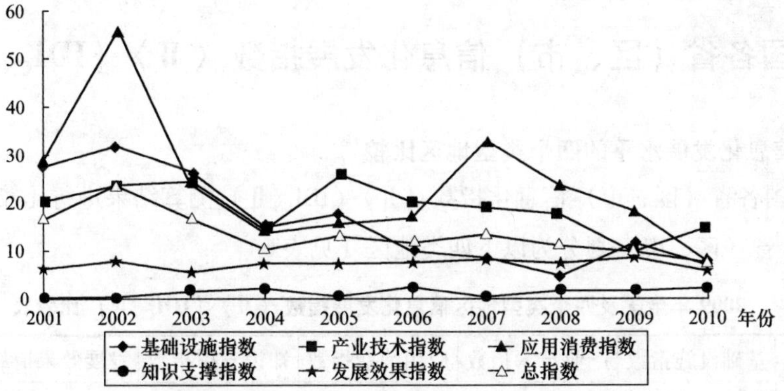

图4　2001~2010年中国信息化发展指数〈Ⅱ〉（IDI_{CN}Ⅱ）及分类指数增长速度比较

14.63%，表明中国经济实力有较大提高，从而支持了信息化总体水平的较快提高。

基础设施指数增长速度2006~2009年分别为10.48%、9.15%、5.27%和11.63%，年均增长9.13%，预测2010年将达到7.62%。在此期间，尽管基础设施指数值较低，但由于计算机、移动电话等信息产品在农村加快普及，因此基础设施指数增长速度较快，在五个分类指数的增长中居第3位。

（3）发展效果指数稳步增长。2006发展效果指数增长速度为7.58%，2007~2009年其增长速度分别为8.47%、7.44%和9.12%，年平均增长速度为8.15%，预测2010年将达到6.38%。

（4）知识支撑指数平稳增长。2006~2009年，知识指数增长速度分别为2.55%、0.67%、2.08%和1.72%，年均增长1.76%，预测2010年将达到2.25%（见表5）。

表5　2001~2010年中国信息化发展指数〈Ⅱ〉（IDI_{CN}Ⅱ）及分类指数增长速度比较　单位:%

	年平均增速		2006年	2007年	2008年	2009年	2010年
	“十一五”	2006~2009年					
信息化发展指数〈Ⅱ〉	11.02	11.81	11.60	14.06	11.31	10.27	7.87
一、基础设施指数	8.83	9.13	10.48	9.15	5.27	11.63	7.62
二、产业技术指数	16.39	16.84	20.36	18.94	18.03	10.01	14.63
三、应用消费指数	20.23	23.17	17.02	33.06	23.75	18.86	8.47
四、知识支撑指数	1.86	1.76	2.55	0.67	2.08	1.72	2.25
五、发展效果指数	7.79	8.15	7.58	8.47	7.44	9.12	6.38

注：2010年的数据为预测数。

三、中国各省（区、市）信息化发展指数〈Ⅱ〉（IDI_{CN}Ⅱ）比较

（一）信息化发展水平的四个类型地区比较

根据全国各省（区、市）信息化指数〈Ⅱ〉（IDI_{CN}Ⅱ）测算结果进行比较分析，可将全国内地 31 个省（区、市）划分为以下四类地区（见表6）。

表 6　2009 年全国及四个类型地区信息化发展指数〈Ⅱ〉（IDI_{CN}Ⅱ）比较表

	基础设施指数	产业技术指数	应用消费指数	知识支撑指数	发展效果指数	总指数
全国平均	0.389	0.914	0.598	0.803	0.701	0.681
第一类地区	0.749	1.197	0.883	1.109	1.108	1.009
第二类地区	0.445	0.916	0.640	0.833	0.686	0.704
第三类地区	0.335	0.771	0.542	0.792	0.596	0.607
第四类地区	0.278	0.738	0.509	0.730	0.580	0.567

第一类地区（信息化发展高水平地区）：包括北京和上海。此类地区 2009 年信息化发展指数〈Ⅱ〉（IDI_{CN}Ⅱ）平均达到 1.009，相当于全国平均水平的 1.48 倍，在世界主要国家的比较中属于中高水平行列。

该类地区的主要特点是：五个分类指数均远高于全国平均水平，特别是它们的基础设施指数、应用消费指数、发展效果指数，均大大高于其他各省（市、区），使其发展具备了坚实的基础，并取得较好的发展效果。

第二类地区（信息化发展中高水平地区）：包括天津、浙江、广东、江苏、辽宁、福建、陕西、山东、重庆、湖北、山西、吉林和黑龙江，共 13 个省（直辖市）。这些省（直辖市）2009 年信息化发展指数〈Ⅱ〉（IDI_{CN}Ⅱ）平均水平为 0.704，相当于全国平均水平的 1.03 倍和第一类地区的 70%。

该类地区的主要特点是：①除发展效果指数，其他各分类指数均高于全国平均水平，其中基础设施指数高出的幅度最大。②产业技术指数、应用消费指数、知识支撑指数低于第一类型地区，但差距并不太大。③基础设施指数、发展效果指数明显低于第一类型地区，这正是该类地区与第一类地区的主要差距。

第三类地区（信息化发展中低水平地区）：包括海南、四川、湖南、内蒙古、河北、宁夏、新疆、安徽和江西，共 9 个省（自治区）。这些省（自治区）2009 年信息化发展指数〈Ⅱ〉（IDI_{CN}Ⅱ）平均水平为 0.607，相当于全国平均水平的 89% 和第一类地区的 60%。

该类地区的主要特点是：①各分类指数均低于全国平均水平，其中知识支撑指数与全国平均水平差距较小。②基础设施指数、产业技术指数、应用消费指数和发展效果指数与第二类地区的差距较大，这是第三类地区与前两类地区以及全国平均水平的主要差距。

第四类地区（信息化发展低水平地区）：包括青海、甘肃、河南、贵州、广西、云南和

西藏，共7个省（自治区）。这些省（自治区）2009年信息化发展指数〈Ⅱ〉（IDI_{CN}Ⅱ）平均水平为0.567，相当于全国平均水平的83%和第一类地区的56%。

该类地区的主要特点是：①五个分类指数大大低于全国平均水平。②产业技术指数、应用消费指数、发展效果指数接近第三类地区的水平。③基础设施、知识支撑指数与第三类地区的差距相对较大，这是该类地区与第三类地区以及全国平均水平的主要差距。

（二）信息化发展水平不平衡，中国地区间存在数字鸿沟

通过对全国各省（区、市）信息化发展水平的比较，可以看出各地区之间信息化发展水平不均衡的矛盾比较突出，地区间存在数字鸿沟。中、西部省份大多处在信息化发展的中等水平以下，其与发达省份的差距主要集中在基础设施建设、经济发展对信息化的支撑力度等方面。

（1）信息化基础设施指数差距最大。2009年，在全国内地31个省（区、市）中，上海的信息化基础设施指数最高，达到0.800。尽管西藏的信息化基础设施建设增长速度最快，但由于底子较差，仍位于末位，与上海的差距为100:28。

从具体指标来看，2009年上海市每百人电视机拥有率达到63台，而西藏仅为17台；上海市每百人计算机拥有率达到39台，而西藏每百人还不到3台；北京市的电话普及率达到了每百人160部以上，而贵州每百人还不到51部。信息化基础设施建设在各地区间的差距巨大。

（2）发展效果指数差距较大。2009年北京的发展效果指数值达到1.282，不但占据了榜首的位置，且远远高于全国其他地区，而河南仅为0.540，处于全国末位，与北京的差距为100:42。

从具体指标看，2009年北京市的第三产业增加值占国内生产总值比重达到75.5%，而河南省却不足30%；北京、上海、天津和陕西等省的研发经费占国内生产总值比重达到2%以上，而新疆、西藏和海南等省份不足0.4%；上海的人均国内生产总值已经超过1万美元，而贵州仅为1371美元。

（3）应用消费指数差距较大。2009年北京的应用消费指数值达到0.888，位居全国首位，而西藏则处于全国末位，仅为0.471，与北京差距为100:53。2009年北京居民家庭中每年用于通信、信息类商品和服务的支出达到2369元，而西藏仅为339元。

（4）知识支撑指数差距较小。2009年北京和上海的知识支撑指数值分别达到1.181和1.037，位列所有地区的前两位。西藏的知识支撑指数最低，仅为0.636，与北京的差距为100:54。

从具体指标看，2009年北京、上海等省市的平均受教育年限达到10年以上，而西藏不足5年；北京、天津、辽宁、新疆等13个省市的成人识字率达到95%以上，而西藏还不到70%。

（5）产业技术指数差距最小。2009年北京与上海的发展情况接近，指数值分别为1.217和1.176，分别位居全国的前两位。广西的产业技术指数处于全国末位，指数值为0.708，与北京的差距为100:58。2009年北京和上海每百万人发明专利申请量达到1100个以上，而西藏和广西还不足30个，差距巨大。

四、中国信息化发展指数〈Ⅱ〉(IDI_{CN}Ⅱ) 与世界主要国家的比较

为了对“十一五”时期中国信息化发展水平在世界中的地位和发展情况进行比较与评估，本研究组根据可收集到的数据，选取了48个主要样本国家和地区测算信息化发展指数〈Ⅱ〉(IDI_{CN}Ⅱ)。样本选取的原则是：①分布于世界各大洲，对全球各个地区有代表性。②具有经济发展程度的代表性，包括世界银行按人均GDP划分的高收入国家、中高收入国家、中低收入国家和低收入国家。③有信息化发展水平的代表性，包括按国际电信联盟信息化发展指数(IDI_{ITU})[①] 划分的信息化高水平、中高水平、中低水平和低水平国家。实际测算中，选取的经济发达国家要相对多一些，这是由于这类国家的信息化统计基础相对更加完善，数据的可得性、准确性和及时性较高。

为了更加完整地考察世界和中国信息化发展的特征，本研究在相关部分采用了国际电信联盟(ITU)在2010年发布的《衡量信息社会发展报告2010》中的数据和分析资料，ITU的报告应用信息化发展指数(IDI_{ITU})比较了全球159个国家和地区在2007~2008年期间的信息化发展情况。

(一) 世界信息化发展指数〈Ⅱ〉(IDI_{CN}Ⅱ) 逐年提高

2006~2008年，世界信息化发展指数〈Ⅱ〉(IDI_{CN}Ⅱ)分别为0.782、0.793和0.805，延续了2001~2005年以来的稳步上升态势。根据2000~2008年世界信息化发展指数〈Ⅱ〉(IDI_{CN}Ⅱ)中各指标的时间序列走势推算，2009年和2010年世界信息化发展指数〈Ⅱ〉(IDI_{CN}Ⅱ)将分别达到0.816和0.825(见表7)。

表7　2001~2010年世界信息化发展指数〈Ⅱ〉(IDI_{CN}Ⅱ) 与分类指数比较

	“十五”时期					“十一五”时期				
	2001年	2002年	2003年	2004年	2005年	2006年	2007年	2008年	2009年	2010年
信息化发展指数〈Ⅱ〉	0.722	0.731	0.744	0.759	0.770	0.782	0.793	0.805	0.816	0.825
一、基础设施指数	0.247	0.250	0.272	0.312	0.344	0.366	0.384	0.408	0.431	0.455
二、产业技术指数	1.002	1.007	1.021	1.032	1.041	1.045	1.049	1.049	1.060	1.065
三、应用消费指数	0.547	0.568	0.578	0.597	0.610	0.624	0.645	0.663	0.674	0.690
四、知识支撑指数	0.928	0.943	0.959	0.964	0.969	0.979	0.981	1.005	1.013	1.010
五、发展效果指数	0.887	0.887	0.889	0.888	0.888	0.895	0.908	0.900	0.904	0.906

注：2009年和2010年的数据为预测数。

① 为与中国信息化发展指数IDI相区别而缩写为IDI_{ITU}，下同。

从世界各个国家和地区的信息化发展指数〈Ⅱ〉（IDI_{CN}Ⅱ）来看，呈现出逐年稳步提高的趋势，这与国际电信联盟采用信息化发展指数（IDI_{ITU}）的研究结论相吻合。国际电信联盟测算的159个国家和地区2007~2008年IDI_{ITU}得分均有所提高，揭示了信息化在世界范围不断深化及向信息社会过渡的整体态势。

世界信息化发展指数〈Ⅱ〉（IDI_{CN}Ⅱ）在五个分类指数方面呈现非均衡发展的特征。其中，产业技术指数最高，2008年为1.049，预测2009~2010年将分别为1.060和1.065。知识支撑指数、发展效果指数紧随其后，2008年分别为1.005和0.900，预测2009年分别为1.013和0.904，2010年分别为1.010和0.906。应用消费指数排在第4位，2008年为0.663，预测2009~2010年分别为0.674和0.690。最后是基础设施指数，2008年仅为0.408，预测2009~2010年分别为0.431和0.455（见图5）。

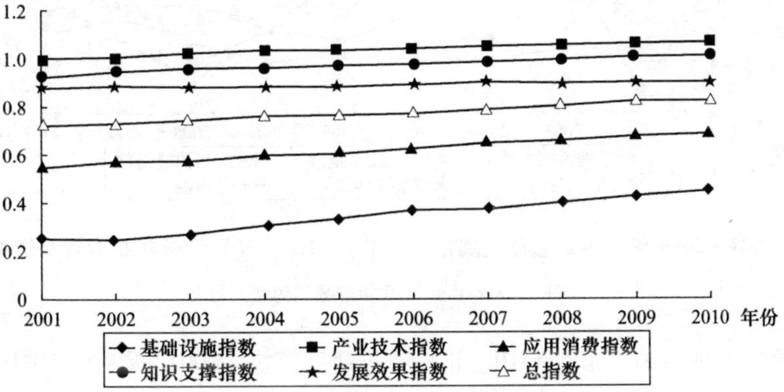

图5 2001~2010年世界信息化发展指数〈Ⅱ〉（IDI_{CN}Ⅱ）与分类指数比较图

注：2009年和2010年的数据为预测数。

（二）世界信息化发展指数〈Ⅱ〉（IDI_{CN}Ⅱ）增长较快

2001~2008年，世界信息化发展指数〈Ⅱ〉（IDI_{CN}Ⅱ）年均增长5.28%，预测2009年和2010年的增速将分别为4.72%和3.26%（见表8）。

表8 世界信息化发展指数〈Ⅱ〉（IDI_{CN}Ⅱ）与分类指数增长速度比较 单位：%

	2001~2008年均增长速度	2006年	2007年	2008年	2009年	2010年
信息化发展指数〈Ⅱ〉	5.28	4.40	4.11	2.53	4.72	3.26
一、基础设施指数	8.49	8.79	3.69	6.26	5.89	5.49
二、产业技术指数	4.56	2.25	3.40	-0.25	8.01	3.73
三、应用消费指数	10.22	7.47	9.42	5.93	6.15	5.69
四、知识支撑指数	1.45	1.04	0.24	2.33	0.79	-0.17
五、发展效果指数	1.67	2.44	3.80	-1.65	2.77	1.56

注：2009年和2010年的数据为预测数。

2001～2008年，世界信息化五个分类指数〈Ⅱ〉（IDI_{CN}Ⅱ）的年平均增长速度并不一致。其中最高的为应用消费指数，达到10.22%，预测2009～2010年将分别增长6.15%和5.69%。其次为基础设施指数，年均增长8.49%，预测2009～2010年将分别增长5.89%和5.49%。之后为产业技术指数、发展效果指数，它们的年均增长速度分别为4.56%和1.67%，预测2009年将分别增长8.01%和2.77%，2010年将分别增长3.73%和1.56%。最后是知识支撑指数，年均增速为1.45%，预测2009年将增长0.79%（见图6）。

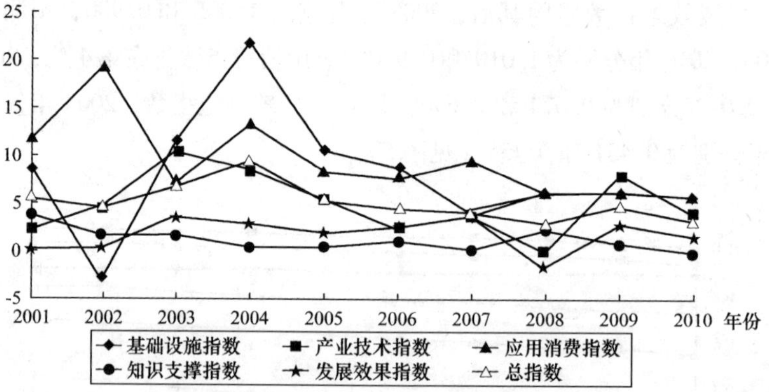

图6　2001～2010年世界信息化发展指数〈Ⅱ〉（IDI_{CN}Ⅱ）及分类指数增长速度比较图

注：2009年和2010年的数据为预测数。

中国信息化发展指数〈Ⅱ〉（IDI_{CN}Ⅱ）增长速度较快。2001～2008年中国信息化发展指数〈Ⅱ〉（IDI_{CN}Ⅱ）年均增长速度为14.83%，居世界第6位，是世界平均增长水平的2.8倍，预测2009年和2010年的增速分别为10.27%和8.10%。国际电信联盟对中国的研究也得出与之相近的结论。2007～2008年中国IDI_{ITU}的得分从3.03增长到3.23，是全球IDI_{ITU}指数增长较快的国家之一。中国在信息化可接入性和使用方面，是全球进步最快的国家，全球固定线路的平均年增长率仅为3.4%，而中国为11%，这主要是由于中国对无线本地环路（WLL）的大量投入。中国固定宽带用户的普及率为5%，是亚太地区同等经济收入水平国家中最高的地区。

国际电信联盟报告指出，越来越多的国家和地区正朝着更加广泛地使用信息通信技术的方向发展，2007～2008年信息化使用指数的增速比其他分类指数变得相对较大，在很大程度上是宽带使用不断普及的结果。此期间在使用指数方面上升最快的国家和地区包括巴林、格鲁吉亚、希腊、哈萨克斯坦、老挝、卢森堡、中国澳门等，其主要体现在互联网使用以及固定或移动宽带普及的大幅增加方面。

（三）中国信息化发展指数〈Ⅱ〉（IDI_{CN}Ⅱ）在国际比较中的位次

中国信息化发展较快，但与世界发达国家相比仍有较大差距，将中国与所选择的48个主要国家和地区的信息化发展指数〈Ⅱ〉（IDI_{CN}Ⅱ）进行比较，可以得到以下的位次。

（1）中国信息化发展指数〈Ⅱ〉（IDI_{CN}Ⅱ）居世界第40位。2008年中国的信息化发展指数〈Ⅱ〉（IDI_{CN}Ⅱ）为0.654，居世界第40位。同年，瑞典的信息化发展指数〈Ⅱ〉（IDI_{CN}Ⅱ）达到1.251，连续多年排在世界第1位，预测2009和2010年其指数值将分别达到1.280和1.294，将继续位居世界首位。2008年信息化发展指数〈Ⅱ〉（IDI_{CN}Ⅱ）其他前五位的国家分别为英国信息化发展指数〈Ⅱ〉（IDI_{CN}Ⅱ）为1.181，居第2位；挪威为1.163，居第3位；丹麦和美国分别居第4位和第5位（见表9及图7）。

表9　2008年世界信息化发展指数〈Ⅱ〉（IDI_{CN}Ⅱ）前十位国家与中国比较

	2000年	2001年	2002年	2003年	2004年	2005年	2006年	2007年	2008年	排名
瑞典	1.029	1.078	1.129	1.165	1.185	1.201	1.222	1.229	1.251	1
英国	0.972	0.995	1.041	1.065	1.094	1.123	1.138	1.165	1.181	2
挪威	0.936	0.966	1.060	1.104	1.113	1.130	1.129	1.154	1.163	3
丹麦	0.996	1.015	1.062	1.091	1.113	1.123	1.139	1.137	1.159	4
美国	1.032	1.055	1.074	1.092	1.106	1.121	1.132	1.147	1.156	5
荷兰	0.938	0.953	0.974	1.006	1.037	1.074	1.096	1.123	1.142	6
日本	0.985	1.005	1.029	1.043	1.073	1.087	1.096	1.110	1.122	7
瑞士	1.002	1.022	1.042	1.060	1.075	1.080	1.089	1.099	1.114	8
德国	0.937	0.955	0.986	1.011	1.035	1.054	1.070	1.086	1.101	9
卢森堡	0.930	0.957	0.974	0.994	1.014	1.029	1.060	1.059	1.094	10
中国	0.494	0.510	0.532	0.552	0.569	0.589	0.611	0.633	0.654	40

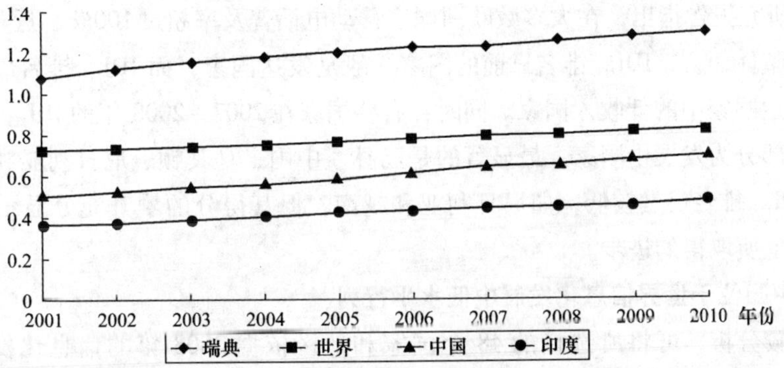

图7　中国与世界、瑞典和印度的信息化发展指数〈Ⅱ〉（IDI_{CN}Ⅱ）比较图

注：2009年和2010年的数据为预测数。

信息化发展指数〈Ⅱ〉（IDI_{CN}Ⅱ）排位最后的3个国家分别是危地马拉、斯里兰卡和印度，他们的信息化发展指数〈Ⅱ〉（IDI_{CN}Ⅱ）分别只有0.539、0.538和0.456。

（2）中国基础设施指数值居世界第40位。2008年中国的基础设施指数值为0.359，居世界第40位。同年，瑞典的基础设施指数值为1.621，居世界首位；预测2009年和2010年其指数值将分别达到1.688和1.750，将继续位居世界首位。

（3）中国产业技术指数居世界第32位。2008年中国的产业技术指数值为0.897，居世界第32位。同年日本的产业技术指数值为1.340，居世界首位；预测2009年和2010年将继续位居世界前列。

（4）中国应用消费指数值居世界第40位。2008年中国的应用消费指数值为0.551，居世界第40位。同年冰岛的应用消费指数值为1.221，居世界首位，预测2009年和2010年将分别达到1.288和1.289。

（5）中国知识支撑指数居世界第47位。2008年中国的知识支撑指数值为0.792，居世界第47位。同年卢森堡的知识支撑指数值为1.237，居世界首位，预测2009年和2010年将分别达到1.245和1.262。

（6）中国发展效果指数居世界第37位。2008年中国的发展效果指数值为0.670，居世界第37位。同年瑞典的发展效果指数值为1.094，居世界首位，预测2009年和2010年将分别达到1.097和1.097。

通过比较分析可以看出，中国信息化发展水平的位次较低，在五个分类指数比较中，产业技术指数居世界的位次相对较高，而知识支撑指数的位次较低。

根据国际电信联盟（ITU）的IDI_{ITU}指数进行测算的结果比较，2008年排名前十位的国家分别是瑞典、卢森堡、韩国、丹麦、荷兰、冰岛、瑞士、日本、挪威和英国。除韩国和日本两个国家外，其余国家均来自在信息化基础设施和服务普及方面处于世界领先的欧洲地区。2008年中国的IDI_{ITU}指数水平在157个国家和地区中位居第79位，相比2007年下降了两位。

ITU的研究报告指出，在大多数欧洲国家移动电话普及率超过100%，近2/3的欧洲人使用互联网。整体而言，IDI_{ITU}排名靠前的国家一般是发达国家，而IDI_{ITU}排名最后的大部分国家为最不发达国家中的低收入国家。同时，有些国家在2007~2008年的IDI_{ITU}得分急剧攀升，其中相当一部分为发展中国家，最显著的是巴林、中国、马其顿、尼日利亚和越南等。尽管有些国家IDI_{ITU}排名仍然较低，如尼日利亚和越南，但其得分的攀升充分显示了这些国家在信息化发展上所取得的进步。

（四）中国位于世界信息化发展中低水平行列

通过比较分析，可将所选择的48个国家和地区依据2008年的信息化发展指数〈Ⅱ〉（IDI_{CN}Ⅱ）划分为以下四个类型。

第一类信息化发展高水平的国家和地区：包括瑞典、英国、挪威、丹麦、美国、荷兰、日本、瑞士、德国、卢森堡、加拿大、奥地利、芬兰、冰岛、澳大利亚、韩国、法国、爱尔兰和新加坡，共19个国家和地区。2008年，这19个国家和地区的信息化发展指数〈Ⅱ〉（IDI_{CN}Ⅱ）平均为1.093，是世界平均水平的1.36倍，在世界居于领先地位。

该类国家和地区的主要特点是：五个分类指数均远高于世界平均水平，尤其是基础设施指数达到世界平均水平的2.62倍，这说明该类国家和地区信息化基础设施建设完备，对信息化发展具有强大的支撑作用。

第二类信息化发展中高水平的国家和地区：包括比利时、意大利、西班牙、爱沙尼亚、拉脱维亚、斯洛文尼亚、匈牙利、捷克、希腊、克罗地亚、葡萄牙、斯洛伐克、立陶宛和波兰，共14个国家和地区。2008年，这14个国家和地区信息化发展指数〈Ⅱ〉（IDI_{CN}Ⅱ）平均为0.904，是世界平均水平的1.12倍，相当于第一类国家和地区的83%。

该类国家和地区的主要特点是：除产业技术指数和发展效果指数外，其他分类指数的平均水平均高于世界平均水平，基础设施和应用消费水平较高。与第一类国家和地区相比，基础设施指数和发展效果指数的差距较为突出，表明该类国家和地区应加强基础设施建设，更加注重经济发展的质量，以推动信息化的发展。

第三类信息化发展中低水平的国家和地区：包括保加利亚、马来西亚、乌克兰、白俄罗斯、墨西哥、哥伦比亚、中国、泰国和蒙古，共9个国家和地区。2008年，这9个国家和地区信息化发展指数〈Ⅱ〉（IDI_{CN}Ⅱ）平均为0.692，低于世界平均水平，相当于信息化第一类国家和地区的63%。

该类国家和地区的主要特点是：发展效果指数明显低于世界平均水平。与第二类国家和地区相比，基础设施指数差距较大。处于信息化发展中等水平的国家和地区较多，说明世界大部分国家和地区的信息化建设潜力仍有待开发。

第四类信息化发展低水平国家和地区：包括吉尔吉斯斯坦、阿塞拜疆、洪都拉斯、危地马拉、斯里兰卡和印度，共6个国家和地区。2008年，这6个国家和地区信息化发展指数〈Ⅱ〉（IDI_{CN}Ⅱ）平均为0.542，相当于世界平均水平的67%和第一类国家和地区的50%。

该类国家和地区的主要特点是：五个分类指数均低于世界平均水平。与第三类国家和地区相比，除发展效果指数的水平比较接近外，基础设施指数、产业技术指数、应用消费指数以及知识支撑指数的差距均较大（见表10）。

表10　　2008年世界信息化四类国家和地区的总指数与分类指数比较

	基础设施指数	产业技术指数	应用消费指数	知识支撑指数	发展效果指数	总指数
世界平均水平	0.408	1.049	0.663	1.005	0.900	0.805
第一类国家和地区	1.066	1.136	1.096	1.176	0.989	1.093
第二类国家和地区	0.743	0.960	0.917	1.072	0.826	0.904
第三类国家和地区	0.444	0.785	0.623	0.961	0.648	0.692
第四类国家和地区	0.284	0.576	0.438	0.826	0.587	0.542

通过以上四个类型国家和地区的比较，目前中国位于信息化发展中低水平国家和地区的行列。

（五）中国与发达国家信息化发展水平差距较大

（1）总指数的比较。2008年中国信息化发展指数〈Ⅱ〉（IDI_{CN}Ⅱ）与最高水平国家相比，仅相当于位居首位的瑞典的52%。

(2) 信息化五个分类指数的比较。信息化发展指数〈Ⅱ〉(IDI_{CN}Ⅱ) 的五个分类指数与最高水平国家相比，中国基础设施指数差距最大。2008 年中国基础设施指数仅相当于该分类指数值最高国家瑞典的22%；应用消费指数和发展效果指数分别相当于冰岛和瑞典的45%和61%；知识支撑指数相当于卢森堡的64%；产业技术指数相当于日本的67%（见图8)。

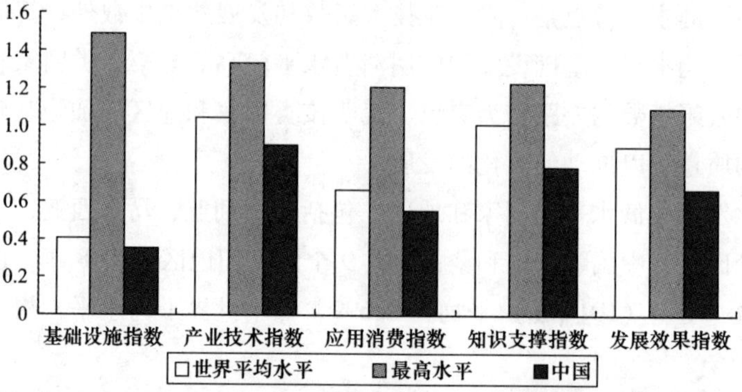

图8 2008 年信息化分类指数的世界平均水平、最高水平和中国比较图

(3) 信息化发展指数〈Ⅱ〉(IDI_{CN}Ⅱ) 指标的比较。中国在信息化的具体指标方面与发达国家相比较，一些指标差距巨大，如人均信息消费额、人均国内生产总值、人均电信业产值、每百万人发明专利申请量和计算机拥有率等与发达国家比较，分别相当于最好国家的2%（挪威)、3%（卢森堡)、4%（瑞士)、6%（韩国）和9%（加拿大)。

综上所述，中国在提高信息化水平方面的任务仍然艰巨。国际电信联盟的研究报告也指出了类似问题，尽管中国信息化建设取得了很大进步，但也面临着一些挑战。例如，在移动宽带业务方面比较落后，农村地区的信息和通信技术水平仍然很低。不过，中国在2009 年初颁布3G 许可证，并调整市场结构，增加提供有线和无线服务运营商之间的竞争，这些将推动中国移动宽带的发展，进一步提高其在信息通讯领域的普及水平。

撰稿人：国家统计局统计科学研究所　杨京英

中国信息化发展指数〈Ⅱ〉(IDI_{CN} Ⅱ)统计监测报告(下)

——国家"十二五"规划信息化综合评价指数研究

国家统计局统计科学研究所　信息化统计评价研究组

《国民经济和社会发展信息化"十一五"规划》(下面简称信息化"十一五"规划)从国家信息化总体发展水平、信息化应用、信息基础设施、信息产业、技术创新、国民信息素质等六个方面确立了信息化"十一五"时期的发展目标。同时,为了保障信息化发展目标的落实,信息化"十一五"规划还确定了六项重点任务,即大力推进国民经济信息化,加快转变经济发展方式;积极推动电子政务和社会事业信息化,促进和谐社会建设;加强网络文化建设,繁荣社会主义先进文化;提升自主创新能力,做强做大信息产业;加强综合信息基础设施建设,提升信息化支撑能力;强化信息安全保障,维护国家安全和社会稳定。

5年来,在党中央、国务院正确领导下,各地区、各部门深入贯彻科学发展观,认真落实《2006~2020国家信息化发展战略》的各项战略部署和方针政策,实现了规划中确定的信息化发展指数2010年达到0.70的总体目标,国家信息化发展再上新台阶;信息化"十一五"规划确定的各项重点任务也已基本实现,但个别发展目标由于受世界金融危机的冲击和影响难以完成。

一、信息化基础设施建设实现了跨越式发展

(一)信息化基础设施规划目标已全面提前完成

信息基础设施建设到2010年已全面完成"十一五"规划目标。20户以上已通电自然村通广播电视率基本完成规划中100%的目标值;东部、中部地区县级市和西部地区大部分县以上城市的有线电视向数字化过渡实现率达到47%;全国电话机交换设备总容量预计达到23.8亿门,完成规划目标的190%;乡镇和绝大部分行政村互联网通达实现率基本完成规划中100%的目标值;上网计算机总数预计达到1.2亿台,完成规划目标的122%;国际互联网出口总带宽达到1073GB,完成规划目标的165%(见表1)。

表 1　　信息化基础设施目标完成情况

	2005年	2006年	2007年	2008年	2009年	2010年	目标值	完成目标程度（%）
20户以上已通电自然村通广播电视率（%）							100	
东部、中部地区县级市和西部地区大部分县以上城市的有线电视向数字化过渡实现率（%）①	2.7	9.4	18.3	30.0	35.5	47.0	基本完成	
电话交换设备总容量（亿门）	9.5	11.1	13.6	16.5	19.8*	23.8*	12.5	190
乡镇和绝大部分行政村互联网通达实现率（%）			97	98			100	
上网计算机总数（万台）	4950	5940	7800	8490	10163*	12165*	10000	122
国际互联网出口总带宽（GB）	132.92	250.68	360.28	625.28	846.06	1073.20	>650	165

注：*为预测数。①该指标为全国有线数字电视用户数占全国有线电视用户数比重。

资料来源：工业和信息化部；中国互联网络信息中心。

（二）信息网络建设取得质的突破

从物理层看，国家信息基础设施由信息资源系统和信息网络两大部分组成。信息网络则由用户信息设备和通信网络（包括本地网络和长途网络）两部分组成。信息网络可分为互联网（计算机网）、电信网和广播电视网。近年来，信息网络不断向数字化、宽带化、综合化、智能化、个人化、泛在化、绿色化、全球化的方向发展，并呈现出“三网融合”的趋势。

2005～2010年，全国电信业务收入从5840亿元增至8988亿元，移动电话用户数和互联网用户数分别从3.9亿户和1.1亿户发展为8.6亿户和4.6亿户，持续位居世界第一。固定电话用户数从3.5亿户下降到2.9亿户，下降17.1%，电信业出现结构性调整现象。市场竞争更加充分，电信资费大幅降低，2010年电信综合资费水平下降11%，服务水平显著提高。

“十一五”期间我国信息基础设施在“十五”快速发展的基础上，进一步实现了跨越式发展。不仅信息网络规模不断扩大，更是在3G、数字电视、互联网接入、重大工程建设、农村信息化建设等方面取得了质的突破。普遍服务从基础电信业务扩展到互联网业务，共为4228个乡镇和行政村开通互联网，开通互联网的乡镇比重提高到99.3%，开通互联网的行政村比重提高到91.5%。电信网络基本覆盖全国所有的行政村，预计到2010年已通电话的行政村比重从2005年94.4%提高到2009年99.8%。

（三）三网建设加快步伐

1. 通信领域

（1）电信通信基础设施能力不断加强。“十一五”期间，我国局用电话交换机容量比“十五”减少395.3万门，达到46559万门；固定长途电话交换机容量比“十五”净增305.2万路端，达到1644万路端，年均增长4.2%；移动电话交换机容量与“十五”相比净增

101135.5 万户，达到 150518 万户，年均增长 25.5%；光缆线路的总长度与“十五”相比新增 490 万公里，已经达到 995 万公里，年均增长 19.7%；互联网宽带接入端口已经达到 18760 万个，比“十五”新增 13924 万个，年均增长 31.1%。我国信息基础设施综合水平的快速提升，为通信业务转型和新兴业务的培育打下了坚实的基础。

（2）通信业务能力大幅提高。2010 年，全国电话用户达到 115338.6 万户，电话普及率上升 29.2 个百分点，达到 86.5%。其中，移动电话用户达到 85900.3 万户，年均增长 16.9%，移动电话普及率上升 34.1 部/百人，达到 64.4 部/百人；固定电话用户从 2007 年开始减少，到 2010 年为 29438.3 万户，年均下降 3.31%，固定电话普及率降低 4.9 部/百人，为 22.1 部/百人。电信行业出现结构性调整。此外，以“小灵通”为代表的无线市话从 1998 年进入中国市场，在 2006 年 8 月用户达到 9300 万户的巅峰，2009 年底回落到 4599.4 万户，2011 年底前将完成退市。由于 3G 业务的面世以及基于小灵通自身技术的局限性，工信部要求中国电信、中国联通在 2011 年前完成小灵通的退市的工作。2009 年，中国移动、中国电信、中国联通三家基础电信企业共完成 3G 网络建设直接投资 1609 亿元，共完成 3G 基站建设 32.5 万个，建设规模超过十多年来累计规模的一半，开创了全球电信发展史上建设规模最大、建设速度最快的新纪录。其中，中国电信已经完成一期工程建设任务，共建设基站 11.7 万个，网络覆盖 342 个地级市、2055 个县及县级市、6000 多个发达乡镇；中国移动完成 TD－SCDMA 网络三期工程，全国 70% 以上地市实现 TD－SCDMA 网络覆盖，其中东部省份 100% 地市实现覆盖，基站总数超过 10 万个。在所有 238 个覆盖城市中，平均掉话率降低到 1%，无线接通率升至 98%，切换成功率升至 96.5%，核心指标接近 2G 水平。中国联通 3G 网络已经覆盖了全国 335 个大中城市，并从 2009 年 10 月 1 日开始在全国 285 个城市实现 3G 业务正式商用，我国电信业务结构、网络结构和用户结构正在不断地发生变化。

“十一五”期间通信业务领域的主要特点是：①电话普及率稳步提高。②移动通信持续保持快速发展，对固定电话的替代作用明显。③数据业务发展迅速。④宽带通信是信息通信业发展的重点领域，在促进中国经济发展和人民生活提高方面发挥了不可替代的作用。基础电信企业互联网宽带接入用户数达到 12634 万户。⑤推动 TD－SCDMA 等第三代移动通信及其增强型技术的产业化及应用，从而确立我国在新一代移动通信领域的竞争优势。

2. 广播电视领域

“十一五”时期，我国广播节目覆盖率和电视的覆盖率分别达到 96.78% 和 97.62%，比“十五”计划期末的 94.6% 和 95.9%，分别提高了 2.18 个和 1.72 个百分点；我国的有线电视用户数达到 1.87 亿户，增加了 0.61 亿户，其中有线数字电视用户数达到 0.88 亿户，占全部有线电视用户数的 47%（见表 2）；全国“十一五”广播电视村村通工程建设任务全面完成，共累计完成 72.28 万个 20 户以上已通电自然村广播电视覆盖“盲村”、“村村通”建设，20 户以上已通电自然村全部实现通广播电视。其中，采用直播卫星方式完成 53.03 万个村，有线光缆联网方式完成 15.67 万个村，其他方式完成 3.58 万个村（地面无线覆盖、MMDS 等方式）。

表2 全国有线电视向数字化过渡情况

	2005年	2006年	2007年	2008年	2009年	2010年	"十一五"年均增长率（%）
有线数字电视用户数（亿）	0.0345	0.1300	0.2800	0.4896	0.6348	0.8798	107.1
有线电视用户数（亿）	1.26	1.39	1.53	1.63	1.79	1.87	8.2
数字化实现率（%）	2.7	9.4	18.3	30.0	35.5	47.0	

数据来源：广电总局《2005～2010年全国有线广播电视发展情况》。

"十一五"期间广播电视业务领域的主要特点是：①广播节目和电视的覆盖率显著提高。②有线电视网络逐步完成数字化，用户规模扩大。有线数字电视为用户提供丰富的电子政务、文化教育、生活信息、电视商务、娱乐游戏等多种信息服务，使家庭的电视机变成了多媒体信息终端，推动了城市信息化和社会信息化进程。数字化整体转换正在从点向面发展，从试点城市向全国大中城市铺开，呈现出了快速发展的良好势头。数字电视网络发展推动了城市信息化和社会信息化进程。

3. 互联网领域

"十一五"时期，互联网用户数达到4.57亿人，比"十五"末期的1.1亿人增长了4倍。互联网普及率继续提高，由"十五"末期的8%，提高到31.4%。互联网用户进一步趋向宽带化，宽带网民规模达到4.5亿人，占整体网民的98.5%，自2008年以来一直保持世界第1位的水平。

"十一五"期间互联网发展的主要特点是：①互联网普及率快速提高。②宽带接入快速增长。③农村用户规模持续增长。④随着"三网融合"进程的加快，无线城市等接入方式发展迅速。⑤中国下一代互联网研究与产业化获得重大突破，建成包括6个核心网络、22个城市59个节点以及北京与上海两个国际交换中心网络、273个驻地网的IPv6示范网络。中国下一代互联网示范工程已成为我国研究下一代互联网技术、开发重大应用、推动下一代互联网产业发展的关键性基础设施，为提高我国在国际下一代互联网技术竞争地位做出了重要贡献。

（四）信息化普遍服务机制不断完善

1. "村村通"工程提高了农村信息化发展水平

"村村通"工程提高了普遍服务水平。"十一五"期间，规划提出的电信普遍服务目标——"村村通电话、乡镇能上网"已基本实现，从而有效扩大了农村广播电视覆盖，解决了近1亿农民收听、收看广播电视问题。农村网民规模达到1.25亿，占整体网民的27.4%。城乡数字鸿沟逐渐缩小，农村信息化建设初见成效。

偏远农村基础设施建设取得新突破。中国电信、中国移动、中国联通三家基础电信企业克服困难筹集资金，组织力量在大山深处、雪域高原艰苦施工，2009年共为2.7万多个偏远自然村和行政村开通电话。全国开通电话的行政村和20户以上自然村的比重分别达到

99.86%和93.4%。

农村信息服务能力迈上新台阶。2010年，全国范围内100%的行政村通电话，100%的乡镇通互联网，94%的20户以上自然村通电话，全国近一半乡镇建成乡镇信息服务站和县、乡、村三级信息服务体系。此外，已有19个省份实现所有自然村通电话，75%的行政村基本具备互联网接入能力。“信息下乡”进展明显，建成“农信通”、“信息田园”、“金农通”等全国性农村综合信息服务平台，涉农互联网站接近2万个；建成乡镇信息服务站20229个、行政村信息服务点117281个；网上建成乡镇涉农信息库14137个、村信息栏目135478个。

2. 无线城市计划在部分城市开始实施

北京、上海、广州分别凭借着奥运会、世博会、亚运会的契机，实施推广“无线城市”计划，南京、天津、杭州、深圳等城市紧随其后。2009年末，全国在建的无线城市包括厦门、北京、上海、秦皇岛等3G城市。三大运营商都在进行无线城市建设，基本上都以3G+WLAN的方式进行布网。中国移动以厦门为模范城市，现已建有1000多个TD基站，实现了全岛99.3%覆盖，全市覆盖率达到98%，已经推出基于无线城市的“无限厦门”服务。“无限厦门”客户端可以被用户下载至手机上，并能在线提供包括音乐下载、手机电视、实时路况信息、健康档案等服务。

二、信息化应用在经济社会三大领域全面推进

（一）信息化应用规划目标基本实现

信息化应用是信息化建设中决定性的一环。“十一五”规划期间，信息化应用在经济社会三大领域全面推进，我国电子商务发展势头良好，电子政务稳步展开，科技、教育、文化、医疗卫生、社会保障、环境保护等社会信息化领域步伐明显加快。

信息化应用目标进展取得可喜成绩，其中多项指标到2009年底已提前完成：银行卡消费额占社会消费品零售总额的比重2009年达到32%，完成规划目标的160%，2010年完成规划目标程度接近200%；规划的信息化应用中的电话、电视以及互联网用户数目标已全面提前实现，2010年全国电话用户数达到11.5亿户，完成规划目标的115%；有线电视用户数达到1.87亿户，完成规划目标的110%；互联网用户数达到4.57亿户，完成规划目标的229%，其中宽带互联网用户数预计达到4.5亿户，完成规划目标的281%；但企业网上采购商品和服务总额占采购总额的比重难以完成规划任务（见表3）。

表3 信息化应用任务完成情况

	2005年	2006年	2007年	2008年	2009年	2010年	目标值	完成目标程度（%）
企业网上采购商品和服务总额占采购总额的比重（%）①②	8.5			9			>25	

续表

	2005 年	2006 年	2007 年	2008 年	2009 年	2010 年	目标值	完成目标程度（%）
银行卡消费额占社会消费品零售总额的比重（%）③		17.0	22.0	24.2	32.0	39.5 *	>20	198
电话用户数④	7.44	8.29	9.13	9.82	10.6	11.53	10	115
有线电视用户数⑤	1.26	1.39	1.53	1.63	1.79	1.87	1.7	110
互联网用户数⑥	1.11	1.37	2.1	2.98	3.84	4.57	2	119
宽带用户数⑥	0.64	0.91	1.63	2.7	3.46	4.50	1.6	281

注：* 为预测数。

数据来源：①《电子商务发展“十一五”规划》；②中国新闻网（http://www.chinanews.com/）；③中国人民银行（http://www.pbc.gov.cn）；④工业和信息化部：《2005～2010 年通信行业统计月报》；⑤广电总局：《2005～2010 年全国有线广播电视发展情况》；⑥中国互联网络信息中心《中国互联网络发展状况统计报告》（http://www.cnnic.net.cn）。

（二）电子商务应用全面普及深化

1. 电子商务交易额持续快速增长

“十一五”期间，我国电子商务进入快速发展期。据商务部统计，2000 年我国电子商务交易总额仅有 771.6 亿元，到“十五”期末（2005 年）已迅速增至 6785 亿元。“十一五”期间，我国电子商务事业迅猛发展，自 2006 年突破万亿元大关以来，我国电子商务交易总额每年以高于 70% 的速度持续增长，2010 年我国电子商务交易总额达到 4.5 万亿元，全社会电子商务交易额占社会零售商品总额的 3%。网购注册用户已达 1.6 亿，电子商务发展环境、支撑体系、技术服务和推广应用协调发展的格局基本形成，电子商务已成为重要的新兴产业，国民经济和社会发展各领域电子商务应用水平大幅提高并取得明显成效。

2. 电子商务各类交易模式均快速增长

受金融危机影响，大量企业选择建立电子商务网站来渡过难关。电子商务低成本、效率高的特点极大地推动企业信息化发展。2009 年 11 月，商务部发布了《关于加快流通领域电子商务发展的意见》，明确了未来政府部门对电子商务的引导、扶持措施。据 CNZZ 数据中心的调查数据显示，2009 年底电子商务的总网站数达到 1.56 万家，同比增长了 32.34%：

电子商务网站的受众范围在不断扩展，2010 年国内网上零售的用户规模达 1.58 亿人。预计未来几年，这一规模仍将迅速持续上升。据 CNNIC2009 年电子商务统计信息预测，2009 年网购总金额达到 2500 亿元左右，同比增长了 195%。

3. 电子商务形成了“政府引导、行业协调、企业投入、公众参与”的新格局

（1）电子商务应用在全国不断普及深化。大型骨干企业从基础性应用向供应链上下游的全方位业务协同方向发展。大部分骨干企业与重点行业都开展了网上采购和营销活动，部分企业实现了在线交易、支付及物流的一体化集成应用；广州市、宁波市等地经常性应用电子

商务的中小企业占中小企业总数的30%以上。浙江和广东进入电子商务领域的中小企业数量比往年增长40%~50%，当地中小企业新增阿里巴巴诚信通会员已经接近两万家。

（2）第三方电子商务服务业快速发展。已经形成一批大型电子商务服务企业，对电子商务和经济转型起到了示范和带动作用。服务于行业、区域及中小企业的第三方电子商务交易与服务平台加快发展，新型业务模式不断涌现。移动电子商务等国家重大引导工程开始实施，并取得了明显成效。

（3）电子商务支撑体系逐步完善。企业和个人信用信息基础数据库已为1400多万户企业和6亿多自然人建立了信用档案。电子认证服务机构扩展至30家，数字证书已在电子商务涉及的各领域广泛应用。跨行、跨地区、多渠道的在线支付体系初步形成，超过20家商业银行开展了网络银行业务，第三方在线支付平台不断涌现。物流体系信息化水平不断提高，物流专业化分工和社会化协作逐步深化。已有数十项电子商务和物流国家标准陆续颁布。

（三）电子政务应用加快步伐，政府职能向服务型转变

国家信息化领导小组下发的《国家电子政务总体框架》（以下简称《总体框架》）是“十一五”时期我国电子政务的指导性文件。根据文件精神，我国电子政务的发展卓有成效。

（1）电子政务业务应用水平逐步提高。在财政税收、海关、公安、社保、审计等涉及市场监管和民生的重要领域，电子政务业务全流程覆盖应用已经取得很大进步。“金税”、“金关”、“金盾”、“金农”、“金宏”等重点电子政务工程建设和应用成效显著，一体化协同水平全面增强，财政、社保、国土资源等业务系统边建设边发挥作用，这些业务系统正在成为加强党和政府与群众紧密联系的桥梁和纽带。

（2）政府网站内容不断丰富、服务不断增加。100%的省级政府和国务院组成部门、98.5%以上的地市级政府以及85%以上的区县级政府已建立了政府网站。各地区、各部门落实《政府信息公开条例》，不断丰富网上信息公开的内容，提高质量，增进政民的交流互动。2008年底，以gov.cn域名注册的政府门户网络已达到30913个。全国人大、信访部门和纪检监察部门纷纷开通网上便民服务窗口，成为政府信息公开、行政许可和公共服务的重要桥梁和窗口。北京、上海等地方政府网站提供的网上办事和服务项目超过了2000项。政府网站在促进政府职能转变和和谐社会建设中正在发挥着越来越大的积极作用。

（3）政务信息资源开发利用不断取得进展。围绕重点业务应用的信息资源建设成效显著，人口、财税、国土资源、战略储备、企业信用等信息资源得到进一步开发和利用。涵盖13亿人口身份数据的公民身份信息系统正式建成投入应用。全国1∶100万、1∶25万和1∶5万基础地理信息数据库已经建成。

（4）电子政务进入信息资源共享、政务协同的深化应用阶段。各地区、各部门围绕宏观调控、市场监管、社会管理和公共服务的需要，不断扩大应用领域。公安部和中国人民银行共同建设了人口信息联网核查系统，国土资源部和银监会共同开展建立银行与国土资源部门信息查询机制，积极促进部门间的业务协同。沪苏杭加快区域信息化平台建设，深化电子口岸、市民服务卡等应用，有力地提高了长三角地区的政府部门间协同工作水平和区域经济社会一体化发展水平。

（四）社会信息化成为构建社会主义和谐社会的有效途径

1. 教育领域

我国远程教育在中国教育和科研计算机网与中国教育卫星宽带多媒体传输平台的基础上，已从单向走向双向并覆盖全国，初步形成了现代远程教育传输网络。

目前，我国高校全部建成了校园网，中职学校85%联网，中小学49%拥有计算机教室。初步构建了覆盖全国农村中小学的远程教育网络，覆盖中西部36万所农村中小学、1亿多农村中小学生。各中小学校联网的计算机终端均能安装运行好“绿坝—花季护航”绿色上网过滤软件，对校园网络不良信息防控进行定期或不定期的监督检查。全国中小学校舍信息管理系统于正式布置运行，保证“校安工程”的顺利实施。

数字资源体系雏形基本形成，建设了网络教育课程资源2万门，中国数字科技馆网站的资源总量超过1100G。信息技术培训广泛开展，近40万名农村教师接受了较高水平的学科业务、教学技能和教学方法的培训；100多万名中小学教师接受教学光盘应用电视培训；近200万名中小学管理人员和教师接受了学校安全、农村义务教育经费保障机制等远程培训；组织了1000多名骨干培训讲师的国家级培训，23个省、自治区、直辖市先后启动了一线教师的培训工作，已有100多万名教师参加了教育技术应用能力培训。信息技术改进教学方式，53%的课程采用多媒体教学，52.7%的高校、10%的中职学校建有网络教学或辅助教学平台。

我国相继启动了中国数字科技馆及全国文化信息资源共享系统两个国家科技基础平台的建设，建成开通了第一个下一代互联网主干网。2009年2月，由我国100所大学共同实施的“教育科研基础设施IPv6技术升级和应用示范项目”正式启动。该项目预计在两年内使100所学校在现有校园网基础上进行IPv6技术升级，为100万以上用户提供已有的教育科研信息资源和重大应用的IPv6试商用服务。

2. 医疗卫生领域

医疗卫生信息化建设已深入国家医疗卫生体系改革，是全民健康保障现代化建设的重要内容。随着国家“金卫”工程的展开，医院信息系统已逐步普及，信息化建设的重点已由费用信息等医院管理深入到面向临床医疗信息管理的CIS（Clinic Information System）阶段。国家卫生系统信息化的建设逐步展开，在优先建立卫生防疫信息网的基础上，分阶段逐步实施疾病预防控制、卫生信息资源综合采集、卫生执法监督、疾病预警监测等卫生系统各个领域的信息技术应用。国家检测资源共享平台门户网站开通运行，建立了由近70个地方管理部门组成的长效数据采集、汇交、审核网络。收集并整合了近1.9万家检测机构的信息，收集了约200万条检测能力和170万条检定/校准能力信息。2009年底，完成健康档案和电子病历基本架构与数据标准研制工作，并在此基础上初步形成了我国卫生信息数据字典，为实现卫生领域不同业务系统之间信息共享打下基础。综合卫生管理信息平台、基于健康档案的区域卫生信息平台稳步推进。医疗保险信息系统已在各主要城市建成并投入运营。电子商务和ERP正成为我国医药信息化的发展方向，将成为推动医药分离改革的有效手段。

3. 劳动和社会保障领域

全国248个单位建立了劳动保障数据中心，全国联网工程已覆盖25个省与87.3%的地级市以上城市。中央数据库已投入使用，31个省市的养老保险监测数据已实现网上管理，涉及参保人1.68亿。2010年1月起，养老保险实现跨省转移，多地参保养老金可全国统一计算。4个直辖市、25个省和299个地市已建立劳动保障政府网站，14个省、229个地市开通了劳动保障公益服务热线。低保信息系统、孤残儿童信息系统等项目已部署实施。劳动和社会保障信息化快速发展。

4. 社区建设领域

国家制定并出台了《关于推进社区信息化工作的指导意见》，全面推进了我国社区信息化建设。社区信息化建设打造社区信息化服务平台，实现社区信息服务产业化。以家庭终端和网络为平台的数字家庭将实现个人和家庭范围的人、设备和环境三者之间的有效互动。同时，利用社区和公共网络，实现社区与外部社会的有效互动，并融入社会大系统之中。

三、信息产业在国民经济中的重要战略地位进一步加强

（一）信息产业发展规划目标基本实现

信息产业发展基本按期推进，信息产业发展目标基本实现，但由于受到世界金融危机的冲击和影响，信息产业总收入指标将难以如期完成。2010年，信息产业总收入8.7万亿元，完成规划目标的87%；信息产业增加值3.9万亿元，完成规划目标的140%；占GDP比重为10.1%，完成规划目标的101%；电子信息产品出口额占全国外贸出口总额的比重预计将达到37.5%，完成规划目标的113%；软件业销售收入预计将达到1.2万亿，完成规划目标的107%（见表4）。

表4 信息产业目标完成情况

	2005年	2006年	2007年	2008年	2009年	2010年	目标值	完成目标程度（%）
信息产业总收入（万亿元）①④⑤	4.4	4.75	5.6	6.7	6.9	8.7	10	87
信息产业增加值（万亿元）②	1.13	1.52	1.86	2.39	3.06*	3.93*	>2.8	140
信息产业增加值占GDP比重（%）③	6.0	7.5	7.2	7.6	9.1*	10.0*	>10	101
电子信息产品出口额占全国外贸出口总额的比重（%）④	32.7	35.1	31.7	35.5	38.0	37.5	35	113
软件业销售收入（亿元）⑤	3900	4800	5800	7573	9513	13364	10000	107

注：*为预测数。

数据来源：①工业和信息化部《2005~2010年通信行业统计月报》。②数据来源与各大新闻网站门户。③由信息产业总收入与GDP数据计算得出。④工业和信息化部《2006~2010年电子信息产业经济运行公报》。⑤工业和信息化部《2005~2010年全国软件产业统计公报》。

（二）产业规模扩大，竞争力持续提高

信息产业总体规模继续扩大，在国民经济各行业中处于领先地位。电子制造业规模跃居世界第一，步入电子信息产品制造大国行列。据工业和信息化部《2009年电子信息产业经济运行公报》资料显示，我国手机、微型计算机、彩电、数码相机、激光视盘机产量分别占全球的49.9%、60.9%、48.3%、80%、85%，电子信息产品贸易额占全球的15%以上。移动通信基站产量达到3022万信道，年增长102.2%。受家电下乡等惠农政策以及3G产业链连带效应影响，2009年四季度通信传输设备行业实现利润增速超过400%。信息技术自主创新能力稳步提高，2009年，全国信息技术领域专利申请总量达100万件左右，比上年增长20%以上，其中发明专利占比超过六成；掌握了一大批具有自主知识产权的关键技术，通信、信息材料与加工工艺等领域成为国内创新较好的领域。我国信息产业的竞争力持续提高。

（三）信息技术与产业发展紧密融合，促进产业结构优化升级

信息产业的发展本身就是产业结构升级的重要途径之一。信息产业技术含量高，信息技术与农业、工业以及服务业的融合，促进了各产业发展及其产业结构优化升级。

1. 农业信息化成为社会主义新农村建设和现代农业建设的重要内容

（1）农业信息基础设施建设卓有成效，农村信息化全国网络已经初具规模。通过实施村村通广播电视、村村通电话等工程，到2009年底，我国建立起以农业信息网为核心的国家农业门户网站，全国31个省级农业部门、80%左右的地级和超过一半的县级农业部门都建立了局域网和农业信息服务网站。

（2）农业信息资源不断丰富，成为提高农村信息服务水平的坚实基础。围绕农业农村经济运行情况，相继建立了生产、市场、科技等50多个国家级数据库，同时，各级农业部门还建设了包括农业技术、政策法规、质量标准等内容丰富的共享信息数据库，建立了农村信息服务的基础资源体系。同时，建立起22个部委间农村信息资源交换与整合的机制，初步掌握了涉农资源及相关供需信息的分布状况。

（3）综合信息服务体系建设进入“乡乡有服务站、村村有信息员”的新阶段。全国所有省份、97%的地市和超过85%的县级农业部门都设有信息化管理和服务机构。信息下乡活动进展迅速，到2009年底，已在15个省份的1.3万余个乡镇开展信息下乡活动，并基本实现“一乡一个信息服务站，一村一个信息服务点，一乡一个互联网站，一村一个网上农副产品信息栏目”的“四个一”目标，全国1/3的乡镇建立了乡村信息服务体系，信息内容、信息业务和信息终端的进乡入村初显成效，初步形成了以农业系统为主，其他涉农部门和社会力量为补充的全国农业信息化组织体系。农业信息服务水平不断提高，覆盖全国每个县乡村的农业信息服务队伍基本建成，基层农村信息员已超过25万人，“三电合一”试点有效地扩大了信息服务的覆盖面，各级农业部门的信息发布制度使得农民能及时了解农业及各行业经济信息，极大地促进了农村经济社会的发展。

2. 信息化与工业化融合加快发展步伐

（1）信息化与工业化融合制度体系建设卓有成效。

——加强中央企业信息化建设统一规划，推进国有经济信息化进程。研究制定支持大型中央企业信息化发展策略，提出“十一五”期间的发展目标、六项任务和五项要求，并向中央企业作了信息化工作的动员和部署。建立中央企业信息化水平评价体系，制定信息化发展“登高计划”，从量化评价到绩效考核有力推动中央企业信息化建设和应用水平的持续提升。

——加强信息化工作领导机构和人才队伍建设，提升信息化领导力。成立信息化工作领导小组，推动中央企业建立信息化领导机构，建立首席信息官（CIO）制度，有效落实信息化工作的战略地位。

——建立企业间信息化协同发展机制，推动整体信息化水平的提升。围绕信息化应用的不同领域，树立信息化试点示范工程，加强成功经验扩散。建立企业管理的信息化和企业间信息化建设的协作机制，鼓励帮扶和共性技术成果的共享。

——组织开展专家咨询和培训工作。中组部会同国务院信息办设立政府管理创新与电子政务专题研究班，对市（地）政府分管信息化工作的领导干部进行信息化知识培训，有效提高信息化决策的科学性和建设水平。

（2）通信业和电子制造业率先发展，发挥带动和辐射作用。通信业和电子制造业不仅自身能够造就一个巨大的产业，而且具有带动和辐射作用，是“两化融合”的桥梁和纽带。“十一五”期间，通信业积极开展3G建设及业务应用，大力推进TD产业化、商业化进程，加快通信业转型步伐，市场竞争格局得到进一步优化，全行业保持平稳健康发展。2010年累计完成电信业务总量30955亿元，同比增长20.5%；实现电信主营业务收入8988亿元，增长6.4%；完成电信固定资产投资3197亿元，增长14.2%。电子制造业快速发展，我国步入电子信息产品制造大国行列，核高基、新一代宽带无线通信、极大规模集成电路制造设备及成套工艺、高分辨率对地观测系统、载人航天等重大科技专项进展顺利，提高了我国自主创新能力和产业竞争力。

3. 服务业信息化深入发展，新型业务模式和体系不断涌现

随着信息化深入发展，出现了一个全新的行业——电子认证服务业，它的出现和发展成为我国服务业信息化的重要标志，2010年底电子认证服务业证书持有量达到约1530万张。2009年底，企业和个人信用信息基础数据库已为1400多万户企业和6亿多自然人建立了信用档案，电子认证服务机构扩展至30家，数字证书在电子商务涉及的招标采购、网上银行、电子商务管理等各领域得到了广泛的应用。

尽管受到全球金融危机的冲击，中国网上银行总体上依然保持了向上发展的态势，尤其是个人网银业务，展现了强劲的发展势头。2009年使用各项网银功能的个人用户比例均比2008年增加，特别是网上支付、转账汇款、信用卡还款和个人贷款四项功能，增幅非常明显。同时，银行卡业务增长迅速，转账、消费业务增速快于存取现业务。2009年，银行卡非现金支付功能进一步发挥，发生银行卡业务196.9亿笔，金额166.0万亿元，同比分别增长18.1%和30.5%；消费34.9亿笔，金额6.9万亿元，同比分别增长32.0%和73.8%。银行卡已经成为中国最主要的非现金支付工具，在社会经济生活中发挥着越来越重要的作用。随

着国际化进程不断提速，银联卡全球网络初具规模，到2009年底，新增银联标准卡4.2亿张，银联境外受理网络已延伸至遍布五大洲的83个国家和地区，覆盖全球主要区域和重要国家。银联境外受理网络的快速拓展，推动银联卡境外交易大幅增长，同比增幅达62%。

（四）国家信息安全保障体系不断加强

（1）信息安全的作用日益举足轻重，信息安全基础设施建设取得明显进展。国家制定印发了《国家网络与信息安全事件应急预案》，确立了“谁主管谁负责，谁运行谁负责”的原则，强化了信息安全管理体制和工作机制。初步建立了涉及多行业多领域、包括安全监测、事件预警、应急处置支撑机制等在内的国家信息安全应急保障体系，重要信息系统灾难恢复建设正逐步从理论研究进入实践实施阶段。已形成标准制定和测试、设备安全准入、网络安全等级保护为主的网络安全监管体系。

（2）信息安全等级保护制度不断完善，基础信息网络和重要信息系统的安全防护水平明显提高。一是积极开展信息安全密码等级保护密码管理相关工作，研究制定了等级保护密码管理办法和相关标准规范。为加快推进信息安全等级保护，提高信息安全保障能力和水平，公安部、国家保密局、国家密码管理局、国务院信息化工作办公室制定了《信息安全等级保护管理办法》，成为网络发展与网络安全和谐发展的重要保证。二是着力推进涉密信息系统分级保护工作，对涉密信息系统分级保护进行总体部署、试点和重点推进。

（3）国家密钥管理体系建设有序开展。密码技术的开发利用进一步加强，网络信息体系建设切实推进，加强了以密码技术为基础的信息保护和网络信任体系建设，制定了电子政务电子认证的规划、相关管理办法和标准规范，进行了认证源点建设。

（4）信息安全风险评估不断加强。开展安全风险评估试点工作，加快了涉密信息系统测评机构建设，规范了系统测评工作。

（5）信息安全监控和应急处置体系进一步健全完善。提高了对安全事件的应对和防范能力，遏制了互联网有害信息的传播，提升了网络与系统的抗毁能力和灾难恢复能力。

（6）信息化法制建设持续加强，电信法、政府信息公开条例等立法项目积极推进。

四、信息技术创新取得突破性成果

（一）信息技术创新规划目标将顺利完成

信息技术创新取得突破性成果，规划中的技术创新目标将在“十一五”期末顺利完成。

（1）信息技术领域突破了一批关键技术，初步建立起了以企业为主体，产、学、研、用相结合的信息技术创新体系，信息化领域国家重大科技专项和科技计划成果显著。

（2）企业自主创新能力不断增强，涌现出了华为、中兴、联想、腾讯等一批拥有核心自主知识产权和自主品牌的优势企业。全国百强电子信息企业研发经费支出占销售收入的比重不断提升，2010年达到4.9%，完成了规划的目标。

（3）信息技术领域发明专利申请量不断提高。预计2010年，信息技术领域发明专利申请量占全国发明专利申请量的比重将达到53%，完成规划目标的106%（见表5）。

表5　　信息技术创新目标完成情况

	2005年	2006年	2007年	2008年	2009年	2010年	目标值	完成目标程度（%）
全国百强电子信息企业研发经费支出占销售收入的比重（%）[1]	3.7	3.8	3.9	3.5	3.5	4.9	不断提升	
信息技术领域发明专利申请量占全国发明专利申请量比重（%）[2]	30.3	32.2	39.3	43.5	48.0*	53.0*	50	106

注：*为预测数。

数据来源：①工业和信息化部《2005～2010年全国百强电子信息企业排行榜》。②工业和信息化部《2005～2008年信息技术领域专利态势分析报告》和中华人民共和国知识产权局 http：//www.sipo.gov.cn。

（二）建立信息技术创新体系

1. 构建信息技术创新体系

“十一五”期间，信息化领域科技发展成为国家多个重大科技计划中重要组成部分。信息技术领域的科技立项和经费支持在“973”、“863”、国家科技支撑计划、火炬计划、国家重点新产品计划、科技型中小企业创业基金计划中都取得了政策、资金支持，比重逐年增加。

以企业为主体的技术创新体系建设初见成效。多年来，通过专项资金扶持、政策引导等方式，推动了以企业为主体、以市场为导向、产学研结合的技术创新体系建设。技术创新体系的构建促进了信息技术研发，并在关键技术上取得了突破性进展。

2. 关键技术的研发与突破

作为技术密集型和知识密集型的高新技术产业，技术创新是信息产业发展的第一推动力。“十一五”期间，信息技术自主创新成效显著。在集成电路、计算机、网络与通信、软件、数字音视频等领域突破一批关键技术，取得了一批重大的突破性成果，带动了高新技术的研发机制创新，提高了我国自主创新能力和产业竞争力，加快了我国创新型国家建设步伐。

在高效能计算机及网格服务环境方面，两台百万亿次高效能计算机相继研制成功。其中，曙光5000A峰值性能达到233.5万亿次，Linpack性能达到180.6万亿次，峰值性能进入2008年全球TOP500的第10位，是除美国外世界上最快的计算机系统；在网格支撑环境方面，已完成新一版网格软件CNGrid GOS 3.2的开发与部署；在重点项目“四核龙芯通用CPU研制”的支持下，完成四核龙芯3号处理器的设计并流片，达到世界高端通用处理器设计的先进水平，低成本计算机研制与规模化应用取得重要进展；北大众志完成了新一代CPU系统芯片及配套系统软件的设计开发，研制成功两款新型网络计算机，完成了低成本定制服务器研制，并通过了典型应用环境下的性能及可靠性测试；重点项目“高可信软件生产工具及集成环境”在大规模可信软件生产领域的软件资源库、协同开发平台、软件可信分级模型、软件生产线集成框架等4项总体技术上去的重大突破；在新一代移动通信领域，我国第一次自主研发了TD－SCDMA第三代移动通信技术、标准，主导和推动移动通信产业的发展；以中文为核心的多语言处理技术取得良好进展，同时项目成果直接应用于2008年北京奥运会，实现了百年奥运史上第一次多语言综合信息服务；在卫星导航和移动通信芯片集成方面，完成了RF－CMOS射频芯片和基带芯片第一版芯片设计、流片和测试，完成第一版卫星定位嵌入式软件和GPS接收机测试版设计，制订了低成本RF－CMOS工艺的GNSS多模卫星导航定位射频前端芯片的芯片架构，以及使用于移动通信终端的低功耗、低成本基带信号处理算法和芯片架构。

信息化领域关键技术的突破，有力的加快了信息产业的发展和经济社会信息化的进程。

（三）产业集聚效应及基地优势地位日益明显

1. 加快信息产业基地和园区建设

经信息产业部认定的9个国家级信息产业基地、40多个国家电子信息产业园集群化发展取得明显成效。到2007年，国家电子信息产业园分别在通信、计算机、家电、集成电路、电子元件、电子器件、电子材料等专业领域处于全国领先地位，合计产业规模占全国的1/4以上。9个国家信息产业基地实现收入超过3万亿元，占全国的3/4。产业集聚效应及基地优势地位日益明显，在全国产业布局中的影响力不断增强。

2. 产业增长极形成

产业集群化发展促进区域布局不断优化。长江三角洲、珠江三角洲和环渤海三大区域，劳动力、销售收入、工业增加值和利润占全行业比重均达到80%，产业集群趋势明显。以主要集中于东南沿海地区（占85%以上）的百强企业为核心的区域产业集群正日益形成，其中广东、江苏、浙江、北京百强企业到2010年底均已超过10家，电子信息百强企业逐步成为我国电子信息产业的中坚力量，在生产经营、科技创新、国际合作、节能减排等多方面发挥了重要的引领作用。

3. 完善产业链

企业结构调整明显加快，产业链进一步完善。基础领域企业增多，软件、元器件、材料等基础行业类企业在百强中占一半以上，很多整机企业开始向上游延伸，过去依赖整机发展的产业布局逐步得到改变。

（四）优势企业不断壮大，带动作用日益增强

“十一五”期间，信息领域涌现了华为、中兴、联想、腾讯等一批拥有核心自主知识产权和自主品牌的优势企业。华为技术有限公司积极推动全球化研发战略，不断进行技术创新和知识产权的积累，取得丰硕成果；华为公司是中国申请专利最多的单位；中兴通讯股份有限公司是全球领先的综合性通信制造业上市公司和全球通信解决方案提供商之一；腾讯公司已成为中国最大的互联网综合服务提供商之一，也是中国服务用户最多的互联网企业之一；联想集团已成为全球PC领军企业之一。另外，海尔、大唐电信、上海华虹、浪潮、京东方、海信、北大方正、清华同方等电子信息企业都已成为国内外知名的拥有自主产权和自主品牌

的优势企业。这批优势企业不断壮大，发挥了骨干带头作用，使中国电子信息产品在国际上的竞争力不断增强。

五、网络文化建设全面加强，国民素质整体提高

(一) 网络文化建设规划目标基本实现

"十一五"时期，国民信息素质提高的发展目标进展顺利。各级机构和政府主管部门高度重视，加大了财政投入的力度，切实改善了广大群众的信息环境和信息教育实施的基础条件，加大了信息教育和信息化基本技能培训的力度。

目前，我国中小学已普遍将信息素质教育课程列为必修课，分层次、分阶段地培养在校学生的信息素质；中小学学校的信息环境和信息教育的基础条件改善，初步完善了培养机制并形成完整的信息化教育体系；"农村中小学远程教育工程"的全面完成，全国中西部地区23个省（自治区、直辖市）以及新疆生产建设兵团配备了相应的教学光盘播放设备、卫星教学接收设备、计算机教室等，覆盖了中西部36万所农村中小学校；信息技术人才培养工作已建成覆盖信息技术领域的职业资格标准体系和管理体制机制；信息化相关知识和技能培训也已经成为各级党校、行政学院和各类干部学院教学计划的重要内容。预计到2010年，信息化"十一五"规划确定的国民信息素质培养目标可以基本完成和实现，全体国民的信息素质将大幅度地提高（见表6）。

表6　　国民信息素质目标完成情况

	2005年	2006年	2007年	2008年	2009年	2010年	目标值
农村初中具备计算机教室程度（具备计算机教室的农村初中数）(所)	30239	34527	38815	43103	47391	53025	基本具备
农村小学具备卫星教学收视点程度（具备卫星教学收视点的农村小学数）(所)	168793	186734	204675	222616	240557	262835	基本具备

注：2009年和2010年的数据为预测数。

数据来源：工业和信息化部信息化推进司《中国信息化发展报告2009》。

(二) 弘扬民族优秀文化

1. 丰富网络内容

先进文化的网上传播正在日益扩展。以中央重点新闻网站为主导、以地方重点新闻网站为骨干、知名商业网站积极参与的网络文化阵地新格局基本形成。应用信息技术组织实施《中华古籍全书》出版工程和"中华字库"建设工程，为传播中华民族文化奠定了基础。

2. 倡导网络民族精神

大力加强社会主义先进文化和中华民族优秀文化的正面宣传。在党的十七大精神、学习实践科学发展观、抗震救灾、北京奥运会、改革开放三十周年等一系列重大主题宣传中，互

联网上形成了大气磅礴的正面舆论声势，凝聚了网民力量、激发了爱国热情、振奋了民族精神。

（三）公共文化信息资源建设卓有成效

1. 文艺、新闻、广电内容数字化

信息技术创新文化生产和传播方式，以网络、数字技术为支撑，网络文化、移动电视、动漫游戏、数字音乐、数字电影等新兴文化产业迅速崛起。数字出版等新型出版业进入高速发展期，到2008年底，国内578家图书出版社已有90%开展了电子图书出版业务，出版电子图书50万种；建立了动漫等文化产业基地和区域性特色文化产业群，启动了“中国动漫游戏城”项目和“原创动漫扶持计划”扶持项目；电台电视台数字化程度普遍提高，有线电视数字化步伐加快；电影数字化取得重大进展，制作数字电影数逐年增加，为城市数字影院建设和农村电影数字化放映工程提供了内容支持。

2. 民族语言文字信息化取得较快发展

“十一五”期间，民族语言文字信息化工作取得了较快发展。我们国家已经先后制定了蒙文、藏文、维吾尔文（哈萨克文、柯尔克孜文）、朝鲜文、彝文和傣文编码字符集、键盘、字模等国家标准。少数民族语言文字的计算机软件、电子出版系统、办公自动化系统、网站系统不断面市。少数民族的出版文化事业欣欣向荣，并有电子出版物出版发行。目前，我国28种少数民族文字开发了电子出版系统和办公自动系统，古老的民族文字步入了数字化时代，焕发出新的活力。

3. 文化信息资源共享工程建设卓有成效

文化信息资源共享工程网络建设快速推进，数字资源库群初步形成。据《中国信息年鉴2009》资料显示，2009年文化信息资源共享工程资源总量（TB）达到94.86TB，初步形成了一定的规模，到2010年超过100BT。已初步建成包括1个国家中心，33个省级分中心，1687个县级支中心，4797个乡镇及村基层服务点的五级网络体系，辐射人群过亿，形成了覆盖广大城乡的多级服务网络。

（四）网络文化环境建设成效显著

1. 规范网络文化传播秩序

全国依法打击整治网络有害或不良信息专项行动成效显，保护网络版权工作积极推进，行业自律和公众监督成效明显。2008年国家版权局、公安部、工业和信息产业部联合展开打击网络侵权盗版的专项活动，以清理和整顿视频类网站为重点，加大对大型网站及专门从事传播音乐、电影、软件、图书、游戏等网站的监管力度，建立健全版权管理制度。新闻出版总署累计查禁违法违规网络出版物75篇（部/款），删除违法违规网络小说、游戏、在线图片等3153部（篇、款、张），查禁非法网站近600家，删除网页链接达1.8万余条。

2. 建立和完善网络行为规范

国务院和相关部门先后颁布实施了《关于维护互联网安全的决定》、《互联网信息服务管理办法》、《互联网新闻信息服务管理规定》、《互联网电子公告服务管理规定》等法律法规，有效地规范了网络文化信息传播秩序，促进了网络文化服务质量和水平的提高，网络文化服务进一步规范。

（五）互联网对外宣传和文化体系建设取得成效

“十一五”期间，通过整合互联网对外宣传资源，我国不断涌现出立足于中华文化发展和宣传的系列网站，繁荣了社会主义文化事业，有效地提高了大众文化素质，树立了良好的国际形象和舆论环境。通过相关部门之间的合作，借助人权对话和国际互联网治理论坛等国际交流平台，直接与各国互联网管理部门深入交流，对外宣传工作积极有效展开，持续提升了对外宣传效果。

三、存在的问题

“十一五”规划期间，我国信息化发展总体水平取得了巨大进步，各指标的主要方面都已完成，但是也存在一些问题，主要表现在以下方面。

（一）在基础设施建设方面

虽然我国宽带用户数已经是全球第一，但是仍处于“低速宽带”阶段，平均网络下行速率远远落后于互联网发达国家，接入速率已经成为宽带发展的瓶颈，提升接入速率成为我国宽带发展的必然要求。同时，部分农村地区网络使用的基础条件还很匮乏，尤其是中西部农村地区网络使用的意识相对较落后，网络使用的增长条件和空间还很不足。

（二）在信息化应用方面

整体应用水平落后于实际需求，信息技术的潜能尚未得到充分挖掘，在部分领域和地区应用效果也不够明显；在电子商务领域，社会大众对电子商务认知度、参与度有待提高，而企业主体作用发挥也不够；在电子政务领域，发展不平衡现象突出，信息公开不充分，跨部门业务协同和信息共享能力也亟待加强。此外，国内不同地区、不同领域、不同群体的信息技术应用水平和网络普及程度很不平衡，城乡、区域和行业的差距有扩大趋势，成为影响协调发展的新因素。

（三）在信息产业发展方面

结构问题仍然突出，包括不同行业比重、产品结构、企业结构、市场结构、经济性质结构、区域结构甚至是人才结构等的不合理，成为产业平稳较快发展的较大阻力。同时，行业低端产品供大于求而高端产品依赖进口，经济增长过度依赖外资，区域发展不平衡等，也是信息产业面临的主要问题，产业布局仍有待进一步合理规划；此外，受各种因素制约，信息化管理体制尚不完善，电信监管体制改革有待深化，信息化法制建设需要进一步加快和深化。

（四）在信息技术创新方面

缺乏自主知识产权仍然是困扰我国企业做大做强的主要问题，而技术落后也在一定程度上导致产业结构改革进展困难；核心技术和关键装备主要依赖进口，以企业为主体的创新体系亟待完善，自主装备能力也急需增强，同时，信息企业应对金融危机的经验还有待增加，发明专利申请的整体水平也有待提高。

（五）在国民信息素质与网络文化建设方面

教育信息化相关法律法规、规章条例等体系不健全，技术研发和标准化工作需要加强。同时，经费保障机制欠缺，总体投入也显不足；随着国家信息化的快速推进，网络安全基础设施建设并没有跟上互联网发展的步伐，与此同时，民众的网络安全意识薄弱，中小企业又普遍采用粗放式的安全管理方式，这使得我国网络信息安全形势愈加严峻。

（六）信息化发展水平在地区间差距较大，凸显数字鸿沟问题

从信息化发展指数的测算结果看，我国信息化发展偏向于产业技术指数和知识支撑指数，而信息化基础设施建设尚显不足，地区间信息化发展很不平衡。

四、对“十二五”时期信息化发展的建议

（一）积极转变经济发展方式，促进工业化与信息化融合

要深入进行信息化基础性研究、前沿性研究，提高信息通讯技术自主创新能力，努力实现信息技术的创新与突破；要全面提高信息化应用水平，推动信息化先进技术和成果的应用，提高生产率和效益；要重视企业信息化建设，努力实现企业生产制造装备信息化、生产过程控制信息化、企业管理信息化和市场营销信息化，提高企业电子商务水平；要建立有利于信息技术向生产力转化的相关法规及优惠政策体系，推进工业化与信息化融合，促进信息服务业发展，加快经济发展方式转变。

（二）增加信息化基础设施建设投入，缩小数字鸿沟

在基础设施建设方面，要继续加大投入，着力推进广电网、电信网、互联网三网融合，积极发挥信息化的服务作用，通过三网融合，加快城乡、特别是农村地区的信息化发展，缩小城乡之间信息化差距，缩小数字鸿沟；同时，要在电话普及率和有线电视网入户率不断提高的基础上，进一步提高计算机和互联网普及率，进一步缩小地区差距和城乡差距，提升网络技术水平，提高网络使用效率。在网络建设方面，应本着依托市场需求，先进性、成熟性和实用性相结合的原则，继续优化和完善基础网络，充分挖掘现有潜力。此外，还要利用法律、经济、行政等多种手段，鼓励企业通过联合建设、租用、购并等方式，实现光缆、管道、基站等网络资源的共享，避免不必要的重复建设。

（三）深化投资体制改革，提高信息化应用水平

在信息化应用方面，首先，要深化投资体制改革，稳步增加政府信息化投入，重点投向国家信息化发展急需的各类战略性、基础性、公益性领域；加快建立政府投入为引导、企业投入为主体、其他投入为补充的信息化建设投融资机制；强化政府投资管理，加强政府信息化投入的审计、监督和绩效评估，建立和完善信息化工程建设问责制，形成规范的电子政务工程预算、建设、运行、维护和管理制度。其次，要放宽市场准入，加强政策引导，鼓励社

会资金参与信息化建设；营造良好的财税政策环境，鼓励社会资金投向信息资源公益性开发以及公共信息服务平台建设；进一步完善对信息服务领域的各项扶持政策。此外，要引入风险投资，促进信息化发展；培育风险投资企业，完善风险投资机制，促进风险投资市场良性发展；创造风险资本与商业信贷、股票与债券相互补充、相互支持的投融资政策环境，保障风险投资机制与企业自主创新、孵化和成长的有机结合。最后，要建立普遍服务基金，完善普遍服务机制，拓宽资金渠道，支持欠发达地区的信息基础设施建设和改造；切实采取有效措施，降低通信资费水平。

（四）加快产业结构升级调整，不断提升产业竞争力

在信息产业发展方面，首先，要形成合理的行业结构，重点提升软件与信息服务业、集成电路产业、生产性服务业等的比重，要有效提升技术含量高的产品比重，减少高端产品和关键产品的进口依赖，从根本上缓解高技术、基础产品对产业自主发展的瓶颈制约。其次，要有一批国际竞争力强的本国跨国企业，跨国公司的规模和数量要与发达国家的水平接近，要有效启动国内投资和消费市场的需求，力争把产业外贸依存度下降到一个相对合理的水平，有效增强国内市场对产业增长的贡献率；同时，要依靠本国企业的发展实现产业的增长，不断提升其在产业中的比重，要进一步优化区域产业布局，努力发挥中西部地区的产业增长潜力和这些地区的资源、区位优势对产业的贡献水平。最后，鉴于国际金融危机的影响依然存在，产业恢复增长的基础还不牢固，还要把应对危机的决策继续推动下去，努力扩大内需，加快传统产业的技术改造，有效推进两化融合，并持续不断地加快产业结构升级调整，不断提升产业竞争力。

（五）提高自主创新能力，推动建立协调机制

在信息技术创新方面，首先，要深入进行信息化基础性研究、前沿性研究，提高信息通讯技术自主创新能力，努力实现信息技术的创新与突破。其次，要推动建立以企业为主体的技术创新体系，提高产业自主创新能力，组织实施信息产业重大科技专项，鼓励国内企业积极参与重大专项，加强上下游企业的合作与配套，提高研发和产业化能力，不断在元器件、软件、集成电路、宽带无线移动通信以及网络信息安全监控、密钥管理安全保障体系等方面的核心技术领域取得突破；同时，要推动建立统筹配置科技资源的协调机制，形成工作合力，加强知识产权的创造、管理、保护与利用，营造自主创新的良好环境，完善以企业为主体制定标准的工作体系，鼓励企业在掌握核心专利的基础上联合制定技术标准，推动国内技术标准成为国际标准。

（六）提高全民文化素质，建立网络管理体制

在国民信息素质与网络文化建设方面，首先，要利用先进的信息技术和信息基础设施，尽可能地创造每一个公民方便获取信息、得到教育和培训的条件，要利用各种新的信息技术手段发展教育，改进和补充传统教育的不足，在教育的内容、方法、体制、观念等方面全面创新。其次，要制定政策，吸引国外信息技术和信息管理人才，引进和学习国际先进技术和先进管理经验，促进高技术人才的合理有序流动，要激发全民的聪明才智，在技术、产业、制度各个方面进行创新，实现跨越式发展；同时，要探索建立法律规范、行政监管、行业自律、技术保障相结合的管理体制，加强互联网综合治理，规范网络行为，打击网络犯罪，加强管理队伍建设，强化依法监管、行业自律和社会监督，建立规范有序的互联网信息传播秩序，实现对互联网及其网上虚拟社会的有效管理，促进中国特色网络文化和先进文化的繁荣和发展。

（七）建立信息化官方统计监测体系

信息化的迅速发展，不仅对世界各国的经济社会发展产生了深远影响，而且对信息化的理论研究，特别是信息化发展水平的评价指标体系、统计调查体系及分析方法研究也提出了新的要求。建立信息化评价指标体系和统计评价方法，构建信息化统计调查和监测体系，采用定量的分析方法对世界各国以及中国各地区信息化发展水平进行测算，可以从数量上客观地揭示出不同国家或地区信息化发展的状况，以及同一国家和地区不同时期信息化发展的程度，从统计规律角度总结信息化发展的一般规律和趋势。为配合全球对信息社会进行统计监测的行动，我国要在现有信息化发展指数（IDI）指标体系的基础上，进一步借鉴主要国际组织研究和推出的信息化统计与评价指标体系，由单纯反映信息化发展水平向反映效益与对国民经济影响层面深化，为信息化建设提供更加全面计服务，为政府制定信息化发展战略提供科学的量化依据。

撰稿人：国家统计局统计科学研究所　杨京英

Chapter 2
Regional Report
The Provincial（Autonomous and regions）Report of Statistical Monitoring Research of Informatization Development Index（Ⅱ）

第二部分
分 报 告
各省（区、市）信息化发展指数（Ⅱ）统计监测研究分报告

北京市信息化"十一五"规划完成情况的评估与分析

"十一五"时期，北京市深入贯彻落实《2006～2020年国家信息化发展战略》和《2006～2020年首都信息社会发展战略》，对信息化发展重点进行了全面的部署，推行了信息惠民、信息强政、信息兴业、建设信息安全保障体系、完善信息基础设施、实施数字奥运专项工程等一系列重要方略。北京市"十一五"信息化规划确定的主要任务顺利完成，信息化建设水平显著提高，全市信息化整体水平全国领先，达到世界发达国家主要城市的中上水平，为实现从"数字北京"向"智慧北京"的全面跃升奠定了坚实的基础。

一、"十一五"时期信息化发展的总体水平

2006～2009年，北京市信息化发展指数（Ⅱ）排名位居全国第1位，各项分类指数也居全国前列；信息化发展指数（Ⅱ）年均增长速度达到8.19%（见图1），其中，基础设施指数年均增长速度为-0.3%，产业技术指数年均增长12.82%，应用消费指数年均增长20.75%，知识支撑指数年均增长1.18%，发展效果指数年均增长6.47%。到2009年，北京市信息化发展指数（Ⅱ）达到1.053。

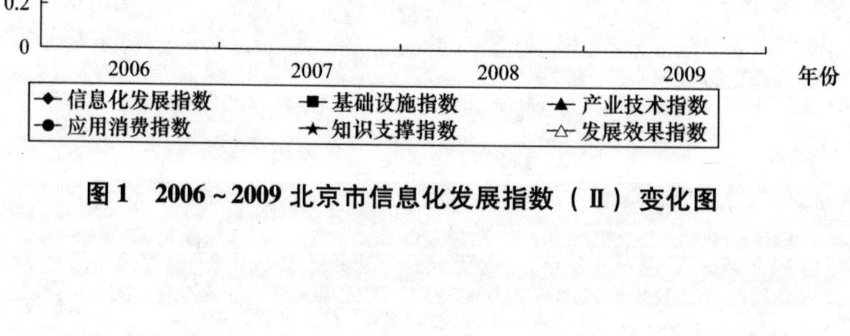

图1 2006～2009北京市信息化发展指数（Ⅱ）变化图

二、信息化应用

“十一五”期间，北京市信息化应用取得了快速的发展，信息化规划任务顺利完成，建立了完善的信息化领导和支撑服务体系，信息基础设施进一步完善，“深化应用，惠及全民”的成效显著，实现核心业务“全覆盖”，电子政务成为政府履行职能的基本手段，成为政府管理模式和管理手段创新的有效工具，“数字北京”基本建成，“数字奥运”各项任务圆满完成。

（一）加强社会服务信息化融合

北京市坚持以公众需求为导向，以加强政府门户网站和“首都之窗”的服务能力为切入点，加快推动电子政务的整合与深入应用，推进社会生活的信息化融合，方便市民生活。

加强“一体化”、“一站式”的网上服务整合。从统一服务入口、统一事项办理的目标出发，北京市在首都之窗门户网站上整合各部门网上服务资源，基本形成了“一体化”、“一站式”的网上服务平台。目前，除了全部1900余项市级行政办事事项已经提供网上办事指南和表格下载外，还整合了网上申报事项878项，办理状态查询的事项1077项，结果公示的事项1117项。此外，首都之窗门户网站还初步整合7家区县475项涉及教育培训、医疗卫生等六大民生领域的网上办事服务事项。首都之窗门户网站在2007年、2008年、2009年全国政务网站评比中均获得了省市门户网站排名第一的成绩。

目前，全市90%以上的企业在网上实现了年检及验照工作；市地税局的网上办税业务从2009年7月起试行取消了纸质申报服务，共有数百万件业务在网上办理；市环保局的建设项目环评业务，100%的业务通过网上办理。

“政风行风热线”创办近5年来，按照“事事有答复，件件有回音”的工作要求，全市74家上线单位累计办理群众来信近15万封，解决百姓切身利益的具体问题近9万件。

提升社会服务信息化，方便市民生活。2009年末，城镇居民计算机拥有率达到96.96台/百人，移动电话拥有率达到107.7部/百人，2010年三季度末，北京信用卡人均拥有量为1.12张。移动电话用户已从2005年底的1459.4万户增长到2010年9月的2117.6万户，其中3G用户数达到254万户，2010年末高清交互数字电视用户已达130万户，具备20M宽带接入能力的用户超过176万。与2005年相比，北京地区网民规模超过1200万人，增长1.85倍；互联网普及率达到69.4%，增长1.42倍，居全国首位。智能卡在市政交通、公用电话领域应用效果显著，在固网支付业务、社保等领域应用进展顺利。截止2009年，一卡通累计发行各类卡片已经超过2873万张，日均刷卡交易量在1500万笔/次左右，公交地铁累计刷卡113亿笔，累计消费79.66亿元；目前刷卡比例已经占到公交客运总量的90%以上，地铁客运总量的76%以上。一卡通的发卡量、日处理交易量和应用领域在国内城市交通卡行业名列前茅。到2009年底，北京地区燃气抄表已超过170万以上用户，网络电表已达到30万以上用户，电抄表用户达到80万以上用户，自来水用抄表已超过100万用户；全市进行组织机构代码登记的机构共计91.2万家；共推广使用税控收款机143362台，使用IC卡286724张。

（二）提高电子政务覆盖广度

北京市在“十一五”期间以核心业务全覆盖为目标，设立了“核心业务信息化支撑广度”指标，推动各部门加快建设电子政务应用。经过几年的努力，北京市核心业务信息化支撑广度逐年上升，由2005年的43%、2006年的65%、2007年的85%、2008年的91%到2009年基本实现信息化支撑。到2009年，全市已经建成700多个信息系统，基本覆盖政府所有的核心业务，信息化覆盖率达到了95%，建成了全市统一的政务外网、800M无线政务专网和政务信息共享交换平台，政府网上服务事项总数达1696个。

（三）深化信息技术应用

自2004年东城区首创“万米单元网格”城市管理新模式以来，北京市已建立覆盖城八区的两级信息化城市管理系统，主动发现和解决了城市管理问题约600万件，实现了城市管理的精细化、常态化和信息化，形成了“属地管理为主，市级综合协调”的两级信息化城市管理体系协作的机制，覆盖了市区1226平方公里，136个街道约2039个社区范围，共划分城市管理网格24850个，城市部件265万个，城管监督员共有3000多人，建立市区两级城市管理信息系统，建成“1+8+N”模式的信息化城市管理系统。在交通管理方面，利用先进的交通信号控制、智能交通综合监测、动态交通流预测预报、交通应急指挥调度等技术，自主研发了“城市智能交通管理指挥控制系统”，为提高北京道路的通行能力提供有力支撑。

（四）推动部门之间信息资源共享

北京市一直重视加强基础工作，把业务、服务和资源梳理作为加快电子政务发展的重要手段。从2006年开始，在全市开展“四清两统一”工作，即通过业务流程、服务事项和信息资源的梳理和统筹计划，实现“业务流程和协同工作清、网上服务清、信息资源清、实现路径清，统一平台、统一网络”。经过“四清两统一”专项工作，编制完成清晰完整的部门业务目录、网上服务目录、信息资源目录，加强了业务基础工作，规范优化了业务流程，在业务、服务和资源梳理工作的基础上，结合部门之间的业务关联关系和资源共享需求，北京市推动信息的提供方和需求方签署“信息资源共享承诺书”，确认共享承诺，形成共享“对子”。并推动各部门接入市政务信息共享交换平台，开展信息资源共享与交换。到目前为止，北京市共有73个政务部门接入了市共享交换平台，开展了近600项跨部门、跨层级信息资源共享交换工作，支撑了各部门90余项业务工作。共享交换平台累计完成了2.6亿条数据的共享交换工作，支撑了领导决策、应急指挥、城市运行监测平台、行政监察、社会信用、执法信息共享、人口数据核实、法人组织机构代码数据共享等重大应用，促进了政务信息共享、部门业务协同和应用系统的整合。

(五)统筹集约建设一批重大系统

在整体规划的指导下，重点建设覆盖面广、带动力强、能够解决城市发展迫切难题、满足公民普遍迫切需求的重大应用，由经济和信息化委员会统筹，组织多部门合力推动，集约建设，重点突破，从点到面带动全市电子政务的全面提升。

市、区两级信息资源共享交换平台，人口、法人单位、空间地理、宏观经济等基础数据库全面建成并实现共享，实现了全市基础政务信息资源的建设和共享；集中建设市领导决策信息服务系统，该系统通过全市统一政务信息共享交换平台，整合全市51个委办局、2个区县提供的500余项核心业务信息，整合工作带动了各部门信息资源的共享，为各级领导提供及时、准确的决策信息服务。

(六)抓住奥运会、国庆等历史机遇推动电子政务跨越发展

北京市紧紧抓住城市发展的重大事件和机遇，围绕重点需求，采取重点突破和全面建设相结合的方式，实现电子政务跨越式的发展。抓住举办奥运会、残奥会的机遇，制定并实施了《数字奥运建设专项规划》，推动应急指挥管理、流动人口管理、房屋管理、土地管理、智能交通、综合执法、奥运城市综合信息服务等一批面向奥运的重大应用系统建成使用；抓住“保增长、保民生、保稳定”，抗击国际金融危机的机会，加快建设整合“在京重大投资项目数据库系统”、“绿色审批综合服务平台”等一批服务经济的信息系统，全面提升北京市经济的监测和服务能力；抓住保障国庆60年的机遇，实现全市主要应急指挥平台的对接与联动，完善城市运行监测平台，加快建设信息安全灾难备份中心、信息安全应急指挥平台等一批信息安全基础设施，极大地提升了城市安全保障与网络信息安全保障体系。

(七)促进电子商务快速增长

2006~2009年以来，北京市电子商务总交易额年度复合增长率呈现出较高的增速，年均增长速度达36%。2006年是北京电子商务的飞跃期，交易额首次突破1000亿元，2007年增长有所放缓，而2008年受奥运经济的影响，北京电子商务放量增长，增速高达71.24%。2009年较2008年同比增长16%，交易总额约为3200亿元，其中：传统企业2112亿元，服务企业1088亿元，大体呈七三开；B2B交易额2992亿元，占总交易额的89%左右，B2C交易额288亿元，占9%；经常使用电子商务平台的中小企业比例占13.2%，尝试使用电子商务平台的中小企业比例占33.5%（见表1、图2）。

表1 2006~2009年北京市电子商务交易额发展情况 单位：亿元

	2006年	2007年	2008年	2009年
电子商务交易额	1271	1610	2757	3200
同比增长率（%）	43.3	26.67	71.24	16

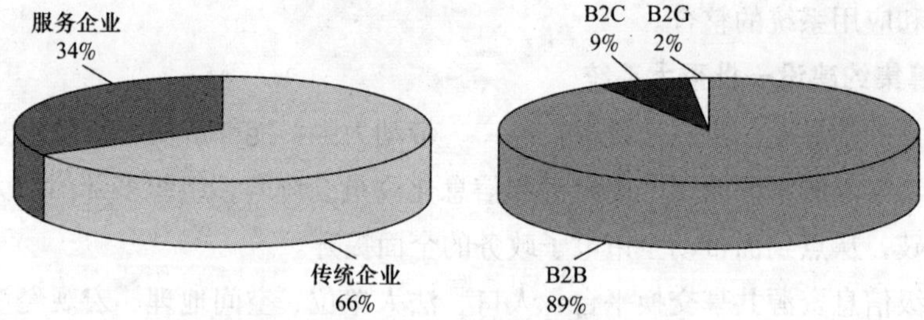

图2　2009年电子商务总交易额分布比例图

三、信息基础设施建设

“十一五”时期，北京市通信业发展迅速，实现了信息化基础设施跨越式发展，2008年奥运会和祖国60年大庆更进一步推动了北京的信息化基础设施的建设，使北京信息化基础设施处于全国领先水平。

（一）加强信息化基础设施建设

（1）通信管网发展迅速。“十一五”前期，奥运设施准备进入冲刺阶段，各运营商、管道建设单位间团结协作，高效率、高质量地完成了与奥运相关的大规模信息管道建设任务，同时实现了二环内、奥运重点地区的架空线入地，信息管道共建模式也逐渐走向成熟；“十一五”后期，信息管道建设重点向管网的细化和优化改造转移，共享比例逐步增加，为“北京信息化基础设施提升计划”的实施创造了良好的先期条件，并完成了市区100公里的架空线入地。“十一五”期间，北京共建设各类信息管道5.4万孔公里，使“十一五”末信息管道总量达到19.5万孔公里。

（2）宽带能力快速提高。“十一五”期间，实现公众宽带接入速率由512Kbit/s提升为2Mbit/s，“十一五”后期又着手实施《北京信息化基础设施提升计划（2009～2012年）》，使北京公众宽带接入速率向20M及更高速率演进，并实现了北京全市的宽带全覆盖。“十一五”期末，固定宽带用户数达468.6万户，新建和改造光纤到户能力达197.5万户，光缆总长度超过16.69万公里，电缆总长度超过13.24万公里，形成了覆盖全市的大型光电缆网络。

（3）移动网技术水平及网络覆盖迅速提升。“十一五”期间移动通信实现跨越式发展，移动通信室外网络覆盖率达到98%，实现对行政村的100%覆盖，并加强了城市功能区、重点建筑、交通枢纽、公共交通设施的覆盖，2009年开始建设移动3G网络，到2010年底预计将建设3G基站约18000个，建成覆盖市区及郊区大部分地区的3G网络。

（4）无线城市多样化发展。“十一五”期间依托WIFI、McWill网络，重点对室外重要地区和重要建筑物开展覆盖建设，建成覆盖北京全市的无线宽带多媒体综合应用专网平台，并为政府应急反恐、综合智能监控、多媒体信息及物联网和互联网无线接入提供服务。目前已覆盖原宣武区、中央商务区(CBD)及望京部分地区共约30平方公里范围，规划“十一五”期末将完成四环以及五环以内主要道路信号覆盖。

(5) 有线电视网络能力进一步提升。“十一五”期末，有线电视用户将达到435万户，高清交互数字电视用户数达到130万户。北京市行政村已全部完成有线电视光缆“村村通”，在260个驻京连队完成了有线电视“连连通”。

(6) 固定语音网技术水平及网络能力稳步提升。“十一五”期间固话用户数保持平稳，规划期末达到766万户。固定语音网在保持传统公共电话交换网(PSTN)稳定成熟的基础上，开始网络转型，北京联通、北京电信、北京移动(即北京铁通)等运营商纷纷引入软交换网络，并实现一定规模应用，形成了PSTN与软交换并存的格局，为向下一代网络融合演进奠定了基础。10个远郊区县3610个行政村已全部完成电话“村村通”。

(7) 电信业务总量不断攀升。2009年，北京电信业务总量为866.7亿元，比2005年底的387亿元增长了124%。

(二) 不断建立和完善信息化服务平台

目前，全市在册的公用和商用数据中心、计算中心、呼叫中心、灾备中心等近百个，提供互联网数据中心(IDC)服务的企业约130家，有效承载了国家及北京市各级政府机关、科研院所、企事业单位和公众的语音呼叫、数据交换、数据计算、数据存储、容灾备份等信息化后台支撑功能的应用和服务。在2009年中国高性能计算机TOP100排行榜中，近40%部署在北京。

通过实施《首都信息基础设施提升计划》，全市信息服务后台资源和功能进一步聚集和完善。中国移动国际信息港、北京电信永丰数据信息中心、北京呼叫中心产业基地由政府已相继立项并开工建设，“移动谷”计划顺利实施，“北京云”近期投入使用。

(三) 提高农村信息化基础设施建设水平

北京市扎实推进信息技术在农村各领域的推广与渗透，通过信息化建设推动传统产业升级、公共服务向农村延伸、培养新型农民，农村的信息化基础设施作为重要的支撑条件在“十一五”时期得到改善。截止2009年底，全市农村广播(电话)覆盖率达到100%；有线电视覆盖率实现100%，行政村宽带网络接入和农村综合信息服务站普及率均达到100%。

四、信息产业发展

(一) 电子信息制造业

“十一五”期间，北京电子信息制造业的发展格局出现深刻调整，受国际金融危机的影响出现了负增长的情况。但在“保增长、扩内需、调结构”政策的引导下，北京电子信息制造业调结构、促发展，产业呈现逐步回升的态势，为“十二五”发展打下良好的基础。

1. 产业规模增速放缓，仍在全国占有重要地位

“十一五”期间，北京市电子信息制造业占全国电子信息制造业主营业务收入的比重一直保持在5%左右，位居全国前五位。

从产业的发展速度来看，北京规模以上电子信息制造业主营业务收入从2006年的高速增长下降到2007年18%的水平；受国际金融危机等因素的影响，“十一五”末期产业出现负增长，但下滑趋势已经扭转（见表2）。

表2　　2006~2009年北京电子信息制造业主营收入相关情况　　单位:%

	主营业务收入（亿元）	增长率	占全国电子信息制造业主营业务收入的比重（全国排名）
2006年	2404	33.10	6.19（第4位）
2007年	2838	18.05	5.07（第4位）
2008年	2614	-7.9	4.81（第5位）
2009年	2601	-0.5	5.07（第5位）

注：“占全国电子信息制造业主营业务收入的比重（全国排名）”指的是北京规模以上的电子信息制造业占全国规模以上电子信息制造业主营业务收入的比重。

资料来源：数据根据《中国信息产业年鉴》（2007、2008、2009、2010）整理。

从重点产品产量来看，北京移动通信手机、程控交换机、微型计算机、显示器、集成电路等产品产量居全国前列，进一步奠定了北京作为全国信息制造业重要城市的地位（见表3）。

表3　　2006~2009年北京主要电子信息产品占全国该产品的比重

	移动通信手机（万部）	程控交换机（万线）	微型计算机（万台）	显示器（万台）	集成电路（亿块）
2006年	14276.6 (29.73%)	4655.48 (62.87%)	736.1 (7.88%)	680.7 (5.20%)	9.25 (2.75%)
2007年	22746.8 (41.46%)	2735.6 (50.78%)	832.2 (6.89%)	515.82 (3.47%)	15.7 (3.81)
2008年	21277.5 (39.27%)	1595.4 (38.46%)	691.5 (5.06%)	457.3 (3.42%)	18 (4.32%)
2009年	21355.3 (34.49%)	1508.8 (36.03%)	842.7 (6.5%)	655.6 —	18.3 (4.97%)

注：表中括号里的百分比是北京市该电子信息产品产量占当年全国同类产品产量的比重。

资料来源：数据根据《中国信息产业年鉴》（2007、2008、2009、2010）整理。

2. *产业经济效益动态调整，仍是支撑工业发展的重要增长极*

北京电子信息制造业主营业务收入从“十五”期末的1806亿元提高到2009年的2601亿元，规模总体上有所扩大，占全市工业企业主营业务收入的比重保持在25%左右；规模以上企业利润总额占全市规模以上工业企业利润总额的比例保持在8%以上；产业增加值占全市工业增加值的比例仍在10%以上，是北京市工业的重要支柱产业（见表4）。

表4　2006~2009年北京电子信息制造业相关指标与全市工业的对比情况　单位:%

	主营业务收入占全市工业企业主营业务收入总量的比例	规模以上企业利润总额占全市规模以上工业企业利润总额的比例	增加值占全市工业增加值的比例
2006年	27.79	13.42	17.92
2007年	27.18	16.89	16.84
2008年	25.04	11.89	15.43
2009年	24.53	8.66	11.90

注:“占全国电子信息制造业主营业务收入的比重(全国排名)”指的是北京规模以上的电子信息制造业占全国规模以上电子信息制造业主营业务收入的比重。

资料来源:数据根据《中国信息产业年鉴》(2007、2008、2009、2010)整理得。

3. 产业结构变化不大,通信设备和电子计算机优势明显

“十一五”期间北京市电子信息制造业内部的具体细分行业构成变化不大,基本涵盖了通信设备制造业、电子计算机制造业、电子器件制造业、电子元件制造业等10多个主要行业。其中,通信设备和电子计算机一直是北京市电子信息制造业的支柱行业。

2009年,通信设备制造业、电子计算机制造业、电子器件制造业、电子元件制造业的主营业务收入分别占全市电子信息产业的57.05%、31.16%、7.13%和2.07%。

4. 产业集中度增强,重点项目建设进展顺利

北京电子信息制造业集中度进一步增强。至2009年底,主营业务收入超过100亿的电子信息制造业企业有4家,超过10亿元的企业有24家。

“十一五”期间,京东方集团在液晶显示技术方面吸收、消化、再创新进行技术积累,于2009年末正式开工建设以京东方八代线为龙头的北京数字电视产业园,为“十二五”北京数字电视产业的发展奠定了基石。诺基亚星网工业园快速发展成为国际一流手机高端制造基地。京芯半导体通过开展国际技术合作成功掌握3G手机核芯芯片研发知识产权,筹建移动硅谷,为北京移动通信产业由高端制造向产业链高端的芯片研发迈进,提升产业国际竞争力打下了坚实的基础。中芯国际公司在“十一五”期间实施一期扩产项目,通过产品结构调整,产能升级扩建提升国际竞争力,并为“十二五”的二期扩产打下良好的基础。

(二)软件和信息服务业

1. 产业规模不断扩大,成为北京重大支柱产业

“十一五”期间,北京软件和信息服务业保持稳健发展的良好态势,初步成为有全球影响力的新兴软件研发中心和软件产业集聚区。2009年,北京市软件和信息服务业实现业务收入2350亿元,其中,软件产业实现业务收入1882亿元,2006~2009年均增长21.1%。

2009年底,北京软件和信息服务业产业增加值实现1107亿元,占地区生产总值的比重从2006年的8.7%上升为2009年的9.33%,是北京重要的支柱产业。

2009年,北京软件与服务出口达10.09亿美元,出口目的地覆盖30多个国家和地区,

出口企业为198家，前八家软件与服务出口企业出口额为5.4亿美元，占北京软件与服务出口总额的52%（见图3）。

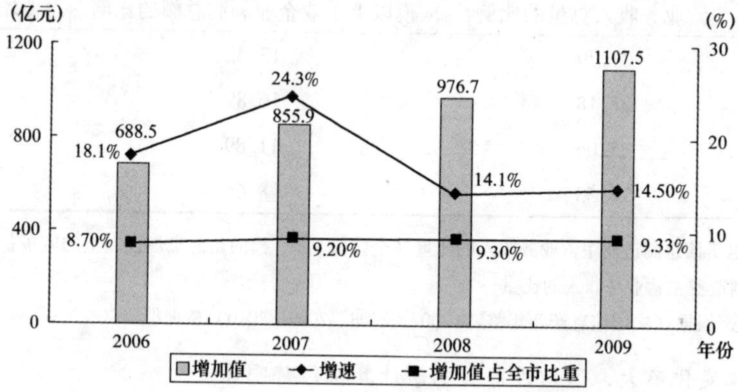

图3　2006~2009年北京软件和信息服务业增加值

2. 产业结构不断完善，多个领域在全国占据优势地位

北京软件和信息服务业以行业应用软件和信息服务为主体，产业链相对完整，优势领域比较突出，新兴领域发展较快，形成了涵盖信息传输、基础软件、应用软件、IT服务、信息服务、嵌入式软件、集成电路（IC）设计等完整的产业链。2009年，北京行业应用及系统集成实现业务收入854亿元，占总业务收入的36%，排在第1位，基础信息传输、信息技术增值服务和软件技术支持服务的业务收入分别为468亿元、383亿元和263亿元，占总业务收入的比例排在第2~4位，分别为20%、16%和11%。

北京有多个领域在全国竞争优势明显。在行业应用软件方面，以政府、金融、电信、制造业、能源、教育等领域的行业解决方案为代表，收入规模占全市36%，多个领域行业系统解决方案占全国市场的30%左右，领先优势明显。在信息服务方面，以互联网信息服务、IT外包、数字内容为代表，收入占全市27%，成为全国互联网信息服务中心和极具竞争力的全球新兴接包地之一。在企业管理软件、信息安全软件、搜索引擎、网络游戏、大型系统集成等细分市场，北京的优势地位进一步加强，信息安全占有全国市场的70%。以云计算、物联网和电子商务等为代表的新兴领域收入增速超过50%，正在形成新的产业增长点。

3. 骨干企业实力增强，世界级企业初具雏形

“十一五”期间，北京软件和信息服务业的集中度有较大提高，一批重点企业在全国、全球的市场地位明显增强。2009年，年收入10亿元以上的软件和信息服务企业达30家，占全行业业务总收入的39.1%，比2006年提升了6个百分点。在中国软件业务收入前百家企业、国家规划布局内重点软件企业中，北京占全国的30%左右。企业融资和盈利能力不断提高，截至2010年11月，共有上市企业87家，总市值超过8000亿元。从全球看，有4家企业达到世界软件百强收入规模；有3家外包企业入围全球外包百强，进入国际外包服务供应商一线阵营；有12家企业进入全球知名网站前100名行列。

4. 产业集聚效应明显，世界一流园区建设初见成效

经过“十一五”的建设，北京已形成了各类软件和信息服务园区用地面积544万平方米。中关村国家自主创新示范区核心区的软件和信息服务收入占全市的82%，中关村科技园区已成为具有世界影响力的高新技术成果的研发、辐射、孵化和商贸中心。培育出百度、联想、方正等一批国际知名企业。目前有1600余家外资企业入驻园区，跨国公司在园区设立的分支机构已超过100家，其中包括研发机构40多家。

北京软件和信息服务业呈现出在中关村科技园区高度聚集的布局态势，并形成了中关村软件园、上地信息产业基地、石景山数字动漫产业基地、朝阳信息服务业中央商务区、密云数字信息产业基地等一批有特色的产业集聚区。中关村软件园及上地信息产业基地聚集了企业200余家，是全国经济规模最大的软件基地，是全市最重要的研发中心、孵化中心和产业化基地，培育了一批国内领先、国际知名的企业，正向一流的世界软件园区迈进。

以企业园区为主的北部产业聚集区、国际大总部企业为主的CBD总部聚集区以及以主题楼宇为主的“学院路—学清路—清华园”创新创业区的发展格局正在逐渐形成。

五、信息安全

信息化建设离不开信息安全的保障，北京市政府对此高度重视，“十一五”期间，北京市信息安全各项保障工作在《北京市“十一五”信息安全发展规划》的指导下全面展开。

（一）全面实行信息安全等级保护制度

为贯彻落实公安部、国家保密局、国家密码管理局、原国务院信息化工作办公室《关于信息安全等级保护工作的实施意见》（公通字［2004］66号）、《信息安全等级保护管理办法》（公通字［2007］43号），北京市相继于2006年、2007年制定并发布了《北京市公共服务网络与信息系统安全管理规定》（市政府第163号令），以及《北京市公安局、北京市信息化工作办公室、北京市国家保密局、北京市国家密码管理委员会办公室关于印发〈北京市开展信息安全等级保护工作的实施方案〉的通知》（京公网监字［2007］788号），全面开展信息安全等级保护工作，明确了各阶段的工作内容、标准和工作成果，督促全市各单位按照等级保护的要求落实各项安全管理制度和安全保护技术措施。截至2009年底，北京市党政机关已有300个信息系统进行了定级，其中3级信息系统61个。

（二）建立并完善应急保障体系

北京市委、市政府及相关部门从组织机制、基础设施等多方面统筹规划，顶层设计，积极做好北京市的应急保障工作。2008年6月，市委、市政府正式批准成立北京市通信保障和信息安全应急指挥部，负责本市政务网络、广播电视网络、公共信息网络的基础设施与信息安全突发事件的应对工作，负责统筹组织本市通信资源，为应对各类突发公共事件提供应急通信保障；印发了《关于加强本指挥部及办公室建设有关工作的通知》（京信安应急指〔2008〕1号），进一步明确职责、完善机制；成立了通信保障和信息安全应急管理专家顾问

组；信息安全应急救援队伍建设初具规模。

北京市还建立值守值班制度和信息报送机制，并形成长效机制，完善了预案体系建设；制定并发布《北京市电子政务网络应急预案》；编制了奥运保障预案。奥运期间，指挥部办公室、指挥部各成员单位、各应急队伍以及基础网络与重要信息系统运营使用单位实行 24 小时领导带班和值班制度，应急救援队伍实施 24 小时应急准备状态，任何时间随叫随到。

北京市信息安全灾难备份中心按照平战结合、资源共享的原则，建设了信息系统灾难恢复的共用基础平台，面向重要政务信息系统中涉密和三级以上（含三级）系统的灾难恢复建设、运维、演练、测试以及灾难发生时的系统和业务恢复，集中提供场地、机房条件和管理、技术支持等配套资源与相关服务。初步形成北京市城市突发公共事件应急响应和重要政务信息系统安全保障的支撑能力。容灾中心建设单位为北京市经济和信息化委员会，总用地面积约 22704. 866 平方米（含代征绿化带 2704. 866 平方米），容灾中心通信网络主要由北京市电子政务专网、运营商网络组成。

（三）建设网络信任体系

为规范北京市政务数字证书的使用，促进北京市统一电子政务信任体系建设，2006 年，原市信息办、市国密办和市保密局联合印发了《关于加快政务数字证书推广应用的通知》（京信息办函［2006］151 号）。2005 ~ 2009 年，北京市不断完善数字证书认证中心的建设，升级了政务数字证书在线服务平台，定期组织数字证书管理员培训。截至 2009 年底，政府面向社会提供公共服务的数字证书发放累计达到 20 多万张，党政机关使用数字证书 2 万多张。

（四）建设并完善信息安全监控体系

自 2006 年起北京市开始开展政务信息安全监控工作，经过 3 年多的建设，监控设备已部署在政务外网八个汇聚节点及首都之窗主站域，现已形成一定监控能力，目前可实现对政务外网监控节点的网络攻击、病毒传播和访问行为的监测以及政务网站首页运行状态监控。

在 2008 年奥运网络信息安全保障工作期间，通过对监控数据分析，共发现病毒传播、网络攻击及网站异常等信息安全监控事件 116 起，监控人员通过电话和邮件方式及时通知事发单位处置，在各方共同努力下，奥运期间市政务网络和信息系统未发生重大安全事件，监控系统发挥了重要作用。

2009 年，共检测涉及市级单位的安全事件 153 起，所有安全事件均得到有效的处置，保证了国庆期间政务网络与信息系统的安全稳定运行。

（五）净化信息网络环境

市网管办、市公安局、市通管局等部门相互配合、加强协调，通过提高对互联网信息内容管理和分析的技术水平、建立健全信息安全执法体系，加强了对互联网信息的监控和管理，加大了对属地网站违法违规行为的处罚力度，积极开展了打击网上舌强涉爆、贩卖假币发票、拐卖妇女儿童、强迫妇女卖淫等专项行动。

(六) 加快信息安全基础设施建设和产品研发

城市信息安全保障体系及长效机制已建立形成。北京市安全测评中心、数字证书认证中心等重大信息安全设施相继建成，信息安全灾难恢复中心正在加紧建设（部分完成）之中。北京市作为全国信息安全产业中心，国内信息安全知名企业云集北京，自主研发产品已经形成一定的产业规模，信息安全产品2008年底的市场规模全国第一。

六、技术创新

“十一五”期间，北京市实现信息化科技创新持续保持在较高水平，科技创新投入结构进一步优化和完善，创新能力显著增强，企业核心竞争力得到提升，“以企业为主体、以市场为导向”的新型产学研机制基本形成，企业依托更广泛的社会创新资源开展创新活动，企业创新主体地位基本形成。

(一) 不断提高研发投入

在研发投入方面，经过“十一五”的发展，北京市软件核心技术取得进一步突破，形成了自主完整的系统软件产品体系。2009年北京软件企业研发投入总计达到217.3亿元，是2006年的1.66倍，占软件业务收入的比重为11.6%；2006~2009年北京软件企业研发投入年均增长率为18.3%。

2009年平均每家软件企业新增0.5个国内外申请发明专利，是2006年的3倍。截至2009年底，北京经认定的软件产品数量累计达15577件，登记软件著作权22055件。跨国公司在北京设立的研发中心超过100家，拥有一批世界知名的研发机构（见图4）。

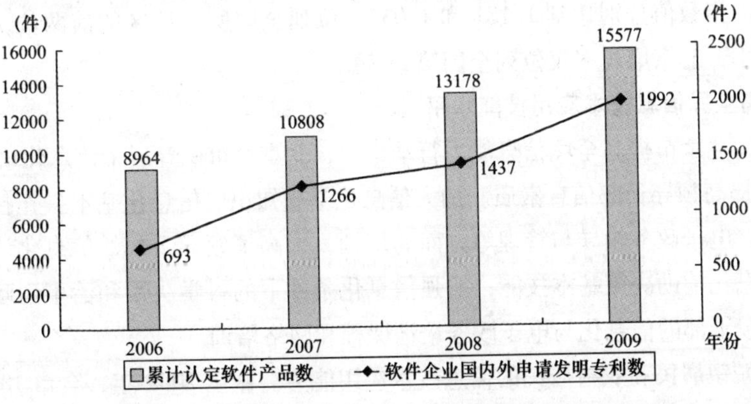

图4 2006~2009年北京累计认定软件产品与软件企业国内外申请发展专利情况

(二) 加强标准制定工作

“十一五”期间，一系列产业标准在北京诞生。我国第三代移动技术标准“时分同步码分多址”(TD-SCDMA)、闪联、数字电视地面传输标准、数字音视频编解码标准（AVS）、移动多媒体广播、卫星直播数字电视等标准、无线域网标准在北京陆续制定颁布，以标准为核心的技术创新取得可喜进展。例如，经过闪联标准工作组多年的努力，由闪联标准工作组提交的闪联标准提案完成了国际标准化组织（ISO）全部投票流程，以90%的支持率高票通过，成为全球3C协同领域的首个ISO国际标准。

（三）促进创新成果不断涌现

一批自主创新成果不断涌现。京东方拥有我国第一条自主知识产权的薄膜晶体管液晶显示器（TFT - LCD）生产线，北方微电子100纳米8英寸刻蚀机和离子注入机的成功研制填补了国内空白。采用完全自主知识产权龙芯处理器的千万次超级计算机“曙光6000”等一批重大科技成果实现突破和产业化应用，填补了国内空白，强有力引领了北京市相关产业的快速发展。2009年，国务院批复建设中关村国家自主创新示范区，对于进一步增强北京企业自主创新能力具有重要的意义。

七、国民信息素质建设

过去5年，在北京市委、市政府的正确领导下，全面落实了“十一五”提出的“努力提高全民信息技术应用技能”、“着力抓好缩小数字鸿沟工作”和“加强信息化人才培养和队伍建设”等任务，求真务实，开拓创新，实现了持续快速发展，基本完成了“十一五”提高国民信息素质的各项任务，为首都经济社会发展做出了重要贡献。

（一）促进知识指数持续提升

北京市2006~2009年的知识支撑指数持续上涨，一直高于全国平均水平，并且连续位列全国第1位。但知识支撑指数的增长率比较缓慢，低于全国平均水平，排名较为靠后。2009年北京和上海的指数值分别达到1.181和1.037，位列全国所有地区的前两位，且京沪两地的差距有所减小，北京增长率仅位列全国第26位。

（二）提高全民信息技术应用技能水平

根据制定的北京市提高全民信息能力行动纲要，北京对市民开展了信息化培训。

（1）加快提高领导干部信息素质。加大信息化基础知识、信息化基本操作技能、电子政务与政府治理、电子政务领导与管理等方面的培训，提高了领导干部的信息化认识，促进领导干部掌握信息化辅助决策基本技能，增强信息化条件下的科学决策和治事理政能力。全市已多次开展局级干部的信息化与电子政务培训课程和网络培训。

（2）提高城镇居民和农村居民的信息技术应用能力。截至2009年，全市18个区县已全部建成3000平方米以上的区县级社区服务中心，155个街道建成1000平方米以上的街道社区服务中心，2300个社区建成了100平方米的社区服务站。建有市、区、街三级社区服务信息网站群，居民可以在线申请社区服务。建有全市统一的96156北京市社区公共服务热线系统和街道级小呼叫系统。此外，在全市社区普遍建成了社区卫生服务中心（站）、社区警务站、社区文化站、社区图书馆等公共服务设施，开展加强信息化知识普及和上网、文字处理、信息传递与政府部门网上互动等基本技能培训。

(三) 信息化人才培养和队伍建设

北京市加大了人才领域的国际合作，建立开放的干部交流、培训制度，完善人才引进配套政策。2007 年，北京市授权挂牌 6 所高校为“北京市信息化人才培养基地”，利用基地这种模式，充分发挥北京教育资源的优势和在信息化人才培养方面的先导作用，加快培养适应首都经济社会发展需要的信息化人才，促进全民信息素质的提高。

经过 5 年的建设，北京市国民信息素质实现了跨越式发展，信息素质总体水平保持全国领先地位。“十一五”信息素质建设的完成，为“十二五”时期全面提高国民信息素质奠定了坚实基础。

八、信息化发展环境建设

在“十一五”期间，北京信息化基础工作取得突出成绩。全市贯彻落实国家信息化发展战略及国民经济和社会发展信息化“十一五”规划的部署，制定了《2006～2020 年首都信息社会发展战略》，指导全市信息社会建设；制定出台了《北京市信息化促进条例》、《北京市提高全民信息能力行动纲要》《北京市中长期科学和技术发展规划纲要（2008～2020）》等近 20 项地方性法律法规和政策性文件，在基础建设、技术应用、产业促进、组织保障等方面强力推进首都信息化迈上新台阶。初步建立了信息化标准体系，为规范全市的信息化管理、加快信息化建设提供了法律政策依据。北京积极应对金融危机，在全国率先制定了《北京信息基础设施提升计划（2009～2012）》、《北京市调整和振兴电子信息产业实施方案》，为推动全市信息化发展提供积极的政策支持。目前，北京还在积极编写《北京市促进软件和信息服务业发展的指导意见》，规划布局新时期产业的发展战略，将进一步改善北京的信息化发展环境。

九、存在的问题

“十一五”期间，北京各领域信息化发展取得了显著成效，实现了许多新突破，但与民众日益增长的信息化建设和服务需求相比，与建设中国特色世界城市的发展要求相比，还存在一些问题。

从基础支撑来看，信息基础设施建设尚未形成体系，现有的信息基础设施难以满足日益增长的城市信息技术应用需求。从社会层面来看，信息化对经济转型的支撑力度亟待提高，工业化和信息化深度融合的力度有待进一步增强；促进信息通信技术的引领创新未形成有效配合机制；信息化与市民生活的交互性需进一步开发；信息化文化的改革创新需要进一步加强。从区域角度来看，信息化对促进城市顺畅运行的支撑作用未完全发挥，城市感知能力需要进一步加强；信息化扩大区域交往的合作机制亟须建立和完善；信息化对推动国际化进程的作用尚未深入挖掘；信息保障能力还需进一步提高。

十、“十二五”时期北京市信息化的发展思路、方向和对策建议

“十二五”时期仍是北京大有作为的重要战略机遇期，也是北京加快信息化发展、融入信息时代全球城市竞争新格局、引领全国城市发展的关键时期。北京将全面、深入推进北京市智能化发展，到2015年，建成达到国内、国际的高端信息基础设施，信息化经济引领创新发展能力明显增强，城市和社会服务科学化、精细化管理水平提升至新的台阶，公共服务适度普惠，健康向上的信息化文化氛围初步形成，信息安全保障能力显著提高，信息化全面渗透，引领发展，促进经济社会包容性增长，实现“数字北京”向“智慧北京”的全面跃升。

为此，在“十二五”期间，北京将完善法律法规，优化信息化发展法制环境，在政府信息公开共享、电子文件管理、个人和企业信用管理、电子商务、电子政务网络建设、个人隐私信息保护、虚拟社会管理、信息化项目外包等方面尽快出台配套政策。更新完善北京信息化标准体系框架，完善信息化标准服务体系和工作机制，重点编制经济运行、应急指挥、人口管理、医疗卫生、公共安全、社会保障、智能交通等领域信息化应用和信息资源标准，积极推进信息安全和政务网络等管理标准的建设，建立标准创新公共服务平台。继续完善各级信息化工作领导小组领导决策与协调机制，完善市信息化专家咨询委员会决策咨询机制，强化信息化主管部门的职责，加强对全市信息化发展的监管与绩效考核。加强全市信息化资金和项目的统筹力度，设立信息社会建设引导专项资金，优先向新一代信息技术研发创新和产业化倾斜，通过发布规划、特许经营等手段，创新社会化信息化项目的投入和运营模式，积极引导社会投资。

撰稿人：北京市经济和信息化委员会 童腾飞
工业和信息化部电子科学技术情报所 汪礼俊
廖 瑾

天津市信息化“十一五”规划完成情况的评估与分析

当前，全球信息化进入加速发展、综合集成、融合转型的新阶段。天津市委、市政府一直高度重视并把信息化作为覆盖现代化建设和推动天津经济增长的战略举措，紧抓不放。在信息化兴起之际，天津市制定了信息化发展战略，成为全国率先开展信息化建设的城市之一。经过多年的探索和实践，天津信息化建设取得了显著的成绩。以建成宽带城域网为标志，信息基础设施建设实现了跨越式发展；初步构成了适应天津实际的信息技术推广应用体系，信息化已渗透到社会和经济建设的各个领域，电子政务、企业信息化、社区信息化取得了新进展；信息产业继续保持了全市第一支柱产业的地位；信息化发展环境进一步改善，信息安全、法律法规、人才队伍建设健康发展；信息化对国民经济和社会发展的基础性、战略性、带动性作用日益显著。

在“十二五”期间，天津市政府将注重传感网、物联网等战略性新兴技术的示范应用，大力发展物联网产业，最终实现产业和应用的良性互动。因此，深入研究天津市信息化发展现状，总结经验，探寻信息化发展的新思路，将对推进经济社会发展具有重大意义。

一、天津市“十一五”信息化发展总体水平显著提高

“十一五”时期，天津市积极贯彻落实党中央、国务院《2006～2020国家信息化发展战略》的各项方针政策和战略部署，信息基础设施建设发展迅速，信息产业技术稳步发展，信息化应用推广体系进一步完善，技术应用取得新的突破，城市信息化水平大幅提升，信息化发展指数（Ⅱ）以年均9.29%的速度增长，由2006年的0.736上升到2009年的0.820，连续四年排名全国前三位，整体水平处于全国前列（见表1）。

表1 2006～2009年天津市信息化发展指数（Ⅱ）与分类指数

	2006年	2007年	2008年	2009年	年均增速（%）
总指数	0.736	0.751	0.787	0.820	9.29
基础设施指数	0.462	0.502	0.517	0.539	6.41
产业技术指数	1.030	1.038	1.053	1.053	4.45
应用消费指数	0.561	0.578	0.683	0.750	24.06

续表

	2006 年	2007 年	2008 年	2009 年	年均增速（%）
知识支撑指数	0.887	0.882	0.916	0.916	1.28
发展效果指数	0.740	0.755	0.767	0.841	10.27

从国家统计局信息化发展评估体系的五项评估指标来看，“十一五”期间，天津市信息化发展在信息基础设施建设、信息产业技术发展、信息化应用消费、知识支撑和信息化发展效果五个方面都有不同程度的提升。首先，信息化应用消费指数和信息化发展效果指数取得较大幅度提升，市民对信息化的认知度、使用率和依赖性达到较高水平，信息化应用已经日益深入到社会经济发展的各个方面。其次，信息基础设施建设指数和信息产业技术指数稳步发展。“十一五”期间，天津市在信息基础设施建设方面加大投入，在通信基础设施、互联网宽带接入设备等方面取得较快发展，“三网融合”进一步推进，信息技术领域招商引资力度不断加大，产业结构调整进一步深入。但是，知识支撑指数增长幅度缓慢，随着信息产业结构调整的步伐加大，对信息产业及相关部门的人才需求会有大幅度的提高，引进高端人才、加大自主创新投入、优化人才结构，将对天津市信息化发展起到重要的推动力量。

表 2　2006～2009 年中国部分地区信息化发展指数（Ⅱ）比较表

	2006 年		2007 年		2008 年		2009 年	
	指数	排名	指数	排名	指数	排名	指数	排名
全国合计	0.611		0.633		0.654		0.681	
北　京	0.970	1	1.001	1	1.016	1	1.053	1
上　海	0.871	2	0.906	2	0.931	2	0.965	2
天　津	0.736	3	0.751	3	0.787	3	0.820	3

由表 2 可知，天津市在“十一五”期间的信息化发展取得了突出的成绩，在全国各省市的信息化发展指数（Ⅱ）比较中，一直稳居前三位。根据 2009 年全国 31 个省市信息化发展指数（Ⅱ）的计算结果，天津市处于第二类地区，即信息化发展中高水平地区，在信息产业技术指数和知识支撑指数方面落后于北京、上海两个一类地区，尚有一定的差距，但在信息基础设施建设、信息应用消费领域和发展效果等方面，要高于两个一类地区的发展速度，天津市的信息化发展有着巨大的潜力。随着信息化发展“十二五”规划的出台，天津市又将迎来新的发展机遇期。

二、“十一五”期间天津市信息化建设取得突出成就

“十一五”期间，天津市信息化建设取得突出成就，在信息基础设施建设取得重大进展，电子政务、经济信息化、信息产业、社会信息化等领域都得到了长足发展，信息化“强政、

兴业、惠民”任务全面落实，滨海新区信息化样板区初步建成，主要发展目标基本实现，全市信息化建设迈上新台阶。

(一) 信息基础设施建设发展迅速

“十一五”期间，天津市全面加强信息基础设施建设，加快信息网络改造升级，积极推进光纤宽带网络、新型无线宽带城域网建设，提高网络覆盖率，初步建成高速率、大容量的宽带城域网，成为北方地区重要的信息通信枢纽之一。全市信息基础设施和服务能力达到国内先进水平，发展迅速。

1. 信息通信能力显著提升

“十一五”期间，天津市共完成电信固定资产投资204.9亿元。2010年，天津市通信行业完成电信业务总量428.4亿元，比上年增长18.2%；实现电信主营业务收入132.6亿元，比上年增长6.7%，超过全国平均水平0.3个百分点；实现增加值81.6亿元，比上年增长2.9%。

在基础传输网络方面，截至2009年底，全市光纤铺设长度已达到160万芯公里；2010年全年共完成长途光缆纤芯长度为11.4万芯公里，其中已用纤芯长度约为2.3万芯公里，实占率20.4%；本地网中继光缆纤芯长度新增41.5万芯公里，达到83.4万芯公里，其中已用纤芯长度约为28.6万芯公里，实占率34.3%；接入网光缆纤芯长度达到127.3万芯公里，其中已用纤芯长度约为34.7万芯公里，实占率27.3%。

在交换机容量方面，固定电话局用交换机容量（含接入网和无线市话）减少80.3万门，还有534.0万门；移动电话交换机容量新增222.0万门，达到1910.0万门。

在电信用户数方面，固定电话用户数继续下降，移动电话用户数则继续大幅增长。截止2010年底，全市公网电话用户达到1456.6万户，其中，固定电话用户366.8万户，移动电话用户1089.8万户，宽带接入用户174.1万户（仅指基础电信运营企业的宽带用户）。固定电话普及率为29.9部/百人，列全国第7位；移动电话普及率为88.7部/百人，列全国第5位。

建成蓝泰数据中心、天津联通互联网数据中心等5个数据中心，我国首个千万亿次超级计算中心在滨海新区投入运营。

2. 广播电视网络覆盖继续巩固扩大

“十一五”期间，天津市广播电视网络全面完成数字化整体转换，实现了由小网变大网，由模拟变数字，城市双向覆盖率达到75%，基本形成光纤与无线相结合、覆盖全市的高性能宽带通信网络和双向化数字广播电视网络。

同时，积极推进由标清变高清、由看电视转变为用电视的运营模式，完成互动电视和互动增值业务平台建设，在数字电视高清互动业务试验小区提供不少于56套标清、12套高清节目，以及VOD影视点播、电视回看、时移及电视杂志、唱片点播等高清互动业务；大力开发和运用数字化、网络化技术，加快构建覆盖广泛、技术先进的文化传播体系。

3. 互联网宽带化进程进一步加快，接入用户数稳步增长

2009年，城市互联网出口带宽达到335Gbps，完成“光纤入户”32万户，建设无线基站12600座，无线网络覆盖全市，核心区域3G网络实现全面覆盖。2010年，互联网宽带接入端口新增47.1万个，达到230.1万个；互联网骨干出口带宽新增80Gbps，达到415.1Gbps。

2009年，天津市宽带网民512万人，占全市总体网民的90.78%；手机网民占整体网民的49.0%。2010年，互联网宽带接入用户净增15.73万户，达到174.1万户；互联网普及率达到48%，居全国第4位。

全市域名总数约14.6万个，IPv4地址约318.4万个。互联网接入服务经营单位65家，宽带用户规模为158.5万户，已备案的网站约4.5万个。天津市在网络新闻、电子邮件、网络炒股、网络购物等网络应用方面高于全国平均水平。

（二）信息化推广体系进一步完善，技术应用取得新突破

“十一五”期间，天津市大力发展物联网，努力促进电信网、广播电视网、互联网的三网融合；发展完善电子政务、电子商务、公共信息和云计算服务信息平台，坚持以信息化带动工业化、以信息化推进现代化，加快经济社会各领域信息化，全面提升城市综合信息化水平，在电子政务、经济信息化、工业企业和社会信息化等领域全面推进信息化进程，打造“智慧天津”，取得了新的突破。

1. 电子政务建设位居全国前列

天津市在电子政务建设方面扎实推进，总体水平处于全国前列，在转变政府职能、提高行政效率、改善公共服务等方面的作用日益显现。“十一五”期间，天津市建成并开通覆盖全市385个副局级以上单位的市电子政务专网，国家电子政务网络中央级传输骨干网天津结点率先建成开通。进一步整合完善了以天津政务网为枢纽的政务网站群，政府门户网站手机版建成开通。政府在线办事和公共服务向纵深开展，“网上办公大厅”服务事项进一步整合提升，政府在线办事能力排名全国前五。

建成全市统一的空间地理信息平台和企业基础信息交换系统，信息资源共享和业务协同初见成效。数字化城市管理、应急指挥、行政审批、口岸通关、土地利用、城乡规划等一批重要信息化应用系统取得新成果，干部选拔任用工作纪实监督等系统促进了工作方式创新，大大提高了监督效能。

2. 经济领域信息化成效显著

天津市积极推进信息化在经济社会领域的广泛应用，信息化与工业化融合步伐明显加快，尤其在重点行业，如石油化工、装备制造、生物医药等优势支柱产业，信息化应用更加深入。“十一五”期间，全市96%的重点企业将信息化建设作为提升管理水平的重要途径，60%实现了办公自动化，55%建立了企业网站。

电子商务得到广泛应用，已成为现代商品、服务交易的重要手段。天津市电子口岸与物流信息平台投入应用，开通了14个城市的无水港申报管理信息系统，构建了“陆港”便捷通关业务模式，区域商贸辐射功能进一步增强；“天津国际电子商务应用平台”正式开通，

外贸企业利用信息化手段开拓国际市场进入实质性推广阶段。

金融信息化水平显著提升，截至2009年，累计发行银行卡4615万张，城市卡在公交车、地铁、轻轨、出租汽车等公共交通领域广泛应用。

3. 工业企业信息化建设迈入新台阶

工业企业信息化是增强企业竞争力的重要途径。推进企业信息化，将使企业经营模式、管理理念、营销方式发生根本变革，促进商贸流通领域的技术进步，并进一步带动产业结构调整和产业优化升级，促进形成国民经济信息化。

在“十一五”期间，天津市各工业企业中大力推动“两化融合”，信息化应用普遍。截止2009年底，通过计算机辅助设计（CAD）、计算机辅助工程（CAE）、辅助制造（CAM）等信息化手段的推广应用，基本实现了“甩图纸”和“甩账表”，在机电行业二维的CAD出图率达到90.3%，三维CAD基础应用面达到了25.5%。在制造环节，企业装备与生产过程设备的数字化、自动化率达到43.5%，机械和电子行业70%的企业采用了数字化加工，冶金、纺织、轻工等行业普遍采用了自动化流程，电力、石化行业普遍采用了智能化控制。在管理环节，以ERP为代表的先进管理技术的应用率已超过50%，使库存资金占用率逐年下降，资金运转效率和企业财务决算速度明显提高，培育了钢管公司、赛象科技、鼎盛天工、一汽夏利等65家综合示范企业。在流通环节，企业电子商务平台建设加快，已有一万余家内外贸企业利用第三方平台开展电子商务，近3万家企业网上有名。企业通过网站展示企业形象，宣传品牌意识明显增强，行业电子商务平台功能逐步提升，企业网站的整体水平提高，网站功能进一步增强，成为与上下游关联企业沟通的重要手段之一。

经过多年发展，全市目前已有近千家信息化示范企业，计算机联网率已超过85%，天津工业企业逐步向设计数字化、装备智能化、流程控制自动化、管理信息化发展，精益生产、敏捷制造、虚拟制造、网络化制造等新的生产方式广泛应用。信息化为天津工业的快速发展赢得了先机，也为长远发展奠定了基础。

4. 加强农业信息化基础设施建设，完善农业信息化手段和应用

天津市积极整合农业信息化资源，农业信息化建设取得明显成效，完成农业部“三电合一”农业信息服务模式应用试点工作，信息技术在设施农业、农产品质量安全可追溯等领域发挥了重大作用，成为中国农业信息化10个领先地区之一。

“十一五”期间，已建成基于市、区县、乡镇三级农业生产信息服务平台，进一步完善农业信息化基础设施及网站的建设。在市级层面建成“农心通”网络服务平台，集成有关农业信息化建设的成果，开通“农心通”服务专用网站；在基层层面，强化立足基层信息服务站点的硬件建设，为信息服务站配置统一的硬件设备，以满足基本的信息服务需求。完善农业信息化测评体系和测评指标，将农业信息化测评作为一项长期的制度逐步丰富、健全农业信息化测评工作机制；集成应用信息技术与产品，提升设施农业生产管理水平，以现代化技术提升设施农业生产管理水平为主要目的，研发或集成应用一批现代化信息设备，实现设施农业生产的数字化管理。同时，结合新农村建设目标，建立数字化村镇管理系统，形成助

民、富民和便民的村镇产业信息化共享软件或技术产品，为村镇信息化建设提供技术支撑；加强农业信息化培训，综合应用多种手段传播农业科技知识，在已开通的“12316”、“960110”农业语音信息服务系统的基础上，不断完善系统功能，实现农业信息语音自动查询、人工咨询、手机短信、传真服务等多种服务功能。

5. 社会领域信息化深入推进

在科技、教育、文化、医疗、社区、农村等领域得到广泛开展信息化应用，努力使信息化成为服务城乡居民、助建和谐社会的重要手段。截止2009年底，已建成以天津科技网为核心的科技资源共享服务平台，科技文献数据库总量达到771个；建成覆盖全市的天津教育科研宽带网和三级基础教育资源体系，提前完成农村党员干部现代远程教育基础设施建设；文化资源共享工程深入推进，全市建成15个数字文化资源库；开通全国卫生系统第一个广域医药卫生应用网络，建成城乡一体化的劳动和社会保障信息系统，实现各项社会保险网上申报和缴费，医保门诊联网基本覆盖全市、实现实时结算。社区信息化务实推进，农村综合信息服务体系覆盖绝大多数行政村。

（三）信息产业取得突飞猛进发展

天津市委、市政府高度重视信息产业发展，“十一五”期间，天津市电子信息产业取得平稳较快发展，信息化发展环境得以进一步优化，企业信息化发展体系日趋完善。

1. 电子信息产业规模进一步扩大

2009年全市电子信息产品制造业实现产值1706.7亿元，占工业总产值的13.1%，总量规模位居全国第6位；软件产业实现业务收入201.3亿元，占电子信息产业的比重从“十五”末的5%上升到10%。

产业结构调整成效明显，移动通信、新型元器件、数字视听等优势领域进一步巩固，高性能计算机、集成电路、嵌入式电子、软件等潜力领域不断壮大，物联网、信息安全、人工智能、光电子等新兴领域正在形成新的优势。重点产品在全国的地位进一步加强，手机产量居全国第3位，电子元件产量占全国的1/4，高性能计算机技术水平国际领先。全市电子信息产业加快向高端化、高质化、高新化方向发展，国家级电子信息产业基地的地位得到进一步巩固。

2. 信息化发展环境不断优化

“十一五”期间，天津市在贯彻国家有关法规政策的基础上，信息化立法工作取得重大突破，在全国率先颁布实施了信息化地方性法规《天津市信息化促进条例》，信息化发展步入规范化、法制化轨道。

建立了网络与信息安全协调小组和联动机制，出台了《天津市网络与信息安全突发事件应急预案》、《关于加强政府信息系统安全保密工作的意见》等一系列政策性文件，完成了重要信息系统的安全定级，组织开展了全市政务系统信息安全检查和风险评估工作，使信息安全保障体系不断完善；深入推动电子认证在纳税、社保等领域的应用，数字证书用户达到10万户。

3. 建立和完善企业信息化体系

建立健全了全市各区县、行业主管部门推动企业信息化工作体系，集成本市各大专院校、软件等IT企业的资源，建成了企业信息化公共服务平台，构建了多层次、专业化信息技术应用支撑服务体系，进一步提升了为企业信息化服务能力。完善了企业信息化指标体系，开展了重点行业企业信息化水平评估工作。同时，培养了一批既懂业务又具备一定信息化专业知识的复合型人才。

（四）技术创新体系逐步形成

“十一五”期间，天津市努力推进以企业技术中心为核心的信息产业发展模式和技术创新体系建设，通过企业信息化战略实现传统产业共性技术和产品工艺关键核心技术突破，推动专利战略、人才战略和产学研技术联盟战略实施，使企业技术创新工作取得显著成效。

1. 以企业技术中心为核心的创新体系日趋完善

截至2009年底，10大产业技术研发平台已全部完成三年建设计划目标，三年累计投入123.11亿元，其中12.62亿元用于基础设施建设，18.44亿元用于研发手段的提升，92.05亿元用于项目的研发。新增研发仪器设备1190套；引进人才2995名（其中博士33名，硕士160名，技术带头人110名）；完成研发项目748个；申报专利2021件，其中发明专利607件。目前，天津市国家级企业技术中心已达24家，同时，认定了曙光计算机有限公司等34家市级企业技术中心。目前，天津市市级企业技术中心总数已达到300家，提前一年实现“十一五”目标。

2. 围绕优势产业发展实现产业产品工艺创新的新突破

以构筑自主创新高地为目标，重点推进产业、产品和工艺的技术创新。截止2009年，天津市工业完成新产品产值3949.76亿元，新产品产值率达30%以上，高新技术产品产值占天津市工业总产值的比重达30%。

在产品创新方面，“曙光5000A”高性能计算机、船舶自动识别系统、空客A320飞行模拟训练器、动力型锂离子电池、重型双工位锻造柔性液压机、巨型子午线轮胎成套设备等一批重大新产品研发成功并实现批量投产。“曙光5000A”高性能计算机的研制成功，使我国成为继美国之后世界上第二个能够生产超百万亿次商用高性能计算机的国家。

在新工艺、新技术创新方面，大直径区熔硅单晶制备技术、超声波防除垢技术、超洁净钢以及高炉混喷技术等一批关键技术工艺取得重大突破。

3. 企业专利申请大幅度增加首次突破万件

组织企业实施专利战略，增强企业运用知识产权制度能力。通过开展专利示范企业试点工作，引导工业企业善于运用知识产权制度，保护创新成果，加大专利申请力度，对核心技术和产品采取多层次、立体式的专利保护，形成专利保护网，并在专利的数量和质量上取得竞争优势，提高企业核心竞争力。截止2009年，全市工业企业专利申请首次突破万件，达10289件，占全市专利申请量的53.62%，同比增长17.3%。

(五) 信息网络教育和文化素质建设效果明显

1. 网络教育规划目标基本实现

在“十一五”期间，天津市利用现代教育技术手段，促进教育教学改革的创举，有效解决了教育资源供给和需求的矛盾

截止2010年底，全市所有普通高中学生均可登录网络平台，实现跨校选课、学分互认，同时率先向小学进行了拓展，在“博学乐园”中开设了《习字与书法》课程。在普通高中选修课程开设“空中课堂”基础上，天津市教委为适应当前和今后教育发展需要，站在未来教育发展的高度，积极创新发展模式，以“开放大学堂”为支撑，将“空中课堂”和“博学乐园”囊括其中，打造出一个具有品牌效应的内容丰富的适应多学段学生和社会需要的网络学习平台。

作为教育信息化数字资源中心的重要组成部分，天津市开通“天津大学生”网站，构建面向全市大学生进行思想政治教育的综合性网络平台，成为大学生学习知识、获取信息、表达思想、交流情感的重要渠道。

2. 网络文化环境建设成效显著

为了发挥网络在构建主流文化中必不可少的关口作用，天津市在“破”和“立”上做文章。一方面，全面启动了网吧监管平台系统建设，可以实现对全市所有网吧电脑终端实时监控和对网络文化内容实施有效监管，加大网络监管力度，从源头上堵住不良网络文化。另一方面，开办一系列集知识性、观赏性、互动性于一体的视频栏目，着力打造绿色网络，为未成年人营造健康的成长氛围。同时积极整合社会资源，把博物馆、纪念馆等爱国主义教育基地，以及图书馆、科技馆等文化场所都搬到网上，网民轻点鼠标，就可以获取知识，网络也成为传播先进文化的大课堂。

3. 文化信息资源共享工程建设卓有成效

从2006~2009年，天津市累计投入天津文化信息资源共享工程7360万元。在建设中积极创新，充分利用数字电视整体转换的契机，通过数字电视网络将共享信息直接入户，并且可供用户自主点播收看。在城区，通过数字电视把文化信息资源直接传输到户；在农村，运用有线、无线数字电视及互联网等多种方式，实现文化信息资源进村入户。

三、天津市信息化建设存在的问题

“十一五”期间，天津市信息化建设取得了明显成效，在基础设施建设、产业技术发展、信息技术应用和技术支撑体系等方面位于全国前列。根据2009年中国各省市信息化发展指数（Ⅱ）计算，天津市的信息化发展指数（Ⅱ）为0.820，处于全国中等以上水平，与北京（1.053）、上海（0.965）等信息化发展高水平地区还存在一定得差距，具体表现在以下几个方面。

(一)信息化对产业发展的支撑带动作用需要进一步增强

信息技术应用创新的力度不够，对传统产业改造升级、新兴产业培育的科技支撑能力不足，电子信息产业自主创新能力不强，软件与信息服务业规模较小，不能满足信息化高端发展的需求。

(二)缺乏面向全社会、具有影响力的公共信息服务平台

与北京、上海、杭州、深圳等城市相比，天津市在电子商务、金融服务、数字内容等领域的公共信息服务发展相对滞后，尚未形成具有一定规模和较强影响力的电子商务及信息技术综合服务平台。

(三)信息资源综合利用与协同共享水平有待进一步提高

人口、法人、自然资源与空间地理、宏观经济等基础数据库尚未实现多部门共享；在应急救助、公共安全、社会服务等领域的信息系统综合集成度不高，信息资源开发利用水平不高。

(四)信息化发展环境有待进一步优化

信息化建设与运维资金缺口较大，高端人才不足，信息化标准规范滞后，信息安全的保障能力有待进一步加强，适应信息社会发展的制度环境需要进一步完善。

四、对天津市今后信息化发展的建议

电子信息产业已成为天津市的第一大自主产业，按照“十二五”规划要求，应大力发展物联网，努力促进电信网、广播电视网、互联网的三网融合；发展完善电子政务、电子商务、公共信息和云计算服务信息平台，争取在“十二五”期间初步建成城市应急指挥信息系统、空间地理信息系统、智能交通信息系统和社区管理信息系统等城市管理信息化建设，确保基础信息网络和重要信息系统安全。建议从以下几个方面促进信息化产业发展。

(一)加快企业创新主体建设，完善技术创新体系

搭建研发平台，在重点信息技术领域，建立若干以重大应用为导向的联合攻关、集成创新技术联盟，建设相应的共性技术研发和服务平台，扩大科技基础设施对企业的开放，推动各类创新资源向企业集聚。鼓励企业建立和强化研发投入机制，引导大中型企业建立技术研发中心，支持企业参与市级与国家重点项目的研究。加强产学研的有效结合，支持高校与企业合作建立研究开发机构和实施产学研合作项目。发挥政府的引导作用，围绕激励和扶持企业成为技术创新主体、促进引进技术消化吸收和再创新、促进科技成果转化和产业化等，加大资金和政策的支持力度。

(二)加快体制机制创新，增强信息化的带动作用

加快实施大企业、大集团战略，树立品牌意识，通过“扶优、促优、强优”，积极扶持一批有一定产品、有一定技术、有一定人才的电子信息内资企业，把内资企业做大做强，发展一批具有自主知识产权的知名 IT 品牌产品。加快国有企业的体制和机制创新，进一步深化国有企业改革，加快现代企业制度建设，尽快建立适应市场经济体制和国际惯例需要的企业运行机制。积极吸引民营资本进入，大力发展多种形式的混合所有制经济，实现投资主体多元化，使信息产业的经济结构合理化、富于竞争力。

认真研究国际产业转移趋势，按照完善产业链、提高产业集中度的要求，围绕天津市电子信息产业九大重点领域，吸引行业骨干企业和为其服务的中小型专业化配套企业，增强信息产业产品门类和配套能力；积极吸引多种形式的外资投入，鼓励外资企业参与电子信息产业的结构调整以及国有企业的改革；鼓励跨国公司转移其研发中心，加大技术转让力度，同时引导本地企业与跨国公司建立联合研究开发中心，推动天津市信息产业由价值链环节的低端向高端转移。

积极争取国家财政预算内资金、科技三项经费以及国债专项资金等各类资金的支持，加大地方财政的支持力度，建立电子信息产业发展专项资金，引导和扶持企业进行技术改造和技术创新。建立电子信息产业风险投资机制，鼓励海内外风险投资基金投向电子信息产业重点项目。鼓励和支持有条件的企业通过上市、吸引其他行业上市公司出资入股、发放企业债券等方式，筹集社会自由资金。引导企业用好用足各种资金，增强企业自我积累、自我发展的能力。

（三）加强区域经济合作，完善公共信息服务平台建设

天津电子信息产业的发展壮大必须寻求与圈内其他省市的互补联合，特别是和京冀的联合。通过引入和培育区域合作机制，在京津冀都市圈电子信息产业发展整体规划的指导下，积极参与三地的城市间、开发区与科技园区间、企业、高校、科研院所和中介机构之间开展多种层次、多种形式的合作与联合，谋求共同繁荣。积极开展重点产业领域的合作，在软件产业、元器件产业、计算机外部设备、光电子及器件和新型电源与电子材料产品等领域开展“互补合作”，建立产业共同体或产业联盟，相互开放市场，共同开发国内外市场，增强开发能力，促进产业加速成长；在移动通信、集成电路、汽车电子、显示器件、数字消费产品等领域开展“增强合作”，共同促进配套，完善产业链，增强国际竞争力，做大规模，提高区域凝聚力。在信息服务设施、跨区域的公共信息基础设施、公共技术平台、政府间的合作平台与机制、公共政策环境建设、产业信息交流平台等领域共建共享公共平台，促进本地区信息产业资源的使用效率和数据资源共享。

（四）注重人才开发和引进，进一步优化信息化发展环境

根据天津市电子信息产业发展的迅猛势头，大力培育各级、各类信息技术人才，特别是高级技术人才、复合型人才。鼓励企业与高校联合培养专门人才，强化员工在职培训制度，不断提高职工队伍的整体素质。强化人才激励机制，对有突出成就的优秀人才、掌握关键技术的特殊人才以及高层次留学人才的引进和使用，除了落实已有的优惠政策外，还要打破常规，采取切实可行的措施，鼓励资本、技术等要素参与收益分配，为他们提供更优越的工作环境和生活条件，吸引和稳定人才队伍，形成吸引人才的良好环境，建立人才竞争机制。

(五) 加大对软件产业支持力度，推动软件产业超常规发展

“十一五”期间是天津软件产业实施超常规发展的关键时期，要继续把软件产业作为国民经济的基础性、战略性和先导性产业来抓，进一步提高各级主管部门和领导对发展软件产业战略意义的认识。一是加大对软件园建设的支持力度，进一步完善在用地规划、征地、土地变性、配套设施等方面的优惠政策，充分发挥软件园的载体作用和聚集效应。二是吸引国内外知名的软件大企业到津投资发展，借力做大做强软件产业。三是重点培养一批面向日、韩和欧美市场的优势企业，形成一批有较大规模的骨干出口和外包企业联盟，加速国际化进程。四是重点引进精通国际市场运作及软件科技创新的领军人物，对高级技术人才、高级管理人才和市场开发人才以及对天津市软件产业发展做出突出贡献的人才实行重奖。五是设立专项风险投资基金，加大政府投入，形成以政府投入为引导，以企业投入为主体，金融资本、民间资本、海外资本广泛进入的多元化投入机制，为具有自主知识产权的软件开发和成果产业化提供有力的支持。六是实施政府采购、重大项目招标本地化等带动政策。

(六) 建立循环型电子信息产业基地，促进产业可持续发展

牢固树立科学发展观，走新型工业化道路，推进信息产业经济增长方式转变。建立信息产品回收和再利用体系，抓好废旧电子产品的回收、拆解、处理和再利用。以提高资源利用效率为核心，以科技创新作为发展循环经济的支撑，建设循环型电子信息产业基地，促进循环经济产业链的形成，推进信息产业发展与资源环境、区域经济的协调发展，实现产业可持续发展。

撰稿人：北京邮电大学世纪学院通信系　翟应斌

河北省信息化“十一五”规划完成情况的评估与分析

信息化水平是衡量一个国家或地区经济发展和社会文明进步的重要标志。近年来，河北省信息化发展较快，在带动产业升级、推动政府转型、促进民生改善等方面发挥了重要作用。“十二五”时期，河北经济社会发展进入了向现代化迈进的关键时期，也是经济发展方式转变实现突破的战略机遇期。实现信息化与工业化的高度融合，对促进河北经济又好又快发展意义重大。深入研究河北信息化现状和水平，提出实现信息化发展新突破的对策建议，将进一步促进河北信息化与经济社会的发展互动。

一、河北省“十一五”信息化发展情况

“十一五”期间，河北省各级各部门在省委、省政府的正确领导下，积极贯彻落实党中央、国务院《2006～2020国家信息化发展战略》的各项方针政策和战略部署，按照《河北省国民经济和社会发展第十一个五年规划纲要》要求，一批信息化重大应用项目建设发展迅速，信息化应用取得突破性进展，信息产业突飞猛进，信息化发展环境日益优化，全省信息化整体水平明显提高（见图1）。2006年以来，河北省信息化发展指数（Ⅱ）以年均12.58%的速度增长，到2009年，信息化发展指数（Ⅱ）达到0.609。

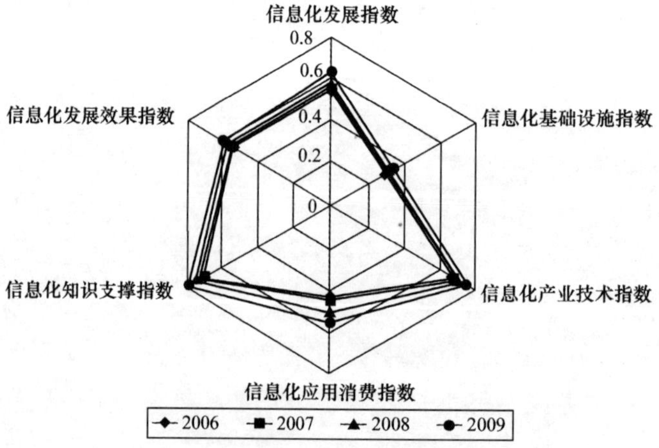

图1　2006～2009年河北省信息化发展情况

(一) 信息基础设施建设发展迅速

“十一五”以来，河北省信息基础设施得到进一步加强，信息终端普及率大幅提高，3G、数字电视等信息重大工程建设等方面取得较大成绩。

(1) 综合通信能力明显增强。截至2009年底，河北省有668个20户以上自然村通电话，已形成了覆盖全省城乡的信息通信网络。全省完成电信业务总量1152.2亿元，列全国第6位，比2005年翻了一番；电信业务收入达到355.7亿元，居全国第8位，比2005年增长了46.7%；全省电话用户共计5132.8万，成为继广东、江苏、山东、浙江、河南之后全国第6个超过5000万电话用户的省份；全省电话普及率达73.6%，比2005年提高21个百分点(见图2)。

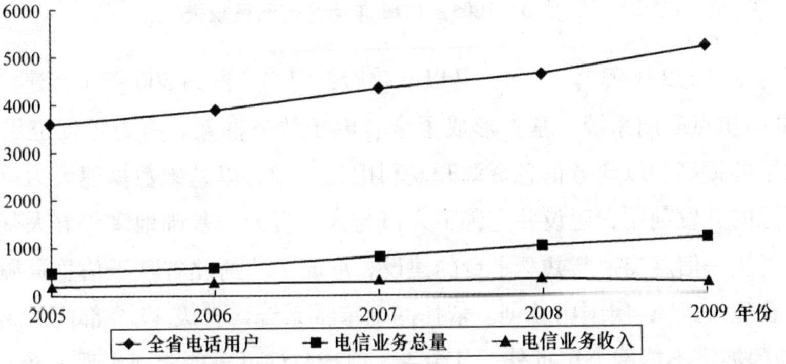

图2 2005~2009年河北省电信业发展情况

(2) 广播电视覆盖继续巩固扩大。2009年底，全省有线广播电视传输干线网总长12.53万公里，有线电视用户625.03万，比2005年分别提高了53.9%和26.8%。数字电视整体转换工作进展顺利，数字电视用户264.06万，是2006年的近3倍；广播电视综合覆盖率分别达到98.95%和98.86%。河北卫视有效覆盖人口达到6.16亿，成为华北五省有效覆盖人口最多的卫视频道。大力推进中国移动多媒体广播（CMMB）项目，组建了河北广播无线传媒有限公司，成为全国第一个实现CMMB信号覆盖全部设区市的省份。

(3) 宽带化进程进一步加快。2009年底，全省拥有网民1842万人，是2005年的3.8倍，年均增速39.2%（见图3)。宽带用户522.7万户，是2005年的近4倍，位列全国第5，普及率达到7.5%；农村地区行政村宽带通达率已达到90.12%。作为中国移动互联网市场的一个重要组成部分，河北省3G网络建设已经覆盖全省11个地区的市区和县城、发达乡镇、5A级风景区、高铁、高速及重要国道沿线，初步满足了大规模商务组网要求，取得了阶段性成果。

(二) 信息化应用实现新突破

“十一五”期间，河北省信息化基础设施建设为信息化应用搭建了良好平台，继续以深化应用、拓展应用为重点，在电子政务、经济信息化、社会信息化等领域实现新突破。

(1) 电子政务建设成效显著。河北省以电子政务为突破口，以应用为主导，以资源整合

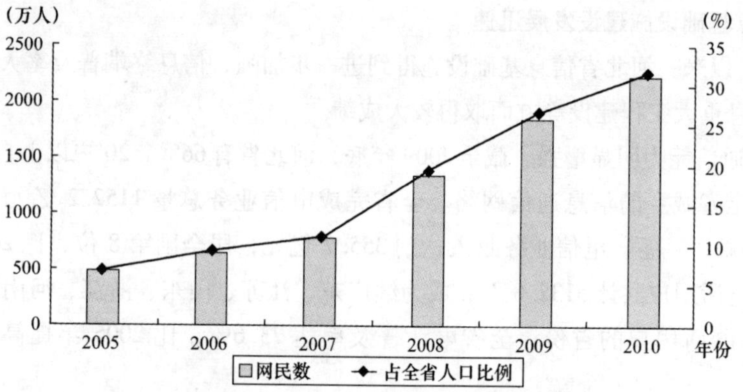

图3 2005~2010年河北省网民规模

为重点，实施了“112工程”。目前，县以上政府部门门户网站500多个，建立了财税、统计等12个跨部门重点应用系统，基本形成了全省电子政务框架，有力地促进了政府信息的公开和服务水平的提高。以政务信息资源开发利用为先导，以基础数据建设为重点，河北省加强了信息资源的开发利用，建设并完善了人口与人力资源、基础地理等五大基础信息库，有效支撑了全省统一信息交换与共享平台的建设，形成了“河北省基于信息资源规划的信息化应用建设与管理模式”，属国内首创。依托网上审批系统，省级49个部门473行政许可事项中，除25项因涉密不能网上审批外，其余448项行政许可事项全部实现了网上审批与电子监察，走在了全国前列。

（2）农业和农村信息化成绩突出。全省农业信息服务网络基本形成，设立服务“三农”各种栏目近万个，集成科技、市场、政策等各类信息100多万条。在全省开通了“12316”三农热线，农民可与相关专家随时随地进行电话交流。邯郸和张家口被列为中国农村综合服务信息试点单位，衡水市被农业部命名为“全国农村信息化示范单位”，安平县被列为首个国家级县域经济信息化试点。

（3）企业信息化快速发展。河北省十分重视信息技术对传统工业的加工改造和信息化与工业化的融合。安平丝网、沧州管道管件等产业聚集区建立了信息化支撑的中小企业公共技术服务平台。全省有500多个企业在产品开发、工程设计中普遍采用了计算机辅助设计（CAD）、辅助制造（CAM）技术，18个单位成为全国CAD应用工程示范企业，33家企业入围中国信息化500强。唐山暨曹妃甸成为国家级信息化与工业化融合实验区之一。常山集团和唐山三友利用信息化促进节能减排成效明显，被国家工业和信息化部列为优秀典型案例。

（4）电子商务逐步扩大。县域特色经济网站成为河北电子商务应用的亮点，“中国辣椒网”、“中国国际五金丝网交易网”、“中国工程橡胶网”等30多个县域特色经济网站的成功运行，促进了当地经济的发展。利用新农村商务网组织开展农产品网上购销对接，“新农村农副产品网上购销会”累计成交额达到47亿元。河北省培育了“国大36524”、秦皇岛晨砻等30多加电子商务试点示范企业，形成了网上订货、物流配送为一体的电子商务运营模式。

河北好望角等一批物流公司，建立了专业物流信息数据库并与国内知名物流企业实现对接，通过条码和全球定位（GPS）技术，实现了对商品、运输状态的全程跟踪。

（5）社会领域信息化较快普及。第一，远程教育网络促进了城乡教育均衡发展。利用卫星通道和互联网构建了天地合一的综合教育平台和全部省内中小学及6000所幼儿园联网，累计开发同步教学资源和中小学生网络自主学习课程资源10.2T，设置视频课程1800余学时，累计为中小学节约费用10亿元以上。第二，借助教育文化资源的共享，省内居民信息素质普遍得到提高。河北省文化资源共享工程已经形成了省、市、县、乡镇、村的服务网络架构，每年提供不少于1万册的电子图书、200小时舞台艺术、知识讲座、影视节目等视频资源，带动全民读书、学习热潮。第三，医疗与社会保障信息化发展较快，惠及百姓。公共卫生数据中心已基本建成，90%以上省、市医院实现了网络化管理，60%以上实现了临床医学信息化，有的已经实施或正在部署电子病历建设。公共卫生信息系统提高了公共服务与应急处理能力，实现了重大疫情的网络直报。开通了12333保障电话咨询服务热线，建设了省市两级企业养老保险数据库，入库人数达97.9%，建立了11个城市共10万余户最低收入家庭和13.8万户低收入家庭住房情况数据库，事业保险监测数据已覆盖11个市9.4万人。

（三）信息产业取得突飞猛进发展

近5年来，在信息化应用不断加强、需求不断增长的情况下，河北省信息产业取得突飞猛进发展，在产业规模、技术创新等方面快速提高。

（1）电子信息产业规模总量不断扩大。2009年底，河北省电子信息产业在统企业479家，其中，全国电子百强企业3家，国内外上市公司8家。全行业实现工业增加值145.65亿元，排名全国第13，比2005年提高近1倍；完成主营业务收入631.35亿元，居全国第11位，是2005年的3.28倍，年均增长达34.5%；出口创汇19.88亿美元，位列全国第11，是2005年的5.6倍（见图4）。电子信息产业集聚区发展较快，形成了石家庄、廊坊、保定、秦皇岛四个基地，玉田电子元器件园、承德智能仪器仪表园、张家口东山电子信息园、怀来光电子园、涿鹿信息产业园、青县韩国电子工业园、沧州线路板园、邯郸计算机耗材园八个园区。

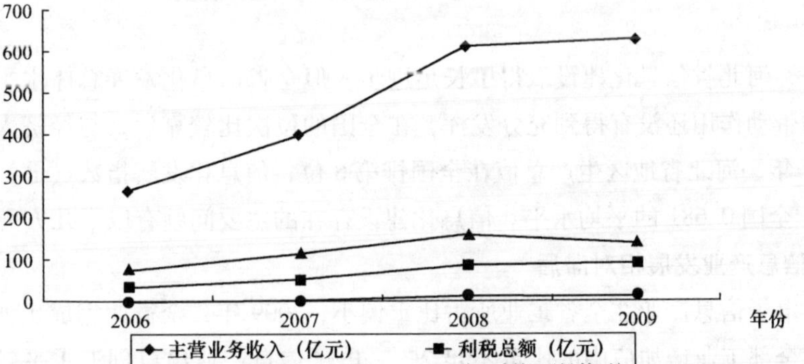

图4　2006～2009年河北省电子信息产业发展情况

(2) 信息技术创新能力有所增强。河北省先后扶持光伏电池、液晶材料、通信装备等一批产品，在增强研发能力、改进生产工艺、填补国内空白等方面取得明显成效。2009 年河北省信息产业列入国家技术改造计划项目 20 项，资金支持 7500 万元。目前，河北省太阳能光伏电池生产能力位居世界第七，全国第二，TFT 液晶材料、石英晶体谐振器保持国内领先地位，平板显示产业配套优势明显，半导体照明产业已初具规模。富士康、华为、京东方、中兴等国际知名企业相继落户河北，为河北省电子信息产业的持续发展和信息技术创新注入了新活力。

(四) 信息化发展环境日益优化

河北省严格落实网络信息安全责任制，充分发挥各方面积极性，进一步完善网络信息安全基础设施建设，健全网络信息安全组织协调机制，加强网络信息安全基础性工作，加强互联网专项整治，使全省网络信息安全保障能力得到不断提高，信息化发展环境得到日益优化。

(1) 加强信息安全保障，提升信息安全等级。建立了省信息安全测评中心、电子政务数字认证中心、信息安全通报平台等信息安全基础设施，对 811 个党政群机关门户网站实施定期监测，完成了 55 个重要信息系统的安全测评。开展了信息安全风险评估和管理体系试点。省市两级建立了网络与信息安全时间应急协调体系，省市县三级 1074 个重要信息系统实现了安全信息网上直报，对 965 个单位开展了信息安全专项检查，保障了全国重大活动期间的信息安全。

(2) 加强互联网管理，净化网络发展环境。一方面，加强对网站备案信息的规范性、真实性审查，并对未备案互联网站进行了清理整顿。2009 年共备案网站 57405 个，截至 12 月底，累计备案网站 15819 个。另一方面，始终坚持打击网络违法行为，积极配合相关部门开展整治互联网低俗之风、查处取缔黑网吧等一系列专项活动，取得积极成果。2009 年，累计关闭非法网站 2506 家，删除有害信息 1333 条，组织企业封堵垃圾短信 2.2 亿条。

二、信息化建设存在问题

近年来，河北省信息化建设取得了长足进步，但全省信息化发展总体水平仍然滞后，对产业发展的带动作用还没有得到充分发挥，在全国的位次比较靠后，与经济大省的地位不相匹配。2009 年，河北省地区生产总值在全国排第 6 位，信息化发展指数（Ⅱ）全国排名仅为第 20，低于全国 0.681 的平均水平。信息化建设存在的主要问题有以下几方面。

(一) 信息产业发展相对滞后

河北省电子信息产业在全省工业所占比重偏小，2009 年，全行业完成工业增加值 148 亿元，在全省全部工业增加值中的比重不足 2%。电子信息产业出口创汇水平较低，占全省工业出口创汇的 16.7%，仅占全国电子信息产业出口创汇的 0.45%。产业规模较小，核心技术缺乏，自主创新能力薄弱。信息制造业品种较少，科技含量不高，软件开发业薄弱，信息服务业基本没起步，信息技术的研发和推广应用还没有形成大气候，严重制约了河北省传统产业改造的进程。虽然中国电子科技集团13所、54所地处河北境内，但是两所的技术成果在省内产业化进程缓慢，技术、人才的优势没有发挥出来。产业结构问题仍然突出，包括不同行业比重、产品结构、企业结构、市场结构、经济性质结构、区域结构的不合理，成为产业平稳较快发展的较大阻力；同时，行业低端产品供大于求而高端产品依赖进口、经济增长过度依赖外资、区域发展不平衡等，也是信息产业面临的主要问题，产业布局仍有待进一步合理规划。

（二）工业化和信息化融合不深

工业化和信息化融合发展的内涵不是简单的工业信息化或者制造业信息化，而是要统筹经济社会发展与信息技术应用的关系。目前，河北省"两化融合"发展的理念尚未得到有效贯彻，在信息化工作中存在局部的以工业信息化替代工业化与信息化融合发展的倾向，促进工业化与信息化融合发展的管理机制尚需强化。

信息技术和信息化对传统工业的改造、对结构调整的促进、对工业化的带动作用还未得到充分发挥，信息技术在传统产业改造升级的关键环节尚未得到充分应用，在节能减排中深入推广不够，信息化对企业流程再造、业务创新等环节支撑不够。信息服务业发展滞后，多数信息服务企业核心技术不多，产品配套层次和附加值较低，支持产业发展的资源分散，产业布局不够合理，增值服务和创意设计产品创新水平不高，尚不具备提供行业信息化全面解决的能力。企业信息化促进工程建设不足，重大信息工程建设相对滞后，企业资源计划（ERP）、客户关系管理（CRM）、供应链管理（SCM）、管理信息系统（MIS）、制造资源计划系统（MRPⅡ）、计算机集成制造系统（CIMS）等普及率低，水平相对落后，多数企业应用效果较差。中小企业信息化水平较低，企业网络应用深度不足，电子商务开展缓慢。企业内部信息化投入和运用的分布不均衡，企业的中间技术层，尤其是设计部门和财务部门信息化程度相对较高，但企业的决策部门以及企业的末梢，如供应、生产、销售等环节的信息化建设较为薄弱，多数企业的信息化建设呈现出中间大、两头小的格局。

（三）信息化建设资金投入不足

随着人口的增长，城市规模的扩大和消费水平的不断提高，居民对信息化的需求无论是在量上还是在质上都有了明显提高，需要政府投入更多的物力和资金用于网络环境构建、信息管理和软件开发、设备的维护与检修等。而河北省信息化专项资金每年仅1000万元，无论与其他省市相比，还是与自身信息化发展的要求相比，信息化建设资金的投入都明显不足。2010年，河北省仅提供1000万元专项财政基金支持信息化建设，而河南省是其3倍，陕西省则高达2亿元。没有强有力的资金支持，信息化建设难以快速推进，这限制了河北省信息化的建设规模和整体水平。

（四）人才匮乏与人才流失并存

在信息化建设中，人才起着至关重要的作用，特别是在基础设施建设和信息资源开发应用方面，是否拥有高端的信息化人才将直接决定信息化发展水平的高低。信息化建设不仅需要一般专项信息化技术人才，更需要既懂技术、又懂业务流程，既懂管理、又懂集成技术的复合型、管理型等信息化专门人才。河北省目前人才结构性矛盾十分突出，普通劳动力过剩，信息技术人才数量少且质量不高，信息化高级管理人才、技术带头人严重短缺。2006～2009年，河北省信息化知识支撑指数均低于全国平均水平。2009年底，全省电子信息产业从业人员为13.02万人，各类工程技术人员为2万人，仅占全部从业人员的15.36%，这表明河北省信息化建设人才严重缺乏，大大阻碍了河北省信息化建设向更深层次发展，造成了河北省国民经济信息化整体水平偏低、信息产业竞争力不强、综合信息能力落后。再加上河北省毗邻京津，经济及信息产业发展的较大反差，造成京津对河北省人才的“黑洞效应”、“虹吸效应”，现有的人才流失较为严重；现有的用人机制不活，引进人才的能力和手段欠缺，形成了“培养难、引进难、留住难”的状况。

（五）信息化建设的体制机制不健全

促进信息化发展的协调机制仍然偏弱。由于条块分割、各自为政等问题没有得到根本解决，工业和信息化厅作为一个职能部门，在进行跨部门、跨地区以及跨行业协调时困难重重，使得部门之间、地区之间、行业之间不关联互助、信息不共享互换、信息与业务流程和应用相互脱节等现象时有发生。尚未形成相对集中高效的电子政务管理机制，由于电子政务管理涉及的部门多、层级多，又缺少专门部门对电子政务建设进行全方位的统筹管理，这就很容易造成电子政务的重复建设，浪费投入严重。

三、加快推进信息化发展的对策建议

加快推进信息化，是经济社会发展方式转型的必然要求，是实现全面协调可持续发展的必经之路。要加快推进河北省信息化建设，必须从以下五个方面加大工作力度。

（一）转变经济发展方式，推进信息化与工业化融合

（1）推进信息（技术）在工业领域的应用和融合，促进先进制造业发展。从企业、行业、工业管理三个层面推进工业领域“两化融合”，重点加大计算机辅助设计（CAD）、计算机辅助制造（CAM）技术、数控技术、柔性制造技术、网络化制造技术、机器人技术等信息技术，以及在工业产品研发设计、工艺改造、生产制造、企业管理、市场营销、物流配送、售后服务等关键环节的应用和融合，积极推动各环节的综合集成应用，提高工业产品质量和附加值。力求通过“两化融合”，促进钢铁、装备制造和石化等支柱产业高端化，纺织、轻工和建材等传统优势产业品牌化，电子信息、生物医药、新能源等新兴产业规模化发展。通过引入企业资源计划（ERP）、产品数据管理（PDM）、产品生命周期管理（PLM）、客户关系管理（CRM）等先进管理系统，提高装备制造企业的经营管理水平。建立网上采购系统，使用电子支付手段，实现网上采购生产所需的原材料。通过网站、呼叫中心、E-mail、即时通信软件等，快速响应客户的售后服务需求。鼓励第三方建立装备制造业行业交易平台，为广大装备制造企业提供优质服务。

(2) 推进信息化在生产性服务业领域的应用和融合，发展现代服务业。以市场化、产业化和社会化服务为方向，大力开发行业信息资源，推进无线射频、全球定位、物联网等技术的综合应用，积极推动电信、互联网产业、3C应用等新业务和增值服务的发展，大力发展数字内容产业，构筑设施先进、服务完善的信息服务体系。大力推进电子金融建设，建立电子支付体系。推广“网上会展”等新型业态，提高会展业科技含量和技术水平。推进大型购物中心、大型综合超市、连锁经营企业信息化建设，建设行业性大宗商品电子交易平台。加大射频识别（RFID）技术、信息分类编码技术、电子数据交换（EDI）技术、空间信息技术等在物流业的推广力度。利用信息化手段促进法律、会计、咨询、广告、设计、研发、房地产中介等专业服务水平。推广信息化、数字化、智能化、自动化管理手段，促进商贸经营活动标准化、规范化和国际化。

(3) 推进信息化与节能减排的融合，走资源节约型、环境友好型工业化道路。在钢铁、冶金、建材、电力、石化、造纸等行业大力推广电子信息技术，促进节能减排工作。例如，在炼铁、炼钢、轧钢等工艺中，利用计算机控制技术，可以实现自动化、精确化生产作业，减少能源、原材料的消耗和污染物排放；在建材生产设备上安装变频装置，可以有效节煤、节电、节水，减少污染物排放；在火力发电厂，利用计算机仿真技术对燃料掺烧比例、煤种、灰分等进行优化配置，可以使煤炭燃烧最充分。

（二）加快信息产业发展，提升产业综合竞争力

(1) 加大重点项目建设推进力度。着力抓好政策落实和制定，形成省市和基地（园区）加快电子信息产业发展的三级政策体系，加快推进省内配套企业对接和京津冀产业区域协作，继续引进配套企业和优势企业，促进在建项目达产达效；延伸光伏、通信、半导体照明、平板显示等优势产业链，进一步做大做强优势产品。

(2) 加快构建环京津电子信息产业带。以“四基地、八园区”建设为核心，加快培育唐山曹妃甸军民融合产业基地、涿州航天科技产业园。强化配套设施建设，探索“飞地”园区的新合作模式，进一步密切京津冀合作，积极构筑环京津电子信息产业带，促进电子信息产业聚集发展。

(3) 大力发展软件与信息服务业。以“两化融合”为契机，重点在装备制造、钢铁、石化、电力、建材等行业和安防、医疗、工业控制、节能环保、仪器仪表等领域发展工业软件和嵌入式软件。加快推进石家庄卫星导航产业基地、秦皇岛数据产业基地、唐山工业软件园和保定、廊坊、秦皇岛服务外包示范区建设，抓大项目引进和优势软件技术创新，促进产业集聚。充分发挥移动、联通、电信等基础运营商的作用，推动河北省信息服务业快速发展。扶持发展电子商务、现代物流、工业设计、管理咨询等新兴业态，培育新的经济增长点。

（三）拓展信息化应用领域，促进信息化纵深发展

(1) 加快国民经济信息化。加快农村信息基础设施建设，努力推进电信普遍服务；完善涉农信息服务体系，加快推进农村商务信息服务工程；稳步推进农业生产的智能化控制、精准化运行、科学化管理，提高农业生产率，加快现代农业发展。深化信息技术应用，推动以骨干企业为核心的供应链协同体系建设。积极发展网络增值服务、专业信息服务等现代服务业，推进电子金融服务，促进信息流、资金流和物资流的优化整合，构建物流信息综合服务体系。完善电子商务的信用、认证、支付、物流、标准等配套体系，创造有利于电子商务发展的综合环境；构建面向行业、区域和中小企业的第三方电子商务交易与服务体系；支持特色县域经济电子商务服务体系建设，推动商业连锁企业信息化建设。

(2) 深化电子政务应用。大力推进政府信息公开，全面推行行政许可项目网上办理，实现网上全程电子监察。加大全省统一电子政务网络的整合应用力度，优化再造政务流程，提高政府业务的一体化管理和整体对外服务能力。加快信息技术在城市管理、应急联动、社会治安防控、环保监测和高耗能检测等领域的应用，推进部门间的信息共享与政务协同，推动社会管理重要系统间的无缝衔接。进一步完善财政、税收、金融、海关、工商、审计、国资监管和产品质量等重要监管业务的信息化建设，促进各业务系统间的信息共享和业务协同，建设省内企业和个人征信系统，实现银行、电信、税务、工商、公安等系统间共享信用信息。以“3S”（全球定位系统 GPS、地理信息系统 GIS、遥感技术 RS）应用为基础，整合城市规划、建设、房管、市政公用、土地、社会治安、环境监测等部门资源，建设城市综合管理信息系统。建立覆盖全省的公共卫生信息系统，为突发性公共卫生事件和重大传染病疫情的监控、防治及应急处理提供信息保障。完善社会保障和就业信息服务系统，实现业务的全程信息化、跨地区服务和监督，以及相关信息资源的共享。

(3) 全面推进社会信息化。提升基础教育、高等教育和职业教育信息化水平，大力发展现代远程教育，逐步建立起确保优质教育资源共享的长效保障机制。建设完善网络教育培训体系，推动面向偏远山区中小学、农村党员以及各类人员的网络教育培训。积极推进城市“一卡通”等便民服务，构建社区综合信息服务体系，面向社区居民提供以政府公共服务、便民商业服务、物业服务、金融服务及其他信息服务等为主要内容的综合性服务。

（四）注重人才队伍建设，为信息化发展提供有力支撑

按照高起点信息化建设对人才层次、人才结构、人才组织和人才质量的要求，推进高端信息化人才队伍建设，尽快形成层次一流、结构一流、组织一流和质量一流的人才支撑体系。

(1) 建立多层次的人才培养机制。采取有力措施，通过扩大高校信息专业的招生人数和引进高素质师资力量以及到省外参加技术培训等方式，多形式、多渠道加大、加速信息人才的培养。加强省、市属高校信息化专业对口学科建设，培养大批的信息化技术人员。调整优化中等专科学校、职业技术中学的学科和专业设置，培养大量的信息化技术工人。建立专门的培养不同层次的软件人才基地，使软件人才培养系统化、规模化。积极吸引国内外名牌大学来河北省办分校，尽快培养信息化建设发展急需的各类人才，满足行业发展的需要。

(2) 建立多渠道的人才引进机制。为人才发展创造良好的环境，积极吸引出国留学人员、省外信息高科技人才携带信息化高新技术成果、资金和团队到河北省创业。以事业留人、感情留人、适当的待遇留人，解决人才留不住、进不来的问题。凡获国（境）外长期

（永久）居留权或已在国外开办公司的留学人员，注册后可享受外商投资企业的优惠政策。鼓励有条件的工业企业采取股份期权的形式，对有突出贡献的经营管理者、骨干技术人员实施股权激励；科研院所、高等院校转化职务科技成果，以股份或出资比例等股权形式给予科技人员的奖励，经税务机关审核后，暂不征收个人所得税。

（3）建立和健全有效的人才激励机制。提高人员费用在科研经费中所占的比重，对技术创新人才实行与贡献相适应的薪酬制度，加大对产业技术创新作出重大贡献的项目发明人员的表彰和奖励力度；落实并兑现技术要素参与分配的政策，努力创造有利于优秀科技人才成长和人才脱颖而出的环境和条件；建立公平竞争、人尽其才的用人机制，使青年顶尖人才能够脱颖而出，担当重任。

（4）极力营造集聚人才的良好环境。建立和优化人才培养、交流机制和激励、合作竞争机制，完善人才合理流动的法律法规体系。按照互惠互利、优势互补、利益共享的原则，加快信息化科技人才队伍建设，增强人才引进的磁力效应。牢固树立"科学技术是第一生产力"的思想，加强科技知识的宣传、教育、培训和推广力度，努力提高全民信息素质，营造"尊重知识、尊重人才，崇尚创新、支持创业，鼓励成功、宽容失败"的社会氛围。

（五）优化信息化发展环境，提高信息化发展水平

（1）提高思想认识。随着融合计算机、通信和信息处理技术的飞速发展，信息技术作为最活跃的生产力，正在对人类社会的发展产生巨大而深远的影响。对此，我们必须清醒地认识到全面推进信息化绝不是权宜之计，而是大势所趋，不仅是当务之急，而且是一项庞大的系统工程，涉及社会、经济、生活、生产、文化、教育等方方面面，要充分调动各方面的主动性、积极性和创造性，让全社会来关注信息化，营造有利于信息化发展的社会大环境。

（2）强化政策支持。加大财政政策支持力度，加大政府投资，规划实施一批信息化重大应用项目，完善支撑信息化发展的基础设施，加快与信息化发展相关的配套建设；设立并不断壮大信息化应用专项资金规模，以财政补助、补贴、担保、贷款贴息等方式，打破中小企业信息化应用门槛。加快信息化立法进程，从管理体制、投融资机制、信息资源开发利用、人才战略等方面制定政策和法规，制定信息化工作评价标准、考核评估体系和信息化工程监理、审查制度，提高信息化建设的法规制度和规范性。完善投融资支持政策，加强对通信业、电子信息制造业企业和软件业企业尤其是中小企业的信贷支持；鼓励、支持符合条件的大型企业进入境内外资本市场融资，通过产权交易、发行股票和债券等方式多渠道融资。

撰稿人：河北省发改委宏观经济研究所　李　岚
秦　学
赵素敏

山西省信息化“十一五”规划完成情况的评估与分析

“十一五”期间，山西的信息化发展水平如何、进程怎样，是山西各级党政领导极为关注的热点之一。为此，按照国家统计局下发的监测方案——《信息化发展指数（IDI）评价和监测方案》及相关资料，我们对“十一五”时期山西信息化发展水平进行了测算与比较分析，并对“十二五”时期山西信息化的发展提出了参考性建议。

一、对山西信息化发展总体水平的分析

（一）信息化总指数年均增速明显加快，总体水平位居全国中上游

监测结果显示，从2006~2009年，山西信息化总指数年平均增长15.12%，比全国水平11.81%高3.31个百分点，在全国各省、市、自治区中居第6位。2009年，山西信息化发展总指数达到0.644，与全国水平的差距由2006年的0.047缩小为0.037，在全国内地31个省、市、自治区中位居第13位，处于全国中上游水平。预计2010年山西信息化发展总指数有望接近全国水平。与中部其他五省相比，山西信息化总指数略低于湖北省0.656的水平，高于湖南、安徽、江西、河南四省，居中部六省第2位（见表1）。

表1　2006~2009年中部六省信息化发展指数（Ⅱ）比较表

	2006年	2007年	2008年	2009年	
				指　数	排　名
全　国	0.611	0.633	0.654	0.681	—
山　西	0.564	0.585	0.616	0.644	2
河　南	0.516	0.535	0.556	0.574	6
湖　北	0.594	0.609	0.63	0.656	1
湖　南	0.565	0.579	0.596	0.615	3
安　徽	0.531	0.545	0.567	0.594	4
江　西	0.535	0.555	0.562	0.588	5

（二）信息化基础设施稳步推进，在各省市中的位次明显前移

监测结果显示，2006~2009年，山西信息化基础设施指数年均递增11.71%，比全国平均水平的9.13%高2.58个百分点。信息化基础设施指数由2006年的0.284提高到2009

年的0.359。与全国水平的差距由0.051缩小到0.030，在全国内地31个省、市、自治区中与河北省并列第15位，比2006年提升了7位。与中部其他五省相比，山西信息化基础设施指数与湖北省0.360的水平基本接近，高于湖南、安徽、江西、河南四省，居中部六省第2位（见表2）。但与我国发达省、市如上海（0.800）、北京（0.698）、浙江（0.637）、天津（0.539）、广东（0.524）、江苏（0.507）、福建（0.502）相比，还存在较大差距。

表2　　2006～2009年中部六省信息化基础设施指数比较表

	2006年	2007年	2008年	2009年	
				指数	排名
全国	0.335	0.354	0.359	0.389	—
山西	0.284	0.315	0.336	0.359	2
河南	0.267	0.281	0.282	0.304	6
湖北	0.319	0.329	0.330	0.360	1
湖南	0.285	0.294	0.295	0.318	4
安徽	0.293	0.304	0.301	0.323	3
江西	0.292	0.304	0.299	0.316	5

（三）信息化技术发展迅速，与全国水平的差距逐步缩小

2006～2009年，山西信息产业技术指数以年均25.63%速度递增，比全国平均16.84%的增幅高8.79个百分点，在全国各省、市、自治区中居第5位，呈现出快速增长态势。信息产业技术指数由2006年的0.723提高到2009年的0.825。与全国水平的差距明显缩小，在全国内地31个省、市、自治区中由2006年的第17位提升到第15位。与中部其他五省相比，山西信息产业技术指数略低于湖北省0.850的水平，高于湖南、安徽、江西、河南四省，位居中部六省第2（见表3）。

表3　　2006～2009年中部六省信息化产业技术指数比较表

	2006年	2007年	2008年	2009年	
				指数	排名
全国	0.840	0.869	0.897	0.914	—
山西	0.723	0.752	0.809	0.825	2
河南	0.68	0.707	0.766	0.765	5
湖北	0.758	0.793	0.821	0.85	1
湖南	0.764	0.775	0.818	0.805	3
安徽	0.658	0.69	0.749	0.799	4
江西	0.652	0.68	0.687	0.727	6

（四）信息化应用消费指数接近全国水平，居中部各省首位

监测结果显示，2006～2009年，山西信息化应用消费指数年均递增25.36%，在全国各省、市、自治区中居第13位，比全国平均23.17%的增幅高2.19个百分点。信息化应用消费指数由2006年的0.458提高到2009年的0.597，在全国内地31个省、市、自治区中由2006年的第10位提升到第9位，与全国平均0.598的水平基本接近，在中部六省中居首位（见表4）。

表4　2006~2009年中部六省信息化应用消费指数比较表

	2006年	2007年	2008年	2009年	
				指数	排名
全国	0.461	0.505	0.551	0.598	—
山西	0.458	0.49	0.546	0.597	1
河南	0.417	0.455	0.48	0.523	4
湖北	0.442	0.47	0.504	0.557	2
湖南	0.436	0.468	0.495	0.536	3
安徽	0.413	0.449	0.466	0.503	6
江西	0.427	0.466	0.481	0.506	5

（五）信息化知识支撑指数稳步提升，其水平连续4年均高于全国

监测结果显示，2006~2009年，山西信息化知识支撑指数年均递增速度为1.78%，在全国各省、市、自治区中居第15位，略高于全国1.76%的平均水平。全省信息化知识支撑指数由2006年的0.795提高到2009年的0.821，连续4年高于全国平均水平。在全国内地31个省、市、自治区中居第10位。在中部六省中，山西信息化知识支撑指数低于湖北省0.853的水平，高于河南、湖南、安徽、江西四省，居中部第2位（见表5）。

表5　2006~2009年中部六省信息化知识支撑指数比较表

	2006年	2007年	2008年	2009年	
				指数	排名
全国	0.772	0.777	0.792	0.803	—
山西	0.795	0.801	0.811	0.821	2
河南	0.700	0.708	0.724	0.735	5
湖北	0.828	0.831	0.852	0.853	1
湖南	0.768	0.771	0.779	0.788	4
安徽	0.704	0.695	0.719	0.730	6
江西	0.762	0.780	0.788	0.800	3

（六）发展效果指数增幅较大，但其水平仍低于全国

监测结果显示，2006~2009年，山西信息化发展效果指数以年平均11.11%速度递增，明显高于全国8.15%的平均水平，在全国各省、市、自治区中居第17位。全省信息化发展效果指数由2006年的0.561提高到2009年的0.617，仍低于全国0.701的平均水平，在全国内地31个省、市、自治区中居第17位。在中部六省中，山西信息化发展效果指数低于湖北（0.662）和湖南（0.629）两省，高于河南、安徽、江西三省，居中部第3位（见表6）。

表6　　2006~2009年中部六省信息化发展效果指数比较表

	2006年	2007年	2008年	2009年	
				指　数	排　名
全　国	0.647	0.659	0.67	0.701	—
山　西	0.561	0.57	0.579	0.617	3
河　南	0.515	0.523	0.528	0.54	6
湖　北	0.624	0.625	0.646	0.662	1
湖　南	0.574	0.584	0.595	0.629	2
安　徽	0.587	0.587	0.603	0.615	4
江　西	0.542	0.547	0.558	0.592	5

由以上分析可以看出，“十一五”时期，山西的信息化发展处于快速增长阶段，总指数年平均增长速度明显快于全国平均水平，在全国各省、市、自治区中处于上游水平，特别是信息化产业技术指数与信息化应用消费指数年平均增幅分别达到了25%以上，基础设施指数与发展效果指数年平均增幅也超过了10%，知识支撑指数年均增幅与其他四个方面相比，明显偏低，这是知识教育的特点所决定的，不可能一蹴而就，但从知识支撑指数的增幅来看，山西仍高于全国平均水平。从信息化指数的水平来看，在所监测的五个方面，产业技术指数与知识支撑指数较高，分别超过0.8。其次是应用消费指数（0.597）和发展效果指数（0.617），水平最低的是基础设施指数（0.359），表明山西省信息化基础设施仍处于较低的水平。

二、“十一五”时期，山西信息化建设的主要成效

（一）信息化设施的拥有量显著增加

2009年，山西平均每百人拥有电话由2005年的53.4部增加到79.5部，增加了26.1部，增长了48.9%。并呈现出固定电话趋于减少、移动电话显著增加的发展趋势，其中，固定电话由拥有率由2005年的每百人26.2部减少到22.2部，下降了15.27%，移动电话拥有率由每百人27.2部增加到57.3部，增加了30.1部，增长了1.1倍。与全国平均水平相比，每百人平均电话拥有率由2005年的相差3.9部缩小到仅相差0.04部。在全国31个省、市、自治区中居第13位，在中部六省中居首位。

2010年，预计全省电话用户数、移动电话用户数、固定电话用户分别达到2952.6万户、

2242万户和357万户，分别是“十五”期末的1.7倍、2.5倍和3.8倍。移动交换机容量达3399.8万门，为“十五”期末的3.1倍，全省固定电话普及率、移动电话普及率居中部六省首位，在全国各省、市、自治区中分别居第11位和第15位，处于中等偏上水平。截止2010年11月30日，全省所有自然村全部通电话，实现全省农村通信发展史上的又一历史性跨越。

从电视机拥有量来看，2009年，全省平均每百户电视机拥有量达到113.15台，比2005年的108.19台增加了近5台，增长4.6%。其中，城镇平均每百户拥有彩色电视机111.03台，比2005年的113.69台减少了2.66台；农村每百户拥有电视机为114.95台，比2005年的104.19台增加了10.76台。但与全国平均水平相比，山西平均每百户电视机拥有量仍明显低于全国125.47台的平均水平，在全国各省、市、自治区中居第22位，中部六省居末位。

从城乡居民计算机拥有量来看，2009年山西每百户拥有计算机为26.12台，比2005年的13.03台增加13.09台，增长100.5%，其增幅明显高于全国（81.7%）平均水平。其中，城镇每百户居民计算机拥有量达到49.47台，比2005年的30.16台增加了19.31台，增长了64.03%；农村每百户居民拥有计算机由为2005年的0.57台迅速增加到6.24台。但与全国比较，山西每百户居民计算机拥有量仍与全国平均水平相差8.49台，其中，城镇居民拥有量差距较大，每百户相差16.27台，农村每百户相差1.22台。全省每百户居民计算机拥有量在全国各省、市、自治区中居第17位，在中部六省中低于湖北省（29.27台），高于河南、湖南、江西三省，与安徽省并列第2位。

（二）互联网建设持续快速发展

“十一五”期间，随着国家对基础设施投入力度的加大、家电下乡政策鼓励及3G网络正式开通等措施的实施，特别是全省“村村通工程”和“万村千乡百县农民上网工程”实施以来，极大地推动了山西互联网建设工程的快速发展。预计2010年，全省光缆总长度将达40.7万公里，是“十五”期末的3.1倍；互联网省际出口带宽达到562.9G，宽带上网端口总数约403万个，分别为“十五”期末的23.3倍和3.3倍。全省“五百工程”基本实现，即100%的自然村通电话、100%的建制村建立门户网站（网页）、100%建制村通光缆、100%乡镇建有农村党员干部教育网、100%建制村建立网络文化站。

从电信产业发展来看，2009年，全省电信主营收入达到204.3亿元，比2005年的138.6亿元增加了65.7亿元，增长了47.4%，比全国高3.1个百分点。2010年，预计全省电信业务总量和电信主营业务收入将分别达到704.2亿元和217.8亿元，依次是2005年的2.7倍和1.6倍。其中，非语音业务收入占电信业务收入比例将达到45%，互联网、增值电信业务、信息化应用等非话业务成为其收入的增长点。“十一五”期间，全省电信业务收入占GDP比例平均为2.83%，电信增加值占全省GDP比重平均为1.6%。2010年，预计全省人均电信业务总量将达2037元，是2005年的2.6倍，年均增长21.1%，信息通信已经成为人们日常生活必不可少的基础消费。

从全省城乡居民通信消费水平来看，2009年，全省城镇居民人均通信支出达到569.52元，比2005年的415.84元增加153.68元，增长37.0%。城镇居民人均通信支出额虽仍低于全国平均水平（641.7元），但其增长幅度均明显快于全国（见表7）。城镇居民人均电信消费水平在全国各省、市、自治区中居第12位，在中部六省中居首位。农村人均通信支出由2005年的110.28元增加到2009年的168.86元，增长53.1%，其人均水平及增长幅度分别比全国高15.2元和27.4个百分点，农村人均通信支出水平在全国各省、市、自治区中居第9位，在中部六省中居首位。

表7　中部六省人均通信支出比较表　　单位：元

地区	城镇				农村			
	2005年	2009年	增加绝对值	增长（%）	2005年	2009年	增加绝对值	增长（%）
全国	497.09	641.70	144.61	29.1	122.18	153.66	31.48	25.8
山西	415.84	569.52	153.68	37.0	110.28	168.86	58.58	53.1
河南	459.50	534.04	74.54	16.2	115.30	160.17	44.87	38.9
湖北	407.06	484.49	77.43	19.0	139.78	156.07	16.29	11.7
湖南	505.08	532.62	27.54	5.5	138.02	147.32	9.30	6.7
安徽	417.89	521.30	103.41	24.7	121.46	155.47	34.02	28.0
江西	376.14	468.60	92.46	24.6	152.17	121.03	-31.14	-20.5

从网站建设情况来看，目前，全省省、市、县三级政府网站与省直政府部门的网站已全部建立，乡镇政府网站正在加快建设；从企业网站建设来看，全省骨干企业已全部建起了企业网站，规模以上企业也基本拥有了自己的网页。截止2009年底，全省互联网网站数量由2005年的5288个增加24296个，增长了3.5倍，每万人拥有互联网网站数为6.98个。在中部六省中，山西每万人拥有互联网网站数低于湖南（18.48个）、湖北（9.42个）两省，高于河南（5.00）、安徽（4.62）、江西（4.99），居中部第3位。

"两化融合"、"三网融合"进展顺利。"十一五"期间，山西借鉴兄弟省市"两化融合"试验区发展经验，从区域、行业、企业三个层面，选择煤炭、电力、焦化、钢铁、煤化工、装备、建材7个重点行业，积极开展安全生产、节能降耗、产品研发、工艺优化、企业管理等信息化工作。并出台《山西省推进三网融合总体方案》，启动全省农村"三网融合"试点工作，积极探索"三网融合"新模式取得了实质性进展，得到国务院和工信部的肯定。目前，全省农村IPTV用户已达10.1万户，可享受党建服务、电视直播、影视点播、医疗卫生、农村教育、致富信息、娱乐游戏等多种业务的服务。在加快推进IPTV统一平台建设的同时，"TD+现代传感技术"等物联网技术在农业领域应用的基础建设长足进展。

（三）信息化产业初具规模

2006~2009年，山西省电子信息产业（不含通信业）工业增加值年平均增长41.69%，主营业务收入年平均增长40.35%，利润总额年平均增长21.79%，上缴税金总额年平均增长29.93%，出口交货值年平均增长57.80%。2010年，山西省信息产业预计实现增加值25亿元，实现产品销售收入125亿元，实现税金总额2亿元，实现利润总额2亿元，实现出口交货值33亿元。

目前，山西已拥有“双软”企业95家，其中，国家规划布局内的重点软件企业1家。系统集成企业中，具有一级资质的企业5家，二级资质企业10家。其中，太原理工天成股份有限公司、长城微光电子股份有限公司等相继成功上市。产业内光纤面板和光纤倒像等光电子器件、硅微机械加速度压力传感器、感应式数字液位传感及测控设备等一批有市场竞争力的产品相继问世。并有中国电子科技集团公司投资建设的，设计产能为年产300兆瓦多晶硅片和成套设备以及100兆瓦电池片及组件的太原光伏产业园项目正式落户太原经济技术开发区；长治高科产业投资有限公司实施的总投资3亿元的10亿只LTCCLED封装项目正式竣工投产；山西中池联华科技开发有限公司总投资6500万元的LED发光组件光电项目业已投产；山西晶都太阳能电力有限公司总投资15亿元的单晶硅项目及山西长治高科华上光电有限公司LED外延芯片项目和300万片LED蓝宝石衬底项目也相继奠基开工。这些都标志着山西省电子信息产业的发展逐步走上了快车道。

软件开发亦初具规模，并有多项成果获得国家奖项，或在生产生活中转化推广。其中，太原理工天成科技股份有限公司研发的《煤矿安全生产综合自动化调度系统及工业环网》被评为国家级典型解决方案；与环信联合研发的《环保业务综合管理平台系统》荣获“中国十大创新软件产品”奖；“山西省污染源自动监控系统”建设和运营项目，荣获国际建设环境友好型社会成果金奖和国家环保科技进步奖；以罗克佳华工业有限公司为龙头的物联网企业已涉足能源与煤矿、物流、环保等多个行业，研发了数字矿山、资源整合管理、安全检测、环保排污权交易等多项整体解决方案，其中安全检测物联网被列入国家科技支撑项目。

2010年9月，山西省政府与中国电子科技集团公司（CETC）签署了战略合作框架协议。山西将与中国电子科技集团在太阳能光伏、电子工艺专用设备制造、全息存储设备、煤矿安全电子等技术领域开展广泛合作。同时，为加强信息化管理，山西省经济和信息委员会专门成立了山西省经信委计算机信息系统集成资质认证工作办公室、山西省经信委软件企业认定和软件产品管理工作办公室，进一步加强了全省计算机信息系统集成与信息系统工程监理资质的认证管理、软件企业和软件产品的认定管理工作。

（四）信息化应用日益普及

“十一五”期间，全省通信业积极参与改造和提升传统产业，先后完成全省“电子政务网”、“农村党员教育网”、“公安金盾网”、“政法网”等电子政务的基础网络建设，使得全省政府信息化工作迈上新台阶，同时为银行联网、企业信息化建设提供了具备世界先进水平的信息高速通道，取得了显著的经济效益和社会效益。

从互联网的普及率来看，2009年底山西网民达到1064万人，普及率为31.2%，比全国28.9%的普及率高2.3个百分点，在31个省、市、自治区中居第9位，明显高于湖北（25.7%）、湖南（22.0%）、河南（21.3%）、江西（18.0%）和安徽（17.4%）六省的普及率，居中部首位。

从企业普及信息化来看，“十一五”期间，山西按照“以信息化带动工业化”的要求，积极引导企业参加民营企业上网工程，鼓励支持企业开展自动化生产，努力降低成本，提高管理水平与自身竞争力，并在网络招商、产品营销、技术交流等方面迈出了坚实的步伐。

电子商务应用不断完善。“十一五”期间，驻晋金融部门积极整合市场资源，改善受理环境，在重点推广“62”标准、实行一柜一机、提高中小商户 POS 机普及率、共享资源及组织中国银联做好跨行信息交换等方面积极开展工作，取得了明显成效。截至 2009 年底，全省发卡机构达到 20 家，比 2005 年增加 5 家，发卡总量达 4136 万张，比 2005 年增加了 2215.53 万张，增长了 115.3%。2009 年，全省居民累计刷卡 1885 万笔，涉及金额 297 亿元，比 2005 年的 72.7 亿元增加 224.3 亿元，增长了 3.1 倍。2010 年元旦 3 天小长假期间，全省刷卡消费达 29 万笔，涉及金额高达 3.2 亿元。银行卡已逐步成为全省居民使用最为频繁的非现金支付工具。

2009 年 10 月，由山西省商务厅与中国国际电子商务中心联合建设的“山西省电子商务区域平台”正式开通。省商务厅计划连续 2 ~ 3 年扶持企业加入山西省国际电子商务平台，2010 年挑选 500 家资料完整、活跃度高的企业，推荐为“山西省国际电子商务平台”的金牌会员，进行重点扶持，重点培训。目前，已发展全省会员 300 余家。与此同时，“山西省国际电子商务平台”通过 B2B 电子商务模式，启动线上线下贸易撮合服务，为企业举办高质量的供求洽谈会、贸易撮合见面会、电子商务培训会等，为山西企业与海外企业之间的商贸活动提供了专业的电子商务应用与推广活动。其中，在 2010 仅邀请韩国来晋进行跨国采购的企业就有 30 余家，山西钢铁、有色金属、化工制品等行业的 120 余家企业参与面对面的对口洽谈。

在山西酿醋行业协会的领导下，由山西醋超市（有限公司）投资建设的山西醋业网，以山西醋为龙头，同时整合山西地方土特产业，为企业提供了一个集企业宣传、品牌塑造、商业服务于一体的覆盖全球的网络平台，大大拓宽了农副产品的市场渠道。

农村信息化服务不断加强。“十一五”期间，先后推广“TD + 现代传感技术”在农产品信息采集和传输、农田温度实时在线监测、土壤水分实时在线监测、水利水位实时在线监测等信息技术。同时，山西移动、山西联通开设的 12582 专家服务热线和 12396 科技服务热线，为农业生产及时提供各种信息服务，使政府为民服务更加便捷化、人性化。

电子政务日益完善。“十一五”期间，随着全省 3G 网络的开通、2G 网络的优化及宽带覆盖的不断扩大，使得网络性能和网络结构快速提升，为全省电子政务的拓展奠定了坚实的基础。目前，全省依托现有省、市、县“三级中枢”电子政务传输网，实现日常信息传输、视屏会议召开、政务公开与服务、重大新闻发布、应急联动指挥、社会主要咨询等功能。

（五）网络教育、网络文化全面加强

从教育信息化普及来看，目前，全省高校已全部建起校园网，农村中小学现代远程教育工程实施全面完成，覆盖全省各级各类学校和各级教育行政部门的教育信息网络体系初步形成，全省中职学校、中小学“校校通”已基本实现，教育城域网建设稳步推进，教育信息化基础设施大幅提高。同时，一个“用3~6年时间使城乡学校实现‘班班通’覆盖全省中小学的数字化网络体系”和一个“省、市、县校开放灵活的、完善的教育资源公共服务平台”，以及“从高中到小学全部开足信息技术课程和教师应用信息技术的水平普遍提高”的教育信息化工程也已于2010年正式启动。

广泛传承民族优秀文化，大力弘扬民族精神。“十一五”期间，随着全省“三网”的快速发展，先进文化的网上传播正在日益扩展，以中央重点新闻网站为主导、以地方重点新闻网站为骨干、知名商业网站积极参与的网络文化阵地新格局基本形成。同时，信息技术创新文化生产和传播方式，以网络、数字技术为支撑，网络文化、移动电视、动漫游戏、数字音乐、数字电影等新兴文化产业迅速崛起。各种形式的文化传播方式，不断加强社会主义先进文化和中华民族优秀文化的正面宣传。在党的十七大精神宣传学习、实践科学发展观、抗震救灾、北京奥运会、改革开放30周年、上海世博会、弘扬“右玉精神”、“太行精神”等一系列重大主题宣传中，“三网”营造了大气磅礴的舆论声势，极大地凝聚民心，激发了全省人民的爱国热情，振奋了民族精神。

（六）应急通信保障机制逐步完善

目前，全省已初步形成以公用通信网为基础，以移动手机、海事卫星、全球卫星手机为补充的涵盖卫星通信、微波通信、车载移动通信等多种应急通信方式的战备应急通信保障网，应急装备水平得到明显提升。同时，全省还成立防汛、防火两个专业应急通信保障队伍和1个预备役通信分队，充实战备应急通信保障储备。圆满完成了党的十七大、北京奥运会、国庆60周年等重大活动的通信保障任务，在抗震救灾、瓦斯爆炸、煤矿透水、防汛抗旱等突发事件抢险救灾过程中，有关部门组织有序，措施得力，处置得当，得到了党政领导和社会公众的赞扬。

（七）网络与信息安全水平明显提升

（1）进一步完善全省网络与信息安全领域的政策法规。先后出台《山西省深化信息安全等级保护工作方案》、《山西省通信保障应急预案》，《山西省网络与信息安全事件应急预案》等法规制度，认真贯彻落实“谁经营、谁负责，谁接入、谁负责，谁收费、谁负责”的信息安全防范原则，强化信息安全管理责任。理顺和完善信息安全专项审查和年检制度，并明确由信息管理部门会同公安、安全、保密、机要、密码局配合落实信息安全管理体制和工作机制，为保证全省应急通信指挥调度迅速、高效、有序进行奠定了法制基础。

（2）改进技术装备与工作流程。“十一五”期间，山西省联通、移动、电信三大基础企业在全省11个本地网全部建成第二关口局，全省99个本地网企业互联组合中，97个企业间已建立了第二物理路由。第二关口及网间安全备用路由的建设，有效地维护了全省互联互通及网络安全整体运行秩序。同时，完成了全省398项定级对象的网络安全防护定级备案调整工作，签订全省公用电信网间应急转接互联及结算协议，强化企业对口联络机制、三级例会制度，用户互联互通问题投诉显著减少。升级启用全省网站备案系统，并通过督查检查、实地抽查、专题督导、跟踪通报、媒体通告等多项举措，有效开展网站备案信息真实性核验工作，全面落实7248个存量网站备案信息的真实性核验。“十一五”期间，全省还多次开展了整治在互联网和手机上传播淫秽色情专项行动，从业务推广渠道、网站接入、接入资源层层转租等方面全面开展清理整治，有力地净化了市场环境。

(3) 广大网民的信息安全意识日益增强。随着信息化安全教育的不断深化和普及，网民的信息安全意识、保密意识及浏览网站、网页的品位均得到了明显提高。

(八) 信息行业服务能力不断提升

“十一五”期间，随着改革重组和竞争的深入，全省通信资费综合价格水平下降33.9%，年均下降7.9%。用户的通信成本和使用通信业务的门槛大幅降低，一定程度上制约了全省CPI的过快上涨。同时，电信服务质量也在不断提高，过去装机难、修机难、移机难的服务热点、难点问题已逐步被资费结构、垃圾短信、服务质量和通信质量所取代。为进一步完善社会监督机制，不断提高服务质量，省电信用户申诉受理中心（12300）、省电信用户委员会、省消协、新闻媒体等单位还建立联动处置机制，坚持开展以强化垃圾短信治理，完善管理技术平台和手段，推进“阳光绿色网络工程”为内容的形式多样的监督检查活动和深入开展打击网络淫秽色情等净化网络环境的专项行动，依法治理互联网接入服务市场违规行为，促进了全省电信市场的健康发展。

三、山西信息化发展中的不足

(一) 在信息化基础建设方面

在信息化基础建设方面与经济较发达的广东、江苏、浙江等省及直辖市相比，基础设施指数明显偏低。全省网络建设仍处于“低速宽带”的阶段，平均网络下行速率远远落后于互联网发达国家，接入速率已经难以满足信息化日益迅猛发展的需要，提升接入速率成为宽带发展的必然要求。同时，广大农村网络基础设施建设的任务还很艰巨，尤其是山、老偏远地区居民的网络使用意识还较落后，网络使用的增长条件和空间还很不足，全省信息化基础教育及普及的工作依然任重道远，加快信息化发展与普及的法规建设也有待进一步完善。

(二) 在信息化应用方面

在信息化应用方面水平参差不齐，多数行业和企业的信息技术应用水平还不高，特别是生产过程中的集成应用程度较低，高端技术还很少，装备和系统的二次开发能力亦不够，信息化在全省各行业中的应用度、影响度还有待进一步提高；电子商务与企业管理信息化集成不够，企业在电子商务领域中的主体作用发挥也不够，社会大众对电子商务的认知度、参与度亟待提高。据中国社会科学院信息化研究中心与阿里研究中心发布的《2010年网商发展指数报告》显示，山西的网商发展指数以18.5的水平位列全国第26位，仅为广东省该指数的1/5。其中，网商生态指数居第20位，发展规模指数居第23位，普及指数居第25位，经营水平指数居末位。同时，在电子政务领域，发展不平衡现象依然明显，部门之间业务协同和信息共享能力有待加强。信息技术的应用水平和网络普及深度与广度，在不同地区、不同行业、不同群体间还很不平衡。信息化发展的软环境与硬环境不平衡，信息化知识的普及明显滞后。

（三）信息产业发展方面

信息产业发展方面在全省国民经济中的比重较低。信息产品结构、企业结构、市场结构、区域结构乃至人才结构等仍不尽合理，行业低端产品供大于求而高端产品依赖进口的问题依然明显，信息产业在技术创新方面的能力较弱，缺乏拥有自主知识产权的行业产品，其基础性、先导性、支柱性作用尚未得到充分发挥。2006~2009年，全省累计发明专利申请量仅为全国总和的0.95%，也仅占中部六省总量的9.44%，而信息产业方面的发明专利则更少。

（四）在国民信息素质方面

在国民信息素质方面处于全国上游水平，但信息化基础教育的相关法律法规、规章条例等体系不健全，中小学信息化教育的课程尚未开足，信息化知识普及教育的渠道还不够畅通和广泛，民众掌握和运用信息化知识的能力和水平与信息化快速发展的形势不适应，网民的网络安全意识亟待提高。

四、“十二五”信息化发展的对策建议

（一）继续加大投入，进一步夯实信息化发展基础

“十二五”期间，各级党政领导和有关部门一定要从全局和战略的高度，切实重视信息化基础建设，要在认真总结试点经验的基础上，着力推动电网、电信网、互联网三网融合，加快城乡、特别是农村地区的信息化发展，力争到“十二五”期末，全省能够实现“村村通宽带，家家能上网”。要加快电信网的升级改造和有线数字电视网络整合和资产重组，努力构建IPTV全省统一平台，加大CMMB手机电视的推广力度，使“三网融合”取得实质性进展，力争到“十二五”期末，全省基本建成大容量、高生存能力、高灵活性、高传送质量、低成本的长途传输网络体系，网络技术发展和网络演进实现新的跃升，使全省IPTV用户、3G用户及物联网机器用户（M2M收费用户）的发展取得新突破。

要加快基础设施建设，必须加大信息化发展的投入力度，要在稳步增加政府信息化投入的同时，加快建立政府投入为引导、企业投入为主体、其他投入为补充的信息化建设投融资机制，要放宽市场准入，鼓励社会资金参与信息化建设，鼓励社会资金投向信息资源公益性开发以及公共信息服务平台建设。要加强政府信息化投入的审计、监督和绩效评估，切实提高资金利用率。

（二）以转变经济发展方式为主线，继续推进“两化融合”

未来5年，山西信息化发展应坚持以“信息产业发展为基础，以信息化应用为重点”的原则，加快发展新型支柱产业和战略性新兴产业，要以装备制造、现代煤化工、电子信息、信息网络、新材料等产业为突破口，努力打造一批主导和引领山西新型工业发展的骨干企业，使其成为信息化发展的基础。在加快发展新型产业的同时，还应以山西传统产业如煤

炭、电力、焦化、钢铁、建材等行业为重点，围绕安全生产、节能降耗、产品研发、工艺流程、信息化管理、电子商务等项目，着力推进“两化融合”，努力实现支柱产业产品的制造及管理、服务过程的信息化。要鼓励大型企业深化信息化应用，鼓励中小企业利用信息化提升自身竞争力，最终实现利用信息技术改造传统产业，推动产业结构转型升级，全面提升信息化水平。此外，在推进“两化融合”的过程中，一定要统筹兼顾、科学规划、合理布局，以利均衡发展。

（三）以提高效率，改善民生为重点，积极培育新型信息技术服务

要加快电子政务平台网络建设，进一步完善省、市、县（市、区）三级政府网站，努力提升安全生产监管、突发事件应急指挥、行政审批电子监察、食品药品质量监管、环境污染监控等重点业务系统的信息化水平，提升政府公共服务和管理能力。要加快推进电子商务、城市管理、教育、医疗卫生、社会保障等领域的信息化应用和智能化水平。要以公共交通、公用事业缴费、小额消费支付等领域为重点，着力推动数字城市、数字社区、农村信息服务站建设。要积极整合卫生医疗、民政事务、社会保障等公共服务功能，逐步完善互联互通、覆盖全省的“一卡通”服务体系，努力提高社会信息化水平。

要加快物联网的运用和推广，着力建设全省物流信息电子枢纽及全省分行业物流公共平台，要以“物联网技术嵌入式控制器”等优势项目的研发为重点，争取在一些重点技术上取得突破。并把物联网运用于冶金、焦化、电力等传统产业的优化升级，不断提高其生产安全水平与管理水平。要推进现代通信技术在现代物流产业中的应用，重点是推进 TD、智能运输系统、地理信息系统、全球卫星定位系统等技术的应用。

（四）提高全民文化素质，加快信息化知识普及

要利用先进的信息技术和信息基础设施，尽可能地创造人们方便获取信息、得到教育和培训的条件，有规划、有组织地加快推进全民信息化知识的教育和培训工作，切实提高全民信息技术的应用水平。要制定政策，吸引省外、国外信息技术和信息管理人才，引进和借鉴国际先进技术和先进管理经验，促进高技术人才的合理有序流动。要激发全民的聪明才智，在技术、产业、制度各个方面进行创新，实现跨越式发展。要加强管理队伍建设，强化依法监管、行业自律和社会监督，建立规范有序的互联网信息传播秩序，实现对互联网及其网上虚拟社会的有效管理，促进中国特色网络文化和先进文化的繁荣和发展。

（五）切实保障网络与信息安全

要继续加大信息安全基础支撑体系与信息安全应急容灾能力建设。要探索建立法律规范、行政监管、行业自律、技术保障相结合的管理体制，切实加强互联网综合治理，严厉打击网络犯罪。要建立和完善科学的信息化监测评估体系，其监测评估不仅要对各地区信息化发展水平作出准确测算，同时要对其安全保障给予科学估价。要充分利用各种方式和渠道加强信息安全的宣传教育，切实提高全体公民的信息安全意识与专业技能。

撰稿人：山西省统计局科研所　阎清和

内蒙古自治区信息化“十一五”规划完成情况的评估与分析

现阶段，我国大力推进西部大开发战略，信息产业作为国民经济的基础产业、支柱产业和先导产业，支持、服务西部地区的经济社会发展责无旁贷。内蒙古自治区党委政府积极响应国家号召，认证贯彻落实党中央关于“大力发展信息化，以信息化带动工业化”、“发展现代化体系，大力推进信息化与工业化融合，促进工业由大变强”的发展战略，提出全区信息化工作“建设一个园区，打造两个基地，实施五大工程”的奋斗目标，并认真践行“有为争有位”、“贴上去服务”的全新理念，创造性地开展工作，推动内蒙古信息化工作由小到大、由弱变强，信息化建设取得长足发展。

一、信息化发展总体水平有所提高

内蒙古信息化总体水平在“十一五”时期再上新台阶。2006～2009 年，内蒙古信息化发展指数（Ⅱ）分别为 0.543、0.565、0.584 和 0.614，按照“十一五”时期前四年的年均增长速度推算，预计 2010 年信息化发展指数（Ⅱ）将达到 0.640（见图 1），略低于“十一五”期间国家信息化发展指数（Ⅱ）的目标值。

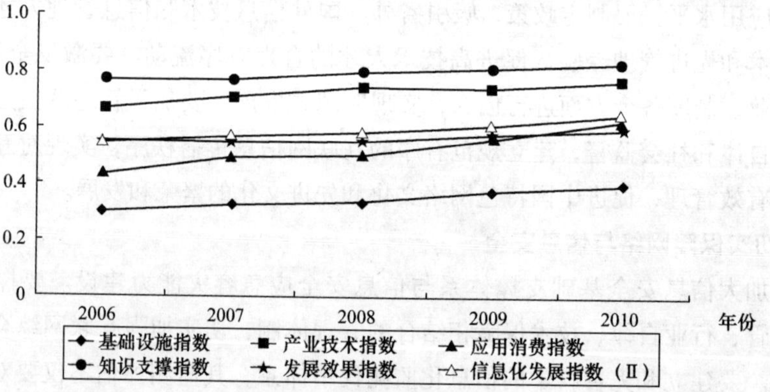

图 1　2006～2010 年内蒙古信息化发展指数（Ⅱ）与分类指数比较图

注：2010 年的指数为预测值。

“十一五”期间，内蒙古信息化发展保持平稳较快增长，2006～2009 年增长速度均达到

15.59%，高于国家平均水平（11.81%）。2009年内蒙古自治区信息化发展指数（Ⅱ）位列全国第19位；在西部12个地区中表现较好，位列第4位，仅次于陕西、重庆和四川（见图2）。

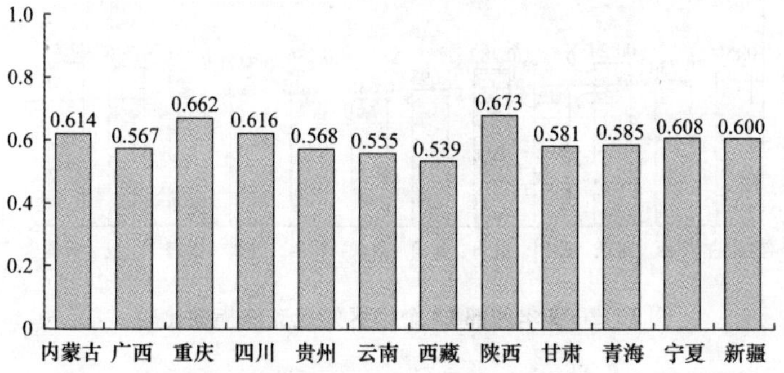

图2　2009年西部12地区信息化发展指数（Ⅱ）比较

信息化五个分类指数均有不同程度的增长。其中，知识支撑指数值最高，2009年为0.804，略高于全国平均水平，在西部12个地区中位列第3位；然后依次为产业技术指数、发展效果指数、应用消费指数和基础设施指数，指数值分别为0.744、0.584、0.567和0.373。按照"十一五"前4年增长速度推算，预计2010年五个分类指数的指数值依次为：知识支撑指数0.821，产业技术指数0.770，应用消费指数0.619，发展效果指数0.598，基础设施指数0.400（见表1）。

表1　2006～2010年内蒙古信息化发展指数（Ⅱ）与分指数比较

	2006年	2007年	2008年	2009年	2010年
总指数	0.543	0.565	0.584	0.614	0.640
基础设施指数	0.302	0.319	0.340	0.373	0.400
产业技术指数	0.671	0.707	0.735	0.744	0.770
应用消费指数	0.437	0.490	0.509	0.567	0.619
知识支撑指数	0.763	0.764	0.787	0.804	0.821
发展效果指数	0.544	0.548	0.549	0.584	0.598

注：2010年的数据为预测值。

资料来源：《国家统计局信息化发展指数优化研究报告》。

从表1中看，知识支撑指数和产业技术指数水平较高，主要是因为内蒙古高度重视并加大对信息产业的建设力度，制定多项产业政策，积极推进整个自治区的信息产业发展，2010年电信业务总量预计是2005年的3倍，信息产业从业人数迅速增加，占全社会劳动力人数的比重超过1/3。此外，内蒙古高度重视基础教育，文盲人口占15岁及以上人口的比重大幅下降，2009年平均受教育年限达到8.5年/人，人口素质稳步提高。2009年内蒙古知识支撑指数和产业技术指数分别位列西部12个地区的第3位和第6位（见图3、图4），预计2010年知识支撑指数和产业技术指数分别为总指数的128%和120%。

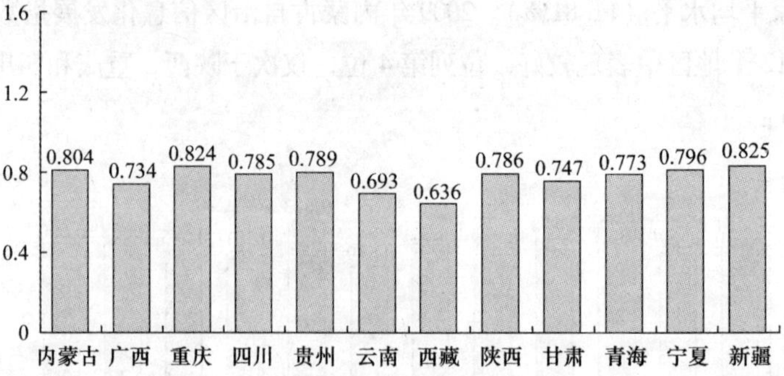

图3　2009年西部12个地区知识支撑指数比较

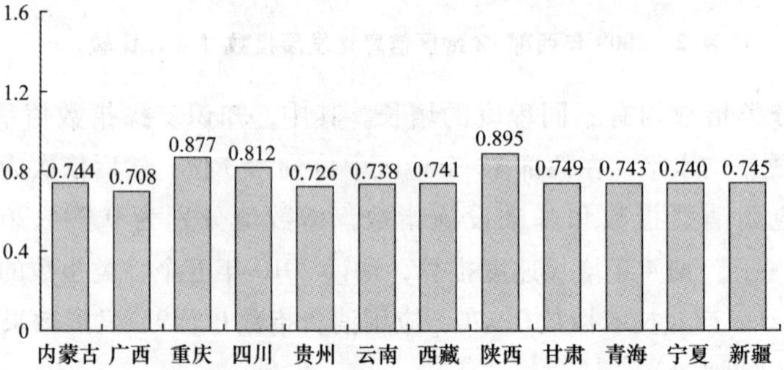

图4　2009年西部12个地区产业技术支撑指数比较

应用消费指数和发展效果指数保持强势增长。“十一五”期间，内蒙古加大基础设施建设，互联网普及率迅速提高，2009年互联网人数比2005年增长了4倍，人民生活质量不断提高，通信和文娱支出比“十五”初期翻了两番，人均GDP水平由2000年的不足7000元上升到2009年的4万余元。2006～2009年应用消费指数年均增长速度达到32.11%，位列全国第1位。发展效果指数年均增长速度为14.13%，位列全国第2位。由此可见，内蒙古信息产业已经逐步发展起来，且对经济社会的影响越来越大。

基础设施指数水平较低。2009年内蒙古基础设施指数为0.373，仅为信息化总指数的60.7%，位列全国第13位，但在西部地区中仍具有一定的比较优势，位于重庆和陕西之后的第3位（见图5）。2006～2009年均增长速度为11.82%，高于全国平均增长速度（9.13%）。

（一）信息基础设施建设稳步发展

“十一五”以来，电信业继续保持了持续快速健康的发展态势，业务收入增幅远高于全国平均水平。电信业的迅速发展有力拉动了当地社会消费与投资的增长，同时为应对自然灾害等突发事件提供了及时、准确、可靠的通信保障。

为加快通信基础设施建设，内蒙古大力实施“村村通电话”工程。目前，行政村通电话比例已经达到100%，网络覆盖逐步向自然村延伸。电信网络基本实现了由电话网向综合信息网、窄宽带向宽带网、单一网向综合网和智能网的过渡，通信网络规模和技术总体上已经

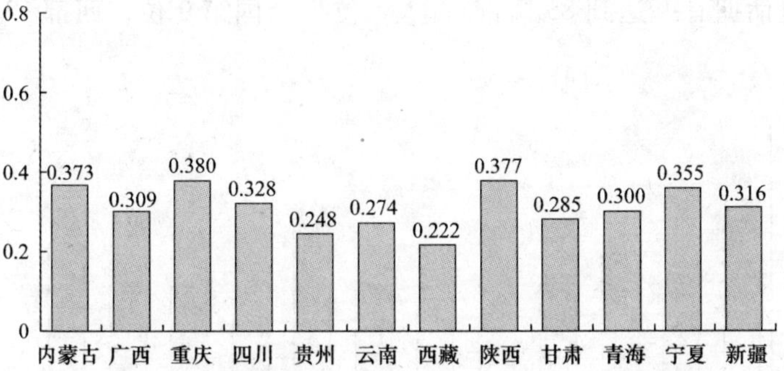

图5　2009年西部12个地区基础设施指数比较

达到全国平均水平，通信能力迅速增强。

2005~2009年，内蒙古自治区邮电业务总量从197.20亿元增至554.26亿元，增长181.1%。其中，邮政业务总量从8.94亿元增至12.06亿元，增长34.9%；电信业务总量从188.2亿元增至542.20亿元，增长188.1%。电信主营业务收入从88.8亿元增至147.4亿元，增长66.0%（见表2）。

表2　2005~2009年内蒙古通信业务情况　　单位：亿元

	2005年	2006年	2007年	2008年	2009年
邮电业务总量	197.16	254.24	364.36	466.51	554.26
邮政业务总量	8.94	9.89	11.03	12.30	12.06
电信业务总量	188.23	244.35	353.33	454.21	542.20
电信主营业务收入	88.77	97.83	113.50	131.32	147.40

2009年人均电信业产值达到598.5元/人，位列全国第12位，西部12个地区第2位（见图6）。

图6　2009西部12个地区人均电信业产值比较

通信业务能力大幅提高。2009年全区电话用户总数达到2057.6万户，比2005年增长66.2%。其中，固定电话用户数441.6万户，下降16.0%；移动电话用户数1616.0万户，增长126.9%。电话拥有率达到85.2部/百人，位列全国第9位，西部12个地区第1位（见图7）。

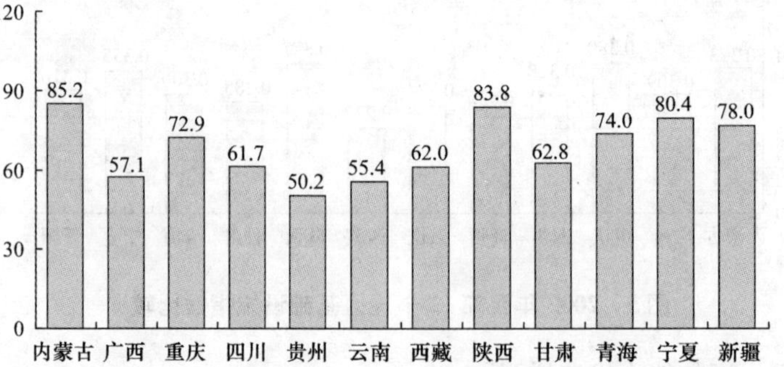

图7　2009年西部12个地区电话拥有率比较

“十一五”期间，内蒙古自治区信息网络规模迅速扩大，2009年互联网络用户数达到575万户，实现2005年的4倍增长，互联网普及率达到23.3户/百人。计算机拥有量出现大幅增长，城镇平均每百户计算机拥有量由2005年的23.2台增加到2009年的43.2台，农村平均每百户计算机拥有量由0.3台增加到1.9台，均实现翻倍增长（见表3）。

表3　2005~2009年内蒙古互联网计算机发展情况

	2005年	2006年	2007年	2008年	2009年
互联网用户数（万户）	116.00	160.00	322.00	385.00	575.00
互联网普及率（户/百人）	4.86	6.68	13.39	15.95	23.35
城镇计算机拥有率（台/百户）	23.17	26.82	31.93	37.28	43.24
农村计算机拥有率（台/百户）	0.29	0.53	0.78	0.97	1.89

电信通信基础设施不断完善。2009年内蒙古自治区长途光缆线路总长度达到42626公里，比“十五”新增9537公里，增幅达28.8%；移动电话交换机容量达到4122.0万户，是2005年的5.3倍；宽带网络已覆盖全区所有的旗县和乡镇，互联网宽带接入端口179.8万个，是2006年的2.6倍（见表4）。

表4　2005~2009内蒙古通信网络基础设施发展情况

	2005年	2006年	2007年	2008年	2009年
长途光缆线路长度（公里）	33089.00	34818.00	33896.00	39278.00	42626.00
移动电话交换机容量（万户）	776.70	1223.60	2013.00	2673.00	4122.00
互联网宽带接入端口（万个）	—	69.90	99.70	135.90	179.80

此外，内蒙古自治区广播电视传输服务业也取得长足的进步。2009年全区公共广播节目126套，广播综合人口覆盖率达到97.75%，比2005年提高了5.1个百分点；公共电视节目

125套，电视人口覆盖率达到93.53%，比2005年提高了3.4个百分点。

(二) 信息化应用广泛推进

信息化应用在经济社会中的影响日益突出。“十一五”期间，内蒙古信息化应用全面推进，电话、计算机和网络普及率均迅速提高，电子政务建设步伐明显加快，其他领域的信息化水平也在稳步提高。

2006年自治区政府召开了以电子政务为主要特色的全区政务公开工作现场会。呼和浩特市、呼伦贝尔市海拉尔区等地工商、税务、质监等企业基础信息交换平台初步建成。2007年自治区电子政务网络统一平台正式开通运行，政务城域网介入自治区四大班子和80多家委办厅局，政务广域网介入自治区12个盟市和2个计划单列市。80%的区直机关建立了门户网站。2008年，自治区政务综合门户网站实现了与旗县区的互联，完成“王”字形全区电子政务网络建设。依托统一的电子政府网络平台及骨干传输信道，推动了自治区、盟市、旗县三级联网工程、“金”字系列工程及一批重点业务系统建设。区直机关网络门户网站建成了基本区情、投融资项目、统计、环保、科技成果、农业实用技术等数据库。自治区政务资源共享和地区电子政务应用试点项目继北京、上海、天津之后，成为全国第四家国家级电子政务建设试点。

重视农牧业信息服务体系的建立和完善，全区21个农牧业信息化综合服务试点旗县工作全面推进。目前，全区所有盟市农牧业局都设立了市场信息科；全区有570个乡镇建立了农村信息服务站，占94%。内蒙古农牧业信息网已经形成了以内蒙古农牧业信息网为主站、10余个厅直专业/行业网站及12个盟市级农牧业网站和32个旗县级农牧业信息网站为一体的全区农牧业系统网站集群，内容丰富，功能完善，每天可采集发布全国上百个农畜产品批发市场的农畜产品价格行情数据。农牧业厅在全区范围内开展“农信通”服务，促进了信息服务延伸，扩大了信息覆盖面，是解决内蒙古自治区农牧业信息服务最后一公里问题的有益尝试。同时，各部门将自治区党员远程教育、中小学远程教育、气象预警、农牧业信息化等系统资源有机结合，建立了服务“三农”的重要平台，圆满完成了全国首个县域信息化测评试点任务。

企业信息化示范工程建设成果丰硕。全区规模以上工业企业中，90%以上不同程度地采用了信息技术，提升了整体素质和竞争能力，其中30%以上企业在信息技术应用方面达到了较高的水平，有效提升了企业整体素质和竞争力，特别是冶金、电力、乳业和化工等行业，应用信息技术的成效显著。蒙牛、伊利、小肥羊餐饮、河套酒业、蒙西高新技术集团、内蒙古第一机械等多家企业入选为国家“企业信息化500强”，逐步迈出内蒙古自治区信息化带动工业化的步伐，为提升自主创新打下良好基础。不少中小企业也都通过应用信息网络技术实现快速增长。2010年5月，自治区中小企业信息化服务计划正式启动，该计划依托自治区政府，借助金融机构及其他合作伙伴的优势资源，形成产业联盟，为中小企业在节约成本、提高效率、捕捉商机、争取资金等方面带来收益。信息技术应用在其他经济社会领域渗透广泛，人口管理、社会治安、交通指挥、劳动就业、医疗卫生等信息系统应用成效显著。数字小区及家庭上网工程建设在各盟市全面开展，为居民生活提供诸多便利。

2009年，一项拥有我国自主知识产权和专利技术，以“消费有利息、消费有信用、消费信息化”为理念的“信息化便民服务一体化工程”在呼和浩特市率先推行，并逐步扩展到包头市和鄂尔多斯市，进而向内蒙古全区推广。该工程的目的在于将现有的、各自为政、涉及公共事业服务的分散收费行业统一纳入“内蒙古消费信息资源数据库”系统，市民可以通过“居民消费信息卡”实现宽带、手机、固定电话费、煤气费、水电费等各项交费，实现真正意义上的便民“一卡通”。在数据库中建立企业消费信用的企业或商户，可以借助政府的力量，维护企业品牌和产品声誉，防止被仿制或假冒；获得政府授予的权威的企业消费信用后，可直接通过信息终端申请贷款，而不需要用资产抵押向银行申请，从而解决了企业的资金需求，拓展了企业的融资方式和渠道。

（三）信息产业发展良好

内蒙古利用自身的环境优势、区位优势和市场优势，不断加快信息产业的发展步伐，培育新的增长点，“十一五”期间信息产业实现良好发展。信息产业从业人数逐年增加，占全社会就业人数的比重由2005年的30.5%提高到2009年的34.2%，信息产业增加值也稳步提高。

信息办、经委、科技厅等有关部门通力合作，积极实施“制造业信息化工程”、“中小企业信息化工程”，大型企业带动、中小企业跟进的企业信息化格局初步形成。一批知名企业纷纷在呼和浩特市、包头市等地落户。通辽、满洲里于2007年分别引进投资几十亿的电子产品组装项目，结束了内蒙古东部地区无电子信息产品制造业的历史。近年来，信息化建设需求日益明显，为内蒙古信息服务业发展提供了广阔的市场空间。全区信息服务业法人单位超过3000家，从业人员20余万人。2009年全区累计完成电信业务总量542.20亿元，同比增长19.4%；实现电信主营业务收入147.4亿元，同比增长12.2%。互联网、短信等增值业务正在成为新的经济增长点，不仅直接推动经济增长，也带动了其他相关产业的发展。

2008年呼和浩特市、包头市、鄂尔多斯市（以下简称“呼包鄂”）被确定为全国首个“两化融合”创新试验区，自治区随即确定呼包鄂地区50家龙头企业作为试点，同时加大“两化融合”知识普及培训力度。2009年2月，自治区协调批准呼和浩特市鸿盛工业园区成为“呼包鄂地区国家信息化和工业化融合创新实验基地”，9月份促成中国移动内蒙古公司3年内投资4亿元支持创新试验区建设项目，为搞好“两化融合”，走新型工业化道路探索出一条新途径。2010年11月，鄂尔多斯市人民政府与世纪互联集团有限公司就世界级云计算产业基地、中国能源与信息技术融合创新示范辐射中心建设签署合作框架协议，双方共同推进云计算集群产业领域的战略合作。该项目协议的签署是内蒙古自治区大力推进信息化建设的一个阶段性成果，是贯彻落实自治区富民强区、促进“两化融合”战略的一项具体举措。项目建成后，鄂尔多斯将成为与北京、上海、广州等中国互联网枢纽城市具有同等网络空间地位的城市。

近年来，内蒙古软件园不断推进资金、技术、人才的优化组合，产生了良好的聚集、示范和带动效应，有力地推进了区域软件产业发展，呈现出快速发展态势。2010 年，内蒙古软件园有 30 个软件产品成功申请了软件著作权登记，5 个软件产品申请了软件产品登记。截至目前，内蒙古软件园企业获得软件著作权 62 个，获得软件产品登记 55 个，获得软件著作权和软件产品登记的产品达到 117 个，占软件园入驻企业总数的 73%，通过国家“双软认定”的企业达到 36 家，占自治区软件企业的 54%。内蒙古软件园入园企业达到 160 家，企业的科技含量和自主创新能力有了显著提高。

为不断加大信息产业人才队伍建设，提高全民信息化素质和能力，自治区深入落实《内蒙古自治区信息化技术技能人才教育培训培养体系建设实施意见》，加快培训基地和培训点的建设步伐，并积极实施自治区信息技术领域“信息化专业技术人才知识更新工程”，推进全区信息化专业技术人才继续教育及相关培训工作全面展开。几年来，累计培训各类信息技术技能人才 4 万多人，为自治区信息化发展提供了重要的人才支持，对自治区信息化的推动具有重要作用。

(四) 技术创新取得新进展

“十一五”期间，自治区生产力水平不断提高，科技发展稳步推进，科技创新取得新进展。全区研究与试验发展（R&D）经费支出大幅增长，由 2005 年的 11.70 亿元提高至 2009 年的 52.07 亿元，占地区生产总值的比例由 0.30% 增加到 0.53%。企业对技术创新工作的投入也在不断加大，企业 R&D 经费支出由 2005 年的 8.19 亿元增加到 2009 年的 35.74 亿元，占销售收入的比重由 0.38% 提高为 0.53%，其中稀土高科技研发投入占销售收入已经达到 5%，北重集团达到 5% 以上，蒙西集团达到 5.2%，北方创业达到 6.1%（见表 5）。可见，企业自主创新能力不断增强，正逐步成为自主创新的主体。

表 5　R&D 经费支出、企业 R&D 经费支出情况

	2005 年	2006 年	2007 年	2008 年	2009 年
R&D 经费支出（亿元）	11.70	16.49	24.20	33.90	52.07
R&D 经费支出与 GDP 比例（%）	0.30	0.34	0.40	0.44	0.53
企业 R&D 经费支出（亿元）	8.19	12.05	19.31	26.84	35.74
企业 R&D 经费支出占产品销售收入的比重（%）	0.38	0.44	0.52	0.50	0.57

专利申请量不断提高。2005～2009 年，自治区专利申请量由 1445 件增加到 2484 件，发明专利拥有量由 307 件增加到 719 件，每百万人发明专利申请量由 12.87 件增加到 29.20 件（见表 6）。

表 6　专利申请量及发明专利申请量情况

	2005 年	2006 年	2007 年	2008 年	2009 年
专利申请量（件）	1445	1946	2015	2221	2484
发明专利申请量（件）	307	430	565	695	719

续表

	2005 年	2006 年	2007 年	2008 年	2009 年
百万人发明专利申请量（件/百万人）	12.87	17.94	23.49	28.79	29.20
发明专利申请授权量（件）	98	108	120	140	178

技术创新是科技进步和经济发展的第一推动力，而技术引进和消化吸收则是技术创新相辅相成的重要手段。相对东部发达地区，自治区技术水平相对偏低，因此，引进先进技术并加以消化吸收再创新显得尤为重要。2005～2009 年，自治区技术引进经费和消化吸收经费支出增长极为迅速，均实现翻倍增长（见表 7）。

表 7　　技术引进和消化吸收经费情况

	2005 年	2006 年	2007 年	2008 年	2009 年
技术引进经费（万元）	9959.40	16138.00	14831.80	16433.40	24220.10
消化吸收经费（万元）	4478.70	1448.90	5599.80	12601.90	24368.10

“十一五”以来，内蒙古累计组织实施了火炬计划项目 108 项，其中国家级火炬计划 86 项，自治区级火炬计划项目 12 项。自治区共有 4 家国家创新型企业、8 家国家创新型试点企业；还开设 3 项科技专项基金，以推动内蒙古企业技术创新，包括科技型中小企业技术创新基金、科技风险基金、科技发展创新引导奖励专项基金。科技型中小企业技术创新基金设立以来，自治区共有 113 个项目获得国家资助，资金总额达到 6745 万元，自治区也投入 700 多万元资助中小企业技术创新。科技发展创新引导奖励专项基金自 2007 年设立以来，规模已经达到 1.1 亿元，主要用于引导形成拥有自主知识产权、自主品牌和持续创新能力的新型企业，增强全区战略新兴产业的原始创新能力和重点领域的集成创新能力。

目前，自治区中小企业产业集群技术创新初显成效。全区 46 个中小企业产业集群中有近 200 个企业建有研发机构，不断推出自主创新成果。其中，包头钢铁冶金产业集群研发出了高速钢轨生产技术，达到国际先进水平；包头装备制造产业集群研制出了用于超临界火力发电高压锅炉的无缝钢管，实现了大口径厚壁无缝钢管国产化，结束了依赖进口的历史。随着内蒙古自治区支持中小企业创新力度的不断加大，产业集聚效应不断显现，中小企业产业集群的自主创新成果越来越多。

（五）自治区信息素质建设进一步加强

“十一五”期间，自治区积极普及信息教育，推动通信和互联网络建设，努力开发公共文化信息资源，加大信息资源共享程度，弘扬民族优秀文化，规范网络安全，取得显著成效。

首先是推进教育信息化，改善教育信息化的硬件化境。全区近 1 万所中小学建成远程教育网络，建设覆盖全区的卫星教育信息接收系统，实现城市、城镇初中及以下 1000 多所学校“校校通”卫星电视教育的目标。全区建立了统一的“数字校园”综合信息平台，以通信功能为载体，以教育功能为应用，打造出一套完整的“教育信息化”解决方案，充分利用通信网络和通信产品，实现了教育信息化水平的整体快速提升。目前，内蒙古“数字校园”平台已经在全区12个盟市近2000多所学校进行应用。

其次，继承和弘扬优秀民族文化，推动蒙古文软件应用。蒙古文软件开发及推广应用已具备一定基础和条件，已完成或正在制定的蒙古文信息技术标准有20项，其中蒙古文编码字符集等标准被确定为国际标准。工业和信息化部与自治区政府签署合作协议，这对进一步推动蒙古文信息处理标准化支撑体系建设、重点开发一批蒙古文基础关键软件、加快蒙古文软件推广应用，将起到重大作用，标志着内蒙古自治区蒙古文信息技术和信息产业进入了新时期，蒙古族语言文字信息化水平将大大提高。

再次，加大公共信息资源的开发和共享。“内蒙古自治区文化信息资源共享中心”以国家图书馆和内蒙古图书馆的网络资源服务平台为依托，充分利用现代高新技术手段，将各种类型的文献信息资源以及贴近大众生活的现代社会文化信息资源，进行数字化加工处理与整合，通过全区文化设施和网络传输系统进行文化信息的传输，形成由省、市、基层分中心组成的网络，最大限度的实现优秀文化信息资源的共建共享，满足了广大人民群众日益增长的文化需求，整体提高了文化资源的利用率。

最后，加强网络文化环境建设，规范网络传播秩序。随着内蒙古自治区通信业和互联网络的快速发展，一些违法、违规和低俗内容阻碍了互联网的健康发展。自治区加强整治网上低俗之风，严厉打击不良信息传播，出台《内蒙古自治区网吧视频监控系统建设基本标准》，组织开启自治区打击网络侵权盗版专项治理专项活动。并开展以“全面整治互联网低俗之风，清理网上违规事件、违规网站，规范互联网信息传播秩序，净化网络文化环境”为重点的全区网络执法百日行动。

二、存在的问题

“十一五”期间，自治区信息化总体水平得到显著发展，各项指标都有新进展，但仍然存在如下问题。

（一）基础设施建设相对中东部地区仍比较落后

虽然内蒙古自治区在西部12个地区中基础设施建设处于较高水平，但是与中东部地区差距仍较大，计算机普及率相对较低，尤其是农村地区每百户居民计算机拥有量不足2台，互联网使用的基础条件比较匮乏。“村村通电话”对自然村的普及力度仍需不断加大。

（二）自主创新能力弱，核心技术专利少

信息产业研发能力弱，缺乏具有自主知识产权的技术核心产品；多数产品位于价值链的低端，附加值较低；企业规模偏小，技术落后，缺少一批具有竞争力的品牌企业。

（三）没有形成良好的信息产业集群

由于自治区原来的信息产业存量较少，想要高速发展信息产业，必须依赖引进区外的企

业，依赖招商引资项目。尽管目前已经有一批颇具规模的大型制造企业入驻，但这些企业并没有很好地形成相互促进、相互依赖的产业集群。产业内部循环不畅通，配套企业不健全。

（四）地区发展不平衡

目前全区信息化建设地区间发展极不平衡，盟市与盟市之间、部门与部门之间因认识、组织、资金等原因造成的发展差异较为悬殊。总体情况是国家有要求、有投入的部门和领域，领导重视程度高、组织保障较为有力的，信息化发展也相对较快。

三、对“十二五”信息化发展的建议

（一）继续加快通信基础设施建设

继续加大自治区基础网络设施建设力度，加强边远地区的网络覆盖，不断扩大通信网络在农牧区的覆盖，将“村村通电话”工程延伸到自然村，加快互联网络向农村延伸；发挥广播电视网和基础电信网的作用，促进信息基础网络资源的综合利用和社会共享。鼓励因地制宜地，综合利用光缆、微波、特别是卫星等多种技术手段，分阶段、分层次地扩大通信网络规模，提高网络技术层次和水平。积极稳妥地对传统电信网进行优化改造，提高网络资源利用率，不断增强网络的安全性和可靠性。

（二）提升产业自主创新能力

政府通过加强科技宏观管理，营造有利于科技创新和人才成长的政策环境，提供符合自主创新体系的公共服务平台，重点支持基础性研究和前沿技术研究，激发企业和全社会的创新活力；加强原始性创新，加强集成创新，形成具有市场竞争力的产品和产业，在广泛吸收全球科技成果、积极引进国外先进技术的基础上，进行充分消化吸收和再创新，从而形成独具特色的信息产业科技创新体系和能力；充分发挥比较优势，吸引国外大型 IT 公司到自治区投资。

（三）优化结构，提升信息产业核心竞争力

实施产业结构战略调整，要有步骤、有计划的把电子信息产品制造业的企业相对集中，使其集聚发展。要围绕重点产品对相关企业整合重组。紧紧围绕重点产品，通过优化组合，形成比较完整的产业链。要重点发展高技术含量、高附加值的电子信息产品，优化内蒙古自治区电子信息产品结构，提升产业核心竞争力。

（四）进一步完善信息基础设施，提高信息资源开发利用水平

要通过不断完善信息基础设施和加强信息资源开发利用，提高承载产业、保障生活的能力和水平。大力发展数字化、宽带化、综合化接入网，推动电信网、电视网和计算机网“三网融合”，加快综合基础信息平台的发展。进一步完善信息资源开发利用和管理体系，加大信息资源开发、利用、整合和共享力度，重点开发基础性、公共性和战略性信息资源。加快建立和完善覆盖广泛、统计精确、使用便捷的经济社会发展重点领域信息资源库，促进信息资源的优化配置、深度开发和有效利用。

(五)进一步推动产业发展和信息化建设

继续加大电子信息产业发展基金对内蒙古地区的支持力度，推进企业信息化建设，加快信息技术在钢铁、煤炭、电力、乳业、羊绒等自治区优势产业中的应用。加强农牧业自然资源、生产管理、农畜产品流通、农牧业科技以及各类旱、涝、虫灾的历史数据等数据库的开发，建立健全农村牧区经济预测预警、灾害防治、气象预报等系统，为广大农牧民提供覆盖生产经营全过程的信息综合服务。

(六)全面推进社会信息化

要围绕建设新农村新牧区、加强城市和社区信息化等重点领域，把推进信息化与解决好关系人民群众切身利益的问题结合起来，努力建设惠及全民的公共信息服务体系。积极发展远程医疗系统，完善全区疫情疫报信息网络系统。促进城市交通、公共管理、文化教育、劳动保障、医疗卫生等重点领域信息化快速发展。建立和完善应急通信保障机制，完善应急联动指挥系统和社会预警体系，提高保障公共安全和处置突发事件的能力。积极推进智能化社区建设，构建社区综合信息服务体系。

撰稿人：山西财经大学统计学院　高卫峰

辽宁省信息化“十一五”规划完成情况的评估与分析

“十一五”时期是国家信息化发展战略实施的重要时期，也是辽宁省大力发展信息化水平、全面振兴老工业基地的关键阶段。面对复杂多变的国内外形势和艰巨繁重的改革发展任务，辽宁省紧紧抓住中央振兴东北战略的机遇，有效应对国际金融危机，完成了与信息化相关的发展建设，谱写了老工业基地全面振兴的新篇章。

一、“十一五”期间辽宁省信息化发展状况

（一）辽宁省信息化发展再上新台阶

1. 信息化发展指数（Ⅱ）保持平稳快速增长

“十一五”期间，辽宁省信息化发展保持平稳快速增长态势。2006～2009年，辽宁省信息化发展指数（Ⅱ）分别为0.639、0.666、0.687和0.723，年平均增长速度达到12.3%，互联网普及程度和信息产业发展水平快速提高，应用消费指数和产业技术指数年均增长速度分别达到27.5%和15.2%，信息化发展指数（Ⅱ）增长速度大大高于全省GDP的增长。

按照“十一五”时期前四年的平均增长速度推算，预计2010年辽宁省信息化发展指数（Ⅱ）将达到0.753，信息化发展取得长足进步（见表1及图1）。

表1　2006～2009年辽宁省信息化发展指数（Ⅱ）与分类指数比较

	“十一五”时期前四年			
	2006年	2007年	2008年	2009年
总指数	0.639	0.666	0.687	0.723
基础设施指数	0.371	0.400	0.427	0.464
产业技术指数	0.864	0.894	0.917	0.925
应用消费指数	0.456	0.510	0.569	0.644
知识支撑指数	0.858	0.876	0.883	0.899
发展效果指数	0.647	0.647	0.639	0.682

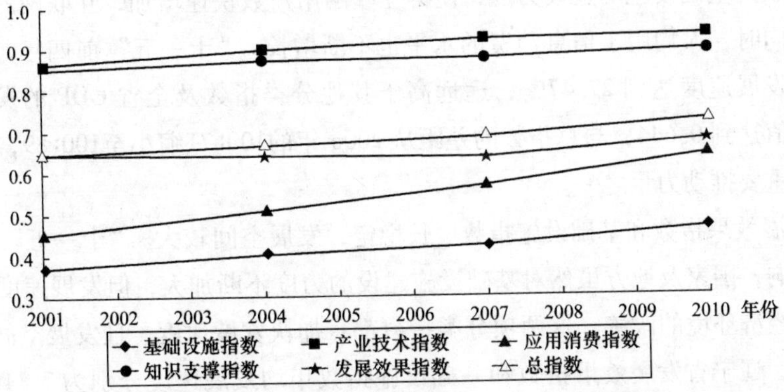

图1 2006~2009年辽宁省信息化发展指数(Ⅱ)与分类指数比较图

2. 信息化五个方面发展各具特色

“十一五”期间，辽宁省信息化五个分类指数都得到不同程度的提高，但发展呈现不同特点（见图2）。

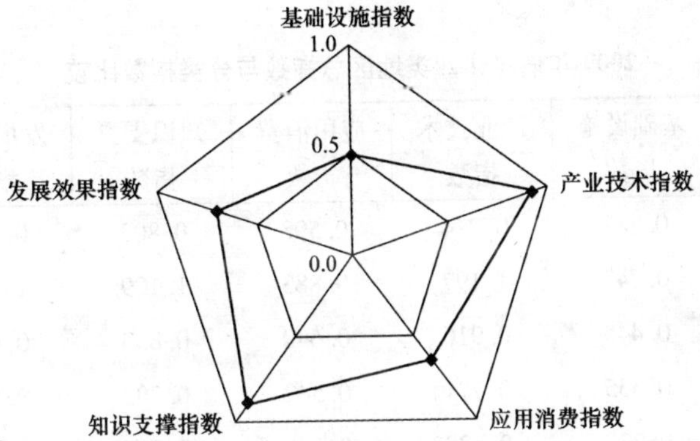

图2 2009年辽宁省信息化五个分类指数雷达图

（1）产业技术指数发展水平最高，发展速度较快。“十一五”期间，辽宁省政府对信息产业各方面建设都加大力度，使得信息化宏观环境得到改善，发明专利申请数量有大幅提升。2009年，辽宁省产业技术指数达到0.925，在信息化五个分类指数中水平最高，比总指数值高出28%；“十一五”前四年，其年均发展速度达到15.16%，仅次于应用消费指数而居第2位，是辽宁省信息化发展重要的推动力量之一。

（2）知识支撑指数发展水平较高，保持稳定增长。“十一五”期间，辽宁省基础教育不断加强，国民文化素质稳步提升，信息产业及相关部门的从业人数也不断扩大。2009年，辽宁省知识支撑指数达到0.899，在信息化五个分类指数中列第2位，比总指数值高出24%；“十一五”前四年，其年均发展速度为1.75%，在信息化五个分类指数中发展较为稳定，是辽宁省信息化高水平发展的重要保障之一。

（3）应用消费指数呈现高速增长，发展水平稳步上升。“十一五”期间，辽宁省政府不断加大对互联网基础设施的建设力度，使得互联网用户数快速增加，互联网的普及程度不断提高，与此同时，人均用于信息消费的水平也不断增长。“十一五”前四年，辽宁省应用消费指数年均发展速度达到 27.47%，远远高于其他分类指数及全省 GDP 的发展速度；2009年，其指数值达到0.644，与总指数的差距从 2006 年的100:71缩小至100:89，也是辽宁省信息化发展的重要推动力量之一。

（4）发展效果指数和基础设施指数增长稳定，发展空间较大。“十一五”时期，受国际金融危机影响，国家及地方虽然对基础设施建设的力度不断加大，但发展速度有所放缓；随着国际宏观经济环境的改善，这两项分类指数都将加快发展速度，且发展空间较大。“十一五”前四年，辽宁省发展效果指数和基础设施指数年均发展速度分别为 7.11% 和 10.14%；2009 年，其指数值分别达到0.682 和0.464，与总指数的差距分别为100:94和100:64。

3. 辽宁省属全国信息化发展较高水平地区

信息化发展指数（Ⅱ）测算结果表明，根据信息化发展水平，全国内地 31 个省（自治区、直辖市）可划分为四个类型地区，辽宁省属于第二类地区，是我国信息化发展较高水平地区（见表2）。

表 2　　2009 年信息化四类地区总指数与分类指数比较

	基础设施指数	产业技术指数	应用消费指数	知识支撑指数	发展效果指数	总指数
全国合计	0.389	0.914	0.598	0.803	0.701	0.681
第一类地区①	0.749	1.197	0.883	1.109	1.108	1.009
第二类地区②	0.445	0.916	0.640	0.833	0.686	0.704
第三类地区③	0.335	0.771	0.542	0.792	0.596	0.607
第四类地区④	0.278	0.738	0.509	0.730	0.580	0.567

注：①包括北京和上海。②包括天津、浙江、广东、江苏、辽宁、福建、陕西、山东、重庆、湖北、山西、吉林和黑龙江，共 13 个省（直辖市）。③包括海南、四川、湖南、内蒙古、河北、宁夏、新疆、安徽和江西，共 9 个省（自治区）。④包括青海、甘肃、河南、贵州、广西、云南和西藏，共 7 个省（自治区）。

与我国信息化第一类地区相比较，辽宁省在信息化基础设施建设投入、研究开发经费投入以及整体经济发展实力等方面仍有较大差距。2009 年，辽宁省发展效果指数仅相当于该分类指数最高地区北京的53%，基础设施指数相当于上海的58%，应用消费指数相当于北京的73%，产业技术指数和知识支撑指数都相当于北京的 76%。尽管如此，在“十一五”期间，辽宁省信息化发展水平仍取得了值得肯定的成绩和长足的进步。

（二）信息化基础设施建设全面加强

“十一五”时期前四年，辽宁省信息化基础设施建设实现了跨越式发展，不仅信息网络规模不断扩大，更是在3G、数字电视、互联网接入、信息化普遍服务机制建设等方面取得了质的突破（见表3）。

表3　2005~2009年辽宁省信息基础设施建设情况

	2005年	"十一五"时期前四年			
		2006年	2007年	2008年	2009年
固定电话拥有率（部/百人）	38.6	39.0	39.0	37.3	35.4
移动电话拥有率（部/百人）	32.2	38.2	45.9	56.3	66.8
城镇彩电拥有率（台/百户）	122.07	123.54	121.74	119.34	121.76
农村电视拥有率（台/百户）	111.32	111.96	110.53	112.44	113.18
城镇计算机拥有率（台/百户）	32.88	34.98	44.43	51.20	60.97
农村计算机拥有率（台/百户）	2.59	3.17	2.43	4.02	5.93

1. 通信领域

（1）通信能力进一步增强，网络覆盖率不断扩大。"十一五"时期前四年，辽宁省电信光缆线路总长度达到29.6万公里，其中2009年净增4.7万公里。同期，局用交换机容量和移动电话交换机容量分别达到2115.9万门和4338.8万户。随着3G网络的快速发展，移动电话基站数达到3.5万个，其中2009年TD基站数比上年新增1481个，增幅超过100%。

（2）电信业务收入与总量增幅比进一步加大。"十一五"时期，辽宁省通信业总体继续保持较快增长。2009年，全省电信业务总量累计完成908.9亿元，比上年同期增长15.7%；电信主营业务收入累计完成349.5亿元，比上年同期增长1.8%。与此同时，电信资费大幅下降，使用户获得了越来越质优价廉的电信服务。

（3）电信固定资产投资大幅上升，电信从业人数进一步增加。2009年辽宁省通信业投资总额达到203亿元，其中电信固定资产投资达到155.2亿元，比上年同期增长43.3%；实现增加值186亿元，比上年同期增长5.6%。同时，辽宁省电信从业人数进一步增加，2009年底电信企业从业人数近6万人。通信业对促进辽宁省社会就业、拉动地区经济增长起到重要的作用。

（4）电信用户总量进一步增长，电话普及率实现新突破。2009年全省累计净增电话用户385.4万户，电话用户规模达到4411.2万户，其中移动电话用户达到2882.1万户，占电话用户总数的65.3%，同比增长5.2%。在此基础上，全省电话普及率达到每百人103.9部，比去年提升了9.4%，高于全国平均水平24个百分点，实现历史新突破。

2. 广播电视领域

"十一五"时期，辽宁省政府稳步推进广播电视数字化建设。各级播出机构对广播电视设备的固态化、数字化、网络化改造进一步加快，广播电视节目从录制、播出、传输到接受全部采用数字编码技术，标志着辽宁省广播电视业步入崭新的数字媒体传播时代。至"十一五"中期，辽宁省广播节目制作时间达到45.8万小时，电视节目制作时间达到19.5万小时。2009年，辽宁省广播综合人口覆盖率达到98.2%，电视综合人口覆盖率达到98.3%，有线电视用户达到782.5万户，比上年增长15.4%，其中数字电视用户284.4万户，增长49.2%。文化信息共享工程覆盖所有已通有线电视农户。

3. 互联网领域

“十一五”时期，辽宁省互联网建设取得长足进步。2009年，全省互联网服务器端口达到549.9万个，比上年增加109.6万个；互联网用户达到535.4万户，同比增长21.5%，其中XDSL用户增长迅速，达到420.6万户，同比增长23.3%，成为网络接入的主流。全省基础电信运营企业的互联网用户更加趋向宽带化，互联网普及率比上年提升了13.7个百分点，达到40.2%，高于全国互联网普及率11.3个百分点。

4. 信息化普遍服务机制

“十一五”时期，辽宁省不仅提前完成了国家下达的“村村通”任务，解决了通信困难地区的网络覆盖问题，使得农村通信得到加速发展；与此同时，还通过实施“百万农民上网工程”，创建了大型农业综合信息资源网络平台，开发了与广大农民和农村经济发展息息相关的10个数据库、6个信息系统，开办了全省范围的农业信息交换、信息呼叫、信息定制、人工智能语言和专家咨询等服务，采集、加工、分析、处理、发布了各类涉农信息，发展了万名农村信息员，提供各项优惠政策、筛选推荐相关产品和设备，为广大农民上网和农村信息化建设提供服务。

（三）信息化应用水平大幅提升

“十一五”时期，辽宁省信息化应用水平得到充分发展，在不同领域都取得了阶段性成果，已经并将持续对区域经济带来推动作用（见表4）。

表4　2005～2009年辽宁省信息化应用发展情况

	2005年	“十一五”时期前四年			
		2006年	2007年	2008年	2009年
互联网网民数（万人）	372	483	783	1138	1595
人均信息消费额（元）	523.74	546.22	634.46	694.43	821.15
城镇人均通信支出（元）	461.83	467.33	546.68	615.74	581.39
城镇人均文娱支出（元）	320.40	342.68	443.43	475.33	549.59
农村人均通信支出（元）	186.66	197.49	191.39	202.67	162.14
农村人均文娱支出（元）	142.16	142.30	152.78	161.00	187.43

1. 电子商务应用

电子商务作为现代服务业中的重要产业，有“朝阳产业”、“绿色产业”之称。“十一五”时期，辽宁省电子商务应用达到新的广度和深度，电子商务交易额呈现稳定持续增长态势，其在企业的应用成效以及对辽宁省经济、社会发展的推动作用日益明显。辽宁省规模较大的企业大多已经制定或正在制定电子商务规划，筹划或开展电子商务，互联网和内部网络已融入企业的运营。根据世界工厂网数据研究中心发布的《2010年第4季度中国网民电子商务行为研究报告》，辽宁省首次位列全国电子商务行为最活跃的前10个省份。这说明辽宁省的电子商务发展情况取得了质的突破，企业和社会公众对电子商务的参与度也得到了普遍的提高。

值得一提的是，辽宁省大连、沈阳等中心城市的软件信息、现代物流、金融服务等现代服务业发展较好，电子商务也得到广泛应用。2010年，辽宁省大连市外经贸局与中国国际电子商务中心合作，共同筹建了“大连国际电子商务应用平台”。该平台是我国东北地区首家国家级区域电子商务平台，包括国际外贸商务应用平台和国际投资促进平台。其采用“政府支持、资源共享、专业服务、企业受益”的运营模式，借助互联网丰富的信息资源和先进的技术优势，全方位为政府部门及企业提供专业化的全流程电子商贸服务，帮助广大中小外贸企业积极应用电子商务，降低贸易成本，提高贸易效率。自平台开通以来，有300余家企业通过平台与外商建立了联系，累计达成意向成交金额500万美元。

2. 电子政务应用

“十一五”期间，辽宁省电子政务建设效果显著，省内各级政务部门的办公自动化、政务信息化建设均取得了长足的进展。在“十五”期间建设的基础上，经过近年来的不断努力，辽宁省电子政务内网的大规模基础设施建设已经完成，电子政务外网建设正全面展开。全省电子政务内网已经基本建成了由省、市两级横向区域性网络平台和连接省、市两级网络平台的纵向网络构成的整体框架。省本级横向内网光纤接入单位已完成90%，并开通了部分应用。在电子政务外网的建设中，以政务公开为主要内容的电子政务网站建设也取得了明显的成效。省内已有14个市政府、43个省政府部门、20多个县区政府和一大批市直机关相继在互联网上建立了政府网站，在政府与公众之间建立了一条方便快捷的沟通渠道。

3. 社会信息化

“十一五”时期，辽宁省实施了“百万家庭上网工程”，大力促进了信息技术在社会各领域的应用和推广，提高了社会信息化水平，取得了明显成效。该工程启动以来，辽宁省新增宽带互联网用户70万个，增长率超过38%，高出全国同期平均水平15个百分点。辽阳市利用信息化平台在社区建立虚拟养老院，畅达的信息沟通渠道使老人们足不出户就可以享受类似养老院的规范服务；鞍山市妇联利用该平台支持社区服务公司开展网上配送服务，使得社区群众的生活增加了更多便捷；大连市西岗区利用GPS系统管理垃圾清运车，规范了清运路线、时间和责任，大大提高了工作效率。该工程的实施促进了全省社会信息化的进一步发展，让广大人民群众通过互联网充分享受到信息化带来的便利和实惠。

（四）信息产业地位日益加深

“十一五”时期，辽宁省固定资产投资增长较快，产业结构进一步合理，信息产业在区域经济发展中的地位日益加深（见表5）。

表5　　2005~2009年辽宁省信息产业发展情况

	2005年	"十一五"时期前四年			
		2006年	2007年	2008年	2009年
电信主营业务收入（亿元）	236.8	263.8	304.6	343.7	349.5
人均电信收入（元）	560.95	617.62	708.79	796.43	809.22
第三产业从业人数（万人）	755.2		843.6	865.3	936.0
第三产业从业人数占全社会劳动力比重（%）	38.2	39.0	40.7	41.2	42.7
第三产业生产总值（亿元）	3173.32	3545.28	4036.99	4647.46	5891.25
第三产业增加值占GDP比重（%）	39.6	38.3	36.4	34.5	38.7

1. 产业规模及竞争力

2009年，省政府制定了信息产业的"三年倍增"计划，提出到2011年，信息产业销售收入从2010年的1463亿元提高到2000亿元以上，年均增长35%。届时，信息产业将成为这个老工业基地的"支柱性产业"。2008年，辽宁省信息产业同比增长26.3%，高出全国平均增速11个百分点。以英特尔半导体大连晶圆等大型项目为先导，以软件和服务外包产业为特色，辽宁省信息产业呈现出快速赶超的态势，其软件产业规模已位列全国前8名。

值得一提的是，从"十五"时期以来不到10年时间内，辽宁省大连市软件和服务外包产业一跃成为销售收入总额突破300亿元、出口额突破10亿美元的支柱性大产业，快速成长为一个与美国硅谷、印度班加罗尔、爱尔兰都柏林等齐名的全球软件和服务外包产业发展集中区。"十一五"中期，大连在日本东京设立了中国第一家海外软件园，迈出了走向国际的又一重要步伐。几年来，辽宁省软件产业销售收入每年都以30%以上速度增长，远远超出同期全省GDP的增长速度。在软件业发展迅速的大连市，软件与服务外包产业增加值占全市GDP的比重已超过4%，且呈持续增长的态势。

2. 产业结构优化升级

（1）农村信息化。"十一五"时期，在国家工业和信息化部的指导和支持下，辽宁省农村信息化建设以组织开展百万农民上网工程为切入点，努力加强辽宁金农网站建设，促进各类涉农信息资源整合，基本建成以省政府农业综合门户——辽宁金农网站为龙头、市县农业网站为辐射的农业网站服务群，并初步形成了网络、广播、电视、电话等多平台农业信息服务模式。信息服务在政策咨询、科技推广、市场流通等方面的作用日益凸显，在农民与政府、农民与专家和农民与市场之间架起了三座桥梁，农民的受益面不断扩大，有力地支持了辽宁省的现代农业建设。

辽宁省依托网络平台，大力开发农业信息应用系统，不仅促进了农业信息资源的开发利用，也提高了农业生产经营及管理的效率。"十一五"以来，全省农业信息系统充分应用了计算机、网络、通信、电视、数据库等多种信息技术，不断加强信息技术在农业生产经营领域的应用。全省各地也结合实际，加快了信息技术应用步伐：沈阳市实施了农业信息LED屏终端发布系统项目，面向全市城乡发布以农产品质量安全信息为主的政务信息；大连市自行研发推广个性化农业信息综合服务平台——“农信直通”应用系统，并投入使用；县一级的农村信息化试点通过多形式、多途径强化农业信息服务工作，成效也十分显著。

（2）“两化融合”。辽宁省是工业大省，加快信息化与工业化融合，对于转变经济发展方式、推进产业优化升级具有特别重要的意义。“两化融合”不仅是增强辽宁省工业核心竞争力、打造世界级装备制造业基地的需要，也是加快全省经济结构调整、振兴辽宁老工业基地的需要。

“十一五”时期，通过实施“百户企业信息化示范工程”，辽宁省围绕电子信息、汽车、石化、钢铁、装备制造、交通、轻工、纺织、建材和商业共十大重点产业，带动了广大企业的信息化建设，培育出了百亿元信息产业市场。在参加示范工程的企业中，应用CAD、CAM、CAPP技术的达到84%，比工程启动前提高了20个百分点；应用过程控制技术的达到69%，提高了24个百分点；应用财务、销售、供应等单项信息技术管理的达到96%，提高了21个百分点；应用ERP系统的达到25%，提高了10个百分点，有力地促进了传统产业的升级改造。

2010年，辽宁省沈阳市成立“两化融合企业联盟”，其包括了25家工业企业、45家信息服务企业及13家大专院校、科研院所。该联盟将以市场化手段整合装备工业与软件产业的全部资源，以沈阳国际软件园为依托，通过建设沈阳工业软件公共服务平台，定期发布行业信息、对接需求，开展各种对外交流合作活动，促进装备制造业与软件业资源共享、协同发展，加快全省产业结构优化升级，促进经济转型发展。

（3）服务业信息化。“十一五”前四年，辽宁省服务业规模不断扩大，全省服务业增加值由2005年的3295.5亿元增加到2009年的5891.3亿元，年均增长12.8%。以信息传输、计算机服务和软件业、金融业、房地产业、租赁和商务服务业等为代表的现代服务业成为新的增长点，占服务业增加值的比重由2005年的39.8%提高到2009年的44.7%。通过优势资源整合，做大、做强，培育出大连大商集团有限公司等一批核心竞争力强的大型服务业企业。

3. 信息安全

“十一五”时期，为促进辽宁省网络与信息安全应急工作的深入开展，省政府出台了《辽宁省网络与信息安全应急预案》，就信息安全事件等级确定、应急组织体系建立和信息安全事件预警、响应等的有关程序以及信息安全事件研判和总结评估等都做出明确规定，并对开展应急保障工作的各环节提出了具体要求。同时，为切实提高处理网络与信息安全事件的科学性和权威性，辽宁省组建了全省网络与信息安全应急专家组，将对全省网络与信息安全应急工作给予指导，并对重大网络信息安全事件处置提供咨询和帮助。

（五）信息技术创新成效显著

在辽宁省经济持续快速增长的过程中，科技创新一直扮演着重要角色，贯穿了辽宁省“十一五”建设的始终，并给经济发展持续增添了动力（见表6）。

表6　　2005～2009年辽宁省信息技术创新情况

	2005年	“十一五”时期前四年			
		2006年	2007年	2008年	2009年
发明专利申请量（件）	3267	4368	5516	6493	7125
每百万人发明专利申请量（件）	77.40	102.27	128.34	150.48	161.86
全社会研发经费占GDP比重（%）	1.56	1.47	1.50	1.41	

1. 信息技术创新体系

“十一五”前四年，全省科技活动人员由2005年的18.6万人增加到2009年的23.5万人；研究与试验发展经费支出由2005年的125.3亿元增加到2009年的241.1亿元，年均增长17.8%；专利申请受理数由2005年的1.6万件增加到2009年的2.6万件，专利申请授权数由2005年的0.6万件增加到2009年的1.2万件。

企业在科技创新体系中的主体地位日益突出。大中型工业企业拥有科技机构数由2005年的295个增加到2009年的399个；科技机构科技活动人员由2005年的3.2万人增加到2009年的4.1万人；开发新产品经费支出由2005年92.7亿元增加到2009年的199.2亿元，年均增长21.1%；研究与试验发展经费支出由2005年的84.3亿元增加到2009年的166.4亿元，年均增长18.5%。

通过组织实施以重点企业为依托、以重点产品为龙头的重大技术攻关项目，一大批制约重点行业与领域发展的重大关键技术得到解决，开发出一大批具有自主知识产权的核心技术和重大装备与新产品，促进了全省产业技术水平提升和产品结构调整。高新技术产业产品增加值超过2000亿元，占规模以上工业增加值的比重由2005年的24.4%提高到2009年的31.9%。

2. 产业集聚效应及基地优势

“十一五”期间，辽宁省产业集聚效应及基地优势地位日益明显，其建设总体情况可以概括为三个层面。

（1）“五点一线”沿海经济带层面。“五点”即沿渤海一侧的大连长兴岛临港工业区；营口、盘锦沿海产业基地；辽西锦州湾沿海经济区；沿黄海一侧的辽宁丹东临港产业园区、大连庄河花园口工业园区。“一线”即滨海公路，西起葫芦岛市绥中县，东至丹东东港市，全长1443公里，连接葫芦岛、锦州、盘锦、营口、大连、丹东6市的21个县（市）区、103个乡镇，沟通大小港口25个，连接工业园区228个。累计批准入区注册项目253个，项目投资总额892.81亿元。其中，外商投资项目54个，投资总额约合180亿元人民币。

（2）突破辽西北和县域工业园区建设。阜新的液压、皮革和林产品深加工产业；铁岭的专用车生产基地；朝阳的活性炭等。据2009年上半年统计，全省44个县域重点工业园区基础设施建设已累计投资243亿元，已建成面积221平方公里，在建面积150平方公里。中粮麦芽有限公司投资1.2亿美元在普兰店海湾工业园区建设亚洲最大、世界第二大的大型麦芽生产企业，设计能力年产麦芽30万吨，2008年产值达到19亿元，利税2亿元。法库县引进的西班牙博茨盖陶瓷公司，一期投资2.7亿元，建设10条高档陶瓷生产线，60%的产品用于出口。开原工业园区引进的江苏雨润食品产业集团，计划投资5亿元，建设300万头生猪屠宰和熟食制品加工基地。瓦房店市祝华工业园区引进投资额在1500万元以上的项目30个，总投资44亿元。

(3) 特色产业集群建设。辽宁省发挥各市现有资源优势，以特色产业集群项目为依托，推进主题概念和产业集群建设：沈阳的装备制造基地和高新技术产业集聚区；大连的软件工业园、"钻石港湾"和船舶制造业产业集群；鞍山达道湾工业区的板材深加工、五金产业集聚区；抚顺的能源装备制造、碳纤维和精细化工产业园；本溪的医药产业集群；丹东的仪器仪表产业基地；锦州的光伏产业基地和汽车零配件产业集聚区；营口的镁质材料工业园；阜新的液压、皮革加工和林木产品加工区；辽阳的精细化工产业集群；铁岭的改装车产业集群；朝阳的活性炭产业集群；盘锦的石油装备产业园；葫芦岛的聚氨酯和数字产业基地等。

3. 优势企业

"十一五"期间，辽宁省大企业集团快速成长，一批具有自主知识产权的重点企业不断做大、做强。2009年，27家工业企业的主营业务收入超百亿元。特变电工沈阳变压器集团有限公司、三一重型装备有限公司、沈阳远大集团、瓦房店轴承集团有限公司、大连重工起重集团有限公司等拥有一批自主知识产权核心技术的企业已成长为行业排头兵，沈阳机床（集团）有限责任公司、大连机床集团有限责任公司、大连光洋科技工程有限公司、中科院沈阳计算机研究所等一批集科技创新与核心技术培育为一体的企业和科研机构不断发展壮大。鞍山钢铁集团公司、华晨汽车集团控股有限公司等18家企业入围2010中国企业500强。

以东软集团为代表的一批本土软件企业成为辽宁软件产业发展的领头羊。在2008年中国软件出口（外包）排行榜发布会上，东软集团股份有限公司位居中国软件出口和外包两榜榜首。

（六）信息素质建设成果丰富

"十一五"时期，辽宁省大力推进公共文化信息资源建设，加大文化产业的培育和发展，活跃和丰富了人民群众的文化生活（见表7）。

表7　2005～2009年辽宁省信息素质建设情况

	2005年	"十一五"时期前四年			
		2006年	2007年	2008年	2009年
教育指数	0.817	0.823	0.829	0.833	0.839
平均受教育年限（年/人）	8.75	8.92	8.99	9.08	9.24

截至2009年，全省有艺术表演团体65个，文化馆、艺术馆122个，公共图书馆128个，博物馆54个，档案馆153个。全年出版报纸115种，出版量17.7亿份；杂志320种，出版量1.1亿册；图书11033种，出版量1.7亿册。

此期间，辽宁省继续开展基层农村文化创建及乡镇文化中心建设活动，创建了4个省群众文化艺术活动基地，5个民间文化艺术之乡，31个文化先进乡镇，56个文化先进村、社区，建成了25个乡镇文化中心。省政府积极推进公益文化活动社会化运作，全面启动了文化信息资源共享工程建设，全省128个公共图书馆馆舍建筑面积41.3万平方米，藏书总量2451.4万册（件）。

与此同时，文化产业作为辽宁服务业新的增长点，迅速发展壮大。2007年，全省文化系统实现增加值61.5亿元，比上年增长20.1%，增长速度高出同期GDP年增长速度5.6个百分点；从业人员达31万人，比上年增加2.2万人。全省文化系统建立健全了管理机构，率先成立了文化产业协会，信息交流和行业自律作用已逐步显现。

二、存在的问题及对“十二五”时期信息化发展的建议

“十一五”期间，辽宁省信息化发展总体水平取得了巨大的进步，信息化各个方面建设都卓有成效，但也存在一些问题与不足，主要体现在信息化基础设施建设偏弱、自主创新能力不强、城乡区域发展不协调以及制约科学发展的体制性机制性问题。面对“十二五”这一重要战略机遇期的来临，为了加快辽宁省信息化发展的步伐，有如下建议。

（一）加快推进体制转型，推动两化融合

加快推进以消除体制障碍为重点的体制转型，进一步破除制约经济社会转型发展的体制性弊端和制度性障碍，构建充满活力、富有效率、更加开放、有利于创新创业和科学发展的体制机制。推动工业化和信息化深度融合，加快经济社会各领域信息化，加强重要信息系统和通信等信息基础设施建设，全面提高信息化水平。

（二）提高自主创新能力，完善创新体系

坚定不移地把提高自主创新能力、建设创新型辽宁作为全省发展战略的核心，最大限度发挥科技进步对产业结构优化升级的支撑和引领作用。加速推进国家技术创新工程试点省建设，形成特色鲜明的新兴产业集群和聚集区；结合国家重大科技专项的实施，形成具有自主知识产权的重大战略产品；完善科技创新体制，建立以企业为主体、市场为导向、产学研相结合的技术创新体系；优化整合科技资源，推动由“辽宁制造”向“辽宁创造”转变，建成国家重要技术研发与创新基地。

（三）推进区域协调发展，缩小数字鸿沟

以辽宁沿海经济带、沈阳经济区建设为两大引擎，以贯通沿海与腹地的沈大经济带为战略轴线，带动辽西北地区实现跨越发展，构建“双擎一轴联动”的空间发展格局。继续加大对信息化基础建设的投入，着力推进广电网、电信网、互联网融合，积极发挥信息化的服务作用，通过“三网融合”，加快城乡、特别是农村地区的信息化发展，缩小城乡之间信息化差距，缩小数字鸿沟。

（四）积极推动文化发展，提升信息素质

加快文化强省建设，坚持以政府为主导，加大投入力度，基本构建覆盖城乡、惠及全民

的公共文化服务体系，打造具有辽宁特色的群众文化品牌。继续推进文化信息资源共享、广播电视村村通等重点文化惠民工程。加快省科技馆、省图书馆、省博物馆等重点公共文化项目建设，着力抓好市、县、乡、村四级群众文化基础设施和服务网络建设。利用先进信息技术和信息基础设施，创造条件以方便群众获取信息、接受教育和培训；普及信息化知识和技能，培养适应信息时代的劳动者。

撰稿人：北京邮电大学经济管理学院　龚振炜

吉林省信息化“十一五”规划完成情况的评估与分析

一、研究背景和意义

当今世界，信息化日益成为全球竞争的战略重点。全球信息化与经济全球化相互交织，推动着全球产业分工深化和经济结构调整，对提高区域竞争力产生了前所未有的影响。发达国家和地区竞相制定和实施信息化战略与行动计划，力图抢占未来发展的战略制高点。信息产业成为国民经济的重要基础和先导性产业，信息安全成为国家安全的重要组成部分，信息化程度已成为21世纪衡量一个国家（或地区）经济发展水平和竞争实力的重要标志。

中国的信息化建设近年来有了较快的发展。然而，与世界发达国家相比，还处于起步阶段，还有许多工作要做，其中一个很基础性的工作就是摸清我国信息产业发展水平在国际上的地位，摸清我国各个地区信息化的发展水平，即科学地评价一个国家或地区的信息化水平。

“十一五”期间，吉林省国民经济和社会信息化建设取得了新的进展，信息化建设水平有了较大提高，初步形成了具有一定产业规模和技术创新能力的光电子、液晶显示、新型元器件、汽车电子产业格局。5年来，在吉林省委、省政府的正确领导下，各地区、各部门把推进信息化作为实现更快更好发展的重要措施，坚持走新型工业化道路，以信息化带动工业化，推动经济增长方式转变和经济结构的优化升级，加快振兴吉林老工业基地。

二、“十一五”期间吉林省国民经济和社会信息化建设

“十一五”期间，全省各族人民在省委、省政府的正确领导下，坚持以科学发展观为统领，以“保增长、保民生、保稳定”为主线，以“推动吉林、加快振兴”为己任，全面贯彻落实中央和国务院关于应对国际金融危机的一揽子计划，奋力攻坚克难，信息化建设取得了一定的进步。

（一）信息基础设施建设

“十一五”以来，吉林省信息基础设施得到加强，家用电脑、数字电视等信息重大工程建设取得较好成绩。

1. 综合通信能力

截至2009年末，吉林省局用电话交换机总容量860万门；固定电话用户581.3万户，其中城市电话用户425.4万户，农村电话用户115.9万户，固定电话普及率21.3部/百人，全国排名第17位，处于中下游水平；移动电话用户达到1574.2万户，移动电话普及率57.6部/百人，增长7.7%，普及率在全国排名第13位，处于中上游水平①。

2. 广播电视覆盖率

2009年，吉林省广播人口覆盖率达到98.26%；全省电视人口覆盖率达到98.48%，电视机拥有率为37.51台/百人。全省有线广播电视用户数为294万户，其中数字电视用户数达到165万户②。

3. 信息产业发展情况

2009年底，吉林省电信业务总量512亿元，增长16.8%，人均电信业产值为631.16元。电信主营业务收入为144.4亿元，在全国排名第24位，处于下游水平。专利申请总量为2166件，即每百万人专利申请量为171.68个，全国排名第21位，处于下游水平。信息产业从业人数达50000多人，占全社会劳动人数的34.1%，产业增加值占全省生产总值的43.4%，信息产业研发经费占全省生产总值的1.7%③。

4. 信息消费情况

2009年底，吉林省计算机拥有率为11.6台/百人，拥有网民726万人，在全国排名第22位，处于下游水平。互联网络宽带接入用户227.9万户，同比增长29.6%，每百人互联网用户数为28.78。人均信息消费额为868.41元。

人均国内生产总值为25575元。全省大专及以上学历人数为219万人，全国排名第20位，处于中下游水平，高中学历人数为429万人，全国排名第20位，同样处于中下游水平。平均受教育年限为8.9年，全国排名第5。教育指数为0.8。

由于国家信息化"十二五"规划的综合指标研究与设置是对国家信息化"十一五"规划中综合指标的延续和优化，因此为了对"十一五"规划和"十二五"规划这两套综合指标体系进行科学的衔接，需要确定两套体系计算结果之间的调整方法和调整系数，以使具有可比性。表1和表2表示了吉林省在"十一五"规划前四年的信息化发展指数（Ⅱ）、对应增长速度以及分类指数与全国平均水平的比较。

表1　2006~2009年吉林省与全国信息化发展指数（Ⅱ）及分类指数比较表

	2006年			2007年		
	全国指数合计	吉林省		全国指数合计	吉林省	
		指数	排名		指数	排名
发展指数	0.611	0.594	12	0.633	0.612	11

①②③ 资料来源：《吉林省2009年国民经济和社会发展统计公报》。

续表

	2006年			2007年		
	全国指数合计	吉林省		全国指数合计	吉林省	
		指数	排名		指数	排名
基础设施指数	0.335	0.339	10	0.354	0.365	10
产业技术指数	0.840	0.765	11	0.869	0.792	13
应用消费指数	0.461	0.445	14	0.505	0.488	11
知识支撑指数	0.772	0.823	7	0.777	0.812	8
发展效果指数	0.647	0.598	13	0.659	0.603	15
	2008年			2009年		
	全国指数合计	吉林省		全国指数合计	吉林省	
		指数	排名		指数	排名
发展指数	0.654	0.621	13	0.681	0.643	14
基础设施指数	0.359	0.353	11	0.389	0.382	10
产业技术指数	0.897	0.813	14	0.914	0.827	14
应用消费指数	0.551	0.512	17	0.598	0.555	19
知识支撑指数	0.792	0.830	7	0.803	0.840	7
发展效果指数	0.670	0.596	16	0.701	0.608	20

资料来源：《国家统计局信息化发展指数优化研究报告》。

表2　　吉林省与全国信息化发展指数（Ⅱ）增长速度比较表

	2006～2009年年均增长速度		2009年增长速度	
	全国	吉林省	全国	吉林省
发展指数	11.81	9.81	10.27	8.91
基础设施指数	9.13	8.65	11.63	11.29
产业技术指数	16.84	10.87	10.01	8.97
应用消费指数	23.17	22.00	18.86	16.12
知识支撑指数	1.76	1.25	1.72	1.50
发展效果指数	8.15	6.27	9.12	6.67

资料来源：《国家统计局信息化发展指数优化研究报告》。

通过以上对比研究，可知截至2009年，吉林省的信息化宏观发展水平整体处于中等偏下的水平，在全国排名第14位。具体到各个指标体系，在信息基础设施方面，发展指数为0.382，低于全国水平均值，排名第10位，处于中上游水平。同样，在信息产业技术和信息应用消费方面，指数分别为0.827、0.555，均低于全国水平均值，处于中下游水平；在信息知识支撑方面，发展指数为0.840，略高于全国水平均值；在信息化发展效果方面，指数为

0.608，处于中上游水平。

通过对表1、表2的数据分析，并从吉林省信息化指标数值与全国水平均值的比较中可以发现，吉林省多数指标均低于全国水平均值，只有少部分指标略高于均值，这说明吉林省信息化水平还有待进一步提高。

从吉林省信息化水平的微观地位分析，从数据可以得出以下结论：吉林省信息化建设在信息知识支撑方面较好，各项指标都处于相对优势地位。而严重影响吉林省信息化水平的是信息基础设施。由此可以认为，吉林省信息化水平低的主要原因在于其硬件设施不完善，而软件建设则相对处于优势。

由于吉林省、辽宁省、黑龙江省地理位置最为接近，因此对以上三省的信息化水平做横向的比较分析对于制定吉林省发展信息化对策具有指导意义。东北三省在信息知识支撑和信息化发展效果方面差异不显著。吉林省在人均电信业务总量和互联网普及程度方面较落后于其他两个省份，在信息基础建设方面也落后于辽宁、黑龙江两省。以辽宁省为例，其信息产业建设方面总体优于吉林省，原因在于辽宁省大连市的软件及信息服务产业培育是国家重点规划的地区，又属于沿海城市、较发达地区。大连的信息产业发展带动了辽宁省产业的发展。因此，集中力量投入，重点发展一个城市的信息产业更有利于信息化建设。

（二）“十一五”期间吉林省国民经济和社会信息化建设取得的成绩

“十一五”以来，吉林省信息化建设取得了较大进展。信息化基础设施不断加强：全省以电信网、广播电视网、计算机网为主体的信息网络体系快速发展，信息基础设施综合服务能力和社会普及程度进一步提高；信息产业快速发展：长春国家光电子产业基地、长春国家汽车电子产业园区初具规模；PLED有机发光显示、启明软件园、长虹电子工业园、光电子工程技术平台、国家汽车电子产业园区等大项目进展顺利；企业管理、信息安全、教育、农业等行业软件在全国具有较强优势；应用信息技术改造传统产业取得进展：全省大中型企业中，100%的企业将信息技术应用于生产流通和经营管理，90%以上有独立的门户网站，制造业应用计算机辅助设计（CAD）的企业达到50%以上。

通过开展企业信息化示范工程，一汽集团的信息技术综合应用、通钢集团的能源平衡信息系统、吉林化纤的电子商务应用等取得了较好的经济和社会效益。省、市、县、乡四级农业信息服务体系初步建成，农业综合服务信息平台不断完善，通过12316新农村服务热线、“黑土地”农民连锁互动信息网，及时为农民提供政策法律、生产技术和市场信息等服务。电子政务建设稳步推进。电子政务内网建设与应用逐步完善，启动了电子政务外网平台建设，并实现了与国家平台的链接。全省政府网站体系逐步健全，政务信息发布逐步规范，电子政务重点业务系统建设进展顺利，全省应急信息系统、企业基础信息交换平台、信息安全保障系统等项目建设取得了积极进展。金财、金盾、金审、金税、金农、金土等重点系统建设进展顺利，有力地强化了政府社会管理、市场监管和公共服务职能。社会信息化逐步推广。社会保障、医疗卫生、文化等涉及民生的信息化水平逐步提高。

1. 吉林省政府系统政务信息化

在国务院办公厅的统一规划指导下，吉林省政府系统政务信息化工作经过各地、各部门的共同努力，取得了长足进展。2007年，为统一指导、积极推进全省政府系统政务信息化建设，根据全国电子政务工作座谈会精神和《吉林省电子政务建设“十一五”规划》，吉林省特制定《吉林省政府系统政务信息化建设“十一五”规划》。吉林省政府系统政务信息化主要有以下应用成果：一是省政府各部门和市（州）政府办公业务网（局域网）普遍建立，成为支持机关日常办公的基本环境；二是省政府办公厅连接国务院办公厅和省内各市（州）、县（市）政府及省政府各部门，能够承载语音、数据、视频等多媒体业务的全省政府系统办公业务资源网（简称政府专网）已建成，并实现了与省委、省人大、省政协、省法院、省检察院网络的互联互通；三是省、市（州）和90%的县（市）政府建立了门户网站，省政府各部门和市（州）政府的大部分部门建立了二级网站，基本形成了一个以省政府门户网站为中心的政府网站群，在对外宣传、政务公开、便民服务等方面发挥了积极作用；四是省、市两级政府机关的公文、信息、督查、档案、值班、会议等办公业务系统建设与应用不断深化和扩展；五是覆盖省、市、县三级政府和省政府组成部门和直属机构的网上视频会议系统基本建成，一些地区和部门还建成了多媒体应用系统和办公决策支持系统；六是省和市（州）政府、部分县级政府结合政务公开工作，在政务大厅建设了网上行政审批信息系统，探索开展“一站式”服务；七是一批以政府公文和政务信息为主要内容的信息资源数据库已经建立；八是网络信息安全工作得到进一步重视和加强；九是各市（州）、部分县（市、区）设置了负责政务信息化工作的专门机构，一支既懂政务又懂技术的专业队伍逐步形成。

2. 吉林省企业信息化建设取得实效

在吉林省经济发展中，传统产业比重高，产业结构调整缓慢，企业设备和技术不断老化，面临许多矛盾和困难。同时，吉林省企业拥有良好的传统产业基础，具有后发优势和比较优势，对信息技术应用也有很大的市场需求。为此，吉林省以一汽集团、通钢集团、长春客车厂、吉林化纤等为代表的一批重点企业，积极应用信息技术改造生产工艺流程，加强企业管理，提高企业效益，市场竞争力明显增强。信息技术应用在老工业基地改造中取得了阶段性成果，也为吉林省传统产业改造和带动信息产业发展起到了有利的促进作用。

在2008年制定的《吉林省国民经济和社会发展信息化“十一五”专项规划》中提出了企业信息化的主要任务，要积极应用信息技术改造传统工业企业，提高企业的研发、设计、生产和管理现代化水平，提高产业核心竞争力；推进综合自动化和先进管理信息系统应用，提高企业管控一体化水平；重点推进高能耗、高物耗和高污染行业企业的信息技术改造；继续实施企业管理信息化工程；推进百户重点工业企业在设计、生产、管理、财务、营销等各环节应用适用信息技术，实现物流、资金流和信息流的集成与优化；实施制造业信息化工程，以机械、石化、冶金、建材等行业的企业为重点，发展柔性制造和制造执行系统等先进技术，推广计算机辅助设计、计算机辅助制造、计算机辅助工艺计划、计算机辅助工程、数控技术等，努力在工艺创新、节能降耗、产品质量和更新换代方面取得突破，提高生产集约化和自动化水平；实施行业与企业信息服务平台建设工程；支持以行业协会等中介机构为依托，建设面向中小企业的公共信息技术创新和服务平台；鼓励大型龙头企业和科研机构，建立产业公共技术开发平台、研发中心和产业化示范基地。

具体措施包括：一是吉林省政府下发了《吉林省用信息技术改造传统产业的指导意见》（吉政办发200525号），进一步明确了全省企业信息技术应用的重点，就是要改进企业的生产过程，实现技术创新；改造企业的运营模式，实现管理创新；改造传统产品，实现产品创新。二是对一汽、通钢、吉林油田、长春客车厂等一批重点大中型企业的信息化建设进行了调查研究，总结推广了一汽启明公司的ERP系统、吉林化纤企业管理信息系统、长春客车厂的计算机辅助设计制造系统等一批企业信息，并在全省范围内进行了推广，充分发挥了企业信息化建设的示范和带动作用。三是加大企业信息化建设的投入。经过积极争取，吉林省2008年开始设立了信息产业发展基金2000万元，用于信息化建设的资金大约在800万～1000万元，能够有效地推动吉林省企业信息化的建设。同时，利用国家电子发展基金、国债贴息等优惠政策，扶持一批全省重点信息化项目。并积极申报全国电子信息应用“倍增计划”项目，虽然得到资助的项目不是很多，但也起到了一定的作用。四是加强企业信息化的组织领导。为了保证全省企业信息化工程的有效开展，吉林省按照国家的模式，成立了由吉林省信息产业厅牵头的吉林省企业信息化工作领导小组及其办公室，将充分利用该领导小组的职能，联合省内其他部门开展企业信息化示范工程建设。同时，积极协调各市州结合本地实际，健全机构，制订方案，落实责任，切实加强对企业信息化工作的组织和领导。

从信息技术应用情况看，已建立和应用计算机辅助设计与制造系统、生产过程控制技术、企业资源管理信息系统等方面的企业比例很低，能够应用互联网开展电子商务的企业也是屈指可数，大型企业和高新技术企业信息化建设比中小企业情况要好一些，非国有企业相对好于国有企业。从了解的情况看，近一个时期以来，企业信息化已经引起了各方面的高度重视，特别是一些企业领导者已经认识到应用信息技术加强企业管理、增强企业竞争力的重要性。很多企业主动与政府有关部门联系，提出信息技术应用需求，要求给予技术和资金投入方面的支持。吉林省内外的很多信息技术研发企业也在瞄准传统产业开发这个大市场，正在按照市场需求，提供相关的产品与技术支持。全面推进企业信息化时机成熟，吉林省企业信息化必将进入一个新的发展阶段。

3. 吉林省信息产业的发展态势良好

“十一五”期间，吉林省的信息产业保持了持续较快的发展趋势，实现了经济总量和经济效益的全面增长。吉林省电子信息产业经过多年的产品开发和技术创新，目前已经形成了具有吉林特色、具有较强技术创新能力、产品门类比较齐全的产业体系。很多企业逐步地树立了全球经营意识，利用国内国际市场资源，采用OEM方式将自身的经营重点从产品生产等可控因素，转移到对渠道建设及对信息的综合利用等不可控因素上来，组织建立了更广泛、顺畅的营销网络，有效地提升了企业的经济效益。

在吉林省电子信息产业的发展中，长春和吉林两市对行业经济增长发挥了重要的拉动作用。以2008年为例，两市电子信息产品制造业完成工业总产值101亿元，占电子产品制造业总产值的81%，拉动全行业经济增长18个百分点。全省电子信息产品生产的重点企业继续保持了快速增长，对全行业的经济增长起到重要的支撑作用。重点统计的20户企业中，合计完成工业总产值82亿元，占信息产品制造业工业总产值的63%。

4. 吉林省的农村信息化建设不断加强

在农村的信息化基础设施建设方面取得长足的进步：广播电视“村村通”工程建设依托“金农工程”，启动实施“农村信息进村入户工程”。搭建农村信息交换平台，全面推进电话、电视、电台和电脑网络“四电合一”建设，拓展综合信息网络功能，提高信息入户率。用信息化带动农业现代化，推动农业生产、加工、流通和农业管理领域的信息技术应用。利用信息技术改造提升传统农业，利用卫星遥感技术、卫星定位和地理信息系统，发展精准农业。建立和完善水情、旱情、灾情、水质监测、气象服务、耕地保护、地质灾害等信息系统，为农业生产服务。到2010年，全省所有乡镇和80%的行政村都建立起了农村信息服务站。“12316新农村热线”日均接听农民1万余人（次）。12582短信平台农村用户超过200万户，平均每年发送社科农信息达4亿条（次）。吉林农网一级栏目共设46个，累计发布信息50多万条，市、县两级农业网站发布信息430多万条。目前，吉林省基本建立起一个快速、高效、上下联动的省、市、县、乡、村五级农业信息网络体系。

（三）吉林省信息化发展中亟待解决的问题

近年来虽然吉林省信息化建设发展较快，但同发达省市的差距正在拉大，存在一些亟待解决的问题：一是发展不平衡，地区之间、城乡之间存在数字鸿沟，发展差距较大，基础网络和信息资源的共享水平低；二是信息技术应用总体水平不高，重建设、轻应用现象较为普遍，信息化对工业化的带动作用尚未充分发挥；三是还没有建立起政府引导下的促进信息产业发展的多渠道、多方式的投融资体系，投资力度不大；四是信息产业还没有放在应有的战略地位，产业结构、产品结构和企业组织结构调整较慢；五是技术创新能力较弱，科技成果产业化程度较低，高素质的专业技术人才和管理人才流失比较严重；六是多数企业信息化工作还没有摆上应有的位置，尤其是传统行业的中小企业，普遍缺乏应用信息技术的长远发展规划和目标，很多企业对信息化的认识还停留在企业上网、建立网站和产品宣传上，缺少对信息技术深层次的应用和需求；七是信息化法律法规的制定滞后于实际需要，体制机制尚需完善，信息安全保障能力亟待加强。

三、吉林省信息化建设发展对策

吉林省信息化工作应当以不断完善企业为主体、基地园区为载体、产业化为导向的信息产业自主创新体系和支撑信息化建设持续发展的保障体系，努力把信息产业提升为全省经济发展的支柱和先导产业。信息化普及水平与应用水平的显著提高，将使信息化的带动作用得到充分发挥，会成为吉林省转变经济增长方式、建设节约型社会、实现可持续发展的重要主导力量，从而提升吉林省的整体竞争力。

（一）加强社会信息化，促进民生改善和社会和谐

信息化工作一定要从实际出发，突出重点，务求实效。围绕社会公众关注的重点领域，实施社会公共资源共享工程，发挥信息化在构建和谐社会中的积极作用。强化农村中小学远程教育工程应用，依托教育和培训机构，推进国家精品课程、网络教育课程等教育资源开发，构建现代网络教育公共服务平台，实现优质教育资源共享。促进信息技术在医疗卫生、防疫监控、应急处置和救治中的应用，积极开展远程医疗和卫生信息服务，促进医疗、医药和医保机构的信息共享和业务协同。加强金保工程建设，加快建设劳动力市场、养老保险、医疗保险、失业登记和失业保险等全省社会保障信息服务体系。以企业信用建设为重点，加快推进“信用吉林”建设，推进全省企业信用网建设。加快社区信息服务体系建设，建立面向家庭用户的社区管理与服务网络，开展就业、家政服务、监控报警、水电气数据自动采集、文化娱乐、社区管理、网络教育等服务，提高社区信息化水平。

（二）继续提高企业信息化的水平

应遵循统筹规划和分类指导的原则，特别是在信息化的起步阶段，根据不同行业和企业的特色和需求，从解决企业突出问题入手，通过对企业信息化的分类指导，找准信息化的切入点，提高了企业信息化的实际效果。大力推进信息化与工业化融合发展，充分发挥信息技术的渗透性和创新性优势，在工业企业生产、管理和服务各环节提高自动化、智能化和节能减排能力，提高产品质量和经济效益，促进产业升级和现代产业体系发展。要大力实施工业企业信息化改造工程，重点抓好汽车、石化、冶金、农产品加工、医药、建材等行业，在工业产品研发设计、流程控制、企业管理、市场营销、人力资源开发等方面的信息技术应用，推动高物耗、高能耗、高污染产业的信息化改造。大力推动信息技术在安全生产特别是煤矿安全生产中的应用。支持企业开展电子商务，促进面向消费者的电子商务应用。加快中小企业公共信息服务平台建设。

（三）开创吉林省信息产业的新局面

根据吉林省信息产业“十二五”发展规划确定的目标，结合吉林省政府今后5年的经济发展要求，从吉林省信息产业发展的实际情况出发，抓住机遇、发挥优势、突出特色、明确措施，实现吉林全省信息产业又好又快地发展。要认清形势，增强加快信息产业发展的责任感和紧迫感，优先发展信息产品制造业和软件业，集中力量发展具有比较优势的液晶、光电子和新型元器件三大产业群，逐步形成技术和规模优势，成为具有带动作用的先导产业，力争走在全国前列。有重点地发展数码相机、可视电话机等电子信息产品和新型通信产品；组建软件产业集团，加快建设长春软件产业园，重点发展有技术优势的金融、财税、教育、医疗及网络配套等软件产品。依托园区和基地建设，突出发展光电子、汽车电子、软件等优势特色产业。要认真落实好国家和省里给予的各项优惠政策，充分发挥全省的科技、人才等优势，加大招商引资的力度，争取国家在政策、资金等方面更多的支持，支持一批像一汽启明公司那样的创新型企业做大、做强。信息产业要主动进入传统产业改造。推进企业信息化为信息产业特别是软件企业提供了最为广阔的市场和商机。在推进信息技术应用的过程中，信息产业要主动调整经营战略，发挥地域优势，在适应企业信息化需求上做文章，在开发自身特色软件产品和系统集成上做文章，在改进和完善售后服务上做文章，同时围绕企业信息化，在设计、生产、管理、经营、控制各个环节开发系列配套软件。通过软件企业与传统产业的结合，促进传统产业的信息技术应用。

（四）完善信息安全保障体系，促进“平安吉林”建设

重点落实国家信息安全等级保护管理办法，开展信息系统建设整改、等级评定、监督检查等工作；继续实施重要信息系统风险评估和安全测评。落实电子政务电子认证总体规划，加强认证体系基础设施建设。加强电子认证服务管理，推进数字证书在电子政务、电子商务、商贸物流等领域的应用，完成涉密信息系统分级保护工作、商用密码管理基础设施功能升级；完善信息安全应急管理体系与协调机制，逐步形成信息安全管理和监控体系，建立信息安全应急指挥和安全通报制度，完善信息安全应急处置预案；进一步加强互联网安全管理，加强网上舆情监测分析，强化安全监测，维护互联网信息内容安全。

把推进国民经济和社会信息化作为覆盖全局的战略性举措，用信息化带动工业化，提高信息技术在全社会的应用水平，促进产业结构的优化升级和产业素质的不断提高。以上几点对策，期冀能辅助决策、加快吉林省经济发展的脚步。

撰稿人：吉林大学交通学院　毛　佳
吉林大学管理学院　王　西
吉林大学交通学院　李　华

黑龙江省信息化“十一五”规划完成情况的评估与分析

“十一五”期间，黑龙江省委、省政府高度重视全省信息化的建设发展，加强了对国民经济和社会信息化工作的组织领导，加大了基础设施建设力度，大力推进信息技术在各个领域的应用，使全省信息化建设取得了明显的成效，显现出了良好的发展态势，信息化对全省经济社会发展的助推作用明显增强。

一、信息化发展的总体水平

根据《黑龙江省国民经济和社会发展信息化“十一五”规划》的要求，“十一五”期间，黑龙江省将按照应用主导、面向市场、网络共建、资源共享、技术创新和竞争开放的发展思路，努力实现信息产业的跨越式发展，加速推进信息化建设。

目前，黑龙江省这一发展战略目标的实现情况较好。2006～2009年，黑龙江省信息化发展指数（Ⅱ）分别为0.574、0.593、0.612和0.637（见表1）。按照“十一五”时期前四年的年均增长速度推算，预计2010年信息化发展指数（Ⅱ）将达到0.660。

根据2009年信息化发展指数（Ⅱ）数的测算结果，黑龙江省信息化发展在全国处于中高水平地区，与天津等13个省（直辖市）为第二类地区，这些省（直辖市）2009年信息化发展指数（Ⅱ）平均水平为0.704，相当于全国平均水平的1.03倍和第一类地区的70%。与辽宁、吉林两省相比，虽然同处于第二类地区，但低于两省的发展水平。在全国排名中，辽宁列第7位，吉林列第14位，黑龙江列第15位。

表1　2006～2009年黑龙江与全国信息化发展指数（Ⅱ）数比较

	2006年	2007年	2008年	2009年
全　国	0.611	0.633	0.654	0.681
黑龙江	0.574	0.593	0.612	0.637

资料来源：《国家统计局信息化发展指数优化研究报告》。

“十一五”期间，黑龙江省信息化发展保持平稳快速增长态势，互联网普及程度和信息产业发展水平快速提高，信息化五个分类指数都得到不同程度提高，其中应用消费指数和产业技术指数年均增长速度分别达到20%和14%。

2009年黑龙江信息化发展指数（Ⅱ）增长速度分别为基础设施指数7.97%、产业技术指数6.64%、应用消费指数33.66%、知识支撑指数0.41%、发展效果指数8.66%、总指数11.47%。其中，应用消费指数和总指数的增长速度分别高于全国的18.86%和10.27%。

表2　　2006～2009年黑龙江信息化发展指数（Ⅱ）年均增长速度　　单位:%

基础设施指数	产业技术指数	应用消费指数	知识支撑指数	发展效果指数	总指数
8.28	14.15	20.64	1.34	9.09	10.70

资料来源:《国家统计局信息化发展指数优化研究报告》。

表3　　2009年黑龙江信息化发展指数（Ⅱ）增长速度　　单位:%

基础设施指数	产业技术指数	应用消费指数	知识支撑指数	发展效果指数	总指数
7.97	6.64	33.66	0.41	8.66	11.47

资料来源:《国家统计局信息化发展指数优化研究报告》。

二、信息化基础设施建设规模进一步扩大

“十一五”以来，黑龙江省通过实施一系列的通信网络基础设施建设项目，使信息网络基础设施建设实现了跨越式发展。建成了以光缆为主，无线、卫星、微波为辅，全省联网、遍及城乡的广播电视传输网络。信息网络不断向数字化、宽带化、综合化、智能化、个人化的方向发展，电信业出现结构性调整现象，不仅信息网络规模不断扩大，更是在3G、数字电视、互联网接入、重大工程建设、农村信息化建设等方面取得了质的突破。普遍服务从基础电信业务扩展到互联网业务。

2005～2010年，全省电信业务收入从149.4亿元增至211.6亿元，增长41.6%。移动电话用户数和互联网用户数分别从1132.3万户和288.7万户发展为2243万户和346.6万户，分别增长98.1%和20.1%。固定电话用户数从1082.2万户下降到813.5万户，下降24.8%，电信业出现结构性调整现象。

2010年，黑龙江省电信行业累计完成投资76.8亿元。其中，3G全年投资14.8亿元。电信业务总量776.4亿元，同比增长18%；电信业务收入211.6亿元，同比增长4.9%。电话用户（含固定和移动电话用户）总数达到3056.5万户，其中固定电话用户813.5万户，移动电话用户2243万户。全省电话普及率达到80部/百人，固定电话普及率达到21.3部/百人，移动电话普及率达到58.6部/百人。固定互联网拨号用户达到20万户，固定互联网宽带接入用户达到326.6万户。其中，xDSL用户达到262万户，占互联网宽带接入用户的80%；LAN用户达到64万户，占互联网宽带接入用户的20%（见表4）。

表 4　　黑龙江省电话、互联网用户发展情况

	2005 年	2006 年	2007 年	2008 年	2009 年	2010 年
电话用户（万户）	2214.5	2348.2	2561.4	2666.9	2860	3056.5
固定电话用户（万户）	1082.2	1081.6	1112.2	1026.1	870	813.5
移动电话用户（万户）	1132.3	1266.6	1449.2	1640.8	1990	2243
电话普及率（部/百人）	58	61.5	67.1	69.7	74.7	80
固定电话普及率（部/百人）	28.3	28.3	29.1	26.8	22.7	21.3
移动电话普及率（部/百人）	29.7	33.2	38.0	42.9	51.9	58.6
互联网用户（万户）	288.7	285.0	299.0	306.5	318.3	346.6

注：2010 年的数据为初步统计数。

资料来源：《黑龙江统计年鉴》。

“十一五”期末，黑龙江省广播节目覆盖率和电视覆盖率分别达到98.6%和98.8%，比“十五”计划期末的98.5%和98.7%，均提高了0.1个百分点；有线电视用户数达到540.7万户，增加了235.3万户，增长77%。其中，有线数字电视用户数达到223户，占全部有线电视用户数的41.2%（见表5）。

表 5　　黑龙江省广播、电视事业发展情况

	2005 年	2006 年	2007 年	2008 年	2009 年	2010 年
广播人口覆盖率（%）	98.5	98.5	98.6	98.6	98.6	98.6
电视人口覆盖率（%）	98.7	98.7	98.8	98.8	98.8	98.8
有线电视用户（万户）	305.4	353.2	397.7	446.1	498.4	540.7
有线数字电视用户（万户）	3.3	12.1	22.9	54.3	139.2	223.0
数字化实现率（%）	1.1	3.4	5.8	12.2	27.9	41.2

注：2010 年的数据为初步统计数。

资料来源：《黑龙江统计年鉴》。

三、经济信息化持续保持良好发展势头

（一）企业信息化建设发展势头强劲

“十一五”期间，黑龙江省致力于贯彻科学发展观，进一步落实“以信息化带动工业化”和“振兴东北老工业基地”战略，继续实施“二次创业，富民强省”发展战略，进行产业结构调整，推进体制创新和科技创新，以信息技术带动和加速老工业基地改造步伐，促进经济健康快速发展。以行业发展为主导，注重中小企业协同发展，运用数字化设计、数字化管理，协同控制制造，完善协同设计制造平台、营造电子商务营销平台、信息咨询服务平台的建设，完成企业内部资源的整合与集成的同时，完成跨企业、跨行业的资源共享与服务共

享，形成良好的制造业信息化应用发展环境，提升企业的信息化水平，支持企业的信息化工程的协同发展。

建设三类网络平台，即区域公共信息服务平台、行业网络化制造平台和网络化协同设计制造平台。

区域公共信息服务平台是结合黑龙江省哈尔滨、大连、齐齐哈尔（简称“哈大齐”）高新技术产业带建设的战略布局，建设面向哈大齐高新技术产业开发带的信息化平台。搭建网络化供应链、物流管理、环境建设等区域公共服务信息平台。组建了哈、大、齐、绥七个区域公共信息服务平台。已经建立了黑龙江省制造业信息化服务网、哈尔滨开发区信息化服务网、肇东开发区信息化服务网、绥化开发区信息化服务网、大庆开发区信息化服务网、安达开发区信息化服务网、齐齐哈尔开发区信息化服务网，并在2009年联网形成哈大齐绥高新技术产业带区域网络服务平台。

行业网络化制造平台就是搭建汽车行业网络化协同供应链与物流管理平台、装备制造行业网络化制造平台、发电设备行业协同制造平台、石化行业网络化物流管理平台、医药行业网络化采购与销售平台、农垦产业链网络化管理平台、造纸行业网络化业务管理与电子商务平台等。

网络化协同设计制造平台就是围绕黑龙江省六大工业基地建设，以网络化协同制造平台作支撑，提高企业间的数字化协同设计制造能力。积极开展信息化与工业化融合试点示范。运用信息技术改造传统产业，提升传统产业竞争力。

5年来，黑龙江省大部分企业积极开展信息化建设，已经从最初需要宣传引导转变成企业有强烈需求的自觉行为。以“重行业、抓协同、搭构件、建平台、促发展、见效益”为指导思想，通过研究、开发与应用制造业信息化技术，形成了黑龙江省重点行业与区域网络化制造平台、中小企业信息化的软构件集成开发与应用平台；制造业信息化研究、应用和技术服务体系。目前，黑龙江省重点监控企业的信息化程度较高，有77.6%的企业计算机等硬件设备在100台以上；72.4%的企业建立了自己的企业网站；97.4%的企业建立了自己的局域网，有的企业还建立了几个局域网，以满足不同层面的信息化需求。大部分企业实施了OA（办公自动化）和财务系统，ERP（企业资源规划）和CAD（计算机辅助设计）应用也超过60%。“十一五”期间，黑龙江省累计投入3亿多元支持企业信息化项目，带动企业投入15亿多元，确定了54家制造业信息化科技工程项目示范企业，涌现了大庆油田、龙煤集团、哈药集团、哈飞、哈电机、蓝艺集团、中央红集团等一批国家级企业信息化典型，拉动300余家中小企业参加了信息化建设，带动了全省企业信息化工作的全面开展。

（二）农业信息基础设施建设卓有成效，农村信息化网络已经初具规模

农业农村信息化水平明显提高。通过实施“村村通”广播电视、电话等工程，建立了局域网和农业信息服务网站。初步形成了以黑龙江农业信息网网络平台为核心，13个市（地）、108个县（市、区）局域网和1000多个乡镇计算机信息终端的四级农业信息网络。截止2010年底，全省农村信息化服务覆盖率达到了96%以上。

农业信息资源不断丰富，成为提高农村信息服务水平的坚实基础。建立了农业农村信息服务的基础资源体系。全省各市、县、乡、村，以及各级涉农部门、中介组织和农业科研院所、大专院校都设立了农村信息化服务机构或信息服务点，信息内容、信息业务和信息终端的进乡入村初显成效，初步形成了以农业系统为主，其他涉农部门和社会力量为补充的全国农业信息化组织体系。

农业信息服务水平不断提高，覆盖全省每个县、乡、村的农业信息服务队伍基本建成，专兼职信息员达到12600人。完成了黑龙江省农村综合信息服务站和信息员考核评估工作。综合信息服务体系建设进入“乡乡有服务站、村村有信息员”的新阶段。全省13个市（地）都开通了12316“三农”服务热线；有7个市（地）、6个县（市）建立了“三电合一”农村信息化服务综合平台。“三电合一”试点有效地扩大了信息服务的覆盖面，各级农业部门的信息发布制度使得农民能及时了解农业及各行业经济信息，极大地促进了农村经济社会的发展。农垦总局建三江分局、牡丹江市被列为首批国家农村信息化综合信息服务试点。国家下拨7套价值60万元的IT设备，分别在农垦总局建三江分局和哈尔滨市红旗乡建设两个培训教室。

（三）电子商务应用领域拓展迅速，电子商务进入快速发展期

电子商务应用正在全省不断普及深化。电子商务发展环境、支撑体系、技术服务和推广应用协调发展的格局基本形成，大部分骨干企业与重点行业都开展了网上采购和营销活动，部分企业实现了在线交易、支付及物流的一体化集成应用。购物、订票、水电气交费等生活领域，电子商务逐步普及。数字证书已在电子商务涉及的各领域广泛应用。跨行、跨地区、多渠道的在线支付体系已初步形成，服务于行业、区域及中小企业的第三方电子商务交易与服务平台加快发展，新型业务模式不断涌现。

电子商务网站的受众范围在不断扩展，物联网应用与产业化推进工作顺利起步。电子商务形成了“政府引导、行业协调、企业投入、公众参与”的新格局，围绕信息化应用的不同领域，树立信息化试点示范工程，在农业、油田、林业、环保和物流等领域启动物联网应用试点示范工作。物流体系信息化水平不断提高，物流专业化分工和社会化协作逐步深化。

四、电子政务有力地推进了服务型政府建设

全省电子政务的网络框架基本形成。“十一五”期间，黑龙江省基本建成了一个覆盖面广、带宽高、稳定性强、安全可靠的全省电子政务网络体系。政务外网实现横向连接省级93个单位，纵向连接13个地市政府及部分委办局、64个县政府及部门之间的互联互通。电子政务外网上的统计、工商、检察院、审计、建设、技术监督等业务专网的建设与应用也在逐步深入。在这些涉及市场监管和民生的重要领域，电子政务全业务、全流程、全覆盖应用已经取得很大进步。

全省电子政务内网工程经过三批联网工作的开展，目前已进行了省直62个单位的连接。

省政务内网与国办专网实现可控连接，国办指定接入的5个单位可通过省政务内网直接访问国办专网。各地市电子政务网络建设也初具规模，如哈尔滨市建成了高效的部门办公业务网络和安全的移动办公网络平台，实现了省、市、区（县）三级平台的互联互通和远程移动办公。一体化协同水平全面增强，财政、社保、国土资源等业务系统边建设边发挥作用，这些业务系统已成为加强党和政府与群众紧密联系的桥梁和纽带。

政府门户网站服务体系初步形成，各地区、各部门落实《政府信息公开条例》，纷纷开通网上便民服务窗口，成为政府信息公开、行政许可和公共服务的重要桥梁和窗口。"十一五"期间，通过各级政府部门的共同努力，省级45个厅局及13个地市开通了政府门户网站。以"中国黑龙江"为主的政府门户网站群体系，成为全省政务公开的主要渠道和重要平台。开设了10个信息频道，近3000个栏目，每年365天不间断发布信息，信息日更新量近200条，网站的日点击量已达200多万次。

省、市、县级办公自动化系统广泛使用。各类"金"字头工程进展顺利，部分工程处于全国先进行列。全省工作的电子公文传输系统、煤矿安全监控系统、人大和政协建议提案督办系统、数据交互平台等各项应用系统全面推广，省产权交易、政府采购、经营性土地招牌挂和建筑工程招投标四要素市场及煤矿开采六证审批电子监察系统平台建成并初见成效；基于办公厅工作业务的电子公文办理系统、政务信息传输系统、值班信息管理系统、会议通知系统等应用实现了办公厅省长工作处、文电处、信息处和总值班室在网上直接办理各单位报送的电子公文和发布各类信息；涉密局域网内的省政府领导办公系统、内网协同办公系统、邮件以及与国务院办公厅的各项应用也在稳步推进中；省直各部门的办公自动化系统、纵向业务系统得到全面应用。各地市在电子政务业务应用系统建设方面也取得了很好的成绩。大庆市于2007年运行的行政服务中心信息管理系统，为企业和市民提供"开放式、交互式、一站式"的审批服务系统。齐齐哈尔开发应用了"行政领导电子信箱网络办公平台系统"，基本上实现了无纸化办理信访信函。

五、社会信息化成为社会主义和谐社会建设的新渠道

"十一五"时期，黑龙江省国民信息素质提高的发展目标进展顺利。政府加大了财政投入的力度，切实改善了广大群众的信息环境和信息教育实施的基础条件，加大了信息教育和信息化基本技能培训的力度。初步构建了一个惠及全省农村中小学的远程教育网络，高校、中职学校、普通高中、初中和小学已建成不同程度的校园网，中小学学校的信息环境和信息教育的基础条件改善，形成完整的信息化教育体系；初步建成了全省基础教育资源库、高等教育精品课程资源库、职业教育资源库、高校网络教育课程资源等各级各类教育教学资源库；中小学已普遍将信息素质教育课程列为必修课。初步形成了"天地合一"的现代远程教育传输网络。联网的计算机终端均能安装运行好绿色上网过滤软件，对校园网络不良信息防控进行定期或不定期的监督检查。

医疗卫生信息化建设已深入国家医疗卫生体系改革，初步建成了覆盖全省的疾控体系和医疗救治体系，开展了疫情和突发公共卫生事件网络直报，传染病控制和应急反应能力明显提高，增强了公共卫生的防疫监控、应急处置和救治能力。随着国家金卫工程的展开，医院信息系统已逐步普及，信息化建设的重点已由费用信息等医院管理深入到面向临床医疗信息管理的阶段。医疗保险信息系统已投入运营。

劳动和社会保障信息化快速发展，建立了劳动保障数据中心。按照国家的《关于推进社区信息化工作的指导意见》，全面推进了黑龙江省社区信息化建设。社区信息化建设打造社区信息化服务平台，实现社区信息服务产业化。社会保障、计划生育、劳动就业、社区服务等领域信息化工作稳步推进，正在成为社会主义和谐社会建设的重要支撑。

六、信息产业持续稳步增长

“十一五”期间，信息产业发展基本按期推进，信息产业发展目标基本实现。黑龙江省信息产业克服国内外环境的影响，保持了持续稳步增长。2008 年国际金融危机使黑龙江省信息产业成为受冲击最严重的产业之一，随着《电子信息产业调整和振兴规划》的部署，省委、省政府一系列政策的出台，信息产业呈现企稳向好的趋势，信息产业总体规模继续扩大，信息产业的竞争力持续提高。生产增速低位回升，经济效益降幅收窄。2009 年，全省电子信息产品制造业实现主营业务收入 81.04 亿元，同比增长 4.3%，实现利润总额 7.03 亿元，同比增长 27.1%；实现工业增加值 16.88 元，同比增长 16.6%。哈尔滨光宇集团产值及主营业务收入等主要指标占全省电子信息制造业的比重达 50% 以上，在 2009 年电子信息百强企业排名中列 52 位。2009 年全省软件和服务外包产业产值达到 105 亿元，同比增长 18%，从业企业达到 550 家，其中，14 家企业通过了 ISSO（国际标准化组织）27001 认证，28 家企业通过了 CMMI（集成能力成熟度模型）认证，42 家企业通过了技术先进型服务企业认定，从业人员达到 4 万人以上。通信业积极开展 3G 建设及业务应用，大力推进 TD 产业化、商业化进程，加快通信业转型步伐，市场竞争格局得到进一步优化，全行业保持平稳健康发展。

2010 年，黑龙江省电信行业累计完成投资 76.8 亿元，其中，3G 全年投资 14.8 亿元，占电信资产累计完成投资的 19.3%；全省电信业务总量 776.4 亿元，同比增长 18%；全省电信业务收入 211.6 亿元，同比增长 4.9%。

七、信息化支撑服务体系逐步完善

围绕重点业务应用的信息资源建设成效显著，人口、财税、国土资源、战略储备、企业信用等信息资源得到进一步开发和利用，初步建成了全省空间地理基础信息数据库、人口信息数据库等基础性数据库。信息化公共政策、立法、技术标准等基础工作取得稳步进展，起草了信息化与工业化融合的指导意见和相关政策：《黑龙江省信息化促进条例》已经进入立法审查程序；起草了一批立足于黑龙江省自主创新能力和技术体制的信息技术应用标准；信息化培训工作稳步进展，全省民众的信息化技能稳步提高。

2010年，黑龙江省“三网融合”工作取得突破，按照《国务院关于印发推进三网融合总体方案的通知》和《国务院办公厅关于印发三网融合试点方案的通知》的要求，积极组织相关市地和企业向国务院申报，6月30日国务院办公厅印发了《关于第一批三网融合试点地区（城市）名单的通知》，黑龙江省哈尔滨市与北京、上海等12个城市一起被列为国家“三网融合试点地区”。

八、全省信息安全保障工作不断取得新进展

信息安全保障水平逐步提高，信息安全基础设施建设取得明显进展。初步建立了信息安全管理体制和工作机制，信息安全纳入了《黑龙江省国民经济和社会发展第十一个五年规划纲要》并顺利实施；出台了《黑龙江省政府信息系统安全检查实施办法》和《黑龙江省网络与信息安全事件应急预案》等指导性文件；信息安全等级保护、信息安全风险评估、政府信息系统检查制度初步建立。初步建立了涉及多行业多领域，包括安全监测、事件预警、应急处置支撑机制等在内的全省信息安全应急保障体系。积极开展信息安全密码等级，保护密码管理相关工作，研究制定了等级保护密码管理办法和相关标准规范。

加强了以密码技术为基础的信息保护和网络信任体系建设。制定了电子政务电子认证的规划、相关管理办法和标准规范，制定了《黑龙江省电子政务网络信息安全管理办法》，电子政务外网、内网、互联网以及涉密存储介质等方面的安全保密工作进一步完善。在政务内网建设以安全为核心原则，以保护核心网和中心平台为重点，来确保电子政务内网安全。高度重视省政府门户网站的安全防护工作，构建了一套完善的网络安全措施来抵御网络入侵、攻击和非法访问系统。特别进行了涉密移动存储介质管理系统建设，从技术手段上解决了涉密U盘的交叉使用问题。

信息安全监控和应急处置体系建设稳步推进，黑龙江省信息安全测评中心等技术机构和队伍建设取得重要进展，提高了对安全事件的应对和防范能力，遏制了互联网有害信息传播，提升了网络与系统的抗毁能力和灾难恢复能力。基础信息网络和重要信息系统的安全防护水平明显提高。信息内容安全管理取得进展，互联网环境逐步改善。

九、存在的问题

黑龙江省信息化建设发展中也存在以下一些问题。

（一）基础设施建设方面

基础网络利用和信息资源开发不够，重复建设和资源浪费问题仍较突出。重建设、轻应用的局面尚未得到根本扭转，在部分领域和地区应用效果也不够明显，农村、偏远地区宽带

网络建设不足，不同地区、不同领域、不同群体的信息技术应用水平和网络普及程度不平衡。需要加快开展物联网的建设。2009 年黑龙江省基础设施指数增长速度 7.97%、产业技术指数增长速度 6.64%，分别比全国的增长速度 11.63%、10.01% 低 3.66 个百分点和 3.37 个百分点。

（二）在信息化应用方面

整体应用水平落后于实际需求，信息技术的潜能尚未得到充分挖掘。在电子政务方面，发展不平衡，信息公开不充分；条块、部门之间缺乏有效的信息共享机制；数据库、格式、操作系统与应用软件等技术标准还不统一，没有充分利用现有的电子政务网络资源和应用资源，电子政务“信息孤岛”现象还部分存在。在电子商务方面，社会大众对电子商务的认知度、参与度有待提高。企业主体作用发挥也不够；在部分领域和地区应用效果也不够明显。

（三）信息化政策法规建设方面

信息化政策法规相对滞后，信息化管理体制尚不完善，电信监管体制改革有待深化，信息化法制建设需要进一步加快和深化。有些地区、部门对信息化建设的重要性、紧迫性认识还有差距，信息安全保障能力和网络安全基础设施建设需要加强。民众的网络安全意识薄弱，中小企业又普遍采用粗放式的安全管理方式，这些都需要亟待改善。

（四）信息化人才队伍建设方面

信息人才结构不合理，信息化人才培养落后于实际需要，成为产业平稳快速发展的阻力。2009 年全省知识支撑指数增长速度 0.41%，比全国平均增长速度 1.72% 低 1.31 个百分点，仅为全国的 1/4。

十、对“十二五”时期信息化发展的建议

（一）积极促进信息化与工业化融合

围绕黑龙江省“八大经济区”和“十大工程”建设等重大决策，把握国家 3G（第三代数字通信）网络建设、“三网融合”和物联网建设的有利时机，以经济社会发展需求为导向引领信息化，促进信息化与工业化融合为重点发展信息化，加快发展现代信息产业，用信息化带动工业化，改造、提升传统产业，支持推动高新技术产业走新型工业化道路。

（二）加强信息化基础设施建设

在信息化重点领域和薄弱环节积极探索新思路、新机制、新手段，要深入进行信息化基础性研究。在基础设施建设方面，继续加大投入，加强政府的引导和协调作用，充分发挥市场配置资源的基础性作用和企业的市场主体作用，以政府资源整合带动社会资源整合，形成信息化发展的长效机制。避免重复建设和资源浪费问题。扩大服务范围，加快农村、偏远地区宽带网络建设，全面提高宽带普及率和接入带宽，逐步形成惠及全省居民的信息网络。

（三）提高信息化应用水平

发挥信息技术的渗透性、带动性和倍增效应，深化应用，深度开发信息资源，提高信息

化对经济社会发展的贡献率，以为民、便民、惠民为出发点，推进信息技术和互联网在社会生活中的广泛应用，建立普遍服务体系，缩小城乡、区域和社会群体间信息化发展差距，使广大人民群众共享信息化发展成果。

（四）加强信息安全建设

把信息安全摆在信息化发展的突出位置，建立法律规范、行政监管、行业自律、技术保障相结合的管理体制。加强互联网综合治理，规范网络行为，加强管理队伍建设，强化依法监管、行业自律和社会监督，实现有效管理。尽快完成全省各地市电子政务建设管理部门的统一建制，确保各项政策顺利贯彻实施，使现有的政务信息资源顺利衔接，防止重复建设和各自为战。

（五）加强信息化人才培养

面向市场需求，建立和完善全省的信息化人才培养、培训体系和人才的引进工作。加强信息化人才基地的建设，充分发挥黑龙江省高等院校及科研院所的优势，建立专业性的信息化人才培训基地，重点培养计算机及网络专业人才。

撰稿人：黑龙江省统计局科研所　张景鸣

上海市信息化“十一五”规划完成情况的评估与分析

“十一五”期间，上海市贯彻《2006～2020国家信息化发展战略》，落实《国民经济和社会信息化“十一五”规划》，全面实施《上海市国民经济和社会信息化“十一五”规划》(以下简称信息化“十一五”规划)，重点推进深化电子政务建设、加快推进国民经济信息化、推进社会公共服务信息化、全力推进世博与城市管理服务信息化建设、大力发展信息产业、增强信息技术自主创新能力、完善信息基础设施、构建城市信息安全保障体系等八方面建设任务，通过5年的努力，信息化总体发展水平、信息技术应用和信息资源开发利用、信息产业、信息基础设施、信息安全和信息化环境支撑体系六个方面的发展目标基本实现，信息化发展总体水平显著提高。

一、上海市信息化发展总体水平居于全国前列

“十一五”期间，上海紧紧围绕全市经济社会发展大局，积极推动信息技术创新和深化信息技术应用，从国家信息化发展指数（Ⅱ）评估结果①看，2006～2009年，上海信息化发展指数（Ⅱ）从0.871提升到0.965，始终居全国第2位。

从分类指数绝对值看，2006～2009年，上海信息化基础设施指数始终位列全国第一，2009年达到0.8，远高于全国0.389的平均水平；其余指数各年基本居全国第2位，信息化应用消费指数在2008年曾居全国第1位。从各年数值看，与北京十分接近。

从指数增长速度看，“十一五”期间，上海信息化发展总指数年均增长速度低于全国平均水平，这与上海的城市信息化水平已经较高有密切关联；但上海应用消费指数、发展效果指数的年均增长率分别达到24.45和8.64，超过全国平均水平，特别是2006～2009年上海信息化发展效果指数绝对值均高于全国平均水平30%以上，一定程度上反映了上海信息技术应用已逐步深入，信息化发展综合效果日益显现（见图1)。

① 由国家统计局统计科技研究所测算。

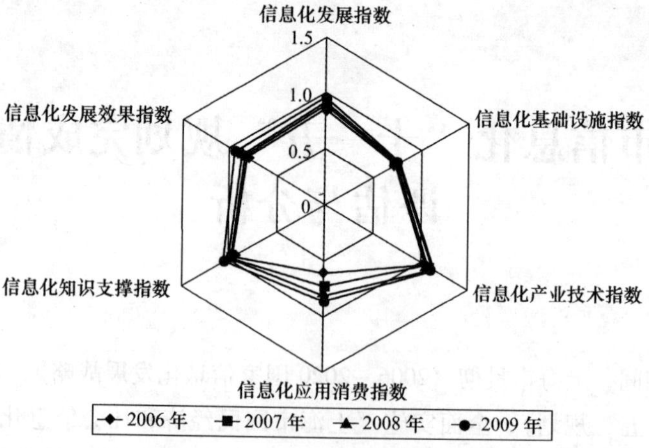

图1 2006~2009年上海信息化发展分类指数变化情况

二、上海信息化"十一五"规划目标基本实现

"十一五"期间，上海全面落实信息化"十一五"规划，"两化融合"取得重要进展，信息化整体水平继续走在全国前列，部分指标达到发达国家先进水平，一些新兴技术创新成果在中国2010上海世博会上得到充分展示和示范作用。

（一）信息技术应用覆盖面、渗透率明显提高

规划确定的3项信息技术应用目标全部完成，其中，电子商务交易额、银行卡持卡消费占社会消费品零售总额的比例超过规划目标。国家级"两化融合"试验区初见成效，城市精细化管理基础支撑平台初步建成，社区信息化建设、文化信息资源共享、信息化普及培训等促进"数字差距"不断缩小，电子政务应用向跨部门信息共享、业务协同转变，统一的行政审批、电子监察、电子采购平台等初见成效。

（二）信息产业能级和技术创新水平不断提升

受国际金融危机影响和上海资源环境制约，规划中的信息产业发展目标未能完全实现。信息产业总收入完成规划目标的97%，产业结构趋向优化，信息服务业发展超过预期，经营收入完成规划目标的110.1%，集成电路设计业增长快于制造业。信息技术创新能力进一步提升，在手机核心芯片、桌面操作系统等领域初步形成研发和产业化优势，集成电路布图设计数、软件产品登记数均超额完成规划目标。

（三）信息基础设施综合服务能力显著增强

规划指标全面完成，互联网国际出口带宽全面超越规划目标，移动电话拥有率达到122%，基本实现任何人在任何地点可以多种方式接入互联网，集约化建设模式由信息管线向通信机房、移动通信基站、室内覆盖等全面推广。

（四）信息安全综合保障能力明显提高

基本形成适应特大型城市安全要求和信息化发展需求的信息安全保障体系，建设了应急

防范、灾难备份等平台设施，在安全审计监管产品、国产密码算法芯片研发及应用、安全集成等方面处于领先地位；信息安全管理体系不断完善，应急演练等机制逐步健全，基本形成安全测评、风险评估、电子认证等专业安全服务体系。净化互联网环境，打击网络赌博、整治互联网低俗之风等专项行动见效明显。

（五）信息化综合配套环境不断完善

基本形成覆盖各级党政机关的信息化管理体系、政府引导与市场机制相结合的信息化推进机制。信息化立法和制度规范逐步建立，出台国内首部促进电子商务发展的地方性法规。基本构建起以职业化为导向的信息化人才培养体系。信息化国际、国内交流领域不断拓展，区域服务能力明显提高。

三、上海信息技术应用覆盖面、渗透率明显提高

基本完成“十一五”信息化规划目标，信息技术多方位渗透政务、经济、社会公共服务以及城市建设和管理各领域，对城市发展的支撑作用进一步显现。2009 年上海应用消费指数和信息化发展效果指数分别达到 0.878 和 0.934。

（一）基本建成“可用、可亲、可信、可靠”的电子政务体系

（1）电子政务基础支撑体系进一步完善。建成由市公务网、政务外网、800 兆数字集群政务共网构成的电子政务基础网络框架。公务网基础网络覆盖全市主要党政部门；截至 2009 年，政务外网骨干网已接入 1220 多家市级政务部门，实现与国家政务外网的汇接；800 兆数字集群政务共网全面覆盖上海行政区域，用户终端超过 4600 台。

（2）重点领域政府信息系统跨部门协同应用初显成效。以转变政府职能、优化业务流程为核心，工商、质检、海关、交通、规划土地等部门重点实施了一批跨部门应用系统建设，不断提升政府经济调节、市场监管、社会管理和公共服务的效率和水平。“十一五”期末，上海市政府行政审批事项网上交互式办理比例达到 90%。

（3）政务信息资源开发得到进一步加强，集中与分布相结合的基础信息资源开发共享体系基本形成。2009 年末，人口基础信息库已覆盖近 1400 万户籍人口、近 700 万来沪人员和 30 余万境外人员；法人基础信息库覆盖全市约 120 万户各类市场主体；地下空间信息基础平台框架基本建成，全市地质数据以及部分区（县）地下管线和地下构筑物数据入库。

（二）信息化促进了经济增长方式的转变和产业结构的优化升级

（1）传统产业信息化改造成效显现，“两化融合”深入推进。上海市统计局 2007 年抽样调查显示，91.6% 的企业实现财务管理信息化，72.4% 的企业实现办公自动化，47.3% 的企业建立了商业网站；企业信息化公共服务体系不断完善，2008 年末，全市使用企业信息化 ASP 服务平台的企业累计达 11 万家；钢铁、汽车、石化等支柱产业信息化应用水平国内领先。建立信息化与工业化融合的工作推进机制，2009 年“两化融合”发展指数达到 69.38，初步形成“两化融合”发展格局（见本文附件专题二）。

（2）电子商务实现跨越式增长，发展水平迈上新台阶。电子商务继续保持快速发展，年交易额超过4250亿元①（见图2）；推进中小企业应用第三方电子商务平台的“双推”试点工程，近6000家中小企业与8家平台实现对接；电子商务环境进一步优化，出台全国首部电子商务地方性法规。

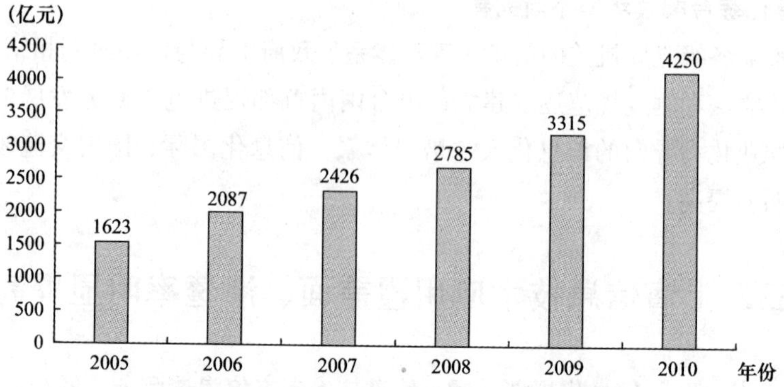

图2 2005～2010年上海电子商务交易额

（3）信息技术有效支撑“四个中心”建设。银行卡持卡消费持续攀升，2010年全市银行卡交易金额超过11000亿元，其中持卡消费金额近5000亿元，占社会消费品零售总额的65%左右；新华社金融信息平台落户上海。电子口岸平台功能日益完善，交易、监管、物流、支付等功能得到深化拓展，规划建设国际航运中心综合信息共享平台，推进集装箱RFID全程跟踪、公共物流信息服务平台、集装箱码头互拖调度作业系统等一批共享平台配套项目建设。

（三）信息化支撑社会事业健康发展与和谐社会建设

（1）教育领域信息化应用不断深化。完成上海市中小学“校校通”教育信息网的升级改造，基本建成上海教育城域网，90%的中小学实现宽带接入，数字化校园开始普及。形成4T容量的教育资源库，注册人数达20万。2009年正式开通上海终身学习网，为市民提供超过3000小时的在线学习内容。“家校互动”学生成长教育信息系统2007年列为市政府实事项目，截至2010年底，共覆盖2200多所中小学和幼托机构，近10万名教师、250余万学生和家长。信息技术应用在各级各类学校的教学、科研和管理中日益普及。

（2）文化领域信息化水平稳步提高。文化共享工程基本实现市、区县、街镇、村四级网络的全覆盖，至2009年底，整体数字资源量已接近10TB，近2500个多媒体视频资料在网上供用户免费使用。图书馆“一卡通”应用遍及全市；东方社区信息苑初步构建了全覆盖布点的服务渠道，形成了联网连锁服务模式。数字化地情资料库、多通道数字出版系统等建成并发挥积极作用。

① 电子商务交易额是指借助网络订单且实际交割的商品和服务总额，具体包括B2B、B2C、C2C三种形式，根据上海口径统计测算。

(3) 医疗卫生领域信息化持续推进。突发公共卫生事件应急信息系统基本建成，联通18个区县、42个市级骨干节点单位，覆盖全市600多家各级各类医疗卫生机构。实施“医联工程”，在23家市级医院推进诊疗信息共享，其中18家市级医院建成全院医学影像存储传输系统（PACS)，实现就诊患者各种临床信息在联网医院范围内共享。依托社区卫生服务中心，促进服务团队、社区卫生服务中心、区域医疗中心三级卫生服务工作平台交换和共享居民健康档案，完成长宁、闵行、闸北的区域试点并逐步推广。

(4) 社区和农村信息化建设加快推进。社区信息化基础设施建设初具规模，“十一五”末累计建成东方社区信息苑、农村信息苑等各类基层服务点近1800个，提供5大板块、27个频道、256个专栏服务，并集成数字图书馆、数字电影院、公益网吧、老年学校等，提供500多个网上讲座、900小时的音视频资源等。市民信箱、“付费通”平台等市政府实事项目持续发挥作用，为农综合信息服务智能查询终端（即“农民一点通”）基本覆盖郊区近1200个行政村。

(四) 世博信息化建设全面完成，带动城市管理和服务现代化水平的提升

(1) 信息化有效支撑世博会运营。以统筹规划、集约建设的信息基础设施为依托，世博门票系统、人数监测系统、安全监控系统、支持系统等应用为园区运营管理提供了有力支撑；发光二极管（LED)、准4G的TD－LTE等新技术规模化的试验应用，为城市信息化创新发展提供积极借鉴；实时交通监测诱导、城市管理跨部门联动等信息化创新应用，为进一步提升城市管理效能进行有益探索。

(2) 城市网格化管理进一步深入。细化网格化管理中32类事件和84种部件，建成市级平台与18个区级平台，建立统一工作平台、管理流程和及时发现、快速处置、监督评价机制，实现对城区的全覆盖并向街镇延伸，在市政工程、园林绿化和市容环卫等专业领域得到应用。

(3) 城市智能交通体系框架初步形成。交通综合信息平台汇聚了道路路网、交通组织标志标线信息等基础数据68项，道路交通流量、诱导发布信息等实时数据32项，道路交通统计信息等历史数据43项；高速公路自动收费系统、快速路流量实时采集和发布系统全面实施，公共交通智能管理、公交一卡通、停车诱导等系统推广使用，为市民出行提供了更为完善的信息服务（见本文附件专题一)。

四、上海信息产业能级和技术创新水平不断提升

坚持优先发展信息产业，电子信息制造业从规模扩张向创新效益转型，信息服务业快速发展，初步形成具有国际竞争力的产业集群。上海产业技术指数从2006年的1.113提高到2009年的1.176。

(一) 信息产业能级提升、信息服务业规模进一步扩大

尽管受到国际金融危机和产业转型升级的影响，上海信息产业总体规模未实现规划目

标，但上海电子信息制造业重点领域规模和技术水平持续提升，竞争力居国内前列。集成电路、软件、新型基础元器件、数字音视频、新一代移动通信、汽车电子、半导体照明和数字内容等八大产业领域优势基本形成，信息产业结构不断优化。2010年，电子信息制造业完成销售收入7159.5亿元，集成电路、汽车电子、电子机电产品制造业产值规模接近全国的30%，计算机、电子测量仪器接近全国1/5，电子工业专用设备占全国约1/10，形成一定规模的比较优势。信息服务业保持年均20%的高速增长，2010年信息服务业经营收入超过2500亿元，其中软件产业经营收入1460亿元；网络游戏、网络视听等新业态、新模式不断涌现，基础软件、第三方支付、专业商贸信息服务等领域在国内形成较大影响力，信息服务业已成为上海现代服务业的重要支柱。

（二）创新提升，加快推进高新技术产业化

“十一五”期间，上海发布实施推进高新技术产业化的政策意见，将电子信息制造业、软件和信息服务业列为重点发展领域。通过协调推进华虹909升级改造工程等项目实施，集成电路（IC）芯片制造业的大生产主流技术已提升到0.18~0.15微米，先进生产技术已进入90纳米领域，技术创新日新月异，上海成为全国首个国家级微电子产业基地和唯一的国家级集成电路研发中心所在地。发布实施上海推进物联网、工业软件、云计算发展的三年行动方案，在基础软件和嵌入式软件及产品链方面取得突破，软件和信息服务业规模效应日益明显。

（三）产业集聚效应及基地优势日益显现

信息服务业逐步形成1个国家软件产业基地、1个国家软件出口基地、7个市级软件产业基地和一批信息服务业专业园区的产业布局。各类产业园区和基地功能不断提升，在完善基础设施和生活配套服务的同时，积极推动公共技术平台服务、企业市场推广服务、投融资服务等平台建设，推出了“科技创业基金+融资担保”平台为园区企业提供超短期融资和质押形式灵活的银行贷款服务；创建上海数字娱乐中心，培育基于下一代互联网（NGN）和第三代移动通信（3G）的数字内容产业及其增值服务，形成了设计服务、成果转化、展示和交易四大功能为一体的服务体系；随着花旗、毕博、塔塔、印孚瑟斯、萨蒂扬等新兴外包商的加盟，软件服务外包呈现高端发展趋势。

五、上海信息基础设施综合服务能力显著增强

“十一五”期间，上海的信息基础设施建设基本完成各项预期目标，部分指标达到甚至超过发达国家中心城市先进水平。信息基础设施空间布局更趋合理，能级持续提升，普遍接入能力、业务融合能力、国际通信能力、综合服务能力明显增强，2009年上海信息化基础设施指数达到0.800，位列全国第一。

（一）网络通信接入能力显著增强

截至2010年底，上海集约化信息管线累计铺设5820沟公里，实现了对中心城区、郊区

新城和中心镇的全覆盖。2010 年末，家庭宽带接入用户数达到 440 万户，全市互联网用户普及率达 68% 左右。基于多种技术的无线宽带接入网络覆盖中心城区和大部分郊区行政中心区域，无线局域网络（WLAN）的无线宽带接入点数量超过 7000 个，与广域 3G 覆盖共同架构“无线城市”网络（见图 3）。

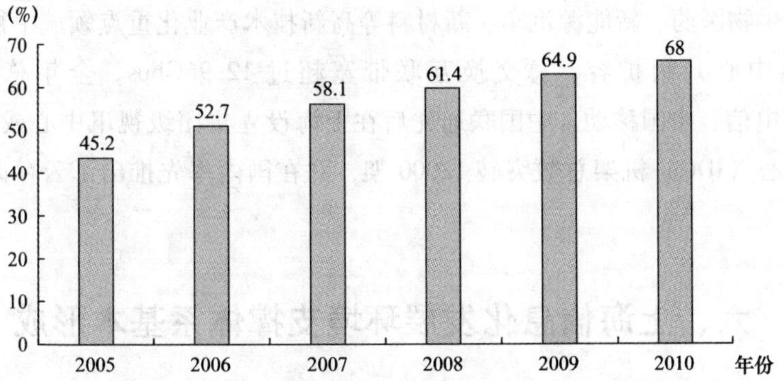

图 3　2006 ~ 2010 年上海互联网用户普及率

（二）信息通信综合服务能力显著增强

在网络向下一代网络演进的趋势下，各大运营网络基本具备提供话音、视频、数据等综合业务的能力，固定电话网、移动网、有线电视网、互联网等信息通信网络进入业务融合阶段。基本完成有线电视双向改造工程，2009 年末改造用户数已接近 250 万（见图 4）。2010 年末，全市 IPTV 用户超过 130 万户。

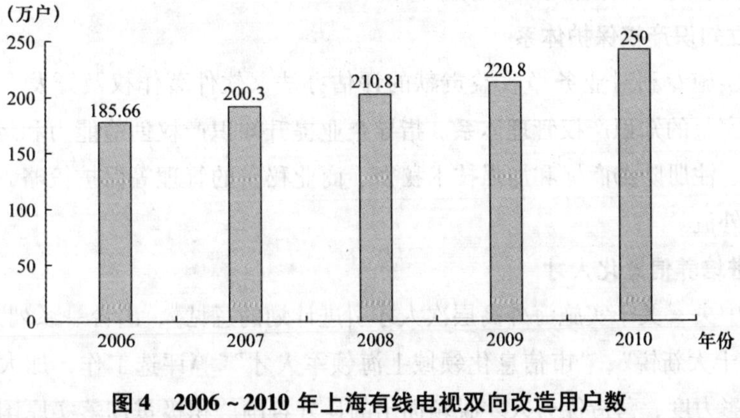

图 4　2006 ~ 2010 年上海有线电视双向改造用户数

（三）国际通信能力实现跨越式增长

截至 2009 年末，累计 6 条海光缆和 7 条陆光缆在上海登陆与交汇，系统总容量达到 2. 56T，2010 年互联网国际出口带宽突破 300G。国际通信话务转接、数据交换等服务能力和可靠性显著提升。2009 年，长途电话业务电路达到 25. 6 万个 2M，长途电话通话时长达到 190. 86 亿分钟，均比“十五”期末翻了近一番。省际通信能力保持国内领先，城域网络持续扩容，网络结构不断优化。截至 2010 年末，上海网协（IP）城域网出口达 1. 5Tbps，上海成为全国第一个达到T级出口带宽能力的城市。

（四）功能性服务设施建设不断完善

上海超级计算中心计算应用平台成功扩建，峰值运算速度超过230万亿次/秒，主机资源和服务能力保持全国领先，服务范围覆盖全国27个省市，在新能源、民用航空制造、先进重大装备、生物医药、新能源汽车、新材料等高新技术产业化重点领域中得到应用。上海互联网络交换中心升级扩容，总交换互联带宽超过12.96Gbps，全年总交换流量接近3000TB。中国电信、中国移动、中国联通先后在上海设立集团级视讯中心或网上手机商店；互联网数据中心（IDC）机架总数突破12000架，并在国内率先推出了云存储、云计算等新型服务模式。

六、上海信息化发展环境支撑体系基本形成

"十一五"期间，上海不断创新体制机制，扩大国际国内合作交流，加强信息化人才引进和培养，全面推进信息化环境建设，基本形成适应信息化持续发展需求的环境支撑体系，上海信息化知识支撑指数从2006年的1.016提高到2009年的1.037。

（一）积极推进信息化政策规范建设

"十一五"期间，共制定信息化领域相关政策法规20余件，其中地方性法规1件，政府规章2件，规范性文件20多件。2009年发布实施了全国首部促进电子商务发展的地方性法规——《上海市促进电子商务发展规定》。

（二）建立知识产权保护体系

通过制定实施专利对业务净收益贡献的评估办法，软件著作权及开发、使用管理办法等，形成了较完整的知识产权管理体系。指导企业提升知识产权创造能力和运用水平，通过申请外围专利、注册防御商标和加强技术秘密、商业秘密的管理等保护策略，有效地防止了企业新技术的外流。

（三）引进培养信息化人才

贯彻落实中央《关于实施海外高层次人才引进计划的意见》，出台一系列人才引进政策，开展"IT青年十大新锐"、"市信息化领域上海领军人才"等评选工作，加大对信息化优秀人才的宣传表彰力度，营造优秀人才脱颖而出的良好氛围。积极贯彻落实原国家人事部《专业技术人才知识更新工程（"653工程"）实施方案》，建立上海市信息专业技术人才知识更新工作机制，开发更新培训课程138门，编制主要行业岗位目录和知识构架，截至2009年底，共有12000余名信息专业技术人员参加培训。探索推进首席信息官（CIO）制度基础建设，累计近2500人参加"上海市信息技术管理职业资格"认证考试，近900人获得资格证书，52人获得高级信息技术主管（SIO）职业资格证书。积极开展"千村万户"农村信息化培训普及工程项目，3年累计完成培训7.6万人次，宣传71.2万人次（见本文附件专题三）。

(四)建成较为完善的信息安全保障体系

信息安全基础设施完成建设布局，构建了城市信息安全综合监控体系，在网络空间综合管理中发挥了重要作用；初步形成了统一网络信任体系，电子证书发放数量保持每年20%以上的增长态势，至2009年末证书累计发放量近200万张；信息安全测评认证中心服务能力日趋成熟，成为国家认监委指定的7家信息安全产品检测机构之一。基础网络和重要信息系统的安全防护能力明显提升，“十一五”期间全市信息安全事件发生率呈总体下降态势。信息安全综合监管和协调机制进一步完善；信息安全技术和产业稳步发展，国家信息安全成果产业化（东部）基地的集聚和辐射作用进一步显现。

(五)政府投资信息化项目归口管理得到加强

2008年发布实施《上海市市级机关信息系统项目建设规划编制规范（试行)》，进一步规范信息化建设项目审核；连续6年开展市本级信息化项目支出预算审核工作，通过不断的规范化和制度化，构建起专业主管部门与财政部门协同理财的机制，实现市级层面对信息化资源的统筹整合和财政资金的优化配置。

七、上海信息化“十二五”发展设想

“十一五”期间，上海信息化建设取得较大成效，但深入发展依然面临瓶颈制约。一是信息通信服务能力虽然大幅提升，但仍难以满足经济社会发展中快速增长的信息通信需求，特别是在宽带接入速率、综合服务能力等方面与部分发达国家相比尚有差距；二是信息通信技术创新步伐明显加快，但有效的商业模式、推广机制、配套制度相对滞后，新技术应用和产业化进程尚需加快；三是集约化的电子政务网络基础设施、应用集成平台、信息共享体系已经具备，但资源利用效率、整体应用效能和协同应用水平有待提高；四是信息安全面临更加开放、复杂的网络环境，不确定因素明显增多，动态适应、应急防范、综合治理、协同处置等保障能力亟须增强；五是由于信息化应用技能缺乏、信息消费能力不足等主客观因素，消除城乡之间、不同群体之间“数字差距”的任务依然艰巨。

为了破解发展难题，围绕上海建设“四个中心”和社会主义现代化国际大都市的总体目标，遵循上海市委、市政府关于建设“智慧城市”的总体要求，“十二五”期间上海信息化发展将以提升网络宽带化和应用智能化水平为主线，深入实施信息化领先发展和带动战略，充分汲取世博信息化经验和成果，准确把握信息技术发展趋势，特别关注信息化建设需求导向，积极应对体制机制变化对信息化建设的影响；全力推进“智慧城市”基础设施建设，构建高效、便捷的信息感知体系，提升信息基础设施的综合承载和服务能力；促进信息技术在城市经济社会各领域的全面渗透与深度融合，加快各领域的数字化、网络化、智能化步伐，提升信息化应用效能和各领域信息服务和知识创造能力；大力推进高新技术产业化，加快发展新一代信息技术产业，保障信息安全，净化网络空间，优化发展环境，更好地发挥信息化对上海经济发展方式转变、产业结构优化升级、城市功能提升、保障和改善民生的基础支撑、创新驱动和带动提升作用。争取到“十二五”期末，上海信息化整体水平持续保持国内领先，迈入国际先进行列，为建设以数字化、网络化、智能化为重要特征的“智慧城市”、率先迈入信息社会奠定坚实基础。

【附件】

专题一、世博信息化

信息化技术的普遍应用及各类新技术的应用展示成为中国2010年上海世界博览会的亮点，使本届世博会成为展示人类迈入信息社会的一个里程碑。

为参展方和参观方提供一流的通信保障与信息服务。统筹规划、集约建设了世博园区通信基础设施，包括运行管理业务、视频监控、商业管理等数字专网，2个系统级互备数据中心，为约30个应用集中提供服务器和存储环境。移动、电信等通信运营商和东方有线为各参展商提供电话、无线信号覆盖、互联网接入、有线电视接入等全方位服务。全球首个准4G的TD－LTE演示网覆盖整个世博园区，为支撑重要场馆移动高清实况转播、移动高清视频点播、便携视传等演示业务发挥了巨大作用。

为参观者提供高新技术体验。官方网站、网上世博会、手机票等服务为公众提供了解世博、参与世博、体验世博的通道。其中，累计8234万人次参观网上世博会，页读数（PV）累计超过8.73亿。

为组织方运营指挥提供高效技术支持。协同办公与信息管理平台为世博会的组织、筹办和参展提供保障。视频监控专网、视频会议系统、集群通信等专用网络通信形成专业指挥通信体系。浮空平台和制高点构成的立体化高清视频监控、154个“全球眼”，在应对100万超大客流的指挥调度方面发挥了重要作用。运营指挥信息系统为整个运营指挥体系的计划与预案信息综合、指挥调度综合、园区运行监测、实时信息发布、辅助决策等业务提供了全方位支撑。面向园区近50个信息系统的信息安全综合管理平台，有效支撑了园区信息安全保障。

专题二、“两化融合”

落实国家“两化融合”战略，积极推动国家“两化融合”试验区建设。2009年9月颁布了《关于推进信息化与工业化融合，加快产业能级提升的实施意见》以及三年行动计划，全面指导全市“两化融合”工作。

以重点项目为抓手，深化推进企业典型信息化应用。2009、2010连续两年滚动支持60余个企业信息化应用项目，累计支持资金近5000万元，带动社会投资近10倍；着力推动航空、钢铁等十大产业“两化融合”发展。

以相关支撑机构为载体，深化实施“两化融合”计划。依托高校、科研院所、企业技术部门建立4家研究中心、10个重点实验室，在“两化融合”发展战略规划、评估体系制定、关键技术研发等方面开展研究。认定浦东新区、松江、宝山、杨浦4个“两化融合”实践区；推进产业园区信息化，研究园区信息化标准，在漕河泾开发区、张江高科技园区开展试点评估，打造并推广“数字园区”。实施了200名高级管理人员、2000名基层工作人员的培训工程。

发布全国首个由社会、大型企业、中小企业“两化融合”水平三部分构成的区域性“两化融合”发展水平指数。调查结果显示，2009 年度上海市“两化融合”发展指数为 69.38，处于由中级融合到高级融合的发展阶段。

专题三、“千村万户”信息化培训工程

“千村万户”农村信息化培训普及工程项目作为连续两年上海市政府实事项目，由上海市经济信息化委、市农委、市教委、市妇联联合发起，也被列为国家农村信息化综合信息服务试点项目。从 2008 年起在上海市 9 个区县开展，培训普及工程覆盖 1800 多个行政村，完成 7.6 万人的培训和面向 71.2 万人的宣传普及工作。

项目实施 3 年中，共设培训点 148 个，招募培训教师 230 人，超额完成培训任务，培训和宣传人数分别达到计划的 120% 左右。农村基层管理者、专业农民与普通农民三类学员均超额完成预定指标，其中农村基层管理者超额最多，3 年中分别超额 43%、34% 和 235%。

截至 2010 年 10 月底，开展宣传普及工作的“信息大篷车”、“信息小篷车”下乡进村，跑遍 1800 多个村、200 多个工厂、学校和街道，建成了 291 个宽带村、251 个交互式网络电视（IPTV）村、179 个天翼村。

撰稿人：上海市经济和信息化委员会综合规划处　张晓莺
上海市信息化发展研究协会　徐龙章
上海市社会科学院信息所　李　农
上海市互联网经济咨询中心　王颖东

江苏省信息化“十一五”规划完成情况的评估与分析

20世纪90年代以来，江苏省实施“以信息化带动现代化”的发展战略，大力推进国民经济和社会信息化建设，制定了《江苏省信息化建设规划纲要（1997-2010年）》（以下简称《规划纲要》）和《江苏信息化发展战略2006~2020及“十一五”行动计划》，提出了江苏省信息化发展目标，明确了信息化建设的指导思想及措施。按照以信息化基础设施建设为突破口，以信息资源建设为中心，以信息技术培训为保障，以应用促建设、以应用促提高的发展思路，江苏的信息化在“十一五”期间取得很大发展，信息化水平居全国前列。

一、江苏信息化发展整体水平稳步提高

（一）2006~2009年江苏信息化发展指数①持续增长

1.2009年江苏信息化发展指数达到0.749，稳居全国第6位

根据国家统计局的测算结果，2006~2009年，江苏省信息化发展指数分别为0.655、0.690、0.713和0.749，2009年比2006年提高9.4个百分点。“十一五”期间，江苏信息化发展指数一直稳居全国第6位，仅次于北京、上海、天津、浙江和广东（见表1）。

2.2006~2009年江苏信息化发展指数均高于全国平均水平

2006~2009年，江苏信息化发展指数分别比全国平均水平高7.20%、9.00%、9.02%和9.99%，二者差距有扩大的趋势。但与指数值最高的北京相比，江苏信息化水平还有一定距离，2006~2009年分别相当于北京的67.53%、68.93%、70.18%和71.13%。

表1　　2006~2009年信息化发展指数（Ⅱ）前六位的比较

	2006年		2007年		2008年		2009年	
	指数	排名	指数	排名	指数	排名	指数	排名
全国合计	0.611		0.633		0.654		0.681	
北　京	0.970	1	1.001	1	1.016	1	1.053	1

① 信息化发展指数（IDI）是国家统计局编制的，它是由全面反映信息化发展水平的五大要素（基础设施、产业技术、应用消费、知识支撑和发展效果）合成的一个复合指标，可作为衡量国家或地区信息化发展的综合评价尺度。

续表

	2006年		2007年		2008年		2009年	
	指数	排名	指数	排名	指数	排名	指数	排名
上　海	0.871	2	0.906	2	0.931	2	0.965	2
天　津	0.736	3	0.751	3	0.787	3	0.820	3
浙　江	0.700	4	0.731	5	0.759	5	0.787	4
广　东	0.699	5	0.738	4	0.761	4	0.781	5
江　苏	0.655	6	0.690	6	0.713	6	0.749	6

资料来源：《国家统计局研究参考资料第133期：信息化发展指数优化研究》。

3. 江苏信息化发展指数年均增长速度达15.29%

2006~2009年，江苏省信息化发展指数年均增长速度为15.29%，居全国第5位，远远高于发展指数前5位的北京（8.19%，第31位）、上海（10.08%，第28位）、天津（9.29%，第30位）、浙江（10.89%，第25位）和广东（11.43%，第24位）。

（二）江苏信息化各个方面稳步提高

信息化发展指数包括基础设施、产业技术、应用消费、知识支撑和发展效果五个分类指数。

1. 基础设施指数居全国第6位

2009年，江苏省的基础设施指数为0.507，居全国第6位，是全国平均水平的1.30倍，但仅为排名第一的上海的63.38%。

2. 产业技术指数居全国第5位

2009年，江苏省的产业技术指数为1.014，居全国第5位，是全国平均水平的1.11倍，相当于排名第一的北京的83.32%。

3. 应用消费指数居全国第7位

2009年，江苏省的应用消费指数为0.662，居全国第7位，是全国平均水平的1.11倍，相当于排名第一的北京的74.55%。

4. 知识支撑指数居全国第12位

2009年，江苏省的知识支撑指数为0.816，居全国第12位，仅比全国平均水平高1.62%，相当于排名第一的北京的69.09%。

5. 发展效果指数居全国第4位

2009年，江苏省的发展效果指数为0.745，居全国第4位，比全国平均水平高6.28%倍，相当于排名第一的北京的58.11%。

6. 2006~2009年江苏信息化五个方面稳步提高

根据国家统计局的测算结果，2006~2009年，江苏省信息化发展的五个分类指数均稳步提高：基础设施指数由0.442提高到0.507，提高了14.71%；产业技术指数由0.890提高到

1.014，提高了13.93%；应用消费指数由0.492提高到0.662，提高了34.55%；知识支撑指数由0.795提高到0.816，提高了2.64%；发展效果指数由0.657提高到0.745，提高了13.39%（见表2）。

表2　　2006~2009年江苏信息化发展分类指数及排名

	2006年		2007年		2008年		2009年	
	指数	排名	指数	排名	指数	排名	指数	排名
总指数	0.655	6	0.690	6	0.713	6	0.749	6
基础设施	0.442	6	0.467	6	0.470	7	0.507	6
产业技术	0.890	6	0.945	6	0.981	6	1.014	5
应用消费	0.492	7	0.567	7	0.599	7	0.662	7
知识支撑	0.795	9	0.792	11	0.792	12	0.816	12
发展效果	0.657	6	0.677	6	0.677	4	0.745	4

资料来源：《国家统计局研究参考资料第133期：信息化发展指数优化研究》。

（三）江苏信息化总体发展属于中高水平

国家统计局的《信息化发展指数优化研究》报告将全国内地31个省（直辖市、自治区）的信息化发展水平分为四大类型，即信息化发展高水平（北京、上海）、信息化发展中高水平（天津、浙江、广东、江苏、辽宁、福建、陕西、山东、重庆、湖北、山西、吉林和黑龙江）、信息化发展中低水平（海南、四川、湖南、内蒙古、河北、宁夏、新疆、安徽和江西）和信息化发展低水平（青海、甘肃、河南、贵州、广西、云南和西藏），江苏属于第二类，即信息化发展中高水平地区。从表3中可以看出，除知识支撑指数外，江苏的各分类指数及总指数均高于第二类地区的平均值。

表3　　2009年江苏与四个类型地区的信息化发展指数比较

	基础设施指数	产业技术指数	应用消费指数	知识支撑指数	发展效果指数	总指数
江　苏	0.507	1.014	0.662	0.816	0.745	0.749
第一类地区	0.749	1.197	0.883	1.109	1.108	1.009
第二类地区	0.445	0.916	0.640	0.833	0.686	0.704
第三类地区	0.335	0.771	0.542	0.792	0.596	0.607
第四类地区	0.278	0.738	0.509	0.730	0.580	0.567

资料来源：《国家统计局研究参考资料第133期：信息化发展指数优化研究》。

与世界48个主要国家相比，2008年江苏的信息化发展总指数（0.713）处于第37位的白俄罗斯（0.729）和第38位的墨西哥（0.684）之间，且与世界平均水平（0.805）还有一定的距离。

二、江苏省信息化建设取得突出成就

江苏坚持把信息化放在现代化建设的全局和战略位置，以信息化带动工业化，以工业化促进信息化，走新型工业化道路，创出一条具有江苏特色的信息化道路。“十一五”期间，江苏省优先部署和实施了十项具有江苏特色的重大信息化行动计划，以带动全局发展，其中包括“12345”、“助推社会主义新农村建设”、“信息技能普及提升”、“信息产业强省”和“中小企业信息化扶助”等规划。其中，包括15项基础性、公益性、标志性信息化工程的“12345”计划是指“一个体系”，即基本建成适应江苏信息化发展需要的法律法规和标准体系；“两大工程”，即信息化知识普及工程和“大通关”工程；“三大系统”，即覆盖全省的政务协同办公系统、公共信用信息系统、突发公共事件应急指挥系统；“四个中心”，即容灾备份中心、电子档案中心、数字认证（CA）中心、信息化工程绩效评估中心；“五大基础信息库”，即人口数据库、法人单位数据库、宏观经济数据库、自然资源和空间地理数据库、政务信息资源数据库。建好这15个信息化基础工程，对江苏各个领域实施信息化均具有关键的支撑作用。

（一）信息化基础设施建设成果显著

1. 电信业持续发展

2009年，江苏省的固定局用交换机总容量4455.4万门，移动电话交换机容量比2008年增加1568万户，达到7950.4万户；固定电话用户2662.4万户，其中城市电话用户1694.4万户，乡村电话用户968万户；传统固定电话用户2220.6万户，无线市话（小灵通）用户441.8万户。移动电话用户4940.3万户，比上年净增983.4万户。2009年，全省电话普及率达99.1%，比上年增加8.3%，比2005年增加23.9个百分点；移动电话普及率达到64.4%，比2005年增加30.2个百分点（见表4）。

表4　　2005～2009年江苏省通信业数据

	2005年	2006年	2007年	2008年	2009年
局用交换机容量（万门）	4187.1	4578.7	4718.4	5508.2	4455.4
移动电话交换机容量（万户）	3397.0	4239.5	5244.9	6382.4	7950.4
固定电话用户（万户）	3059.4	3224.7	3225.8	2968.3	2662.4
传统固定电话用户（万户）	2289.9	2409.7	2481.3	2158.3	2220.6
无线市话（小灵通）用户（万户）	769.5	815.0	744.5	747.7	441.8
移动电话用户（万户）	2550.4	2847.6	3313.2	3956.9	4940.3
电话普及率（%）	75.2	80.4	86.6	90.8	99.1
移动电话普及率（%）	34.2	37.3	43.9	51.9	64.4
通话行政村比重（%）	100.0	100.0	100.0	100.0	100.0

资料来源：《中国信息年鉴2010》。

2. 广播电视网覆盖率达100%

2009年，江苏省有广播电台14座，广播节目128套，广播综合人口覆盖率达到100%；电视台14座，电视节目131套，有线电视用户1722.2万户，比2005年增长59.92%，数字电视用户744万户，比2007年增加504万户。有线电视普及率达到71.8%，比2008年增加8.5个百分点，比2005年增加27.4个百分点（见表5）。

表5　2005~2009年江苏省有线电视及数字电视数据

	2005年	2006年	2007年	2008年	2009年
有线电视用户（万户）	1076.9	1227.7	1350.0	1569.2	1722.2
数字电视用户（万户）	—	—	240.0	510.0	744.0
有线电视普及率（%）	44.4	52.4	55.1	63.3	71.8

资料来源：《中国信息年鉴2010》。

（二）信息化应用消费水平不断提高

1. 互联网用户较快增长

2009年，江苏互联网用户达到961.1万户，比2008年增加189.5万户，比2005年增加511.6万户，增长1.14倍。其中，宽带上网所占比重最大，发展速度最快。2009年江苏省宽带上网用户为929.4万户，占全部互联网用户的96.70%，而且比2005年增长2.20倍。2009年，全省网民数为2765万人，网民普及率达到36.5%。2009年，江苏省拥有域名50.17万，占全国总数的4.5%，其中CN域名26.47万，占全国总数的3.7%（见表6）。

表6　2005~2009年江苏省网络建设数据　单位：万户

	2005年	2006年	2007年	2008年	2009年
互联网用户总数	449.5	575.9	671.9	771.9	961.1
专线上网用户数	0.6	0.41	0.4	0.45	1.2
拨号上网用户数	158.0	165.2	119.0	49.2	30.4
宽带上网用户数	290.8	410.3	552.3	722.0	929.4

资料来源：《中国信息年鉴2010》。

2. 电信网络建设取得显著成绩

2009年，江苏省光缆线路长度增加10.5万公里，达到58.5万公里，其中长途光缆线路长度增加860公里，达3.2万公里。2009年5月，江苏在全国率先实现了自然村“村村通宽带”，7月正式向江苏省广播电视信息网络股份有限公司发放了互联网信息服务业务（ICP）和因特网接入服务业务（ISP）经营许可证，在全国率先打破了电信行业与广电行业互不进入的壁垒。江苏电信的CDMA网络室外基站已延伸至自然村，主要商务楼、写字楼、小区均有室内信息覆盖，各地区城市覆盖率、乡镇覆盖率及重点旅游景区覆盖率均达100%，高速、国道、省道、铁路等主要交通道路覆盖率达到96%以上。

3. 信息消费水平不断提高

2009 年江苏省城镇人均通信支出为 549.17 元，农村为 220.56 元，分别比 2005 年增长了 31.19% 和 52.22%；城镇人均文娱支出为 1123.75 元，比 2005 年增长了 77.92%；农村人均文娱支出为 467.34 元，比 2005 年增长了近一倍（见表 7）。

表 7　2005～2009 年江苏省信息消费数据　单位：元

	2005 年	2006 年	2007 年	2008 年	2009 年
城镇人均通信支出	418.61	456.17	491.16	503.58	549.17
城镇人均文娱支出	631.62	745.63	972.80	1048.78	1123.75
农村人均通信支出	144.90	176.32	205.04	227.78	220.56
农村人均文娱支出	234.89	276.50	367.83	415.63	467.34

资料来源：《国家统计局研究参考资料第 133 期：信息化发展指数优化研究》。

（三）信息产业在国民经济中的地位越来越重要

1. 邮政通信业稳步提高

2009 年，江苏全年邮政电信业务总量 1812.3 亿元，比上年增长 17.9%。其中，邮政业务总量 153.5 亿元，电信业务总量 1658.8 亿元，分别增长 83.8% 和 14.1%。邮政电信业务收入 731.5 亿元，比上年增长 9.3%。其中，邮政业务收入 90.1 亿元，电信业务收入 641.3 亿元，分别增长 43.7% 和 5.7%（见表 8）。

表 8　2005～2009 年江苏省邮政通信业数据　单位：亿元

	2005 年	2006 年	2007 年	2008 年	2009 年
邮政电信业务总量	728.1	997.2	1280.1	1537.3	1812.3
邮政业务总量	53.0	62.5	71.5	83.5	153.5
电信业务总量	675.1	934.6	1308.6	1453.9	1658.8
邮政电信业务收入	453.6	516.4	592.2	669.3	731.5
邮政业务收入	44.5	49.4	57.4	62.7	90.1
电信业务收入	409.1	467.0	534.8	606.6	641.3
邮政电信业增加值	—	—	338.7	347.8	369.7
邮政电信固定资产投资额	124.0	145.9	150.6	187.7	228.8

资料来源：《中国信息年鉴 2010》。

2. 信息产业及信息产品制造业快速发展

江苏是我国重要的电子信息产业基地，省委、省政府高度重视发展电子信息产业发展，“十一五”期间，江苏电子信息产业继续保持平稳较快增长，2009 年销售收入突破 16000 亿元，同比增长超过 10%。电子信息产品出口 1017 亿美元，占全国出口总额的 22.2%。江苏省规模以上电子信息产品制造业企业 4904 家，比 2008 年增加 1082 家。15 家企业入选 2009 年度全国电子信息产业百强企业，15 家企业入选 2009 年度全国电子元件百强企业。仁宝电脑、长电科技、无锡尚德、南京熊猫等一批行业优势企业在产品创新、市场开发、品牌建设等方面取得新的进展，综合竞争力进一步增强。微型电子计算机、集成电路、彩色电视机等主要电子产品产量增幅较大，分别为8180.9台、163.7亿块、1151.3万台，增幅分别为35.8%、13.4%和34.3%。

2009年，江苏省软件产业实现经营收入1605亿元，比上年增长25%，产业规模占全国的比重达到了16.9%。全省累计认定软件企业1805家；当年新登记软件产品数首次突破2000项，达到2015项，全省累计登记软件产品8331项。通过软件企业能力成熟度（CMMI）认证的企业超过250家，新增系统集成资质企业70家，其中，一级3家，二级10家，三级45家，四级12家。江苏省系统集成资质获证企业总数累计达151家，其中一、二级企业总数累计达36家。全省共有无锡华润、长电科技、海力士-恒忆半导体等40家集成电路企业通过认定，占全国总数的29%。全省48家企业获得2009年江苏省省级现代服务业（软件产业）发展专项引导资金资助项目ISO27001认证奖。13家企业入选国家规划布局内重点软件企业名单。年内有3家软件企业实现上市，软件上市公司累计达到11家。

为进一步巩固和保持江苏信息产业在国内的优势和领先地位，大力提高信息产业发展水平和质量，江苏省将在积极承接国际产业转移的同时，实施信息产业“生根”战略，加快制造业向两端延伸，提高本地配套能力；增强原始创新能力、集成创新能力和引进消化再创新能力。要“生根”的具体领域包括：加快发展软件和集成电路两个核心产业，做大做强平板显示、计算机及网络设备、现代通信、数字视听四个产品集群，精心培育资源节约型产品、新型元器件、行业应用电子产品、新型信息服务业四个新增长点。预计“十一五”末，全省信息产业将实现销售收入14400亿元，增加值4400亿元，占全省GDP的比重提高到15%，关键产品的技术水平和研发能力居国内领先，实现信息产业由大到强的跨越。

（四）国民信息素质不断提高

2009年，江苏省平均受教育年限达到8.55年/人，比2005年提高0.42年；从事科技活动的人员总数为58.9万人，比2005年增加65.9%，所取得的专利授权为97286件，是2005年的7.2倍。科研与开发经费也不断增加，2009年为680亿元，是2005年的2.5倍，科研与开发经费占GDP的比重也由2005年1.48%上升到2009年的2%（见表9）。

表9　　2005~2009年江苏省科研与人才数据

	2005年	2006年	2007年	2008年	2009年
平均受教育年限（年/人）	8.13	8.25	8.43	8.44	8.55
专利授权数（件）	13580	19352	31770	44595	97286
科研与开发（R&D）经费（亿元）	270	330	430	540	680
R&D经费支出占GDP比重（%）	1.48	1.55	1.7	1.77	2
从事科技活动人员总数（万人）	35.5	36.0	39.1	47	58.9
普通高等学校在校学生数（万人）	115.98	130.62	147.2	157.2	165.3

资料来源：《中国信息年鉴2010》。

截至2009年底，江苏省普通高等院校共计122所，其中有计算机软件专业的院校有78所（其中普通高校40所），软件相关专业的院校23所（其中普通高校14所），计算机软件及相关专业的在校研究生总数4265人，在校专本科生总数达9.52万人。江苏省2009年通过全国软件考试人数达到5296人，比上年增加398人，合格率达到37.57%。

2009年，江苏省中小学用于教育信息化建设的经费投入达14.8亿元，其中用于信息技术培训的经费为8106.8万元，占教育信息化建设经费投入总数的5.48%。江苏省进一步加强了教师信息技术应用能力培训，不断提高教师教育技术应用能力和教育网络管理人员的技术服务能力。分3期组织开展了全省市、县级教师培训机构网络管理人员共127人的培训工作，分13期组织了针对徐州、连云港、常州等5个市普通高中网管人员共737人的培训工作，同时组织全省13个市参加了全国中小学教师教育技术能力建设计划应用成果评比与展示活动。在全省13个地级市部署了培训网络课程的镜像站点并作技术指导和维护工作，顺利地保障了2万人次的网络培训工作。

（五）信息资源建设取得显著成绩

通过建设与共享服务，“十一五”期间江苏省的信息资源建设工作取得显著成绩。科技文献资源持续稳定增长，至2009年11月底，“中心”的本地电子信息资源总量已达到21000GB，当年新增电子信息资源存储量超过4000GB，拥有中文科技期刊12000种，外文期刊16000种（与NSTL共享实现），中外会议资料150万份，学位论文120万篇，中国专利320万件，国外专利文献2000万件，国内外标准文献30万件，国内外科技报告86万份，国内重要报纸信息库全文信息950万篇，国内外重要科技数据库50余个，可供检索的信息数据总量超过20000万条。各种文献满足率已超过80%，通过多渠道委托原文传递满足率达97%，不同方式的共享度达到了100%。

2009年自建文化共享数字资源总量295G，其中视频资源的加工制作是工作的重点：自行拍摄制作了20集“江苏省非物质文化遗产系列专题片”；为省党员干部远程教育中心拍摄制作了62集“中国近现代史系列讲座”，至11月底已制作完成1520GB、近1425小时的视频节目；加工制作了43场南京图书馆公益讲座的视频资源，该资源可通过南图网站“网上报告厅”点击下载后播放。此外，年内新建了总容量为23G的“江苏地方文献视频资源库”，登载在江苏文化共享工程网站上，可在线播放。

三、江苏信息化建设的目标及建议

“十一五”期间，江苏省信息化发展的总体水平取得了很大提高，各项目标都在稳步推进，但是与经济的蓬勃发展相比，其信息化发展稍显落后，且存在一些薄弱环节。从信息化发展指数的五个方面来看，知识支撑指数表现最差，仅排在全国第12位，与总指数的排名相差6位，而且比2005年后退3位；其次是应用消费指数，2009年排在全国第7位，与总指数的排名相差1位；基础设施指数排名第6位，虽然与指数的排名相同，但是从数值上看，与最高水平的北京、上海相比差距仍然较大。因此，“十二五”期间，江苏应从薄弱环节入手，加强信息化知识和人才的培训，加大信息化应用的力度，提高信息化发展的整体水平。

（一）切实提高对信息化战略地位的认识

党的十七大报告提出了“全面认识工业化、信息化、城镇化、市场化、国际化深入发展的新形势新任务”的“五化并举”的科学发展道路，“信息化”的增加是我党对当今时代特征的清醒认识和准确把握。江苏要科学把握我国工业经济逐步向信息经济转变、工业社会向信息社会融合过渡的发展趋势，切实提高对信息化战略地位和发展趋势的认识，进一步理顺信息化的体制机制，正确认识信息化对其他“四化”的带动和支撑作用，以信息化手段促进江苏的工业化、城镇化、市场化、国际化发展进程。

（二）加强人力资源建设

江苏省要大力培养人才、加快引进人才。“十二五”期间，江苏应继续完善人才培养模式，积极推进分层次、分类别的人才教育和培训，满足产业不断发展的需要。主要措施包括：通过“333 工程”和“六大人才高峰”、“百万科技人员素质提升工程”等人才培养计划，加快培养技术带头人；大力扶持高等院校设立和调整信息技术相关专业，重点支持国家示范性软件学院、国家示范性软件职业技术学院等信息技术类高校加快发展；推动学校、企业和社会机构联合办学，加强与国际教育培训机构的交流与合作，大力发展信息职业技术教育。

同时，制订和落实特殊优惠政策，完善激励机制，吸引有技术、资本以及管理才能的海外留学人员来江苏投资创业；积极推进人才柔性流动制度，鼓励国内高层次信息技术人才来江苏服务创业；建立奖优惩劣的人才激励机制，形成主要由市场配置人才资源、人才流动的机制，营造人才脱颖而出的环境。

（三）加强电子商务的深化普及

实践证明，电子商务在应对国际贸易壁垒中作用重大，并已成功帮助国内很多中小企业走出困境，但目前江苏乃至国内很多地区尚未真正发掘出它的巨大商机，电子商务应用普及任重道远。江苏省中小企业近年来增长势头明显，截至 2009 年底，共有中小企业 118 万个。然而，在中国电子商务协会公布的网络交易数据上，却远落后于拥有 108 万中小企业的广东和拥有 71 万中小企业的浙江。

通过第三方电子商务平台帮助中小企业开拓国际市场的江苏中小企业“百千万”电子商务应用促进计划已正式启动。该计划将连续 3 年在全省举办 200 场免费电子商务专项培训，并设立中小企业电子商务专区。此外，将通过政府直接补贴和服务商让利等方式，使中小企业电子商务成本由原来的万元以上降低至 1360 元。

（四）抓好信息化重大工程建设

江苏省多项信息化重大工程是江苏大力推进信息化建设的有力抓手，要切实加强各项规划和工程的落实，尤其要把信息化的重点工程与规划目标相对照，监督进程，保证如期完成。要进一步落实十项具有“江苏特色”的重大信息化行动计划，以带动全局的发展，其中包含15项基础性、公益性、标志性信息化工程的“12345”计划尤其引人关注。要稳步推进《战略及行动计划》中推出的重大信息化行动计划，比如“信息化助推社会主义新农村建设计划”、“信息技能普及提升计划”、“软件产业快速崛起行动计划”、“中小企业信息化扶助计划”、“电子商务发展计划”、“电子政务推进及整合计划”、“数字社区推广计划”和“数字城市实施计划”等。

2020年江苏信息化发展的战略目标是：建成具有国际先进水平、多网融合、安全可靠的综合信息基础设施；信息产业成为主导产业，信息技术自主创新能力在国内名列前茅；电子政务应用和服务体系日臻完善，各级政府全面实现网上办公，公共服务能力明显增强；电子商务在国民经济各主要领域实现全面发展和得到普及运用；信息资源作为经济社会发展的战略资源得到深度开发和广泛利用；全省经济和社会信息化初步实现全面协调统筹发展，形成城市信息化和农村信息化协调发展、经济信息化和社会信息化协调发展、产业信息化与信息产业化协调发展、行业信息化与地区信息化协调发展、苏南苏中苏北区域间协调发展的格局。江苏省只有抓住“十二五”这个信息化发展的关键时期，才能顺利实现2020年的战略目标。

撰稿人：国家统计局国际中心　杨红军

浙江省信息化“十一五”规划完成情况的评估与分析

信息化是时代发展的必然要求，是现代化建设的必由之路。浙江省第十一次党代会作出了建设“数字浙江”，全面推进浙江省现代化建设的重大决策。2005 年确立的《浙江省国民经济和社会发展信息化“十一五”规划》（下面简称省信息化“十一五”规划）从信息化应用、信息基础设施、信息产业、信息化环境等四个方面确立了省信息化“十一五”时期的发展目标。5 年来，浙江各地认真落实《2006~2020 国家信息化发展战略》的各项战略部署和方针政策，坚持“以信息化带动工业化，以工业化促进信息化，走新型工业化道路”，认真实施“百亿信息化工程”，全面建设“数字浙江”，努力适应新形势，开拓新思路，采取新举措，各项工作取得了长足进步。浙江省已基本完成和实现了“十一五”规划确定的信息化总体目标和重点任务。

一、浙江信息化发展总体水平继续保持全国领先水平

自“十五”浙江提出“数字浙江”的建设战略目标以来，已取得了明显成效，信息化总体水平和信息产业综合实力取得长足发展。2006~2009 年，浙江信息化发展指数（Ⅱ）分别为0.700、0.731、0.759 和0.787，2010 年预计将达到0.873 以上，年均增长速度预计将达到10.89%，信息化发展保持平稳快速增长态势，信息化发展战略和信息化“十一五”规划所确定的发展目标已基本完成。浙江已建成先进适用的信息网络基础设施并达到国际先进水平，信息产业规模与产业层次迈上新台阶并成为全国重要的信息产业基地，应用信息技术改造提升传统产业取得显著成效，企业信息化水平普遍提高，城市信息化与农村信息化协调发展，电子政务和电子商务广泛应用，信息资源开发、利用和共享日益深化，信息化总体水平继续保持全国领先地位。2009 年浙江信息化指数位居全国第 4 位（前三为北京、上海和天津），信息化总体发展指数在全国省区里排名第 1 位。

“十一五”期间，浙江省信息化五个分类指数都得到不同程度的提高。产业技术指数水平保持较高水平，基础设施指数、应用消费指数、知识支撑指数和发展效果指数保持稳定增长（见表 1）。

表1　2005～2010年浙江省信息化发展指数（Ⅱ）与分类指数比较

	2005年	2006年	2007年	2008年	2009年	2010年
信息化发展总指数	0.674	0.7	0.731	0.759	0.787	0.873
基础设施指数	0.605	0.564	0.603	0.608	0.637	0.675
产业技术指数	0.836	0.935	0.956	0.983	1.006	1.159
应用消费指数	0.558	0.552	0.625	0.702	0.75	0.915
知识支撑指数	0.746	0.785	0.79	0.802	0.813	0.826
发展效果指数	0.542	0.665	0.681	0.698	0.731	0.802

注：2010年的数据为预测数。

资料来源：《国家统计局研究参考资料》。

二、浙江信息化“十一五”规划目标完成情况评估

（一）信息化普及应用日益广泛

信息化应用目标基本实现。随着浙江企业信息化水平大幅提高，信息化带动工业化取得阶段性成效，成为浙江经济增长的“倍增器”。2010年全社会电子信息产业共实现主营业务收入8055亿元，比上年增长38.3%。制造业信息化改造稳步推进，并建成一批面向区域、行业、中小企业服务的信息技术公共服务平台，促进块状经济向现代产业集群提升。省内85%以上的企业开展了电子商务，基本建成了标准统一、功能完善、安全可靠的全省政务信息网络平台，政务信息日益公开，政府行政许可项目网上提供比率超过80%。社会公共领域信息化广泛开展，城市和农村信息化不断普及与深化，信息资源共享程度明显提高。信息化在扶持农村、欠发达地区和社会弱势群体方面发挥了更加重要的作用。

1. 电子商务

（1）企业电子商务得到长足发展，与区域块状经济紧密相连。“十一五”期间，浙江省大力发展企业间电子商务（B2B），积极开展企业电子商务与企业协作平台建设，实现企业间业务流程的融合和信息系统的互联互通，推动中小企业电子商务发展。积极发展企业与消费者之间的电子商务（B2C），推动大型商场、购物中心、连锁经营企业和产品标准化程度较高的企业建立网上订货和物流配送体系，开展网上销售业务。加快发展网上中介服务业，以房产、金融、人才、专利技术、旅游、物流、教育等信息中介服务业的电子商务为重点，促进中介信息资源的互动交流，拓宽电子商务覆盖面。

依托发达的传统产业集群，浙江培育出中国化工网、中国服装网、化工机械网、中国化纤网、中塑在线等行业网站。地区分布主要集中在杭州（占54%）、金华（占18.8%）、温州（占11.1%）。行业分布于化工、服装、纺织、医药、环保、家居工艺等领域。

（2）电子商务平台上新台阶，与专业市场互动发展。“十一五”期间，浙江省发挥特色

产业和专业市场的优势，大力发展行业门户网站，围绕机械、化工、纺织、轻工、电子、医药等重点行业，加快培育一批以产业集群和专业市场为依托、特色明显的行业性门户网站。积极推进专业市场内部信息化建设，建立健全电子商务交易网络平台，促进有形市场和无形市场的有机结合。大力发展面向中小企业的第三方电子商务，促进中小企业提高商务效率，推进中小企业信息化。在有条件的社区，积极建设以便捷购物、家政信息、健康咨询等便民服务为主的社区电子商务网络平台。

作为市场经济发展较快的省份，商品有形市场与电子商务无形市场互动发展，成为浙江发展电子商务的重要模式。发达的专业市场为电子商务发展提供了坚实的根基，全省已有163个市场建立网站，其中28家省重点市场中有19家建有网站，有7家具有网上交易功能。如中国义乌小商品市场、绍兴轻纺市场、永康中国五金城等传统市场，结合其有形市场的地理、产业和物流优势，建立虚拟市场服务平台，发展电子商务。

（3）政府大力支持，商务支撑体系建设快速发展。加快信用服务、安全认证、在线支付、现代物流和标准规范等支撑体系建设。通过整合物流资源，加快发展现代物流，完善现代物流管理手段，形成一批社会化、专业化、网络化的现代物流骨干企业，为电子商务推广应用提供保障。浙江省的支付宝企业作为国内领先的第三方网上支付平台，现已发展成为行业中的标杆，其市场份额由2005年的33.8%增长到2010年第三季度的50.03%，稳居行业首位。杭州、宁波两市被列为全国物流节点城市，全省已形成国际、区域、区内三大物流圈，四大物流聚集中心和五条省际物流通道。全省现有物流园区45个、A级物流企业53家，分别占全国的9.5%和14.3%，均居第1位。

（4）网商发展水平处于全国领先位置。近年来，浙江省通过政策支持、资金补贴、人才培训等方式大力支持网商和电子商务发展。截至2009年底，浙江省网商发展指数列全国第2位。其中，企业网商规模列全国第1位，个人网商规模列全国第2位，电子商务物流笔数列全国第2位。从总体来看，浙江网商发展在全国处于明显领先地位（见表2）。

表2　　浙江省网商发展水平各指数全国排名

指数	排名	指数	排名	指数	排名
发展规模指数	2	企业网商数量	1	企业网商交易额比率	3
普及指数	3	个人网商交易额	3	个人网商增长率	20
经营水平指数	2	企业网商交易额	3	企业网商增长率	17
网商生态指数	6	个人网商密度	3	个人交易额增长率	11
增长趋势指数	16	企业网商密度	5	企业交易额增长率	5
个人网商数量	2	个人网商交易额比率	4		

资料来源：《2010年网商发展指数报告》。

2. 电子政务

（1）电子政务基础平台。浙江省充分整合利用网络资源，使网络政务平台成为政府管理服务的重要延伸。“十一五”期间，浙江省建成覆盖省、市、县三级政务部门的全省统一的电子政务网络，省、市、县三级政务部门门户网站开通率达到100%，形成了覆盖全省、惠及城乡、面向企业、社会的网上办事服务系统，促进了政府管理创新和服务能力提升。2008年以来，网络工作重点从建设转为运维和应用。同时，以国家电子政务安全平台为支撑，以密码技术和数字证书技术为基础，构建了统一的电子政务安全平台和安全可信的应用支撑平台，建立了可靠的电子政务网络安全防御体系。加快建立政务数据中心和异地灾备中心，健全灾难恢复机制，取得了良好效果。

(2) 关键业务系统。围绕提高政府服务水平，加快推进面向公众的服务系统建设。结合政务工作需要，以应用为导向，优先支持跨部门的协同业务系统建设，逐步实现业务流程的优化和应用系统的互联互通。积极推进政务办公、宏观经济、公共安全管理、财政管理等业务系统的建设。全省数字社区建设全面推进，公安户籍管理、劳动保障管理、民政管理、计划生育管理等业务信息系统已经覆盖全省大部分城市街道及社区。“十一五”期间，浙江省优先推进“金宏工程”、“金盾工程”、“金财工程”、“金税工程”、“金质工程”等一系列“金字工程”，电子政务的应用水平得到明显提升。

(3) 政务信息资源。按照“一数一源、共建共用”原则，以核心部门数据为基础，加快人口、法人、地理空间与自然资源及宏观经济四大基础数据库的开发建设与共享利用。尤其是人口、公安等信息资源数据库建设稳步推进。规范政务信息资源社会化增值开发利用工作，加强对政府采购的信息资源的共享与管理，鼓励社会力量参与增值开发利用。

(4) 电子监察。2008年以来，浙江省电子监察系统从无到有、从点到面，在全国率先基本建成省、市、县三级系统。“十一五”末期，全省所有具有非涉密审批事项的50家省级部门以及90%以上的市县都已纳入电子监察体系，合计覆盖2674个各级政府部门、31000多个行政审批事项，初步实现了行政审批的实时过程跟踪。以行政审批为主要监督对象的“电子眼”逐步发挥效用，已对全省200多万个事项按照法律法规和部门承诺进行适时审核，发现问题及时提醒，促使行政审批“提速”。

3. 社会事业和公共服务

(1) 科、教、文、卫、体信息化。“十一五”期间，浙江省组织验收了15项制造业信息化项目，取得一大批重大技术成果，获得软件著作权44个，申请/获得发明专利6项，发表高水平论文88篇。大力发展网上技术市场，累计发布科技成果146669项，签约项目21273项。

浙江省通过加快建立网上教育服务体系，丰富网上教育资源，建立各层次、多类型的网上学校，大力促进信息技术在教育、科研及学校管理中的应用，全面提高学校管理效率和教学科研水平，教育信息化基础设施建设成效显著。“十一五”期间，全省各市、县（市、区）全部建成教育城域网，超过80%的中小学校拥有校园网，“校校通”目标基本实现。全省普通中小学多媒体进教室比例分别达50%和65.2%，拥有计算机教室的学校达5933所，占中小学总数的94.03%；其中29个县（市、区）的所有普通中小学全部普及了计算机教室。

在公共卫生方面，浙江省加快发展公共卫生信息服务体系，促进卫生医疗资源共享。推进医疗机构信息化，建立完善医院及社区卫生服务机构的管理信息系统，并实现互联互通。实行规范化的药品网上采购和监管，开展医疗网上咨询与服务，推出全国首个省级医院预约诊疗服务平台。全省县级以上医院全部实现了信息化管理，部分医院正积极推进“数字医院”建设。

在体育方面，积极开发全民健身、竞技体育和体育产业等信息资源，加强体育竞赛场馆的信息化建设和改造，完善各类体育管理信息系统，推进信息技术在建设“体育强省”进程中的广泛应用。

（2）就业和社会保障信息化。“十一五”期间浙江省整合就业和社会保障信息资源，进一步扩大信息网络覆盖面，逐步将网络延伸到街道、社区和乡镇，建立全省统一的劳动保障信息服务网络，推广应用社会保障卡。积极推进与财政、税务、公安、工商、残联等部门的互联互通，逐步形成协同管理机制。大力推进公共职业介绍服务机构信息化，健全劳动力市场和失业人员数据库，实现劳动力市场信息全省联网和异地发布，强化对社会弱势群体的就业指导和技能培训。目前，全省统一的“社税联网”系统和省社会保险信息系统统一软件正在建设中。

（3）公共危机管理信息化。充分整合各类危机管理信息系统，建立统一的公共危机管理和应急处置信息平台，为监控重大危险源、事故隐患和灾情疫情提供及时、可靠的信息保障，提升了政府应对突发事件的预警和处置能力。

（4）信用信息化。加强企业、个人、政府和社会中介机构信用建设，逐步形成完善的社会信用体系，打造“信用浙江”。浙江在全国率先建立了公共的企业和个人联合征信数据两大平台；在全国率先建立了第一个跨区域的“信用长三角”信息共享平台；在全国省级层面率先出台《浙江省企业信用信息征集和发布管理办法》。

（二）信息化基础设施建设保持全国领先水平

浙江省信息化基础设施规划目标全面完成。信息网络体系逐步完善，宽带信息网建设稳步推进，网络与信息安全保障能力不断提高，信息网络规模、频率资源利用率居全国前列，网络基础设施达到发达国家水平。

1. 三网建设加快步伐

（1）计算机互联网迅速普及。进一步推进光缆传输，发展无线传输，整合网络资源，适时引入新技术，建成大容量、高速率、安全可靠的公众骨干传输网。2010 年，全省互联网用户数达到3970 万户，其中固定互联网宽带用户达到868.3 万户，移动互联网用户达到3053 万户，占全部手机用户总数的60.49%。2010 年全省网民总数达到2786 万人，普及率为53.8%，普及率居全国第4 位。截止2010 年底，浙江省 IPV4 地址占全国5.1%，居全国第3 位。网站总数18.9 万个，占全国网站总数的9.9%。域名数量达到106 万个，占全国域名总数的9.4%。

（2）通信网进展顺利。继续大力发展第二代数字移动通信系统，强化网络对新兴业务的支撑能力。开展多元化业务，适时向第三代移动通信系统平稳过渡。按照“大容量、少局所、多模块、广覆盖”的原则，优化升级固定电话网络，逐步将业务汇聚到宽带、智能、开放的新一代综合业务网络。

2010 年，全省固定电话用户总数达到 1998.55 万户，固定电话普及率达到 36.92 线/百人，全省固定电话用户数仍居全国第 4 位。同时，对固定电话网络进行改造，加快“光进铜退”，规模展开 FTTH 建设，持续提升接入宽带。2010 年移动电话用户总数达到 5047.35 万户，移动电话普及率达到 93.25 部/百人。全省移动电话总数居全国第 4 位。

2010 年全年电信业务总量累计达 1910 亿元，比上年同期累计增长 18.78%；2010 年全年累计完成主营业务收入 617 亿元，比上年同期累计增长 5.47%。2010 年第三代移动通讯技术（3G）全年完成固定资产投资 54.2 亿元，相关产业链建设、用户发展和业务应用逐步推开，全省建成 3G 网络室外基站 46761 个，实现 3G 移动网络覆盖浙江省主要区域及所有县。

（3）广播电视、电影网络覆盖率极高。“十一五”期间，浙江省全面推进广播电视从模拟向数字化过渡，进一步完善以有线电视管网为重点的网络建设，加强无线广播电视覆盖，逐步建立包括节目、传输、服务、监管功能在内的统一平台。强化数字化广播电视技术的集成和应用，加快广播电视网络双向改造和有线数字电视的整体转换。建成以光缆为主，无线、卫星、微波为辅，全省联网、遍及城乡的广播电视传输网络，“村村通”和“村村响”工程基本完成。2010 年底，浙江省城区共有有线电视用户 468.2 万户，农村共有有线电视用户 786.09 万户。全省共有 78 个城市有线网络（11 个市级、67 个县级），76 个农村有线网络，有线电视入户率达到 69.61%。浙江省市级广播电台、电视台各 12 座，县级广播电视台 66 家。广播、电视综合覆盖率分别达到 99.17% 和 99.35%。

（4）网络融合全面推进。“十一五”期间，浙江省深化网络管理体制改革，加强技术标准的统一和衔接，健全信息安全保障，促进大型数据库和公共信息平台的联建共享，构建开放、高效、便捷、安全的信息网络平台，促进技术、业务应用、市场等方面的协调发展，全面推进网络融合共享，不断提高网络运行效能。2010 年年底基本实现省、市、县三级统一贯通、合作发展、内容服务“一张网”的有线电视传播格局。城市有线数字电视整体转换任务基本完成，网络双向化改造进展顺利。截止 2010 年年底，浙江省城区共有有线数字电视用户 422.08 万户，整体转换比例为 90.1%。全省城市有线网络已经有 67 个基本完成整体转换任务，占城市有线网络总算的 85.9%。全省城区双化网络覆盖用户共有 413.75 万户，双改完成比例达到 88.4%。杭州市以 63% 的宽带和 93% 的数字电视的普及率居全国首位，已成为中国信息化程度最高的城市之一，并率先成为全国“三网融合”试点城市。

2. 加快培育信息服务业

（1）软件业。浙江省依托制造业优势，大力发展嵌入式软件，重点发展移动通信、数字电视、网络设备、汽车电子、医疗电子、信息家电、仪器仪表、工业控制、机械设备及其他传统产品中的嵌入式软件，提高产品技术含量和附加值。2010 年，浙江省软件业务收入 676.7 亿元，比 2000 年扩大了 11.3 倍，年均增速达 29%。2010 年有 11 家软件企业入围全国软件百强企业，21 家入选国家规划布局内重点软件企业，百强企业数和规划布局重点企业数分居全国第 3 位、第 4 位。软件企业从业人员达 10 万余人。拥有阿里巴巴、网新科技、海康威视、中控、恒生电子等一比具有较高知名度的优秀软件企业。

(2) 网络传输服务业。“十一五”期间，浙江省在巩固语音和数据传输业务的基础上，不断开发新业务，大力发展多媒体数据传输业务。积极推进电视传输服务，以有线数字电视和数据信息业务为主体，优化业务品种和结构，积极拓展个性化音视频业务、数据信息传送、远程教育等新型信息服务领域。建立竞争有序的网络和数字电视市场体系，促进网络和数字电视业务健康发展。

(3) 数字内容服务业。“十一五”期间，浙江省积极拓展网络与数字增值服务业，推进互联网的发展与繁荣，弘扬健康文明的网络文化，不断丰富群众精神文化生活。大力发展动漫游戏产业，积极推进文化、出版、广播影视等行业的数字化和网络化，着力培育数字影视、网络电视、网络出版、电子音像等产业发展。加快发展数据库产业，建立一批影响经济社会发展全局的基础资源数据库，促进企业和行业信息资源的开发利用，带动信息咨询、市场调查、征信服务等行业快速发展。

(三) 信息产业的主导作用凸显

“十一五”期间，信息产业对浙江省经济增长的贡献度稳步上升，已成为全省重要的支柱产业。2010 年，全社会电子信息产业完成工业增加值 1614 亿元，约占全省 GDP 的 6.0%，相比“十一五”初期提高 2.5 个百分点。电子信息产业共实现主营业务收入 8055 亿元，实现利税总额 781 亿元；完成出口交货值 2129 亿元，规模位居全国前列。基于浙江省信息产业经过改革开放以来快速发展和长期的资金、人才和技术的积累，已具备了在更大范围内、更核心领域、更高层次上进行科技创新的能力。浙江省信息产业发展规划目标基本实现，并在关键技术和核心产业领域取得突破性成果。

1. 信息化向更广领域、更深层次加速推进

(1) 深入实施企业信息化。具体表现在：

——产品信息化。积极推进信息技术与产品的融合，推广应用各种嵌入式系统，大力发展各种光机电一体化产品，推进家用电器、仪器仪表、电子机械及器材制造等产品的数字化、智能化、网络化，提高产品的信息化水平，增加产品的技术含量和附加值，提升产品的市场竞争力。2010 年，浙江省规模以上工业企业新产品产值 10142.8 亿元，新产品对全省规模以上工业总产值增长的贡献率为 25.1%，拉动规模以上工业总产值增长 7.7 个百分点。

——研发信息化。大力推广计算机辅助设计 (CAD)、计算机辅助工艺设计 (CAPP)、产品数据管理 (PDM) 等研发工具，加快普及产品研究、开发与设计的信息化，提高企业的研发能力和技术水平。支持建立行业公共产品设计研发平台，整合资源，逐步应用网络化异地设计、网络化产品协同设计等新产品开发技术，提升行业技术创新能力。

——生产过程信息化。积极推广应用现代集成制造系统 (CIMS)、计算机辅助制造 (CAM)、网络制造技术、集散式控制技术 (DCS)、数控技术等先进制造和控制技术，加强分类指导，重点推进机械、纺织、轻工、电子、化工、医药、建材等重点行业的生产装备与制造过程的自动化、集成化、网络化，提高生产过程的信息化水平。

——管理信息化。应用企业资源计划 (ERP)、客户关系管理 (CRM)、供应链管理

(SCM)、决策支持等管理系统，对企业的财务、人力、物资、销售等信息资源进行深度开发，并建立相应的网络支持系统，实现企业管理的集成化和信息化，提升企业管理水平。截止2010年底，浙江省60%以上的企业的信息化工作统一归口管理，并设立相关部门，信息化覆盖50%以上的主要业务流程。

——产业集群信息化。围绕产业集群的发展需求，浙江省搭建核心技术创新平台和公共技术服务支撑平台，推进面向产业集群内中小企业的现代集成制造系统平台的广泛应用，实现物流、信息流、资金流的集成和优化，推动企业信息化逐步向产业链延伸、向产业集群渗透，促进产业集群整体创新能力与竞争力的不断提高。

(2) 统筹促进城乡信息化。“十一五”期间，浙江省积极增加农村的投入，统筹促进城乡信息化。2005~2009年，浙江省城乡信息化水平比率由2005年的76.6%提高到2010年的94.31%，年均提高4.43%。全省农村信息网络体系逐步成熟、农业信息技术得到了普及和广泛应用，全省农村经营管理及财务电算化全面开展，乡村财务管理已经走上了网络化、制度化、规范化之路。农产品预测预警系统建设取得初步成效。培养了大批农业信息网络人才，使农业信息网络的整体建设水平得到较大提高。

2. 信息技术创新规划目标将顺利完成

浙江省信息技术创新取得突破性成果，规划中的技术创新目标在“十一五”期末顺利完成。“十一五”期间，全省研究与试验发展经费支出占生产总值的比重逐年攀升，已由2005年的1.22%提高到2010年的1.82%，促进了全省技术创新体系不断完善，自主创新能力快速提升，在软件、集成电路、第三代移动通信、下一代互联网、数字电视、信息安全等重点领域取得技术突破，掌握了一批具有自主知识产权的核心技术和关键技术，形成一批拥有知名品牌和核心竞争力的优势企业，培育一批布局合理、有机联系、具有国际竞争力的信息产业集群。

(1) 信息技术创新体制。通过深化管理体制改革，建立多渠道投融资机制，建立集约共享机制，完善项目管理机制，全面提升各级政府管理信息社会的能力，促进信息化建设重大决策的科学化、民主化、规范化。

(2) 信息技术创新法规标准。通过完善信息化政策法规，加快研究、制订或修订浙江省电子政务、电子商务、信息安全、信息资源开发利用、信息服务、信息市场、资源共享等方面的管理办法或实施细则，加速形成比较完善的地方信息化法规体系。加快信息化标准体系建设，完善信息化统计指标和核算体系。

(3) 提高自主创新能力。积极强化技术创新体系。实施激励技术创新的财税政策，加快建立并完善以企业为主体、产学研相结合的技术创新体系。加强知识产权保护，鼓励科技人员和相关企事业单位申请专利、注册商标和开展软件著作权登记。完善技术服务支撑体系。鼓励信息化业务外包，规范发展外包服务企业，提高信息化建设效益。

(四) 浙江省信息化环境改善显著

1. 政策法规和标准体系日趋完善

《浙江省信息化促进条例》的颁布实施，标志着浙江省信息化发展进入了法制化、规范化轨道，预示着浙江省政策法规日趋完善。推进信息化建设的财税政策、人才政策等各项政策、办法、细则的研究制定，加速形成了比较完善的地方信息化法规体系。信息化标准体系建设进一步深化，标准化工作积极推进，信息化统计指标和核算体系逐步完善。

2. 全民信息化素质和信息化应用能力普遍提高

“十一五”期间，浙江省不断加大培养和引进力度，逐步形成包括复合型人才、创新型人才、技能型人才等多层的次信息化人才队伍，不断推进信息化人才规范化管理、新信息化人才工作机制，大力营造人才辈出、人尽其才的良好环境。同时，全面普及信息化知识，全民信息化素质和信息化应用能力普遍提高，信息化人才队伍不断壮大，高端信息化人才显著增加。

3. 区域信息化交流与合作机制逐步完善

“十一五”期间，浙江信息产业超常规发展。信息服务业、微电子产业、通信产业等都居各省区前列。软件产业在金融、证券、纺织印染和服装 CAD、医疗卫生、工业控制等应用领域，形成了独特优势。现在，浙江瞄准装备制造业、电子信息、生物医药、新能源新材料等领域，将光伏发电、电动汽车、新医药、新材料、海洋工程、物联网、高端生产性服务业等确定为今后一个时期着力发展的新兴支柱产业，加大培育力度。与之对应的区域信息化交流与合作机制逐步完善。

4. 网络文化健康发展

“十一五”期间，浙江省网络文化建设规划目标基本实现，网络文化健康发展。各类民间网络文化机构成立，如“浙江省网吧行业协会”、“杭州市网络协会”、“浙江省网络文化协会（筹）”等，倡导文明上网和网络道德，促进网络文化健康有序发展。与此同时，网络监管水平不断得到提升，形成覆盖省、市、县三级文化市场管理的网络管理系统，通过行政处罚、举报受理、督查情况、日常检查等数据评估各级浙江省文化市场管理和执法工作。

5. 互联网对外宣传和文化体系建设取得成效

（1）形式多样的网络文化交流活动如火如荼。如“中国（浙江）网络媒体创新发展论坛”、“省文化传播创新十佳网站评选”、“SHOW 我美好家园”网络短信创作大赛、“网络新时代·秀出全新的你”网络原创动漫大赛、浙江地方网络媒体创新发展论坛、“人文浙江”专家博客主题笔会、文化传播创新十佳网站评选等。

（2）加强高校对外宣传和网络文化建设工作。从各高校实际出发，建立对外教育交流合作机制，发挥知名教授专家的作用，加强与国外教育界友好人士、知名人士及中国问题专家的联系，在交流合作中有针对性地宣传浙江、宣传浙江高等教育。为加快教育强省建设，推进浙江省经济社会又好又快发展作出积极贡献。

三、存在的问题

“十一五”期间，浙江省信息化发展总体水平取得了巨大进步，各指标的主要方面都已完成，但是也存在一些问题，主要表现在以下方面。

(一)需进一步提高思想认识

浙江省的信息化是在工业化不断加快、产业升级不断提速、体制改革继续深入的基础上发展起来的，信息化的理论和实践还不够成熟，在推进信息化的过程中必然会出现新的问题和挑战，需要进一步提高全社会的思想认识，加强对信息化工作的重视。

(二)发展尚不平衡

浙江省信息化发展时间短、过程快，现行运行机制和管理体制不能完全适应信息服务与软件业快速发展的需要。市场体系构建有待完善，部分重要领域还存在市场准入壁垒，竞争不够充分，抑制了市场的健康发展；信用体系建设仍然滞后，信息基础设施和业务市场领域在一定程度上存在重复建设、资源浪费；信息服务与软件业管理还不成熟，存在管理缺位和监管乏力的倾向；网络与数字增值业务服务业仍滞后于社会需求，总体规模偏小。

(三)信息技术自主创新能力不足

尽管浙江省民营经济活跃，但企业规模普遍偏小，核心竞争力较弱，缺少核心技术和高端产品，关键信息产业技术研究仍需加强，以企业为主题的创新体系亟待完善。

(四)人才资源制约依然存在

信息化技术的教育和培训与企业发展需求相脱节，企业员工培训制度尚未健全；人才结构失衡，信息服务与软件业的高端人才与低端人才严重匮乏，创新研发力量相对薄弱。

(五)信息化领域信息公开力度不足

浙江省信息化工作因发展时间有限，各组织机构的运作存在经验和力量的不足，导致信息化领域信息公开力度不足，数据资源共享程度低。对该领域的分析、研究、评估工作，也相对滞后。

(六)信息安全问题仍然突出

伴随发展，信息化逐渐融入社会、经济的每个细节，受来自全球范围内的计算机病毒、网络攻击、垃圾邮件、系统漏洞、网络窃密、虚假有害信息和网络违法犯罪等风险日益加大，信息安全仍需引起重视。

四、对“十二五”时期信息化发展的建议

(一)提高思想认识

“十二五”时期是浙江省信息化发展的重要阶段，要充分利用已经具备的良好基础，发挥好政府的导向作用，为“十二五”期间全省信息化继续深入、全面发展而不懈努力。要制定好信息化发展战略，对各领域信息化作出全局性安排；要为信息化提供良好的法律环境；要抓好自身信息化建设，为各领域信息化作出表率；要运用组织、协调、宣传、动员、试点示范、普及等各种手段，大力促进信息化在各个领域的广泛应用，推动信息化的全面发展；要通过自身的信息化，提高办事效率，降低行政成本，为社会提供优质、高效的信息和电子化服务，改善本省政府的公共服务，从而带动全省企业和社会信息化的发展。

（二）统筹城乡协调发展，特别是关注农业信息化改造和农村信息化问题

要加快农村发展、缩小城乡差别，很重要的一点就是要为农村信息化、农业信息化输送人才，留住人才。目前，高速发展的信息技术对人才的需求越来越大，同时信息技术的发展又使其拥有相对完善的信息基础设施、优越的工作环境和较高的待遇，拥有吸引信息人才的巨大优势。因此，要防止人才流失，进而吸引外来人才，最有效的方法就是努力创造有利于人才交流和引得进、留得住人才的良好环境。

（三）继续加大基础设施投入，完善信息化发展环境

要突破核心技术，提高自主创新能力。继续深化构建宽带通信网、数字电视网、下一代互联网等信息基础设施，推进“三网融合”。加强力量研究发展集成电路、软件和关键电子元件，突破瓶颈。加大信息化应用领域的开发力度，在光电子及新型显示产业、数字音视频产业和应用电子与装备产业领域扩大产业规模，提升核心竞争力，使浙江省成为全国重要的信息产品制造业基地。

（四）加快培育信息服务业，满足社会需求

要加快信息化投融资体制改革，形成信息化投融资新机制，拓展多种投融资渠道，建立多元投资主体构成的新的投融资体制。把信息网络建设作为浙江省基础设施建设的重要组成部分。重视中小企业的培育，选择管理规范、产品市场前景好的优势企业重点扶持，加大对中小企业的政策支持和资金投入，为中小企业发展提供资金担保。继续实施国民经济信息化专项工程，加速信息化资源开发，拓宽信息资源共享渠道，加强信息化试点示范，深化大型骨干企业电子商务示范工程。培育一批具有浙江省特色的信息产业名牌。加强政策引导力度，在融资和税收环节积极扶持广大中小企业走信息化之路。

（五）加强领导，加强信息化法规和标准建设，形成良好的法制环境

加快制定和完善信息化建设、信息资源（包括无线电频率资源）、信息安全、信息服务、信息工程管理以及网络环境下知识产权保护等方面的法规，规范社会信息的收集、整理加工、发布和利用的行为，保障法人、组织、公民获取信息的基本权益。落实好国家《鼓励软件产业与集成电路产业发展的若干政策》、《计算机软件保护条例》、《计算机软件著作权登记办法》、《浙江省信息化促进条例》等法规。研究制定《信息安全等级保护管理办法》、《数字证书认证管理办法》和《个人数据保护法》等相关法律法规。深入建设“信用浙江”，创造信息化发展的良好法制环境。加大教育宣传，保护个人信息安全，构筑诚信社会价值观。从管理、资金、人才、政策等方面为产业发展提供一个良好的法制环境。加紧制定信息化相关标准体系，实现信息资源开发与网络服务技术的标准化管理。逐步建立和规范与信息化相关的行政业务流程，协调各方关系，节约社会资源，保证信息化健康发展。

撰稿人：浙江省统计局统计研究与信息发布中心　徐海彪
浙江省统计学会　劳　印
浙江省统计局统计研究与信息发布中心　牛域宁

安徽省信息化“十一五”规划完成情况的评估与分析

大力推进信息化，是贯彻落实科学发展观、全面建设小康社会、构建社会主义和谐社会和创新型社会、加速工业化和现代化的必然选择。信息产业是当前高新技术产业的突出代表，为信息化建设提供重要的技术、产品和服务支撑，信息产业的发展水平已成为衡量一个国家、地区信息化程度乃至综合实力的重要标尺。深入研究安徽信息化的现状和水平，提出实现信息化发展新突破的对策建议，对推进安徽信息化与经济社会发展有重大的互动意义。

一、安徽省“十一五”信息化整体发展情况

（一）全省信息化整体水平明显提高

“十一五”期间，安徽省各级部门在省委、省政府的正确领导下，积极贯彻落实党中央、国务院《2006～2020国家信息化发展战略》的各项方针政策和战略部署，按照《安徽省“十一五”国民经济和社会信息化发展规划》的要求，一批信息化重大应用项目建设发展迅速，信息化应用取得突破性进展，信息产业突飞猛进，信息化发展环境日益优化，全省信息化整体水平明显提高。

安徽省信息化发展指数（Ⅱ）由2006年的0.531增长到2009年的0.594，年均增长速度16.27%，排名由2006年的25位上升到2009年的23位。其中：信息化基础设施指数由2006年的0.293上升到2009年的0.323，信息化产业技术指数由2006年的0.658上升到2009年的0.799，信息化应用消费指数由2006年的0.413上升到2009年的0.503，信息化知识支撑指数由2006年的0.704上升到2009年的0.730，信息化发展效果指数由2006年的0.587上升到2009年的0.615。

（二）一些指标已达到或接近全国水平

从具体指标看，2009年安徽省信息化部分指标已达到或接近全国水平。例如，城镇平均每百户彩色电视机拥有量为140.09台，是全国的103.27%；农村人均通信支出为155.47元，是全国的101.12%；农村每百户电视机拥有量为113.94台，是全国的97.73%；固定电话拥有率为20.7部/百人，是全国的87.71%；城镇平均每百户计算机拥有量为56.1台，是全国的85.33%；城镇人均通信支出521.30元，是全国的81.23%。

当然，也有部分指标与全国平均水平相比有较大的差距。其中，移动电话每百户拥有量

为35.1部，是全国的62.34%；农村每百户计算机拥有量为4.32台，是全国的57.91%。

（三）初步建成“数字安徽”的基本框架

全省信息基础设施较为完备，信息技术普遍得到应用，重要信息资源基本得到开发共享，信息化环境显著优化，信息化带动工业化取得明显成效，城市和农村都能享受更为便利的信息化服务，初步建成“数字安徽”的基本框架。具体来看，达到了下列目标。

（1）基本建成广覆盖、数字化、集约型的宽带网络。加大宽带通信网、数字电视网和下一代互联网等信息基础设施建设力度，基础骨干网络更加优化，达到先进水平，城市宽带接入网基本普及，农村网络基本适应社会主义新农村建设的需求。

（2）逐步建立、推进与东向发展战略相适应的信息平台。以东向发展战略为取向，在网络基础设施、标准化体系、信息交换和系统应用、政府网站等方面与长三角全面对接，建立与长三角、国际互通共享的信息平台。以全省电子口岸系统建设为抓手，打造现代对外贸易平台。

（3）信息技术的应用水平显著提高。扎实推进电子政务，省、市、县电子政务接入网覆盖率、政务信息上网公开率、政府行政许可项目在线办理等指标在全国处于较高水平，电子政务成为提高行政效能的重要手段。企业信息化和电子商务迈出实质性步伐，建立满足产业集群发展需要的信息技术共享平台。制造类企业基本普及计算机辅助设计，重点骨干企业基本应用电子商务。

（4）信息产业成为全省支柱产业。全省信息产业地位进一步提高，电子信息产业展开集群布局，实现倍增；软件产业在发展壮大中形成品牌；信息服务业形成配套产业体系，成为全省增加就业的重要渠道。

（5）初步建立“数字安徽”应用支撑体系。大力开发和建成一批重大的信息资源基础数据库，以空间地理、宏观经济、法人单位、人口等信息数据库建设为重点，加快信息资源标准化，初步建立不同层面的信息资源共享系统。加快分类开发有共性的应用系统软件，为建立“数字安徽”应用支撑体系打好基础。

二、安徽省信息化建设存在的主要问题

近年来，虽然安徽省的信息化建设取得了长足进步，但信息化发展总体水平仍然滞后，对产业发展的带动作用还没有得到充分发挥，在全国的位次比较靠后。2009年，安徽信息化发展指数（Ⅱ）为0.594，全国排名仅为第23位，低于全国0.681的平均水平。信息化建设存在的主要问题有以下几方面。

（一）信息产业发展相对滞后

安徽省电子信息产业规模较小，核心技术缺乏，自主创新能力薄弱。信息制造业品种较少，科技含量不高，软件开发业薄弱，信息服务业基本没起步，信息技术的研发和推广应用还没有形成大气候，这些严重制约了安徽省传统产业改造的进程。另外，产业结构问题仍然

突出，包括不同行业比重、产品结构、企业结构、市场结构、经济性质结构、区域结构的不合理，成为产业平稳较快发展的较大阻力；同时，行业低端产品供大于求而高端产品依赖进口，经济增长过度依赖外资，区域发展不平衡等，也是信息产业面临的主要问题，产业布局仍有待进一步合理规划。

（二）信息技术和信息化对工业化的带动作用还未得到充分发挥

信息技术和信息化对传统工业的改造、对结构调整的促进、对工业化的带动作用还未得到充分发挥，信息技术在传统产业改造升级的关键环节尚未得到充分应用，在节能减排中深入推广不够，信息化对企业流程再造、业务创新等环节支撑不够。信息服务业发展滞后，多数信息服务企业核心技术不多，产品配套层次和附加值较低，支持产业发展的资源分散，产业布局不够合理，增值服务和创意设计产品创新水平不高，尚不具备提供行业信息化全面解决的能力。企业信息化促进工程建设不足，重大信息工程建设相对滞后。中小企业信息化水平较低，企业网络应用深度不足，电子商务开展缓慢。企业内部信息化投入和运用的分布不均衡，企业的中间技术层，尤其是设计部门和财务部门信息化程度相对较高，但企业的决策部门以及企业的末梢，如供应、生产、销售等环节的信息化建设较为薄弱，多数企业的信息化建设呈现出中间大、两头小的格局。

（三）引导信息产业做强的措施不够有力

管理与服务跟不上产业发展的需要，在规划引导、产业政策、技术规范、扶持服务等方面力度不足。近年来，安徽信息产业发展持续升温，随着外资的涌入，新企业不断涌现，但有相当一部分仍是低水平的数量扩张，核心技术的研发和新技术的升级比较少，特别是缺乏具有自主知识产权的产品、技术和服务，信息产业的经济运行质量和综合竞争力有待进一步提高。安徽软件业尚处在早期成长阶段，人才缺乏，技术水平和产品档次不高，在信息产业中的比重明显偏低，企业规模小，抗风险能力差，产业化程度低。众多软件企业处于各自为战的状态，力量分散，缺乏统一的发展规划、有力的政策支撑和资金扶持。大多数软件企业是中小企业，软件出口缺乏渠道，一些较大的软件企业的产品也局限于国内市场。此外，由于行业管理中引导欠佳，省内各开发区信息产业出现了同质化的趋势，专业分工及特色不够清晰；在招商中尤其是争取同一个外资项目时竞争激烈，甚至出现恶性竞争，对信息产业发展极为不利。

（四）信息化人才流失较为严重

在信息化建设中，人才起着至关重要的作用，特别是在基础设施建设和信息资源开发应用方面，是否拥有高端的信息化人才将直接决定信息化发展水平的高低。信息化建设不仅需要拥有一般专项信息化技术人才，更需要既懂技术、又懂业务流程，既懂管理、又懂集成技术的复合型人才、管理型人才等信息化专门人才。安徽省目前的人才结构性矛盾十分突出，普通劳动力过剩，信息技术人才数量少且质量不高，信息化高级管理人才、技术带头人严重短缺。2006 ~2009 年，安徽省信息化知识支撑指数均低于全国平均水平。安徽省信息化建设人才的严重缺乏，大大阻碍了安徽省信息化建设向更深层次发展，造成安徽省经济信息化整体水平偏低、信息产业竞争力不强、综合信息能力落后。现有的人才流失较为严重，加上现有的用人机制不活，引进人才的能力和手段欠缺，形成了“培养难、引进难、留住难”的状况。

（五）信息化建设的体制机制不健全

（1）促进信息化发展的协调机制仍然偏弱。由于条块分割、各自为政等问题没有得到根本解决，职能部门在进行跨部门、跨地区以及跨行业协调时尚有困难，使得部门之间、地区之间、行业之间不关联互助、信息不共享互换、信息与业务流程和应用相互脱节等现象时有发生。尚未形成相对集中、高效的电子政务管理机制。由于电子政务管理涉及的部门多、层级多，又缺少专门部门对电子政务建设进行全方位的统筹管理，这就很容易造成电子政务的重复建设，浪费投入严重。

（2）统筹规划不够。要推进国民经济和社会服务信息化，必须首先制定和完善信息化建设的总体规划，按照全局一盘棋的要求，妥善处理好上下、左右、条块之间的关系，明确各部门、各地区的建设目标、项目内容、工作重点，在此基础上充分发挥各方面的积极性，分层推进，分步实施，确保规划的实现。

（3）传统产业的信息化改造进展缓慢。加速信息化带动工业化，关键是带动传统制造产业的技术改造和升级。近几年，安徽企业信息化的步伐加快，企业采用信息技术实行管理的水平有所提高。但是，传统产业中的部分企业，由于内部体制转换不快、技术创新动力不足等因素，设备陈旧，工艺落后，能耗高、效率低等问题仍较为突出，其重要生产环节的信息化和生产过程的数字信息化推进仍然较为缓慢，尤其在采用计算机和智能仪表对生产过程各环节进行检测、监控，建立完整的生产控制自动化系统方面还有很长的路要走。

（六）资源有待整合

（1）网络信息资源共享度不高。在政务专网上，有不少单位仅把一些政策、法规、条例等信息放在网上，而办公业务数据不上传，信息无法共享。

（2）网络基础资源利用得不够。少数部门在建立纵向业务网络系统时，不愿意使用现有的公共基础网络平台，而是要重新建设自己的独立网络平台，搞“小而全”，导致重复建设，形成“信息孤岛”。

（3）网络安全防范意识存在偏差。一是防范不足，有些单位的政务专网与互联网没有实现物理隔离，导致专网存在安全隐患；二是防范过度。本不是保密的信息、数据，在正常的流转中，却人为地设置障碍，阻碍了互联互通。

三、安徽省加快推进信息化发展的十条建议

加快推进信息化，是经济社会发展方式转型的必然要求，是实现全面协调可持续发展的必经之路。信息化建设是涉及政府各个部门、社会各个层面以及众多技术、众多领域的一项系统工程。继续推进安徽省信息化建设，需要各级领导、各个部门的重视、支持和共同参

与。建议从以下十个方面提高工作水平。

(一)加强电子政务建设，提高行政管理和公共服务效率

按照统筹规划、整合资源的原则，推进全省电子政务网络建设。按国家统一部署建设政务内网，加强政务外网的统筹协调管理。做好安徽节点网络平台建设，实现同国家相关部委纵向业务系统的互联。抓好省直部门之间、省与市县之间网络的联通与对接。推动电子政务网络延伸到街道、社区和乡村。

进一步做好政务信息发布工作。突出政务特点，深入开展政务信息的梳理、甄别工作，加强政务信息资源的组织、挖掘工作，增强政务信息发布效果。推动政府机关行政许可项目和服务内容的上网，整合各项网上服务。建立健全各级政府网站的内容保障制度和绩效评估机制。

运用电子政务平台，推动服务型政府建设。大力推进政务信息公开，进一步扩大政务公开的范围和内容；不断深入开展面向公众、企事业单位的服务，逐步将服务延伸到城乡基层；及时提供信息汇总与分析、舆情研究、经济运行监控、应急事件处置、资源配置调控等方面的服务，开展必要的模拟分析和仿真分析，创新管理方法，提升服务功能。

(二)扎实推进信息化

认真贯彻工业强省战略，坚持以信息化带动工业化，广泛运用信息技术改造传统产业。以马钢、奇瑞、江汽、海螺等一批重点骨干企业信息化为示范，带动全省制造业的信息化建设。应用信息技术整合公路、铁路、民航、水运、邮政、仓储等信息资源，推进信息技术在服务业中的普及应用。组织实施对高能耗、高物耗、高污染的企业数字化改造，提高其资源利用和附加值。继续为中小企业提供良好的信息化发展环境。以骨干企业供应链管理为重点，推进企业间的电子商务。

着力提高信息技术的自主创新能力，不断增强电子信息产业的核心竞争力。进一步加快产业结构调整，努力培育新的经济增长点。立足于全省实际，重点建设中文智能语音平台、汽车电子、新型显示器件、电子材料及新型元器件等工程，积极发展软件和集成电路产业，大力推进产业基地和园区建设，提高产业集聚度，完善产业链条。千方百计开展招商引资，加大产业投资力度。加快信息技术和产品的推广应用，提高全省电子信息产业的服务能力和水平。

加强信息资源的开发利用，充分发挥信息网络的功效。信息资源同能源、材料并列为经济和社会发展的三大战略资源，信息资源的开发和利用是信息化体系中的核心内容，是信息化取得实效的关键。要重点加大五个方面信息资源的开发力度：一是经济信息；二是科技信息；三是教育信息；四是政务信息；五是农业信息。要探索信息资源开发中的共享共惠，面向用户、成本效益、利益驱动等市场化新机制。逐步走向信息资源开发市场化、商品化的路子，丰富全省网络上的信息资源为经济建设社会发展贡献力量。

(三)积极推进农村信息化，服务社会主义新农村建设

利用好国家部委开展农村信息化工作试点的契机，发挥现有优势，探索新的路子，努力为广大农村和农民群众创造用得上、用得起、用得好的信息化发展环境，为“三农”提供现代化服务手段。着力在农产品信息采集、加工、处理、运输等环节，开展综合信息服务，实现信息惠农。用好现有的“安徽农网”和“一站通”等网络平台，以农产品供求和科技服务为主要内容，建立和完善联通国内外市场的农产品销售信息网络体系，推进农产品电子商务。建立健全当地农业信息服务网络，全面推广综合信息服务应用系统，完善涉农信息社会化服务机制，满足社会主义新农村建设的需要。

（四）大力发展社会信息化，促进和谐安徽建设

完善社会保障信息服务体系。抓住各种契机，大力发展集中式智能卡及网络化业务，优化失业金、养老金、最低生活保障金及救助金等发放方式，提高监控水平，实现“一卡通”服务。建设多层次、多功能的就业信息服务体系，加强就业信息统计、分析和发布工作，改善技能培训、就业指导和政策咨询服务。

建设并完善覆盖全省、快捷高效的公共卫生信息系统，增强防疫监控、应急处置和救治能力。推进医疗服务信息化，改进医院管理，开展远程医疗。统筹规划电子病历，促进医疗、医药和医保机构的信息共享和业务协同。

提升基础教育、高等教育和职业教育信息化水平，持续推进农村现代远程教育，实现优质教育资源共享，促进教育均衡发展。构建终身教育体系，发展多层次、交互式网络教育培训，方便公民自主学习。建立并完善教育与科研基础网络平台，推动教育与科研资源的共享。

着力推进“数字城市”建设。在部分条件较好的中心城市建设宽带互联网中心，实现基础通信网络资源整合和内容服务融合。在城市道路建设、管道建设、电力建设、城市绿化、规划、环保等方面，推广应用CIS系统，实现数字化管理。加快发展智能交通系统，实现城市交通调度、监控信息化。建设和完善城市公共安全应急联动指挥系统，提高处理突发事件的能力。积极推进家庭上网工程。

（五）加强信息资源开发，提高共享与利用水平

积极引导社会力量进行公益性信息资源开发利用和增值服务；支持重点领域信息资源的公益性开发；鼓励企业、公众和其他组织开发信息资源，开展公益性信息服务。

大力推进信息资源共享和业务协同。抓紧建设和完善充实人口、法人单位、自然资源与空间地理三大战略性基础数据库，丰富数据内容，理顺数据采集渠道，加强数据的更新维护。继续推进工商、税务、质监等部门间的企业基础信息共享；推进财政、税务、银行、国库间的税款信息共享；推动个人征信、企业征信等方面的信息共享。抓好“金农”、“金水”、气象等支农工程和农业综合信息服务平台建设。加大向农村、欠发达地区和社会困难群体提供公益性信息服务的力度。构建全省信息资源目录体系与交换体系。

（六）完善信息高速公路，构建信息化发展新平台

积极配合国家推动网络融合，实现向下一代网络的转型，发展多种形式的宽带接入，大力推动互联网的应用普及。适时采用第三代移动通信、软交换、智能光网络、IPv6等技术，逐步实现电信网向下一代网络的平滑过渡。推动有线、地面和卫星等各类数字广播电视的发展，完成广播电视从模拟向数字的整体转换，提高数字电视覆盖率。

加大网络基础设施覆盖率，实施“村村通电话”、“千乡万村通宽带”等通信基础工程建设，争取自然村通电话，100%的行政村覆盖互联网宽带网络。充分挖掘现有网络潜力，通过对现有通信网络的优化，增强业务承载能力和快速反应能力，更好地满足用户需求及新技术应用、新业务开发需要。

（七）抓好信息安全工作，保障信息化健康发展

坚持立足省情，综合平衡安全成本和风险，确保重点，优化信息安全资源配置。组织开展信息安全等级保护工作，重点保护基础信息网络和关系国家安全、经济命脉、社会稳定的重要信息系统。进一步完善网络信任体系，规范和加强电子认证工作，大力推广电子认证证书在电子政务、电子商务中的广泛应用，切实维护网络活动中有关各方的合法权益。重视信息安全风险评估工作，提出有针对性的防护对策和整改措施，防范和化解信息安全风险或将风险控制在可接受的水平。建立和完善信息安全监控体系，提高对网络安全事件的应对和防范能力，防止有害信息传播。高度重视信息安全应急处置工作，健全、完善信息安全应急指挥和安全通报制度，不断完善信息安全应急处置预案。重视灾难备份建设，增强重要信息系统的抗毁能力和灾难恢复能力。

（八）多方筹措资金，加大对信息化建设的投入比重

信息业属于资金、技术密集性行业，财政部门应拿出一定比例的资金扶持信息化建设，增大网络建设、政府上网等经费的比例。要继续倡导建立高科技风险投资基金和风险投资公司，鼓励省高科技投资公司、银行以及有实力的大中型企业投资信息化、信息产业项目。要通过建立股份制公司、发行股票、借壳上市、发行债券等多种形式筹措资金，支持信息化项目的建设。要给信息化建设相关项目、产业享有支持高科技、产业化的有关优惠财税政策。

（九）注重深化信息技术的广泛应用

（1）深化电子政务应用。应用系统和公共服务能否取得成效，是衡量电子政务建设成功与否的关键，也是检验电子政务工作绩效大小的标准。要以应用为主导，面向需求，推动政府机关行政许可项目和服务内容上网；深入整合政务信息资源，推动各领域业务应用系统互联互通，实现资源共享；完善各级政府门户网站建设，创新互动形式，为加强公众参与和公众监督创造条件，真正使信息化成为提高政府效能的重要手段。

（2）深化电子商务应用。发挥电子认证中心作用，加快全省信用体系建设；鼓励面向中小企业的公共服务平台建设，大力发展第三方物流，完善物流基础设施，降低物流成本和交易成本；协调跨部门、跨行业信息资源的综合开发利用，加快信息交换平台建设；推进企业间的电子商务，促进面向消费者的电子商务应用；继续办好多种形式的网上商品交易活动，做大、做强安徽进出口商品网上交易会品牌。

（十）大力培育信息产业，使其尽快成为全省新的经济增长点

（1）加大重点工程调度力度。重点工程的顺利实施是信息产业发展的最重要的保证，突出省市配合和区域协作，认真做好工程实施的各项跟踪服务工作，健全工程调度体系，加强对工程建设的协调管理。

（2）加快推进基地及园区建设。加大部、省、市共建力度，重点推进铜陵电子材料、芜湖汽车电子等国家级产业园建设，并打造若干省级电子信息产业基地（园）。不断完善基地（园）软硬件环境，提升服务功能，增强集聚作用。鼓励企业间的专业化分工与协作，整合产业链条，推动基地（园）的专业化、特色化发展，建立区域品牌优势。

（3）实施大公司发展战略。加大重点骨干企业培育力度，扶优扶强，鼓励企业通过联合、上市等方式实现规模扩张，尽快形成一批具有产业优势、规模效应和品牌形象的龙头骨干企业；建立以骨干企业为核心，中小企业配套发展的合理产业体系。

（4）扩大出口，促进产业的外向型发展。抓住世界经济新一轮产业结构调整和国内信息产业制造基地向内陆梯度转移的机遇，主动承接发达国家和先进地区的产业转移。将招商引资、扩大产品出口作为推进产业升级的重要途径。

（5）不断充实和完善电子信息产业项目库，充分发挥专项资金的引导、带动作用。信息产业发展专项资金，在引导社会资金投向、促进全省电子信息产业和信息化发展方面发挥了十分积极的作用。新的发展阶段，需要进一步加大政府专项资金的引导力度，支持电子信息产业基地和园区建设，支持重点技术和产品的研发、生产，促进电子信息产业进一步发展的步伐。

（6）为地方政府、开发区做好服务工作。信息产业的发展需要各级地方政府尤其是开发区的大力支持，所以地方政府、开发区要积极主动的开展工作，亲力亲为地为企业做好各项服务。努力在政策引导、业务指导等有关各方面为地方政府、开发区做好服务。

撰稿人：安徽省统计局科研所　孙乃经

福建省信息化“十一五”规划完成情况的评估与分析

“数字福建”即福建省信息化工作，是2000年10月福建省委在省委六届十二次全会上做出的重要部署。从提出建设“数字福建”以来，福建省数字福建建设领导小组办公室认真贯彻国家信息化发展有关文件和战略部署，特别是“十一五”期间，紧紧围绕海西建设和科学发展、跨越发展的战略部署，通过实施一系列重点工程，使福建省信息化建设取得新的进展，信息化水平上了一个新台阶，对福建省国民经济和社会发展起到了重要的支撑作用。根据国家信息化专家咨询委员会的模型，福建省信息化发展水平居全国第六名；根据国家统计局的模型，居全国第八名。当前，数字福建抓住下一代信息技术突飞猛进、迅速普及和社会网络化加速发展的机遇，抓住数字福建建设进入“深化应用、协调发展、整体跃升”的拐点阶段和加速发展的机遇，加大推进力度，力争实现新跨越。

一、信息化发展整体水平稳步提高

(一) 2006~2009年福建信息化发展指数(Ⅱ)①持续增长

1. 2009年福建信息化发展指数(Ⅱ)达到0.712，居全国第8位

根据国家统计局的测算结果，2006~2009年福建省信息化发展指数(Ⅱ)分别为0.614、0.645、0.682和0.712，2009年比2006年提高了15.96个百分点。“十一五”期间，福建信息化发展指数(Ⅱ)一直稳居全国第8位(见表1)。

表1　2006~2009年全国及代表性省份信息化发展指数(Ⅱ)比较表

	2006年		2007年		2008年		2009年	
	指数	排名	指数	排名	指数	排名	指数	排名
全国合计	0.611		0.633		0.654		0.681	
北　京	0.970	1	1.001	1	1.016	1	1.053	1
上　海	0.871	2	0.906	2	0.931	2	0.965	2

① 信息化发展指数(Ⅱ)是国家统计局编制的，它是由全面反映信息化发展水平的五大要素(基础设施、产业技术、应用消费、知识支撑和发展效果)合成的一个复合指标，可作为衡量国家或地区信息化发展的综合评价尺度。

续表

	2006年		2007年		2008年		2009年	
	指数	排名	指数	排名	指数	排名	指数	排名
天　津	0.736	3	0.751	3	0.787	3	0.820	3
浙　江	0.700	4	0.731	5	0.759	5	0.787	4
广　东	0.699	5	0.738	4	0.761	4	0.781	5
江　苏	0.655	6	0.690	6	0.713	6	0.749	6
辽　宁	0.639	7	0.666	7	0.687	7	0.723	7
福　建	0.614	8	0.645	8	0.682	8	0.712	8

2. 2006~2009年福建信息化发展指数（Ⅱ）均高于全国平均水平

2006~2009年福建信息化发展指数（Ⅱ）分别比全国平均水平高0.49%、1.90%、4.28%和4.55%，二者差距有扩大的趋势。信息化发展指数（Ⅱ）年均增长速度达13.67%，居全国第12位，高于全国增长速度11.81%。

（二）信息化各个方面稳步提高

1. 基础设施指数

2009年，福建省的基础设施指数为0.502，居全国第7位，高出全国平均指数水平29.05个百分点（见表2）。

表2　2009年全国及代表性省份基础设施指数及位次比较

	指数值	位次		指数值	位次		指数值	位次
全　国	0.389		重　庆	0.380	11	湖　南	0.318	22
上　海	0.800	1	陕　西	0.377	12	江　西	0.316	23
北　京	0.698	2	内　蒙	0.373	13	新　疆	0.316	24
浙　江	0.637	3	湖　北	0.360	14	广　西	0.309	25
天　津	0.539	4	河　北	0.359	15	河　南	0.304	26
广　东	0.524	5	山　西	0.359	16	青　海	0.300	27
江　苏	0.507	6	黑龙江	0.356	17	甘　肃	0.285	28
福　建	0.502	7	宁　夏	0.355	18	云　南	0.274	29
辽　宁	0.464	8	海　南	0.328	19	贵　州	0.248	30
山　东	0.398	9	四　川	0.328	20	西　藏	0.222	31
吉　林	0.382	10	安　徽	0.323	21			

2. 产业技术指数

2009年，福建省的产业技术指数为0.890，居全国第9位，是全国平均水平的97.37%（见表3）。

表3　　2009年全国及各省产业技术指数及位次比较

	指数值	位次		指数值	位次		指数值	位次
全　国	0.914		重　庆	0.877	11	甘　肃	0.749	22
北　京	1.217	1	湖　北	0.850	12	新　疆	0.745	23
上　海	1.176	2	黑龙江	0.838	13	内　蒙	0.744	24
天　津	1.053	3	吉　林	0.827	14	青　海	0.743	25
广　东	1.022	4	山　西	0.825	15	西　藏	0.741	26
江　苏	1.014	5	四　川	0.812	16	宁　夏	0.740	27
浙　江	1.006	6	海　南	0.808	17	云　南	0.738	28
辽　宁	0.925	7	湖　南	0.805	18	江　西	0.727	29
陕　西	0.895	8	安　徽	0.799	19	贵　州	0.726	30
福　建	0.890	9	河　南	0.765	20	广　西	0.708	31
山　东	0.888	10	河　北	0.760	21			

3. 应用消费指数

2009年，福建省的应用消费指数为0.718，居全国第6位，高出全国平均指数水平20.07个百分点（见表4）。

表4　　2009年全国及各省应用消费指数及位次比较

	指数值	位次		指数值	位次		指数值	位次
全　国	0.598		重　庆	0.591	11	湖　南	0.536	22
北　京	0.888	1	海　南	0.574	12	广　西	0.530	23
上　海	0.878	2	陕　西	0.572	13	河　南	0.523	24
广　东	0.777	3	内　蒙	0.567	14	四　川	0.522	25
天　津	0.750	4	新　疆	0.565	15	甘　肃	0.508	26
浙　江	0.750	5	河　北	0.563	16	江　西	0.506	27
福　建	0.718	6	青　海	0.559	17	安　徽	0.503	28
江　苏	0.662	7	湖　北	0.557	18	云　南	0.497	29
辽　宁	0.644	8	吉　林	0.555	19	贵　州	0.474	30
山　西	0.597	9	黑龙江	0.548	20	西　藏	0.471	31
山　东	0.595	10	宁　夏	0.539	21			

4. 知识支撑指数

2009年，福建省的知识支撑指数为0.804，居全国第15位，仅比全国平均水平高0.12%（见表5）。

表 5　　2009 年全国及各省知识支撑指数及位次比较

	指数值	位次		指数值	位次		指数值	位次
全　国	0.803		海　南	0.820	11	河　北	0.785	22
北　京	1.181	1	江　苏	0.816	12	四　川	0.785	23
上　海	1.037	2	浙　江	0.813	13	山　东	0.780	24
天　津	0.916	3	黑龙江	0.811	14	青　海	0.773	25
辽　宁	0.899	4	福　建	0.804	15	甘　肃	0.747	26
广　东	0.860	5	内　蒙	0.804	16	河　南	0.735	27
湖　北	0.853	6	江　西	0.800	17	广　西	0.734	28
吉　林	0.840	7	宁　夏	0.796	18	安　徽	0.730	29
新　疆	0.825	8	贵　州	0.789	19	云　南	0.693	30
重　庆	0.824	9	湖　南	0.788	20	西　藏	0.636	31
山　西	0.821	10	陕　西	0.786	21			

5. 发展效果指数

2009 年，福建省的发展效果指数为 0.646，居全国第 11 位，是全国平均水平的 92.15%（见表 6）。

表 6　　2009 年全国及各省发展效果指数及位次比较

	指数值	位次		指数值	位次		指数值	位次
全　国	0.701		福　建	0.646	11	贵　州	0.605	22
北　京	1.282	1	重　庆	0.640	12	江　西	0.592	23
上　海	0.934	2	四　川	0.635	13	内　蒙	0.584	24
天　津	0.841	3	黑龙江	0.633	14	河　北	0.577	25
江　苏	0.745	4	湖　南	0.629	15	海　南	0.576	26
陕　西	0.734	5	西　藏	0.625	16	云　南	0.573	27
浙　江	0.731	6	山　西	0.617	17	广　西	0.554	28
广　东	0.722	7	甘　肃	0.615	18	青　海	0.551	29
辽　宁	0.682	8	安　徽	0.615	19	新　疆	0.550	30
湖　北	0.662	9	吉　林	0.608	20	河　南	0.540	31
山　东	0.660	10	宁　夏	0.608	21			

6. 2006 ~ 2009 年福建信息化五个方面稳步提高

根据国家统计局的测算结果，2006 ~ 2009 年，福建省信息化发展的五个分类指数均稳步提高：基础设施指数由 0.432 提高到 0.502，提高了 16.20%；产业技术指数由 0.781 提高到 0.890，提高了 13.96%；应用消费指数由 0.503 提高到 0.718，提高了 42.74%；知识支撑指数由0.754提高到0.804，提高了6.63%；发展效果指数由0.600提高到0.646，提高了7.67%。

(三) 福建信息化总体发展属于中高水平

国家统计局的《信息化发展指数优化研究》报告将全国内地31个省（直辖市、自治区）的信息化发展水平分为四大类型，即信息化发展高水平（北京、上海）、信息化发展中高水平（天津、浙江、广东、江苏、辽宁、福建、陕西、山东、重庆、湖北、山西、吉林和黑龙江）、信息化发展中低水平（海南、四川、湖南、内蒙古、河北、宁夏、新疆、安徽和江西）和信息化发展低水平（青海、甘肃、河南、贵州、广西、云南和西藏），福建属于第二类，即信息化发展中高水平地区。从表7中可以看出，福建的基础设施、应用消费分类指数和总指数高于第二类地区的平均值，产业技术、知识支撑和发展效果分类指数低于第二类地区的平均值。

表7　2009年福建与四个类型地区的信息化发展指数（Ⅱ）比较

	基础设施指数	产业技术指数	应用消费指数	知识支撑指数	发展效果指数	总指数
福　建	0.502	0.890	0.718	0.804	0.646	0.712
第一类地区	0.749	1.197	0.883	1.109	1.108	1.009
第二类地区	0.445	0.916	0.640	0.833	0.686	0.704
第三类地区	0.335	0.771	0.542	0.792	0.596	0.607
第四类地区	0.278	0.738	0.509	0.730	0.580	0.567

二、信息化的引领支撑作用日益凸显

(一)“数字福建”建设，为构建服务型政府提供了有力支撑

强大的信息化保障，为推进电子政务、转变政府职能、提高行政效率、创新社会管理、改善公共服务创造了条件。

(1) 政府门户网站成为信息公开的第一门户。省政府“中国福建”门户网站日点击量已超过300万次，绩效居全国第6位。福州市、厦门市多年来在网站绩效评比中位居全国前10名。所有市县政府和大多数省直厅局都建立了门户网站，访问量日益增长，网站开通的“在线访谈”和互动栏目，成为政府联系和服务社会公众的重要窗口和网上办事平台。

(2) 网上审批极大提高了行政效能。全省网上行政审批系统全面建成，省直部门非涉密行政许可事项均可网上申报和办理，并实现了省市联动审批。审批办理时间比法定时限平均缩短40%，按时办结率达到99%以上，受到广大企业和群众欢迎。

(3) 信息资源共享增强了业务协同能力。2001年，福建省在全国率先建设政务信息共享平台，该平台与应用系统及各类数据库接口实现无缝衔接，实时进行数据交换和通信。建设了涵盖全省的基础人口数据库、企业法人基础数据库。率先组织开展了以平台为整合总线的各部门相关应用系统和数据库的有效集成，初步形成了规范标准统一、资源目录引导、共享平台交换、管理运行有序的信息共享体系，在财政、人事、劳动等部门业务协同中发挥了重要作用。

（4）高效灵敏的应急管理体系为应对突发事件提供了有力保障。省级综合应急平台已建成投入使用，全省公共卫生应急指挥决策信息系统、安全生产监控系统、海上渔业安全应急指挥系统、地质灾害信息与预警系统等各专业应急系统陆续启动建设。覆盖省、市、县、乡、村的应急视频会商指挥系统已建成，成为全国最大的视频指挥体系，该系统最多的一次会议有20万人在线参加。

（5）政府服务热线开辟了为群众排忧解难的便捷通道。福州市率先构建嵌入式政民互动平台——12345服务热线电话，开通便民服务网，迄今受理群众诉求超过26万件，为市民服务389万次。工商、农业、经贸等部门也建立了行业服务热线。福建省首创的“969155”农业服务热线，成为各级政府密切联系农民群众的空中银线。面向居民生活的“968938”海峡家政服务信息平台，成为服务民生的、不可或缺的、新型的政府公共服务平台。

（二）“数字福建”建设，为转变经济发展方式注入新引擎

以“数字福建”建设为牵引，加快以信息化带动工业化步伐，促进了产业转型升级和结构优化。

（1）企业信息化建设成效明显。持续开展企业信息化咨询推广活动，先后建设了2个综合性、8个行业性、8个专业性的“数字福建”企业信息化公共服务平台，促进了信息技术在中小企业的应用。每年都组织实施一批信息化专项，重点支持产品研发设计信息化、工业生产过程自动化、装备智能化、产品数字化，有力地支撑了传统产业的改造和提升。据抽样统计，全省企业信息计算机采集覆盖面达97.7%，企业信息化数据整合水平和集成应用水平覆盖面达98.5%。通过信息化建设，48.6%的企业提高了生产效益，71.2%的企业提升了整体管理水平，16.7%的企业改善了产品质量，30.6%的企业降低了运营成本，37.4%的企业人力资源得到充分发挥，23.9%的企业降低了库存、提高了资金利用率，36.3%的企业增强了综合竞争力。

（2）信息化带动了流通现代化。通过组织实施物流信息服务平台和电子商务服务平台示范工程，促进了以绿色、低碳、高效为特征的新的商业模式的发展，省CA中心向26万多户企业发放数字证书，全省有近34%的企业开展了电子商务应用，有效降低了物流成本和交易成本，投入产出比平均达1:5.1。海西网上投资贸易平台吸引参展企业6549家，省移动电子商务用户达60多万。到2009年底，全省共有各类电子商务网站508个，网店10万多个，年交易额近580亿元。

（3）信息产业发展位居全国前列。信息产业已成为福建省最大的支柱产业，对经济增长的贡献度稳步上升，创新水平位于国内同行业前列。2009年电子信息产业实现销售收入2610亿元，实现增加值694.5亿元；信息产品制造业总体规模位居全国第7位；出口交货值

1202.7亿元，居全国第5位；软件产业实现销售收入410亿元，增长36.7%；软件和信息服务业占全行业的比重超过30%；全省信息产业就业人数超过60万人。平板显示、物联网、LED和太阳能光伏等产业发展迅速，一些技术和产品处于国内外领先地位。

(4) 信息化提升了6.18的集聚功能。依托“数字福建”建设，“中国·海峡项目成果交易会组委会”开办了网上“6.18”、掌上“6.18”和“969618”服务热线，使“6.18”成为永不落幕的项目成果转化平台。一大批科技含量高、附加值大、带动力强的项目技术成果成功对接，有力促进了海西的创新发展和转型发展。

(三)“数字福建”建设，拓展了改善民生的有效途径

“数字福建”建设把服务民生的信息化项目摆在突出位置，着力推动城乡信息服务均等化，信息技术手段的广泛应用为便民利民、提高居民生活质量发挥了重要作用。

(1) 信息化提升了医疗卫生和社会保障能力。福建省在全国率先开展多项医疗卫生信息化建设，率先开通全省远程医疗会诊系统，基层边远地区重大病症患者可在当地使用省内外先进医疗机构的技术资源和医疗服务。率先实现全省医疗保险联网，极大方便了参保人员异地就诊费用的结算。建成全省统一的新型农村合作医疗信息平台，为参保农民提供便捷服务。率先启动居民健康信息系统建设并在全省推广使用，省属医疗机构实现信息共享，为患者节约了大量重复医学检查的医疗费用，受到温家宝总理的表扬。率先实现社保卡集成社保和金融两项应用，就诊一卡通项目正式启动，方便了群众就医。

(2) 信息化促进了城乡公共服务的均等化。较早建成福建“三农”服务网，整合省级所有涉农部门的信息资源，为广大农民提供适用的政策、市场、科技、教育等信息服务。加快推进“千乡万村”信息化工程，解决农村“最后一公里”信息传输问题，有17个县的农村信息化建设纳入国家农业信息化示范工程项目。面向“三农”的千店万点、信息下乡、手机下乡、文化共享和党员远程教育系统等工程建设进展顺利。农村现代化远程教育工程稳步推进，城乡优质教育资源共享网络初步形成。福州、厦门、泉州数字城市试点有序推进，“数字鼓楼”、“数字武夷”示范区成为信息化便民惠民的样板。

(3) 有线数字电视整体转换丰富了群众的精神文化生活。全省共完成整体转换200多万户，厦门、泉州、漳州、龙岩、莆田已基本完成城区转换工作，进入农村整体转换阶段。目前，全省有线数字电视收视费全国最低，机顶盒价格全国最低，传输节目套数增加到100套以上，电视传输画质达到DVD级水准。有线数字电视整体转换的推进，为电信网、计算机网、广电网“三网融合”奠定了基础。

三、信息化基础设施跨越式发展

伴随着“数字福建”建设的深入推进，全省信息化基础条件不断改善，实现了由单一向多元、从相对滞后向适度超前的新提升。

（一）公共信息网络达到国内先进水平

电信网、计算机网、广电网以及移动通讯网基本覆盖全省，一些技术设施和装备达到国际先进水平，信息基础设施基本满足各行各业的应用需求。到2009年底，全省光缆线路总长超过30万公里，90%的行政村通光缆，电话普及率107.76%。域名总数119万多个，居全国第5位；网民数量1629万人，居全国第8位；互联网普及率45.2%，居全国第6位；网站数量11.87万个，居全国第8位。有线广播电视网络干线总长13.56万公里，电视人口综合覆盖率98.41%。

（二）电子政务网络基本建成

2002年初在全国率先建成全省政务网，接入省、市、县三级近6000个党政机关和单位，广泛开展视频会议、公文传输、加密通信、办公自动化等应用。2009年底建成全省电子政务外网，形成了省、市、县、乡四级网络体系，覆盖到全省99%乡镇。政务网和电子政务外网的统筹建设和使用，提高了网络资源配置效率，降低了电子政务建设与运行成本。

（三）信息化应用体系不断完善

基础应用和关键核心业务信息化率达到35%以上。金关、金税、金盾、金保、金质、金宏、金水、金土、金财、金审等工程，基本完成阶段建设任务，有效提高了监管和服务能力。省、市、县三级政府部门业务应用系统基本建成，省政府和省直各厅局建成了办公业务应用系统。党委、人大、政协、纪检等核心业务信息化改造已经完成并投入使用。省政府办公厅与各级政府以及各级政府部门之间实现非密电子公文交换。2002年建成的全省政务网视频会议系统已成为日常化的办公手段，仅2010年召开全省范围的视频会议就有81场，几年来，节约行政成本2.2亿多元，综合效益明显。

（四）技术标准和人才保障有力

实施《关于加强信息化标准化工作的意见》，颁布了《政务信息分类和编码》、《空间数据质量评价》等5项地方标准，制定了基础数据库、网上审批、数字城市等项目急需的地方标准，信息化标准体系框架初步形成。高度重视信息技术的普及教育，培养了近40名博士和300多名硕士，采取多种方式对干部、技术和管理人员进行在职在岗培训；有6000多人获得国家助理电子商务师、电子商务管理员职业资格证书，信息化人才队伍不断壮大。

（五）安全防护能力明显提高

出台《网络与信息安全管理规则和技术规范》，建成全省电子商务认证中心、政务数字认证中心和密钥管理中心、政务信息网络防病毒体系、网络与信息安全测评中心、政务信息灾难备份中心、网络与信息安全基础数据库等，以密码为基础的网络信任体系逐步完善。

通过“十五”和“十一五”两个5年计划的实施，福建省的信息化建设实现了跨越式发展，但是，面对新形势、新任务，全省信息化发展仍存在区域和结构不平衡，对政治、经济、社会、文化重要领域的业务支撑保障能力还不足。信息网络利用率相对不高，对新一代信息基础设施的研发力度不足；信息技术低水平的重复建设现象未能根除，软件产品模块化、通用化率较低；信息产业大而不强，缺少能突破制约发展的核心技术和关键技术；电子政务建设离建设服务型政府的要求还有较大的差距，建设存在一定的无序现象，分散建设的模式仍未完全突破，数据环境还有待完善，核心业务信息化支撑率偏低，电子和业务未能深度融合；企业信息化在产品的研发设计、决策管理、电子商务等方面的应用相对较少，信息化对中小企业业务支撑和传统产业改造升级的效果还不明显；吸引社会资源投入信息化建设还有待加强；网络与信息安全问题依然严峻；标准化建设力度不足；一些阻碍信息化建设和发展的体制机制问题尚未有效突破。

四、主要经验和做法

多年的实践使我们深刻体会到，建设“数字福建”，必须服务国民经济和社会发展全局，发挥政府的引导作用，调动各方面积极性，统筹规划，循序渐进，分清轻重缓急，集中有限力量，努力形成自己的特色。在具体运作中，要突出“六个坚持”：一是坚持统一领导；二是坚持规划先行；三是贴近需求；四是坚持整合资源；五是坚持规范运作；六是坚持保障安全。同时形成了统筹领导、顶层设计、夯实基础、集约建设、规范运作、绩效考核等六个工作方法和创新实践；从“效率、效益、效应”等三个方面，来产生信息化项目、检验项目成效，做到高效务实、低投入、统建共用、最大化发挥“数字福建”效益。

五、“十二五”发展思路

（一）创新发展思路

1. 通过顶层设计强化全局性统筹

“数字福建”建设有一个很重要的做法，就是在“坚持统一领导”下的统筹协调。统筹也要讲科学，没有好的统筹工具和方法，难以做到科学统筹，难以做到真正有效的统筹。这两年，福建省数字办围绕电子政务工作中的“建什么”、“怎么建”、“怎么用”、“怎么管”等关键性问题开展了顶层设计，形成了《省级53个政府部门应用系统建设目录》和《福建省电子政务总体框架》，提出不超目录、不超框架建设和“一体化”的发展思路。因此，目录和框架成为新时期统筹电子政务工作的两个工具。这是一个全新的统筹理念和方法，为整合资源、集成应用提供了科学的方法和有效的工具。

2. 树立“一体化”建设管理理念

要剖析信息化建设应用中存在问题的根源，根据信息化建设进入“整合、集成、协同、跃升”的需要，全面树立一体化理念。一要实现一体化管理，进一步整合全省信息化资源，统一在“数字福建”框架下，形成上下职能对应、跨部门业务紧密衔接、分工负责的全省一体化的信息化工作组织管理体系，为统一规划、协调推进、整体跃升，避免分散资源、各自为政奠定组织基础。二要实行一体化建设，特别是电子政务和面向公共服务的信息化基础设施，要统一在全省电了政务总体框架下，依托统一应用支撑平台，以服务外包方式实行集中建设，避免脱离总体框架而形成信息孤岛、信息烟囱。三要推进一体化服务，要加强建成的各类系统的一体化集成，统一服务渠道，实现协同化运行；要统一运行响应机制，统一服务标准，形成在分工合作、一体化的信息化服务体系。

3. 建立新机制，推进“数字福建”深化建设

一是创新建设模式，关键是整合共享各类信息化资源，做到“四个不再”，即新建应用系统按照顶层设计的应用系统目录进行规范生成，部门不再以单个处室或业务组织建设应用项目，并且尝试跨部门组织项目建设；新建应用系统计算存储环境统一由省经济信息中心集中提供，不再新建部门数据中心；新建应用系统的开发和部署必须符合全省电子政务统一框架，不再形成新的信息孤岛、信息烟囱；新建应用系统必须统筹市县下级部门的业务需求，不再使下级部门重复开发建设。二是创新推进应用机制，开展电子政务绩效考核既为机关效能建设提供技术支持，也为促进电子政务深化应用给予机制保障。通过连续的 3 年电子政务绩效考核，各部门对电子政务的重视普遍提高了，基础应用和核心业务信息化应用普遍开展并不断提升。这是很好的创新，走在全国的前列。因此，要进一步做好电子政务绩效考核，促进规范建设、高效应用和科学管理，并且要善于发现典型，及时总结、推广好的做法和经验。三是积极推行信息化服务外包，虽然整体上全省信息化水平较高，但是也存在区域不协调、发展不平衡、建设资金不足等问题，因此，要以服务外包的方式，积极调动电信运营商的资源，参与信息化建设，加快市县和基层信息化建设，实现协调发展。

（二）加快经济信息化，努力促进经济发展方式转变

充分发挥信息技术渗透性强、倍增度高等优势，大力推进信息化与工业化融合，推动先进制造业和现代服务业创新发展，培育壮大 21 个成长型产业集群和产业基地、10 个新增长区域和若干战略性新兴产业，加快 14 个重点产业调整振兴。加快装备制造业信息化和嵌入式改造，促进传统产业优化升级，发挥信息技术在节能减排中的关键作用。实施先进制造业信息化工程、重大核心技术研发等工程，建立先进制造业信息化服务体系。加强国家级重点实验室、工程技术（研究）中心、企业技术中心建设，提高设计研发、生产装备、生产过程和经营管理的信息化程度。精心办好“6. 18”网站，进一步完善常年对接机制，提升服务功能，集聚更多的项目、技术、资本和人才，使之成为推动发展方式转变的加速器。统筹建设面向中小企业的公共信息服务平台，带动网络技术、计算机外设、智能卡、软件等产业发展。实施物联网产业发展“129 工程”，培育一批在全国具有一定影响的物联网龙头企业，争取在传感器、核心芯片、关键设备制造等方面形成一批拥有自主知识产权的产品和解决方案，壮大标识、感知、处理和信息传送等物联网产业链。发挥闽台信息化合作联盟的作用，深化闽台信息产业合作。整合建设全省电子口岸协同运行、物流信息共享服务等平台，提升“大通关”信息化水平，畅通服务周边地区，发展新的对外开放综合通道。

（三）加快民生信息化，使全省人民更好地分享“数字福建”成果

统筹城乡、区域信息化发展，减少信息化在不同地区、领域和社会群体间的差距，提高公共服务和社会管理信息化水平。抓好面向社会公众的信息技术应用，完善以资源共享为中

心的教育与科研基础条件网络平台。加快数字文化、数字出版、数字科技馆建设，建立综合文化信息共享平台。推进居民健康信息系统建设，实现医疗信息共享。加快社保卡项目建设，推动全省就诊一卡通，拓展社保卡在计生、民政、旅游等领域的应用。采取全省大集中模式，完善就业和社会保障信息服务体系，实现各社会保障业务系统间的信息共享。建设民生信息化社区，开发家政服务、养老服务、电子支付等应用系统，推动社区服务信息化。建设"211"海峡旅游服务系统，为打造我国重要的自然和文化旅游中心提供信息技术支撑。完善新农村信息化服务体系，拓展以城市信息化带动农村信息化的有效途径，促进城乡信息化协调发展。

（四）加快政务信息化，积极探索建立新型政务工作模式

新型工业化需要新型的政务工作模式来支撑。要科学发展、跨越发展，就必须创新政务工作模式。没有新型政务工作模式的创新，难以有各项工作的科学发展和跨越发展。而创新政务工作模式需要新的技术手段，这就是为什么要大力推进电子政务建设的根本原因。因此，在现有的基础上，还要加快电子政务建设，尽快实现文件、证照等信息在政府内部以及政府和社会公众之间的电子化、网络化流转和使用，避免社会公众重复提交各类纸质文件或纸质，切实提高行政审批效率，力争到"十二五"末，基本完成省级政务工作核心业务信息化建设、基本实现各类应用系统统一支撑和集成、基本实现核心业务协同办理，基本形成新型政务工作模式，实现政务工作从纸质平台、纸质模式向电子化、网络化平台和模式整体迁移，做到核心业务全部信息化支撑、全系统全过程网络化流转办理、全覆盖业务对象、全过程监督业务，实现集成一体化、运行协同化、服务人性化、管理精细化、决策科学化，逐步建立信息化条件下流程优化、过程协同的新型政务工作模式，促进政府职能转变和服务型政府建设。

（五）积极拓展新技术所带来的新领域

一是利用物联网技术，统筹建设面向各类对象的感知网、位置网、监控网、监测网等，实现物联信息的有序采集和综合利用，支撑在更高水平上开展公共服务和社会管理的需要；二是利用云计算技术，创新电子政务、电子商务、企业信息化等公共服务平台建设，整合共享各类资源，构建覆盖全社会的信息化应用支撑体系；三是综合利用物联网、云计算、移动互联网、宽带网络等技术，在"数字福建"总体框架下推动"智慧城市"建设，提升城市建设、服务和管理水平，特别是平潭智慧岛建设，提升试验区开放、开发水平；四是积极推进"三网融合"工作，推进公共网络资源共建共享，并大力培育发展基于"三网融合"的多媒体数字终端和相关产业；五是进一步利用卫星、遥感等技术，积极发展空间地理信息产业，为社会公众和政务工作提供无缝、灵活的空间地理信息服务。

（六）加强市县特别是基层信息化建设

省数字办在做好省级层面信息化建设的同时，要统筹引导并加强市县信息化建设，促进全省信息化协调发展。一是省直部门要统筹市县基层部门需求，统一开发部署各级部门都能够使用的业务系统，避免基层单位重复开发，调动市县电子政务发展，实现业务在全系统内信息化流转办理；二是加强市县电子政务统一支撑平台建设，尽快建成市县统一的政务数据中心和机房，避免市县政务部门各自建设机房或数据中心，加快资源在市县数据中心横向的汇聚；三是加强农村信息化建设，加快整合、普及信息化基础设施，促进城乡信息服务一体化、均等化。

（七）积极开展对台信息化合作交流

一是引导和支持平潭智慧岛建设；二是加强对台在信息化标准、电子认证、信息交换的合作，促进物流信息平台、电子口岸、电子认证系统的互联互通。

撰稿人：福建省数字福建建设领导小组办公室　林文斌
施友连
陈晓东

江西省信息化“十一五”规划完成情况的评估与分析

江西省在“十一五”时期大力推进“五化”战略——工业化、信息化、城镇化、市场化、国际化，努力推动经济发展方式的转变，实现了江西经济社会的又好又快发展。“十二五”时期是江西全面建设小康社会的关键时期，也是江西经济社会实现发展方式转变的战略机遇期，进一步加快江西经济社会信息化步伐，实现信息化与工业化的高度融合，对促进江西经济的快速崛起意义重大。

一、江西省“十一五”信息化发展情况

（一）江西信息化发展指数比较

“十一五”期间，江西省积极贯彻落实国家《2006～2020国家信息化发展战略》，按照《江西省国民经济和社会发展第十一个五年规划纲要》的要求，加快推进全省信息化，狠抓一批信息化重大应用项目建设，信息产业突飞猛进，信息化发展环境日益优化，信息化应用取得突破性进展，全省信息化整体水平明显提高。2006年，江西省信息化发展指数（Ⅱ）为0.535，到2009年上升至0.588，4年以年均12.32%的速度上升，高于全国同期11.81%的平均增速（见表1）。

表1　2006～2009年江西信息化发展指数（Ⅱ）与分类指数比较

	2006年	2007年	2008年	2009年	2010年	2006～2009年平均增速（%）	
						江西	全国
总指数	0.535	0.555	0.562	0.588	0.660	12.32	11.81
基础设施指数	0.292	0.304	0.299	0.316	0.344	8.76	9.13
产业技术指数	0.652	0.680	0.687	0.727	0.844	16.11	16.84
应用消费指数	0.427	0.466	0.481	0.506	0.632	24.85	23.17
知识支撑指数	0.762	0.780	0.788	0.800	0.809	1.15	1.76
发展效果指数	0.542	0.547	0.558	0.592	0.655	10.71	8.15

注：2010年的数据为预测数。

“十一五”期间，江西信息化发展在基础设施建设、产业技术发展、应用消费、知识支

撑和发展效果五个方面取得一定成效，五个分类指数都有不同程度的提升。

1. 产业技术指数和知识支撑指数水平较高

随着国家对信息产业各方面建设力度的加大，信息产业的宏观环境及技术层面都得到了快速发展。与此同时，由于基础教育不断加强，国民文化素质稳步提升，信息产业及相关部门的从业人数也不断扩大，对产业的技术发展和知识支撑作用日益增强。到2009年，江西产业技术指数和知识支撑指数分别达到0.727和0.800，2006~2009年平均增速分别达到16.1%和1.15%，预计2010年这两个指数将分别达到0.844和0.809，这两个指数值明显高于总指数，是“十一五”期间江西信息化发展的重要推动力量。

2. 发展效果指数和应用消费指数保持稳定增长

从江西的情况来看，互联网用户数呈快速增长之势，信息化的使用日益深入到社会经济的各个方面。到2009年，江西信息化发展效果指数和应用消费指数分别达到0.592和0.506，2006~2009年年均增速分别为10.71%和24.85%，预计到2010年这两个指数将分别达到0.655和0.632。

3. 基础设施指数增长相对缓慢

相对其他指数，“十一五”时期，江西信息化基础设施指数增长较为缓慢，并有所波动。到2009年，江西信息化基础设施指数达到0.316，2006~2009年年均增速为8.76%；预计2010年将达到0.344。

从江西信息化发展与全国及中部地区比较看，2009年，江西信息化发展指数（Ⅱ）为0.588，在全国排24位，比2008年上升1位；但总指数与各项分指数均低于全国平均水平。在中部地区，2009年湖北信息化发展指数（Ⅱ）在全国排第12位，山西排第13位，湖南排第18位，安徽排第23位，河南排第27位；江西在中部地区处于第5位（见表2）。

表2　2009年江西信息化发展指数（Ⅱ）与全国和中部比较

	江西	全国	山西	安徽	河南	湖北	湖南
信息化总指数	0.588	0.681	0.644	0.594	0.574	0.656	0.615
基础设施指数	0.316	0.389	0.359	0.323	0.304	0.360	0.318
产业技术指数	0.727	0.914	0.825	0.799	0.765	0.850	0.805
应用消费指数	0.506	0.598	0.597	0.503	0.523	0.557	0.536
知识支撑指数	0.800	0.803	0.821	0.730	0.735	0.853	0.788
发展效果指数	0.592	0.701	0.617	0.615	0.540	0.662	0.629

（二）信息基础设施建设发展较快

“十一五”以来，江西信息化基础设施进一步得到加强。大力推进WCDMA网络建设和TD-SCDMA移动通信系统的建设，实现通信向大容量、高速率、广覆盖、智能化、移动化、融合化方向发展；信息终端普及率大幅提高，3G、数字电视等信息重大工程建设取得较大成绩。

1. 综合通信能力明显增强

“十一五”时期，江西加大通信能力建设，如长途电话交换机容量由2005年的40万路端增加到54万路端，增加35%；长途光缆线路长度2009年达到20989公里，比2005年增加29%。这些增强了全省的通信能力。到2009年，全省完成电信业务总量593亿元，为2005年的2.45倍；全省电话用户达2296万户，比2005年的1627万户增加41.1%；其中移动电话由798万户增加到1547万户，增加93.9%。2009年全省有17227个行政村通了电话，已形成了覆盖全省城乡的信息通信网络。

2. 广播电视覆盖继续巩固扩大

2009年底，江西有电视台12座，电视节目113套，电视转播发射机354座，电视人口覆盖率97.47%，比2005年提高2.03个百分点；有线电视入户率达到31.81%，比2005年提高4.91个百分点。广播人口覆盖率达到96.12%，比2005年提高2.9个百分点。江西卫视在除台湾省以外的全国所有省会中心城市落地，有效覆盖人口超过7亿，连续5年收视率居全国省级卫视前6位，经营创收居省级卫视前8名。全国经营创收近5年每年净增1亿多元。

3. 宽带化进程进一步加快

2000年，江西的网民总数只有30万人，到了2007年底，全省网站已突破7万个，网民数已超511万人，全省互联网普及率为11.8%，占全国网民数的2.8%。2008年底，江西网民总数达到了610万人，互联网普及率达到14.0%。到2009年底，全省拥有网民790万人，互联网普及率达到21.4%。如今，电子邮件、电子商务、因特网等新名词已飞入了寻常百姓家，江西老区也进入了网络新时代。

（三）信息化应用实现新突破

“十一五”期间，江西省信息化基础设施建设为信息化应用搭建了良好平台，继续以深化应用、拓展应用为重点，在电子政务、经济信息化、社会信息化等领域实现新突破。

1. 电子政务建设成效显著

“十一五”时期，江西在电子政务建设方面走出了一条经济欠发达地区电子政务建设“方案优、功能全、效果好、投资省”的“江西模式”，其建设模式在全国领先。江西省委、省政府十分重视加强政府集中统一领导，积极有序地推进全省电子政务建设，明确提出集中力量建设全省电子政务统一网络平台，解决省委、省人大、省政府、省政协和全省党政机关的联网问题，不搞分散、重复建设，并始终坚持贯彻执行。按照“统一组织领导、统一规划实施、统一标准规范、统一网络平台、统一安全管理”的“五统一”原则，有计划、分步骤地推进全省电子政务统一网络平台和应用系统建设。各地、各部门依托全省电子政务统一网络平台进行业务应用系统建设，已经建设的电子政务业务系统和网络，要逐步迁移到全省电子政务统一网络平台上来，新建的业务系统原则上必须利用统一网络平台。此外，对国家有关部委向下延伸的纵向网络，江西也采取“上面千张网，下面一网通”的方式，利用江西省电子政务统一网络平台，实现国家部委与本省对口部门的网络互联，不搞部门网络分散及重复建设，基本形成了全省电子政务框架，有力地促进了政府信息的公开和服务水平的提高。

2. 企业信息化快速发展

江西加强信息技术对传统工业的加工改造，加强企业信息化建设及信息化与工业化的融合。一是企业信息化意识普遍增强。据2008年江西省制造业信息化办公室对全省28家典型示范考察的情况显示，九江石化、江玲等一批重点企业组建了信息中心，绝大多数大中型企业都有信息化专门机构和专业人员从事企业信息化推进工作，其中部分企业编制了企业信息化专项规划；二是企业信息化应用水平逐步提高。全省有一批企业（如中石化九江分公司）已基本实现了离散化、集成化和柔性制造，全省炼油、化工、化肥生产经营的先进过程控制和流程模拟等应用领域达到了国内先进水平；省内新钢、联创、赣发、亚东水泥等一批重点企业，已处于信息化程度较高或较深的程度；三是企业信息化建设的效益逐渐显现。信息化在一些有较强代表性的企业中发挥了积极作用，促进企业的管理模式由粗放型逐步向科学、规范的流程管理模式转变，培养了一批适应现代企业管理要求的员工队伍；生产成本得到有效控制；信息传递及时、便捷，提高了企业的经济效益。

3. 社会领域信息化较快普及

一是远程教育网络促进了城乡教育的均衡发展；二是借助教育文化资源的共享，省内居民信息素质普遍得到提高；三是医疗社保信息化惠及百姓；公共卫生信息系统提高了公共服务与应急处理能力，实现了重大疫情的网络直报。社会保障信息化发展较快。

（四）信息产业取得突飞猛进发展

近5年来，在信息化应用不断加强、需求不断增长的情况下，江西省信息产业取得突飞猛进的发展，在产业规模、技术创新等方面快速提高。

1. 电子信息产业规模总量不断扩大

江西信息产业按照省政府推进产业经济“十百千亿工程”的总体部署和要求，以深入学习实践科学发展观活动为强大动力，大力促发展、着力调结构，强化自主创新能力，以重大项目建设为抓手，带动产业升级，做大做强信息产业，产业发展取得突破性增长，为全省工业经济发展做出了贡献。2009年，江西电子信息产品制造业完成主营业务收入337亿元，比2008年增长12%，为2005年的5.30倍；完成工业增加值77亿元，比2008年增长11%，为2005年的4.75倍。

重点项目建设取得成效，太阳能光伏产业和半导体照明等新兴产业的崛起，带动了产业结构调整和行业快速发展，尤其以太阳能光伏产业增长最快。晶能光电（江西）有限公司“硅衬底发光二极管材料与器件”产业化项目是省高新技术成果产业化工程重点实施项目，一期工程竣工投产，LED芯片生产能力达到30亿粒，其工艺技术具有完全自主知识产权，改变了美、日等发达国家垄断LED核心技术的局面。

南昌建立半导体照明产业基地，新余、上饶、景德镇相继发展太阳能光伏产业，吉安围绕吉泰工业走廊的建设，积极承接沿海电子信息产业转移，主攻整机、带动配套，引进了红板电子、合力微电子、硕博科技、华硕电脑等一大批骨干企业，生产计算机、手机、无绳电话、显示器等整机及关键零部件，形成了电子信息产业集聚发展的良好态势。

光伏产业是江西电子信息产业的重要增长极，也是全省经济发展的支柱，为此要将江西打造成全国乃至世界的光伏产业基地。要大力推进新余赛维、景德镇中电、抚州格美、上饶晶科等公司多晶硅料和多晶硅片项目的建设，抓好新余升阳电池项目、南昌薄膜太阳能电池项目、江西晶能公司LED外延片和芯片扩产项目、赣州王氏港建无绳及车载电话项目等。

通过实施电子信息产业园区、大公司、大集团战略，进一步推动产业集约化发展。大力推进电子信息产业特色园区建设，巩固和壮大南昌高新技术开发区、新余经济开发区和吉泰工业走廊等三个省级电子信息产业基地和园区，培育国家级电子信息产业基地和园区。加强南昌、九江、赣州出口加工区的建设，创新电子信息产品出口加工的运作模式，简化国内采购材料和零部件的审批程序，减少物流成本，推动加工贸易的发展。

2. *实现关键技术产业化，增强自主创新能力*

江西抓住信息化与工业化融合、信息产业梯度转移、信息技术快速进步等良好机遇，坚持把电子信息产业作为区域经济发展的突破口，按照国家对中部地区的定位，大力发展技术创新型的支撑产业、资源开发利用型的深加工产业、承接国内外梯度转移型的加工产业，重点发展数字视听产品、新型元器件、电子材料、集成电路和软件，积极发展通信产品、计算机、汽车电子、应用电子产品，打造光伏产业、半导体照明、电子材料和现代家电等产业链。

加快关键技术产业化进程，重点推进多晶硅料、多晶硅片和太阳能电池技术及产业化、半导体照明外延片和芯片技术及产业化、微显芯片液晶封装技术及显示芯片产业化、激光技术及光源产业化、图像识别技术及数字医疗设备产业化，形成技术竞争优势。积极跟踪和推进多晶硅材料新工艺和薄膜太阳能电池技术的研发，提升信息产业核心竞争力。

积极争取各种政策性资金的扶持，认真组织部电子发展基金的申报和项目验收工作。在部电子发展基金的支持下，以半导体LED照明为代表的一批高新技术项目完成了从创新到产业化的目标。南昌、新余等市还安排了半导体照明、软件外包、光伏产业等专项发展资金，对电子信息重大工程项目建设起到了助推作用。

目前，全省认定软件企业132家，登记软件产品330项，共享受了4750万元的税收减免，有力地促进了江西省软件企业的发展。全省已有软件百强企业2家，国家重点规划布局内企业4家，42家企业获得部计算机信息系统集成资质，其中一级资质企业3家、二级资质企业6家。软件百强、重点软件和一级资质企业数量均位居中部地区前列。

(五) 信息化发展环境日益优化

江西省严格落实网络信息安全责任制，充分发挥各方面积极性，进一步完善网络信息安全基础设施建设、健全网络信息安全组织协调机制、加强网络信息安全基础性工作和互联网专项整治，使全省网络信息安全保障能力得到不断提高，信息化发展环境得到日益优化。一是加强信息安全保障，提升信息安全等级。建立了省信息安全测评中心、电子政务数字认证中心、信息安全通报平台等信息安全基础设施，建立了网络与信息安全时间应急协调体系，保障了全国重大活动期间的信息安全，二是加强互联网管理，净化网络发展环境。加强对网站备案信息的规范性、真实性审查，并对未备案互联网站进行了清理整顿。坚持打击网络违法行为，积极配合相关部门开展整治互联网低俗之风、查处取缔黑网吧等一系列专项活动，取得积极成果。

二、江西信息化建设存在的主要问题

（一）信息产业发展相对滞后

江西电子信息产业在全省工业中所占的比重偏小。2009 年，全省电子信息产品制造业完成工业增加值 77 亿元，在全省全部工业增加值中的比重不足 2%。电子信息产业出口创汇水平较低，电子信息产品制造业完成出口交货值 131 亿元，占全省出口创汇的 15% 左右。核心技术缺乏，自主创新能力薄弱。信息制造业品种较少，科技含量不高，软件开发业薄弱，信息技术的研发和推广应用还没有形成大气候，严重制约了江西省传统产业改造的进程。

（二）工业和信息化融合不深

随着全省工业化进程不断推进，企业普遍加强信息化应用工作，行业信息服务体系日益完善，信息化技术应用领域逐步拓宽。电子信息产业快速发展及信息化环境建设与完善，为推进全省信息化与工业化融合提供了重要平台。但全省企业信息化应用水平和信息系统集成度仍不高，信息化与工业化融合水平居全国中等偏下水平。

1. “两化融合”尚未提高到发展战略的高度

一是政策支持力度不大，目前虽有支持信息化带动工业化、软件产业发展和鼓励企业创新等一系列扶持政策，但还没有制定专门针对“两化融合”发展的系统性、配套性的政策措施；二是产业规划尚未出台，企业信息化主要依靠原信息产业厅、行业协会、科协等部门推动，但力度不大、效果不明显；三是企业自身对信息化的认识不够充分，一些条件较好或不太好的企业大都满足于现状，对企业信息化建设的重视不够、需求不强烈。

2. 全省企业信息化与工业化融合发展滞后

一是电子商务的应用不足，大部分企业还停留在网上查询、信息发布、文字处理、简单的生产经营和单纯的生产自动控制等初级阶段，在供应链集成、网上支付、分销渠道等方面的应用还不普遍；二是企业信息化建设中的管理重组滞后，部分企业注重设备和技术上的更新，投入资金进行业务流程重组后忽视了与此相应的管理模式上的转变，因而并未获得最佳的投资回报；三是信息化建设的投资效益还需提高，部分制造企业虽投入大量信息化建设资金，却不能有效实现内部信息共享和提高生产效率，达不到精益生产或精细化管理、控制和降低生产成本的目的；四是“信息孤岛”现象普遍存在，多数企业应用系统大多是先后分散开发或引进，对系统接口或信息共享缺乏统一规划，造成“信息孤岛”，制约信息化深入应用。

3. 全省中小企业工业化与信息化内在驱动力不强

一是全省大多数地方中小型企业对 4CP 技术的集成应用仍然处于初级阶段，部分企业还局限于单元技术的应用，普及应用率较低；二是中小型企业应用水平有待进一步提高，全省中小企业与中央所属、省直国有大型企业相比，在应用上仍存在较大的技术落差；三是中小企业信息化参差不齐、发展不平衡。随着大型企业实施信息化向纵深发展，部分中小企业未能及时跟上，差距拉大。大部分企业未通过信息化和工业化的深度融合实现生产经营模式的转变，更多的还处于网站建设、二维 CAD 甩图板工程以及财务仓储管理等初级阶段。

4. 全省信息化与工业化融合交流平台不畅

全省目前尚缺乏交流信息化建设以及“两化融合”方面经验的平台或渠道，在一定程度上制约了全省工业化与信息化融合的广度与深度。一是不同行业企业信息化经验缺乏交流。据2008 年全省对 28 家制造业的信息化调查表明，全省企业普遍希望借鉴不同行业在信息化建设方面做得比较好的企业的经验，但缺乏这类交流的平台或渠道。二是产业集群内“两化融合”辐射效应较差。江西省与沿海发达省份产业集群发展、本省产业集群企业之间缺乏“两化融合”相互交流、学习和借鉴的渠道，共同促进制造产业集群信息化发展的氛围不浓。

（三）信息化应用型人才依然缺乏

推进信息化建设中人才起着至关重要的作用。江西省目前人才的结构性矛盾十分突出，普通劳动力过剩，信息技术人才数量少且质量不高，信息化高级管理人才、技术带头人严重短缺。一是高素质的机电一体化专业人才较为缺乏；二是熟练掌握精密数控机床高级技工人才缺乏；三是信息化应用人才缺乏；四是不同层次信息化人才普遍短缺，高层次复合型人才缺口更大，尤其缺乏有关制造业信息化方面的复合型高级人才。高层次的智力资源严重缺乏，创新能力亟待提高。2006 ~ 2009 年，江西省信息化知识支撑指数均低于全国平均水平。

三、加快推进信息化发展的对策建议

加快推进江西信息化，是“十二五”时期实现江西转变经济社会发展方式的必然要求，是全面推进鄱阳湖生态经济区战略、实现全面协调可持续发展的必经之路，为此，提出以下建议。

（一）优先发展信息产业，推进江西信息化与工业化的融合

1. 加强信息技术自主创新和信息产业发展

有效发挥政府在基础性技术及关键技术领域的政策引导和组织协调作用，整合各类科技创新资源，建立起关键领域的研发协作体系，重点加快突破集成电路、软件、新一代通信等关键技术，着力提升江西省信息产业的自主创新能力和技术水平。进一步调整信息产业发展战略，优化产业结构，扶持特色产品，淘汰低技术、低附加值的传统产品。

2. 突出抓好制造业信息技术升级改造

立足江西优势，重点改造航空、机床、机械、汽车、医疗器械、冶金、纺织等行业，优先发展数字化、智能化的数控设备、数控加工中心、精密医疗设备、高端电子设备仪器等机电一体化产品。大力推进设计研发信息化、生产装备数字化、生产过程智能化和经营管理网络化，提升制造业的产品层次和技术水平。

3. 推动应用信息技术改造、提升传统产业

要始终坚持以企业为主体，加快推进信息技术与管理技术、制造技术的融合，推进研发和设计协同化、生产数字化、生产过程智能化和企业管理信息化，将数字化、网络化、智能化等信息元素渗透、融入工业设计、生产、销售等各个环节，以信息技术改造、带动和提升建材、食品、中医药、纺织等传统产业。增加产品的技术含量，实现产品换代，提高资源利用率和投入产出效率，促进工业做大做强。

4. 大力发展信息化与工业化融合的新兴产业，促进产业结构优化升级

一是优化提升电子信息产业；二是加快推进数字家庭行动计划实施，促进智能网络化电子产品、移动消费电子产品、数字音视频内容传输关联设备等数字家庭产业发展；三是发展基于“三网融合”和第三代移动通信的新兴产业，推动新一代核心网、基站和终端设备研发，发展无线网络游戏、网络电视（IPTV）、流媒体等高端增值业务和各种创新应用业务；四是大力发展汽车电子、医疗电子、机床电子、娱乐玩具电子、轮船电子等新型产业；五是发展以太阳能光伏发电、半导体照明等为代表的绿色能源产业。

5. 搞好信息化与工业化融合典型示范项目建设

建设行业示范工程。一是培植信息化与制造业、流通业等不同行业融合的先进典型，不同层次、不同阶段的信息化与行业融合典型；二是建立一批信息技术改造传统行业典型；三是总结一批中、高级信息化典型示范大型企业（包括虚拟企业）的先进经验，并在全省各行业加以推广。以点带面，扩大示范效应，加快信息技术的推广应用。

发挥电子信息产业的示范带动作用。一是要以南昌、吉安等地电子信息产业园为突破口，加大以电子信息产品招商引资力度，引进和建立一批产业规模大、布局相对集中、辐射带动作用强，在国内具有影响力的电子产业制造企业；二是要充分利用国家对工业化与信息化战略实施的优惠政策，加大实施“中小企业信息化示范”工程，重点扶持一批成长性好的“小巨人”企业，确立全省中小企业信息化的样板，搭建企业信息化综合平台，推广中小企业信息化试点经验。

6. 积极推进中小企业“两化融合”发展

一是要积极重视和加快全省中小型企业信息化基础建设，指导中小企业信息化工作，推动中小企业信息化的开展，并加大提供中小企业政策扶持力度和资金支持力度；二是发挥政府作用，积极扶持中小企业信息化，尤其对处于信息技术应用阶段的中型企业，重点推动企业运用信息技术提高产品设计和开发的能力，提高生产过程控制水平，推动业务集成与应用集成，并开展网上询价、采购和营销等非支付型电子商务；三是中小企业要分步实施“两化融合”工作，采取阶段发展、逐步推进的办法，最终实现全面信息化。

（二）大力培养各类复合型人才，强化产、学、研与应用的结合

1. 大力培养各类复合型人才

一是要加强对具有行业应用背景的专业信息技术人才、具有信息技术知识基础的管理人

才以及复合型人才的培养和引进；二是建立信息技术培训基地和教育网络，采取多种形式，推进企业信息化人才培训；三是加强各行业领导班子干部、管理人员与职工的信息技术培训。四是加强人才队伍建设，大力开展信息技术应用人才和生产技术人才的培训，鼓励江西省有条件的高等院校在办好现有信息技术本、专科专业的基础上，积极创造条件申办硕士、博士点，扩大本土信息化中高级专业人才的培养规模，构建全省结构合理、有利于制造业信息化长远发展的人才支撑体系；五是建立和健全有效的人才激励机制，提高人员费用在科研经费中所占的比重，对技术创新人才实行与贡献相适应的薪酬制度，加大对产业技术创新做出重大贡献的项目发明人员的表彰和奖励力度。落实并兑现技术要素参与分配的政策，努力创造有利于优秀科技人才成长和人才脱颖而出的环境和条件。建立公平竞争、人尽其才的用人机制，使青年顶尖人才能够脱颖而出，担当重任。

2. 促进信息技术自主创新和产业化

一是建立以企业为主体、科研机构和高等院校广泛参与、利益共享、风险共担的产学研合作研发联盟，形成企业主动、市场拉动、环境促动、政府推动的运行机制；二是联合大专院校和科研机构以及企业研发部门的力量，积极推动信息技术科技创新，加大对核心技术的研发力度，开发具有自主知识产权的技术和产品；三是建立信息技术科技创新发展基金，对新技术、新产品研发予以重点支持，各相关部门要在项目立项、人才引进等方面给予特殊优惠；四是制定优惠政策，鼓励、吸引国内外企业在江西投资并建立研发中心。在工商登记、资质审验、税务办税、退税等环节，提高服务质量和工作效率；在土地批转、使用和水电使用等方面给予最大限度的优惠，扶持信息产业的创业和发展。

（三）拓展信息化应用领域，促进信息化纵深发展

1. 加快国民经济信息化

加快农村信息基础设施建设，努力推进电信普遍服务；完善涉农信息服务体系，加快推进农村商务信息服务工程；稳步推进农业生产的智能化控制、精准化运行、科学化管理，提高农业生产率，加快现代农业发展。深化信息技术应用，推动以骨干企业为核心的供应链协同体系建设。积极发展网络增值服务、专业信息服务等现代服务业，推进电子金融服务，促进信息流、资金流和物资流的优化整合，构建物流信息综合服务体系。完善电子商务的信用、认证、支付、物流、标准等配套体系，创造有利于电子商务发展的综合环境；构建面向行业、区域和中小企业的第三方电子商务交易与服务体系；支持特色县域经济电子商务服务体系建设，推动商业连锁企业信息化建设。

2. 深化电子政务应用

大力推进政府信息公开，全面推行行政许可项目的网上办理，实现网上全程电子监察。加大全省统一电子政务网络的整合应用力度，优化再造政务流程，提高政府业务的一体化管理和整体对外服务能力。加快信息技术在城市管理、应急联动、社会治安防控、环保监测和高耗能检测等领域的应用，推进部门间的信息共享与政务协同，推动社会管理重要系统间的无缝衔接。

3. 全面推进社会信息化

提升基础教育、高等教育和职业教育的信息化水平，大力发展现代远程教育，逐步建立起确保优质教育资源共享的长效保障机制。建设完善网络教育培训体系，推动面向偏远山区中小学、农村党员以及各类人员的网络教育培训。积极推进城市“一卡通”等便民服务，构建社区综合信息服务体系，面向社区居民提供以政府公共服务、便民商业服务、物业服务、金融服务及其他信息服务等为主要内容的综合性服务。

（四）完善信息基础设施，增强服务能力，提高网络安全

1. 加强基础信息网络建设

按照“三网融合”的方向，破除体制障碍，整合网络资源，推进资源共享，大力发展宽带通信，加快发展下一代互联网，积极发展新一代移动通信，着力建设有线、地面、卫星传输相结合的数字电视网络，全面提高网络技术水平。

2. 扎实推行电子政务，全力打造服务型政府

一是加快完善电子政务基础平台；二是切实增强电子政务公共服务能力。围绕企事业单位和城乡公众的实际需求，以企业登记注册、年检年审、税费缴纳和公民婚姻登记、劳动就业、社会保障等事项为突破重点，大力推行网上行政审批，努力实现“一站式”服务；三是加强重点业务系统建设。建设政府信息资源共享交换平台，有序推进业务系统之间的信息共享和业务协同。

3. 强化网络与信息安全保障

一是坚持“积极防御、综合防范”的方针，不断完善监控体系、应急处置体系、密码保障体系、网络信任体系等信息安全基础设施，全面提高信息安全防范水平，增强对突发信息安全事件的处置能力；二是加强信息保密和系统安全建设。

撰稿人：江西省统计局科研所　张启良

邓芸菲

山东省信息化“十一五”规划完成情况的评估与分析

信息技术作为经济增长的“倍增器”、发展方式的“转换器”、产业升级的“助推器”，是世界经济和社会发展的重要驱动力。当前，信息化发展正步入加速深化、深度集成、融合转型的崭新阶段，信息化水平成为衡量一个国家或地区现代化水平和综合实力的重要标志。“十一五”期间，山东省以科学发展观统领全局，面对严峻复杂的经济形势，抓住机遇，克服困难，全面贯彻落实国家和全省信息化“十一五”规划，充分发挥信息化在优化资源配置中的积极作用，推动经济结构调整和增长方式转变，推进社会主义和谐社会建设，信息化建设成绩斐然。全省信息化“十一五”规划确定的主要目标任务已全面完成，信息化水平再上新的台阶，为“十二五”时期快速发展奠定了牢固基础。

一、信息化水平再上新台阶，“十一五”规划总体目标如期完成

“十一五”期间，山东坚持按照“自主创新、产用结合，统筹规划、协调发展，需求主导、稳妥推进，资源整合、互联共享，深化应用、确保安全”的原则，坚定不移地实施信息化战略，优先发展信息产业，逐步完善信息基础设施建设，切实加强信息资源开发利用，深入推进信息技术应用，高度重视网络与信息安全，以信息化带动工业化，以工业化促进信息化，积极打造“网上山东”，充分发挥信息化对经济社会发展的关键性带动作用，信息化进程不断加快。

《中国信息化发展指数（Ⅱ）》的监测结果表明：2006～2009 年，山东信息化发展指数（Ⅱ）分别为 0.592、0.610、0.641 和 0.664（见图 1），依次位列全国第 13、12、9、10 位，属于信息化发展中高水平地区；信息化发展总指数年均增长 12.27%，比全国 11.81% 的平均增长速度高出 0.46 个百分点（见图 2）。据此推算，预计 2010 年山东信息化发展指数将接近 0.700，能够按期实现《国民经济和社会信息化“十一五”规划》确定的 2010 年信息化指数达到 0.7 的目标要求。

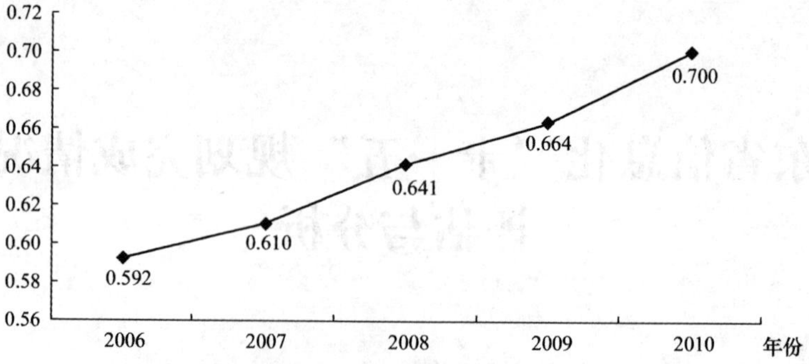

图1　2006～2010年山东信息化发展总指数（Ⅱ）

注：2010年为预测数。

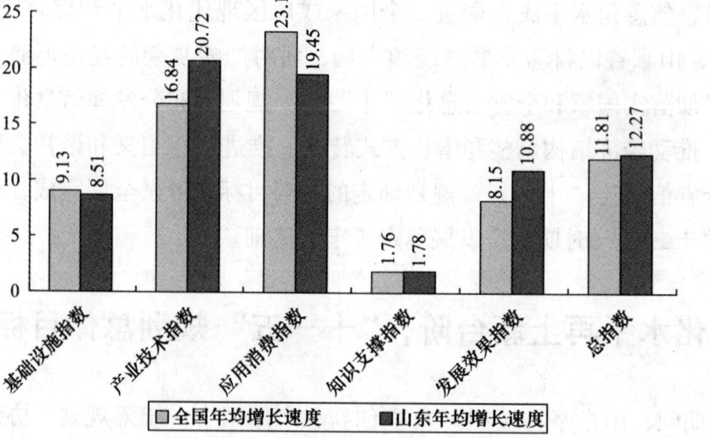

图2　2006～2009年山东信息化发展指数（Ⅱ）年均增长速度

具体来看，构成《信息化发展指数（Ⅱ）》的五个分类指数均进展良好，呈稳步、持续上升态势（见表1）。

表1　“十一五”时期山东信息化发展指数比较

	2006年	2007年	2008年	2009年	2010年
总指数	0.592	0.610	0.641	0.664	0.700
基础设施指数	0.339	0.362	0.372	0.398	0.418
产业技术指数	0.809	0.837	0.886	0.888	0.914
应用消费指数	0.471	0.486	0.540	0.595	0.636
知识支撑指数	0.758	0.759	0.773	0.780	0.787
发展效果指数	0.585	0.608	0.634	0.660	0.685

注：2010年为预测数。

二、信息化建设扎实稳健，各领域均得到长足发展

(一) 信息基础设施和普及水平实现跨越发展，服务能力极大增强

“十一五”期间，山东进一步加大了政府对信息化的引导性投入，加强了对公益性、基础性、战略性重大信息化工程项目的支持，着力改造已有网络基础设施，加快优化网络布局，不断提高网络覆盖率和传输能力，逐步实现了信息管线的集约化管理，信息基础设施趋于完善，对经济社会发展的支撑能力进一步增强。

1. 信息化普及水平大幅提高，服务能力极大增强

5 年间，山东信息化服务领域全方位拓展，服务能力全面提升，惠及公众大幅度增加，对经济社会发展以及人们的工作生活产生了巨大影响。截至 2010 年底，山东公共信息网络已覆盖所有城乡，电信光缆线路总长度达到 43.4 万公里，行政村“村村通电话”、“村村通宽带”的目标全面完成。全省固定电话用户达到 2067.3 万户，移动电话用户由 2005 年的 2300 万户上升到 6915.97 万户，3G 放号量 970 万，固定和移动电话用户数均居全国第 3 位；通信业务总量、业务收入一直处于全国前列；宽带互联网用户超过 816.2 万户，互联网网民规模达到 3800 万人，较 2005 年增长了 1.2 倍，网民人口比重近 32%；广播电视综合覆盖率达到 98.02%，有线电视用户超过 1600 万户，数字电视用户达到 710 万户。“三网融合”工作协调推进，青岛进入国家第一批“三网融合”试点城市。信息网络已经成为支撑经济社会发展的重要基础设施。

2. 网络与信息安全保障能力进一步提升，有力地推动了“平安山东”建设

“十一五”期间，山东进一步建立健全了覆盖全省的信息安全监管体系，信息安全保障统一领导、协调和管理能力不断增强。数字证书认证工作进一步深化，数字证书推广应用范围扩大，截至 2010 年，共面向质监、工商等重点行业发放数字证书 100 万张。建立了省网络与信息安全应急支援中心，互联网应急机制初步形成，网络与信息安全基础性工作稳步开展。等级保护制度和风险评估制度逐步推行，面向基础网络和重要信息系统，特别是政府信息系统的信息安全检查逐步深入，80% 的省直部门、市级和县级政府开展了门户网站安全风险评估。网络与信息安全技术研发与产业化渐成体系，形成了中间件、安全服务器、密码产品及隔离设备等特色安全产品产业链；专业化服务有所发展，涌现出一批具有较高水平的咨询、测评、外包服务的专门机构。

3. 圆满完成了第十一届全国运动会的通信保障任务

第十一届全国运动会是“十一五”期间山东承办的最重要的一项赛事活动。山东充分发挥通信业的技术、网络优势，全力打造了一届“数字全运”、“宽带全运”，圆满完成了赛会的通信保障任务。所有比赛场馆和组委会、裁判员、运动员、媒体记者驻地等均实现了三种制式的第三代移动通信技术（3G）信号全覆盖、无线局域网（WLAN）全覆盖。山东联通投资 2 亿多元，用于宽带网络、传输设备、语音交换设备、局房电源建设，进行杆路落地或迁

移、营业场所调整。山东移动投资4亿元，以“三网（3G/GSM〈全球移动通信系统〉/WLAN）合一”模式完成了所有场馆及相关重点区域的网络建设。其中，济南奥体中心的网络设备资源投入超过北京奥运会的鸟巢，能确保超过8万人同时通话，达到体育赛事网络容量之最。移动通信标准（TD）服务成为全运通信服务的一大亮点，对我国自主知识产权通信技术标准的后续发展具有十分重要的意义。山东电信投入5400多万元，用于网络建设和网络安全稳定性提升，确保所有比赛场馆、周边地区、运动员酒店、新闻中心等达到100%网络覆盖。

（二）信息化应用在经济社会各领域全面推进，效益显著

“十一五”期间，山东信息化建设在政府、社会、工业等各领域不断深化，信息技术应用程度明显提升，信息技术与各产业有效融合，促进了传统产业升级改造，极大地带动了经济增长方式转变。

1. 在政务管理领域，全省电子政务的网络框架基本形成

电子政务外网主体工程建设完成，省、市、县三级政府门户网站全部上线，35%以上的行政许可事项实现网上办理，电子政务内网实现省政府与党委、人大、所有省直部门和市县级政府等的互联。电子政务应用水平明显提高，工商、税务、计生、应急等重点行业积极利用信息化优化业务流程，规模和应用水平都处于全国前列。国防动员信息化体系逐步健全。信息资源开发利用与业务协同取得显著成效，金卡、金税等“金”字工程和人口、法人等基础数据库陆续建成应用，企业基础信息共享、财税库、银联网等跨部门信息交换陆续展开。

2. 在社会事业领域，文化、教育、卫生、就业等领域信息化取得新突破

教育信息资源建设继续推进，教育信息化基础设施建设的支撑能力继续加强。县以上新农合信息系统全部投入运行，公共卫生信息系统在应对公共卫生事件，以及传染病监测和预警方面得到较大提高，90%的三级医院建立了医院信息管理系统，基层医院信息系统建设快速发展。省、部分市建立了统一的劳动保障数据中心，养老保险联网工程初步启动。

3. 在城市服务领域，无线城市、城市居民“一卡通”试点、社区信息化进展顺利

“无线城市”建设政策、标准体系不断完善，“无线城市”发展稳步、有序推进。济南、德州、淄博、泰安等市的“无线城市”试点启动；城市居民“一卡通”发展较快，济南、青岛、烟台、淄博等城市IC卡应用和发行取得突破，省级互联互通安全管理服务平台、数据交换中心、IC卡应用城市互联互通试点前期准备进展顺利。以“亭、屏、站、线”为主要内容的社区信息化服务模式逐渐成熟。

4. 在电子商务领域，物流信息化和电子商务取得长足发展

“十一五”期间，山东出台了《山东省物流业信息化发展规划》，制定了省公共物流信息化服务平台建设方案，建立了公共物流信息资源共享与交换标准，建设了山东省公共物流信息平台门户；组织完成了对山东省电子商务平台、网上支付平台、移动信息化平台的改造和推广。在全省规模以上企业中，有近95%的企业实现了内部联网，并联入国际互联网。2010年山东电子商务交易额超过了5000亿元，全省企业电子商务交易达到经济流通总量40%左右，80%以上的中小企业从电子商务中获益。

(三)信息产业保持平稳较快增长，在国民经济中的战略地位进一步加强

信息产业是为经济发展提供信息技术和信息服务的战略性、基础性、先导性产业，也是山东的新兴支柱产业，对于拉动经济增长、调整结构、转变发展方式、促进就业具有重要推动作用。"十一五"期间，山东着力优化信息产业布局和产业结构，坚持高端化发展思路，推进产业聚集发展，以青岛为龙头，以胶东半岛和济南都市圈为基地，沿胶济铁路沿线铺开并向两翼拓展的信息产业带基本形成，全省信息产业的规模和效益得到平稳较快增长。

"十一五"以来，山东信息产业以超过25%的年均速度快速增长。2010年，全省信息产业实现主营业务收入7821.8亿元，总量居全国第4位；软件业和信息服务业实现主营业务收入2442亿元，增长32%；通信业务收入538.4亿元；信息化对企业效益增长的贡献率超过25%；高科技含量、高附加值产品在产业中的比重达到40%以上，数字家电、新型电子原材料与传感器、高效能服务器、新一代网络产品、高端行业软件已逐步成为信息产业的主流产品。山东信息产业大省强省地位进一步巩固，核心竞争力大幅提高。

1. 国家信息技术改造传统产业试点省和农村信息化重点联系省份等一批试点示范项目进展顺利

全省农村党员干部现代远程教育网络体系已覆盖所有行政村，农村信息化综合服务平台在全国率先开通，5000个农村信息服务站和70000个邮政"三农"服务站信息化改造任务基本完成；国家级农村信息服务站建设指南和规范编制完成；农村信息化服务体系初步建立，涉农信息资源得到初步整合，各类综合农村信息服务站快速增长。全国首个镇级信息化培训教室和山东出口农产品质量安全认证信息体系启动建设；东营市被列为新的国家级农村信息化试点。

信息技术与传统工业加速融合。作为传统工业大省，山东积极开展信息化助企活动，建成并逐步完善了应用信息技术改造传统工业综合服务平台及子平台，并重点针对轻工、纺织、石化、机械、建材、冶金、煤炭、电力、医药等9个行业，围绕产品研发设计、生产控制、产品营销、企业管理、节能减排等环节，启动实施了"四个一百"工程，大力加强工业软件、应用电子、行业应用方案等先进适用技术的研发推广，切实加快技术改造、电子商务、移动信息化、中小企业信息化等公共服务平台的建设应用，初步形成了点(企业)、线(行业)、面(地域)三级"两化融合"推进模式。计算机辅助设计(CAD)技术在95%规模以上的机械、服装和家电企业中推广，计算机监控技术在90%规模以上的化工、建材、造纸、冶金等流程型生产企业得到应用，有近60%规模以上的企业全部或部分实施了企业资源计划系统(ERP)，产品设计周期缩短75%，生产自动控制率达95%。全省有5家企业入选国家首批"两化融合"促进节能减排示范试点；青岛市被列为首批8个国家级信息化和工业化融合试验区之一。

2. 新兴产业势头良好，发展后劲强劲

集成电路产业取得丰硕成果，8家省级集成电路设计中心建设效果明显。济南被国家认定为国家集成电路设计产业化基地。山东华芯1CbDDR2SDRAM于2009年年底实现量产，

2Gb 正在应用认证阶段，这填补了国内动态系统内存（DRAM）高端产品领域的空白，打破了国外垄断，其存储器芯片项目已列入国家核高基重大专项。海尔的“爱国者”系列数字电视解码芯片，海信的“信芯”系列数字视频处理芯片打破了外国芯片的垄断。半导体照明、射频识别（RFID）等战略新兴产业蓬勃发展。济南、东营、潍坊、济宁等一批发光二极管（LED）产业大项目一期工程纷纷投产。良好的前期基础吸引了大量外资注入，继台湾璨圆、台联电之后，美国 GE 又与东营泰克拓普正式签订战略合作协议，在东营打造全国乃至全球最大的 LED 照明生产基地。

随着物联网产业的发展，射频识别技术在推动山东“智慧农业”、“智慧城市”、“智慧工业”、“智慧矿山”等示范工程建设方面，发挥了重要的支撑作用，RFID 产业发展也随之得到快速发展。截至“十一五”末，山东拥有射频识别相关企业和研究机构已达到 120 余家，RFID 技术已在全省食品安全追溯、物流管理、特种设备管理、交通管理、农业种植养殖、生产制造管理、门禁管理、安全管理、图书管理等领域得到广泛应用，并取得显著成效。

3. 产业集聚效应日趋明显，重点地区高速发展

“十一五”期间，山东软件业呈现出产业规模迅速扩大、产品结构持续升级、软件外包服务出口增势加速、产业集聚效应日趋明显的良好态势。尤其是济南、青岛两地发展势头强劲，在全省软件业发展中的主导地位更加巩固。到“十一五”末，两市软件业规模已占到全省的 90% 以上。其中，济南市作为全国 5 个软件名城创建试点城市之一，位列 15 个副省级城市前列，产业规模与综合实力居全省首位，拉动全行业增长 24.5 个百分点。青岛市受海尔集团产品结构升级的强力拉动，2010 年软件业务收入增幅高于上年同期 80.59 个百分点。

4.“半岛蓝色经济区”和“黄河三角洲高效生态经济区”发展迅速，带动作用明显

在信息化战略实施过程中，山东着眼于培植区域发展优势，突出重点，强化带动，全面贯彻落实胡锦涛总书记 2009 年在山东考察时提出的“打造半岛蓝色经济区”的重要指示，大力推动“蓝色经济”规划建设和政策引导工作，扎实推进“黄河三角洲高效生态经济区”建设，着力打造新的经济增长极，使区域经济进入快速发展轨道。通过实施重点区域带动战略，全省信息产业发展空间得到有效拓展。2010 年前三季度，“半岛蓝色经济区”和“黄河三角洲”的电子信息制造业主营业务收入总和分别达到 3441.17 亿元和 1363.4 亿元，占全省的比重依次为 88.6% 和 46.16%，而其行政区数量仅占全省的 58.82% 和 29.41%。两个区域在电子信息产业体现出了强劲的带动作用。

（四）信息技术自主创新能力显著增强，产业结构不断优化升级

自主创新能力是信息产业领域竞争的核心，也是加速推进转方式调结构、提高产品附加值的关键。“十一五”期间，山东积极实施人才引进及培育工程，不断优化人才层次结构，建立研发平台，着力提升电子信息产业的自主创新能力，为信息产业发展注入强劲动力，为“十二五”山东信息化进一步发展奠定了坚实的基础。

1. 研发能力快速提升，技术创新成果丰硕

截至 2010 年，山东拥有国家级信息产业基地 1 个、国家级信息产业园 5 个、省级信息产

业园29个，国家级软件园2个、省级软件园13个。国家创新型企业3个，国家级和省级企业技术中心35个，国家和省级重点试验室8个，软件工程技术中心45个，集成电路设计中心8个，光电子和光伏工程中心14个，取得科技成果近4000项，申请专利2.2万项，累计获得国家和省科技进步奖200余项，参与制订或修订国家标准62项。山东积极打造信息产业自主品牌，目前全省电子信息行业拥有世界级品牌2个，国家级品牌8个，省级名牌71个。全省信息技术改造传统工业服务平台、农业综合信息服务平台、电子商务服务平台、物流信息化公共服务平台、移动信息化服务平台等各类公共服务平台相继建成开通。信息化人才队伍逐步壮大，基础研究工作全面加强。

2. 信息化发展环境进一步优化，创新体系逐步完善

“十一五”期间，山东省级机构改革圆满完成，市县改革进展顺利，各级信息化管理体制和工作机制逐步健全。相继出台了《山东信息化促进条例》、《山东无线电管理条例》、《关于加快推进山东省信息产业自主创新的意见》以及《“十一五”拥有自主知识产权技术和重点产品发展指导白皮书》等指导性文件，整合研发资金投入渠道，加大集成电路设计与软件、计算机与通信、电力电子、光电子、汽车电子、节能技术、新型材料及数字音视频等领域研发资金的投入力度，促进科研成果向生产转化，有力地推动了信息产业领域科技创新，使山东省初步形成了从原材料、元器件、整机设备、系统网络与软件等专业门类齐全的科研开发生产体系，拥有了半导体发光器件、热打印技术、数字电视芯片、高性能服务器等一批具有重大战略意义的自主知识产权产品。信息化发展环境的进一步优化，为信息化创新能力的持续提升创造了良好的基础条件。

（五）国民信息素质迅速提高，公共文化信息资源建设卓有成效

信息化在社会生活各个领域的加速渗透，对国民素质和信息通信技术应用技能提出了更高要求。“十一五”以来，山东积极构建教育信息化保障体系，促进优质教育资源普及共享，提高信息技术教育水平，加强网络文化建设和管理，积极倡导文明办网、文明上网，全民信息素质得到迅速提高，公共文化信息资源建设卓有成效。

1. 信息教育基础条件得到改善，国民信息素质显著提高

近年来，山东把教育信息化作为全省信息化发展整体战略实施的重点，着力构建以学校教育为基础，在职培训为重点，基础教育与职业教育相结合，公益培训与商业培训相互补充的信息化人才培养体系，开展形式多样的信息化知识和技能普及活动，信息技术教育水平和公众信息化素养得到持续提高。与此同时，积极实施人才引进及培育工程，不断优化人才层次结构，建立健全专业人员职业资格认证体系和规范统一的信息化培训标准体系，深入开展信息主管试点工作，建设信息化人才培养服务平台，完善信息化人才库，使信息产业及相关部门的从业人数不断扩大。

2. 加强网络文化建设和管理，积极倡导网络文明

加强网络文化建设和管理，是发展社会主义先进文化、满足人民群众日益增长的精神文化需求的迫切需要，是占领思想文化阵地、促进社会稳定和谐的迫切需要，是顺应人民群众

强烈愿望、保护青少年身心健康的迫切需要。“十一五”期间，山东坚持发展与管理并举，积极推进网络文化健康发展，本着倡导积极的、支持有益的、改造落后的、抵制腐朽的、打击有害的原则，坚决抵制网络低俗之风，坚持一手抓建设、一手抓管理，在建设中加强管理，以管理促进健康发展，全面提升全省网络文化建设和管理水平。山东是手机用户大省，青少年作为手机上网的主流人群，约占全省手机网民总数的70%。为打造积极向上、充满活力的绿色手机文化，有效抵制不良手机文化的传播，2009年全省开展了“放飞梦想”绿色手机文化创作传播活动，吸引了100多万名青少年参赛，共收到作品286万件，为广大青少年健康成长创造良好的社会文化环境。大众网、齐鲁热线、舜网、青岛新闻网等网站发展迅速，信息资源丰富，影响力日益提高，在引导舆论、强化社会监督、开展网络诚信建设等方面发挥了重要作用。2010年底山东率先加入了中国文明网联盟平台，“齐鲁文明网”成为全国首批开通的联盟网站之一。通过传播网络文明，建设网上精神家园，有效地营造了健康的网络环境，使全省网络文化的服务质量和水平得到进一步提高。

3. 大力开展网络宣传交流，圆满完成重大活动的宣传推介

作为文化资源大省，山东依托雄厚的文化底蕴，积极创造具有山东特色的优秀文化产品，主动占领网络阵地，打造具有较强竞争力和影响力的网上思想文化平台，圆满完成了建国六十周年、第十一届全国运动会、文博会、网上世博会等的宣传推介工作。

三、山东信息化发展存在的问题和不足

“十一五”期间，山东信息化建设虽然成效显著，但仍然存在诸多困难和挑战，出现了一些新问题，主要表现在：一是从战略高度对信息化建设特别是信息化和工业化融合的重要性和紧迫性认识不足；二是信息化管理体制、工作机制和调控力度需要加强和完善；三是信息资源开发利用和管理不够，部门间互联互通和信息共享亟待解决；四是资金投入不足，与山东经济和社会发展总体水平愈加不协调；五是信息化人才结构性矛盾突出，高端复合人才的培养和引进机制需要改善；六是信息技术创新能力不强，自主装备水平较低，产业链条不够完整；七是“两化融合”的深度和广度不够，信息化对经济发展的贡献率和信息产业的带动有待提高；八是网络与信息安全问题越来越突出。

四、山东“十二五”时期信息化发展的对策建议

“十二五”时期是山东向全面小康迈进的关键阶段，是经济转型升级的攻坚时期，是由经济文化大省向经济文化强省跨越的重要节点。山东信息化发展要紧紧抓住这个难得的历史机遇，按照科学发展观和构建和谐社会的要求，依据《2006~2020年国家信息化发展战略》，以技术、体制和管理创新为动力，全面实施信息化强省战略，使信息化在国民经济和社会发展中资源整合和要素分配的战略性、主导性、基础性地位更加突出，进一步促进全省经济社

会又好又快发展。

(一)完善信息化组织推进机制

要进一步加大全省信息化工作统一领导、协调力度，强化对全省重大信息化事项的统筹决策。建立分工合理、责任明确的信息化综合管理机制，加强信息化主管部门的统筹协调职能，明确工作目标和重点，统筹规划、整合资源，促进各部门、各地区、各单位相互间信息化工作的协同配合，促进信息资源共享；进一步加强全省各级信息化推进机构的组织建设，建立信息化规划制定、实施和应用绩效考评机制，形成完善的全省信息化组织保障；充实完善省信息化专家委员会工作机制，为全省信息化工作提供决策支持；完善信息化社会服务机制，强化行业协会在促进行业发展中的服务、自律、代表、协调职能，不断培育信息化咨询服务、安全测评、数字认证、软件评测、工程监理、项目审计等功能性社会服务机构。

(二)加快信息化政策法规标准的配套与完善

一要完善信息化政策法规。研究制定推进信息化的产业、财税、人才、投融资、进出口等方面的政策；从山东实际出发，按法定程序加快研究、制订或修订山东省政务信息公开、电子文件管理、个人和企业信用管理、电子商务、信息安全、信息资源开发利用、信息服务及外包、信息市场、网上知识产权保护、无线电管理、资源共享等方面的管理办法或实施细则；加速形成比较完善的符合国家法律、法规的地方信息化政策法规体系，保障信息化推进的法制化、制度化。

二要加快信息化标准体系建设。建立政府、高等院校、科研院所、企业、行业协会及其他中介机构之间的协调机制，推进国际标准、国家标准、行业标准和企业标准的研究制定，形成完善的信息化标准体系；进一步强化标准的宣传和执行情况的监督检查。

三要完善信息化统计指标体系。研究制订城市信息化、农村信息化、企业信息化、电子政务、电子商务等信息化应用评价指标体系，开展信息化评价工作，逐步将信息化纳入统计体系，有效监测和分析信息化水平。

(三)加强信息化人才培养和队伍建设

要充分利用山东人才政策，加大海内外高端人才的引进力度，重点引进紧缺的各类高层次和高技能人才，逐步形成包括复合型人才、创新型人才、技能型人才等的高层次信息化人才队伍，满足信息化建设对高层次人才的需求。拓宽人才培养思路，积极调整高等学校专业设置，吸引国外信息技术专业院校来鲁独立办学或合作办学，支持信息技术企业与学校合作办学，对信息化专门人才试行“订单式”教育、“定制式”培养等方式，逐步形成学历层次多样、学科设置齐全、专业结构合理的信息化人才培养教育体系。推进信息化人才规范化管理，推进信息技术管理职业资格考试和认证制度，健全面向信息化相关专业人员的资格考试和鉴定制度，规范信息化人才培养、认证和使用。大力推进信息专业技术人才继续教育工作，建立健全信息行业继续教育体系，有计划、有重点地对规模以上企业负责人、专业技术人员和高级技工进行多种形式的培训，提高企业员工信息素养和技能。全面普及信息技术教育，广泛开展面向社会特别是弱势群体的信息化义务培训，形成形式多样、结构合理的信息化教育培训体系，加快信息化知识的全社会普及，努力提高全民信息化素质。

（四）保障信息化资金投入

要加快信息化投融资体制改革，建立以政府投入为引导、企业投入为主体、其他投入为补充的多元化、多渠道信息化建设投融资机制；适度增加财政性资金投入规模，重点投向公共性、基础性、公益性信息化项目建设；在竞争性领域坚持以社会资金投入为主，积极鼓励民间资本、国内外风险资本进入山东信息化建设市场；鼓励外国资本在国家政策允许的范围内进入信息市场；完善信息化风险投资机制，引导各类资本投向信息化建设和信息产业发展的重点领域和区域；鼓励社会力量建设信息化投融资公共服务平台，为信息化提供更多的投融资渠道。

（五）完善自主创新体系

一要强化技术创新体系建设。实施激励技术创新的财税政策，加快建立完善以企业为主体、产业化为导向、产业公共技术开发平台为支撑、凝聚政、产、学、研、用等各方的信息产业自主创新体系，建设较为完善的覆盖信息产业各领域的各类公共技术开发平台，重点是移动通信、数字音视频、集成电路设计、新型元器件和嵌入式软件等公共技术开发平台，为技术创新、产业发展提供公共技术支持服务；强化企业技术创新主体地位，立足原始创新，大力扶持对关键技术、核心技术、共性技术的研发和产业化，力争有较大突破，形成一批自主知识产权；及时跟踪国内外先进技术，加强国际国内合作，开展二次创新，提高引进消化吸收再创新和集成创新能力。

二要加强知识产权保护。加强宣传培训，提高知识产权保护意识；围绕信息技术研发、应用和信息产业发展重点，运用多种手段，鼓励和促进企事业单位积极申请国内外专利、商标，推进软件等信息产品的版权申请和认定；鼓励企业依法建立本行业、本领域的知识产权保护联盟，形成有利于企业创新和行业成长的知识产权保护机制；坚持依法行政，建立行业自律机制，加大对知识产权的保护和违法侵权行为的查处力度。

（六）加强支撑服务机构建设

要加强面向行业的区域技术创新中介服务机构建设，逐步形成以企业为主体、政府宏观指导、中介组织积极参与、全社会协同配合的信息化服务支撑体系；建立和完善不同行业、区域的信息化综合服务平台，为信息化提供政策、技术、人才等方面的网络化支持；鼓励行业协会、高等院校、科研院所、企业等社会力量建立研发设计、检验检测、第三方物流、电子商务等公共服务平台；建立省、市、县（区）“两化融合”促进中心、重点实验室和工程技术中心等，开展理论研究、技术研发和人才培训等工作；建设全省工业信息化运行形势监控分析系统、能效监控系统、行政并联审批平台等政府公共服务项目，提高部门信息化服务能力。

撰稿人：山东省统计局科研所　杨渊蘅
王海波

河南省信息化“十一五”规划完成情况的评估与分析

“十一五”是河南省国民经济和社会信息化大力发展的重要时期。5年来，全省上下在中原崛起的实践过程中，深入贯彻落实科学发展观，积极应对各种复杂局面及国际金融危机的冲击，在省政府提出的“必须把信息化作为重要的基础设施和战略任务对待，提升到和交通、能源、水利、环保同等重要、甚至高于传统基础设施的地位优先发展”要求下，各级启动了“信息化提速工程”，推进信息化建设与应用取得了显著成效，开创了信息化发展新局面。

一、“十一五”期间河南省信息化发展情况评估

对“十一五”规划期河南省国民经济和社会信息化发展情况的综合评价，可根据国家统计局科研所编制的信息化发展指数（Ⅱ）进行衡量。这个由全面反映信息化发展水平的五大要素（基础设施、产业技术、应用消费、知识支撑和发展效果）合成的复合指标，可作为衡量国家或地区信息化发展的尺度。

（一）河南省信息化发展指数（Ⅱ）[①] 预计达到0.6

2006~2009年，河南省信息化发展指数（Ⅱ）分别为0.516、0.535、0.556和0.574，按照“十一五”时期前四年的年均增长速度推算，预计2010年信息化发展指数（Ⅱ）将达0.6，河南省信息化发展取得了较大进步（见表1）。

表1 “十一五”时期河南省信息化发展指数（Ⅱ）与分类指数比较及全国排名位次

	2006年	排名	2007年	排名	2008年	排名	2009年	排名	2010年
总指数	0.516	28	0.535	27	0.556	27	0.574	27	0.60
基础设施指数	0.267	26	0.281	26	0.282	26	0.304	26	0.316
产业技术指数	0.680	21	0.707	19	0.766	20	0.765	20	0.793
应用消费指数	0.417	22	0.455	25	0.480	24	0.523	24	0.558

① 信息化发展指数（IDI）是国家统计局编制的，它是由全面反映信息化发展水平的五大要素（基础设施、产业技术、应用消费、知识支撑和发展效果）合成的一个复合指标，可作为衡量国家或地区信息化发展的综合评价尺度。

续表

	2006 年	排名	2007 年	排名	2008 年	排名	2009 年	排名	2010 年
知识支撑指数	0.700	27	0.708	28	0.724	27	0.735	26	0.750
发展效果指数	0.515	31	0.523	31	0.528	31	0.540	31	0.548

注：2010 年为预测数。

资料来源：《国家统计局研究参考资料第 133 期：信息化发展指数优化研究》。

（二）河南信息化发展指数（Ⅱ）年均增速预计达 15%，排在全国各省市区的第 6 名

“十一五”期间，河南信息化发展保持平稳较快的增长态势，信息化发展指数（Ⅱ）年平均增长速度预计达到 15%，高于全国年平均增速 3.2 个百分点，在全国内地 31 个省（市、区）中居第 6 位，位于前列。在中部六省中排在安徽、山西之后，居第 3 位。互联网普及程度和信息产业发展水平快速提高，应用消费指数和产业技术指数年均增长速度分别达到 28.34% 和 21.58%，基础设施指数年均增长速度达 13% 以上，与全省国内生产总值增速同步，信息化发展指数（Ⅱ）增长速度高于全省国内生产总值增速 2 个百分点。

（三）河南省信息化各个方面都得到了不同程度提高，但仍存在较大差距

“十一五”期间，河南省信息化五个分类指数大都进展较快。

（1）产业技术指数和知识支撑指数水平较高。预计 2010 年产业技术指数和知识支撑指数将分别达到 0.793 和 0.750，其指数值分别比总指数值高 32% 和 25%，是“十一五”期间信息化发展的重要推动力量。

（2）应用消费指数和发展效果指数保持稳定增长。河南人口规模上亿，互联网用户市场发展空间与潜力巨大，5 年来，互联网的普及程度快速提高，用户数已近 2000 万户。预计到 2010 年信息化发展效果指数和应用消费指数将分别达到 0.558 和 0.548，“十一五”期间这两个分类指数年均分别增长 28.34% 和 21.58%。

（3）基础设施指数增长趋稳。“十一五”规划期间，河南省信息化基础设施超额完成了建设目标，指数增长趋于稳定，2009 年增速达 15.78%，预计 2010 年将达到 0.316。

尽管如此，与发达省份相比，河南省在整体经济发展实力、研究开发经费投入等方面差距较大。观察 2006～2009 年中国各地区信息化发展指数（Ⅱ）中河南的位次及变化情况，可以看见：无论是信息化发展总指数还是五个分类指数，均低于全国，在内地 31 个省（市、区）中排名靠后，在中部六省中排名多为垫底。其中，发展效果指数差距最大，排名始终处于全国倒数第一，4 年来没有改观。2006～2009 年，河南省在内地 31 个省（市、区）排次中：基础设施指数一直处在 26 位，原地没动；知识支撑指数由 27 位前进到 26 位；应用消费指数由 22 位后退 2 位，自 2008 年以后两年都在 24 位；产业技术指数由 21 位进到 20 位。

河南信息化发展总指数与全国相比，2006 年差 0.095、2007 年差了 0.098、2009 年又进而到 0.107，差距呈逐年扩大之势。横向比较看：在全国各省（市、区）中处于落后，位居倒数第 5，劣势明显。在中部地区也逊色于兄弟省。例如，“十一五”期间，进步最快的山西省，信息化发展指数（Ⅱ）由全国排名16位一步步晋升到第13位；中部第2名的安徽省，也由25位晋升到23位。而河南省自2006年排28名后，2007年仅上升了1位就3年原地不动，凸显进度的缓慢。

从信息化发展指数（Ⅱ）的测算结果看，河南省信息化发展特点与我国信息化发展特点十分相似，都偏向于产业技术指数和知识支撑指数，而在信息化基础设施建设尚显不足。

以上评估结果表明，“十一五”以来，面对国际国内环境的深刻变化和金融危机影响的重大挑战，河南省信息化虽然面临不少发展困难，但总体上取得了长足进步，发挥了应有的作用，有力地支撑了全省经济社会又好又快地发展。

二、“十一五”期间河南省信息化发展主要成绩

“十一五”规划期间，河南省积极推进国民经济和社会信息化建设，不断优化信息化发展环境，基础设施超额完成“十一五”建设目标、网络应用全面普及、“三网融合”技术取得突破、电子政务建设成效突出、“两化融合”获得阶段性成果、农业和农村信息化服务初具规模，社会领域应用逐步普及、信息产业快速发展，大部分规划指标如期完成，取得了显著成效。

（一）信息基础设施趋于完善，网络应用全面普及

（1）基础设施建设超额完成“十一五”目标。至2010年底，河南全省通信光缆线路总长度达38.2万公里，局用交换机、移动电话交换机容量分别达到1076.2万门和7696万门，移动电话基站达到6.6万个，提前完成了自然村电话的“村村通”工程。3G网络和宽带网络实现了行政村以上（电信CDMA2000网络已覆盖到乡镇）、高速公路、机场和重点景区的全覆盖。

（2）网络应用全面普及。至2010年9月底，河南全省固定电话和移动电话普及率分别达到了14.5部/百人和43.3部/百人，互联网接入端口达812.8万个，用户累计达1939.9万户。“三网融合”稳步推进，硬件升级和应用开发逐步进行。其中，广电网络已完成全省所有18个省辖市的光纤同轴混合网双向改造，有10个省辖市完成了手机视频网络与中国移动总公司“手机电视”全国播出平台的对接，移动多媒体广播信号已基本覆盖各省辖市。

（3）物联网产业已经启动。成立了以中国电子科技集团公司第27研究所为龙头，相关高校、科研院所和企业参与的“河南省物联网产业联盟”，正在筹建河南省物联网产业发展有限责任公司。物联网研究和应用初见成效，无线传感网络、智能卡与射频识别、数据和信息交换等技术取得突破。

（二）电子政务建设应用成效显著

河南省认真落实《2006～2020年国家信息化发展战略》，着力推进电子政务建设与应用，取得明显成效，全省电子政务发展逐渐由规模建设进入深化应用、纵深推进的新阶段。

（1）网络架构基本形成。河南全省网络架构基本形成，广域骨干网和省直城域网较好应

用，构筑各类纵向业务网30多个，90%的纵向业务网已达省辖市，80%的纵向业务网部分或全部延伸到县（区）。

（2）业务应用不断深化。累计开发了以“金”字工程为代表的100多个电子政务系统，应用不断深化，政府部门门户网站群功能日趋完善。“一站式”公共服务逐步推广，部分省辖市行政审批项目网上审批率达到50%以上。省国税局“网上税务局”全面实现涉税事宜网上办理，网上申报、扣税工商户比例分别达到61%和40%；“金盾工程”开发应用系统49个，累计汇集各类信息2亿多条；“金关系统”累计处理报关单3万份，征收关税和海关代税36亿元，完成进出口货物监管800多万吨，验放出入境人员和物品分别达12万人次和119万件。高标准完成的国家基于互联网电子政务信息安全保障试点经验在全国推广。

（3）信息资源开发与利用效果明显。四大基础数据库建设与应用取得阶段性成效，省人口数据库实现了全省9900多万人的个案信息录入和信息化管理；省宏观经济数据库累计加载数据量近700万笔，普查数据近400万笔；省法人基础信息库累计录入工商企业基础信息340万户；省自然资源和空间地理数据库累计录入地图近4000幅。

（三）“两化融合”取得阶段性成果

（1）“两化融合”普及应用。据调查统计，“十一五”期间，全省企业信息化年度投入增长平均在23%以上，规模以上工业企业累计完成信息化投入约40亿元。省会郑州市被列为国家级制造业信息化试点城市，全省加大信息技术在现代装备制造、食品、有色、化工、纺织（服装）等5大工业主导产业普及应用。建立了“两化融合”项目库，已编录110家企业和单位的“两化融合”项目209个。中小企业综合服务平台体系基本形成，“中国中小企业河南网”建设167个分网站，为40万家中小企业提供“一站式”综合信息服务。大型骨干企业普遍采用了ERP等信息化应用系统，先后有43家企业入选中国企业信息化500强，双汇集团、平煤神马集团、许继集团等一些企业走在了全国信息化前列。

（2）“两化融合”成效突出。信息技术的广泛应用为企业带来了明显的社会和经济效益。“中小企业河南网”累计签订供销合同8600多份，签订招商引资合同1200多项，金额达1600多亿元。中平能化集团目前已建设安全调度、物资供应、综合信息等14个管理子系统的企业信息平台，实施“利用国产装备实现综采自动化”项目，直接或间接创造经济效益4亿多元。与全国10家煤炭工业企业一道，被国家煤炭工业协会授予“2010年全国煤炭工业信息化示范企业”称号。双汇集团投入2亿多元开展了企业信息化建设，实施集团协同供应链管理、网络化生产管理等14类应用，经济效益显著，年销售收入从2006年的200多亿元增至2009年的400亿元，资产规模从2006年的60.9亿元增至119.8亿元。豫光金铅公司通过推进信息化，累计降耗减排69972TCE（吨标煤）。

（四）农业和农村信息化服务初具规模，社会领域应用逐步普及

（1）农业和农村信息化稳步推进。全省高标准完成了国家“三电合一”和农业农村信息化试点工作，17个省辖市、58个县开通了“12316”三农服务热线，发展农村信息员2.1万人，乡级信息服务站覆盖率达87%以上，重点项目建设趋于完善，“农村党员远程教育网络”

实现了行政村以上全覆盖，建设模式在全国推广，“金防工程”覆盖了全省78%的行政村。三门峡、许昌、漯河市开展的国家“三电合一”及农业和农村信息化试点工作成效显著。

（2）社会领域信息化应用逐步普及。社保、交通等领域信息化稳步推进，全省人力资源和社会保障网站群基本形成，交通信息网络平台覆盖了全部省辖市及6个扩权县，高速公路实现了“一卡通”，教育科研网覆盖全部省辖市和大部分高校，“河南省高等学校数字化校园示范工程”取得成效明显，“数字城市”和社区信息化建设取得阶段性成果。

（五）信息产业快速发展

“十一五”期间，河南省电子信息产业通过招商，引进以富士康为代表的国际知名企业，并带动系列配套产业前来投资兴业；物联网产业也在河南省加速发展，并在不少领域具有领先优势。

典型的例子有，汉威电子研发的“气体传感器”、辉煌科技研发的“铁路防灾系统”等在国内相关领域都处于领先地位。2010年10月，汉威电子还获批成立了河南省物联网工程研究中心。

同时，河南省59家企业、大学还成立了河南省物联网产业联盟，以抢占物联网产业制高点。全省产业发展形势喜人，形成了南阳光电、洛阳硅、安阳新型显示器件、濮阳电光源等一批特色产业园，以及中部软件园、河南省软件园、河南科技市场软件园、洛阳软件园等多个软件产业园。信息传输、计算机服务和软件业法人单位数由2006年的2156家增至2009年4862家，产业增加值由2006年的34.8亿元增至2009年的244.8亿元。物联网等一批新型产业稳步推进，成立了河南省物联网产业联盟，产业布局正在推进形成。同时还打造出长江以北地区最大的特种玻璃和电光源产业基地。

（六）信息化发展环境不断优化，安全管理日趋完善

（1）首先是认识不断深化，把信息化提升到与交通、能源、水利、环保同等重要的战略地位优先发展，成为全省的共识；二是成立了河南省电子政务内网管理中心、电子政务外网管理中心、信息安全测评中心等工作机构；三是政策环境不断改善，相继出台了《河南省信息化条例》地方性法规、《2008~2010年河南省电子政务建设指导意见》、《关于进一步加快河南省信息化建设的若干意见》等一系列指导性意见和政策措施；四是设立了省级信息化发展专项资金，建立了省信息化专家库，并把信息化纳入了省辖市政府目标考核指标体系。省会郑州市设立了5000万元信息化发展专项资金，有效推进了区域信息化建设。

（2）网络与信息安全管理体系日趋完善。信息安全检查制度扎实落实，工作机制逐步理顺，信息安全风险评估和测评工作逐步普及，密钥管理系统建设稳步推进，信息安全等级保护取得阶段性成果，发放企业和个人电子证书100多万张。

三、发展过程中存在的问题

回顾“十一五”规划期，河南省信息化发展尽管成绩斐然，但也存在一些问题，主要表现在以下方面。

（一）基础设施建设方面

虽然超额完成了“十一五”建设目标，提前建成自然村电话“村村通”工程、实现3G网络和宽带网络的全覆盖。但是基础网络共享共用程度低，表现在：业务网络建设与应用条块分割，网络整合推进慢，资源浪费现象普遍存在；新技术研发投入也不足。尽管河南省物联网技术有着较好的发展应用前景，但目前基础建设主要靠企业，政府的引导力度小。

（二）信息化应用方面

资源开发利用不足，信息共享推进缓慢，“信息孤岛”现象比较普遍，整体应用水平落后于实际需求，信息技术的潜能尚未得到挖掘。突出表现在：电子政务管理职能条块分割，尚未形成统筹协同的工作格局；集约发展不够，缺乏横向互联互通平台支撑，业务协同能力不足；电子政务市场化运作机制不成熟，政府投入难以满足发展需求，政务信息资源开发利用滞后。

（三）“两化融合”方面

投入不足、人才欠缺、主动性有待提高。目前，仅有3000万省级信息化专项资金可用于“两化融合”引导投入，经济大省与传统产业比重大的实际不相适应。同时缺乏专业人才，企业信息化人才队伍建设滞后，尤其缺乏行业领域信息化推进的领军人物。各省辖市尽管成立了工业和信息化工作机构，但职能偏弱，统一推进难度大。部分企业尤其是中小企业对信息化提升企业核心竞争力的认识不高，主动抓“两化融合”的积极性还不够强。

（四）农业信息化方面

一是重视不够，缺乏强有力支持；二是农业信息资源的开发利用比较落后，研制的农业信息技术产品实用性不强；三是农业信息工作队伍有待加强、素质有待提高；四是农业信息化建设中，一方面信息资源开发不足、质量不高，另一方面资源重复开发，共享程度低。

（五）信息化发展环境方面

全省地区间信息化发展很不平衡，水平差距较大，数字鸿沟凸显，信息化推进的协调机制不够健全，电子政务市场化运作模式推广不畅，信息化建设和运营维护资金投入不足。信息化发展环境有待进一步优化，政策法规、标准规范还不能保证信息化建设与应用的实际需要。高、中、低梯次配置的人才队伍架构尚未形成，中小企业安全管理普遍粗放、民众网络安全意识薄弱。同时，因经费保障机制欠缺，总体投入不足，使得全省网络安全基础设施建设跟不上互联网发展的步伐，网络信息安全问题凸显。

（六）信息产业发展方面

“十一五”末，信息产业占河南省经济总量尚不到3%，份额偏小，不足以成为全省的支柱产业。其发展水平不但长期低于全国平均水平，而且自2007年起，失去领军中部六省的地位，被湖北省超越，近年区域位次在竞争中后移，处境尴尬。究其原因是缺乏科学谋划，项目支持不够。仅以产业投入为例，“十一五”规划初期，河南信息产业总投资不足100亿元，还不如湖北省一个大项目的投入。2009年4月，国家发布《电子信息产业调整和振兴规划》，提出能否在软件、集成电路、新型显示器件三个核心基础产业领域取得突破，是信息产业结构调整和技术升级的关键。目前，全国电子元器件、计算机和视听产品三项收入和就业都占全行业的60%以上；而河南省的电子产业在二十世纪六七十年代起步时，就被分工布局在电子元器件和电子原材料生产上，基本被定位在产业链的低端，至今结构依旧，没有变化，基础元器件类产品占据全省信息产品制造业的80%，整机类产品少得可怜，产业结构极不合理。而对产业贡献能力较大的软件业和信息服务业又恰恰是河南产业结构的短板和软肋。

四、信息化发展面临的新形势

“十二五”时期是全面建设小康社会的关键时期，也是加快转变经济发展方式的攻坚时期，河南省将进入实施建设中原经济区战略新的历史时期。国际金融危机严重冲击影响以来，河南省信息化发展的落后特征与结构性矛盾更加凸显，已到必须以转型升级促发展的新阶段。加快转型升级既是坚持科学发展、走新型工业化道路的必然要求，也是河南提高全省信息化发展竞争力、实现由经济大省向强省跨越的根本途径。

（一）发展的新机遇

2008 年以来，在国际金融危机的冲击下，河南省信息化发展迎来新的历史机遇。

1. 从国际背景看

（1）经济发展方式转变带来的新机遇。危机影响以来，在全球经济复苏进程中，发达国家加大经济实体投入，带来全球新一轮资源配置和产业分工调整，有利于推动我国信息产业的发展和结构升级，在发达国家收缩的一些领域，我们可以寻找更大的发展空间。

（2）世界科技进步带来的新机遇。历次全球经济危机都是在科技创新的带动下走出来的，也催生出一些新产业。这次金融危机以来，各国都在加大研发投入，力求新的经济增长点。一是美国近年把能源生产和技术开发与推广，作为应对危机新的经济增长和产业结构升级的着力点。这将带动全球相关产业加快发展，同时也将给我国带来广阔的合作空间和巨大的市场潜力；二是“智慧地球”理念的实施，为我国实现技术突破和应用带来了新机遇。与这一战略相关的“智慧”基础设施，将远远超过互联网。因此，必将带来整个市场的更换热潮和新兴市场加大信息化建设的投入。

（3）国际市场回暖带来的新机遇。从 2009 年三季度到 2010 年，美、欧、日等经济体已实现连续四个季度环比正增长，发达经济体已经结束经济衰退，进入复苏状态。根据历次重大危机后各国经济复苏的一般特点，结合近期美、欧、日等经济指标的表现和政策取向，综合判断，2011 年发达经济体将保持缓慢复苏状态。新兴经济体彼此之间在 2010 年加强了经贸合作、对发达经济体依赖下降，经济复苏势头明显好于发达经济体。预计 2011 年新兴经济体将平稳较快发展。全球经济的总体复苏，国际市场的回暖，为我国产品出口提供了向好的空间。

2. 从国内环境看

2010年以来，中国宏观经济正由政策刺激下的较快增长转为稳定增长，国民经济自主增长动力进一步恢复。在调结构、转方式政策引导下，我国内需仍将保持增长。

（1）“十二五”规划期宏观环境向好带来的新机遇。新的历史时期，地处中原腹地的河南优越的区位资源、丰富的人力资源优势开始凸显，成为东部沿海地区加快产业转移的重要承接地，以富士康为代表的信息产业龙头企业的投资落户，将为河南经济和信息化增强发展动力。建设中原经济区、加快中原崛起和河南振兴的构想，也纳入国家“十二五”战略层面，必将进一步拓展全省发展的战略空间，工业化和城镇化进程的提速，将提供强有力的内需支撑等，这些有利因素都给全省经济社会及信息化加快发展带来新机遇。

（2）国家政策继续推进带来的新机遇。2011年，我国的基本政策取向是推进结构调整和发展方式转变，确保“十二五”规划开好局、起好步。年度宏观调控政策将着眼于经济社会的平稳较快发展，保持连续性，增强针对性和灵活性。一是国家重大科技专项的快速实施，有利于推动电子元器件集成电路产业的升级，新型显示、彩电工业加快转型，软件和新一代宽带无线通信网的快速发展；二是3G通信发展稳步前进，不但有力地推动通信系统和终端产品快速发展和升级，而且拉动了信息服务业的快速发展和结构调整；三是“三网融合”的加快发展有力地推动了软件服务业快速发展和软件产业结构优化。

（3）“两化融合”加快发展带来的新机遇。一是企业信息化的应用为电子信息产业提供了广阔空间。企业产品的应用，由个体环节发展到企业全生命周期的覆盖。企业服务的信息化推进，拓展了行业应用软件市场空间；二是工业设备智能化的提升，为嵌入式软件做大做强提供了发展机会。

（二）面临新的挑战

国际金融危机引发的全球经济危机已持续两年，在带给信息化发展历史机遇的同时，也带来了前所未有的重大挑战。虽然到目前为止，有些挑战已经减轻，但有些挑战仍在。需求增长缓慢、经济恢复艰难成为信息化发展的主要制约因素。

1. 从国际背景看

（1）外需不足带来的挑战。目前，发达国家失业率居高不下，产能利用率还在低位徘徊，新兴国家通胀压力加剧，世界经济实现持续复苏尚需时日，市场需求回升不稳定，外需不足仍是产业发展的主要矛盾。

（2）贸易摩擦加剧带来的挑战。金融危机以来各国都把贸易救济作为应对本国危机的重要手段。尽管世界经济出现复苏，但各国的贸易保护不会放松，贸易摩擦将更加多发，既有来自传统的“两保两反”，也有来自关税保护、绿色壁垒、货币贬值和阻碍跨国投资等。

（3）低碳经济战略与“智慧地球”概念带来的挑战。一是以低碳为代表的新技术、新标准、新专利等逐步出现，给我国企业提出新问题。同时，碳关税的出台，将给我国产品出口增加难度，对我国产品节能减排的压力增大；二是“智慧地球”概念的实施，在给我国带来新机遇的同时，也在技术和服务整合的新趋势上，给我们的技术、产业、安全带来新的挑战。

2. 从国内环境看

(1) 对产业持续较快增长带来的挑战。外需不足导致产能过剩、盲目扩张造成产能过剩，淘汰落后、兼并重组进展缓慢，加上通胀预期的增加，都使得宏观政策面临考验。我国经济回升的政策效应递减的同时，也出现了资产价值泡沫，企业回升基础不牢固，生产大面积下滑尚未全面缓解，产业下降局面没有根本改观。这些深层次矛盾暴露出：我国信息产业竞争力不足，自主创新能力弱，核心技术受制于人，亟待破解。在调结构、转方式的关键时期，科技支撑无疑是非常重要的。但2009年，河南研发投入（R&D）占GDP的比重仅为0.9%，低于“十一五”预期目标0.6个百分点，居全国23位，在中部地区排名最后。

(2) 市场竞争环境困难带来的挑战。国内市场环境仍未全面改善，产业链上的相互制约，市场竞争的无序，国外品牌加大对国内市场的控制，下游企业的挤压，山寨机、价格战冲击等等加剧市场竞争的困难。河南综合科技进步水平指数在全国排名25位，在中部地区排名仅高于江西，居第5位。据中国社会科学院日前对全国各地综合竞争力的研究结果，近年河南综合竞争力在全国的位次已呈现出下移态势。

(3) 中小企业贷款、担保困难带来的挑战。信息产业尤其电子信息95%以上都是中小企业，而中小企业资金需求的80%以上靠银行贷款，企业融资难的问题长期困扰着发展。目前接近半数的企业生产困难，效益处于亏损边缘，大部分中小企业还没走出低位运行态势。

总的来看，河南信息产业对外依存度大，内需市场的增长尚不足以拉动经济快速发展。尽管宏观经济运行环境异常复杂，不确定因素较多。但综合分析，“十二五”规划期，信息化发展面临的机遇与挑战并存，河南经济持续平稳较快增长依然是潜力大、机遇多、后劲足，处于难得的重要战略机遇期。

五、对“十二五”时期信息化发展的建议

（一）规划在先，理顺机制

建议由省工业和信息化厅牵头有关部门，做好河南省信息化发展“十二五”规划，制定好相关领域信息化子规划，研究制定5大战略支撑产业“两化融合”的指导意见。指导各省辖市、县（区）尽快建立健全信息化组织机构，建立长效、顺畅的信息化工作机制。抓好年度信息化目标考核，组织开展省级电子政务绩效评估试点工作，研究建立企业信息化水平评测工作机制。

（二）强化项目资金管理，完善支撑体系

做好信息化发展专项资金支持项目的监督、检查和验收，制定出台《年度信息化发展专项资金项目指南》，做好年度信息化发展专项资金项目评审和资金拨付工作。研究出台《河南省信息化发展专项资金项目验收办法》。成立河南省首届信息化专家委员会，制定工作章程，建立长效工作机制。研究成立河南省信息资源管理中心和容灾备份中心。

（三）推进“两化融合”示范工程，发展物联网产业

继续做好郑州市国家级“两化融合”创新试验区申报和建设工作，推进省级、县域及产业聚集区“两化融合”试点示范工作，组织开展80家中小企业信息化试点工作。以装备制造、食品、有色、化工、纺织（服装）五大战略支撑产业为龙头，研究建立河南省“两化融合”行业推进中心。推进部省《战略合作框架协议》落实，推动信息化与工业化在更高层次、更广领域的融合渗透，推进产业高端化、管理精细化、服务网络化，打造一批优势产业。成立“两化融合”专家咨询组，研究制定“两化融合”绩效评估指标体系，推进企业信息化等级评测，引导和督促“两化融合”健康协调发展。

以物联网产业联盟为龙头，推进物联网技术运用和产品研发，做大做强物联网产业。加快省物联网协会、省物联网产业发展公司的组建工作，研究制定《河南省物联网产业“十二五”发展规划》。

（四）深化电子政务应用，抓好网络与信息安全工作

加快推进省电子政务内、外网互联互通，尽快形成全省统一、协同应用的电子政务外网体系。继续推进省行政效能电子监察系统建设。实现对省、市、县三级行政职能的网络监察。协调推进基础网络建设。督促落实《战略合作框架协议》，协调推进3G网络建设、二代网络升级改造和信息化服务应用工作。制定河南省“三网融合”工作方案，推进完成省辖市广电网络数字化整体转换工作。

进一步完善全省信息安全测评中心建设，继续推进全省密钥管理系统工程建设。研究制定全省网络与信息安全应急预案，并适时开展应急演练。普及和推广信息安全风险评估，抓好年度网络与信息安全检查工作。

撰稿人：河南省统计局科研所　金美江

湖北省信息化“十一五”规划完成情况的评估与分析

一、“十一五”湖北省信息化发展基本情况

“十一五”期间，湖北省国民经济和社会发展信息化再上新台阶。信息网络基础设施、信息产业规模和效益处于中西部地区先进行列，企业信息化水平、政务信息化服务效能、社会信息化程度显著提高，信息化政策环境和服务体系不断优化，基本实现“十一五”发展目标。

（一）信息化发展的总体水平明显提高

根据《2006～2020年湖北省信息化发展战略》的要求，湖北省信息化总水平不断提高。2006～2009年，湖北省信息化发展指数（Ⅱ）分别为0.594、0.609、0.630和0.656，按照“十一五”时期前四年的年均增长速度推算，预计2010年信息化发展指数（Ⅱ）将达到0.666左右（见表1）。2006～2009年，在全国信息化发展指数（Ⅱ）中，湖北省每年的排名均处于中上地位（见表2），发展后劲十足。另外，在中部六省的比较中，湖北省每年的排名均处于前列（见表3），为其在中部崛起中发挥重要作用奠定了基础。

表1　2006～2010年湖北省信息化发展指数（Ⅱ）与分类指数比较表

	2006年	2007年	2008年	2009年	2010年
总指数	0.594	0.609	0.630	0.656	0.666
基础设施指数	0.319	0.329	0.330	0.360	0.390
产业技术指数	0.758	0.793	0.821	0.850	0.870
应用消费指数	0.442	0.470	0.504	0.557	0.573
知识支撑指数	0.828	0.831	0.852	0.853	0.867
发展效果指数	0.624	0.625	0.646	0.662	0.678

注：2010年的数据为预测数。

表2　2006～2009年中国各地区信息化发展指数（Ⅱ）比较表

	地区	2006年		2007年		2008年		2009年	
		指数	排名	指数	排名	指数	排名	指数	排名
	全国合计	0.611		0.633		0.654		0.681	
第一类地区	北　京	0.970	1	1.001	1	1.016	1	1.053	1
	上　海	0.871	2	0.906	2	0.931	2	0.965	2

续表

	地区	2006 年		2007 年		2008 年		2009 年	
		指数	排名	指数	排名	指数	排名	指数	排名
第二类地区	天　津	0.736	3	0.751	3	0.787	3	0.820	3
	广　东	0.699	5	0.738	4	0.761	4	0.781	5
	湖　北	0.594	11	0.609	13	0.630	12	0.656	12
第三类地区	四　川	0.560	17	0.575	17	0.585	19	0.616	17
	内蒙古	0.543	20	0.565	20	0.584	20	0.614	19
第四类地区	广　西	0.531	24	0.535	26	0.548	28	0.567	29
	云　南	0.498	30	0.508	30	0.537	29	0.555	30

资料来源：国家统计局。

表 3　2006～2009 年中部六省信息化发展指数（Ⅱ）比较表

	2006 年		2007 年		2008 年		2009 年	
	指数	排名	指数	排名	指数	排名	指数	排名
全国合计	0.611		0.633		0.654		0.681	
湖　北	0.594	11	0.609	13	0.630	12	0.656	12
山　西	0.564	16	0.585	15	0.616	14	0.644	13
湖　南	0.565	15	0.579	16	0.596	16	0.615	18
安　徽	0.531	25	0.545	24	0.567	23	0.594	23
江　西	0.535	23	0.555	22	0.562	25	0.588	24
河　南	0.516	28	0.535	27	0.556	27	0.574	27

资料来源：国家统计局。

（1）知识支撑指数和产业技术指数水平较高。随着湖北省实施“科教兴鄂”和人才强省战略，基础教育不断加强，国民文化素质稳步提升，信息产业及相关部门的从业人数也不断扩大。与此同时，由于湖北省对信息产业各方面建设力度加大，信息产业的宏观环境及技术层面都得到了快速发展。预计到 2010 年产业技术指数和知识支撑指数将分别达到 0.870 和 0.867，其指数值都比总指数值高 30% 左右，它们是“十一五”期间信息化发展重要的推动力量。

（2）发展效果指数和应用消费指数保持稳定增长。互联网的普及程度不断提高，互联网用户数快速增加。这不仅是湖北省政府对互联网基础设施建设力度不断加大的结果，也是互联网用户市场发展空间潜力巨大的表现。到 2010 年湖北省信息化发展效果指数和应用消费指数预计将分别达到 0.678 和 0.573，“十一五”期间这两个分类指数年均分别增长 9.74% 和 20.54%。

（3）基础设施指数最低但发展潜力无限。基础设施指数仍在五类指数中居于末位，在

“十一五”期间湖北省信息化基础指数年均增长为8.34%。但是，随着武汉市成为“三网融合”的试点城市，以及“无线城市”、“数字城市”、“智慧城市”的兴起，湖北省信息化基础设施建设发展迅速，其中2009年的增速为11.83%，预计到2010年基础设施指数将达到0.390。

(二) 信息技术应用推广取得突破进展

1. 制造业信息化

信息技术与全省国民经济发展的融合度进一步提高。2009年湖北省政府提出“优先发展信息产业，大力推进企业信息化”的要求，实施27个制造业信息化示范项目，制定《湖北省制造业信息化科技工程专家服务企业实施方案》，实施“制造业信息化楚天行”培训活动，逐步建立和完善了三纵（技术攻关、应用示范、服务体系）、三横（钢铁行业、汽车行业、光电子行业）的工作格局，企业信息化初具规模。大中型企业普遍开始应用计算机辅助设计（CAD）、计算机编制工艺（CAPP）、计算机辅助制造（CAM）等技术，全省制造业领域应用CAD技术的企业达到65%以上。冶金、机械、汽车、纺织等行业开始推广应用企业资源计划（ERP）、生产集散控制系统（DCS）、客户关系管理（CRM）、市场快速反应系统（QR）等应用系统，产品质量和市场竞争能力明显提升，涌现了武汉钢铁集团、武昌造船厂、东风汽车公司、长江车辆厂等一批优秀示范企业，初步形成了以省制造业信息化生产力促进中心、武汉市企业信息化推进中心为龙头，覆盖全省的制造业信息化公共服务体系。

2. 农村信息化

农业与农村综合信息服务体系更加完善。通信、广播、电视“村村通”工程的实施，有效改善了农村信息化基础设施。政府各部门推进的不同形式农村信息服务初见成效。全省82%的县市和65%的乡镇建立农业信息服务机构，已建农村信息服务站点3.5万个，“12316”三农综合信息服务平台、手机短信、手机报项目也已启动运营，湖北农业信息网商务版开通运行，省市农业视频远程电视电话会议系统已全部投入使用，涉农信息资源得到初步整合。企业积极参与创新农村信息服务模式，湖北神农信科公司在全省建立240多个涉农服务机构，其服务模式被工信部确定为“神农模式”，被国家发改委确立为新农村综合信息服务试点正在全国推广应用。2009年，湖北省在农村信息化服务体系建设方面，共发展科技信息服务平台入网基地和企业100家，新建基层信息服务站500个；加强农村科技信息视频库、科技信息服务短信平台和视频对接系统等信息通道建设，新建专题文本库和语音库36个、文本信息4万条、语音信息2万条；电话热线注册用户达到125万户；面向武汉、黄冈、黄石、孝感、鄂州等地，开通了12396农村科技服务热线；完成农村党员远程教育科技制作资源片100多个；利用湖北新农村科技培训网和IPTV平台，全面开展农民使用技术培训36.7万人次。

3. 电子政务

以“十二金”工程为主要内容的电子政务建设已经得到很好的完善和发展，政务信息公开和政务服务功能全面得到重视和落实。政府门户网站发展较快，各级机关办公自动化水平不断提高，税务、工商、海关、公安、发展改革、财政等部门已建成覆盖全系统的专网，并实现网上业务系统应用。2009 年，《湖北电子政务地方标准汇编》出版，制定并发布 36 项湖北省电子政务地方标准，完成从省到市州、县的统一的网路体系设计和实施方案，初步形成了上连国家电子政务外网，横向连接 106 个省直部门，下连 17 个市州的省电子政务外网和应用支撑环境，15 个市州已基本完成本级网路建设任务，覆盖 83 个县市区和 1500 多个单位，外网的规模和技术处于国内先进水平。会同省交通厅、省工商局等 36 个省直部门（单位）组织完成第一批重点 55 个应用系统建设，集成到省政务网门户（上）公开的功能模块 521 项，集成到省政府互联网门户公开的功能模块 209 项。建成了人口、法人、空间地理、宏观经济、法律法规五大基础数据库和 42 类 135 个主体数据库，共计 1.2 万个数据库，约 1.2 亿条数据。省电子政务第二批重点 25 个应用系统建设和市州电子政务应用系统建设也在顺利推进，武汉、黄石和宜昌应用系统建设总体成效较好，既有政府内部办公业务应用，又有为民服务应用，形成了一批特色鲜明的应用亮点。

4. 电子商务

2009 年，湖北省电子商务发展势头良好，产业产值达 95 亿元。其应用领域逐步扩展，商业、医药、冶金等行业电子商务应用成效逐步显现，城市市场信息服务体系稳步推进，武汉、宜昌、黄石、十堰等城市作为工业经济发展水平相对较高、大规模生产与加工业集聚的地区，企业信息化领先发展，电子商务行为活跃。首个华中电子商务产业园正式落户武汉经济技术开发区，投资 5.47 亿元打造第二个“网上汉正街”。省内城市银行卡与武汉银联联网互通，实现了“一卡通”，2010 年 2 月 1 日发卡起至 12 月 31 日，“武汉通”已发售 403 万张。“武汉通”问世第一年，市民就用它消费 12 亿元，其中公交出行占 98%，小额消费占 2%。预计 2011 年武汉通发行量新增 600 万张，将应用到打的、泊车、加油等领域。另外，电子金融市场规模及网上银行、网上证券业务呈现良好增长势头，网络和电子交易的便利条件和服务能力进一步提高。

5. 社会信息化

社会信息化取得较大进展，社会效益明显。湖北教育信息一级主干网、教育网络中心全部建设完成，湖北教育门户网站位居全国省市教育网站排名首位。截至 2009 年底，全省共建市州和县级教育网络中心 88 个，其中 17 个市州全部建成教育网络中心，12 个市州初步建成教育城域网。全省中小学联网学校 6739 所，建成校园网 3414 个。全省教育信息化在国内首创“五个统一”的管理体制和运行机制，实行统一建设规划、统一域名和形象、统一物理网络、统一网站平台、统一技术标准与管理规范，做到全省教育一盘棋。全省医疗卫生信息网进一步完善，覆盖省、市、县、街道、社区五级的劳动和社会保障信息网开始建设。城市信息化水平明显提高，“数字城市”工程已经启动，武汉等城市开始推行网格化管理，家庭和社区信息化逐步推广普及。

(三)信息网络基础设施进一步完善

1. 通信设施与技术装备

2009 年，湖北省邮电通信业完成邮电业务总量 841.37 亿元，同比增长 17.8%；电信业务总量 797.9 亿元，同比增长 17.7%；长途光缆总长度达 29200 万千米；局用交换机达到 1732.8 万门；全省固定电话、移动电话数分别从 2005 年的 1236 万、1401 万增加到 2009 年的 1088 万、3137 万，电话普及率为 74 部/百人（2010 年湖北统计年鉴 P342）；截至 2009 年底，湖北省电话用户数已超过 4000 万户，成为全国第 9 个电话用户数突破 4000 万大关的省份。2009 年，3G 业务在湖北省全面启动。湖北电信、移动、联通共同签署了《湖北电信基础设施共建共享合作协议》，实现电信基础设施较高程度的共建共享。武汉东湖新技术开发区 8 条 155M 的软件和信息服务外包国际通信专用通道建成开通，解决了湖北软件和信息服务外包业务发展的瓶颈问题。

2. 计算机网络及电视应用

截至 2009 年 12 月，湖北省网民总数为 1496 万人，比上年同期增长了 419 万人，占全国网民总数的 3.83%，在全国居第 10 位。湖北省互联网的普及率为 25.7%，同比增长了 7.3%。湖北省 ipv4 地址数占全国的 2.32%，域名总数为 360061 个，占全国域名总数的 2.1%，其中 CN 域名 298626 个，占全国 CN 域名总数的 2.2%，居第 10 位。湖北省互联网出口总带宽达到 1030G，宽带接入用户达到 361 万户，网站数量为 12.5 万家，手机上网用户数超过 800 万户，在全国处于领先水平；电视人口覆盖率由 2005 年的 96.71% 提高到 2009 年的 97.49%，2009 年城镇平均每百户彩色电视机拥有量 130.45 台，农村每百户电视机拥有量 112.87 台，有线数字电视用户达到 377 万户，18 个市（县）基本完成中心城区有线数字电视整体转化；以“服务”为中心，加强无线通信新业务的频率规划，推进新技术的应用，湖北省无线电管理跨入了全国先进行列；全省以电信网、广播电视网、计算机网“三网”为主体的信息网络体系实现跨越式发展，供给能力和技术水平进一步提高，在全国的信息枢纽地位日益增强（见表 4）。

表 4　　湖北省代表性信息基础设施发展情况表

	2005 年	2006 年	2007 年	2008 年	2009 年
固定电话用户（万户）	1236	—	1279	1179	1088
移动电话用户（万户）	1401	—	1941	2529	3137
电视人口覆盖率（%）	96.71	96.76	96.96	97.31	97.49
城镇彩色电视机拥有量（台/百户）	131.71	135.79	134.97	126.31	130.45
农村电视机拥有量（台/百户）	110.61	113.06	111.00	113.00	112.87
宽带接入用户（万户）	128	—	269	286	361

资料来源：2010 年湖北统计年鉴。

（四）信息产业创新发展能力不断增强

湖北省制定《湖北省电子信息产业调整和振兴实施方案（2009～2011年）》，提出大力发展光电子、通信设备等特色优势产业，加快消费电子、集成电路、太阳能光伏等产业集群建设等措施，形成了以光通信、移动通信、激光、显示器、新兴电子材料和软件为特色的电子信息产品格局。2009年12月，武汉东湖新技术开发区成为我国第二个国家自主创新示范区，湖北省电子信息产业发展有了更高的发展平台，引来了新的发展契机。2008年是湖北省信息产业发展史上重要的里程碑，湖北省信息产业实现从百亿到千亿产业的跨越。“十一五”以来，湖北省积极实施信息产业“1353”工程，大力推进消费电子、液晶显示器、太阳能光伏和集成电路等重点产业的战略布局。实现以产业结构调整和支撑信息化发展为目标，突出特色，发挥优势，加强自主创新，做大规模，做强产业，提升产业核心竞争力，建成电子信息产业强省，促进电子信息产业的跨越式发展。2010年1～11月份湖北省规模以上电子信息制造业主营业务收入高达6387483万元，居中部六省首位，利润总额和税金总额分别为416191万元、131349万元，居中部六省前列（见表5）。

表5　2010年1～11月份中部六省规模以上电子信息制造业主要经济指标完成情况　单位：万元

	主营业务收入		利润总额		税金总额	
	本月累计	增减（%）	本月累计	增减（%）	本月累计	增减（%）
湖　北	6387483	54.5	416191	115.8	131349	26.2
安　徽	5986061	41.6	431251	49.4	154778	-0.4
江　西	5158281	56.1	255142	78.7	119764	71.7
河　南	4397133	34	397116	87.9	94314	8.3
湖　南	3552171	85.7	191091	138.2	106620	78.8
山　西	1132466	36.3	-7935	-639.5	15998	81.7

资料来源：中华人民共和国工业和信息化部网站。

2009年，全省电子信息产业规模在中部六省居于首位，实现销售收入1248亿元，同比增长19.57%；实现增加值357亿元，同比增长16.33%，占全省规模以上工业增加值的7.5%。其中：软件和信息服务业实现销售收入223亿元，同比增长27.74%。信息产业已成为拉动湖北工业经济快速增长的重要力量。

软件产业平稳发展，软件出口达到5788万美元。2009年湖北省新认定软件企业106家，新认定软件产品353件。因此，到2009年为止，全省认定的软件企业共618家，登记软件产品1544个。在信息产业的新兴领域，江通动画公司成为民营动画企业中唯一的国家级“动画产业基地”。从2010年起，湖北省将连续3年每年安排2000万元支持动漫产业。

尤其值得欣喜的是，2010年武汉东湖高新区经济发展势头强劲，全年完成企业总收入2918亿元，其中光电子信息产业实现总收入1144.88亿元，成为武汉·中国光谷首个总收入突破千亿元的产业，也已成为武汉市支柱产业。该领域两大领军企业富士康武汉科技园和武汉邮科院，则跻身武汉十大销售额超百亿元的企业行列。东湖高新区产业还积极推动技术联盟快速发展，推动光纤接入（FTTx）产业技术创新战略联盟、地理信息系统产业技术创新战略联盟等2家产业技术创新联盟进入科技部产业技术创新战略联盟试点；推动成立物联网、风电等2家产业技术创新联盟，引导企业加强合作，完善产业链、提升产业核心竞争力。

2006年东湖高新区几乎零起步的消费类电子产业，到2010年上半年企业总产值就已达102.7亿元，同比增长102.6%，成为名副其实的产业支柱。目前高新区已有从事电脑硬件、消费数码、汽车电子、新型显示等产品制造企业40余家，如NVD、LCOS、多普达、蓝星等。近期，投资40亿元、全省最大的液晶显示项目也已投入试生产，预计全面达产可带动相关产业规模约250亿元。另外，还有相关产业项目正在推动实施中，如富士康武汉园区电脑、打印机项目开工建设，首批代建富士康18万方厂房和24万方公租房顺利封顶，2010年完成产值160.2亿元；武汉新芯公司与中芯国际实现合资经营，累计完成产值3.87亿元，同比增长达108%；武汉天马第4.5代TFT－LCD项目全面竣工投产，红光高清NVD、全真光电LCOS以及激光电视项目正在按照产业化行动方案稳步推进，在寻求战略合作伙伴、实现批量生产方面取得了新的突破。

（五）技术创新不断上新的层次

近年来，随着科技进步和创新环境的不断改善，湖北科技投入快速增长，培养造就了一批具有较强科研实力的科技队伍，建立了一个学科门类比较齐全、专业设置基本配套的科研开发体系，取得了一批重大科技成果，推动了高新产品产业化。武汉邮科院的光电器件、长飞集团的光纤光缆、冠捷显示器等高新产品享誉国内外。“十一五”以来，全省大中型工业企业从事科研活动的人员不断增加，在2009年已经达到102909人，新产品开发费支出、技术改造经费支出逐年不断增加，为技术创新提供人力和财力支持（见表6）。此外，全省企业、高等院校、科研机构等的发明专利、实用新型专利及外观设计专利申请数和批准量近年来不断上升，推动了湖北省经济发展（见表7）。东湖高新技术区作为湖北省技术创新的中心，创新成果不断凸显。东湖高新区涌现和成功产业化全球首台71英寸激光电视、我国首台激光动态弯沉测量车、我国首台核电设备核心器件制造新型数控机床、我国首台大型航空航天非标准化专用机床、我国首台紧凑型4000瓦轴快流二氧化碳激光器、我国首款三网融合终端产品“精伦II3家庭多媒体电脑”等一批原创自主知识产权成果，加快高新区产业核心竞争力的不断提高。通过大中型企业的科技活动和政府对科研活动各方面的支持，本省科技创新成果突出（见表8）。

表6　大中型企业科技活动情况

	2005年	2006年	2007年	2008年	2009年
从事科研活动人员（人）	60 811	—	73 450	84 035	102 909
新产品开发费支出（万元）	354 130	—	614 461	923 529	1 355 946
技术改造经费支出（万元）	1 253 563	—	2 502 039	3 683 065	—

资料来源：2010年湖北统计年鉴。

表 7　　2005～2009 年湖北专利申请数和批准量情况　　单位：项

	申请数					批准量				
	2005 年	2006 年	2007 年	2008 年	2009 年	2005 年	2006 年	2007 年	2008 年	2009 年
发　明	2038	—	3705	4616	6065	733	—	886	1152	1478
实用新型	4835	—	7168	8793	10579	2238	—	4400	5732	6285
外观设计	4661	—	6503	7738	10562	889	—	1330	1490	3594
合计	11534	—	17376	21147	27206	3860	—	6616	8374	11357

资料来源：2010 年湖北统计年鉴。

表 8　　科技创新按成果水平分类　　单位：件

	2005 年	2006 年	2007 年	2008 年	2009 年
国际首创/领先	28	52	65	73	56
国际先进	172	171	238	214	217
国内首创/领先	394	434	445	393	353
国内先进	72	77	74	64	60
其他	3	3	5	6	7

资料来源：2010 年湖北统计年鉴。

（六）网络文化建设全面加强，国民素质整体提高

“十一五”时期，湖北省国民信息素质提高的发展目标进展顺利。目前，湖北省中小学已普遍将信息素质教育课程列为必修课，分层次、分阶段地培养在校学生的信息素质；中小学学校的信息环境和信息教育的基础条件得到改善，初步完善培养机制并形成完整的信息化教育体系。

湖北省自 2002 年开始实施的文化共享工程取得显著成绩。该工程充实基层文化单位的服务内容，增强基层文化单位的活力，全面提升公共文化服务的水平，尤其是全省公共图书馆自动化、网络化、数字化水平，丰富了基层群众的文化生活，较好地缓解了城乡基层群众看书难、看戏难、看电影难、获取文化信息难等问题。

随着技术的不断进步，网络文化也呈现出多元化的发展态势，越来越多地承载起学习、交往、传播、文艺、娱乐等精神文化生活。2010 年，湖北省网络文化协会和中国移动湖北公司签订了战略合作协议，这代表着网络技术与网络文化两种力量的紧密结合，共同促进与发展，进一步推动网络文化事业迈向更加有序、更加健康、更加繁荣的新发展，也推动网络文化的技术进步、产业发展和规范管理。与此同时，由湖北省经济和信息化委员会和中国移动通信集团湖北有限公司联合主办的湖北无线城市也在武汉隆重进行，标志湖北省网络化发展水平进入新阶段。

二、湖北省信息化发展存在的主要问题及原因分析

“十一五”以来，虽然湖北省信息化整体水平呈现逐年上升趋势，但仍然存在一些问题：信息化水平在全国仍处于中等水平；在信息产业中，传统优势明显，新兴领域发展滞后；数字鸿沟依然存在，信息公平问题凸显；社会管理和公共服务领域的信息化程度不高，网络平台和共享数据库等基础条件较薄弱；农村信息服务模式有待创新；信息化规划的控制引导作用没有很好发挥；信息化投资和建设中存在分散、重复建设和资源浪费现象；信息安全保障体系建设需要加大力度；信息产业在全省经济中所占比重有待进一步提升，信息技术在改造和提升传统产业方面作用需要继续强化等。究其原因，主要包括以下几方面。

（一）信息化工作协调推进力度不够

制约全省信息化建设的最大障碍是缺少综合的具有宏观调控能力的组织协调机构和运作管理机制，缺乏统筹规划。各行政部门、科研部门、产业部门的力量分散，投入少而又低水平重复建设严重，难以形成信息化建设的整体合力。另外，政府民政工作范围广泛，各项业务独立性和非关联性强，这导致了因工作对象互不关联而难以建立统一的数据库，科研部门、产业部门无法根据政府和市场情况进行自己的研发与生产，因而信息化发展效果指数整体水平较经济强省市较差（见表9）。

表9　2006~2009年湖北省与高信息化地区之间信息化发展效果指数比较

	2006年	2007年	2008年	2009年
全国合计	0.647	0.659	0.670	0.701
北　京	1.194	1.211	1.196	1.282
上　海	0.832	0.850	0.868	0.934
湖　北	0.624	0.625	0.646	0.662

资料来源：国家统计局。

（二）信息资源开发利用不够

一方面大量的信息资源有待开发、信息资源短缺；另一方面大量信息又得不到充分应用，使信息无法高效地共享和利用，造成信息资源的极大浪费，影响到全省信息消费整体水平的提高。在2006~2009年，湖北省的信息化应用消费指数每年均低于全国平均水平，并且与信息化水平高地区在这方面的差距不断拉大（见表10）。而信息化的应用消费与信息化基础设施的建设密切相关，在2006~2009年湖北省信息化基础设施指数均低于全国水平（见表11）。

表10　　2006～2009年湖北省与高信息化地区之间信息化应用消费指数比较

	2006年	2007年	2008年	2009年
全国合计	0.461	0.505	0.551	0.598
北　京	0.639	0.741	0.825	0.888
上　海	0.621	0.738	0.835	0.878
湖　北	0.442	0.470	0.504	0.557

资料来源：国家统计局。

表11　　2006～2009年湖北省与高信息化地区之间信息化基础设施指数比较

	2006年	2007年	2008年	2009年
全国合计	0.335	0.354	0.359	0.389
北　京	0.719	0.721	0.676	0.698
上　海	0.771	0.799	0.778	0.800
湖　北	0.319	0.329	0.330	0.360

资料来源：国家统计局。

（三）信息化的产业技术支撑力度弱

虽然湖北省有了较大的发展，但是与经济强省相比，仍然存在着明显的不足。信息化产业技术指数远低于北京和上海，甚至达不到国家平均水平（见表12），具体表现为：全省信息产业产业规模不大，产品档次较低，发展速度不快；技术创新能力弱，拥有自主知识产权的产品少；信息化的科技和产业支撑力度不大，远不能适应快速发展的信息化要求。省内软件和电子信息企业缺少有竞争力的技术和产品，信息化核心技术与关键设备主要从省外购进或依靠进口。主要领域仍然存在政企不分，行业垄断，企业机制不活等问题；产学研相结合的技术创新体制尚未建立，难以形成以自身为核心的竞争力和适应激烈的国际竞争环境。

表12　　2006～2009年湖北省与高信息化地区之间信息化产业技术指数比较

	2006年	2007年	2008年	2009年
全国合计	0.840	0.869	0.897	0.914
北　京	1.151	1.178	1.218	1.217
天　津	1.030	1.038	1.053	1.053
湖　北	0.758	0.793	0.821	0.850

资料来源：国家统计局。

（四）信息化发展缺乏有力的扶持政策，法规标准体系和技术规范等基础环节还比较薄弱

一方面，现有法规不够完备、存在着“各自为政”；另一方面，一些新的立法工作尚未提上议事日程。致使信息系统条块分割，相互封闭，信息产品生产、交流、经营活动缺乏必

要的法律保护，盗版侵权现象时有发生，影响从业者投资的积极性。在湖北省，企业、团体和个人申请国内外专利与版权的程序十分复杂，大大地影响了企业和个人的创新积极性。投资体制缺乏完善的风险投资和资本退出机制，不利于信息化发展所需资金的筹集。

（五）信息人才严重短缺

经济的竞争归根到底就是人才的竞争。尽管湖北省享有科教大省的称号，但学科设置不能满足信息化发展对人才尤其是高级复合型人才的需要。同时，中高级信息化人才大量流失，使得信息技术应用、软件开发、信息产品增值等研发、推广能力还很薄弱。在“十一五”期间，湖北省知识支撑水平虽然高于全国水平，但与北京、上海等发达地区相比，仍存在着较大的差距。自主研发人才仍处于紧缺状态中，因而在“十二五”期间湖北省必须加速信息人才的培养，加大对其投入，才能更好地推动信息化的高速发展，力争完成《2006～2020湖北省信息化发展战略》的基本目标。如表13所示。

表13　2006～2009年湖北省与高信息化地区之间信息化知识支撑指数比较

	2006年	2007年	2008年	2009年
全国合计	0.772	0.777	0.792	0.803
北　京	1.147	1.155	1.167	1.181
上　海	1.016	1.005	1.016	1.037
湖　北	0.828	0.831	0.852	0.853

资料来源：国家统计局。

（六）对信息安全研究不够，信息安全问题缺乏保障

沈昌祥院士和简水生院士在东湖国家自主创新示范区十年发展规划院士专家咨询会上都指出：在未来的信息化战争中，网络安全是十分重要的。而我国的网络存在不安全的因素，网络安全的改革迫在眉睫。

三、“十二五”时期湖北省信息化发展面临的形势

“十二五”时期是我国实现全面建设小康社会奋斗目标承上启下的关键时期，也是全省贯彻落实“两圈一带”重大战略部署的重要时期。信息化建设既存在不少矛盾和挑战，也面临难得的战略机遇。

湖北省的信息化发展存在以下方面的制约因素：第一，经济结构调整缓慢，经济增长的质量和效益不高，资源环境代价大，城乡发展不协调，收入分配差距大，政府职能转变不到位等问题依然突出，信息化推动经济发展和社会进步的任务十分艰巨。第二，信息化管理体制机制尚不完善，信息网络基础设施尚不健全，信息产业大而不强，地区之间、城乡之间“数字鸿沟”普遍存在，信息化发展环境有待改善等问题不容忽视，信息化改革任重道远。第三，从各项信息化发展指数（Ⅱ）来看，“十一五”期间，湖北省与国内信息化高水平地

区（如北京、上海等地）仍有相当大的差距，全省还处于国民经济和社会信息化发展的初级阶段。

与此同时，湖北省也存在加速信息化发展的有利条件：第一，“两化融合”、“三网融合”、数字电视等新一轮基础设施建设和推广应用，将极大推动信息技术的广泛应用。第二，信息产业在国内拥有雄厚的科研力、集中完善的教育体系等比较优势，在光通信、激光和软件等领域也具有明显的产业和技术优势，将为战略新兴产业发展孕育新机遇。第三，武汉市相继被批准成为“创新型城市”、“智慧城市”、“无线城市”、“数字城市”等试点，武汉市东湖新技术开发区被国务院批准成为国家第二个自主创新示范区。总体而言，建设创新型湖北、构建促进中部地区崛起的战略支点，必将进一步优化全省经济社会的政策环境，为信息化发展提供新的动力。

四、“十二五”时期湖北省信息化发展的战略思路和建议

（一）战略思路

（1）一个切入点。以信息化与工业化的两化融合为切入点，利用信息化改造传统产业，促进产业转型升级，培育新的经济增长点；以结构调整拓展信息化发展空间，实现技术创新、产业升级、应用驱动和增强核心竞争力良性互动。

（2）两条发展主线。紧紧抓住产业结构调整和经济发展方式转变两条主线。发挥信息化在促进工业信息化、农业信息化以及服务业信息化的支撑引领作用，带动现代产业体系发展；从重大产业化、重大应用、重大核心技术研发层面全面、协调推进信息化进程，提高经济增长的质量和效益。

（3）三大创新领域。牢牢把握新一轮信息化浪潮的战略机遇，集中优势，加大投入，力争在技术创新、应用创新和管理创新等三大领域实现重大突破。

（4）四位一体布局。按照政务信息化、经济信息化、社会信息化和文化信息化建设四位一体布局展开，谋划“十二五”时期全省信息化发展的战略蓝图。

（5）五项重大工程。围绕信息化建设的四个重点领域和总体目标，通过实施电子政务协同应用工程、两化融合系统实施工程、信息化惠民惠农工程、楚文化资源数字化整合工程、三网融合深度推进工程等五大工程，形成亮点，突出特色，建立具有湖北特色的信息化体系。

（二）建议

（1）围绕“两圈一带”总体战略、“中部崛起”战略、“两化融合”战略和建设创新型湖北战略，全面提升信息化水平。切实加强全省信息化工作的整体统筹规划协调，防止信息化工程重复建设；加强各级信息化主管部门的自身建设，不断提高推进信息化发展的能力和执政水平；全面加强信息安全保障工作。

（2）继续发挥传统信息产业的优势，大力培育和发展新兴信息产业。以光电子等优势信

息产业为重点，进一步做大做强“武汉·中国光谷”，全力支持东湖国家自主创新示范区的建设，同时将其成功经验，在全省范围内推广。

（3）大力发展电子商务，构建现代产业体系：一要积极营造良好环境，提高民众参与电子商务的热情；二要积极推进各类电子商务平台建设；三要加快湖北作为全国重要交通枢纽的建设，建成全国的物流中转中心，为电子商务的发展提供强有力的支持。

（4）深入推进社会信息化、农村信息化建设，缩小数字鸿沟。在社会信息化方面，以管理与公共服务数据库建设为重点，以信息资源整合与共享为突破口，制定各类信息共享目录和数据交换规范，逐步实现社会管理与公共服务部门基础性、公益性数据互联互通；在农村信息化建设方面，进一步加大对农村信息化基础设施的投入力度，加快农村远程培训网络建设，加强农村信息员队伍培训，在加强硬件建设的同时加大信息接收终端和软件的开发力度，建立覆盖全省农村的农业信息传播体系。

撰稿人：中南财经政法大学　张利斌
华中科技大学管理学院　张鹏程

湖南省信息化“十一五”规划完成情况的评估与分析

“十一五”期间，湖南省信息化建设取得较好的成绩，信息基础设施对信息化发展的支撑能力进一步增强；电子信息产业发展步伐加快，信息产业布局取得重大进展；电信服务业快速增长；广播电视惠民服务成效明显；国民经济和社会发展重点领域的信息技术推广应用进一步深化；移动电子商务率先发展，优势突出；电子政务重点项目建设积极；电子信息产业园的认定和建设工作全面推进，信息化发展的基础环境不断优化。信息化的持续快速发展，有力地促进了国民经济和社会的全面进步。

一、湖南信息化发展状况

“十一五”期间，湖南省高度重视信息化工作，信息化建设取得长足进步。据测算，2009 年，湖南省信息化发展指数（Ⅱ）为0.615，比2006 年的0.565 提高了0.05，年均提高11.88%，高于全国平均水平0.07 个百分点。其中，基础设施指数年均增长9.65%，产业技术指数年均增长14.75%，应用消费指数年均增长21.96%，知识支撑指数年均增长1.54%，发展效果指数年均增长11.51%。具体见表1 所示。

表 1　　2006～2009 年湖南省信息化发展指数（Ⅱ）

	2006 年	2007 年	2008 年	2009 年
信息化发展指数（Ⅱ）	0.565	0.579	0.596	0.615
基础设施指数	0.285	0.294	0.295	0.318
产业技术指数	0.764	0.775	0.818	0.805
应用消费指数	0.436	0.468	0.495	0.536
知识支撑指数	0.768	0.771	0.779	0.788
发展效果指数	0.574	0.584	0.595	0.629

（一）信息化基础设施逐步完善

2009 年，信息基础设施建设坚持统筹规划、统一标准、互联互通、资源共享，推进信息网络综合化、宽带化、智能化发展，综合服务能力和社会普及程度持续提升，为支撑社会信息化和经济发展进一步奠定了基础。

1. 通信网络基础设施大大加强

2009年末，全省固定电话用户1166.95万户，每百户18.3部；移动电话2736.55万户，每百人43.2部。“村村通”工程建设任务超额完成，新增通电话自然村1000多个，固定长途电话交换机容量达到600898路端，局用交换机容量达到1204.02万门，移动电话交换机容量达到4392.5万门。

2. 互联网基础设施快速发展

2009年末，互联网宽带接入用户数达到303.2万户，新增通宽带行政村5000多个，建设信息服务站1000多个。长途光缆线路长度达到3.52万公里。互联网业务蓬勃发展，从1998~2009年的11年间，网民数1406万，年均增长44.7%。

3. 广播电视网络基础设施逐步完善

全省广播电台13座，其中省级台1座，市级台12座，县级广播电视台96座；公共广播节目96套，其中省级台6套，市级台27套，县级台69套，比上年增加了2套市级台节目；中、短波发射台和转播台26座，调频发射台和转播台103座。广播综合人口覆盖率91.13%，比上年提高2.10个百分点。

全省电视台15座，公共电视节目137套，其中省级台10套，市级台31套，县级台96套。电视发射台和转播台312座。2008年有线广播电视传输网络干线总长85055.95公里。有线电视用户543.925户，其中农村有线广播电视用户183.237户，比上年增加33.81万户。县至乡镇有线电视联网率超过73.3%，农村有线电视入户率为14.2%。电视综合人口覆盖率95.7%，比上年提高7.0个百分点。全省微波站158座，微波线路5551.60公里，增加微波线路250.50公里。卫星地球站1座，卫星收转站3217769座，增加27446座。具体见表2。

表2 广播、电视发展情况

	2005年	2006年	2007年	2008年
广播				
广播电台数（座）	13	13	13	13
广播覆盖率（%）	82.47	88.38	89.03	91.13
电视				
电视中心台数（座）	15	15	15	15
电视覆盖率（%）	92.4	94.0	94.7	95.7
有线电视入户数（万户）	428.16	470.13	510.12	543.92

4. 狠抓信息安全基础设施建设

“十一五”期间，湖南省启动信息安全服务综合平台项目建设，形成面向全省信息基础设施和政府部门、金融、电力等重要信息系统，提供应急响应能力、数据恢复、安全测评等全面的信息安全服务。

完成CA公司的实体组建，满足国家对电子认证服务机构实体身份、资金和技术方面的要求。2008年11月19日，中共湖南省委办公厅、湖南省人民政府办公厅发布《关于推进电子政务电子认证工作的意见》(湘办发［2008］52号)。数字证书已在湘潭国土、长沙社保、雨花区电子政务以及省电子政务外网平台进行示范应用。

湖南省信息安全测评中心(中国信息安全测评中心华中测评中心)建立24小时在线监测的网站监测系统，为政府部门和企事业单位等数十家网站提供监测、预警和快速响应服务。

(二)电子信息产业不断壮大

1. 产业规模继续扩大

2008年，全省电子信息产业实现主营业务收入425.00亿元，同比增长30.0%，其中，电子信息设备制造业260.00亿元，增长29.4%；软件业65.00亿元，增长37.0%；电子信息产业实现增加值102.00亿元，增长30.0%。

2. 产业布局取得重大进展

软件和信息服务业的优势和特色进一步凸现，通信设备制造业实现重大突破，7个手机品牌落户湖南，光伏产业从无到有高速发展，产业链全线拉通。2008年10月省政府《关于湖南省电子信息产业园建设的意见》出台，完成了11个省级电子信息产业园和1个光伏产业基地的全面布局。

3. 加强产学研结合，技术成果转化加快

南车时代、长城信息、拓维信息等一批企业成立联合实验室、研发中心。一批企业与高校、科研机构围绕关键技术和重大技术瓶颈开展联合攻关。南车时代电气与德州仪器、飞思卡尔建立联合实验室；华磊光电与中科院半导体研究所建立中科院LED前沿技术研发中心、半导体照明技术联合实验室、中科院半导体博士后流动站；湖南拓维公司加大人才储备，建立移动电子商务博士后流动站。株洲变流技术国家工程研究中心研制完成的用于受控核聚变研究的“中国环流器HL-2A装置中性束电源系统”项目和“基于剩磁重建及晶闸管阀技术的变压器励磁涌流抑制装置”项目顺利通过科技成果鉴定，属国内首创，可以为“人造太阳”提供大功率电源，是“人造太阳”核心电源装置。

2008年，全省年产原创动漫2.65万分钟，连续4年居全国第一。动漫企业不断创新赢利模式，基本形成研发、制作、发行、教育培训、播出、衍生产品开发等比较完整的产业体系。已有较大规模的动漫企业8家、教育培训机构9家。蓝猫卡通是国内最早实现卡通产业化的企业，拥有我国唯一的卡通驰名商标。宏梦卡通公司和三辰卡通公司位居全国十大动漫企业第1位和第2位。宏梦卡通已经成为我国最大的国产原创动画生产制作基地之一，是唯一一家与美国英特尔合作建立的全球第一个电脑动画技术发展中心的公司。目前拥有623家播出加盟电视台，每天在各台固定播出24分钟原创节目，播出范围遍布全国31个省市。“宏梦童趣生活”已开设50余家零售店，分布在上海、深圳、广州、长沙、杭州、济南等10多个城市。公司计划3~5年内在全国开设1200家店，形成少儿消费产品独特的营销网络。拓维信息2008年7月23日正式在深交所上市交易，成为中国股市动漫题材的第一股。2008年11月成功通过美国思科系统有限公司的最高级别认证，成为思科目前在华中区的唯一金牌合作伙伴。手机动漫领先全国。拓维信息是文化部动漫游戏产业振兴基地——手机动漫游戏技术中心，科技部数字媒体技术产业化基地——手机动画技术中心。该公司连续承办三届中国原创手机动漫大赛，累计收到作品超过10万件，并涌现一批优秀作品和优秀人才，促进传统动漫企业转型。累计参赛企业超过1000家、体验用户近2000万，作品下载近4500万次。拓维信息正致力于树立起一个覆盖全国、影响国际的赛事品牌，打造中国动漫产业的核心竞争力，推进新型动漫产业链的高速发展。

2008年初，长沙获批成为全国第13个服务外包基地城市，服务外包产业发展势头强劲，业务总额达135.00亿元，同比增长50.0%。有60余家企业承接境外服务外包业务。近30家国际知名跨国公司在长沙设立企业、研发机构或办事处。中软国际南方基地落户长沙软件园，美国佩罗系统公司落户长沙高新区，中软国际、湖南青苹果等企业外包和出口发展迅速。

省政府与中国电子信息产业集团签署战略合作框架协议，共建长沙国家软件产业基地，力争在今后6年内将长沙高新区国家软件产业基地建成中部地区最大最强，在全国最具特色和影响力的软件产业基地。

4. 消费类电子整机产业发展迅猛

“十一五”期间，有7个手机品牌落户湖南。高斯贝尔在湖南建成第一个年产200万台手机的生产基地，成功开发出国内第一款骨神经传导手机。数字视讯产品稳步增长，众一、深爱、欧信等湖南品牌手机开始批量销售。郴州高斯贝尔数码产业基地基本建成，已形成数字电视机项盒300万台、数字微波高频头1000万只、数字电视前端设备10万台、卫星电视接收设备500万台生产能力。郴州华录年产32万台移动液晶电视项目建成投产，新一代蓝光DVD视盘机开始试生产。国科广电、国科畅想的直播卫星电视接收设备、CMM8移动多媒体终端开始批量生产。

与整机配套的一批元器件重点投资项目加快推进。其中，台达电子（郴州）科技工业园的电子电源、郴州华阳电子的激光头及电子元器件、湘潭全创科技的高密度电路板、益阳艾华科技园的新型节能电容器生产基地在加快建设。湘潭爱铭数码的新型激光电子系列产品、湖南音品电子的跑道型微型扬声器和受话器、永州三甲电子的DVD视盘机马达、湖南科力电机的微型电机、益阳龙建达的CP直插式电阻、益阳恒辉公司的片式电阻等已经投产。

（三）电信服务业和广播电视事业快速增长

1. 电信服务业平稳增长

2009年全省累计完成电信业务总量851.94亿元，同比增长17.1%；邮电业务总量890.99亿元，增长17.0%；邮政业务总量39.05亿元，增长14.5%。广播电视事业持续发展。2008年全省广播电视行业总收入64.13亿元，增长13.1%，从业人员3.18万人。全年公共广播节目播出时间33.3735小时，比上年增加了7.03万小时；公共电视节目播出时间71.42万小时，比上年减少2.797小时。

2. 惠民服务成效明显

2007年，全省共筹措“村村通”建设资金1.87亿元，共完成7951个20户以上自然“盲村”的广播电视覆盖，解决约115万人看广播电视的问题。2008年，全省共筹措“村村通”建设资金2.60亿元，共完成14660个20户以上自然“盲村”通广播电视，帮助115.10万农村电视盲区人员解决看电视的问题，超额完成全年目标任务。2009年继续加强广播电视盲区建设。

3. 有线数字电视整体转换网络改造步伐加快

2007年6月，湖南省有线电视网络集团申请获得国家开发银行、建设银行、中国银行33亿元专项贷款授信，用于全省数字电视整体转换和网络改造。截至2008年底，长沙、株洲、湘潭、衡阳、岳阳、常德、邵阳、怀化、永州、娄底、湘西州11个市州城区，浏阳、醴陵、耒阳、石门等21个县市区城区的数字电视整体转换工作已基本完成。全省有线数字电视用户达到223.12万户，占全省有线电视用户总数的41.0%。

(四) 经济和社会信息化步伐加快

1. 信息化与工业化加快融合

2008年，湖南出台了第一个推进“两化融合”的政策性文件，为今后五年大力推进利用信息技术改造和提升传统产业提供了可靠的政策保障。编制推广行业信息化解决方案，结合本省实际，确定选择装备制造、钢铁有色、石油化工、食品加工、建材、煤炭、陶瓷、烟花、林纸作为利用信息技术改造和提升传统产业的重点行业。几年来，湖南省严格按照《2006~2020年国家信息化发展战略》提出的“四化”要求（设计研发信息化、生产装备数字化、生产过程智能化、经营管理网络化），先后制定各行业信息化解决方案。组织省内有关方面的资深专家进行方案评审，以正式文件发布实施。

首次将信息化指标纳入新型工业化考核体系，实现“两化融合”在绩效评估机制方面的率先突破，并成功地举办2008中国信息化推进大会。

构建了中小企业信息化公共服务平台。省信息产业厅组织有关行政管理部门、网络运营商、软件开发商及系统集成商的领导和专家，编制平台建设框架。按照框架的要求，确认湖南电信有限公司“商务领航”和北京神州数码在线科技有限公司“神码在线”作为首批推荐的全省中小企业信息化公共服务平台。平台运营商按SAAS模式集合这些先进适用的信息技术，实现公共平台与软件产品的捆绑服务。

煤炭、陶瓷、烟花、林纸9个传统行业选择试点企业100家。两年中先后投入1000万元专项资金，通过政府采购信息化专用设备，向试点企业提供定向支持。组织300多人次的信息化专家队伍，深入各试点企业开展调查研究，进行个性化的技术服务。2008年，在认真总结首批试点工作经验教训的基础上，制定试点企业认定办法和试点专项资金管理工作规定，将试点工作逐步纳入规范化管理，取得积极的成果。浏阳东信烟花集团公司利用政府采购提供的专用设备自主开发研制了先进的精确点火控制系统，成功地运用于北京第29届奥运会烟花燃放，为湖南、为中国争得荣誉。

实施信息技术推广应用“倍增计划”。2007～2008年共有14个项目成功进入国家信息技术推广应用“倍增计划”。

2. 积极推进农村信息化

县级信息平台建设不断完善。2007～2008两年中，全省重点地支持了宁乡等14县区的信息平台建设。投资400多万对长沙县、浏阳市等80多个县的局域网络进行改造升级。2008年，全省所有市州、农业县都完成信息平台和网站的建设，并成立专门机构，配备专职或兼职人员，工作机制、体制逐步健全。

基本建成“信息田园”农村综合信息服务平台。湖南电信公司先后投资300多万元，完成了农村综合信息服务平台“信息田园”的一、二期工程建设，整合农技科普、专家答疑、农产品供求、劳动务工、灾害防备等各类涉农信息270多万条，实现了面向“三农”的“信息流”服务。截止到2008年，“信息田园”注册涉农企业和单位达4000多家，个人农户达13.267户。大力开展“农信通”信息服务。2006年10月，省农业厅与省移动通信公司合作，打造了全省统一的农业信息服务平台——“农信通”（12582），通过语音、短信、网站等服务手段，面向农村和农民，即时提供科学、有效的农业信息服务。至今，已有130余万户农民定制了“农信通”业务，累计发布各类农业技术信息212487条次，农产品价格、供求信息10.89万条、1267575条次。

积极开展农村信息化试点工作。自2007年起，相继开展4个地区的农村信息化试点工作。沅江市作为“国家级县域信息化试点”，以加强信息基础设施建设，促进县域特色产业发展，完善农村综合信息化服务体系建设为重点，各项工作取得阶段性成果。韶山是原信息产业部“新一代农村电视接收系统试点”地区之一，2007年，南京熊猫集团和湖南航天卫通公司两家企业合作投资40多万元，为该市长湖村560户农家免费安装了先进的卫星电视接收系统，受到部省领导的高度好评和当地群众的热烈欢迎。新宁县作为省农村信息化无线接入的试点地区，将信息化建设与扶贫工作有机结合在一起，得到了国务院有关部门的充分肯定，被国务院扶贫办列为“信息化扶贫工程”全国首批3个试点地区之一。“搭建数字虹桥，牵手湖南乡村”计划第一个建设项目于2007年在湘乡市顺利完工，北京中青基业集团有限公司在该市捐建的10个农村网络教室全部建成并投人使用。

全面推进“百乡千村”信息化示范工程。2006年，湖南电信公司在全省启动“百乡千村”信息化示范工程，依托现有的乡镇党员远教点、统包点、农技站、文化站等实体，建设综合信息服务站点。截止到2008年12月底，在信息化示范乡镇和信息化示范村基本上实现了“一镇一店，一乡一站，一村一点”，全省2170个行政乡镇、45974个行政村中，建设乡镇综合信息服务站点覆盖率达48%，建设村级综合信息服务点覆盖率达27%。

（五）电子商务快速兴起

2008年，湖南省基于电视传媒的电子商务居全国领先地位。湖南卫视“快乐购”在全国形成品牌效应，全年完成销售额15亿元，覆盖45个区域市场，其中在湖南、广西实现了信息流、资金流与物流的三流合一。全省基于互联网的电子商务形成一定基础，一批企业主动探索电子商务，在商业零售、物流、花炮、旅游、有色、化工等行业取得一定成效。浏阳市70%的花炮企业建立了自己的网站。外销企业基本上实现了网上营销，整个出口市场以20%以上的平均速度快速增长，特别是东欧与中东地区交易额成倍增长。

移动电子商务率先发展，优势突出。2008年，湖南省成为唯一授牌的“国家移动电子商务试点示范省”。长沙高新技术开发区成为“移动电子商务产业园”，中国移动通信集团湖南有限公司和湖南拓维信息系统股份有限公司成为“移动电子商务应用创新中心”。

省政府成立湖南省移动电子商务工作领导小组及其办事机构，负责对国家移动电子商务试点示范省（湖南）和国家级移动电子商务产业园建设的宏观指导，研究制定移动电子商务的重大方针和政策措施，协调解决试点示范工作和产业园建设中的重大问题，负责开展对试点示范各项工作的督促检查。

省政府与中国移动通信集团公司签署《关于推进湖南移动电子商务试点示范工程建设合作备忘录》，三年内，中国移动通信集团公司将投入总额为108亿元资金用于建设湖南城市和农村的移动通信设施。中国移动全网手机支付平台开始在湖南建设，将为全国手机用户提供支付服务，预计三年内将产生1000亿元人民币的资金聚集效应。中国移动全国CA认证中心及手机钱包备份中心确定在湖南建设，将带动移动电子商务软件、服务、制造、研发等产业的聚集，形成完整的移动电子商务产业链。省政府办公厅正式批准在全省开展“移动电子商务亭（机）”设置工作。

移动交易、移动公用事业缴费、移动公共交通、移动农业电子商务四大项目正在长沙、常德、邵阳等地务实推进。2008年末，全省手机支付活跃客户已增加到了100万，全年交易额已突破20亿元。电子商务业务体系逐渐丰富，全年新增移动电子商务合作伙伴近20家，新开通了手机投注（福彩、体彩）、手机购书（影音书刊俱乐部）、手机购电影票、手机购车票、手机网上购物等多项移动电子商务业务。为加快推进移动公用事业缴费，湖南移动公司和湖南拓维公司，已与长沙地税局、常德电业局、衡阳电业局、长沙市交通银行达成合作意向，完成手机税务业务、移动电力缴费业务、移动星城通业务等移动公用事业缴费试点项目开发上线工作。2008年末，湖南移动公司已经与湘潭公交、郴州公交达成合作意向开展移动公共交通试点应用。移动农业电子商务联合工程试点项目召开了工作协调会，成立“国家农村移动电子商务（湖南）试点示范工程”项目协调工作组，组织项目承建的湖南移动公司、湖南银联公司、湖南玲珑科技公司三方签署了《农村移动电子商务（湖南）试点示范工程战略合作框架协议》，并制定了邵阳地区及浏阳、醴陵、湘乡三市的项目推广计划。全面整合农村现有商贸、物流、市场、人力等各方资源，尽快形成湖南省县域商业零售、物流配送、特色加工一体化市场，全面提高农村商贸企业市场竞争力，服务“三农”，振兴农村经济，并力求在全省乃至全国走出一条企业共建、多方参与、创建推广的农村移动电子商务模式，全面提升农村信息化建设新路子。2008年末，已形成了27家县域龙头企业，2777家农家店的加盟规模，并创建了以农户项目小额信贷为基础，资金体系封闭运行的资金归集模式农村移动电子商务。

(六) 电子政务快速推进

全省电子政务内网省级城域网已完成省委、省人大、省政府、省政协、省高检、省高院的互联和180多家包括省委所属机构、省政府组成部门、直属机构、特设机构和省直有关部门的窄带接入。广域连接在完成与14个市（州）以及117个县（市、区）的联通的基础上，加快市（州）城域网的建设，14个市州基本建成连接省委、省政府及主要部门的城域网。

全省电子政务外网基本建成省级平台骨干城域网和市州广域网。目前，共有76家省直部门通过光纤接入外网，42家通过外网统一出口进行互联网应用，25家通过外网进行数据交换。长沙、株洲、湘潭、衡阳、永州等市城域网基本建成，完成主要政府部门的接入。各级政府部门网络基础设施建设进一步完善，省直部门局域网建设普及率达95.0%，市（州）县局域网建设普及率达40%以上。

2007年，湖南省政府门户网站绩效得分为42.5，在全国省级政府网站中排名15位，较2006年上升1位。2008年，重新改版后的省政府门户网站，以进步很大、排名提升较快、总分53.62分的成绩首次进入全国前10强。省政府门户网站英文版的开通更是开创了省级网站的先河，成为全国优秀省级网站之一。在全国332个地市级政府网站绩效评估中，长沙市从2007年的42名进入19名，常德、衡阳、怀化分列第53、67、89名。

信息公开质量明显加强。各级门户网站开设“百件实事网上办”栏目，全省各市州面向百姓的服务项目50余项。

在线服务能力正在形成。80%的省直部门网站设立了“办事指南”栏目，75%的省直部门网站能够提供“表格下载”服务，40%的省直部门网站提供“在线办事”服务。

二、湖南信息化发展中存在的问题

湖南信息化发展较快，但是与发达省份相比，整体水平仍然较低，还存在一些问题，主要表现在信息产业规模小、结构不合理，农村信息化水平较低等。

(一) 信息产业规模小

经过多年的努力，湖南信息产业有一定的发展，形成了一批优势企业，有一批前景看好的产品。但总的来说，产业规模较小，与在全国排名第一的广东省相比，湖南信息产业销售收入不到广东省的1/10。

(二) 信息产业结构不合理，产品附加值较低

湖南省信息产业主体以制造业为主，占产业规模的80%，软件业所占比例仅为20%。信息服务业在资金、技术、人才和产业规模等方面更是落后于电子信息产业和邮电通信业。就信息服务业内部而言，“重建轻用”的现象非常普遍，大量的硬件设备因没有信息资源的支撑而处于闲置状态，得不到有效的利用。从长远来看，将会制约电子信息产业及邮电通信业的发展。另外，产品附加值也较低，多数产品处于价值链的低端，附加值不高，代表当今世界信息技术、信息产业发展方向的产品，适应国际国内当前市场需求的新产品、高端产品很

少，名牌产品更少。

（三）信息产业自主创新能力有待加强

近几年来，湖南信息产业没有重大项目，难以支撑信息产业高速增长。高端人才缺乏、研发投入不足以及产学研结合较差，从而导致创新能力较弱，这已经成为制约湖南信息产业发展的重要因素。

（四）农村信息化水平仍然滞后，城乡差别较大

目前，湖南省农村仍有部分地方看电视难、通讯难，农村宽带网入户率低，农村信息化知识的普及较落后，城乡差别制约了整体信息化水平的提高。

三、湖南信息化发展对策建议

（一）抓好核心基础产业

国家在“十一五”规划中把软件、集成电路和新元件确定为核心基础产业，它们是整个信息产业的基础和核心，在整个电子信息发展过程中具有十分重要的地位。当前，从世界范围看，电子信息产业的竞争主要集中在这几个领域内。在湖南省，这三大产业中的软件和新元器件已经有了一定的基础，可望成为湖南信息产业新的增长点；集成电路也开始起步，发展潜力很大。但是这三大产业发展的势头很猛，市场竞争激烈，因此，湖南省必须依托其科技资源和人力资源优势，紧紧抓住全球制造业梯度转移的机遇，加快制定落实有关政策，加强对优势企业的指导和服务，在规划、资金、项目、专利申请等方面提供有效的帮助，促进企业做大做强。只有抓好这些核心基础产业，湖南信息产业的发展才具备了坚实基础，而这些核心基础产业也有望成为湖南信息产业的特色优势产业。

（二）发展四大产业集群

建设以产业链为基础，集中核心产品零部件制造、整机组装、技术研发、市场开拓和共享服务为一体的产业集群，形成若干个有较强竞争力的区域，是提高创新能力，发展特色优势产业，做大做强行业规模的最佳途径。湖南省委、省政府已经在有关文件中明确表示，要从湖南省的现有基础出发，着力培育发展四大信息产业集群，即大力培育光伏新兴产业集群，发展壮大软件优势产业集群，引进和扶持手机、数字电视终端等消费类电子整机产业集群，实现新型显示器件产业集群的新突破。

（三）加强企业自主创新

创新是一个民族进步的灵魂，也是提升产业整体技术水平和核心竞争力的关键。目前，创新能力弱仍是制约湖南信息产业加快发展的根本因素。因此，必须以提高原始创新为奋斗方向，以集成创新和消化吸收再创新为重点，在提高全行业的创新能力方面有所作为、有所突破。企业是技术创新的主体，大中型企业要在已具一定规模优势和市场潜在优势的产业领域，积极整合科技资源，努力加快消化吸收再创新和集成创新的步伐，支撑产业发展。各个企业都应积极制定有远见、重创新的产品研发规划，加大科技投入，保证现有的研究开发中心做到机构到位、人员到位和资金到位，打破封闭的研发方式，通过构建产业联盟、技术联盟和加强产学研结合的方式，迅速扩大研发规模和速度。

（四）大力引进战略投资者

信息产业是高技术、高投入、高风险、高回报的产业，比其他任何产业更急需引进战略投资者。第一，要全方位参与泛珠三角区域合作，采取合资、合作、产权转让等多种方式，有针对性地大力招商引资，主动融入国内东中西互动的开发格局，快速壮大产业规模。第二，瞄准信息产业国际、国内有知名品牌、核心技术、销售网络和雄厚资金实力的大公司，引进技术、资金、人才。第三，引进中国信息产业集团、神州数码等战略投资者建设和经营长沙软件园，通过引进战略投资者参与信息产业基地建设和管理，促进软件园的企业化运行机制形成，带动信息产业基地建设和管理体制创新。

（五）承接泛珠三角区域信息产业转移

接轨珠江三角洲地区信息产业，承接产业转移，搞好产业成龙配套发展，是湖南省信息产业走外源性发展道路的首选战略。在泛珠三角区域内地九省区中，广东省是信息产业最为发达的地区，而且广东省的电子信息产业连续16年居全国首位。而湖南信息产业虽然在泛珠三角区域九省区中处于中等水平，但是和广东相比却有很大差距。据2006年的统计结果，广东省信息产业销售收入为16910亿元，湖南省电子信息产业销售收入为501亿元，约为广东省的3%；广东省电子信息产业销售收入为11616.2亿元，而湖南省电子信息产业销售收入仅为246亿元，约为广东省的2%，两地的信息产业就像一级很宽的阶梯。而且广东省和湖南省交通便利，从广州到湖南郴州只要3个小时，到长沙也只要6个小时；湖南输出人才之中90%集中在珠三角，不少人是企业骨干，是湖南与珠三角两地联系的重要桥梁。因此，湖南应该积极创造条件，依托广东、服务广东、接轨广东，积极承接广东省信息产业的梯度转移；另一方面，湖南也应该在互补性较强的领域加强配套与协作，积极主动地融入“泛珠三角”地区的信息产业协作中。

（六）大力推进农村信息化

必须加大对农村信息化的投入，加快推进农村通电、通讯、通邮、通网建设，特别是山区、贫困地区通讯和网络建设，加快农村与信息化相关的服务网点建设，提升服务质量和水平。加强农村信息化知识的普及工作。通过加强农村信息化，促进整体信息化水平的提高。

撰稿人：湖南省统计局科研所　李　波

广东省信息化“十一五”规划完成情况的评估与分析

信息化是当今世界发展的大趋势，是推动经济社会变革的重要力量。为认真贯彻落实科学发展观、全面建设小康社会、大力推进信息化，广东省在“十一五”时期以邓小平理论和“三个代表”重要思想为指导，以科学发展观统领信息化发展全局，贯彻落实《广东省国民经济和社会信息化“十一五”规划》，坚持以信息化带动工业化，以工业化促进信息化。巩固信息产业在广东省国民经济中的基础性和支柱性地位，继续扩大产业规模，着力提高产业发展质量，大力推进产业结构优化，努力增强产业自主创新能力，突破了一批核心技术与关键技术，增创了信息产业发展的新优势；大力优化信息化发展环境，加快了信息化支撑服务体系建设，并完善相关配套法规，加快信息化人才培养和聚集，加快信息化体制创新，强化信息化资源整合与共享，形成了全社会协同推进、信息产业与信息化应用互动发展的新格局。

一、广东信息化发展完成总体目标

“十一五”时期广东信息化发展，形成了信息技术普遍应用、信息资源合理利用、覆盖国民经济和社会各领域的较为完善的信息化体系。信息化带动作用得到充分发挥，信息化成为广东省转变经济增长方式、建设节约型社会、实现可持续发展的重要主导力量。实现了一个“跨越”、两个“提高”和三个“突破”。即实现从信息产业大省向信息产业强省的跨越；实现信息产业自主创新能力显著提高、信息化普及程度和应用水平显著提高；在信息化的关键技术、体制机制建设和缩小“数字鸿沟”等三方面取得重大突破。

根据国家统计局《信息化发展指数（Ⅱ）》的测算，2009 年广东信息化发展总指数为 0.781，高于全国平均水平 0.681。从 2006 ~ 2009 年，广东信息化发展总指数年均增长为 11.4%。其中，信息化基础设施指数年均增长 3.9%；信息化产业技术指数年均增长 16.1%；信息化应用消费指数年均增长 26.2%；信息化知识支撑指数年均增长 1.2%；信息化发展效果指数年均增长 9.8%。全省信息化各项指标均达到或超过“十一五”预期目标（见表1）。

表1 广东信息化发展指数（Ⅱ）

	2006年	2007年	2008年	2009年	年均增速（%）
总指数	0.699	0.738	0.761	0.781	11.43
信息化基础设施指数	0.487	0.52	0.509	0.524	3.92
信息化产业技术指数	0.976	1.003	1.012	1.022	16.07
信息化应用消费指数	0.545	0.657	0.742	0.777	26.17
信息化知识支撑指数	0.831	0.842	0.853	0.86	1.22
信息化发展效果指数	0.654	0.67	0.688	0.722	9.78

二、“十一五”期间广东信息化发展成绩骄人

（一）信息化基础日臻完善，硬件设施不断扩充

1. “三网”接入工程顺利完成

“十一五”期间，广东电信网、广播电视网和互联网接入行政村的“村村通”工程顺利完成，电信网已联通20户以上的自然村。到2010年11月，全省固定电话用户达3203.4万户，移动电话用户数达9577.1万户，用户规模和业务量均处于全国首位。无线电监测加快技术设施建设，推进管理科学化。逐步形成以高山测向站、城区固定监测站、小型监测站为基础框架，可搬移站、移动监测系统为补充，沿海站为延伸的分布监测网络体系。全省共建成监测站328台/套，其中高山站5座，城区固定监测站41个，移动监测系统33辆，小型监测站150个，搬移式监测系统13套，便携监测系统86套。截止2010年11月底，全省已有各类民用无线电台站27.9万座（不含公众移动终端），约占全国总数的1/10。3G基站已达42794座，3G移动用户达530万户，累计建成WLAN热点36800个，长期稳定用户达230万户，无线宽带网络覆盖率已达47.8%。

2. 农村信息化基础设施进一步完善

在过去的5年中，广东省所有行政村全部接入宽带网，12.8万个20户以上自然村全部通电话，信息基础设施在全国农村处于领先水平。在全国率先构建了省、市、县、镇、村多级农村信息服务体系。目前已建成并向农民开放1000多个县（镇）信息服务中心、约2万个村级信息服务站点，建立了15000人的基层信息服务队伍和500多人的农业专家队伍；开通100多个应用平台、300多个特色应用系统，25个市县开通了农村视频点播频道，涉农视频课件达800多集；“农村手机报”、“农信通”等涉农短信息服务覆盖人数超过700万人。

（二）信息化应用取得突破，政务商务齐头并进

1. 电子政务建设取得重大进展

国务院新闻办公室网站[①]信息显示：广东省政府门户网站在近期举行的“2010年中国优

① http://www.scio.gov.cn/。

秀政府网站推荐及综合影响力评估”活动中，荣获“2010年度中国互联网最具影响力政府网站”和“2010年度中国政府网站领先奖”。

近年来，广东省率先在全国建立了政务信息资源共享的框架体系，创造性地将信息共享工作纳入行政部门依法行政的监察范围，制定了依法履行信息共享职能的考核方法和考核评分指标，开展信息共享的电子监察工作，每月由省监察厅对信息共享的工作进行通报。“十一五”期末，广东已经形成重大政策、协调机制、支撑平台、行政监察相互配合、相互衔接、特色明显、成效显著、立体式推进的“广东模式”，多次在全国性会议上作经验介绍，广东省中山市还成为国家的市级信息共享评估试点。“十一五”期间，建成了统一的覆盖省、市、县三级党政部门的政务网络，建成了全省电子政务密钥管理和电子认证基础设施，建成了省级和18个地市的信息资源共享平台，各级政府和部门电子政务网站群提供政府信息公开、网上行政审批等便民服务。全省电子纪检监察综合平台在行政审批、行政效能投诉、行政执法、财政资金运行等重要行政领域实现了省、市、县三级政府全面覆盖。全省政法系统信息网络平台实现了省、市、县三级机构和政法、公安、司法、法院、检察院等部门的横向和纵向的互联互通。

到2010年，广东已发布四期《广东省政务信息资源共享目录》，覆盖了省委、省政府、省政协、省政法系统、国有企业等部门共364类信息，要求凡是纳入目录的信息，各部门必须提供共享，基本形成了较为规范的《共享目录》修订流程。目前，省级信息资源共享平台已实现共享单位32个，共享信息142类逾2.8亿条，每月交换数据2000多万条，分别比2009年增长了0.84倍、1.5倍和12倍，并已有广州、深圳、佛山、揭阳等18个市建成了市级数据共享平台。

2010年省直网上政务公开新增量40.3万份，占政务公开量的95%；地市网上政务公开新增量58.9万份，占政务公开量的92%。全省政务更加公开，政府工作更加透明。2010年省直收到网民意见14万条，回复反馈13万条，网上反馈率92.9%；地市收到网民意见82万条，回复反馈76万条，网上反馈率达92.7%，网站已经成为倾听民声、了解民意、疏解民困、广纳民智的重要渠道。2010年省直行政许可事项网上办理率达70.4%，同比增长14.2%；地市行政许可事项网上办理率达80.4%，同比增长127.0%；全年省市网上办事量达1913万件，老百姓足不出户便可办理大部分的服务事项。广东省数字城市地理空间框架建设全面展开，正在建设满足各市政府及其有关部门和社会公众广泛应用的基础地理信息公共平台。

2. 电子商务不断发展

广东的电子商务，从2008年开始进入高速发展期，其增长速度已经超过了浙江、北京等电子商务暂时领先的省份。2009年全省的电子商务交易额超过7200亿元，占同期全国电子商务交易额的19%，其中“国家移动电子商务试点示范城市”广州市的交易额达到3600亿元，比同期的上海高出近600亿元。

广东省从2008年开始计划未来5年每年从财政拿出2亿元来支持电子商务产业，广州市财政拨付的电子商务专项资金每年也达到2000万元。在广东，除了广汽本田、华为技术、中兴通讯、惠州TCL集团等成为制造业电子商务发展的龙头企业，个人电子商务同样发达，是全国唯一网络购物人数超过1000万的省份。

在电子商务目前发展规模最大的B2B领域，广东省特有的产业集群效应也发挥了重要作用，广东以大批行业电子商务网站为平台所集结的中小企业电子商务应用集群正快速发展壮大。如广东塑料交易所建立的塑料电子交易系统，2008年平台交易总量达1000万吨，成交额达2000亿元。在电子商务支付体系方面，截至2009年底，银联网络已覆盖广东地区（不含深圳）20个城市市区及下属的140多个县（镇或区），现正向广大农村地区延伸；广东银行卡发卡量达到了近2亿张。

据悉，广东省每年2亿元的电子商务扶持专项资金中将有40%以上用于扶持龙头企业。而在深圳，电子商务也已被纳入政府发展规划。2009年底出台的互联网产业振兴规划中，明确提出自2010年起连续7年，每年安排5亿元扶持互联网产业发展，力争2015年产业规模达到2000亿元，并培育出3~5家销售收入超百亿元企业，其中商机网、拍拍网、芒果网等电子商务企业将是重点培育对象。

3. 智能交通有新的发展

在广州、汕头、东莞等地，车辆年票收费、出租车管理、公共交通管理等领域智能化被大规模成功应用。广东自2006年起使用粤通卡，累计发卡量超100万张。粤港两地已实现“两芯同卡”，已有5000多辆两地牌车使用该服务。广深线每年超过3000万张RFID车票在使用。目前，广州市“羊城通”公交卡集公交通、电信通、商务通于一身，发卡量超过1500万张，日均交易量500万笔。

2010年12月24日，广东最大的车主服务联盟战略合作单位在广州市琶洲国际会展中心举行了签约仪式，广东的车主有望获得便捷的车载信息服务。“广东车主服务平台”以中国移动广东公司、广东省交通集团、广东物资集团、广东联合电子收费股份有限公司、广东车联网信息科技服务有限公司、广东立信企业有限公司、高德软件有限公司、新科汽车电子有限公司等八家公司形成战略合作联盟，整合合作成员各自的优势资源，为车主提供包括出行所需的交通信息、商旅资讯、汽车资讯，以及各种殷实的优惠，如联名粤通卡通行费打折、高速公路服务区便利的商旅服务、车管车惠服务等。

据悉，世界知名汽车制造商和电信运营商合作，已在全球范围相继推出了多种搭载车载信息服务的产品，如丰田的G-book、上海通用的安吉星（Onstar）、宝马的ConnectedDrive、福特的SYNC系统等。广东多家企业在此次“跨界”携手整合后，车主服务平台在不久的将来也会为上述产品提供相关的服务，继而推出自有专属产品。

（三）信息化产业水平提高，给力经济社会发展

广东软件和信息服务业取得的成绩可圈可点，堪称全国龙头和典范。2000年广东省软件业务收入80亿元，占全国13.0%；2010年前10个月，业务收入达到2195亿元，占全国的21.0%，高居榜首，较排在第二的江苏和北京高出4个百分点。

1. 物联网产业发展迅猛

广东GDP总量连续22年位居全国第一，2010年外贸进出口总额占全国的1/4强。广东既是制造大省又是物流大省，许多领域都是物联网发挥作用的地方。广东的信息化基础也为物联网应用的逐步拓展创造了良好条件。“智慧广东”建设取得实质性的进展，物联网技术研发取得较好的突破，产业和应用得到较好的发展，一批重要的研究机构和重点实验室、工程中心纷纷落户广东。

2010年，广东物联网产值超过800亿元，M2M数量超400万个，以超过30%的速度快速发展。2010年1月，广东省成立了全国首个地方性的无线射频（RFID）标准化技术委员会。5月28日，“部分省市物联网应用工作交流会暨物联网发展高层论坛”在广州召开，这是国家层面首次以物联网为主题召开的会议，被业界称为物联网发展史上的里程碑。以此契机，启动“智慧广东”建设计划，在全省引起了强烈的反响。广州、深圳等许多地市，纷纷出台加快发展物联网的规划和行动。截至2010年底，广州市拥有射频识别技术（RFID）、二维码、条形码、传感器、卫星导航、视频监控等物联网企业近700家，产业规模达150亿~200亿元。无线射频识别（RFID）、传感器网络和机器对机器（M2M）的物联网技术应用取得初步成效。

2. 物联网关键核心技术取得突破，研制出具国际领先水平的国产化自主创新产品

培育了一批本土企业，引进部分国际著名企业，形成了集聚效应，产业链条伸长，市场规模扩大，在全国处于领先地位。全省集聚RFID相关的企业超过2000家，RFID市场规模达到45亿元，占全国40%以上，超过30家国际著名厂商在广东投资和开展业务。一批重点领域的应用得到较好培育。全省已拓展电力抄表客户逾20万家，市场占有率接近90%，交通物流行业客户逾30万户。利用粤港合作平台，开展RFID关键技术在生产管理、行政监管、民生服务等领域的应用，主要有：形成粤港不停车收费、食品溯源诸多应用案例，如电子监测生猪150万头，装RFID耳标14.4万头，保证了供港食品安全。物联网技术在亚运的交通调度、安全监控、场馆组织管理、门票发售等方面应用良好，为成功、精彩的亚运提供了科技保障。物联网的网络和无线传感基础设施建设和产业处于国内领先和世界先进水平之列。传感科技有限公司广东卫星定位导航传感器企业数和规模分别占全国50%以上和60%。园区聚集、基础配套设施进一步完善，已经挂牌的有广州物联网产业基地和东莞物联网产业基地。

3. 信息化与工业化融合取得巨大进展

“十一五”期间，广东工业产品的信息技术含量显著提高，信息技术对传统产业的改造提升成效显著。全省规模以上工业企业数控技术应用率达到50%以上，中小企业信息技术的应用率达到40%以上。实施了“4个100”示范工程，即在传统产业数字化改造、装备制造数字化、应用信息技术实现清洁生产和节能降耗四个方面每年评选100家示范企业。通过示范企业，确立行业标杆，带动各行业两化融合工作的推广。推动广州和珠江三角洲国家两化融合试验区建设，探索性地在企业、行业和区域三个方面开展两化融合发展水平评估工作，

其中珠江三角洲国家两化融合试验区在首批八个国家级试验区中得到90.54的高分，综合排名第二。

4. 社会信息化水平显著提高

农业信息化水平不断攀升，山区信息化建设成效显著。全省乡镇中心小学以上各类学校已全部接入互联网。广东县级以上医院普遍应用了信息管理系统。文化信息资源共享系统基本建成，数字出版产业全国领先。截至2010年底，全省网民数达5324万人，占全国的11.6%，其中手机网民数达到3882万人，占全国的12.8%，均居全国首位；互联网普及率为55.2%，居全国第3位；域名数1211749万个，占全国的10.8%，居全国第2位。互联网各项应用指标处于全国前列。粤港双方继续加大信息化合作力度，全力推进无线射频识别（RFID）技术在粤港通关等各领域的普及应用，陆续启动更多示范性项目，使RFID技术在现代服务业、制造业、公共服务体系、交通与物流、粤港通关、图书管理等领域的应用取得突破性进展。

5. 电信网、广播电视网、互联网三网融合应用探索取得了长足发展

深圳率先进入国务院第一批电信网、广播电视网和互联网三网融合国家试点地区（城市）。数字家庭试点广州市番禺区已从万级向十万级跨越，可提供50多项互动信息服务，3000余小时节目点播，初步实现了娱乐电视向信息电视、商务电视发展转变。广东省三网融合试点的云浮市，形成了“地方政府、广电、电信、国家基地”四方联手，合作共建联动的推广模式，得到了中共中央政治局委员、省委书记汪洋的高度肯定，在全省推广应用。云浮市“三网融合”双向互动数字电视应用示范体验中心于2010年7月份正式开放。

（四）信息化创新能力增强，经济效益成果明显

1. 信息产业与信息化应用相互促进的效果明显

电子信息产业规模不断壮大，发展质量同步提升，成为广东省工业的第一大巨头。2010年1~11月，广东电子信息设备制造业销售产值达16484.1亿元，占全国总量的1/3强，已连续20年位居全国第一。广东是全球重要的电子信息产业制造基地，台式计算机产量占世界产量半数以上；彩电、激光视盘机和组合音响等家用视听设备生产规模居世界前列，占全球总产量的两成以上。广州、深圳和珠海已经发展成为全国重要的集成电路设计产业化基地，产值占全国的1/3以上。

2. 自主创新能力持续提高

2010年，广东省在电子信息产业领域已拥有20多个各类国家级创新研发平台和100多个省级重点科研和产业化机构。华为技术有限公司、中兴通讯股份有限公司等电子公司的专利申请量居全省前列，全行业专利申请量在全省乃至全国处于领先地位。技术创新能力显著增强，部分领域核心技术率先取得突破。全省共计制定了数字家庭相关国家标准1项，参与制定国家标准8项，参与制定国际标准1项，制定地方标准20项，成功将广晟数字音频编解码技术（DRA）升级为国家数字电视音频标准。

广东领跑国内RFID物联网关键技术的单位有中山大学、华南理工大学、广东工业大学、

电子五所、电子七所等国内知名院校及研发团队。他们掌握了RFID芯片、读写机具、标签制造、中间件、软件平台等RFID核心技术，拥有超过国内RFID一半以上发卡量的产业，形成了广深铁路票务系统、粤港食品药品产业链监管、电子口岸等特色应用产业。中山大学研发的RFIDCPU卡芯片具有完全自主知识产权，具有低成本、高安全优势，填补了国内空白。

云计算技术在全国处于领先水平。广州正积极筹备建设超级计算项目，深圳已在建设国家超级计算深圳中心，三大电信运营商也纷纷在广州建立了中国移动南方基地、中国电信互联网数据中心（IDC）“亚太信息引擎”、中国联通国家数据中心和部署计算弹性平台。佛山南海与全球最大的开源软件企业红帽公司合作，建立云计算平台。珠海金山、深圳金蝶公司推出为企业服务的“云”产品。

2009年4月19日，国家质量监督检验检疫总局、工业和信息化部与广东省人民政府在北京联合宣布，正式颁布《多声道数字音频编解码技术规范》为我国数字音频编解码技术国家标准。《多声道数字音频编解码技术规范》由广州广晟数码技术有限公司以其自主研发的DRA数字音频编解码技术为基础起草。该技术是具有国际领先水平的多声道音频信源编解码技术，具有解码复杂度低、压缩效率高、音质好等优点，可广泛应用于数字音频广播、数字电视、移动多媒体、激光视盘机、网络多媒体以及在线游戏、数字电影院等领域。数字音频编解码技术是《电子信息产业调整和振兴规划》中强化自主创新能力建设的一项重要核心技术。此次数字音频编解码技术国家标准的颁布打破了数字音频核心技术长期以来被国外专利技术垄断的局面，将有利于我国数字音视频产业群形成新的经济增长点，对提升我国数字音视频产业的全球竞争力具有重要意义。

2009年广东省在中国第三届数字博览会上共获得14个奖项，并获得了被业界认为难度最大的“创新技术奖”的过半奖项。“智能化信息处理”技术、“OED电子纸电泳”技术、新一代移动阅读器、有声读物MPR技术等一批科技新成果为出版产业转型占领了制高点。

3. 软件和信息服务业发展势头强劲

据统计，截至2010年11月广东省软件业累计完成业务收入2410.3亿元，同比增长25.1%，占全国的19.9%，居全国首位。全省软件业实现利润总额445.3亿元，同比增长19.7%；税金总额206.1亿元，同比增长28.0%；软件出口达到108亿美元，同比增长17.1%，出口覆盖100多个国家和地区。

广东省软件业务收入从100亿元增长到1000亿元用了7年，从1000亿元发展到2000亿元仅用了3年时间。

4. 企业竞争力显著增强

2010年，全国电子信息百强企业广东拥有23家，全国软件业务收入前百家企业广东拥有12家，国家规划布局内重点软件企业广东拥有33家。产业转型升级明显加快。产品结构向高端延伸，目前液晶电视占广东省彩电的比例高达62%，软件和新型显示等核心产业呈高增长态势，远高于本省电子信息行业增长平均水平。

5. 新兴产业发展明显加快

平板显示、LED、新一代宽带移动通信、软件和太阳能等新兴战略产业发展迅猛，成为广东电子信息产业的发展龙头。广东已是全国最大的液晶电视模组生产基地，2010 年产量超 3000 万片；彩虹、中显等 OLED 面板项目加快建设，广东省还是国家唯一部省共建 OLED 产业示范基地，OLED 产业基础国内领先。LED 发展迅猛，拥有全国规模最大的 LED 下游封装应用等产业，产值占全国一半以上，其中封装应用产业占全国 70% 以上。近五年来，广东省光伏产业年均增长率在 40% 以上，特别是薄膜太阳能产业国内规模最大。数字家庭产业在广东也取得快速发展，产业规模一直在国内领先。

（五）信息化发展环境改善，国民素质大幅提高

“十一五”期间，广东出台了《广东省计算机信息系统安全保护条例》、《广东省企业信用信息收集和公开管理规定》、《珠江三角洲地区现代信息服务业发展规划（2010 ~ 2020 年）》、《关于加快推进我省信息化与工业化融合的意见》和《关于加快发展物联网建设智慧广东的实施意见》等一批重要的地方法规和政策文件，较早提出了建设“数字广东”和发展物联网的实施意见，营造了良好的信息化发展环境，完善了信息化发展的体制和机制。信息化人才建设取得较大成效，专业技术队伍基本形成。信息安全保障体系初步建立，信息安全技术与产品的研发取得新进展。

2009 年广东省互联网站 ICP 备案量总数已达 57 万个，互联网出版单位已增至 18 家。开展了整治互联网低俗之风专项行动、治理利用手机传播淫秽视频违法犯罪活动专项工作、整治手机媒体低俗之风专项工作、地理信息市场专项治理等 4 次专项整治行动，删除低俗文章 1660 多篇、低俗信息 43 万多条、低俗图片近 1.3 万张、关闭低俗栏目 9 个。2009 年，广东省为推动企业使用正版软件，有 241 家企业完成了使用正版软件工作；主动监管网站 228 家，查处网络侵权案件 81 宗，没收服务器及其他设备数量 9 台（个），关闭网站 53 家，行政罚款 10.9 万元，9 起案件移送司法机关处理。

2009 年，广东省审核报新闻出版总署审批的 21 款国产和引进版网络游戏，按要求设置了防沉迷系统，认真组织实施了“中国民族网络游戏出版工程”，5 家网络游戏企业的 5 款原创网络游戏列入“中国民族网络游戏出版工程”。通过网络文化和娱乐的普及，广东省人民群众的信息化应用水平逐渐提升，信息化素质大大提高。

三、广东信息化发展存在的主要问题

“十一五”期间，广东省信息化发展虽然取得了可喜成绩，总体排位在全国名列前茅。但是从监测的分指数分析，我们看到，广东省信息化发展仍存在一些不足之处，主要有如下几点。

（一）信息化发展速度有所放慢

从 2009 年比 2008 年的情况看，信息化发展总指数的增长速度全国已达 10.3%，而广东

省则为8.2%，低于全国平均水平，也低于江苏的13.0%和浙江的8.5%。从2006~2009年总指数的发展速度看，广东年均增长为11.4%，也略低于全国平均水平的11.8%。

（二）信息化发展的基础设施建设还需发力

2006年广东省城镇每百户拥有彩色电视机为160.07台，到2009年，下降为142.77台。同期的全国水平是：2006年137.43台，2009年135.65台。2006年广东省农村每百户拥有电视机为114.14台，到2009年，只有118.40台。同期的全国水平是：2006年106.88台，2009年116.59台。这说明，广东省在“十一五”期间，城镇彩色电视机和农村电视机的普及有所欠缺。

（三）信息化产业技术创新仍需加快

广东省的发明专利申请量（批准量），2005~2009年从12887件提高到32247件，年均增长25.8%，略高于全国平均水平的25.1%。而同期江苏省的发明专利申请量由6582件提高到31779件，直逼广东省总量，年均增长达48.2%。因此，广东在高科技研发方面仍需花大力气，不可懈怠。

（四）信息化知识支撑有待加强

在信息化知识支撑指数的农村人均通信支出指标中，广东省2005年为136.82元/人，到2009年为194.74元/人，4年间人均通信支出增长为42.3%，虽高于全国的水平。但江苏省从2006年的144.90元/人提高到2009年的220.56元/人，4年间人均通信支出增长达52.2%。不仅增长速度，而且绝对数也超过了广东。

四、对广东信息化发展的几点建议

（一）继续发挥优势，抓住重点，加快发展

“十一五”期间，广东信息化产业发展取得了巨大成就，但“十二五”规划的任务仍然很重。因此，为推进广东信息产业的进一步发展，必须全面贯彻落实科学发展观，认真贯彻落实省委十届八次全会精神，紧紧围绕《珠江三角洲地区现代信息服务业发展规划》，围绕构建现代产业体系，以融合创新、融合发展为动力，加快发展基础性信息传输服务和集成电路设计两大优势产业，壮大信息技术服务、网络增值服务、动漫与网络游戏三大潜力产业，提升嵌入式软件、工业行业软件、基础软件三大软件产业，培育数字媒体内容、信息资源增值服务、数字设计与文化创意、“物联网”、“云计算”五大新型产业，构建产业一体化布局，建成一批名城、名园、名企、名牌，做大做强现代信息服务业，并带动全省信息化产业向前发展。

（二）力促城乡协调，拉长短腿，平衡发展

从“十一五”发展的情况看，广东省信息产业在珠三角地区和城镇地带发展迅速，2009年珠三角现代信息服务业收入达到3077.1亿元，占全省的92.4%，而粤东、粤西和粤北地区以及广大的农村地带，其发展相对滞后。因此，“十二五”时期，要继续实施“信息兴农”

工程，推进信息服务进村入户，大力发展面向农产品流通、科学种养、生物灾害防治以及农村医疗卫生、文化教育、法制建设等领域的信息服务，扶持农村远程教育、远程医疗等新业务发展。不断缩小城乡之间信息化差距，缩小数字鸿沟。

（三）瞄准科技前沿，合理规划，全力攻关

要着力推动云计算等关键技术的突破。在集成电路（特别是中央处理器芯片）、系统软件、关键应用软件、自主可控关键装备等涉及自主发展能力的关键领域，瞄准国际创新前沿，加大投入，重点突破，逐步掌握产业发展的主动权。在具有研发基础、市场前景广阔的移动通信、数字电视、下一代网络、射频识别等领域，优先启用具有自主知识产权的标准，加快产品开发和推广应用，带动产业发展。加强政府引导，依托重大信息化应用工程，以企业和行业协会为主体，加快产业技术标准体系建设。完善信息技术应用的技术体制和产业、产品等技术规范和标准，促进网络互联互通、系统互为操作和信息共享。加快制定人口、法人单位、地理空间、物品编码等基础信息的标准。加强知识产权保护。加强国际合作，积极参与国际标准制定。

（四）增强保障措施，培新扶优，扩大规模

要优化产业发展环境，健全产业政策体系。研究制定广东省现代信息服务业重点园区、企业、产品的认定办法和相应扶持政策。落实产业扶持政策，加大财政支持力度。强化财政投入的导向性。要完善人才保障机制。建立健全多层次的人才培养体系，优化高等院校相关学科和课程设置；加强产学研用结合的实训基地建设，支持校企联合开展定制式人才培养。还要制定实施产业化应用促进计划。以及加强市场监管，加大知识产权保护力度。

（五）加强应用管理，正确引导，全民普及

要强化行业管理。加强统计分析，优化产业管理，逐步建立完善现代信息服务业统计和评估体系，加强产业宏观运行数据的采集、跟踪、监控与分析，为制定和实施产业政策提供科学依据。积极培育拓展信息服务市场。大力推动政府机关、事业单位、国有企业加快将信息技术服务业务外包，培育和壮大广东信息服务市场。尽快建设空间地理信息服务产业基地，建设向社会公众提供网上应用服务的空间地理公共信息数据库。加快发展电力、交通、水利、物流、环保、家居、医疗、安防等领域的机器对机器物联网业务。创建适应普遍接入的物联网运营环境。使信息化发展有力推动广东产业结构调整，惠及广东广大民众，为加快转型升级，建设幸福广东作出应有的贡献。

撰稿人：广东省统计局科研所　陈　新

广西壮族自治区信息化“十一五”规划完成情况的评估与分析

伴随信息科学技术的迅猛发展，信息化成为当今社会发展的重要趋势，以信息化带动工业化，以工业化促进信息化，更是当今信息化、工业化的发展潮流。近年来，广西各级各部门在自治区党委、政府的正确领导下，积极贯彻落实党中央、国务院《2006~2020 国家信息化发展战略》的各项方针政策和战略部署，按照《广西国民经济和社会发展“十一五”规划纲要》中“积极推进信息化”的发展目标和要求，按照广西壮族自治区党委“以信息化带动工业化”的战略部署，重点加快信息化基础设施、电子政务建设和信息技术的推广应用，加快工业信息化进程，信息化建设工作得到了极大推进，对促进广西经济社会又好又快发展发挥了重要作用。

一、广西“十一五”时期信息化发展情况

（一）信息化发展总体水平进一步提高

“十一五”期间，广西信息化在信息基础设施、信息化应用、信息产业、技术创新、社会信息化等方面均取得了明显的发展，信息化整体水平明显提高。

1. 信息化发展指数（Ⅱ）平稳增长

2006~2009 年，广西信息化发展指数（Ⅱ）分别为 0.531、0.535、0.548 和 0.567，信息化发展指数（Ⅱ）年平均增长速度达到 10.40%。按照“十一五”时期前四年的年均增长速度推算，预计 2010 年信息化发展指数（Ⅱ）将达到 0.600。信息化发展保持平稳增长态势（见表 1）。

表 1　2006~2009 年广西信息化发展指数（Ⅱ）与分类指数比较

	2006 年	2007 年	2008 年	2009 年
总指数	0.531	0.535	0.548	0.567
基础设施指数	0.274	0.280	0.283	0.309
产业技术指数	0.630	0.670	0.689	0.708
应用消费指数	0.426	0.462	0.493	0.530

续表

	2006 年	2007 年	2008 年	2009 年
知识支撑指数	0.792	0.723	0.728	0.734
发展效果指数	0.535	0.540	0.547	0.554

资料来源：《国家统计局信息化发展指数优化研究报告》。

2. 信息化分类指数稳定增长

2006~2009 年，随着互联网普及程度和信息产业发展水平快速提高，广西信息化发展分类指数都得到不同程度提高（见表 1）。其中，基础设施指数、应用消费指数和产业技术指数、发展效果指数年均增长速度分别达到 10.17%、19.67%、14.95%、9.39%，而知识支撑指数年均增长速度下降了 2.16%。

2009 年，广西信息化五个分类指数中，产业技术指数和知识支撑指数水平较高，分别达到 0.708 和 0.734，比上年增长 11.36% 和 0.94%，是“十一五”期间信息化发展重要的推动力量；而发展效果指数和应用消费指数、基础设施指数保持稳定增长，分别达到 0.554 和 0.530、0.309，比上年增长 4.92% 和 18.31%、14.40%，信息化发展不断取得进步。

3. 信息化发展水平差距明显

“十一五”期间，广西信息化建设进步明显，但信息化发展总体水平仍然滞后，在全国的排位比较靠后。根据信息化发展指数（Ⅱ）测算结果，全国 31 个省（自治区、直辖市）可划分为四个类型地区，广西属于第四类型地区，是信息化发展低水平的 7 省（自治区）之一。与全国先进省市相比，差距很大。2009 年，广西信息化发展指数（Ⅱ）全国排名仅为第 29 位，为全国 0.681 平均水平的 83%。从信息化五个分类指数与全国平均水平相比，广西基础设施指数、产业技术指数、发展效果指数差距较大，仅分别相当于全国平均水平的 79%、77% 和 79%，应用消费指数和知识支撑指数相当于全国平均水平的 88% 和 91%，也有一定差距。

（二）信息化基础设施建设稳步发展

“十一五”期间广西信息基础设施在“十五”快速发展的基础上，得到进一步加强和改善，不仅信息网络规模不断扩大，在信息通信网络、广播电视覆盖、互联网接入、重大工程建设、农村信息化建设等方面更是取得了明显进步。

1. 通信业务能力明显增强

截至 2009 年底，广西全区电话用户共计 2746.03 万，电话普及率达 57.1%，比 2005 年提高 18.4 个百分点，已形成了覆盖全区城乡的信息通信网络。2009 年，全区完成电信业务总量 673.76 亿元，比 2005 年增长了 53%；电信业务收入达到 201.49 亿元，居全国第 18 位，西部第 3 位，比 2005 年增长了 39%。

2. 广播电视覆盖明显增加

“十一五”期间，广西开始着手实施 20 户以上通电自然村广播电视“村村通”工程，采取光纤联网有线入户、广播电视无线覆盖和广播电视直播卫星覆盖三种方式，尽最大限度地扩大广播电视有效覆盖率。目前广西有线电视用户达到540多万户，中央、自治区级财政和市级配套资金共投入2亿多元，对123座无线广播电视发射台（站）478部广播电视调频发射机进行了更新改造，提前两年半完成“十一五”无线覆盖建设任务；还全面完成了198.53万套直播卫星接收设备的发放安装任务，解决了近900万边远地区农民群众收听广播、收看电视难的问题，全面完成了“十一五”村村通目标任务。目前广西广播和电视综合人口覆盖率分别达到95%、97%。

3. 互联网规模明显扩大

2009年底，广西全区拥有网民1030万人，比2005年的330万人增长了3.1倍，年均增速24.2%。互联网普及率快速提高，普及率达到21.4%；扩大光缆、程控交换机、通讯基站、宽带网等的覆盖面，进一步提高信息化基础设施水平。互联网用户进一步趋向宽带化，宽带接入快速增长；农村用户规模持续增长，取得了阶段性成果。

（三）信息化应用水平全面提高

“十一五”期间，广西信息化应用在经济社会三大领域全面推进，电子政务稳步展开，电子商务发展势头良好，积极推动社会事业信息化，促进和谐社会建设，科技、教育、文化、医疗卫生、社会保障、环境保护等社会领域信息化步伐明显加快。

1. 电子政务建设全面推进

“十一五”期间，广西电子政务在各级党委、政府的高度重视和支持下，政务网络框架基本建立，电子政府建设成效明显。广西互联网络公共平台进一步完善，金宏、金财、金税、金审、金保、金盾、金农、金水、金质和安全生产、生态环保、金融监管以及办公资源业务系统等电子政务工程加快建设步伐。加强政府门户网站和数据库建设，积极推动信息资源整合，完善信息共享和传输交换体系，实现网络和信息互联互通。共建立了各级政务服务中心122家，公文交换系统、政务服务及监察通用软件等实现全区部署和应用，机关门户网站普遍建立，信息公开全面推行，部分地方如南宁、柳州等已初步提供“一站式服务”，资源共享、应急管理和业务协同等在小范围试点已取得成功，电子政务发展环境逐步改善，在转变政府职能、创新管理模式、提升公共服务方面切实发挥了重要作用。

2. 农业农村信息化加快发展

以农业科技信息化、农业服务信息化和农村基层信息服务站建设为突破口，重点实施农业信息进村入户、“信息扶贫”和“百乡农业信息化试点”工程，加强农业信息网络建设，利用信息技术促进现代农业发展。以促进农业增效、农民增收、农村和谐为根本目的，充分利用广播电视网、电话网、互联网等信息网络基础和信息资源，采取多种形式和手段，发展农村信息服务业，逐步形成覆盖面广、适用性强的农业农村信息化综合服务体系，加快推进社会主义新农村建设。

3. 企业信息化快速发展

运用信息技术改造传统产业，推进生产设备数字化、生产过程智能化、企业管理信息化，促进制造业研发设计、生产制造和流通方式变革，提高机电装备数字化水平，实现精益敏捷生产。推广集散控制、现场总线控制等技术，强化生产过程的在线监测、预警和控制。“十一五”期间完成“企业信息化百企行动”工程，在100家企业中，国家重点企业全面实现信息化，自治区重点企业基本实现信息化，企业的核心竞争力和经济效益得到显著提高。通过“百企行动”，以点带面推动全区企业信息化进程。重点抓好大中型工业企业计算机辅助设计制造、模拟与优化、过程控制、质量监测与分析、企业资源管理、系统集成等技术的推广应用，企业信息化水平明显提高。

4. 区域中心城市信息化建设成效明显

积极推进“数字南宁”、柳州市信息化带动工业化示范等城市信息化建设。抓住中国—东盟博览会每年在南宁举办和中国—东盟自由贸易区建立的机遇，为提升南宁市区域性中心城市地位以及广西走向国际化合作舞台，完善信息基础，加快应用系统开发。围绕中国—东盟博览会的总体定位，积极推进与东盟国家信息联网和信息交换，建设中国—东盟区域性中心城市信息化平台，把南宁建设成为中国—东盟区域性信息中心城市，为中国—东盟区域的货物贸易、服务贸易、投资合作、高层论坛、文化交流等提供综合信息化服务。

5. 电子商务工程加快建设

根据国务院办公厅《关于加快电子商务发展的若干意见》（国办发［2005］2号）的要求，按照五个“相结合”的原则，重点做好《电子签名法》实施的推进和落实工作，大力推广数字证书的应用；积极推进电子商务技术服务体系建设，建设广西电子商务公共服务平台、中国—东盟国际电子商务平台以及一批广西优势、特色行业电子商务平台；建立和完善广西电子口岸；进一步完善电子商务支撑体系，完善广西数字证书（CA）认证体系、建立电子商务信用体系和物流体系。

6. 社会领域信息化加快普及

科技、教育、培训、文化、卫生、贸易、旅游、邮政、物流、金融保险、社会保障、公共安全等领域的信息化进程明显加快。数字证书认证体系、远程医疗、远程教育、电子商务、物流信息等公共网络信息平台和中国—东盟博览会、中越经济信息、广西食糖交易等重点网站建设迅速发展，扩大了信息技术和资源开发的国际交流与合作。信息网络安全保障体系、信息化法制建设得到进一步加强。

（四）信息产业取得突破性发展

“十一五”广西信息产业的主要任务：一是大力发展电子信息产品制造业和软件业；二是用信息技术改造和提升传统产业，加快工业和信息化融合发展；三是加快工业信息化支撑体系建设。

1. 电子信息产品制造业和软件业发展迅速

电子信息产品制造业和软件业快速发展，经济总量扩大，初步成为带动广西工业经济增长的强势产业。“十一五”期间，广西电子信息产业保持年均增长28%的发展速度，2009年保持了增长30%的较高增长速度，其中新建项目产出对增长速度的贡献超过10%。

2010年，完成双“200亿”的目标任务。预计全年电子信息产业主营业务收入200亿元，比2009年增长46%，其中，软件主营业务收入52亿元，比2009年预计增长30%；工业增加值71亿元，比2009年预计增长56%；出口交货值36.5亿元，比2009年预计增长30%；利税10亿元，比2009年预计增长43%。全年电子信息产业（含通信业）完成固定资产投资200亿元。

2. 工业和信息化融合加快发展

用信息技术改造和提升传统产业，大力推广应用信息技术，加快工业信息化进程。用信息技术重点对机械、汽车、制糖、建材、钢铁、化工、医药、烟草、轻纺等9个行业进行改造和提升，改造和提升的重点有以下几点：一是用信息集成技术改造成套设备和组合加工设备，提高集成化水平；二是用信息控制技术改造连续加工的过程控制，提高其自动化水平；三是用信息技术手段提高企业技术开发流程的效率和工艺水平；四是用嵌入式软件技术提升消费类、工业类产品的智能化水平；五是用信息网络技术提升企业管理信息系统；六是用数据库技术加快企业信息资源开发。2010年，规模以上工业企业应用计算机辅助设计技术开发新产品的比例达到100%，建有企业管理信息系统的达到70%以上。并重点建设了15个CIMS应用示范工程和30个ERP应用示范工程。规模以上工业企业生产装备自动化、半自动化率达到50%以上；规模以上企业全面建立内部网络，企业上网率达100%；规模以上企业开展电子商务应用达到30%以上；规模以上企业全部设立首席信息官岗位。

3. 工业信息化支撑体系加快建设

（1）企业信息技术应用快速提高。一是加快计算机辅助设计（CAD）、辅助工程（CAE）、辅助工艺（CAPP）、辅助制造（CAM）和企业资源管理计划（ERP）等技术的推广应用向纵深方向发展。二是在条件成熟的企业推广应用计算机集成制造技术（CIMS）。三是推广应用产品数据管理系统（PDM）、供应链管理系统（SCM），鼓励发展企业电子商务，实现业务交易电子化。四是推广应用数据库、数据挖掘等技术，加强企业信息资源开发与利用。

（2）中小企业暨非公有制企业信息化服务体系加快建设。按照“政府倡导、企业为主、社会参与”的原则，促进中小企业在技术开发、生产、经营、管理、决策等各个方面逐步实现信息化。一是结合国家“百万中小企业上网”工程，采取网上学习等灵活多样的形式，对广大的中小企业开展信息化知识免费培训。“十一五”期间免费培训达5万人次以上。二是推动中小企业建设开放程度高、使用方便的办公自动化系统、财务管理系统、人力资源管理系统、进销存管理系统、会员邮购系统、客户资源管理系统等，并实现各系统的集成化、网络化和信息资源高度共享，提高企业工作效率和领导远程监控能力，降低企业综合成本。三是“十一五”期间，推动3万户以上企业上网，共建广西中小企业信息网，并链接中国中小企业信息网，与各省市地区互动，使广西中小企业信息网成为政府服务中小企业的瞭望哨、助推器和加油站。

(五) 信息技术创新建设加快发展步伐

1. 加快信息技术创新体系建设

广西重视以企业为主体，产学研联合的技术创新体系建设，突出抓好7个方面的工作。一是积极推进企业技术中心建设，充分发挥广西已认定的国家级、自治区级企业技术中心在创新体系和企业自主创新能力建设中的示范和推动作用，大力培育新的国家级、自治区级企业技术中心。二是加强产学研联合，建立企业与高等院校、科研机构的联合协作的长效机制。三是发挥大学科技园、企业孵化器的作用，加快实现信息技术产业化。四是建立企业技术开发投入机制，鼓励技术入股、科技人员持股经营，制定技术开发奖励制度。五是培育自主品牌，推进企业参与制订国家或行业标准，重点企业采用国际先进标准或国际同类水平的其他标准比例不低于50%。六是面向中小企业，推动行业或区域技术创新服务平台建设，加快发展技术中介、信息系统工程监理，软件评测认证等事业。七是建立健全政策法规体系，改善创新环境。

2. 加快形成信息产业经济带、信息产业基地

根据生态效益、技术经济效果、原材料产地就近、与城市建设配套、专业化协作和优势互补等原则，广西以发展信息技术和实现产业化为目的，抓住西部大开发、中国—东盟自由贸易区和“泛珠三角”经济区的建立等历史性机遇，加强对外合作。按照广西信息产业“123”的格局，合理布局电子信息产品制造业和软件业的发展，形成以桂林至北海高速公路为主轴，以桂林、北海、南宁、柳州等区域中心城市为支撑的信息产业经济带。贺州、玉林、梧州、贵港等承接广东电子信息产业转移为主的电子信息加工产业带正在兴起，部分产品已经形成一定规模和基础。重点建设南宁、桂林、北海三大电子信息产业基地，通过电子信息产业基地的建设，发挥其集聚、辐射和带动效应，引导广西电子信息产业良性发展，做大广西电子信息产业。

3. 完善高新区及产业园区优惠政策

政府在“十一五”期间，大力支持高新区及产业园区的建设。依托高新区及各类产业园区，大力发展电子信息产品制造业和软件业。进一步完善高新区及产业园区的优惠政策，加大引进信息技术、人才、资金的力度。加快科技体制改革，促进科技成果转化，鼓励科技人员、科学家的自由探索，提高技术创新者和专利发明者个人净收益比例，充分发挥现有科技人才资源的作用。

二、信息化建设存在问题

近年来，广西信息化建设虽然取得了较大的成绩，具备了一定的发展基础，但信息化发展总体水平在全国的位次比较靠后。2009年，广西地区生产总值在全国排第18位，信息化发展指数（Ⅱ）全国排名仅为第29，信息化发展指数（Ⅱ）增长低于地区生产总值的增长。究其原因及存在的问题，主要有以下几方面。

（一）体制和机制有待完善

信息化统筹协调力度不够，缺乏统筹规划和科学管理，政府部门间协调不够，缺少合力；整体推进信息化的重要性、紧迫性的认识需要进一步提高；行业、区域信息化发展不均衡，基层信息化管理机构不够完善；信息化发展深度和广度不够。

（二）信息化基础薄弱

信息化基础设施水平低，资金投入不足，网络建设和系统开发滞后，条块分割，重复建设现象仍然突出，宽带接入网络覆盖率低，广播电视数字化的整体推进还需进一步加大力度。

（三）信息技术整体应用水平不高，信息资源开发与利用程度低

一是人们利用与开发信息资源的意识淡薄。二是用于信息资源开发的投入较少，没有形成对信息资源系统地开发与利用的局面。三是缺乏规划与管理，存在重复建设和信息资源闲置浪费现象。四是社会信息化程度不高，缺乏统筹领导和顶层设计，整合力度不强，导致电子政务的作用没有充分发挥出来。企业信息化水平低，电子信息技术在传统产业中的应用深度和广度不够。

（四）信息产业发展滞后，核心竞争力不强

广西电子信息产业总体规模小，缺少大项目和大企业。产业发展环境亟待改善，配套能力不足，对信息产业资金投入严重不足，融资渠道单一，产品结构调整进展缓慢，缺乏技术含量高、附加值大、能形成规模的主导产品。企业人才、技术、资金匮乏，企业研发投入不足，信息技术自主创新能力较弱，核心竞争力不强，科技成果产业化率低，信息化基础薄弱，制约着产业的快速发展。

（五）信息化人才匮乏

广西信息化人才十分缺乏，不能适应信息化发展的需要，特别是缺乏复合型高级管理经营人才和高水平技术带头人，人才总量不足，有些急需的人才外流严重。

（六）信息市场化发展水平较低

广西的网络经济仍处于初级阶段，电子商务发展水平较低，网络经济产业链，即网络电信业、网络产品制造业、网络软件业、网络商贸业及网络服务业等都十分薄弱。

（七）信息化建设的法制环境有待加强

在信息化规范管理和体系建设方面需进一步完善，信息安全保障基础设施薄弱，防护能力和应急处置能力不强。

三、信息化发展的环境与机遇分析

（一）政府加大对信息产业的扶持力度

"十一五"末期，根据国务院《关于进一步促进广西经济社会发展的若干意见》有关精神和要求，自治区党委、政府为了加快转变经济发展方式，调整优化产业结构，先后出台了

《关于做大做强做优我区工业的决定》、《广西加快信息化与工业化融合实施方案》、《广西电子信息工业调整和振兴规划》等有关文件，明确指出积极推进信息化，以信息化带动工业化，大力发展电子信息产品制造业、软件业和信息服务业，优先发展信息产业，使其成为广西工业经济快速发展的推进器。一系列的扶持政策，无疑有助于广西信息化与工业化的快速发展。

（二）西部大开发带来发展机遇

国家实施西部大开发战略，制定了一系列促进西部地区经济和社会事业全面发展的政策倾斜措施；信息产业部《关于贯彻国家西部大开发战略进一步推进西部地区信息产业发展的意见》的实施，进一步加大了国家对西部地区信息产业发展的统筹规划、结构调整和政策扶持力度，给处于西部的广西信息化和信息产业的发展提供了历史性机遇。

（三）独具特色的地缘优势带来良好的发展环境

广西地处我国东南沿海经济圈、大西南经济圈以及大东盟经济圈的结合部，具有沿海、沿边、沿江三位一体的特殊优势。随着南宁成为“中国－东盟博览会”永久举办地和中国－东盟自由贸易区的建设，使广西一跃成为中国对外开放和对接东盟的最前沿，具有成为中国华南、华东、西南地区与东南亚进行经济技术合作的平台和物流中心的潜力和基础。优越的地缘优势给广西信息产业和信息化带来了更多的发展机会和更为广阔的市场空间。

（四）“泛珠三角”区域合作带来发展机遇

广西毗邻的珠江三角洲是我国规模最大、发展速度最快、产品出口所占比重最高的电子信息产品加工密集带，广西的信息产业必将随着该聚集区的扩张和产业辐射而获得较大的发展。广西在融入“泛珠三角”以信息产业为主导的经济圈、实现区域产业转移和产业对接、加入区域产业链和产业集群等方面，拥有更为直接和广泛的产业发展机遇。

四、促进信息化快速发展的对策建议

（一）加强组织领导，发挥政府引导和推动作用

信息化是一项复杂的系统工程，涉及的部门多、领域广，为了加快广西的信息化进程，必须要有良好的协作机制作保证。因此，必须进一步统一思想，提高认识，加强组织领导，强化行政管理，落实目标责任，建立健全长效的领导体制和管理机制。要充分发挥政府在信息化建设中的重要作用，综合运用经济、法律、行政等手段，进行宏观调控，做好发展战略规划，安排好重点发展项目，全面推进广西信息化建设的步伐。

（二）转变经济发展方式，推动信息化与工业化融合

抓好信息化与工业化融合示范工程。以企业经营管理信息化和产品装备数字化为重点，推进信息化与工业化融合，提高广西传统产业应用数字信息技术的水平和能力，提高工业产品的技术含量和附加值，推动发展方式从粗放型向集约型转变。加快千亿元产业信息化应用，利用信息化技术实施对高能耗、高物耗、高污染行业的改造和治理，在冶金、电力、建材、石化、造纸等高耗能行业创建100家应用信息技术实现节能降耗的示范企业。加快推动柳州、南宁等区域和一批行业开展“两化融合”的试点，开展“两化融合”百企示范行动。促进电子信息技术应用产业化进程，加强技术创新体系建设，提升广西工业制造装备数字化、产品数字化和企业信息化发展水平。加强软件产业化工程建设，支持国家软件与集成电路促进中心广西分中心建设，大力发展软件外包服务。

（三）加大政策和资金支持力度

（1）进一步完善各种优惠政策。用好、用活、用足高新区及产业园区现有的优惠政策。在现有的优惠政策基础上，制定和完善与西部大开发相配套的优惠政策，制定完善有利于广西招商引资的优惠政策。

（2）建立多元化的投融资体系。广开资金渠道，加大信息化扶持投入力度，形成以政府投入为引导、企业投入为主体、社会投入和外资投入为重要来源的多元化长效投融资体系。合理调配利用各项扶持资金，重点支持信息化与工业化融合的重大项目，促进社会资金投向电子信息工业。

（3）完善财政支持和税费优惠政策。加大财政对信息化投入，引导推动信息产业和信息化发展，重点支持电子信息关键领域和重点项目。认真贯彻落实国家和自治区为鼓励发展电子信息工业的各项税收优惠政策。

（四）加快基础支撑体系建设

（1）进一步加强信息基础设施建设。加快构建覆盖广泛、安全可靠的新一代高速信息传输骨干网络和宽带高速计算机互联网，进一步提高宽带接入网络覆盖率，构筑满足经济与社会发展需要的信息化基础信息平台。

（2）重点建设电子信息工业基地。重点建设7大电子信息工业基地：以柳州为中心的汽车电子工业基地；以新型元器件、平板显示、计算机及零部件、船舶电子和数字存储及播放设备等为重点的北部湾（沿海）电子信息工业基地；以桂林为中心的光电子、通信产业和软件产业基地；以南宁为中心的软件产业、信息服务业基地；以玉林、贺州、梧州为重点的承接东部电子信息工业转移基地。

（五）提高信息化整体应用水平

充分利用信息技术，开发利用信息资源，促进信息交流和知识共享，提高经济和社会各领域信息化应用水平。包括经济领域的农业信息化、工业信息化、服务业信息化、电子商务等，信息化建设更加注重实效。通过改造提升传统产业、促进结构调整与增长方式转变；全面加强社会领域的信息化，包括教育、体育、公共卫生、劳动保障等，“信息化惠及全民”成为努力方向；政府领域的信息化，包括OA、门户网站、重点工程等，政府创新与电子政务互相促进，跨部门业务协同、公共服务水平提升；文化领域的信息化，包括图书、档案、文博、广电、网络治理等文化资源的数字化、网络化水平快速提高。

（六）抓好产品结构调整、提升产业竞争力

加快电子信息产业产品结构调整步伐，大力发展汽车电子产品和数字化装备制造产品，大力发展电子节能产品和信息技术应用，大力发展计算机及显示器件、通信、软件、新型电子元器件及电子原材料产品。优先扶持培育大企业、大集团、大项目，充分发挥其产业集聚带动作用，促进产业集群化、规模化，全面提升电子信息产业整体实力。

（七）加强技术创新，开展广泛的区域合作与交流

（1）加强技术创新。加大对信息技术创新的扶持力度，加强自主创新能力和创新体系建设，建立电子信息技术产业联盟、公共技术创新平台和应用服务中心，促进联合协同创新，加速创新成果的应用和产业化，每年扶持一批技术创新的重点领域和项目。加强知识产权保护，努力培育广西品牌。

（2）扩大开放合作。积极改善投资环境，发挥广西优势，加大信息产业招商引资的力度，围绕发展信息产业的需求，努力扩大同发达地区和国外大公司、大企业、大财团的合作。坚持高起点引进先进技术，支持一批有自主知识产权的高新技术产品向发达地区和国外拓展。鼓励技术出口带动成套设备出口，扩大国际技术贸易。

（八）强化人才队伍建设，加快培养和引进高素质人才

（1）完善人才培养、引进、使用和激励机制。加快科技体制改革，建立和完善开放、竞争与协作的科技人员引进和管理制度。积极吸纳海内外电子信息产业高级人才到广西创业发展。依托各类园区基地和重大项目，充分利用人才小高地的平台，吸引和培养高端人才与创新团队。

（2）加快信息产业和信息化人才职业化进程。完善职业资格考试和认证制度。完善信息产业和信息化培训体系，扩大高等院校信息技术专业规模，建设应用层面较齐备的高素质信息产业人才队伍。加强和完善职业技术培训，全面提高电子信息产业从业人员素质。

（九）营造信息化良好发展环境

完善法律法规体系，提高信息化和信息产业的规范化发展水平。加大信息产业和信息化宣传，积极开展信息知识普及活动，努力提高全民的信息化素质，形成全社会普遍认同和积极参与信息化建设的良好氛围。抓好信息安全工作，保障信息化健康发展。

撰稿人：广西壮族自治区统计局科研所　方　春

海南省信息化“十一五”规划完成情况的评估与分析

“十一五”时期是海南省加快经济发展，全面提高信息化发展水平的关键时期。省政府根据信息产业部《关于全面启动信息产业“十一五”规划编制工作的通知》，以及省政府《关于开展“十一五”研究编制工作的通知》的要求，制定了《海南省国民经济和社会发展信息化“十一五”专项规划》(以下简称：信息化“十一五”专项规划)。信息化“十一五”专项规划从信息化发展的总体水平、信息化应用、信息基础设施建设、信息产业发展、技术创新、国民信息素质建设六个方面确立了我省“十一五”时期的信息化发展目标。同时，为了保障信息化发展目标的落实，信息化“十一五”专项规划还制定了九项主要任务，即培育信息产业群，加快信息产业发展；大力推进政务信息化；大力推进企业信息化，发展电子商务和现代物流业；继续推进旅游信息化建设；实施电子农务工程；实现海洋与渔业生产、管理信息化；全面推进教育信息化；进一步提高全省应急联动信息化水平；加强基础设施建设，完善公共网络平台。

“十一五”期间，省政府在党中央、国务院的正确领导下，深入贯彻科学发展观，根据《海南省“信息智能岛”规划》的建设目标和主要任务，认真落实《2006~2020国家信息化发展战略》的各项战略部署和方针政策，积极推进信息化的发展以及“信息智能岛”的建设，基本完成了信息化“十一五”专项规划的各项发展目标和主要任务。

一、信息化“十一五”专项规划的各项发展目标基本完成

“十一五”期间，海南省积极推进信息化各项工作的开展，信息化发展取得了长足的进步。信息化发展的总体水平不断提高，信息基础设施建设得到全面发展，信息化的应用领域不断扩大和深化，信息产业稳步增长，信息技术创新支撑体系不断完善，国民信息素质全面提高。信息化“十一五”专项规划的各项发展目标到目前大部分已顺利完成，个别发展目标由于受到金融危机的影响而难以如期完成。

(一) 信息化发展的总体水平不断提高。

“十一五”期间，海南省信息化发展指数（Ⅱ）不断提高，从2006年的0.552增长到2009年的0.621，按照“十一五”时期前四年的年均增长速度推算，到2010年信息化发展指数（Ⅱ）预计将达到0.645。

(二)信息基础设施建设得到全面发展。

信息化基础设施指数在2009年达到0.328，比2006年增长了25.2%。海南省本着“高起点规划、高标准建设”的方针，加强信息基础设施建设，取得了突破性进展。全省形成了“三纵两横”覆盖全省各市县的骨干网络，城市正向小区、商住楼延伸；农村在通达乡镇的基础上，向行政村延伸，初步形成了大容量、高速率、覆盖全省城乡的信息通信网络，综合通信能力显著增强。截止2009年底，全省电话普及率完成规划目标的110.6%，村通比率中乡镇通互联网和行政村通电话率已连续四年保持“双百”，互联网用户数一项指标没有达到发展目标的要求，全省互联网用户数仅完成目标的69.88%。

(三)信息化的应用领域不断扩大和深化

信息化应用消费指数在2009年达到0.574，比2006年增长了24.5%。全省各行业骨干企业基本实现了资源配置、生产调控、营销服务的自动化和信息化控制；中国最大的天然橡胶现货电子商务平台推动了海南农垦与云南农垦橡胶销售体制改革；海航集团运用信息技术构筑企业运营管理模式；海汽集团的虚拟制造重点试验室项目有效地降低了生产成本；“海南旅游电子商务应用服务系统”实现省内骨干旅游企业全部入网；启动了“中小企业信息百强工程项目”推进活动；企业信息化促进了电子商务的快速发展，农业电子商务和信息化智能服务一站式平台得到广泛推广。

(四)信息产业稳步增长

信息产业技术指数在2009年达到0.808，比2006年增长了10.9%。2009年，全省电信业务总量累计完成184.64亿元，比上年增长20.97%；实现电信业务收入累计完成60.32亿元，同比增长10.19%；实现利润总额11.51亿元，同比增长15.05%；电信固定资产投资累计完成27.5亿元，比上年增长34.1%，比上年增加1个百分点；电信行业增加值共完成31.57亿元，比上年增长5.97%。

(五)信息技术创新支撑体系不断完善

信息化知识支撑指数在2009年达到0.820，比2006年增长了4.8%。截止2009年底，海南省发明专利申请量达到456件，比2006年增长了85%，“十一五”时期前四年的年均增长速度达到了23%。2006年率先在全国成立省工业经济与信息产业局，努力推进工业化与信息化融合，在体制机制上为信息化发展提供坚实保障。电子政务的基础网络平台初步形成：2008年建成了省直党政各部门通过千兆城域主干网实现互联的电子政务外网；政府门户网站服务体系初显成效，国内率先开通了省政府门户网站，97%省直厅局和100%市县的政府网站都已建立；以全省电子公文交换系统、省政务服务中心行政业务审批和电子监察系统、全省应急联动指挥系统等为代表的一批跨部门综合信息系统成功投入应用，促进了资源共享，提高了行政效率和服务水平，应用的广度和深度进一步拓展。

(六)国民信息素质全面提高

信息化发展效果指数在2009年达到0.576，比2006年增长了9.2%。全省信息化教育培训成效显著，并针对不同需求，开展多类别、多层次的信息化教育培训活动，如领导干部和技术骨干境外培训、厅级领导干部和市县主要领导电子政务培训等，公务员队伍的信息化意识和信息技术应用能力明显加强。信息化教育进一步普及，建成省教育教学信息资源中心，实现优质教育资源共享；"校校通"实现省内学校之间的教育资源高度共享，启动了中小学现代远程教育。

二、信息化"十一五"专项规划各项目标完成情况

（一）信息化发展总体水平再上新台阶

2006～2009年，海南省信息化发展指数（Ⅱ）分别为0.552、0.572、0.595、0.621，按照"十一五"时期前四年的年均增长速度推算，预计到2010年海南省信息化发展指数（Ⅱ）将达到0.645（见图1）。2009年，海南省信息化发展指数（Ⅱ）在全国排名第16位，比2006年上升了两位，信息化发展再上新台阶。

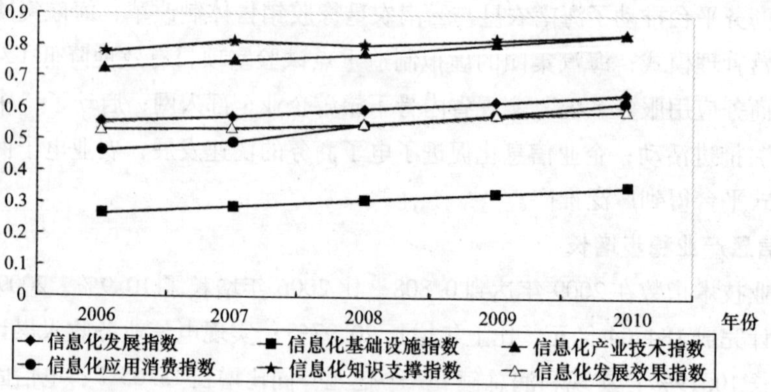

图1 2006～2010年海南省信息化发展指数（Ⅱ）

注：2010年为预测数。

"十一五"期间，我省信息化发展保持平稳快速增长态势。2006～2009年，信息化发展指数（Ⅱ）、基础设施指数、产业技术指数、应用消费指数、知识支撑指数、发展效用指数的年均增长速度分别为13.81%、12.46%、19.4%、24.78%、1.9%、10.5%。这六个指数的年均增长率均超过了全国平均水平（见表1）。

表1 2006～2010年海南省信息化发展指数（Ⅱ）

	2006年	2007年	2008年	2009年	2010年
信息化发展指数（Ⅱ）	0.552	0.572	0.595	0.621	0.645
信息化基础设施指数	0.262	0.287	0.304	0.328	0.353
信息化产业技术指数	0.728	0.749	0.774	0.808	0.836
信息化应用消费指数	0.461	0.487	0.549	0.574	0.617
信息化知识支撑指数	0.782	0.806	0.805	0.820	0.833
信息化发展效果指数	0.527	0.531	0.546	0.576	0.593

注：2010年为预测数。

信息化的五个分类指数都得到不同程度提高。其中，产业技术指数和知识支撑指数水平较高，截止2009年底，信息化产业技术指数和知识支撑指数分别达到0.808、0.820。“十一五”期间，海南省加大招商引资力度，积极与跨国公司及国内大企业联系，建立良好的合作关系，加快电子信息产品结构调整，重点扶持一批确有研究开发能力的企业，企业技术创新能力不断提高。同时，海南省采取因地制宜，采取有线、卫星等多种方式，加快“校校通”工程和海南教育城域网络建设，重点抓好教育教学信息资源开发和推广应用，现代教育技术水平和程度不断提高。预计到2010年，产业技术指数和知识支撑指数将分别达到0.836、0.833。

应用消费指数和发展效果指数保持快速增长。“十一五”期间，海南省加强信息技术在农业、旅游和海洋等传统优势产业领域的应用；实施电子农务工程，运用信息技术等高科技手段推动海南省传统农业由粗放型向集约型转变，加大农业科技服务“110”工程的推进力度，不断提高农业科技服务的信息化水平；加快建设海洋与渔业生产、管理信息化，海洋渔业抗风险能力显著提高；建立和完善海南省旅游管理信息系统，提高旅游资源管理和旅游服务监管水平，以网络技术、GIS技术、数据库技术为基础，结合现代网络系统，建立国际旅游岛的信息化共享支撑平台，促进了国际旅游岛的建设，旅游信息化水平不断提高。截止2009年底，海南省应用消费指数和发展效果指数分别达到0.574、0.576，年均增长速度分别为24.78%、10.5%。

基础设施指数水平低、增长快。2006～2009年，海南省基础设施指数水平分别为0.262、0.287、0.304、0.328，指数水平较低，但年均增长速度达到12.46%，预计到2010年，基础设施指数将增加到0.353。2009年，全省电话用户累计净增57.14万户，达到679.46万户，行政村通电话率比全国平均水平高0.3个百分点，互联网用户数比上年增加15.79万户，为61.49万户。

（二）信息化基础设施建设实现全面发展

（1）“村通”建设取得新的突破。截止2009年底，全省所有乡镇均通互联网，所有20户以上的自然村均通电话，普遍服务连续四年保持“双百”：乡镇通互联网率达100%，行政村通电话率100%；而已通电话的自然村12495个，自然村通电话率100%，全省通宽带行政村1561个，行政村村通宽带率67.5%；完成“信息下乡”乡镇总数91个，其中乡信息站40个，村信息站50个，村信息栏1个。2009年行政村通电话率比全国平均水平高0.3个百分点。

（2）通信网络建设步伐加快。2009年，全省电话用户累计净增57.1万户，达到679.4万户，电话普及率达到79.55%。其中，固定电话用户数为183.02万户，比上年减少41.52万户，固定电话普及率为21.43%，比上年下降5.15个百分点。移动电话净增98.6万户，达到496.4万户，普及率达58.12%，比上年提高11.05个百分点。固定电话用户中，城市电话用户减少33.78万户，为125.66万户；农村电话用户减少7.74万户，为57.36万户。住宅电话减少43.15万户（含小灵通），为110.16万户；办公电话增加3.26万户，为52.76万户；公用电话减少1.65万户，为20.11万户。

2009年互联网用户数比上年增加15.79万户，为61.5万户。其中：宽带接入用户净增22.33万户，达到58.34万户。互联网拨号上网用户减少6.57万户，为3.06万户。互联网拨号上网用户呈现逐年减少的态势，而宽带接入用户呈现逐年增加的态势。具体见表2。

表2　　2005～2010年海南省通信网络建设情况　　单位：万户

		2005年	2006年	2007年	2008年	2009年	2010年
电话用户数	到达数	434.1	488.9	564.9	622.6	679.4	759.90
	新增数	70.8	54.8	76.0	57.6	57.1	80.50
移动电话	到达数	203.9	239.9	324.8	397.8	496.4	620.06
	新增数	37.9	36.0	84.9	73.0	98.6	123.66
互联网	到达数	39.7	41.4	45.7	40.5	61.5	68.61
	新增数	4.7	1.7	4.3	-5.2	15.8	7.11

注：数据来源于工业和信息化部《海南省2009通信行业统计公报》，2010年为预测数。

（3）电信通信基础设施能力不断提高。2009年，省内增值电信业务运营商有134家（其中：ISP业务运营商有14家），电话信息服务业务运营商4家，呼叫中心服务运营商8家，网络托管业务运营商2家，因特网数据中心业务IDC为3家；跨省备案的增值电信业务运营商有1076家；已按要求办理备案手续的非经营性互联网信息服务单位总数达11000家。

2009年城镇彩色电视机拥有量比上年增加0.23台/百户，城镇彩色电视机拥有量呈现先上升后下降的趋势，2006年的拥有量比2005年增加6.9台/百户，但是2007年开始下降，2009年又小幅上升，预计2010年达到118.44台/百户；农村电视机拥有量平稳增长，2009年拥有量为99.59台/百户，比上年增加8.06台/百户，预计2010年达到104.92台/百户；城镇计算机拥有量快速增长，2009年拥有量达到49.73台/百户，比2005年增长89.73%，预计2010年达到58.36台/百户；农村计算机拥有量水平较低，2006年从1.53台/百户下降到1.11台/百户，2009年又上升到1.81台/百户，预计2010年将增加到1.88台/百户。具体见表3所示。

表3　　2005～2010年海南省通信基础设施情况　　单位：台/百户

	2005年	2006年	2007年	2008年	2009年	2010年
城镇彩色电视机拥有量	117.32	124.22	123.24	117.99	118.22	118.44
农村电视机拥有量	80.83	87.50	91.67	91.53	99.59	104.92
城镇计算机拥有量	26.21	33.45	38.60	47.52	49.73	58.36
农村计算机拥有量	1.53	1.11	1.53	1.53	1.81	1.88

注：数据来源于国家广播电影电视总局《2009年全国农村广播电视节目覆盖情况》，2010年为预测数。

（4）通信业务能力大幅提高。2009年，全省电信业务总量累计完成184.64亿元，比上年增长20.97%；实现电信业务收入累计完成60.32亿元，同比增长10.19%；全省城镇人均通信支出达到510.75元，比上年增长9.28%，农村人均通信支出为117.83元，比上年增长25.63%；本地交换机容量为289.02万门，比上年减少22.59万门；移动电话交换机容量达到864.4万户，比上年增加244.4万户，互联网宽带接入端口达到70.82万个，比上年增加15.46万个。具体见表4。

表4 2005～2010年海南省通信能力情况

	2005年	2006年	2007年	2008年	2009年	2010年
城镇人均通信支出（元）	377.33	433.98	464.25	467.36	510.75	550.90
农村人均通信支出（元）	92.22	77.29	82.15	93.78	117.83	125.27
本地交换设备容量（万门）	280.59	309.24	302.66	308.58	289.02	291.16
移动电话交换机容量（万户）	245.00	319.00	478.00	620.00	864.40	1184.68
互联网宽带接入端口（万个）	26.90	33.48	39.47	55.35	70.82	90.21

注：数据来源于《中国统计年鉴2010》和海南省通信管理局《海南省2005～2009通信行业统计公报》，2010年为预测数。

（三）信息化应用领域不断扩大和深化

（1）电子政务实现信息资源共享，应用步伐加快。近年来，海南省积极探索电子政务建设，开通运行了省党政内网，基本搭建了全省统一的电子政务外网平台和数据中心，实现所有省直部门和18个市县政府的光纤连接，基本构建了基础网络传输环境。2009年，全省有200多个单位接入党政内网，实现了全省范围的电子公文交换。预计2010年，90%以上省直单位服务项目实现网上查询，60%以上实现网上受理和在线处理，海南省将全面实现政府办公自动化，建成覆盖省、市县和乡镇三级政府的电子政务网络，实现信息资源高度共享。同时，海南电子政务外网也已经初步建立了连接全省各厅局以及各市县的广域网系统，建立了连接各厅局和政务服务中心的城域网系统：省政府数据中心机房的开工建设和以工商、国税、地税、财政、质监、社保为基础的企业基础信息共享平台的成功运行，为实现全省数据大集中奠定了基础；部门应用系统初具规模，省财政厅、省工商行政管理局、省公安厅、省国土环境资源厅、省食品药品监督管理局等部门建成了全省业务和数据大集中的业务管理系统。2009年海南省将电子政务网络延伸到市县，实现省直机关和市县的互联互通。预计2010年，海南省将建成覆盖省、市县和乡镇三级政府的电子政务网络。

（2）电子商务在传统产业领域的应用得到加强。2009年，全省广播、电视综合人口覆盖率达到96.5%和95.4%，形成了卫星频道、地面无线频道、有线频道以及广播频率等较为完整的广播电视节目服务体系。其中，农村电视节目综合覆盖率达到94.07%，比上年提高0.01个百分点；农村无线电视综合覆盖率为93.85%，和去年持平；新通广播电视20户以上的自然村317个。同时，海南省以农村信息化为舞台，开展“三网融合”（电信网、广播电视网、计算机网）等试点工作，并逐步在全省推开，构建更具特色的海南信息化机制和体制，把数字化农垦作为海南省城乡统筹工作的试点，推动全省信息化城乡统筹。涉农信息化服务初具规模，粮食监测预警、农产品和生产资料市场监管、农村市场与农业科技110信息服务体系等得到发展。

2009年，中国网上旅游预订市场规模就高达37.4亿元，比2008年同比增长27.2%。在这种良好的增长势头下，为了促进海南省“国际旅游岛”建设，提升旅游信息化水平，海南旅游系统已陆续启动了旅游信息采集工作，开始建设基础数据库。预计2010年完成资源库试点应用，并搭建中英文双语资讯门户。海南省政府还与通信领域的多家企业签订了一系列协议，通过合作来开展国际旅游岛的信息化建设及海南旅游信息化行业应用项目建设，提供一流信息化基础设施和更优质的信息通信服务，促进旅游管理和服务水平提升。

（四）信息产业稳步增长

截止2009年，海南省信息产业实现主营业务收入89.44亿元，其中，电子信息产品制造业实现销售产值11.35亿元，软件服务业实现软件业务收入9.03亿元，通信业实现主营业务66.04亿元。海南信息产业发展成效显著，改写了“一片空白”的历史。随着惠普、中国电子信息产业集团、东软集团、中兴通讯、用友软件、长城开发等大企业相继落户海南，海南的信息产业开始进入发展时期。

（1）通信业。“十一五”期间，海南省电信市场运行秩序良好，共建共享工作进展顺利，电信综合价格水平持续下降，电信服务质量和水平不断提高，各项工作顺利推进，电信业务平稳发展。

2009年，全省电信业务总量累计完成184.64亿元，比上年增长20.97%，比全国平均增长水平高6.57个百分点；实现电信业务收入累计完成60.32亿元，同比增长10.19%，比全国平均增长水平高6.09个百分点；实现利润总额11.51亿元，同比增长15.05%；共完成电信行业增加值31.57亿元，比上年增长5.97%，比全国平均增长水平低1.03个百分点，比全省生产总值增长率低5.73个百分点，占全省生产总值的1.92%，比上年下降0.12个百分点；占全省第三产业增加值的4.26%，比上年下降0.81个百分点；电信固定资产投资累计完成27.5亿元，比上年增长34.1%，比上年增加1个百分点，比全国平均增长水平高8个百分点；增值业务收入达到16.65亿元，同比下降21个百分点；电信综合价格水平比上年下降了9.3%，五年来，电信综合价格水平下降了39%。具体见表5。

表5　2005～2009年海南省通信行业发展情况　单位：亿元

	2005年	2006年	2007年	2008年	2009年	2010年
电信业务总量	70.93	92.95	119.2	152.3	184.64	234.53
电信业务收入	35.38	39.62	45.8	54.9	60.32	68.92
增值业务收入		5.8	9.1	12.9	12.65	16.40

注：数据来源于海南省通信管理局《2005～2009年海南省通信行业统计公报》，2010年为预测数。

（2）电子信息产品制造业。近几年，海南省电子信息产品制造业结构调整取得较大进展，产品结构开始从传统产品向新产品过渡，光纤光缆、液晶显示片、双面印制板、IC 卡等高技术含量、高附加值产品比重不断提高，成为拉动电子信息产品制造业增长的重要因素，年增长速度超过 20%。主导海南省电子信息产品制造的 5 家企业是：投资 5000 多万美元的韩国三星光纤光缆项目，产品主要出口欧美、韩和东南亚等国；海南正红科技公司开发的双面印制板高科技产品项目；海南宝通实业公司生产的通信产品；海南清华显示器科技开发有限公司生产液晶显示片；海南太平洋智能技术有限公司生产 IC 卡，供应全国第二代身份证。以上 5 家企业的销售收入占据了全省电子信息产品制造业总量的 95%。

(3) 软件、系统集成和信息服务业。软件产品主要是应用类产品，包括旅游、农业、电力、交通、办公、安全、网络、ERP 等软件产品。海南义利达高新技术实业有限公司的《企业综合信息化应用平台》(包括客运站联网售票、结算、车载智能监控等)，在海南、江西、湖北、山东、广东、河南、重庆、辽宁等 20 多个省市的 200 多个单位应用，占据全国近 2/3 交通运输行业市场，获第十届软博会“创新奖”。

系统集成企业主要从事计算机网络、硬件产品和应用系统集成，国家级资质企业有 14 家、省级资质有 40 家。信息服务业非常活跃，涌现了在全球和全国具有一定影响力的网络企业，以旅游、房地产、人才、教育等为主的网站从信息发布服务型转向电子商务交易型。海南天涯在线公司的天涯社区，已成为国内同类网站综合影响力排名第一的网站，拥有 2000 万以上的注册用户和上亿的浏览用户，每天点击上亿人次；海南凯迪网深受海外华人青睐，在海内外华人网络文化和网络生活中占有举足轻重的地位，成为全球知名网站；海南农垦“天然橡胶电子交易系统”累计交易 285 亿元，成为我国最大的天然橡胶现货电子商务平台，并向东南亚辐射；“海南医药电子商务网”有 250 多家医药经营企业、65 家医疗机构、6000 多种药品在网上交易，累计交易 24 亿多元；海南旅游电子商务系统服务中小企业，实现全省骨干旅游企业 100% 入网，其他旅游企业 60% 入网，月访问量 180 万次以上，保持每月 15% 的增幅，完成交易游客 8000 人次，网上预订金额总量 700 多万元。

(五) 信息技术创新支撑体系不断完善

(1) 企业自主创新能力不断提高。2009 年，海南省发明专利申请量达到 456 件，比 2006 年增长了 85%，“十一五”时期前四年的年均增长速度达到了 23%。2006 年，海南新博海通科技有限公司的“海南渔政多媒体系统”、海南立得信息产业有限公司的“LD-600 智能泊车管理系统”和海南欣科计算软件有限公司的“畜禽生产管理信息系统”等 3 个信息技术应用项目申报国家倍增计划成功。海南先声药业公司的“海南先声药业企业信息化系统”项目申报信息产业部 2006 年度电子信息产业发展基金“倍增计划”贷款贴息项目成功，获得资金支持。

(2)“两园”建设步伐加快。2008 年，海南省政府第五届第 18 次常务会议审议通过《海南省鼓励软件产业和电子信息制造业发展政策》。政策建议省财政设立电子信息产业发展资金，重点扶持海南生态软件园和三亚创意产业园（简称“两园”）建设，推动电子信息产业快速发展。科技经费重点支持入园企业在重点信息技术和产品方面的研究与开发，省重点科技计划对入园企业项目给予倾斜。目前“两园”建设进展顺利，已有58家企业签约入驻海南生态软件园，中兴通讯、用友软件、中核投资、北大科技等10家IT企业和高科技研发中心签约进驻园区。

同时，海南省积极参与“泛珠三角”区域创新科技合作，参与“泛珠三角”九省区科技创新体系合作的框架协议。合作内容主要包括：建立“泛珠三角”区域科技联席会议制度，联合开展区域科技发展战略研究，设立“泛珠三角”区域创新协作论坛，实行科技资源的开发和共享，组成区域产业协作和战略联盟；建立科技项目合作机制，合作培养科技人才以及加强九省（区）与香港、澳门的合作等。

（3）创新管理体制不断完善。“十一五”期间，海南省政府先后出台了6部有关信息化建设的政府规章和规范性文件，制定了《海南省电子政务“十一五”发展规划》和《海南省“信息智能岛”规划》，印发了《关于加快推进信息智能岛建设的意见》、《关于贯彻国务院鼓励软件产业和集成电路产业发展若干政策的通知》、《海南省人民政府门户网站管理办法》和《关于加强海南省人民政府门户网站建设的实施意见》，筹建海南省党政信息中心，统一管理政务内网、政务外网和省政府数据中心。同时出台了《关于进一步科技项目管理的若干意见》，加强对项目跟踪、监督、检查和落实，充分发挥科技项目的作用和效益。对《海南省科技奖励办法》进行修订，建立有效的激励机制。如设立省科技成果转化特等奖，重奖对促进地方经济发展作用突出、影响巨大的项目。

（六）国民信息素质全面提高

（1）教育信息化工作进展顺利。“十一五”期间，海南省信息化教育进一步普及，初步建成了海南计算机教育网络与海南卫星电视教育网络相结合的现代远程教育网络体系和平台，覆盖全省高等、中等学校和城镇小学、有条件的农村小学，并开设了信息技术教育必修课；建成省教育教学信息资源中心，实现优质教育资源共享；“校校通”实现省内学校之间的教育资源高度共享，启动了中小学现代远程教育。同时，海南省针对不同需求，开展多类别、多层次的信息化教育培训活动，如领导干部和技术骨干境外培训、厅级领导干部和市县主要领导电子政务培训等，公务员队伍的信息化意识和信息技术应用能力明显加强。

为了推进农村教育信息化进程，加快农村教育改革与发展，促进城乡优质教育资源共享，提高农村教育质量和效益，海南省制订了《海南省2007年度农村中小学现代远程教育工程实施方案》。2007年，海南省启动了第三批农村中小学现代远程教育工程，海南省通过各种渠道用于该工程的投入将达1.35亿元。工程建设覆盖全省3411所农村中小学学校，同时建设17个省、市县级工程培训基地。第三批工程全部完成后，海南省农村远程教育覆盖率将达到100%（农垦系统、企业单位和民办学校除外），全省120多万名学生、7万多名教师受益。

（2）网络文化建设逐步开展。截止2009年底，海南省网民规模达到244万人，比去年增长13%；互联网普及率达到28.6%，普及率全国排名第11位。海南目前共有各类网站近6000家。其中天涯社区是世界第一大中文网络论坛，注册用户超过2000万；凯迪网络在知识阶层、白领阶层很有影响力，注册用户超过600万。此外，还有南海网、海南在线、人民网海南视窗、新华网海南频道、中新海南网和中国改革论坛等一大批富有特色和影响力的网站，一度聚成“中国互联网海南现象”。

2007年以来，海南主要新闻网站先后推出了十七大精神解读、嫦娥一号卫星探月、海南建省办经济特区20周年等一系列大型主题宣传活动，及时在天涯社区、凯迪网络、南海网等网站上，精心设计专题，并邀请有关政府官员、专家学者与广大网民在线交流、撰文发帖，引导网民正确看待当前我国的政治经济社会形势，深入理解党和国家的大政方针，理性面对社会热点问题，迅速形成了网上的主流舆论，为推进各项工作创造了良好的舆论环境。

三、存在的问题

尽管海南省信息化建设和信息产业发展取得了不小的成绩，但是，还要清醒地认识到，与发达省份相比，海南省信息化水平仍然较低，主要表现在以下几个方面。

（一）基础设施方面

虽然全省所有乡镇均通互联网，但行政村村通宽带率只有67.5%，农村的互联网建设较落后。同时农村计算机拥有量也偏低，2009年农村计算机拥有量只是城镇的3.6%。农村信息基础设施建设薄弱，且发展较慢，城乡差距不断拉大。

（二）信息化应用方面

信息技术应用总体水平偏低，信息化对传统产业尤其是服务业的改造力度急需加强。信息技术应用存在偏重设备投入、轻视信息资源开发和管理人才培养的情况，系统运行效益低，网站长期得不到更新。电子政务建设缺乏系统规划和统一协调，部门间各自为政，标准不一，互联互通和资源共享水平低，造成投资浪费，效益难以显现。

（三）信息产业发展方面

海南省信息产业规模弱小，运作大项目、引进大企业经验不足，承接产业转移的竞争力薄弱，信息产业实现跨越式发展缺乏动力。信息企业资金投入、人力投入和经营规模都偏小，知名企业和名牌产品少。小规模企业参与国内国外竞争难度非常大，特别是在大力发展信息产业的今天更显得海南省信息企业规模的偏小和竞争力的薄弱，无法形成完整的产业链和企业聚集效应。海南省从1997年提出建设信息智能岛以来，信息化建设取得显著成效，但信息产业发展滞后，没有建设信息产业园区，2008年开始筹建的海南生态软件园和三亚创意产业园，急需创造良好环境吸引企业进驻。

（四）信息技术创新方面

投入不足，人才匮乏，科技创新能力低。产业基础薄弱，加上省内高校、科研院所少，使得信息化高素质人才队伍和产业工人严重匮乏，研发能力较差，技术创新不足，项目和技术储备与国内外信息产业发展趋势严重脱节。科研人员和技术人才的严重短缺，造成海南信息产业的技术水平远远落后于发达地区，核心关键技术和自主知识产权数量屈指可数，竞争力和可持续发展能力亟待提高。

（五）国民信息素质建设方面

农村教育信息化硬件设施落后，同时教师开展媒体教学的能力不足，在教学软件制作、教学模式改革等方面急需培训。网络文化建设还不够完善，网络文化传播规章制度欠缺，急需建立和完善网络文化传播规章制度，规范网络文化传播秩序。互联网这一优势资源没有得到充分利用，网络文化产业发展落后，缺乏相关政策的扶持。

四、对海南省“十二五”时期信息化发展的建议

（一）加快“两园”建设，发展软件及信息服务产业

采取产业集群式发展模式，注重软件产业园区建设。重点发展应用型、外向型、具有自主创新和知识产权的软件产业，积极承接台湾地区、印度和欧洲的软件外包，形成一批具有国际竞争力的软件企业和园区。积极实施信息化带动、人才集聚和知识产权保护三大战略，完善政策、投融资和中介三大服务体系，统筹规划各类软件园区，建成差别竞争、优势互补和各具特色的一流国家软件产业基地。构筑软件产业创新发展平台，大力发展软件与服务外包、系统集成及数据库信息服务，推动软件及信息服务业实现跨越式发展。

（二）充分利用海南优势，大力发展创意产业

利用海南的区位优势，承接日本、韩国、深圳等国内外创意产业转移。结合国际旅游岛和国际自由贸易区建设，鼓励创意产品原创开发，建立服务于创意产业的公共支撑服务平台，建设区域创意产业产品评估和版权交易中心，推动创意产业价值链的形成。重点发展动漫产业、数字艺术设计、网络游戏、多媒体软硬件研发和制作、网络内容开发服务、电信内容增值服务，以及工业创意设计等产业。网络文化产业作为中国新兴文化产业，发展迅速，网络游戏、网络音像以及网络文化所带动的相关产业创造着巨大的财富。作为互联网大省的海南，要大力推动数字和网络等高新技术研发和应用，着力培养以新一代网络技术为基础的新兴网络产业，构建以三亚创意园为主要载体的网络游戏引擎开发平台、创意产业孵化平台和工业创意设计中心。

（三）大力推进企业信息化，提高信息化应用水平

围绕产业结构优化升级和经济增长方式转变，全面推进信息化与工业化融合。积极推进产品设计研发信息化、生产装备数字化、生产过程智能化和经营管理网络化。推动产品创新、工艺流程与设备创新，加强产品生命周期管理、企业资源管理、供应链管理和客户关系管理，增强企业竞争能力。大中型企业实现综合监控、企业资源管理、网络支付及综合集成应用，以管控一体化、产销一体化为目标，逐步推进智能控制、智能管理决策与协同商务在大型企业中的应用；建立完善中小企业信息化服务体系，积极推进中小企业上网，逐步提高中小企业信息化普及率，加快提升中小企业综合实力与竞争力。

（四）构建全省统一的政务信息处理门户，实现协同办公

构建全省统一政务信息处理门户，为实现全省政务资源共享、政府部门的扁平化管理、部门与部门的协同工作、上下级的信息互动、全省各部门和公务员的应急联动等功能提供平台支撑，并在升级完善省政府办公厅办公系统的基础上，建成并推行全省统一的办公信息系统。省级党政机关和市县政府通过统一的办公业务平台实现公文、信息、值班、会议、督查、信访、汇报演示等通用办公业务的电子化和自动化，进一步提高政府办公决策的效率和应急指挥能力。

（五）大力发展电子商务，完善电子商务支撑环境

加快信用、认证、标准、支付和现代物流体系建设，大力支持第三方电子商务服务企业发展，健全电子商务政策法规。大力发展大型骨干企业协同电子商务，充分发挥龙头企业的带动作用，通过产业链促进上下游企业及行业的电子商务发展。积极发展地区电子商务平台、应用工程及服务体系建设，分期分批推进中小企业开展电子商务，提高中小企业电子商务覆盖率，使全岛电子商务采购、销售额占采购、销售总额的比例逐步提高。

（六）加强政策法规建设，依法推动信息智能岛建设

以信息化地方立法为契机，在政府信息公开共享、信息安全、电子商务、信息化建设特许经营等方面尽快出台配套政策。加紧制定“海南省信息化条例”、“信息化项目商业化运营管理办法”、“电子政务协同互联管理办法”、“海南省信用管理办法”等方面的法律法规，加强信息化行政执法，保障信息化推进的法制化、制度化。加快制定鼓励电子产品制造业和软件业发展的优惠政策，引进大企业进入，扶持大项目投入。充分利用本省的资源优势，在住房补贴、财政补贴、税收优惠、出入境管理等方面给予政策性优惠，创造良好的政策氛围，不断吸引人才，增强企业的自主创新能力。推动信息产业园区建设，逐步完善园区的各项软硬环境建设，加大政府投入，推进集聚式发展。

撰稿人：山西财经大学统计学院　王利伟

重庆市信息化“十一五”规划完成情况的评估与分析

信息化发展水平已经成为衡量一个国家、一个地区综合实力和竞争力的重要指标。随着信息化进程的不断深入，信息化对经济社会的影响愈加深刻和广泛，已成为国民经济和社会发展的重要引擎。大力发展国民经济和社会信息化，是实现我国现代化建设的战略举措，是贯彻落实科学发展观、全面建设小康社会、构建社会主义和谐社会和建设创新型国家的迫切需求和必然选择。

根据《2006～2020年国家信息化发展战略》、国家《国民经济和社会发展第十一个五年规划信息化专项规划》和《重庆市国民经济和社会发展第十一个五年（2006～2010年）规划纲要》，重庆市制定了国民经济和社会发展第十一个五年规划信息化专项规划，提出了总体发展目标：到2010年，基本建成长江上游通信枢纽和信息中心框架。政务信息化建设和信息资源开发取得突破性进展，社会公共服务信息化水平明显提高，电子商务取得长足进步。信息产业发展成为国民经济新的主要产业之一，信息基础设施更加优化，初步建立起与重庆经济社会协调发展的信息化应用、服务、安全及管理体系，形成政府、企业、社会共同参与的信息化发展环境，全市信息化水平迈上一个新的台阶。确定了八大主要任务：全面推进电子政务，促进公共服务型政府建设；加快农业农村信息化步伐，促进社会主义新农村建设；推进信息技术与产业融合，促进经济增长方式转变；抓住产业转移契机，实现信息产业跨越式发展；推进社会公共服务信息化，促进和谐重庆建设；加强信息资源开发，提高信息利用水平；引导推广电子商务，提高综合经济效益；优化完善信息基础设施，建立信息安全保障体系。

为实现总体目标，在四个方面提出了具体要求：

（1）社会信息化普及应用水平明显提高。信息消费市场不断规范和壮大，市民信息化素质普遍提高，到2010年，全市互联网用户达到460万户，互联网普及率达到20%；电话用户总数达到2550万户，电话普及率达到83%；银行卡持卡消费占社会消费品零售总额达到35%；信息技术在教育、科技、医疗、社会保障、文化建设等方面的普及应用给市民带来实惠，信息化在扶持农村、贫困山区和社会弱势群体方面发挥更加重要的作用，区域性中心城市信息化示范带动能力明显增强，全社会信息化综合水平力争走在西部前列。

（2）重点领域信息化取得显著进展。建成覆盖全市统一的电子政务网络，初步建立政府信息资源公开和共享机制、目录与交换体系、法律与标准体系、安全与管理体制，50%以上的行政许可项目能够实现在线处理，有效降低行政成本，提高公共服务水平；农村中小学计算机教育普及率达到80%；规模以上企业互联网应用达到100%，中小企业互联网应用达到80%，50%的骨干企业开展电子商务，30家企业电子商务取得实质性进展。

（3）信息产业基本实现跨越式发展。信息产业实施“1162工程”：五年新增投资1000亿元，争取2010年信息产业销售收入达到1500亿元，重点发展集成电路、软件与信息服务、通信产品、数字化仪器仪表（含数字医疗）、新型电子元器件（含汽车电子）、信息家电6大领域，引导形成北部新区高新园、西永微电子工业园2个产业集聚区，力争把重庆市建设成为国家级电子信息产业基地。

（4）信息基础设施的普遍服务能力显著增强。继续加强农村信息通信网络建设。到2010年，行政“村村通”电话率达到100%，完成20户以上已通电自然村广播电视村村通工程，广播和电视综合人口覆盖率分别达到94%和98%，完成主城区有线电视用户数字化转换，增加广播电视节目传输套数，明显改善收听收看效果。提高全市无线电监测网覆盖率，主城区和重点地区的有效覆盖率达到85%，无线电管理和技术基础设施水平处于西部地区前列。

一、取得的主要成就

“十一五”时期，重庆市信息化进入快速发展阶段，在信息基础设施、电子政务、信息产业、经济信息化、社会信息化、信息安全等方面取得显著成效，基本实现了“十一五”规划的主要发展目标（见表1）。信息化发展指数为0.662①，居于全国各省（自治区、直辖市）第11位，总体发展水平跃居西部前列。

表1　“十一五”时期信息化的主要指标

	指　　标	2005年	2010年目标	2010年实际	完成目标（%）
基础设施	村通电话率（%）	98.2	100	100	100.0
	广播综合人口覆盖率（%）	91.2	94	95.7	101.8
	电视综合人口覆盖率（%）	94.3	98	97.4	99.4
应用水平	电话用户总数（万户）	1632.3	2550	2247.1	88.1
	电话普及率（%）	52	83	78.6	94.7
	互联网用户数（万户）	128.7	460	786.4	170.9
	互联网普及率（%）	6.1	20	29	145.0
	行政许可项目在线处理率（%）		50	56	112.0
	银行卡持卡消费占社零总额（%）		35	45	128.6

① 所有信息化发展指数的数据均来自国家统计局“信息化发展指数优化研究”。因缺2010年数据，指数只计算到2009年，下同。

续表

	指　标	2005 年	2010 年目标	2010 年实际	完成目标（%）
信息产业	信息产业销售总收入（亿元）	320	1500	1518.14	101.2
	电子产品制造业收入（亿元）	150	1070	978.68	91.5
	通信业收入（亿元）	110	180	159	88.3
	软件业（亿元）	60	250	380.5	152.2

（一）信息基础设施不断完善，信息通信能力不断增强

2009 年全市光缆线路长度达到 19.9 万公里；移动电话基站数达到 24161 个；固定交换机容量达到 1147.3 万门，移动交换机容量达到 2340.2 万门，全市 64903 个自然村已全部实现了村通电话；行政村互联网宽带普及率达到 62%；移动电话信道数达到 116.0 万个，短消息中心容量达到 5868 万条。电信业已正式进入宽带网络、3G 和全业务运营新阶段，业务结构不断优化，市场竞争格局初步形成。2009 年全市固定电话用户总数达到 627.7 万户，移动电话用户达到 1440.9 万户，宽带接入用户达到 200.8 万户，移动互联网用户达到 331.7 万户，互联网网民达到 760 万。有线电视数字化整体转换和双向改造稳步推进，2009 年全市广播电视用户达到 445 万户，其中，数字电视用户约 120 万户。

（二）电子政务全面推进，政府社会管理和公共服务能力得到有效提升

全市电子政务网络体系架构初步形成，已成为电子政务的重要载体。政府门户网站服务体系初步形成，2009 年全市 100% 市级和区县政府、95% 市级部门建立政府门户网站，政府信息公开、网上办事、政民互动能力不断增强，在民主政治建设、转变政府职能、提高行政效率和预防惩治腐败等方面发挥着越来越重要的作用。金税、金关、金财、金盾、金农、金保、行政审批电子监察等一大批电子政务重大项目相继建成并投入使用，有效地增强了全市社会管理、公共服务、社会保障、社会治安防范等方面能力。

（三）信息产业跨越式高速发展，自主创新得到增强

信息产业高速发展，已成为重庆最重要的支柱产业之一。信息产业由 2005 年 240 亿元跃升到 2010 年 1400 亿元，为改变汽车摩托车单一产业比重过大的局面迈出了有力的一步。笔记本电脑整机制造发展迅猛，尤其是自 2008 年起，先后引进了电脑全球第一、第二品牌惠普、宏碁，以及通讯设备第一品牌思科落户重庆，吸引富士康、英业达、广达等等一批世界 500 强企业和多家核心相关配套企业来渝发展，并以西永微电子产业园和“两江新区”① 为主要载体，初步形成了笔记本电脑制造基地。品牌商、代工商、零部件企业“3 + 6 + 160”的垂直一体化格局已经形成，亿台级笔记本电脑基地目标稳步推进。全市软件及服务外包业快速发展，已认定软件企业累计超过 250 家，吸引了一批国内外知名 IT 企业。重庆市还建成

① 重庆两江新区于 2010 年 6 月 18 日正式成立，为国家批准的继上海浦东新区、天津滨海新区之后的全国第三个副省级新区，面积 1200 平方公里。

国内最大的12条155M国际数据专用通道，软件及信息服务外包业的发展环境不断提升。重庆市现已被确立为国家软件及信息服务外包基地。全市信息技术自主创新能力不断增长，重邮信科开发出拥有自主知识产权的时分同步码分多址（TD－SCDMA）基带芯片及相关的协议栈，芯片设计和开发能力得到提升。

（四）经济信息化建设取得的较大发展

信息化与工业化融合取得新的进展。在汽车、摩托车、装备、物流、电子商务等领域，启动了一大批国家级示范项目、市级示范项目和区县试点示范项目，重庆市已被确定为首批国家级两化融合试验区。

建立各行业企业和行业协会、中介组织、高校、科研院所等广泛参与的机制，积极推动信息技术在工业研发设计、生产流程、企业管理、物流配送等关键环节的应用。中国移动通信集团在重庆建设M2M中心和“移动物联网基地”，启动建设基于射频识别（RFID）的智能交通管理与服务系统重点示范项目。全市农业信息综合服务体系进一步完善，有效支撑了重庆市统筹城乡信息化试验区建设。2009年重庆市“信息下乡”覆盖全市511个乡镇、3012个村，乡镇完成比例达到61.1%，行政村完成比例为31.7%，并建立“农信通”、“信息田园”、“农业新时空”等涉农信息平台。重庆市服务行业和中小企业的第三方电子商务交易与服务平台加快发展，联合产权、药品、土地、农畜等电子交易平台相继建成投入使用，为重庆市电子商务发展奠定了坚实的基础。

（五）社会信息化已成为服务民生的重要手段

重庆市已建成覆盖全市的教育网络，高校、中职学校、普通高中、初中和小学已建成了不同程度的校园网，初步形成了各级各类教育教学资源库。重庆市医院信息化建设取得成效，并已初步形成疾控体系和医疗救治体系。在社会保障、劳动就业、公共服务等领域的信息化工作稳步推进，城市“一卡通”在公交、医疗、商业、公共服务等领域取得突破，发卡量突破2000万张。2010年银行卡持卡消费已占全社会消费品零售总额的45%。

（六）信息安全保障不断加强，综合防护能力不断提高

重庆市电子政务信息安全等级保护测评工作顺利开展，信息安全漏洞分析工作取得实质性进展，并对外提供漏洞分析与风险评估服务。信息安全人才队伍建设继续推进。重庆市政府部门互联网安全接入试点工作取得阶段性成果。

二、存在的主要问题

（一）从自身比较，仍然任重道远

“十一五”期间，重庆市国民经济和社会信息化建设得到提升，但仍存在一些问题，这主要表现为：信息基础设施重复建设和投资浪费问题突出；政府信息资源的开发、利用和共享程度偏低，跨部门、集约化的政务信息系统建设和应用尚未规模开展，政府信息公开和公共服务水平亟待提高；信息产业自主研发能力不足，核心技术和关键装备有待突破；企业信息化发展水平参差不齐，信息化对传统产业升级改造，以及对中小企业业务支撑效果不明显；城市信息化建设尚处于起步阶段，信息化对教育医疗社保等社会生活重要领域的业务建设和行业监管支撑能力不足，与综合深入应用尚存在差距；信息安全保障能力仍有待持续增强。

（二）与全国先进省份比较，差距明显

通过比较信息化发展指数（Ⅱ）的各个方面，虽然重庆的信息化发展总体来看处在全国的中上水平，在西部居于领先地位，但仍然要看到其在全国的总名次有所下滑。通过对信息化发展水平比较，重庆市目前主要存在以下问题。

（1）从信息化发展总指数方面看，重庆市在全国内地 31 个省（自治区、直辖市）（以下简称省）中在 10 名左右徘徊，处于第二类地区，属于信息化发展中高水平地区。2009 年排在第 11 位，为全国平均水平的 0.97。在西部 12 省中列陕西之后，但比 2006 年在西部的第 1 位名次下滑 1 位，从全国的第 9 位下滑 2 位（见表 2）。

表 2　　2009 年全国及四个类型地区信息化发展指数（Ⅱ）比较

	基础设施指数	产业技术指数	应用消费指数	知识支撑指数	发展效果指数	总指数
全国合计	0.389	0.914	0.598	0.803	0.701	0.681
第一类地区	0.749	1.197	0.883	1.109	1.108	1.009
第二类地区	0.445	0.916	0.640	0.833	0.686	0.704
第三类地区	0.335	0.771	0.542	0.792	0.596	0.607
第四类地区	0.278	0.738	0.509	0.730	0.580	0.567

（2）从信息化发展指数分类指数看，重庆信息化发展指数位次下降，是由于在基础设施指数和发展效果指数上拖了后腿。信息化基础设施指数不仅从全国第 8 位落到 2009 年的全国第 11 位，而且与先进地区上海、北京等差距有所扩大。发展效果方面，也从 2006 年的全国第 9 位下滑到 2009 年的第 12 位，这说明我们尽管在进步，但其他地区在人均国内生产总值、信息产业研发经费投入等方面进步更大，与全国平均水平发展效果指数 0.701 相比差距为 0.061，比 2006 年的指数相差 0.02 扩大了 0.041（见表 3）。

表 3　　2006～2009 年中国各地区信息化发展指数（Ⅱ）比较

	地区	2006 年		2007 年		2008 年		2009 年	
		指数	排名	指数	排名	指数	排名	指数	排名
信息化发展指数（Ⅱ）	全国	0.611		0.633		0.654		0.681	
	重庆	0.597	9	0.613	10	0.632	11	0.662	11
基础设施指数	全国	0.335		0.354		0.359		0.389	
	重庆	0.380	8	0.381	9	0.365	10	0.380	11

续表

	地区	2006 年		2007 年		2008 年		2009 年	
		指数	排名	指数	排名	指数	排名	指数	排名
产业技术指数	全国	0.840		0.869		0.897		0.914	
	重庆	0.751	15	0.784	14	0.813	14	0.877	11
应用消费指数	全国	0.461		0.505		0.551		0.598	
	重庆	0.446	13	0.477	15	0.537	13	0.591	11
知识支撑指数	全国	0.772		0.777		0.792		0.803	
	重庆	0.783	13	0.793	11	0.811	9	0.824	9
发展效果指数	全国	0.647		0.659		0.670		0.701	
	重庆	0.627	9	0.629	9	0.634	10	0.640	12

同时从信息化发展效果指数看，重庆的发展效果还不够好。2009 年，全国的发展效果指数为0.701，而重庆市为0.64，在全国的位次为12，比2006 年下滑了3 位。虽然在西部重庆仍然领先，但从发展的角度看没有形成强大的合力。全国信息化发展效果指数 2009 年比2005 年提高了0.054，而同期重庆市只提高了0.013，全国领先的北京市、上海市、天津市分别提高了0.088、0.102、0.101。

三、建 议

针对重庆市在信息化发展方面的主要问题，特别是基础设施和发展效果方面，“十二五”时期，重庆市应在全力推进信息产业跨越式发展、“三网融合”技术应用、新一代信息技术研发应用等方面的发展步伐，进一步提升重庆市在全国的信息化发展水平。

（一）通过制度设计，吸引信息技术（IT）产业人员来渝工作

从信息产业角度看，重庆的笔记本电脑基地建设还处于创立阶段，各方面的配套还在进行当中，离建成真正的基地目标还有许多工作要做，离建成1 亿台基地的目标还有很长的路要走。特别是IT 产业工人的紧缺已是燃眉之急。随着“刘易斯转折点”的到来，就业的结构性供需矛盾已经凸显，能否稳定地提供高质量的产业工人在一定程度上关系到招商的成败。有关部门应在此方面高度重视，除采用传统的工人招聘方式外，应加快推进“五个重庆”① 建设，更好地从工资待遇比较优势、劳动保障、城市居住便捷性及生活成本等方面考虑，用统筹学的方法，以“组合拳”的方式通过制度设计来吸引本市及全国各地人员在渝工作。

① 五个重庆于2008 年7 月20 日由重庆市委三届三次全委会提出，包括宜居重庆、畅通重庆、森林重庆、平安重庆和健康重庆。

（二）加快“三网融合”等基础性信息化设施建设，提升信息化应用水平

提高对“两翼”地区的财政转移支付力度，加快“万元增收计划”的实施，努力缩小城乡差距，提高农村信息化发展水平，提高农村的互联网普及水平。

抓住信息通信技术创新突破和基础设施升级的重大机遇，推动“宽带泛”在融合的下一代信息通信基础设施的建设。全面推进城市地区光纤到楼入户，向乡镇和行政村的延伸。加快信息网络向宽带化发展，加快现有互联网的升级改造，加快有线电视网双向改造。完善3G通信网络，大力发展移动互联网。加快推进传感网与宽带网、移动网和固定网融合发展。利用多种无线技术，建设宽带无线城市。推进重庆市下一代网络和云计算中心建设，积极推动互联网协议（IPv6）、物联网、云计算等新技术的应用。

（三）增加信息产业研发经费，重点支持第四代移动通讯技术（4G）的研发

积极推进3G的应用开发，加大对4G技术的研发，占领技术制高点。智能手机的应用已与电脑的互联网应用呈融合之势，大有取代电脑某些功能的态势，应事先绸缪，规划产业集群，抢得先机，与笔电产业集群相得益彰，形成互补，彻底改变重庆的产业格局，做大新的产业增长级。

（四）实施“两化融合”战略，优化产业结构

促进重庆市信息化与工业化的深度融合，将信息化作为重庆市工业化发展的内在动力和关键因素，以信息化增强创新能力、优化资源配置、变革生产方式、提高资源利用效率，改造提升传统产业、促进先进制造业。重点推进汽车摩托车、装备制造、重化工等重庆市工业主导产业信息技术的应用水平，促进重庆市工业结构战略性调整和发展方式根本性转变。大力发展开放工业、集群工业、创新工业、低碳工业、智能工业、民生工业、耦合工业。以信息化支撑带动上、中、下游工业企业的发展和联动，促进重庆市产业链的发展和完善。以“两化融合”示范项目为重点，构建“两化融合”服务平台，大力推进信息技术在生产性服务业的应用。加快构建以电子支付、社会信用、物流配送等为重点的电子商务支撑体系，改善电子商务发展环境，发展第三方的小额支付，促进电子商务发展。

撰稿人：重庆市统计局科研所　黄光明
重庆市经信委　李小萍

四川省信息化"十一五"规划完成情况的评估与分析

大力推进信息化，是深入贯彻落实科学发展观的重要体现。党的十七大报告中提出："全面认识工业化、信息化、城镇化、市场化、国际化深入发展的新形势新任务，深刻把握四川国发展面临的新课题新矛盾，更加自觉地走科学发展道路。"根据国家统计局统计科研所发布的各省（区、市）信息化发展指数（Ⅱ）的指标体系及数据，本文对"十一五"期间四川省信息化发展的进程、取得的成果和存在的问题进行了总结和分析，并对"十二五"期间四川信息化重点工作提出了相关的建议。

一、"十一五"四川信息化发展情况

（一）信息化发展总体水平

1. 信息化发展指数逐年上升

"十一五"期间，四川各地区、各部门从实际出发，积极进取，开拓创新，扎实推动信息化工作。经过不懈努力，四川信息化建设取得较好的成绩，效果显著，在促进经济社会协调发展和人的全面发展方面发挥了积极、重要的作用。信息化发展指数（Ⅱ）不断上升，2006～2009 年分别为 0.560、0.575、0.585 和 0.616，分别比同年西部地区平均值高 0.025、0.025、0.013 和 0.019。

2. 分类指数均有所上升

从信息化五个分类指数来看，"十一五"期间所有指数都有所上升，其中产业技术指数、发展效果指数、知识支撑指数和应用消费指数呈逐年上升趋势，基础设施指数在 2008 年有所下降，此后回升，具体见图 1。

（1）信息基础设施进一步完善，服务能力进一步提升。"十一五"期间，四川电话、电视和计算机等信息设备拥有率有所提高，广播电视信号及移动通信网络覆盖面更广，3G 网络建设进一步加快，基本建成了覆盖全省的信息网络，并且向更新一代的信息网络演进。此外，"十一五"期间，四川积极与通信运营商合作，建设了多个大型信息中心。2006～2009 年，四川基础设施指数分别为 0.3、0.311、0.302 和 0.328，均高于同年西部地区平均水平，分别比西部省市的平均值高 0.029、0.029、0.016 和 0.014。

（2）信息化应用广泛，应用消费指数逐年增加。信息化应用是四川信息化建设中最为重

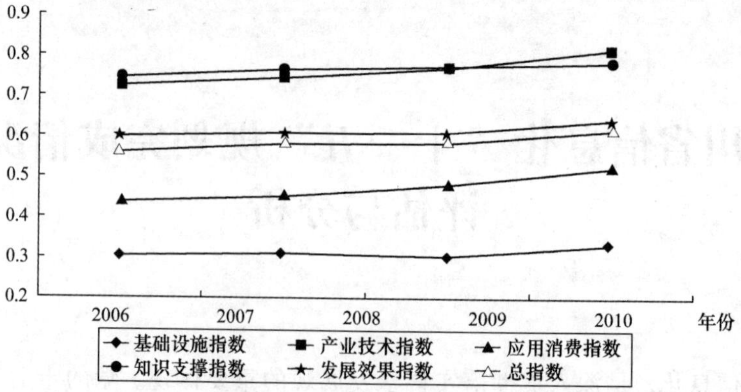

图1　2006～2009年四川信息化发展总指数及各分类指数比较

要的环节之一。"十一五"期间，四川信息化应用在多方面稳步推进，信息技术在四川经济重要行业和关键领域的应用逐步扩大，信息化对促进经济增长方式的转变、推动产业升级以及提高产业竞争力等方面的作用逐步显现。推广应用信息技术日益成为促进农业及农村发展、推进工业发展和服务业升级的重要手段。2006～2009年，四川应用消费指数分别为0.437、0.452、0.478和0.522，年均增长0.028。

（3）信息化发展较快，效果指数有所上升。"十一五"期间，四川省信息产业不断发展，电子信息产业发展势头不断增强，工业增加值、企业利润、企业个数和从业人员数量均有较大幅度的增长。"十一五"期间，四川省引进了多个规模较大的项目，打造出多条具有国际竞争力的产业链，形成产业聚集区。四川信息服务业规模有所扩大，建成了多个国家信息服务基地。2006～2009年，四川信息化发展效果指数分别为0.602、0.609、0.606和0.635，分别比同年西部省市的平均值高0.078、0.078、0.066和0.099。

（4）产业技术指数有明显的提高。"十一五"期间，四川信息技术创新能力进一步提高，信息技术创新体系逐步完善，技术研发带动产业化的进程加快。企业自主创新能力不断增强，涌现出了一批拥有核心自主知识产权和自主品牌的优势企业。2006～2009年，四川产业技术指数分别为0.718、0.744、0.768和0.812。2009年，产业技术指数超过了知识支撑指数，成为五个分类指数中最高的指数。与同年西部省市的平均值相比，四川产业技术指数相对较高，比西部省市的平均值分别高出0.039、0.044、0.033和0.044。

（5）知识支撑指数逐年增加。2006～2009年，四川知识支撑指数分别为0.745、0.761、0.772和0.785。2008年以前，知识支撑指数是5个分类指数中最高的指数，在2009年被产业技术指数超过。与西部地区平均水平相比，四川知识支撑指数相对较高，比西部分别高出0.015、0.026、0.016和0.019。

（二）信息化基础设施

1. 电话、电视、计算机拥有率逐年提高

四川省电话拥有率、电视机拥有率和计算机拥有率都有所提高。增长最快的是计算机拥有率，每百人拥有量从2006年的4.64台逐年增加至2009年的8.11台，增长了74.8%。增长最慢的是电视机拥有率，每百人拥有量从2006年的35.83台逐年增加至2009年的36.12台。每百人拥有的电话从2006年的44.9部增加至2009年的61.7部，其中每百人移动电话拥有率从2006年的24.1部增加至2009年的42.6部，每百人固定电话拥有率从2006年的20.8部下降至2009年的19.1部。此外，四川行政村"村村通电话工程"进展顺利，全省行政村电话普及率达到100%。

2. 广播电视、移动通信覆盖面更广

"十一五"期间，四川广播电视覆盖更广。截至2009年，四川广播覆盖率和电视覆盖率分别为96.19%和97.27%，分别比2005年高出0.78和0.53个百分点。中短波发射台及转播台共37座，比2005年多2座。电视发射台及转播台共3944座，比2005年多95座。广播电视台（站）共152个，比2005年多39个。

移动通信网络基本实现全省行政村覆盖。于2006年实现成都100%行政村覆盖；2008年实现了全川除凉山、阿坝、甘孜等三州以外100%行政村覆盖；2009年实现凉山、阿坝100%行政村覆盖；2010年实现甘孜100%行政村覆盖。

3G网络也实现了从无到有，并且覆盖范围越来越广。3G网络质量得到大幅度提高，实现了接入网的光纤化，传输网的宽带化，核心网的融合化以及业务网的综合化。截至2009年底，四川电信3G移动网络拥有基站1.2万个，3G网络覆盖省内21个市州、所有县级城市和50%的乡镇，以及省内主要风景区。

3. 信息网络建设加快

目前，四川基本建成了覆盖全省的信息网络，完成了由窄带网向宽带网、单一网向综合智能网的转变，并逐步向下一代通信网络（NGN）演进。2009年全省新接光缆9.0万公里，使全省光缆总长度达到48.0万公里。其中，四川电信光缆总长度达22.5万公里，覆盖四川21个市州、所有县级城市和90%的乡镇，四川移动传输光缆达12万公里。长途网与本地网光缆结构、布局进一步优化，网络整体数字化水平明显提高，有力地支撑了宽带业务和信息化的发展。

4. 通信基础设施项目增加

"十一五"期间，四川引入了中国移动无线音乐基地、中国电信西部信息中心、中国电信四川灾备中心、中国电信西部数据中心等一大批立足四川、覆盖西部、服务全国的通信基础设施项目。2009年，四川移动投资30亿元在全省11个市、州建设第三代移动通信网络（TD-SCDMA），大大提升了四川作为西部通信枢纽的地位，推动四川在全国通信网络中发挥出重要作用。

（三）信息化应用

1. 电子政务快速发展

（1）门户网站作用突出。"十一五"期间，政府门户网站在推行政务公开、提供政务服务方面的窗口作用逐步显现。部分市、区的政府门户网站在全国的多项门户网站评比中获奖。四川省政府网站改版，突出了政务信息发布、网上办事服务和与公众交流互动三大功能，设置了政务信息区、办事服务区、互动交流区和应用功能区等4个区域，中文简体版和繁体版均开设了“四川要闻、四川概况、办事服务、阳光政务、互动交流、投资四川、旅游四川”等7个一级栏目、60个二级栏目、400多个三级以下栏目和专题。成都市政府门户网站被誉为“领先西部的创新型政府网站”。此外，在信息产业部组织开展的全国地方电子政务应用调查活动中，乐山、宜宾等五个市、区的门户网站获得奖项。

（2）数据库与信息系统使用广泛。2006年，四川省宏观经济数据库投入运行，建立了投资、工业、能源、交通、重点项目及综合数据库和信息共享平台，实现统计、查询、分析、经济预测等功能，在全省重大问题决策、课题研究中发挥了重要作用。四川省发改委重点项目——信息管理系统于2006年6月投入使用，管理“十一五”重点储备项目2221个以及相应的年度计划、月度监测报表等，咨询交流信息达370多条。

（3）行政审批信息化加快。截至2007年，四川省约830项行政审批项目，有21%的项目实现了网上在线或部分在线办理。四川省政务服务中心在网上公布了多种行政审批申报表格，凡需当事人在申请过程中填报的表格，基本上都可以在网上予以下载，极大地方便了办事群众。

2. 经济领域信息化应用扩大

（1）农业信息化应用增加。2006年，四川省省委一号文件《关于推进社会主义新农村建设的意见》提出了“积极发展面向农村的广播电视电信等设施，提升农村互联网应用水平，完善四川农经网等农村综合信息服务网络，力争‘十一五’期间农村信息服务覆盖率达90%”的目标。“十一五”期间，四川农业信息化紧紧围绕上述目标，继续推进农业信息化应用，取得了较好的进展和成效，主要表现在以下几个方面。

第一，涉农网站建设加快。部分农经网已跻身“中国农业网站百强”，其中四川畜牧食品信息网和四川农村信息网被选入2009年中国农业网站政府类网站三十强。此外，各网站开设了更多的涉农专业栏目，如科教文化、生猪行情信息等。

第二，农村信息服务体系日趋先进。“十一五”期间，四川农经网建立并逐步完善了全省统一的以特服号96999为标志的集IVR声讯、电视上网/可视电话、农经短信为一体的信息应用服务系统。四川电信围绕农村信息服务需求，积极推进“信息化新农村”的建设，完善了96168幸福农家及声讯信息内容服务平台。除此之外，四川电信、四川联通、四川移动分别建立并完善了农经信息短信服务平台。

（2）制造业信息化加快。“十一五”期间，四川充分利用信息化的优势，助推制造业快速发展。四川高度重视制造业信息化工作，继续实施“以信息化带动工业化”战略，启动了“十一五”制造业信息化及重大装备技术重大专项，其战略研究和发展规划获得了四川省科技进步二等奖。2006年和2007年，四川共为“十一五”制造业信息化工程提供配套资金1200万元。2010年，四川省食品工业公共信息服务平台在成都开通，有力地推动了食品工业的发展壮大。

四川还通过大力开展“甩图纸、甩账表”的建设，加深信息化的利用，提高企业经济效益。“十一五”期间，四川积极利用被列为国家制造业信息化工程示范省的契机，采取了“示范城市+示范企业”的模式，确定了成都、德阳、绵阳等九个重点城市和东汽、成飞、长虹等数个示范企业，深入开展了“甩图纸、甩账表”应用示范体系建设。其中，四川长虹电器实施了企业内部经营管理业务与企业外部供应链业务的集成，提高了供应链的协同能力；东方电机通过4CP、MES和ERP的集成，实现了产品从设计到制造、企业全业务流程的集成，大大提高了企业效益。

（3）电子商务运用增加。随着信息技术的发展和普及，四川省电子商务快速发展，信息技术在商务活动交流、促进国民经济信息化方面发挥了积极作用。企业网上交易为电子商务拓展了空间，一些大型企业积极开展网上营销、供应链管理等活动，网上购物逐步成为当前的消费热点。“十一五”时期，四川电子商务应用稳步发展，外贸行业电子商务应用普及率较高，目前有六成以上的企业通过网络与客户交换信息，通过网络进行产品的宣传和销售。在线采购和支付的比例不断提高，有300家以上的外贸企业利用第三方B2B电子商务平台开展国际贸易活动。

3. 社会领域信息化应用加深

“十一五”期间，四川积极推进社会公共领域信息化工作，为建设和谐社会起到了不可忽视的作用。

（1）个人通信及娱乐应用增加。“十一五”期间，四川省互联网普及率大幅增加，每百人互联网用户数从2005年的7.42人增加到2009年的19.7人，人均信息消费额从2005年的199.25元增加到2009年的350.24元。个人信息消费和使用更加多样化，电信新业务层出不穷，实现了从固定到移动化、语音到多媒体的根本性转变，移动电话、可视电话、互联网等业务得到广泛应用，手机、宽带更为普及，短信、彩铃、无线上网、网络点播应用加快。

（2）卫生信息化应用加快。四川大力推进卫生信息化应用，取得了较好的成绩。第一，数字化医院建设得到稳步推进，截至2009年，四川有60%的县级以上综合医院建立并使用管理信息系统。第二，四川在全国率先开发了药品集中采购监管平台，推动了医疗机构药品网上阳光采购。第三，建立了四川卫生信息专用网络，截至2009年，有110个县与省级平台实现联网，大大推进了“新农合”信息化应用。第四，开展了区域卫生信息共享试点。

（3）教育信息化应用广泛。高校认真贯彻并落实了《四川省高等学校信息化建设参考指南》，做到了有校领导分管信息化工作，保证了信息化建设的资金投入，校园无线网络较前年有更大范围的覆盖。高校的管理应用系统、一卡通等应用系统在学校得到了广泛应用。此外，四川加强了中小学学生学籍信息化管理，有效地提高了教学质量。

（4）档案信息化应用速度提高。档案目录数据和全文数据库的建设加快。档案信息资源不断增加，全部档案资料已经进行系统分类整理。截至2009年，四川省档案馆馆藏档案888个全宗，1286630卷，资料99651册。民国档案45万卷，缩微档案累计已达8000万个画幅，制成缩微胶片6137盘，拷贝3004盘，重要档案已进行数字化处理并提供利用。

（四）信息产业发展

1. 电子信息产业稳步发展

电子信息产业是四川的优势产业之一，在“十一五”期间有较好的发展。2009 年，四川电子信息产业实现主营业务收入 853.5 亿元，同比增长 23.16%；实现利润总额 47.5 亿元，同比增长 31.54%；实现利税总额 69.4 亿元，同比增长 14.84%。

四川通过引入多个项目，形成产业聚集区。“十一五”期间，四川诞生了多个规模较大的电子信息招商引资生产项目。仁宝、戴尔、联想、纬创、德州仪器等知名企业进驻四川；全球 IC 设计前 30 强中已有美国赛灵思、美国科胜讯等 4 家企业来四川落户，形成了 IC 设计、晶圆制造、封装、测试的完整 IC 产业链，产业规模和水平居中国前列，中西部第一。四川还诞生了两条 4.5 代 TFT - LCD 生产线及代表下一代发展方向的主动式 OLED 项目，以及相关的模组代工及 LED 封装、液晶玻璃基板、液晶电视等上下游项目，形成了光电显示产业链。目前四川已形成包含平面显示、集成电路制造、电脑制造和网络通信设备制造在内的电子信息现代产业体系。

2. 信息服务业发展壮大

信息服务业增长明显。2009 年四川信息服务业实现增加值 441.9 亿元，占全省 GDP 的比重为 3.1%。电子信息传输服务业实现增加值 296.6 亿元，占全省信息服务业增加值的 67.1%；电子信息设备销售和租赁业实现增加值 85.7 亿元，占全省信息服务业增加值的 19.3%；计算机服务和软件业、其他信息相关服务业分别实现增加值 36.2 亿元和 23.4 亿元。

“十一五”期间，四川建成了一批信息服务业产业基地：国家火炬计划软件产业基地、中国服务外包基地、国家软件出口创新基地、国家网络游戏动漫产业基地、国家动漫游戏产业振兴基地，国家数字媒体技术产业化基地等。

（五）信息技术创新

1. 信息技术有所突破

信息技术创新成效显著，IC 设计、芯片制造、封装测试、3G（第三代移动通信）和 NGN（下一代网络）、NGI（下一代互联网）等领域的研发工作取得一批新成果。军事电子方面自主研发能力有所增强，进一步加强了军用元器件、整机、军事电子系统装备等研发生产环节的联系及整合。数字电视前端设备、条件接收、中间件、检测仪器等设备的研发加快。通过与海外企业合作，研制出了 PDP 和 OLED 等平板显示核心器件生产技术等。移动通信、RFID（射频识别）、网络设备、数字电视、IC 卡等专用芯片设计技术得到提高。

2. 企业自主创新能力增强

“十一五”期间，四川企业狠抓自主创新工作，加大对研发的投入，在信息服务、集成电路、数字视听、网络与通信、新型平板显示器和新能源设备上突破了一系列关键技术难关，有效地提高了企业的市场竞争力。四川虹视公司联合电子科技大学、苏州大学以及其他相关企业，合作开发出了新型的 AMOLED 面板制造技术，为大尺寸 AMOLED 量产提供了技术支撑。长虹集团在集成电路设计、工业设计和工程技术上取得了较大突破，开发出网络数字音视频处理 SoC 芯片（阿波罗一号）等多个产品，结束了中国家电业“无芯”的历史。九洲集团加快自主创新步伐，与国际公司以及国内高校院所合作，研发出了兆瓦级风力发电变流器。成都银河磁体积极利用国产相近设备进行改造，开发出新型生产黏结钕铁硼稀土磁体的生产技术，具有国际较先进水平。

（六）国民信息素质建设

1. 高校网络文化建设加快

四川高校校园网规模扩大，利用广泛。例如成都理工大学在经过大规模的升级改造后，到2010年校园网主干带宽达1000M，出口带宽也升级到1000M，网络信息点数约12000个，联网计算机7000余台。四川高校的校园网秉承“以人为本”的理念，几乎都设计了中英文两个不同版面，涵盖了教学管理、学生工作、科研等内容，实现了行政办公管理、教师备课授课、学生学习交流、校内信息公告、远程电子通讯、Internet 通讯浏览等基本功能，形成了以教育教学为主，以学术、新闻、管理、服务类网站为补充的校园网络文化阵地的分层次格局。

高校积极利用网络，增强思想教育，积极举办各种网络活动。四川多数高校都建立了一个或多个点击率较高的思想性较强的网站，同时还抓住学生追求归属感的需要，构建了网上集体，把现实生活中的学校、院系、学生班级、社团协会生动地映射到网络上去。在“5.12”汶川特大地震、神七升空、奥运会等重大事件发生时，各高校充分利用网络具有互动性强、快捷高效的特点以及在重大事件的宣传方面的优势，举办了以“众志成城，抗震救灾”、“载人航天精神”、“弘扬奥运精神，爱我中华”等为主题的网络文化活动。

2. 文化信息共享加深

四川在文化部全国文化信息资源管理中心的指导下，加大了文化信息资源共享工程的建设力度。四川依托国家图书馆以及省、市（州）和县级图书馆，加大对全省数字图书馆服务平台的建设和完善，使平台规模不断扩大、内容不断丰富，形成了以基层公共图书馆、文化馆、校园网、有线电视网为主遍布四川城镇和乡村的文化信息资源服务网络，有力地增强了文化信息资源的服务效果和社会影响力。

截至2008年，全省共建省级示范站点300个，基层服务站点403个。在网络资源整合上，四川依托目前已有的网络资源，进一步加深文化共享工程的影响力，扩大共享工程的覆盖面。另外，还与“2131工程”、“农村中小学校远程教育工程”等充分结合，提高了文化信息的共享程度，使不同层次、不同地区的人都享受到文化信息共享工程的便利，得到了文化信息资源服务。

二、四川信息化建设存在的问题

“十一五”期间，四川信息化发展总体水平取得了进步，但是也存在一些问题，主要表现在以下几个方面。

(一) 信息化总体水平有待进一步提高

从信息化发展指数（Ⅱ）的排位来看，四川在全国31个省市中排第17位左右：2006年、2007年和2009年均排第17位，2008年为第19位。在西部地区中，四川排第三，在陕西和重庆之后。

从指数值来看，四川低于全国平均水平。2006~2009年，四川信息化发展指数（Ⅱ）比全国平均水平分别低0.051、0.058、0.069和0.065，比西部第一分别低0.037、0.038、0.051和0.057，差距有所扩大。

从指标的增速来看，四川增速较慢。2006~2009年，四川信息化发展指数（Ⅱ）的平均增速为11.99%，比全国平均水平高0.19个百分点，但在西部地区排第11，仅高于广西。

(二) 信息化基础设施还需进一步加强

2006~2009年，四川信息化基础设施指数分别排全国第17、18、21和19位。从指数值来看，四川比全国平均水平低0.035、0.043、0.057和0.061，差距有所扩大。

在西部地区中，四川排位有所下降，从2006年的第4位下降至2009年的第5位。从指数值来看，2006~2009年，四川比西部最高的重庆低0.08、0.07、0.063和0.052，差距逐年缩小。

从基础设施的各项指标值来看，2009年四川农村计算机拥有率为3.73台/百户，为全国平均水平的一半。2009年，四川移动电话拥有率为42.6部/百人，比全国平均水平低13.7部/百人，比西部地区中最高的陕西低9.5部/百人。

(三) 信息化应用还不够充分

2006~2009年，四川信息化应用消费指数在全国分别排第18、25、26和25位。从指数值来看，四川比全国平均水平低0.024、0.053、0.073和0.076，差距逐年扩大。

在西部地区中，四川的排位有所下降，从2006年的第3名降至2009年的第8名。从指数值来看，2006年四川超过西部地区平均水平0.013，但从2007年起低于西部，分别比西部平均水平低0.005、0.022和0.011。2009年，西部地区中指数最高的是重庆，比四川高0.069。

造成四川信息化应用不足的原因有两点。第一，电子政务建设需要政府来主导，又需要有符合信息化建设的专业化运行体制，但现行的管理体制容易导致依附于信息化办公室的IT公司不能有效地提供高水平的服务，致使电子政务应用不够高。第二，由于涉农网站以及众多信息平台提供的信息资源处于高度分散、堆砌状态，信息重复率高，使得农业信息化应用潜力没有更好地发挥出来。

(四) 信息产业发展效益还不够理想

2006~2009年，四川信息化发展效果指数在全国分别排第11、12、14和13位。从指数值来看，四川比全国平均水平低0.045、0.05、0.064和0.066，差距逐年扩大。在西部地区中，四川排第3名，低于陕西和重庆。从指数值来看，2009年四川比陕西和重庆分别低0.099和0.005。

从各指标来看，2009 年四川信息产业增加值占 GDP 比重为 36.5%，比全国平均水平低 6.9 个百分点。

与全国相比，四川电子信息产业人均销售产值低于全国。2007 年，四川人均销售产值为 45.3 万元，比全国低 21.7 万元。

（五）信息技术创新还比较缺乏

2006 ~ 2008 年，信息化产业技术指数在全国排第 18 位，2009 年排第 16 位，排名有所上升。从指数值来看，2006 ~ 2009 年，四川分别比全国低 0.122、0.125、0.129 和 0.102。在西部地区中，四川排第 3 名，在陕西和重庆之后。与陕西相比，四川的差距有所扩大，差距从 2006 年 0.041 逐年增加至 2009 年 0.083。

从各指标来看，2009 年四川人均电信业收入为 430.29 元，比全国低 200.87 元；每百万人发明专利申请量为 75.4 个，比全国低 96.3 个。

四川信息技术创新的主要问题是自主知识产权还比较缺乏，核心技术和关键装备的自产率还不够高，以企业为主体的创新体系还有待改善，自主研发生产能力需要加强，发明专利申请的整体水平也有待提高。

（六）信息化知识支撑还有不足

2006 年，四川知识支撑指数排全国第 22 位，2007 年上升至第 19 位，此后又下降至第 22 位。从指数值来看，2006 ~ 2009 年，四川比全国平均水平分别低 0.027、0.016、0.02 和 0.018。

在西部地区中，四川排名有所下降，从 2006 年的第 6 位下降至 2009 年的第 7 位。与西部第一的重庆相比，2006 ~ 2009 年，四川知识支撑指数比重庆分别低 0.038、0.032、0.039 和 0.038。

三、对"十二五"时期信息化发展的建议

（一）加快信息化发展环境的建设

（1）健全政策法规体系。按照国家法律法规和信息化规划，根据四川信息化的实际情况，探索以制度创新、政策支持、法规完善为手段，促进信息化健康发展。

（2）建设有利信息化发展的投融资环境。信息化具有投资周期长、投入高的特点，畅通的投融资渠道是信息化发展的重要条件之一，所以要大力构建良好的融资环境、创新多元化的融资模式、建设发达的信贷市场等，为信息化发展提供强有力的资本支持。

（二）进一步完善信息化基础设施

（1）加快推进城市无线宽带上网基础设施建设。目前，建设无线宽带城市已经是各地区提高信息化水平、提升城市竞争能力的重要内容。四川经济发展迅速，对无线上网的需求非常迫切。因此，四川要积极推动电信、移动等网络运营商研究实施无线上网的解决方案。重点推进基于 WiFi 技术的无线宽带接入网络建设，首先在宾馆、酒店、商务楼宇、政府机关

和大专院校等需求热点地区完成布点建设工作，争取早日实现全省无线上网全覆盖。

（2）加强农村地区信息化发展，缩小城乡之间信息化差距。充分利用通信技术、计算机网络技术等高新技术集成农业技术，以各种资源的数据库系统为基础，借助农业专家系统、决策支持系统等平台建立各种农业专家系统和农业决策支持系统，实现农业生产、仓储运输、流通贸易的数字化和智能化。同时要建立和健全乡镇、村的农业信息传播网络、农业信息网站和信息服务网站，形成纵横贯通的市场信息服务网络，强化农业信息网络服务体系。

（三）大力提高信息化应用水平

（1）积极推进电子政务，打造电子政务核心支撑平台。发展公共安全服务平台、资源注册管理和网络消息服务系统，建立应用系统接口标准，改造完善企业基础信息交换、宏观综合经济管理、权力阳光运行、社区管理、信息服务等跨部门应用系统。构建以便民利民为目的的社区信息化服务体系，以互联网为载体，以网站、短信、电话为通道，以便民政务服务为内容，以方便群众办事为目标，不断拓展电子政务领域的信息化应用。

（2）大力开展农业信息知识培育和宣传，提高农业信息使用水平。充分重视农村的基础教育和农民的技能培训，强化农民的信息化意识和利用农业信息网络的能力。在现有农业技术人才的基础上加大对农业信息技术人才培养的投入，同时，还可以在省内各高校开设农业信息化专业，逐渐培养一批适应农业信息化发展的专业人才。

（3）加快发展电子商务，推进制造业、服务业现代化。加快应用信息技术改造传统产业，推进生产自动化、产品智能化、经营管理网络化和商务电子化；推进信息技术与制造业融合，对传统制造业进行改造升级，推进企业信息化，逐步实现信息及网络技术在产品研发、生产、营销和管理等环节的应用，提高信息化装备、产品和人才的比重。

（4）积极推进社会领域信息化建设和应用。积极利用信息技术提高社区户籍、外来人口、市政物业、治安环境等方面的管理水平；建设和完善社会保障与市民服务信息系统，大力开展档案管理、素质教育和医疗保健等信息服务。

（四）促进信息产业做大做强

（1）发挥优势，提高四川信息产业竞争力。继续引进先进生产技术和管理理念，调整生产方向，做大做强四川信息产业，鼓励龙头企业和重点企业跨区域进行同业整合和资产重组，组建大集团和战略联盟。支持发展各种形式的品牌连锁经营模式，积极推动优势企业和四川电子产品参与国际竞争。

（2）建立完善的人才培养和激励体系。高素质、多技能的人才和劳动力是四川信息产业持续发展的基础和保障，也是吸引国内外大公司来川发展的重要因素。政府和有关部门需要落实吸引人才的各项政策，积极引进国内外优秀的信息服务业技术、管理和领军人才，努力营造吸引人才的良好环境。高校要充分发挥四川科教资源优势，进一步普及信息化基础教育，积极开展信息技术职业教育。大中型企业设立信息主管，形成一支结构合理、相对稳定的信息技术人才队伍，并且加强与大专院校信息服务业技术、管理、营销等人才的联合培养，积极开展信息产业和信息服务业从业人员分层次、分类型的再培训、再教育，提高信息化应用和从业人员素质。

（五）积极提高自主创新能力

（1）鼓励相关企业加大对技术中心创新能力的建设，提高企业研发能力。结合企业研发能力整合，从着力提高特色优势产业的创新能力、强化产业竞争优势出发，进一步加强国家和省级工程研究中心、企业技术中心、重点实验室改造等产业创新能力和科技基础能力建设。鼓励具备条件的大中型工业企业建立技术中心，支持有条件的企业技术中心创建国家级技术中心。

（2）加大力度促进智力资源优势与产业发展需求密切结合，加强关键、共性技术的产学研联合开发工作。有效整合智力资源，突破产学研联合开发体制和机制障碍，政府引导，市场化运作，以企业为主体，以项目为纽带，以产业化为目标，逐步形成官、产、学、研融合互动的技术创新体制机制。大力组织各种形式的产学研紧密结合的联合体，发挥各自优势，开展源头上的技术创新工作。

（六）充分利用信息资源提高全民素质

（1）普及中小学信息技术教育。建立合理的信息技术基础课程体系，加大对信息教育的师资力量投入，丰富教学内容。进一步推广信息技术与教学相结合的各种技术，扎实推进素质教育。

（2）鼓励全社会公民积极利用先进的信息技术和信息基础设施来获取信息，受到更多信息教育。规范网络行为，加大对网络犯罪的惩处，建立规范的互联网信息传播秩序，通过信息技术的推广，促进公民素质的有效提高。

撰稿人：四川省统计局 熊祖辕
四川省统计局科研所 车茂娟
周 怡
陈 鑫

贵州省信息化“十一五”规划完成情况的评估与分析

根据国家《国民经济和社会发展信息化“十一五”规划》和《中共贵州省委关于制定贵州省国民经济和社会发展第十一个五年规划的建议》，结合信息化建设实际情况，编制了《贵州省“十一五”推进国民经济和社会信息化发展专项规划》（下面简称：信息化“十一五”规划）。信息化“十一五”规划从信息基础设施、信息化应用、信息化发展环境、信息产业四个方面确立了发展目标，明确了五项主要任务：加强信息基础设施建设；振兴信息产业；整合网络和信息资源，提高信息资源开发利用和共享水平；推动信息技术在社会各领域的应用，提高信息化水平，促进产业快速发展；构建网络和信息安全保障体制。同时还确定实施基础设施建设工程、信息资源开发利用工程、电子政务建设工程、农业信息化建设工程、信息技术推广应用工程、信息化人才队伍建设工程、网络和信息安全保障工程等七项重点工程。

5 年来，贵州省委、省政府高度重视信息化工作，紧紧围绕贵州经济和社会发展的总目标，全面推进经济和社会信息化。全省信息化建设取得了较大进展。

一、信息化“十一五”规划目标基本完成

《贵州省“十一五”推进国民经济和社会信息化发展专项规划》的发展目标基本完成，其中部分指标提前完成。

（一）信息基础设施

1. 通讯网络稳步推进

通信及信息基础网络规模迅速扩大，基本建成了覆盖全省、通达世界、技术先进、业务全面的通信及信息基础网络，信息基础设施已成为支撑贵州经济社会发展的重要基础。预计 2010 年底，全省通信光缆线路长度达到 25 万公里，移动电话基站数达到 3.74 万个，3G 网络基本覆盖全省所有县市，电话交换机容量达到 4000 万门，电话用户数达到 2400 万户（其中，固定电话 430 万户，移动电话 1970 万户），电话普及率达到 60 部/百人，100% 的行政村已经实现全部通电话，20 户以上自然村“村村通电话”比例达到 97%。电话普及率“十一五”规划目标提前一年实现。

2. 广播电视发展迅速

全面完成广播电视村村通工程和农村广播电视节目无线覆盖工程。全省广播电视人口综合覆盖率分别为86.6%和91.3%，有线电视向数字化方向发展，全省数字电视用户总数已突破250万户，广播电视双向网改造在9个地区全面展开。电磁监测能力稳步增强，无线电频谱监测网络初步建成，频谱资源利用更趋合理。省、市（州、地）两级有线网络的数字化改造整合顺利完成，提前一年实现了全省一网的目标。到2010年底，全省县级城镇可基本完成有线电视数字化整体转换，比国家要求提前五年，贵州最边远的县城，也能享受到数字电视服务。

3. 互联网发展迅猛

贵州2009年互联网网民人数达到573万人，是2005年的5.26倍，年均增长151.4%。2010年，全部乡镇已通宽带，“村村通宽带”比例达到20%；互联网固定宽带用户152万户，数据出省宽带达到400Gb/s。

（二）信息化应用

1. 电子商务情况

支持中小企业信息化的公共服务能力有所增强，通过建立信息化服务平台为中小企业提供信息化培训、应用支撑和信息服务，全省中小企业研发设计、生产制造、物流库存和市场营销的信息化水平不断提高，中小企业电子商务应用开始起步，全省外经贸企业注册了在线广交会、阿里巴巴等电子商务网，外贸企业建立企业网站200多个，其中七家电子商务平台开拓国内外市场。

2. 电子政务情况

电子政务外网及骨干传输网基本建成，初步形成一个横向覆盖省直各部门，纵向连接9个市（州、地）、88个县（区、市）政府及全省90%以上的乡（镇）政府信息传输网络；9个市（州、地）政府及80%的省政府工作部门建立了机关内部局域网络，业务应用系统和办公自动化系统建设有了一定的规模；重点行业部门信息资源得到有效开发利用，“金”字工程进展顺利，重要核心业务系统应用不断深化，实现了关键业务网络化处理，推进了政务协同，一批社会公共信息服务综合应用项目已投入使用。

3. 信息化与工业化融合取得新进展

贵州两化融合以省级信息化专项资金项目为载体，以制造业信息化为切入点，重点实施“设计制造一体化”和“经营管理信息化”示范推广工程，全省一批大中型企业通过应用CAD、ERP、CIMS等先进信息技术对传统产业实施改造，信息化水平得到了大幅提高，特别是制造企业通过数字设计、网络制造、协同生产、数字管理等现代先进制造技术的实际应用。截至2010年底，贵州实施制造业信息化工程示范企业198家，实施项目达1824项，生产线计算机控制技术大量应用，关键设备自动化程度不断提高，示范企业新产品贡献率达30%，产品开发周期和生产周期缩短30%。

4. 经济和社会重点领域信息化取得明显成效

（1）农业农村信息化取得可喜进展。贵州农村党员干部现代远程教育“百千万示范带动工程”、贵州文化信息共享工程、金农工程等全面推进，专业化的农村信息服务站（网）点向乡、村覆盖面不断扩大，电脑、电话、电视、电子显示屏和信息大篷车等“五位一体”、“三电合一”、12316综合信息服务平台以及“智能化农业信息技术示范工程”等直接服务产业基地和农户，切实增强了信息服务“三农”的能力，有效推动了贵州农村信息化的建设与发展。

（2）教育系统信息化成绩突出。建设教育互动平台促进了省电教馆和有关市、县教育局及100多所中小学的办公自动化，实现了交流和互动。贵州省远教资源网站成为全省基础教育信息化工作的交流平台和具有本地特色的优质资源平台，校园网建设进展顺利，校舍信息管理系统达到全国领先水平，农村中小学现代远程教育工程网络已建成并覆盖全省95%以上的农村中小学，率先成为西部地区基本覆盖农村中小学现代远程教育的省区之一。

（3）劳动和社会保障信息化稳步推进。“金保”工程已建成了省、地二级数据中心，构建了支撑劳动保障主要业务工作的数据平台、网络平台、应用平台和信息安全保障系统，建立了统一的劳动就业信息系统，完善了省、市二级社会保险信息系统，开通了12333电话咨询服务。

（4）医疗卫生信息化成效明显。医院信息系统在大中型医院基本普及，新型农村合作医疗管理信息系统基本建成并开始试点，覆盖省、地、县的疾病控制系统和医疗救治体系初步建成，卫生监督执法信息化水平明显提高。

（5）信息技术在贵州交通运输、科技、环境保护、旅游、公安、应急指挥和服务业等领域也得到广泛应用。

（三）信息化发展环境逐步优化

1. 信息化相关政策法规建设进一步建立和完善

“十一五”期间，贵州省颁布了《贵州信息化条例》和一系列推进信息化建设、加快推进信息化与工业化融合等法规和规范性文件，进一步强化了信息资源管理和信息化与产业融合规划，为贵州信息化健康有序推进提供了法律和政策保障。

2. 信息化专业技术队伍基本形成

“十一五”期间，贵州以普通高等院校、高等职业院校、中等职业学校为主，社会力量培训机构为辅，初步形成以学历教育、职业教育、继续教育及技能教育为主，覆盖信息技术各学科领域的多层次、开放型、综合性的信息技术教育与培训体系，培养出大批适应信息化建设需要的人才队伍，贵州信息化专业技术队伍基本形成，为贵州信息化建设提供有力的智力支持。

3. 网络和信息安全保障体制逐步加强

信息安全保障体系初步建立，网络安全管理机制逐步完善，各部门针对网站管理制定了内部网络与机房安全管理制度，网络安全预警和网络监察系统逐步建立。政府部门和涉密企业基本实现内外网隔离，等级保护体系开始建立，CA认证体系稳步推进。

随着信息化政策、人才和信息安全保障环境的不断改善，有力地支撑贵州各领域信息化建设，有效地保障了信息化健康发展。

（四）信息产业有较大发展

1. 电子信息产业规模逐步扩大

贵州拥有以振华集团、中国航天科工集团061基地、贵阳海信、贵州海尔等为代表的电子信息产品制造企业40余家，初步形成了以电子元器件、通讯终端、汽车电子、电子信息新材料、电视机、电冰箱为主的电子信息产品制造与开发体系。2010年预计全省电子信息产品制造业实现工业总产值92亿元，工业增加值31亿元，比上年分别增长10.7%和19.0%。

2. 软件行业和动漫产业逐步形成规模

2010年底，拥有软件业企业近200家，其中通过软件认定企业达143家，通过系统集成资质认证备案企业35家；通过登记软件产品370个，软件产品涵盖了行业应用软件、中间件软件、通用软件、嵌入式软件等类别；建成了贵阳市软件园和贵阳市数字内容产业园等产业化基地，2010年软件业实现主营业务收入36亿元，比上年增长53.2%；2010年贵州动漫产业的产值将达到2.4亿元，比上年增长71.4%。

3. 通信业在新技术、新业务的引进和推广上取得初步成效

贵州通信领域基础传输网络向超高速、超宽带、智能化方向加速演进，第三代移动通信系统全面投入商用，下一代广播电视网、电信网和互联网研究部署稳步推进，新业务发展势头良好，贵州通信业呈现较快增长。“十一五”期间，贵州通信业累计完成投资256.3亿元，电信业务量累计实现1874亿元，年均增长26.3%，电信业务收入累计实现592亿元，年均增长14.5%。

二、信息化发展状况分析

（一）信息化水平不断提升

《贵州省国民经济和社会发展第十一个五年规划纲要》提出人力推进“数字贵州”建设。根据这一要求，“十一五”时期贵州信息化发展程度不断提高。2006~2009年，贵州信息化发展指数（Ⅱ）分别为0.509、0.519、0.531和0.568（见表1），预计2010年信息化发展指数可以达到0.647。“十一五”时期信息化发展指数年均增长15.3%。

表1　2006~2010年贵州信息化发展指数（Ⅱ）与分类指数

	2006年	2007年	2008年	2009年	2010年
总指数	0.509	0.519	0.531	0.568	0.647
基础设施指数	0.206	0.214	0.181	0.248	0.297
产业技术指数	0.662	0.669	0.679	0.726	0.842

续表

	2006 年	2007 年	2008 年	2009 年	2010 年
应用消费指数	0.404	0.423	0.454	0.474	0.607
知识支撑指数	0.734	0.749	0.780	0.789	0.815
发展效果指数	0.540	0.541	0.559	0.605	0.673

注：2010 年为预测数。

（二）信息化各方面均有不同程度发展

1. 知识支撑指数水平稳步提高

“十一五”以来，贵州大力实施科教兴省和人才强省战略，坚持教育优先发展，加强基础教育，大力发展职业教育，提高高等教育质量，贵州人民的文化素质不断提高。同时，在产业结构不断调整中，第三产业呈现快速发展。2009 年，贵州人均受教育年限达到 7.08 年，比 2005 年的 6.42 年提高了 0.66 年；第三产业从业人员达到 862.3 万人，比 2005 年增长 20.1%，年平均增长 4.8%。在教育和第三产业不断发展的支撑下，贵州知识支撑指数持续发展。预计 2010 年达到 0.815，年均增长 3.3%。

2. 产业技术指数水平最高

贵州将“加快信息产业发展，实现信息产业与信息化建设的互动发展”作为信息化“十一五”规划中的一项重要内容，对信息产业和科研加大投入。“十一五”时期，贵州信息产业获得长足发展，科研也取得可喜成绩。2009 年发明专利申请合计达到 1336 件，比 2005 年增加 554 件。“十一五”期间，电信业务收入累计实现 592 亿元，年均增长 14.5%。在信息产业和科研成果的推动下，产业技术指数增长加快，预计 2010 年可以达到 0.842，成为五项分类指数发展水平最高的一项。

3. 基础设施指数加速发展

基础设施建设是信息化“十一五”规划中最为重要的任务，作为国民经济和社会信息化基础支撑，得到各级政府的重视。“十一五”期间，贵州加大各市（州、地）至县（市、区）的长途光缆干线建设和省、市（州、地）两级有线网络的数字化改造，扩大城乡有线和无线通信覆盖率，推进“三网融合”，提高农村电信和邮政普遍服务水平，极大改善了贵州的信息化基础条件。预计 2010 年底，贵州通信光缆线路长度达到 25 万公里，20 户以上自然村“村村通电话”比例达到 97%。基础设施的快速发展助推信息化基础设施指数加速发展，预计 2010 年，贵州基础设施指数达到 0.297，年均增长 19.9%，在五项分类指数增长速度中居于第 2 位。

4. 应用消费指数增长最快

“十一五”期间，贵州以推进电子政务为先导，以企业信息化为龙头，以农业信息化为重点，全面整合政府、社会、空间、环境、经济、科技、文化、教育等信息资源，运用数字化、网络化、可视化、智能化等手段，建立涵盖电子政务、电子商务、城市管理、文化教育、社会保障、医疗卫生、旅游服务、环境保护、灾害预防、智能社区等的综合集成应用系统，同时注重围绕“三农”问题推进农业信息化，逐步缩小城乡“数字鸿沟”。信息技术在工业、农业、服务业等经济领域和教育、卫生、文化、科技等社会领域得到广泛应用。预计2010年贵州信息化应用消费指数达到0.607，年均增长28.1%，是五项分类指数增长最快的。

5. 发展效果指数快速增长

在贵州信息化政策的推动下，基础建设加速发展，信息技术应用与消费不断增加，信息产业快速发展，带动经济社会发展水平不断提升，信息化效果逐步显现。预计2010年贵州信息化发展效果指数达到0.673。“十一五”期间，该指数平均增长11.2%。

表2　2006～2010年贵州信息化发展指数（IDI）及分类指数增长速度比较　单位:%

	2006～2010年平均	2006年	2007年	2008年	2009年	2010年
总指数	15.3	60.4	2.0	2.3	7.0	13.9
基础设施指数	19.9	71.9	3.9	-15.4	37.0	19.9
产业技术指数	15.9	64.7	1.1	1.5	6.9	15.9
应用消费指数	28.1	129.3	4.7	7.3	4.4	28.1
知识支撑指数	3.3	5.7	2.0	4.1	1.2	3.3
发展效果指数	11.2	36.4	0.2	3.3	8.2	11.2

注：2010年为预测值。

（三）贵州信息化总体发展水平即将跨入第三类地区

1. “十一五”期间贵州信息化总体水平不断提高，但与全国和大部分省份还存在较大差距

2009年贵州信息化发展指数为0.568，在全国排名第28位，相当于2004年全国信息化发展指数水平。根据2009年信息化发展指数（Ⅱ）的测算结果，可将全国内地31个省（区、市）划分为以下四类地区（见表3），贵州属于第四类地区。从信息化五个分类指数来看，贵州的基础设施指数、产业技术指数和发展效果指数与全国水平差距较大，2009年，贵州基础设施指数和产业技术指数分别相当于全国2003年同类指数值，发展效果指数相当于全国2002年水平；应用消费指数比全国该指数2006年数值略高；知识支撑指数与全国水平最为接近，比2009年全国该指数数值低0.014。

表3　全国及信息化五类地区总指数与分类指数比较

	基础设施指数	产业技术指数	应用消费指数	知识支撑指数	发展效果指数	总指数
全国合计	0.389	0.914	0.598	0.803	0.701	0.681
第一类地区[①]	0.749	1.197	0.883	1.109	1.108	1.009
第二类地区[②]	0.445	0.916	0.640	0.833	0.686	0.704
第三类地区[③]	0.335	0.771	0.542	0.792	0.596	0.607

续表

	基础设施指数	产业技术指数	应用消费指数	知识支撑指数	发展效果指数	总指数
第四类地区④	0.278	0.738	0.509	0.730	0.580	0.567

注：①包括北京和上海。②包括天津、浙江、广东、江苏、辽宁、福建、陕西、山东、重庆、湖北、山西、吉林和黑龙江，共13个省（直辖市）。③包括海南、四川、湖南、内蒙古、河北、宁夏、新疆、安徽和江西，共9个省（自治区）。④包括青海、甘肃、河南、贵州、广西、云南和西藏，共7个省（自治区）。

资料来源：《信息化发展指数优化研究》,《研究参考资料》（国家统计局），第133期。

2. 贵州信息化水平与全国水平的差距在缩小

虽然贵州信息化发展水平与全国有较大差距，但这一差距在不断缩小。2006年，贵州信息化发展指数为0.509，比全国该指数低0.102，预计2010年该指数将达到0.647，这一差距将缩小到0.053，同时贵州信息化发展水平将跨入第三类地区。

总的来说，贵州信息化发展水平与全国还存在差距，但“十一五”期间取得了长足发展，这一差距正在缩小。

三、存在的问题

（一）信息化基础设施尚不完善，城乡发展不平衡

综合信息网络基础设施不能满足日益增长的应用需求，信息化建设资金投入不足，重点项目、重要业务系统、数据库建设进展缓慢；宽带普及率不高，而且城乡发展不平衡，网络使用的基础条件较差，特别是农村地区网络使用的意识相对较落后，限制了农村网络使用的快速增长。

（二）信息资源开发利用水平不高，信息资源共享水平低

信息资源的开发利用重视不够，开发的力度不足，大多数信息资源尚处于传统纸质形式，转化为数字模式的比例还很低。信息资源分散，资源整合和共享的阻力较大，一些政府部门过分强调安全保密，低水平重复建设专网，造成信息孤岛、资源浪费。政府各部门信息公开的制度性建设刚刚开始，跨部门业务协同和信息共享能力也亟待加强。信息资源开发利用市场化、产业化程度低。区域间信息技术应用水平和网络普及程度不平衡，城镇和乡村之间的差距在扩大。企业信息化和电子商务应用在广度和深度上有待进一步拓展，信息化在经济社会各领域的渗透作用有待进一步提高。

（三）信息产业企业总体规模不大，创新能力不强，信息化人才培养落后于实际需要

贵州信息产业企业规模偏小，信息产品品种少、产量低，拥有自主核心知识产权产品更少；信息服务企业资质不高，注册资金不多，服务能力不强；本地信息产业企业竞争能力不强；大量信息化工程项目外流，信息化人才结构性矛盾突出，社会急需的从事软件开发、系统集成、项目管理等高水平和复合型人才的缺口较大。

（四）网络与信息安全形势严峻

信息化法规和制度尚不完善，电子政务、电子商务、信息安全、个人信息、商业秘密保护、信息资源开发利用和管理等方面未能得到有效规范。信息安全密码保障基础建设滞后，许多网站缺乏防火墙设备、安全审计系统、入侵检测系统等防护设备，整个系统存在较大的信息安全隐患。

四、“十二五”信息化发展建议

（一）加快信息基础设施建设，构建信息高速公路

重点建设好城乡宽带网络、无线通信、下一代互联网、卫星通信等综合信息基础设施；推进电信网、广播电视网和互联网三网融合发展；提高农村和边远地区的信息网络普及水平，推进城市地区光纤到楼入户和向乡镇、行政村的延伸，扩大3G网络覆盖面，基于3G加快建立全省无线宽带接入网，积极开展物联网建设。

（二）深化信息技术应用，促进信息资源整合与共享

完善电子政务网络建设，推进政府部门业务系统间的互联互通，实现基础网络和决策信息资源分层共享，促进部门间信息共享和业务协同。积极发展电子商务，提高物流信息化水平，促进电子商务与物流信息化集成发展。加快推进电子商务在农业、制造业、商贸流通等领域的普及和深化，逐步形成行业电子商务发展新模式，进一步加强社会事业信息化，积极推进信息技术在教育、科技、医疗卫生、社会保障、旅游服务、交通运输、环境保护、灾害预防等社会重要领域的广泛应用。运用数字化、网络化、可视化、智能化等手段，加强公共服务、社会管理、综合监管和宏观调控信息化建设，逐步建立健全信息化服务和保障体系。

（三）加快信息产业发展，提高信息化支撑保障能力

以工业园区为重点，大力发展贵州信息化与工业化融合所需的嵌入式软件，培育一批具有综合竞争力的软件服务企业和系统集成商，壮大软件和信息技术系统集成业，支持区域性云计算中心建设；以优势电子元器件产业群为基础发展物联网关键传感器件、装备、系统及服务；鼓励文化、出版、档案、广播影视、动漫等行业加工生产数字化产品，提供网络化服务；支持发展宽带增值业务，积极发展远程教育、远程医疗、网络游戏、数字电视及网络电视、视频点播、联机检索、数据处理等新型信息服务业。

（四）加快信息化人才培养与引进，提高信息化创新能力

树立人才资源是第一资源的观念，制定信息化人才发展规划，建立并完善培养、引进、使用信息化人才的机制，吸引省外信息化高级人才参与贵州信息化建设。

（五）加快信息安全保障体系建设，提升信息安全保障能力

建立健全信息安全保障组织体系，完善信息安全技术支撑体系建设，加强数字认证体系和信息网络安全保密体系建设，完善网络与信息安全监控预警系统，提高信息安全事件应急处理能力。加强公用灾难备份系统建设，增强信息基础设施和重要信息系统的抗毁能力和恢复能力。完善网络和信息安全管理、评估机制，推动建立第三方信息安全评测机构，建设信息安全评测公共服务平台。

撰稿人：贵州省统计局国民经济综合统计处　邹　康
贵州省统计局农业统计处　戚得玉

云南省信息化“十一五”规划完成情况的评估与分析

信息化是当今世界发展的大趋势，是推动经济社会变革的重要力量，是不可跨越的历史发展阶段。大力推进信息化，是覆盖我国现代化建设全局的战略举措，是贯彻落实科学发展观、全面建设小康社会、构建社会主义和谐社会和建设创新型国家的迫切需要和必然选择。

“十一五”时期是云南省经济结构实行战略性调整，全面提高竞争力的关键时期；是适应经济全球化，在更广范围、更高层次、更宽领域参与国际分工与竞争的关键时期；是为与全国同步实现全面建设小康社会奠定坚实基础的关键时期。积极顺应信息技术发展潮流，紧紧把握现代信息技术发展所带来的历史机遇，坚持“以信息化带动工业化、以工业化促进信息化”，充分发挥信息化在促进经济、政治、文化、社会等领域发展的重要作用，是实现全省经济和社会发展新阶段任务的重要举措。将信息化融入经济建设和社会进步各项事业，不断提高云南省经济和社会信息化水平，推动解决经济结构不合理、资源消耗过大、企业竞争力不强和社会发展不均衡等问题，有利于云南省经济、社会全面、协调、可持续发展。

依据《2006～2020年国家信息化发展战略》及省委、省政府关于制定国民经济和社会发展第十一个五年规划的总体部署，特制定《云南省国民经济和社会发展信息化“十一五”专项规划》，并认真落实规划中各项战略部署和方针政策，信息化“十一五”规划确定的总体目标和重点任务基本实现和完成。

一、信息化“十一五”规划各目标完成情况

（一）云南省信息化发展总体水平上升到新的台阶

1. 信息化发展指数（Ⅱ）2010年预计达到0.574

据《国民经济和社会发展信息化“十一五”规划》及《云南省国民经济和社会发展信息化“十一五”专项规划》的要求，云南省信息化总水平在“十一五”时期再上新台阶，2010年信息化发展指数（Ⅱ）达到0.574（见图1）。

目前，云南省信息化的综合发展状况处于良好态势。2006～2009年，我省信息化发展指数（Ⅱ）分别为0.498、0.508、0.537和0.555，按照“十一五”时期前四年的年均增长速度推算，预计2010年将达到0.574。“十一五”期间我省信息化发展取得长足进步（见表1）。

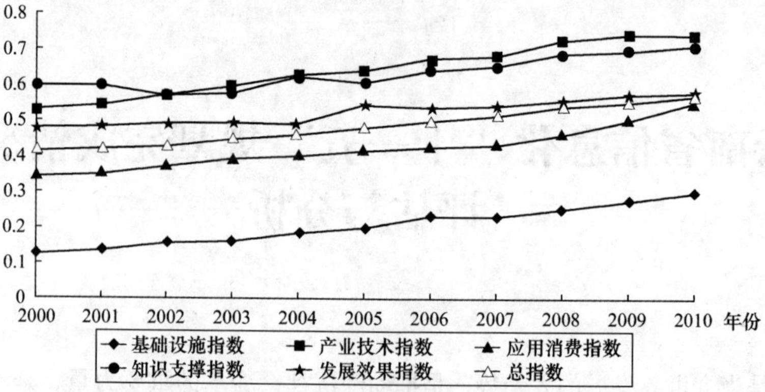

图 1 2000～2010 年云南省信息化发展指数（Ⅱ）与分类指数比较图

表 1 2001～2010 年云南省信息化发展指数（Ⅱ）与分类指数比较

	"十五"时期					"十一五"时期				
	2001 年	2002 年	2003 年	2004 年	2005 年	2006 年	2007 年	2008 年	2009 年	2010 年
总指数	0.421	0.431	0.444	0.464	0.480	0.498	0.508	0.537	0.555	0.574
基础设施指数	0.139	0.157	0.164	0.180	0.197	0.230	0.234	0.251	0.274	0.296
产业技术指数	0.543	0.569	0.595	0.627	0.639	0.671	0.681	0.725	0.738	0.740
应用消费指数	0.344	0.372	0.389	0.403	0.413	0.420	0.426	0.462	0.497	0.546
知识支撑指数	0.596	0.566	0.575	0.619	0.605	0.634	0.652	0.689	0.693	0.713
发展效果指数	0.483	0.492	0.495	0.494	0.544	0.537	0.546	0.557	0.573	0.578

注：2010 年为预测数。

2. "十一五"期间信息化发展指数（Ⅱ）年均增长速度预计达到 11.27%

"十一五"期间，云南省信息化发展保持平稳快速增长态势，信息化发展指数（Ⅱ）年平均增长速度预计达到 11.27%。互联网普及程度和计算机拥有率快速提高，应用消费指数、产业技术指数和基础设施指数年均增长速度分别达到 20.76%、13.6% 和 13.4%（见表 2）。

表 2 2001～2010 年云南省信息化发展指数（Ⅱ）与分类指数增长速度比较 单位:%

	2001～2005 年平均	2006～2010 年平均	2005 年	2006 年	2007 年	2008 年	2009 年	2010 年
总指数	15.26	11.27	11.58	9.89	6.18	19.25	11.65	9.39
基础设施指数	19.95	13.37	15.23	13.86	7.33	11.06	21.46	13.16
产业技术指数	14.57	13.57	8.80	20.68	7.65	29.73	8.49	1.29
应用消费指数	33.23	20.76	12.93	8.47	6.70	40.18	21.83	26.61
知识支撑指数	-0.73	2.72	-4.83	5.91	-0.65	5.31	-0.32	3.37
发展效果指数	9.29	5.93	25.79	0.52	9.85	9.96	6.78	2.53

注：2010 年为预测数。

3. 信息化发展指数（Ⅱ）各分类指数发展特点

“十一五”期间，信息化发展指数（Ⅱ）各分类指数的增长速度并不一致，其主要特点如下。

（1）产业技术指数和知识支撑指数水平较高。随着云南省对信息产业各方面建设力度的加大，信息产业的宏观环境及技术层面都得到了快速发展。与此同时，云南省基础教育不断加强，人民文化素质稳步提升，信息产业及相关部门的从业人数也不断增加。预计2010年产业技术指数和知识支撑指数将分别达到0.740和0.713，它们是“十一五”期间信息化发展重要的推动力量。

（2）应用消费指数增长迅速。从1995年以来云南省互联网用户从无到有，普及程度不断提高，互联网用户数快速增加。这不仅是政府对互联网基础设施建设力度不断加大的结果，也是互联网用户市场发展空间与潜力巨大的表现。预计到2010年应用消费指数将达到0.546，“十一五”期年均增长速度达到20.76%。

（3）发展效果指数和基础设施指数保持平稳增长。“十一五”期间，云南省继续完善对基础设施的建设，增加信息产业研发经费的投入。到2010年云南省信息化发展效果指数和基础设施指数预计将分别达到0.578和0.296。“十一五”期间这两个分类指数年均分别增长5.93%和13.37%。

（二）信息化基础设施建设逐步完善

1. 信息基础传输网络建设

“十一五”规划期间，云南省紧紧围绕第三代移动通信、下一代互联网和数字电视等未来网络建设重点，逐步完善具有先进水平的通信基础设施。同时，加快边境地区的骨干转播台和边境口岸电视设施建设，加快广播电视数字化试点和推广，主要城市完成了有线数字电视体系建设。

截止到2010年6月底，云南省信息化基础传输网络覆盖面积扩大，通信能力提升，城乡差距逐步缩小，全省行政村（镇）实现100%通电话与互联网，95%的自然村开通电话。

（1）第三代移动通信建设。截至2010年6月，中国电信云南公司新建3G基站1000余个，新建及改造宽带端口近50万线，新建500个行政村的宽带覆盖；中国移动云南公司大力推进具有中国自主知识产权的第三代移动通信标准TD－SCDMA网络建设，累计投资15亿元，新建TD基站2321个，覆盖包括昆明主城区及呈贡新区在内的全省11个州市和18个区（市、县）。

（2）互联网建设。截止2009年年底，云南省光缆线路长度达279183公里，互联网宽带接入端口数量达247.1万个，互联网通信能力得到提升。截止到2010年6月底，云南省互联网出口带宽达到412G，增加的出省干线传输线路、与邻国缅甸和老挝间的国际光缆相继投入使用。昆明区域性国际出入口局的建成，使得云南省电信网网络结构更加优化，昆明作为面向东南亚的通信中心雏形已基本建成。

（3）农村信息化建设。“十一五”期间，中国电信云南公司已建成了覆盖全省所有州、市、县、乡的固定电话网、宽带网和移动通信网，利用电话、互联网、电视上网等多种接入方式，并开展了“数字乡村”、“信息田园”等农村信息服务工程，积极推进农村综合信息服务；中国移动云南公司继“兴边富民移动通信工程”之后，启动了“136农村移动信息富民”专项工程，通过工程实施，农村移动通信普及率达到39%，较2008年提升了8个百分点，打造了“村站得利益、村民得实惠、企业得效益”的多赢价值链，不断服务“三农”，推动农村信息化进程。

同时，全国“十一五”广播电视村村通工程建设任务已全面完成，共累计完成72.28万个20户以上已通电自然村广播电视覆盖“盲村”“村村通”建设，20户以上已通电自然村全部实现通广播电视。其中，采用直播卫星方式完成53.03万个村，有线光缆联网方式完成15.67万个村，其他方式完成3.58万个村（地面无线覆盖、MMDS等方式）。

2. 通信服务水平

“十一五”的前四年，云南省通信业发展迅猛。截止到2009年年底，电话用户达到2519.5万户，较“十五”年末增加1023万户，其中，固定电话用户下降14.6万户，移动电话用户增加1037.6万户；电话普及率达到55.4部/百人，比“十五”年末提高21.5%，其中，固定电话普及率12.8部/百人，下降0.7%，移动电话普及率42.6部/百人，提高22.2%；宽带接入用户数达到172.6万户；上网普及率达到18.2，比“十五”年末提高12.8%（见表3）。此外，云南的电信体制改革配套政策稳步推进，基础设施共建共享取得积极成效，电信资费综合价格水平比上年下降9%。云南电信企业积极开展专线上网、虚拟主机、系统集成、行业应用等多样化服务，为社会各部门、各行业及企业提供高效可靠的信息传输通道，促进电子政务、电子商务、远程教育、交通、金融监控等行业应用和企业信息化的建设，在提高全社会信息应用水平发挥了重要作用。

表3　　电话、电视以及互联网用户情况

	2005年	2006年	2007年	2008年	2009年
电话用户数（万户）	1496.5	1713.1	1973.6	2252.2	2519.5
固定电话用户数（万户）	597.7	644.2	627.2	616.3	583.1
移动电话用户数（万户）	898.8	1068.9	1346.4	1635.9	1936.4
电话普及率（%）	33.9	38.5	44.0	49.9	55.4
固定电话普及率（%）	13.5	14.5	14.0	13.7	12.8
移动电话普及率（%）	20.4	24.0	30.0	36.2	42.6
宽带接入用户数（万户）		99.5	117.0	138.8	172.6
上网普及率（%）	5.4	6.1	6.7	12.1	18.2

资料来源：《全国电信业统计公报》。

（三）信息技术应用和信息资源开发利用取得明显成效

1. 电子商务

“十一五”期间，云南省积极推进信用服务、安全认证、网上支付、现代物流等电子商务基础设施和环境建设，建立健全电子商务的政策和标准支撑体系，初步形成了良好的电子商务应用环境；以资源共享、商务服务为重点，推进面向企业、行业和区域服务的电子商务项目建设，发展第三方电子商务交易服务，云南省商务厅构建了“云商汇”电子商务平台，推进商务信息化建设进程，同时建立了基于农村电子商务的“新农村商网”信息服务平台；利用云南省邻近东南亚国家的区位优势，在口岸物流、外贸、商贸、旅游等重点行业，初步形成云南省面对东南亚国家的航空、铁路、公路、水路、电子商务的多通道格局，促进云南省对外经济的发展。

（1）“云商汇”。这是云南省商务厅构建的云南省第一个专业化国际电子商务平台，强调“本地化服务”的概念，根据自身特点打造了一个区域特色强烈、综型服务符合区域特点的电子商务社区。云商汇助推云南企业电子商务开展，通过电子与各种实体展会的有效结合，增强企业知名度，扩大商品市场。利用经过实践检验和专家鉴定，具有自主知识产权和国家软件著作权的稳定安全高效平台来服务企业，使企业能集中精力做好产品，减少企业开展电子商务的风险与精力耗费。

目前，以B2B或B2C的方式运行的“云商汇”已初见成效，经过两年多的建设已经有近3000多家企业入驻，产品类目涉及20多个行业，几乎覆盖了云南对外贸易的各个方面，涉及野生菌、普洱茶、滇红茶、文山三七、昭通天麻、宣威火腿、少数民族服饰等多项云南省特色贸易产品。“云商汇”紧贴云南经济发展主要趋势，势必成为云南与南亚、东南亚各国交易的又一枢纽。

（2）“新农村商网”。它是商务部为贯彻落实党中央关于“推进社会主义新农村建设”的战略部署，搞活农村流通，帮助解决农副产品“卖难”的问题，增加农民收入而建设的。网络平台以收集、发布涉农政策信息和农副产品流通信息为主要内容，其目的是“促进商务流通，拉动农村消费”。网站已开发建成“信息发布、咨询互动、购销对接”三大功能平台。

新农村商网购销平台的搭建，使得为农民提供免费的商务信息服务成为可能，这也是在推进农村商务信息服务上的一个进步。商网平台方便快捷、不受时空地域限制，是为农民提供买卖双方供求信息的有效途径。

2. 电子政务

“十一五”期间，为贯彻落实《中华人民共和国政府信息公开条例》，积极响应国家对加快信息化建设和电子政务建设的要求，云南省省政府在全省范围内大力推进阳光政府电子政务建设，搭建了“重大决策听证系统”、“重要事项公示系统”、“重点工作通报系统”、“政务信息查询系统”、“96128电话专线查询系统”、“FAQ在线提问系统”、“云南省行政项目审批查询后台数据库管理系统”等平台。实施阳光政府四项制度规范标准要求高，执行程序要求严，公众广泛关注。

（1）电子政务应用系统建设稳步推进。应用系统是电子政务建设的主要内容，云南省电子政务应用系统建设稳步开展，成为转变政府职能、提高行政效率、推进政务公开的有效手段。全省各级各部门积极推进电子政务业务系统建设及应用推广，截止2008年6月底，已在电子政务网上建立了包括税务、金融、海关、社会保障、质量监督、国土资源、环境保护等245个业务应用系统；统一建设了包括办公自动化、公共电子邮件、网上信访、在线咨询等系统的电子政务基础应用，各级政务机关利用这些基础应用积极构建本地区和本部门的应用。

（2）电子政务基础平台得到充分应用。云南省建成了全省统一的网络基础平台、数字证书认证中心、网站基础设施和一批基础应用项目。截至2007年底，全省电子政务骨干网已接入4344个政务部门，省级各部门依托云南省电子政务网已建及在建全省性专网达44个；统筹建设电子政务数字证书认证中心，建立信息安全管理和工作机制，为各级政务机关提供安全、可靠、大容量的电子政务认证服务；基于云南省电子政务网站基础设施，已为省检察院、省委组织部、省商务厅、德宏州等143个省级部门和地区建立了1415个网站。

（3）政府信息公开工作顺利推进。"十一五"期间，云南省政府信息公开各项工作顺利推进，推动了电子政务的应用发展。按照《云南省政府信息公开目录编制规范及指南参考格式》，各级各部门积极开展了政府信息公开指南和目录的编制及公布工作；建立了以云南省政府信息公开门户网站为龙头，80个省级部门网站、1300余个州市政府和部门网站、8300余个县区政府和部门网站为支撑的全省政府信息公开网站群，保障了公民、法人和其他组织依法获取政府信息，为下一步推行"一站式"服务和网上审批、交费、办证、求助等电子政务应用，以及实施网上执法监察和效能监察，奠定了良好的基础。

（四）信息化与信息产业形成互动发展的良好局面

"十一五"期间，通过切实加强信息化重点工程的推进和实施，云南省各行业信息化业务应用能力得到增强，并有力地拉动信息产业的发展，使以信息网络服务、软件服务、信息资源服务、咨询服务和商务服务为核心的信息服务业的整体水平和核心竞争力得到提高，在软件和特色电子产品领域形成了一批优势的产品和服务，数字内容产品、传统媒体的网络信息内容服务和电信增值业务得到较大发展，形成"信息化与信息产业良性互动"的发展局面。据工业和信息化部统计，截止到2010年11月底，云南省规模以上电子信息制造业主营业务收入累计达到12.34亿元；软件行业企业总数累计达到88家，总收入累计达到54.91亿元。

1. 电子信息业整体水平提升

"十一五"期间，云南省加快信息产业中实用技术的引进与创新，培育骨干企业，扶持有市场竞争力尤其是具有自主知识产权产品的研究开发，引导优势资源向优势产业聚集，确定了十户企业作为电子信息行业的重点企业进行重点扶持。这十户企业分别是：南天电子信息产业股份有限公司、云南天达光伏科技股份有限公司、云南无线电厂、云南电信网信实业集团公司、云南云电信息通信股份有限公司、昆明昆船物流信息产业有限公司、昆明阳光数字技术股份有限公司、云南爱迪科技有限公司、云南盛云科技有限公司、云南南天网络系统工程有限公司。这十户企业享受云南省电子信息产业发展的各种相关优惠政策。在"十一五"期间，这十户企业在云南省信息化产业建设中发挥了带头作用。

同时，云南省充分发挥金融电子、现代物流设备制造、光电子及电子材料的优势，着力发展能够促进国民经济发展和产业结构升级、对传统生产要素有替代和优化作用的信息技术产品。“十一五”期间，云南省信息设备制造业企业着力于开发微电子光学、红外探测产品及OLED（有机电致发光显示）显示屏、电子浆料、金融电子化专用设备、企业综合自动化物流系统、电子专用材料及元器件等。加大了产业链上下游企业及配套产品的扶持力度，促进了军工产品民用化转化的深度。

2. 软件产业发展步伐加快，有效支撑云南省信息化建设

“十一五”期间，云南省软件产业发展步伐加快，有效支撑信息化的建设。云南省认真贯彻落实国家有关鼓励和支持软件开发的一系列优惠政策，进一步充实、巩固云南软件园、昆明科技创新园和昆明信息产业基地等现有园区的建设，发挥其对云南省软件企业发展的孵化器作用。云南省软件企业的开发项目涉及软件、系统集成、设备制造和信息服务几大领域。软件开发方面形成了以应用软件、嵌入式软件、工具软件为主的发展特色；形成了以自动化控制技术为特色的系统集成产业，以远程教学、远程医疗、远程图像传输为特色的信息服务业。骨干企业的产品已经在国内市场上占有相当的份额。此外，“桥头堡”战略的提出，以及中国—东盟自贸区的建立，让云南的地缘经济优势充分凸显，云南软件外包业的外部市场条件正在形成。

云南软件园，是云南省第一个培育软件技术企业、发展信息技术产业的重要基地和技术创新体系建设的重要载体。省政府将云南软件园的建设列为云南省IT产业11个重点建设项目之一加以发展；昆明高新区管委会将云南软件园作为实施加快高新区经济社会发展“289工程”的八大重点基地进行建设。截止2007年，云南软件园的产业发展面积达5万平方米，累计入园企业达428家，实现总收入80.27亿元，实现利税15.67亿元，规模以上企业达到15家。在2007年，按单位产出面积计算，云南软件园在产业发展面积仅为5万平方米的发展空间里，实现了每平方公里产出381.6亿元的经济指标；同时，云南软件园企业共承担包括国家火炬计划项目在内的各类科技项目达389项，拥有软件著作权等各类科研成果达119项。这充分证明了软件行业巨人的经济能量和发展优势，成为昆明高新区乃至云南省信息产业和经济发展的新的增长点，对促进云南软件园企业的技术创新产生了积极的示范和带动作用。

昆明科技创新园，自成立以来吸引了大批的企业进入，并已形成以计算机IT业、生物医药、高新农业等为主要孵化产业的孵化基地。截至2008年末昆明科技创新园共有在孵企业400家，其中高科技企业86家，经省市经开区认定的高新技术企业13家，涉及电子信息、生物医药、机电一体化、环保节能、新材料等领域。共获得火炬计划、公关计划、863计划、中心企业创新基金、国家发展改革委员会等科技资金的资助项目10多个，共获得项目支持资金约100万元。“十一五”期间，昆明科技创新园为我省造就了一批技术含量高、市场前景好、经济效益高的科技企业，进入科创园孵化的企业逐步成为经开区新的经济增长点。

（五）技术创新领域取得进步

“十一五”期间，云南省信息产业突破制约信息技术和信息产业跨越发展的关键技术，开发涉及产业结构调整与升级改造和提高传统产业、促进新兴产业发展和信息化建设急需的应用技术，以实现产业与技术发展的跨越。截止2008年，云南省信息产业研发经费占GDP比重达到0.54%；到2009年底，发明专利申请量合计达到1637个，较“十五”年末增长111%，第三产业从业人数占全社会劳动比重达到25.8%，比“十五”年末增长25%。高技术、信息技术创新领域取得进步（见表4）。

表4　　信息技术创新发展情况

	2005年	2006年	2007年	2008年	2009年
研发经费占GDP比重（%）	0.61	0.52	0.55	0.54	
发明专利申请量合计（个）	776.00	1005.00	1014.00	1474.00	1637.00
第三产业从业人数占全社会劳动力比重（%）	20.60	21.00	23.60	25.10	25.80

资料来源：《中国统计年鉴》。

“十一五”期间云南省高新技术企业达到333家，促进了国家和省有关优惠政策的落实。2010年，333家高新技术业最近三年通过自主研发、受赠、受让或独占实施许可等方式获得的自主知识产权达4442项，其中授权发明专利991项，占22.3%，平均每家高新技术企业拥有自主知识产权数13项。333家高新技术企业中有5家企业建有国家级企业技术中心，有64家企业建有省级企业技术中心。为鼓励通过认定的高新技术企业，积极落实奖励政策，省科技厅对通过认定的高新技术企业每家给予30万元的经费补助，主要用于企业技术创新能力的提升。

“十一五”期间，云南省着力加大利用信息等高新技术改造提升传统产业的力度。通过信息化科技示范工程的实施，促进和带动了信息技术在工业企业生产、管理和经营上不同程度的应用，多数制造业企业实现了“甩账表”，部分企业建立了管理信息系统，重点大中型企业实施了企业资源计划（ERP）、客户关系管理（CRM）系统，并建立了以网络平台为基础的产品营销体系，一批在国内具有较强竞争力的企业实现了跨越式发展。红塔、红云红河两集团以“中式卷烟”核心技术体系为主，将传统制丝工艺与现代物流技术、信息技术和控制技术结合，建成模块化柔性生产线。昆机大（重）精密数控落地镗铣床系列产品CAD/PDM结合综合设计平台，使T（H）K、TK、XK等系列产品达到国内领先水平。昆明中铁自主开发控制软件，33种养路机械产品技术水平进入国际先进行列，国内市场占有率达到80%。

（六）网络文化建设成效显著，人民素质整体提高

1. 建设先进的网络文化

“十一五”期间，在网络文化建设方面，云南省把工作重心放在加强社会主义先进文化的网上传播上。抓住云南省建设民族文化大省的契机，推进云南省优秀民族文化数字化、网

络化，培育和扶持了一批具有云南省民族文化特色的信息内容提供商。互联网对外宣传和文化交流得到加强，网络文化传播秩序得到规范，建设出积极健康的网络文化，使科学的理论、正确的舆论、高尚的精神、优秀的作品成为网上文化传播的主流。公益性文化信息基础设施建设得到加强，创造出一批适应群众需求的优秀数字文化产品。电信服务业发展加快，广播电视服务业得到快速发展，为人民提供了先进的网络化服务，公共文化信息服务体系逐步完善。

2. 文化信息资源共享工程建设卓有成效

“十一五”期间，云南省文化信息资源共享工程自2002年启动以来，已经进入第四期。此次工程完成3~5级地市，总共包含16个州市、50个县、448个乡、1800个村的网络覆盖。通过互联网、卫星、数字电视等新技术手段，构建资源丰富、服务便捷、覆盖城乡的数字文化服务体系，解决基层群众看书难、看电影难、了解新技术难的问题。作为“全国文化信息资源共享工程”中的一部分，云南省由于地理位置特殊，民族文化资源丰富等特性，被文化部指定为文化信息资源工程的重点实施对象，成功搭建云南省文化共享服务网络，对全国文化共享工程的全面推进和建设成果意义重大。

3. 少数民族语言文字信息化进程加快

“十一五”期间，云南省加强民族语文工作，编译、出版民汉双语教材，对不通或基本不通汉语的少数民族开展民汉双语教学，同时实施“云南少数民族语言文字资源数据库”建设项目，加强民族语言文字规范化、标准化和信息化建设。通过构建和谐语言环境，在推广普通话的同时，也加强保护少数民族语言文字。为此，云南省每年将投入2000万元，设立了25个世居少数民族传统文化抢救保护经费，主要用于少数民族语言文字的抢救保护、民族文物、古籍的整理、濒危民族文化遗产保护传承等。

二、“十五”信息化建设存在的问题

“十一五”期间，云南省信息化建设取得了一定成绩，但与满足国民经济发展对信息化的需求还有较大差距。云南省信息化工作中存在以下主要问题。

(一) 全面推进信息化意识相对薄弱，社会信息化程度滞后

云南省社会信息化水平还较低，一些政府部门和企业对全面推进信息化发展的基础性和长期性缺乏深入认识，对信息化的复杂性认识不到位，存在重建设、轻维护，重硬件、轻软件，重技术、轻管理，重形式、轻应用等问题。社会信息化发展的技术环境、法制环境和市场环境等建设相对滞后。主要表现在：上网人数占全省总人口的比重仍然较少，上网成本相对可支配收入相对较高，网上交易的意识薄弱，难以形成电子商务发展的支撑规模；电子商务的支付制度、配送条件、信息安全认证体系及银行电子支付体系尚未完善，社会信用体系不健全。

（二）信息化基础建设有待加强

云南省在信息基础设施建设、信息资源拥有量和信息消费水平上都还比较落后。信息化基础设施建设受到资金上的限制，再加上少数民族多，民众受教育程度不高，使得整体的信息化意识比较落后，使得信息化的普及困难，同时信息化研究与相关统计工作相对比较薄弱薄弱，信息安全工作还需要进一步加强。

（三）信息资源开发和利用水平不高，信息技术应用层次低

信息资源开发和利用水平不高，滞后于网络发展速度，信息资源在提高政府、企业的经济和社会效益方面成效尚不明显。企业信息资源开发利用的深度和广度不够；公益性信息资源数量少、服务水平有待提高；商务性信息资源内容不够丰富；信息资源产品开发的针对性不强，市场化程度不高；面向东南亚等国家语种的信息资源还比较缺乏。电子政务建设在贴近企业和公众的实际需求方面仍需加强。电子商务在广度和深度上有待进一步拓展。企业对信息化的认知程度较低，信息技术应用水平参差不齐。除个别领域外，信息技术在经济社会发展各领域的渗透能力较弱。

三、对“十二五”时期信息化发展的建议

（一）进一步完善信息化管理体制，建立信息化推进机制

要抓紧研究建立符合行政体制改革方向、分工合理、责任明确的信息化推进协调体制。建立健全强有力的领导机构，加大对信息化工作的组织协调力度。在省信息化领导小组的领导下，各级、各部门信息化建设要实行“一把手”负责制，理顺信息化管理职责，形成统一领导、协调一致的管理体制。各有关部门要统筹兼顾，密切配合，形成合力，优化资源配置，避免重复建设，促进资源共享。明晰各级政府部门、企事业单位在云南省信息化重点工程建设中的责任、义务，保证工程建设、运营、管理的科学和有效。

（二）完善信息化法规及相关标准体系建设

进一步完善地方信息化法规体系。针对信息基础设施、电子政务、电子商务、信息安全、信息资源开发利用、政府信息公开、知识产权等重点对象，坚持先易后难、先单项后综合的原则，进一步完善地方性法规、规章。加快制定和完善信息化促进、政务信息资源管理、信息安全、绩效评估、电子交易、信息服务、信息化项目管理等方面的政策措施，建立适应信息化发展需要的行政管理规范，保障信息化健康有序发展。

提高知识产权管理水平，营造一个公平有序、管制有度的信息化建设环境。制定合理的资费政策、技术标准体系，完善监督检查机制。注重项目示范，实施分类指导，建立健全信息服务市场管理体系、信息化统计指标体系和统计报告制度。

（三）保障重点投入，创新投融资政策

继续加大政府对信息化建设的政策扶持和投资力度，积极发挥财政资金对信息化建设的资金引导作用。重点支持调控目标明确、管理责任清晰、服务效益显著、协同机制完善的电

子政务工程建设，支持基础网络和重要业务系统的信息安全基础设施建设，支持信息化核心软硬件的关键、共性技术研发和产业化。

制定信息产业领域相关投融资政策、税收政策、产业政策、采购政策、银行信贷、本地化服务政策等方面加大对信息化发展的扶持。鼓励企业增加对信息化建设的投入，引导企业积极参与电子政务和公益性信息化项目建设，提升企业的信息化建设投资主体作用。

（四）坚持对外开放，促进信息产业发展

走开放式发展信息产业的道路，以国际、国内两种资源、两个市场为基础，抓住国际经济结构调整和沿海发达地区信息产业向西部转移的机遇，发展多种形式的国际国内合作，努力提高市场竞争力。实行优惠政策，吸引国际国内著名信息技术企业在云南省内设立分支机构或开展战略合作，建立合资合作企业，不断提高对关键性技术、先进管理经验等方面的消化吸收能力，带动云南省信息产业的成长。

建立区域性合作机制，在泛珠三角区域经济合作与发展的整体框架下，开展信息化领域合作，加强区域内信息基础设施的共建共享，为泛珠三角广泛开展经贸、科技、产业等方面的合作提供便捷、高效的公共信息交流与协作平台。大力推动以电子商务为主体的各项应用服务的发展。加强区域信息产业研发合作，借助区域性的产业转移的机会，加强云南省信息产业和发达地区的产业对接，实现跨越式发展。

（五）健全信息化安全保障体系

加强电子政务等重要领域的网络安全保密措施，建立和完善信息安全保障体系。加强对信息网络工程及网络安全检查，积极采用和开发信息与网络的加密、识别、过滤、控制、隔离和抗干扰等安全技术及产品，加强网上资源的安全保护，增强信息网络安全性。采用必要的监控手段，防止有害信息在网上传播和蔓延。加强信息安全教育和岗位培训，普及信息化安全知识，提高全民的信息化安全意识。建立和健全信息安全保密责任制，依法打击危害社会安全的信息犯罪活动。加强网络道德建设，规范网络行为，严格网吧管理，为青少年营造健康的网络环境。

（六）加强信息化宣传教育及信息人才队伍建设

加大信息化宣传力度，普及信息化教育，深化对信息化本质及其发展规律的认识，全面提高公众信息化意识和信息技术应用水平。有计划地对全省企事业单位人员、社区管理人员、公务员进行信息化专门的培训，提高信息化的应用和使用能力。对全省中小学教育采取一定的计算机教育措施，扩大计算机的认识和普及率。加强对《中华人民共和国政府信息公开条例》、《云南省电子政务管理办法》的培训宣传力度，提高对信息化的法制意识。在全省建立起一支掌握信息技术、信息服务、信息经济的专业的、复合型的信息人才队伍。

（七）完善信息支撑服务建设，推动全省信息化

完善信息化支撑服务的建设，通过强化合作，优势互补，充分发挥服务作用，加快推进云南省信息化进程。重点发挥信息化研究、标准化研究、经济数据研究、电子政务、信息技术发展、信息化培训、数字认证、信息安全产品评测、信息化评测等现有支撑机构的作用。

积极鼓励和引导各界力量兴办中介服务组织，开展专项研究、技术咨询、人才培训等活动。

高度重视信息服务业对云南省信息化的推动作用，支持建立现代信息服务体系，以全面提升信息服务业竞争力为目标、以信息资源开发利用为核心、以机制与技术创新为动力，把信息服务业发展与现代服务业发展、城乡统筹发展、社会信息化发展、传统产业信息化改造及文化大省建设紧密结合起来，优化服务结构，拓宽服务领域，提高服务水平，加速发展云南省信息服务业。

（八）加大对本地企业扶持力度

加强对信息产业发展的政策引导，创造宽松的政策环境，制定包括税收、融资、招商引资、资费、人才引进交流、科技创新、成果转让等一整套优惠政策，为云南省企业的发展壮大创造良好的环境。

撰稿人：北京邮电大学经济管理学院　陈志君

西藏自治区信息化“十一五”规划完成情况的评估与分析

信息化是衡量一个国家和地区综合性及现代化程度的重要标志，对改进生产方式，优化产业结构，加快产业升级，提升产业竞争力，推动经济和社会跨越式发展具有重要意义。

长期以来，由于受自然、地理、社会、历史、交通等因素影响，西藏自治区经济社会发展和信息化水平严重滞后于东中部地区，即使与西部地区的其他省市相比，仍然处于落后地位。

一、西藏信息化发展情况

旧西藏只能靠为数不多的驿站传递少量信息，没有现代意义上的新闻媒体。西藏和平解放后，西藏信息化事业才开始起步。50年代初，全区第一家新闻媒体——有线广播由进藏部队开办；1959年，西藏人民广播电台创立并于次年正式广播；1985年，西藏电视台成立，成为全国最晚建立的省级电视台。西藏信息化事业的发展历程，主要以电信事业发展为代表。由于电信通信底子薄、起步晚，到20世纪80年代末，全区6个地市中仍有2个地区、51个县不通长途电话，22个县没有电话，即使电话覆盖地区，通信设备、手段落后，电话普及率低。“八五”以来，尤其是1994年中央第三次西藏工作座谈会后，西藏信息化事业得到快速发展，数据通信网络建设取得实质性进展，部分银行为代表的企业也开始探索数据网络之路。

到2000年底，西藏邮电通信、网络建设和广播电视建设达到一定水平。全区固定电话普及率达4.6部/百人，市话普及率26.7部/百人，73个县市区实现电话程控化，全区所有县进入全国长途自动交换网；邮政业务经济效益明显，正式开办了国际特快送款业务，邮政科技含量加大，覆盖网络和连通网点扩充，极大方便人民生活；广播电视事业投入力度大，发展快速，截至2000年底，广播人口覆盖率达77.7%，电视人口覆盖率76.13%，广播电视“村村通”工程虽然自1999年开始，但仅两年时间就取得明显成效。

“十五”、“十一五”是西藏自治区信息化长足发展的关键时期，经过十年的努力，西藏信息化水平迈上新的台阶。

（一）信息化发展的总体水平

2009年，西藏邮政业务总量、电信业务总量分别为16918万元和504317万元，比2001年分别增加1.33倍和16.91倍。到2010年，全区通信业务总量实现56.7亿元，业务收入19.94亿元。图1为2001～2009年两者发展情况折线图。

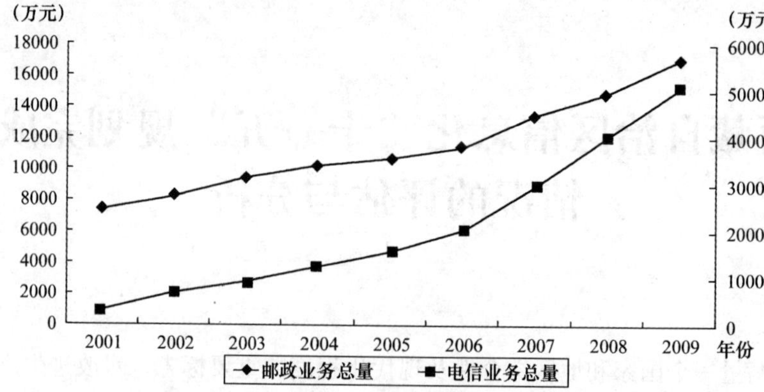

图1　2001～2009年西藏邮政和电信业务总量

一直以来，电信业务在信息化建设中占据主要部分，图中无论2001年还是其后各年份，电信业务总量均成倍于邮政业务总量，且倍数逐年增加，2001年为3.87倍，到2009年则达29.81倍。邮政和电信业务总量呈现出"十一五"增幅大于"十五"时期增幅的状态，电信业务总量更是在2006年之后迅速增长。西藏自治区电信事业快于邮政发展事业这一现象并不反常。西藏地广人稀，乡村人口长时期在80%以上。2006年"安居工程"的实施，才使得城镇化率得以提高。城镇化使得邮政、电信基础设施建设步伐加快，其业务量也逐节攀升，现代信息社会技术进步日新月异。虽然由于多方面原因，西藏接受新事物有一定的滞后期，但是随着社会进步及交通改善，滞后期越来越短，新的电信、信息、网络技术很快被推广应用，这就促使电信业得到快速发展。然而邮政业尽管不断有技术更新，由于广大农牧区地广人稀、交通不畅、邮政基础设施及邮政业务覆盖深度和广度难以取得突破性进展，加强信息化基础设施建设，任务依然艰巨。

从国家统计局研究制定的信息化发展指数（Ⅱ）来看，西藏产业技术指数、知识支撑指数及发展效果指数相对较大，而基础设施指数和应用消费指数则较小。信息化发展指数（Ⅱ）是适合我国国情的信息化发展评价指标体系，体系内各指数数值越大，表明相关信息化发展水平越高。表1反映了2006～2009年间西藏信息化各分类指数和总指数的变化情况。总体而言，西藏信息化水平在逐年提高，无论信息化发展总指数还是基础设施指数、产业技术指数、应用消费指数、知识支撑指数以及发展效果指数均呈增长态势。

表1　2006～2009年西藏信息化发展指数（Ⅱ）与分类指数

	基础设施指数	产业技术指数	应用消费指数	知识支撑指数	发展效果指数	总指数
2006年	0.180	0.597	0.384	0.568	0.596	0.465
2007年	0.184	0.616	0.448	0.600	0.608	0.491
2008年	0.197	0.674	0.476	0.643	0.624	0.523
2009年	0.222	0.741	0.471	0.636	0.625	0.539

资料来源：《国家统计局信息化发展指数优化研究报告》。

与全国平均及西部其他省份比较，西藏信息化水平并不乐观，表2显示2006～2009年西部十二省信息化发展指数（Ⅱ）及排名。可以看出，西部省份信息化水平与全国平均还有一定差距，基本上各年名次变化不大，西藏信息化发展指数（Ⅱ）则每年均处于末位。但是西藏信息化发展指数（Ⅱ）年均增速较高，图2形象地展示了这一点。基数小，加上信息化投入力度的加大使得我区信息化发展后发优势明显。

表2　　2006～2009年西藏与全国及西部省份信息化发展指数（Ⅱ）

	2006年		2007年		2008年		2009年	
	指数	排名	指数	排名	指数	排名	指数	排名
全　国	0.611		0.633		0.654		0.681	
重　庆	0.597	1	0.613	1	0.632	2	0.662	2
陕　西	0.595	2	0.613	1	0.636	1	0.673	1
四　川	0.560	3	0.575	3	0.585	4	0.616	3
宁　夏	0.544	4	0.551	6	0.573	6	0.608	5
内蒙古	0.543	5	0.565	5	0.584	5	0.614	4
新　疆	0.541	6	0.567	4	0.589	3	0.600	6
广　西	0.531	7	0.535	8	0.548	9	0.567	10
青　海	0.521	8	0.537	7	0.564	7	0.585	7
甘　肃	0.517	9	0.529	9	0.557	8	0.581	8
贵　州	0.509	10	0.519	10	0.531	11	0.568	9
云　南	0.498	11	0.508	11	0.537	10	0.555	11
西　藏	0.465	12	0.491	12	0.523	12	0.539	12

资料来源：《国家统计局信息化发展指数优化研究报告》。

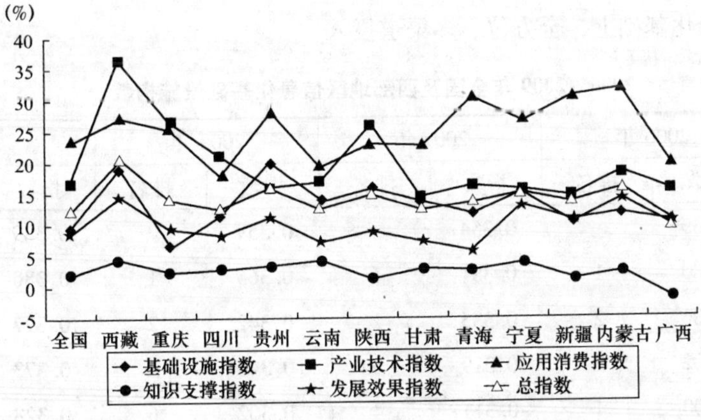

图2　2006～2009年全国及西部省份信息化发展指数（Ⅱ）年均增速比较

(二) 信息基础设施建设水平

信息基础设施是西藏信息化发展的基础，只有健全的基础设施，才能形成覆盖西藏全地区、全社会的信息化网络，信息化的跨越式发展才有可能。经过"十五"、"十一五"的发展，西藏信息基础设施进一步改善，"十一五"期间，西藏累计投资70亿元，推动通信村村通工程、移动通信广覆盖、宽带通信工程等重点援藏通信工程建设。到2010年10月底，西藏通电话的行政村5024个，村通率达85%，587个乡镇通了光缆，比例达85%。2010年11月底，移动电话用户156.2万户，普及率53%；固定电话用户50.4万户，普及率18%；互联网用户117.2万户，普及率40.82%，宽带用户10.4万户。

纵向比较，西藏固定电话拥有率2000年仅为4.6部/百人，2008年则达到24.9部/百人，2009年18.8部/百人；而移动电话拥有率由2000年的2.2部/百人逐年递增至2009年的43.2部/百人。移动电话拥有率快速提高，加上互联网等新的信息技术逐渐普及，固定电话被替代趋势日益明显。从西藏城镇和农村居民2000~2009年电视拥有量和计算机拥有量变化情况看，城镇平均每百户彩色电视机拥有量在一定数量水平波动，而农村每百户电视机拥有量基本逐年增多，但和城镇居民相比，依然有一定差距。城镇平均每百户计算机拥有量增长较快，2000年仅为1台/百户，到2009年为35.1台/百户，而农村居民计算机拥有量微乎其微，城乡差距大。2000~2009年间，城镇居民和农村居民比重分别维持在26.65%和73.35%附近。由此可见，一方面城乡信息化差距大，数字鸿沟明显；另一方面，西藏城镇化进程缓慢，农村居民在人口结构中占据绝大部分比重，推动西藏信息化建设步伐，依然任重道远。

横向比较，依据国家统计局研究制定的信息化基础设施指数，反映西藏"三网融合"的基础设施水平在西部省市中情况。表3表明2006~2009年西藏信息化基础设施指数虽然逐年增长，但是在西部省市中依然处于落后状态。地处高原，严峻的气候条件以及地广人稀的人口分布状况，决定了信息化基础设施建设步伐缓慢，而加快信息化基础设施建设进程，必然是在推进西藏城镇化基础上，全方位、多渠道投入。

表3　2006~2009年全国及西部地区信息化基础设施指数

	2006年		2007年		2008年		2009年	
	指数	排名	指数	排名	指数	排名	指数	排名
全国	0.335		0.354		0.359		0.389	
重庆	0.380	1	0.381	1	0.365	1	0.380	1
陕西	0.306	2	0.335	2	0.342	2	0.377	2
内蒙古	0.302	3	0.319	3	0.340	3	0.373	3
四川	0.300	4	0.311	4	0.302	6	0.328	5
新疆	0.290	5	0.299	6	0.310	5	0.316	6
宁夏	0.282	6	0.301	5	0.321	4	0.355	4

续表

	2006年		2007年		2008年		2009年	
	指数	排名	指数	排名	指数	排名	指数	排名
广西	0.274	7	0.280	8	0.283	7	0.309	7
青海	0.263	8	0.283	7	0.277	8	0.300	8
甘肃	0.240	9	0.249	9	0.258	9	0.285	9
云南	0.230	10	0.234	10	0.251	10	0.274	10
贵州	0.206	11	0.214	11	0.181	12	0.248	11
西藏	0.180	12	0.184	12	0.197	11	0.222	12

（三）信息化应用发展水平

随着信息化和信息产业的发展，信息化应用水平逐渐深入，2000年，西藏互联网网民数仅为1万人，到了2009年，这一数字就跃升至53万人，9年间增长了52倍；人均通信支出，无论是城镇人均通信支出，还是农村人均通信支出，在近几年电信资费价格下调以及成熟的信息通信产品价格下降趋势下，也基本为增长态势。

从中观层面来说，信息化在各领域的应用也得到加强。首先是政务信息化，西藏金财、金盾、金税、金审、金质、金关等金字系列工程稳步推进，多家地厅级单位建设了局域网，拥有信息资源库，门户网站、电子邮件系统、办公自动化系统以及视频会议系统等均在西藏部分单位中得到运用；在网络协调和交流方面，自治区党政网顺利升级为横联多家（中）直单位、纵联区地县三级的电子政务内网，而国家电子政务外网省级节点也安全接入。

在企业信息化方面，多家企业已建成局域网、办公自动化系统、财务管理系统，某些企业实现了采购、仓储、销售等环节的信息化，多个规模工业企业实现生产自动化，西藏企业信息系统逐步向应用集成阶段迈进。随着电子商务的发展，网上购物、物流配送等现代商务手段开始在自治区企业中得到运用，少数企业建立了电子商务平台，以开拓、拓展国内外市场。旅游综合信息服务平台，诸如西藏旅游信息网、118114等开通运行，“西藏物流网’”、“中国物通网（西藏分站）”、“网上物流（西藏分站）”等第三方物流信息服务平台也开展了物流电子商务。那曲物流信息服务平台已建成，部分国内外知名物流企业在拉萨设立了分支机构。

在其他社会行业，信息化应用水平均有一定的发展。银行业建立了较为完善的电子化支付结算和服务体系；教育业开通了西藏门户网站，中国教育和科研计算机网（CERNET）西藏大学节点建设初具规模；医疗行业，建成了区地县三级疫情网络直报系统。医院信息管理系统和远程医疗单个系统试点示范已在自治区人民医院等多家医院建成；文化信息资源共享服务网络覆盖全区7个地市和21个县，资源的采集、加工、发布、管理、点播等均可在平台实现；社会保障信息化，“金保”一期工程启动实施，养老保险数据部区联网和城镇职工基本医疗保险管理信息系统建成，12333便民服务热线开通；公安信息化建设，“金盾工程”

(一期)、公安部到区地县四级网络建设完成，系统内及与边防、消防、反恐、警卫局等单位间开通了数据通信和视频业务。各业务应用系统，如违法犯罪人员信息系统、警用地理信息系统、政法应急指挥系统、警务综合应用平台、社会信息采集系统（旅店业）建成；农村信息化取得明显进展，金农一期工程、农村党员干部现代远程教育服务工程、科技部农村科技信息服务节点建设工程、藏文农村实用技术开发及应用推广示范工程、“三电合一”等项目相继实施。多个乡建立了农村综合信息服务站点，西藏农牧信息网、西藏农业经济网、西藏农村远程教育与信息服务网等涉农网站建成，为更好服务“三农”，向基层和公众提供信息资源服务奠定基础①。

但是，与其他地区相比，西藏信息化应用水平依然比较低。表4是2006~2009年全国平均及西部省份信息化应用消费指数的比较情况，可见西藏信息化应用水平在西部省市中依然处于落后地位，信息化应用的加强还有很大空间。

表4　2006~2009年全国及西部省份信息化应用消费指数

	2006年		2007年		2008年		2009年	
	指数	排名	指数	排名	指数	排名	指数	排名
全国	0.461		0.505		0.551		0.598	
陕西	0.452	1	0.477	3	0.531	4	0.572	2
重庆	0.446	2	0.477	3	0.537	2	0.591	1
四川	0.437	3	0.452	7	0.478	8	0.522	8
内蒙古	0.437	3	0.490	1	0.509	5	0.567	3
宁夏	0.428	5	0.448	8	0.498	6	0.539	6
广西	0.426	6	0.462	5	0.493	7	0.530	7
云南	0.420	7	0.426	11	0.462	11	0.497	10
青海	0.420	7	0.455	6	0.534	3	0.559	5
新疆	0.419	9	0.488	2	0.568	1	0.565	4
甘肃	0.417	10	0.438	10	0.465	10	0.508	9
贵州	0.404	11	0.423	12	0.454	12	0.474	11
西藏	0.384	12	0.448	8	0.476	9	0.471	12

（四）信息产业发展状况

为促进信息产业发展，西藏投入1000万元对第三方网上支付平台、藏汉英多媒体学习机研发及产业化等5个电子信息产业振兴项目进行了重点支持。同时，村村通电话、边防信息网络覆盖等5项重点工程也开始实施，自治区电子政务建设一期工程也申请并顺利通过国家发改委项目立项。虽然西藏信息化产业技术指数依然很低，信息产业和信息通信技术发展

① 参考西藏自治区工业和信息化厅提供的资料。

水平依然处于落后地位，但是信息化发展效果良好。从表5、表6可以看出，西藏信息化发展程度与经济社会发展水平比较匹配。

表5　　2006～2009年全国及西部省份信息化产业技术指数

	2006年		2007年		2008年		2009年	
	指数	排名	指数	排名	指数	排名	指数	排名
全　国	0.840		0.869		0.897		0.914	
陕　西	0.759	1	0.797	1	0.849	1	0.895	1
重　庆	0.751	2	0.784	2	0.813	2	0.877	2
四　川	0.718	3	0.744	3	0.768	3	0.812	3
宁　夏	0.715	4	0.681	6	0.722	8	0.740	9
新　疆	0.680	5	0.707	4	0.715	9	0.745	5
云　南	0.671	6	0.681	6	0.725	6	0.738	10
内蒙古	0.671	6	0.707	4	0.735	4	0.744	6
贵　州	0.662	8	0.669	10	0.679	11	0.726	11
甘　肃	0.658	9	0.675	8	0.728	5	0.749	4
青　海	0.642	10	0.666	11	0.724	7	0.743	7
广　西	0.630	11	0.670	9	0.689	10	0.708	12
西　藏	0.597	12	0.616	12	0.674	12	0.741	8

表6　　2006～2009年全国及西部省份信息化发展效果指数

	2006年		2007年		2008年		2009年	
	指数	排名	指数	排名	指数	排名	指数	排名
全　国	0.647		0.659		0.670		0.701	
陕　西	0.680	1	0.687	1	0.672	1	0.734	1
重　庆	0.627	2	0.629	2	0.634	2	0.640	2
四　川	0.602	3	0.609	3	0.606	4	0.635	3
西　藏	0.596	4	0.608	4	0.624	3	0.625	4
甘　肃	0.587	5	0.579	6	0.596	5	0.615	5
宁　夏	0.567	6	0.582	5	0.567	6	0.608	6
内蒙古	0.544	7	0.548	7	0.549	9	0.584	8
贵　州	0.540	8	0.541	9	0.559	7	0.605	7
青　海	0.539	9	0.541	9	0.530	12	0.551	11
云　南	0.537	10	0.546	8	0.557	8	0.573	9
广　西	0.535	11	0.540	11	0.547	10	0.554	10
新　疆	0.513	12	0.524	12	0.531	11	0.550	12

(五) 国民信息素质建设情况

西藏多个中小学开展了信息技术教育，现代远程教育“三种模式”和电视“班班通”基本覆盖全区中小学，多家学校建成校园网和教学资源库。一定容量的小学藏语文、数学、科学等多媒体教学课件开发出来，教育部基础教育资源网上还免费播出西藏自治区编译制作的专题教育资源。在大专院校，信息化专业教育和应用培训力度明显增强，多所大专院校设立信息技术相关专业，每年均能为西藏培养信息技术类本科、专科生，实施信息技术类非学历教育培训①。

在社会其他行业，信息化培训力度不减。在拉萨、林芝选择了50个行政村培训信息服务员；在全区多个乡还建立了农村综合信息服务站点来培训农村信息服务员，实施农村党员干部现代远程教育服务工程、藏文农村实用技术开发及应用推广示范工程等项目；开通“西藏农村远程教育与信息服务网”等，以提高农村居民素质。

一个民族或地区国民知识水平对信息通信技术的使用影响至关重要，尽管自治区花费很大力度加强国民信息素质教育以及普及义务教育，但西藏教育水平依然比较落后，国民平均受教育年限2009年也仅为4.55年/每人。根据国家统计局制定的信息化知识支撑指数，2009年西藏这一指数为0.636，而全国平均是0.803。从2006～2009年，自治区信息化知识支撑指数均在西部省市中处于末位，提高自治区居民素质，进而提升居民信息化素质，任务依然艰巨。

表7　　2006～2009年全国及西部省份信息化知识支撑指数

	2006年		2007年		2008年		2009年	
	指数	排名	指数	排名	指数	排名	指数	排名
全国	0.772		0.777		0.792		0.803	
新疆	0.804	1	0.815	1	0.820	1	0.825	1
广西	0.792	2	0.723	9	0.728	10	0.734	10
重庆	0.783	3	0.793	2	0.811	2	0.824	2
陕西	0.779	4	0.771	3	0.789	3	0.786	6
内蒙古	0.763	5	0.764	4	0.787	4	0.804	3
四川	0.745	6	0.761	5	0.772	6	0.785	7
青海	0.743	7	0.742	7	0.755	8	0.773	8
贵州	0.734	8	0.749	6	0.780	5	0.789	5
宁夏	0.729	9	0.742	7	0.759	7	0.796	4
甘肃	0.681	10	0.703	10	0.740	9	0.747	9
云南	0.634	11	0.652	11	0.689	11	0.693	11
西藏	0.568	12	0.600	12	0.643	12	0.636	12

① 资料来自西藏自治区工业和信息化厅。

(六) 西藏信息化发展的政策环境

近十年来，西藏信息化水平的长足发展，离不开政府及社会各界的支持和努力。西藏信息化起步晚，市场自发力量偏薄弱，信息产业发展和信息化在国民经济和社会各领域的运用，很大程度上需要政府的有力促进。2001 年，《西藏自治区国民经济和社会发展第十个五年计划纲要》明确提出培育发展信息产业，加快国民经济和社会信息化，强调信息化在电子政务、社会管理以及企业等社会各领域的运用，注重培养信息化专业人才及信息服务业建设，提出适度超前发展通信业。2002 年，《西藏自治区人民政府关于加强信息化工作的意见》发布，肯定信息化对促进自治区经济社会发展的重大意义，进一步提出“十五”期间信息化建设的要点。

2006 年，自治区八届人大五次会议批准的《西藏自治区“十一五”时期国民经济和社会发展规划纲要》将信息化基础设施建设列为重点。2006 年，西藏自治区人民政府发布通知，落实西藏自治区“十一五”国民经济和社会发展规划纲要主要目标和任务工作分工。

2007 年 1 月，《西藏自治区人民政府关于加快推进“村村通电话”工程的意见》下发，2007 年 5 月，自治区人民政府同意并下发了自治区广电局关于《西藏自治区“十一五”时期广播影视事业规划》，文化产业也相应制定《西藏自治区文化遗产保护事业信息化发展“十一五”规划》。

2008 年 1 月，西藏自治区政府常务会议审议并原则通过《西藏自治区 2006 ~ 2020 年信息化发展规划》和《西藏自治区“十一五”信息化建设方案》，对自治区未来一段时间信息化建设蓝图做出详细规划。

二、“十二五”时期自治区信息化发展建议

西藏信息化起步较晚，信息化发展水平比较落后，对国民经济和社会发展的促进作用未曾完全发挥。“十五”、“十一五”信息化发展虽然较快，但是发展过程中有些问题突出，诸如信息化投入不足，本地化信息支撑力量薄弱，网络与信息系统建设成本高，应用普及率和资源共享水平低，重建设、轻应用、轻管理、轻服务现象突出，重复建设和信息孤岛现象明显，各行业信息化推进程度参差不齐，电子政务、电子商务发展相对缓慢等，都对自治区信息化发展产生不利影响。“十二五”是西藏经济社会实现跨越式发展的关键时期，同样也是西藏信息化跨越式发展难得的机遇，而在目前西藏自治区干部群众信息化观念和信息技术应用技能普遍薄弱的环境下，如何保证目标的实现，需要高瞻远瞩，更需要结合西藏实际和特点，脚踏实地进行统筹规划、合理发展。根据西藏信息化发展现实，结合自治区区情区力，本文对“十二五”时期西藏信息化提出粗浅建议。

(一) 推进城镇化进程，进一步完善和优化自治区信息基础设施环境

完善和优化自治区信息基础设施环境，加强信息基础设施建设，并非易事。自治区独特的高原气候条件以及地广人稀的人口分布特点，加上很多农牧区交通不便，使得信息化资源

分布严重失衡，往往交通便利、城镇化发展良好的地区信息化基础设施齐聚，信息化应用水平较高，而人丁稀少的广大农牧区，信息化基础设施缺乏，信息产品普及率低。缩小城乡之间“数字鸿沟”，顾及到很多偏远地区居住分散的农牧民，为他们建设信息基础设施，显然花费巨大。因此推进城镇化进程，使得气候条件恶劣、偏远的广大农牧民群众能集中居住在交通便捷、宜居的环境下，改善其生活环境，改变其意识形态，加大信息基础设施建设力度，从而使自治区信息基础设施环境必将得到较大完善。

（二）加强国民教育，提升信息素质水准

教育是一个民族进步之源，是地区经济发展的重要力量。综观人类社会发展进程，农业社会到工业社会，进而发展到信息化社会，无不是人类知识水平提高相伴随和相促进。自治区处于祖国最西端，地广人稀，长期以来的民族文化和社会形态以及长时期的闭锁，使得广大人民教育素质低，对现代知识的掌握、运用水平低下，无论是信息化产品还是信息化相关技术，两者普及率均不高。要不断加强自治区国民素质教育，因为知识是人们应用信息通信技术的必要素质，知识水平决定人们意识形态及视野，很大程度上也决定了人们接受新事物、掌握新技能的水平。

（三）加强领导，创新信息化工作机制

自治区信息化发展凸显出很多问题，如重建设、轻应用、轻管理、轻服务，重复建设和信息孤岛，行业信息化推进参差不齐，资源共享水平低，信息化投入不足等等，这些都显示出自治区信息化领导和协调工作的薄弱之处。加强统筹领导，不是设立一个领导小组了事，更重要的在于合理分配、有效利用信息资源，缩小行业和部门间的数字鸿沟，整合各方面信息，以实现资源共享。开放的社会必然要求开放、透明的政府，信息高速公路的畅通无阻，政府部门应该带头倡导、促进，以形成良好的社会风气。

（四）加大力度，引进和培养信息化专业人才

虽然加强了信息化基础教育和高等教育，每年自治区大专院校也培养出一批信息技术相关专业人才，但是与西藏信息化发展需要相比，信息化人才，尤其是高端的信息化人才依然缺乏。教育是一项长远的产业，对经济、社会各方面影响虽然深远，但也并非一朝一夕的事，因此，要满足自治区信息化跨越式发展需要，一方面要培养信息化专业人才；另一方面，最便捷、有效的方式便是大力度引进信息化高端专业人才。

（五）大力推进信息技术在国民经济和社会发展各领域的应用

大力推进国民经济和社会信息化，以信息化带动工业化、以工业化促进信息化，推进信息化与工业化融合是我国信息化发展的方向。西藏虽然地处祖国最西端，经济社会发展严重滞后，信息化水平也落后于其他省市，但是信息化发展方向与国家保持一致。目前，自治区信息产业和信息技术有了一定发展，信息技术在国民经济和社会各领域也有一定应用，但是要实现信息化社会的信息发展水平和应用水平，需要我们做的，依然很多。西藏自治区电子政务信息化水平相对较低，上下贯通、纵横互联、功能完善、安全可靠的电子政务系统尚未完全建立，企业信息化基础平台也需不断完善。特色产业和龙头企业的信息化建设、企业资源管理信息系统建设都需加大力度。电子商务平台和规范电子商务环境建设方面，依然需要努力。教育、文化、公共卫生、劳动和社会保障、灾害预警和救灾等社会公共领域信息化工作需要有序推进。要全面提升全社会的信息化应用水平，仍有很长的路要走。

（六）加强财税和政策支持力度

自治区产业自生能力不强，经济发展很大程度需要政府优惠政策支持和政府投资引导，因此加强财税政策支持，加强政策法规支持，对我区发展信息产业和促进信息化渗透到社会各领域，将会发挥积极作用。加强财税和政策支持力度，增强自治区信息化建设力度，创造良好发展环境，不仅要统一发展规划、统一项目审批、统一基础建设、统一标准制定，更要突出重点，探索多元化的信息化投入和建设模式，以达到政策效用最大化的效果。

撰稿人：西藏自治区统计局科研所　陈德荣
西藏自治区统计局核算处　李丽华

陕西省信息化“十一五”规划完成情况的评估与分析

根据《国民经济和社会发展信息化“十一五”规划》和《陕西省“十一五”国民经济和社会发展信息化专项规划》（下面简称：信息化“十一五”规划）中的建议和要求，陕西省委、省政府审时度势，结合全省实际情况，提出了加快信息基础设施建设，构建综合信息网络；全面推进国民经济信息化，促进经济增长方式的转变；务实推进电子政务，提高行政效率和执政能力；积极推进社会事业信息化，促进社会和谐发展；做大做强信息产业，提升产业核心竞争能力的目标；同时要不断深化产业技术改革，努力改善信息化产业的宏观环境，不断提升全省国民信息化素质，不断扩大信息产业及相关部门的从业人数。

“十一五”规划实施期间，在党中央、国务院正确领导和陕西省委、省政府的高度重视下，全省各地区、各部门紧紧围绕《陕西省国民经济和社会发展第十一个五年规划》目标，深入贯彻科学发展观，认真落实《2006～2020国家信息化发展战略》的各项战略部署和方针政策，使全省信息化整体水平又上一个新台阶，为陕西省“十二五”信息化的发展奠定了坚实的基础。

一、“十一五”期间陕西省信息化发展概述

“十一五”期间，陕西省信息化发展保持平稳快速增长态势，全省信息化总体水平得到显著提升。陕西省信息化发展指数（Ⅱ）从2006年的0.595增长为2009年的0.673（见表1）,排名全国第9位、西部地区第1位。

表1 陕西省“十一五”期间信息化发展指数（Ⅱ）及排名比较

	2006年		2007年		2008年		2009年	
	指数	排名	指数	排名	指数	排名	指数	排名
全国合计	0.611		0.633		0.654		0.681	
北　京	0.970	1	1.001	1	1.016	1	1.053	1
上　海	0.871	2	0.906	2	0.931	2	0.965	2
天　津	0.736	3	0.751	3	0.787	3	0.820	3
浙　江	0.700	4	0.731	5	0.759	5	0.787	4

续表

	2006年		2007年		2008年		2009年	
	指数	排名	指数	排名	指数	排名	指数	排名
广　东	0.699	5	0.738	4	0.761	4	0.781	5
江　苏	0.655	6	0.690	6	0.713	6	0.749	6
辽　宁	0.639	7	0.666	7	0.687	7	0.723	7
福　建	0.614	8	0.645	8	0.682	8	0.712	8
陕　西	0.595	10	0.613	9	0.636	10	0.673	9
山　东	0.592	13	0.610	12	0.641	9	0.664	10

从中国信息化发展指数（Ⅱ）监测报告分析来看，陕西省信息化基础设施发展指数逐年上升，2006年为0.306，2007年为0.335，2008年为0.342，2009年则达到0.377，发展水平与全国平均水平基本接近（见图1）。

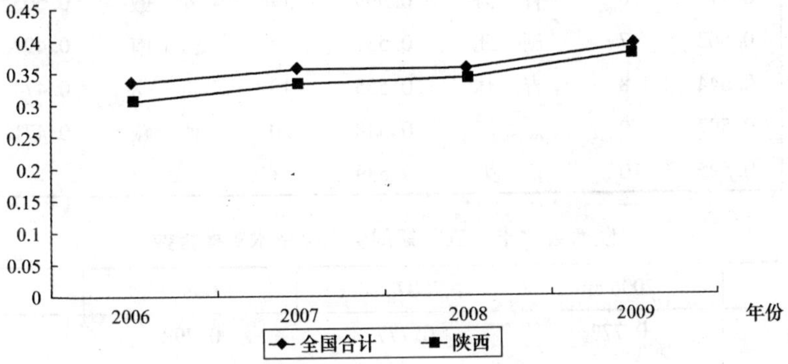

图1 “十一五”期间陕西省信息化基础设施指数发展走势

陕西省信息化产业技术发展指数2006年为0.759，2007年为0.797，2008年为0.849，2009年为0.895，排名也从2006年的全国第13名上升到2009年的全国第8名（见图2）。

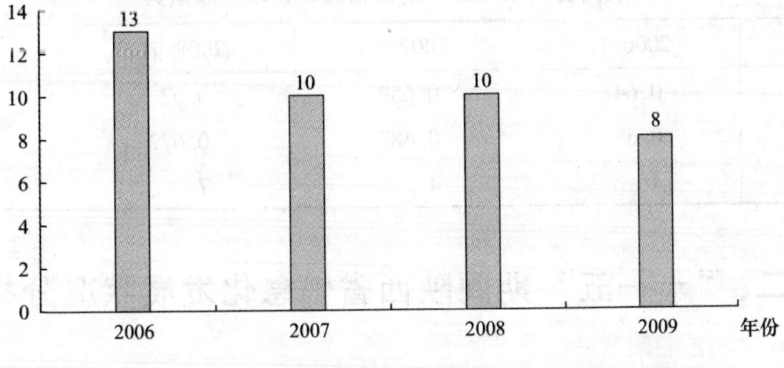

图2 “十一五”期间陕西省信息化产业技术发展指数排名

2009年，陕西省信息化应用消费指数达到0.572，居全国第13位，位居全国中等水平，略低于全国指数0.598（见表2）。

陕西省信息化技术支撑指数2006年为0.779，略高于全国水平，2007年为0.771，2008年为0.789，2009年达到0.786，都略低于全国水平。从数据来看，"十一五"期间陕西省信息化技术支撑指数的发展接近全国发展平均水平（见表3）。

表2　　陕西省"十一五"期间信息化应用消费指数及排名比较

	指数值	位次	国家和地区	指数值	位次	国家和地区	指数值	位次
全　国	0.598		重　庆	0.591	11	湖　南	0.536	22
北　京	0.888	1	海　南	0.574	12	广　西	0.530	23
上　海	0.878	2	陕　西	0.572	13	河　南	0.523	24
广　东	0.777	3	内　蒙	0.567	14	四　川	0.522	25
天　津	0.750	4	新　疆	0.565	15	甘　肃	0.508	26
浙　江	0.750	5	河　北	0.563	16	江　西	0.506	27
福　建	0.718	6	青　海	0.559	17	安　徽	0.503	28
江　苏	0.662	7	湖　北	0.557	18	云　南	0.497	29
辽　宁	0.644	8	吉　林	0.555	19	贵　州	0.474	30
山　西	0.597	9	黑龙江	0.548	20	西　藏	0.471	31
山　东	0.595	10	宁　夏	0.539	21			

表3　　陕西省"十一五"期间信息化技术支撑指数

	2006年	2007年	2008年	2009年
全国合计	0.772	0.777	0.792	0.803
陕西	0.779	0.771	0.789	0.786

陕西省信息化发展效果指数达到0.734，高于全国水平0.701，信息化发展效果指数年均增长速度达8.51%（见表4）。

表4　　陕西省"十一五"期间信息化技术支撑指数

	2006年	2007年	2008年	2009年
全国合计	0.647	0.659	0.67	0.701
陕西	0.68	0.687	0.672	0.734
排名	4	4	7	5

二、"十一五"期间陕西省信息化发展状况分析

（一）信息化基础设施投入力度持续加大

自"十一五"以来，陕西省在信息化基础设施方面持续加大投入力度，在通信领域、电视领域、互联网领域都有了较大幅度的增长。截止2010年底省内各市县广播覆盖率已达

95.5%，电视覆盖率达97.5%，同时各市县正积极加快有线电视的双向网工作，并且有条不紊地推进有线电视向数字化过渡，为下一步的“三网融合”做好准备。

1. 通信领域

截止2008年，全省通信光缆线路总长和广播电视传输网干线总长分别达到20.8万公里和5.2万公里。全省电话用户达到2793.49万户，总普及率达到75%。截至2009年，陕西省67814个20户以上自然村全部通电话，提前一年多完成了陕西通信业“十一五”规划确定的“村村通”目标。① 截至2010年12月底，陕西省固定电话用户数781.88万户，固定电话普及率20.78部/百人，陕西省移动电话用户数2518.23万户，移动电话普及率66.94部/百人。

“十一五”期间全省通信业务领域的主要特点是：①电话普及率稳步提高；②移动通信持续保持快速增长，固定电话逐年下降趋势明显；③数据业务发展迅速；④宽带通信是信息通信业发展的重点领域，在促进全省经济发展和人民生活提高方面发挥了不可替代的作用。

2. 电视领域

目前，陕西省采取有线联网，改善和扩大无线覆盖方式，基本实现了20户以上的通电自然村“村村通”广播电视的目标。到2008年底，广电网络已覆盖全省所有市、县和1400个乡镇，20000个行政村。全省有线电视用户已达到415万户，其中数字电视用户数已超过110万户。截至2010年底，陕西省共完成56.9万套广播电视“村村通”设备和9078个行政村广播室设备的发放和安装任务，新建了500个乡镇标准化广播电视“村村通”服务站，使全省18663个20户以上自然村的56.9万户农村群众收听收看到了高质量的广播电视节目。初步建立起了农村广播电视公共服务体系，圆满完成了我省“十一五”期间广播电视“村村通”工程建设任务。“十一五”期间，陕西省城镇电视拥有量达125.41台/百户，农村电视拥有量达114.19台/百户。

3. 互联网领域

截至2008年底，陕西省互联网用户数172.86万户，比2007年增长35.1%；网民数790万人，普及率21.1%；网站数30816，域名总数112117，IPv4地址数占全国2.6%，全省69.4%的行政村实现了宽带接入。

截至2009年12月，陕西省网民数达到995万人，网民普及率从2008年的21.1%上升至2009年的26.5%，年增长率为25.9%，普及率在全国排名第16位。城镇计算机拥有量达62.3台/百户，农村计算机拥有量达4.59台/百户。其中宽带网民规模达到893万人，手机网民规模达到593万人，占到陕西网民总数的59.6%，略低于全国60.8%的水平。另外网民中25.8%来自乡村地区，这一比例过低的原因主要是由于农村地区的经济发展水平低、互联网基础设施建设比较薄弱，同时农村人口的受教育程度普遍偏低也限制了互联网在该人群中的渗透。

截至2010年12月，陕西省互联网用户数达到368.84万户，网民总数达到1295万人，

① 数据来源：陕西省通信管理局，http://www.shxca.gov.cn/。

普及率达34.3%，网民增速达到30.2%，位居全国增长第三。陕西省开通互联网的行政村达到21088个，占全部行政村总数的76.71%。虽然网民及互联网经济增长较快，但是仍然处于低速宽带的水平，全省的平均联网速度仅为82KB/S，排名位于全国第28位。

（二）陕西省信息化产业不断取得新的突破

陕西作为我国信息产业在西部的一个重要区域，电子信息产业竞争优势与规模效应初步形成。在“十一五”期间，陕西省信息化产业发展不断取得新的突破，信息产业总体规模不断扩大，发展并带动产业结构升级。利用信息产业技术含量高的特点，通过加快信息技术与农业、工业以及服务业的融合，有效地促进了各产业发展及其产业结构优化升级。同时，陕西省电子商务发展势头良好，电子政务稳步展开；科技、教育、文化、医疗卫生、社会保障、环境保护等社会信息化领域步伐明显加快。

1. 信息化与工业①

目前陕西省电子信息业企业共有1160余家，从业人员约19万人，2010年预计实现收入750亿元，是2005年的2.1倍，年均递增16.1%，其规模位居全国第16位，西部第2位。其中电子信息制造业预计实现收入350亿元，是2005年的1.76倍，年均递增11.9%；实现工业增加值90亿元，是2005年的1.93倍，年均递增14.1%，实现稳定增长；信息与软件服务业预计实现收入400亿元，是2005年的2.58倍，年均递增20.9%；出口创汇6.48万美元，年均增速为27.96%，实现快速增长。截至2009年，全省电信主营业务收入达210.1亿元，发明专利量5858件，人均国内生产总值达到21688元/人。

（1）电子信息产品制造业渐入佳境，发展势头良好。近年，受产品结构调整和产业升级的影响，“十一五”初期陕西电子信息产品制造业总体呈波动不稳定态势，总产值在200多亿元徘徊不前。2009年，陕西省工业和信息化厅制定了《电子信息产业调整和振兴规划实施方案》，积极探索，促进电子信息产业结构调整，增强核心竞争力，培育新的增长点，振兴陕西电子信息产品制造产业。2010年形势逐步转好，国内制造业市场转暖，陕西省电子信息产品制造企业出现了恢复性增长。2010年1～10月，陕西省电子信息产品制造业已实现销售收入285亿元，同比增长42%。

陕西电子信息产品制造业在“十一五”取得了一定的成绩，但步入了转型升级关键期，存在一定的问题和制约因素。一是产业规模优势尚未形成；二是投资有限，缺乏重大产业项目支撑；三是承接产业转移的能力不强；四是缺乏带动产业成长的龙头企业；五是产业发展互动效应不足；六是产学研用结合不够；七是军工电子特色优势未能与民用融合。

（2）集聚效应彰显，产业特色逐步形成。目前围绕各园区（基地）基本形成了完整的产业链，其中电子元件、电子器件、通信、雷达和电子材料的产业特色明显，具有一定的国内品牌影响力和知名度，形成了一批具有自主知识产权、高附加值和高技术含量的国内外知名品牌的产品。

---

① 数据来源：http：//news.10jqka.com.cn/field/20101227/521564652.shtml。

（3）两化融合初见成效，产业转型与优化升级悄然展开，新兴产业逐步兴起，产业布局日趋合理。根据陕西省工信厅会同省中小企业局对全省企业两化融合发展情况的调查，“十一五”期间，陕西省企业信息化发展迅速，企业信息化和信息技术投入逐年稳步大幅增加，年平均增幅30%以上；组织保障体系不断健全，新一代产业大军正在崛起；基础资源日渐合理、网络建设为业务承载提供较好基础；应用项目覆盖企业经营管理，产品研发和生产过程等领域。同时，企业信息化和工业化融合情况良好，在技术融合方面，信息技术相关设备总价值、软件及数据资产绝对量大幅增加；一批企业生产过程对信息技术有明显依存度；数字化生产线建设投入逐年提高。同时，产品融合、业务融合不断拓展扩大，节能环保效果显著，信息化对企业竞争力提升明显。

电子信息产业转型和产业结构调整步伐进一步加快，其中物联网产业、3G网络产业等异军突起，成为其最具活力的亮点和未来产业发展的引擎。面向3G的通信设备、新型电子元器件和面向环保节能的新能源新材料产业已初具规模，将成为拉动陕西省电子信息产业未来发展的重要增长点。2009年中国电信陕西公司共投资12亿元用于3G网络建设，经过两期建设，3G乡镇覆盖率达到54.24%，重要旅游风景区覆盖率100%，市区面积覆盖率达到99.51%；高速公路覆盖率39%，国道覆盖率24.4%，省道覆盖率17.3%，普通铁路覆盖率16.7%，高速铁路覆盖率100%。中国移动陕西公司2009年TD－SCDMA（以下简称TD）网络建设一期工程投资约10亿元，建设RNC（无线网络控制器）8套、宏基站500个、室内分布系统430处，可满足49万客户的3G业务需求，覆盖区域包括西安繁华市区、党政机关、西高新区、浐灞生态区、机场等重点区域。二期工程于2009年6月启动，投资约7亿元，覆盖范围延伸至其余9地市，建设RNC9套，宏基站519套，室内分布163处，满足69万客户的3G业务需求。同时完成了校园网专项覆盖工程，实现全省118所校园TD覆盖。2009年12月18日，TD网络全省开通。2010年2月，TD建设三期工程全面启动，预计投资13亿元，届时将实现网络覆盖延伸至重点县城，网络质量达到或超过2G水平。中国联通陕西公司2009年共计投资10亿元进行WCDMA无线网络、配套及传输网络建设，并对原GSM核心网络进行了升级改造和扩容。两期工程共新增软交换容量220万户，分组域新增用户125万户，新增WCDMA基站1800多个、室内分布系统1000多套，新建各类光设备共律1150端，新建各类光缆3800公里。一期工程覆盖全省10个地市的核心城区、23个重点县城、3个5A和14个4A景区、西安机场、机场高速公路、西宝动车铁路，达到CS64K连续覆盖，2009年9月28日WCDMA业务开始正式商用。二期工程于2009年底完工，主要对WCDMA一期网络覆盖区域内的弱区和盲区进行了补充覆盖。

（4）电子商务经济发展迅猛，重点领域取得突破性进展。陕西省电子商务快速发展，电子商务基础设施、发展环境、支撑体系等方面有了明显进展，电子商务应用不断深化，重点领域电子商务发展取得突破。在农业领域，根据陕西省农产品出口特点，目前已形成陕西农产品网、陕西省特产网、土特产交易平台，凭借其翔实的农特产信息数据库，提供便捷而高效的服务，成功地帮助众多供应商和采购商建立业务关系，提供贸易机会。在工业领域，截至2008年，全省国有及规模以上非国有工业企业网站拥有率超过90%，电子商务交易额超过60.35亿元，全年电子商务销售额占主营业务收入比重为0.8%。建立了综合性的陕西中小企业网，并形成了陕西军工信息网，陕西金属交易网，陕西化工交易网，延安工业网，宝鸡工业网，陕西轻工网，陕西114建材网等行业性网站，2009年开通运行陕西省企业信息化综合服务平台，为企业提供行业政策信息、产品采购、在线交易等多项服务。

2. 信息化与农业

截至2009年，全省总人口为3838万人，农村居民比重占56.5%，农业问题依然是全省的重要方面之一。自2007年以来，陕西省将农业信息化作为全省的“牛鼻子”工程来抓，突出抓好全省农村信息进村入户试点工程工作。按照“政府主导、企业参与、市场化运作”的原则，陕西省政府和三家电信运营企业共同投资2600万元，按照“五个一”标准，建设了2769个“一村一品”示范村和部分推进村的农村信息综合服务站，为解决“数字鸿沟”和“最后一公里”问题进行了有益的探索。农业信息服务工作初见成效，全年各级农业信息网发布各类信息近8万条，通过网上促销农产品的成交额达到20多亿，可增加农民收入不低于3亿元。通过这一系列活动，使农业信息化有效带动农业产业化。① 截止2010年，陕西农民人均纯收入突破4000元，达到4105元，同比增加667元，增长19.4%，扣除物价因素后，实际增长12%。其中：工资性收入1734.5元，增长21.4%；家庭经营收入1882.2元，增长19.9%；财产性收入97.0元，增长4.8%；转移性收入391.3元，增长13.0%。更为可喜的是，2010年陕西城乡居民收入比为3.82：1，较2005年的4.03：1、2009年的4.11：1明显缩小。“十一五”期间，全省通过制定培养计划，构建了农村信息化立体人才体系；吸纳培养信息技术人才，加快专业队伍建设。建立了一批农业试点信息化服务系统，如陕西省农业信息服务平台、西安市长安区三维实景农家乐旅游服务展示系统、阎良区蔬菜标准园智能监测系统、安康市白河县涉农信息服务等。同时开始注重加快建设农业生产、农产品价格、农村政策、农村救济、农村文化教育平台，为建立完善农业信息网络服务体系积极准备。

3. 信息化与第三产业

（1）公共服务信息化水平提高迅速，电子政务发展迅速。陕西省积极推进电子政务应用，开展多个业务的网上审批和办公，把政府网站、审批平台、政务中心有机地结合起来，使传统分散的“办事大厅”模式转向虚拟快捷的“一站式”服务模式，自2007年全省电子政务网站实现了省市县三级骨干网联通，84家以上部门电子政务内外网介入，规范改造、建设完善了54家部门和单位的局域网，形成了初具规模的电子政务统一网络。2007年3月省级电子政务统一平台中心机房建成并投入使用。依托同一平台建设的“金财”工程、企业基础信息共享工程、电子口岸信息系统、信访信息系统等电子政务重要的业务系统也都相继建成并使用，成效显著。

（2）教育领域发展起步早，发展快，但城乡发展差距较大。陕西省作为西部地区的教育

---

① 数据来源：http：//xian.qq.com/a/20110120/000346.htm。

大省，其教育信息化的发展水平和发展状况是西部地区的一面旗帜。目前全省采取分步实施、分阶段进行的方针，形成以“高教”带动“基教”，以“经济发达地区（关中一带）”带动“经济欠发达地区”，以“上级教育行政主管部门”带动“基层教育行政主管部门”的局面。全省远程教育在中国教育和科研计算机网与中国教育卫星宽带多媒体传输平台的基础上，已从单向走向双向并覆盖全国，初步形成了“天地合一”的现代远程教育传输网络。目前，全省72所高校全部建成了校园网，按照2009年以抽样比例0.0873%计算，全省小学学历人口数为8917人，初中学历人口数为12998人，高中学历人口数为4636人，大专及以上学历人数为2885人，平均受教育年限为8.58年。中小学开展实施“教育信息化建设工程”，建成陕西省基础教育专网，推动覆盖全省的各级各类教育信息化基础设施建设。以门户网站建设为重点，加快推进各级教育局域网建设和数字化校园建设，初中以上学校及有条件的小学全部建成校园网或局域网。不断完善中小学网络环境下的“班班通”建设，逐步实现每个教学班都能开展多媒体教学，缩小城乡学校信息化差距。积极构建教育信息化公共服务体系，推进综合电子政务管理平台和教学科研服务平台建设。建立教育信息资源库与运行平台以及教育基础数据库与应用系统，健全教育网络和信息系统安全保障体系，不断提高教育管理和服务的现代化水平。

（3）人力社会保障体系信息化建设发展迅速，但“瓶颈”问题突显。按照《2006～2020年国家信息化发展战略》提出的“完善就业和社会保障信息服务体系”，陕西省及时成立了以省人力资源社会保障厅厅长为组长，主管厅长为副组长，厅各处室事业单位主要负责人为成员的陕西省人力资源和社会保障信息化领导小组，各市也相继建立了以市政府主管领导或局主要负责人挂帅、相关部门参加的组织领导机构。2006年，陕西省本级金保工程一期核心项目——省人力资源社会保障数据中心建设完成并投入使用，实现了省本级人力资源市场3.2万人招聘信息数据和省本级管理460万人城镇职工基本养老保险和8.1万人医疗保险参保人员的业务经办；交换区实现了全省460万人城镇职工基本养老保险和市、县（区）114.1万人城镇居民医疗保险、59.9万人城镇职工医疗保险及25.1万人的工伤、生育保险参保人员的按月交换；通过部省联网软件实现了180项养老保险监测数据、420项医疗保险监测数据、165项工伤保险监测数据、75项生育保险监测数据和44项失业保险监测数据的当月上传工作。咸阳市和渭南市等金保工程示范城市均建立了符合国家标准的数据中心，并统一使用了“核心平台”二版城镇居民医保信息系统，实现了城镇居民参保在社区、管理在经办、缴费在银行、全市就医“一卡通”的业务流程，达到了人力资源市场信息化建设一体化的效果。截止2010年，全省城乡一体化医保信息系统建成，劳动保障“五险”和“新农合”实现“一卡通”，部分城市共有事业收费实现“一卡通”。全省已有4个市人力资源和社会保障局建立了单独设置的信息化管理机构（信息中心），部分县（区）也成立了相应的工作机构，信息化工作机构中从事计算机专业的技术人员比例达到了85%以上。同时，陕西省人力资源社会保障网站、陕西省人力资源市场网站、陕西省人才公共服务网站、12333劳动保障电话咨询服务平台、基层单位信息采集平台、网上职介、定点医疗机构结算系统等公共服务系统的建设和应用，使广大劳动者、企事业单位、参保人员可以通过网络进行养老金、再就业优惠证书、职业技能鉴定证、流动人员人事档案、人事代理、毕业生就失业登记、就业公司振兴计划、就业岗位、求职人才等信息的网上查询和业务办理，及时了解个人账户情况和各项人力资源和社会保障政策及办事程序，极大地方便了参保企业和参保人员，增加了业务透明度；通过网络、定点医药机构结算平台、IC 卡三位一体的信息化手段，将社保经办机构与定点医药机构整合成为一个统一的服务窗口，不仅为参保人提供了在定点医药机构持卡就医、消费的便利服务，而且满足了参保人在定点医药机构就医时真实、实时信息的掌控要求，同时还提高了医保经办机构对定点医药机构的费用结算效率，加快了医保经办机构对定点医药机构费用拨付的速度。另外，流动人员管理人才开发、流动党员管理、毕业生就失业登记、毕业生就业服务等业务也建立了相应的信息化系统，并在全省推广使用，为各类人才及用人单位提供了优良的公共人力资源服务。

“十一五”期间全省人保领域信息化的主要问题是：①信息化基础建设工作比较薄弱，现有就业和社会保险等经办机构运行的设备老化亟待更新；②信息系统建设分散，缺乏信息资源的整合和共享；③市域网覆盖率不高，网络联接普遍没有覆盖到乡镇，信息数据不能及时得到传输；④部分地区缺乏足够的管理和专业技术人员从事信息系统运行和维护；⑤个别地区各业务分建系统，相互不协同、数据不一致，形成了“信息孤岛”；⑥部分地区存在信息化工作滞后于业务工作需要，出现业务与信息之间“前跑后撵”；⑦业务推进滞后于信息化进程，造成信息化技术应用水平偏低。

（三）信息技术创新成为陕西省科技领域的一个重要标志

“十一五”期间，全省信息基础建设、信息资源开发利用、企业信息化、城市信息化、电子政务、农村信息化等方面在信息技术创新上都取得了较大进展。截止 2009 年，全省专利申请数达 5858 件，全省信息化知识支撑指数由 2006 年的 0.779 上升到 2009 年的 0.786，信息化发展效果指数由 2006 年的 0.68 上升到 2009 年的 0.734，高于全国平均 0.701，增长速度达到 8.51%。一批新的信息技术和网络技术成为推动全省科技和经济的新的助推剂，如云计算、物联网、三网融合、新型平板显示等新兴信息技术的不断研发和推广，促进全省经济产业结构不断调整和变化。同时，陕西省在加大对企业技术创新的基础上，也培育出了一批拥有自主产权的中小型高新技术企业，如陕西维德科技股份有限公司等。

“十一五”以来，通过组织实施科技重大专项，全省高新技术产业保持了较快发展速度，2009 年高新技术产业对经济的贡献率比 2005 年提高了 0.3 个百分点。航空航天、生物医药、软件服务外包和新材料成为推动高技术产业发展的主导力量。航空航天产业年均增长 13.7%，生物医药产业年均增长 15.8%，钛材料产业年均增长 39.2%，软件业年均增长 19.8%。陕西省一批具有自主知识产权的成果在国内实现产业化，改变了我国核心技术领域受制于人的被动局面。2009 年，高技术产业实现增加值 640 亿元，增长 23%，占全省 GDP 的比重达到 7.8%。

(四) 信息化推动网络文化建设，国民信息化素养实现质的提高

“十一五”期间，全省网络文化建设飞速发展，启动建设了文化信息资源共享工程，到“十一五”期末，全省已建成省级分中心1个，市级支中心6个，县级支中心101个，基层服务点29196个（乡镇服务点1054个，村服务点27396个，社区服务点716个，学校服务点1个，灾区安置点29个）。目前，省级分中心已整合加工资源约14.8TB。作为服务窗口之一的“陕西文化信息网”，点击率已达140万人次。同时，还建成一批具有地方特色的专题资源库，共20个大类180个数据库，如《西安事变》、《陕西帝王陵墓》、《秦腔秦韵》、《非物质文化遗产》、《陕西省文史资料》、《陕西省文化共享工程影视资料库》、《陕西民间美术》等数据库，对弘扬民族文化、传播爱国热情、发扬民族精神起到了重要作用。

2010年12月底，陕西省网络文化市场计算机监管系统全面实现与全国网络文化市场计算机监管平台互联互通。全省已审批网吧等互联网服务营业场所3521家、终端总数428082台、软件安装网吧3197家、终端313850台，网吧和终端安装率分别达90.8%和89.5%（西安市因中心机房迁移，1151家网吧数据不能实时上报）。网络文化市场计算机监管系统的建成与启用，将现代化科学管理手段与传统执法手段有机结合，使文化行政管理部门的市场监管能力、行政执法水平等方面迈上新台阶。

“十一五”期间，陕西省中小学都普遍开设了信息素质教育课程，分层次、分阶段地培养在校学生的信息素质；中小学学校的信息环境和信息教育的基础条件改善，初步完善了培养机制并形成完整的信息化教育体系；“农村中小学远程教育工程”的全面完成，全省对各中小学配备了相应的教学光盘播放设备、卫星教学接收设备、计算机教室等；信息技术人才培养工作已建成覆盖信息技术领域的职业资格标准体系和管理体制机制；信息化相关知识和技能培训也已经成为各级党校、行政学院和各类干部学院教学计划的重要内容。

陕西省文化创意产业GDP增速超过全省GDP增速，是陕西省的重点发展产业。由于陕西省网民职业以学生最多，其次为个体户/自由职业者和企业/公司一般职员，紧随其后的是无业/失业/下岗人员。考虑到一个地区网民的年龄、学历以及职业结构会对不同互联网服务的应用程度起到决定性作用，因此互联网成为陕西省文化创意产业内容的发源地和试验场，互联网正为文化创意产业提供有效的销售渠道，如图书、音响、影视、音乐等的销售渠道。

陕西省网民受教育水平较高，覆盖了绝大多数大专及以上居民，网民群体与文化创意产业从业者重合度较高。陕西省网民的文化娱乐应用比重发展较快，2009年城镇人均文娱支出为750.3元，比2005年翻了一番；2009年农村人均文娱支出为199.55元，比2005年增加95.09元。2009年城镇人均文娱用品支出为345.85元，城镇人均文娱服务支出为404.45元，基本都高于全国水平。

三、存在的问题

“十一五”期间，陕西省作为西部桥头堡，其信息化发展取得了丰硕的成果，同时也出

现了一些新的问题，主要表现在以下6个方面。

（1）信息化对医疗社保等社会重要领域的业务建设和行业监管支撑能力还不够；

（2）政府信息资源的公开、开发、利用和共享程度还相对较低；

（3）跨部门、集约化的政务系统建设尚未大规模开展，跨部门公共服务亟待提高；

（4）企业信息化发展水平参差不齐，政府对中小企业的信息化发展支持力度仍然不够，传统产业升级改造仍需加强；

（5）“两化融合”进展较为缓慢，信息技术创新能力不强，自主装备水平较低，产业优化和升级缺乏动力，产业链条不够完整；

（6）信息化安全体系保障体系还不够健全，信息化安全存在较多漏洞。

四、陕西省“十二五”信息化建设发展建议

（一）加大信息基础设施投入，实现信息基础设施跨越式发展

在基础设施建设方面，要继续加大投入力度，不断缩小与国家发达地区的差距，着力推进三网融合，不断加快城乡、特别是农村地区的信息化发展，缩小城乡之间信息化差距，缩小数字鸿沟；同时，要在电话普及率和有线电视网入户率不断提高的基础上，进一步提高计算机和互联网普及率，进一步缩小地区差距和城乡差距，提升网络技术水平，提高网络使用效率；在网络建设方面，应本着依托市场需求，先进性、成熟性和实用性相结合的原则，继续优化和完善基础网络，充分挖掘现有潜力；此外，还要利用法律、经济、行政等多种手段，鼓励企业通过联合建设、租用、购并等方式，实现光缆、管道、基站等网络资源的共享，避免不必要的重复建设，使陕西省信息化基础设施建设在“十二五”期间实现跨越式发展。

（二）加快信息化建设，推进两化深度融合，提升传统产业核心竞争力，促进产业经济结构调整和增长方式的转变

通过和国家工信部的积极合作，共同推进关中地区工业结构调整和优化升级；支持创建国家新型工业化产业示范基地；实现产业集聚发展和有序转移；加快信息化建设，推进“两化”深度融合；推动军民结合产业快速发展。要重点加大对物联网、新一代通信、新型电子元器件等新型领域的支持力度，选取一些具有核心技术及产品的研发与产业化、公共技术服务平台建设、综合服务支撑体系建设等重大项目给予较大力度扶持。积极引导企业加快技术创新，推进具有高附加值、高技术含量、高增长性的技术创新项目的产业化。同时，对于省内重大电子信息产业技术改造项目，给予重点支持。在信息化应用和信息化产业发展方面，要侧重于解决产业发展中结构调整、产业布局、技术创新、两化融合、军民结合、节能减排、投资与增长等方面的深层次问题，要确立一批行业、专题性课题和综合性课题，揭示产业发展主要指标之间的关系，各项政策措施对产业发展的影响分析等，为陕西省信息化的科学发展做好指导性工作。

(三)信息技术自主创新能力显著增强

在信息技术创新方面，首先要深入进行信息化基础性研究、前沿性研究，提高信息通讯技术自主创新能力，努力实现信息技术的创新与突破；其次，要推动建立以企业为主体的技术创新体系，提高产业自主创新能力和企业自主研发能力，组织实施信息产业重大科技专项，鼓励陕西省企业积极参与重大专项，加强上下游企业的合作与配套，提高研发和产业化能力，不断在元器件、软件、集成电路、宽带无线移动通信以及网络信息安全监控、密钥管理安全保障体系等方面的核心技术领域取得突破；第三，要优先发展行业软件和集成电路产业，鼓励陕西省中小企业参与并独立研发具有核心知识产权的软件和集成电路产品，为陕西省培育出一批高、精、尖的优良企业；第四，要加大知识产权的创造、管理和保护力度，为营造和创建一个良好的自主创新和信息化发展环境奠定基础；第五，鼓励陕西省企业发展行业标准，并积极推动和实施变国内标准为国际标准，提升国家整体技术水平和实力。

(四)建立健全信息网络文化监管系统，促进网络文化健康、文明发展

在信息网络文化建设方面，要不断加大信息化培训和教育，力争使每个公民都能享有自由获取信息、获得教育和培训的机会。要加大行业自律并宣扬网络文明，加大网络信息监管力度和信息安全管理，不断弘扬民族精神，发扬群体智慧，不断促进中国特色网络文化和先进文化的繁荣和发展。

(五)健全信息化安全保障体系，增强信息化安全保障能力

信息安全事关全局，依照“积极预防，综合防范”的方针，努力推进信息安全保障体系、信息化法规和标准体系建设，继续加大开展信息安全监控、应急灾备响应、密码保障和网络信任体系等信息安全基础设施建设力度，更新和完善信息安全政策、法规、标准机制，逐步完善计算机病毒防范中心、信息安全测评中心、数字认证中心、网络信息安全信息通报中心、灾备处理中心、密钥管理中心等技术支撑机构建设，加快培育发展市场化与专业化的信息安全技术服务机构。

撰稿人：西安财经学院信息学院　王命宇
周少敏
王　刚

甘肃省信息化"十一五"规划完成情况的评估与分析

"十一五"期间，甘肃省贯彻落实《2006～2020 国家信息化发展战略》，结合甘肃经济、社会、政治、文化发展实际，加强信息化建设，提升信息化支撑能力取得了较大成绩，基本实现和完成了甘肃信息化"十一五"规划确定的总体目标和重点任务。

一、甘肃信息化"十一五"规划完成情况及评价

(一)"十一五"甘肃信息化发展水平再上新台阶

1. 甘肃信息化发展总指数2010年预计可达0.6以上

根据《甘肃国民经济和社会发展信息化"十一五"规划》的要求，甘肃信息化发展水平在"十一五"时期再上新台阶，2010年信息化发展指数（Ⅱ）预计可达0.6以上（见表1）。

表1　2006～2010年甘肃信息化发展总指数与分类指数

	全国（预测）2010年指数	甘肃"十一五"时期				
		2006年	2007年	2008年	2009年	2010年（预测）
总指数	0.701	0.517	0.529	0.557	0.581	0.608
基础设施指数	0.413	0.240	0.249	0.258	0.285	0.301
产业技术指数	0.938	0.658	0.675	0.728	0.749	0.782
应用消费指数	0.624	0.417	0.438	0.465	0.508	0.543
知识支撑指数	0.821	0.681	0.703	0.740	0.747	0.771
发展效果指数	0.707	0.587	0.579	0.596	0.615	0.628

2006～2009年，甘肃信息化发展总指数分别为0.517、0.529、0.557和0.581，按照"十一五"时期前四年的年均增长速度推算，预计2010年信息化发展总指数将达到0.608。

从信息化发展五个分类指数看：甘肃产业技术指数值最高，2009年为0.749，依次为知识支撑指数0.747，发展效果指数0.615，应用消费指数0.508，最低的是基础设施指数0.285。

2. 信息化发展加快，年均增速高于全国平均水平

"十一五"期间，甘肃信息化发展保持了平稳快速增长，2006～2009年甘肃信息化发展

总指数年平均增速为12.05%，高于全国平均增速（11.81%）0.24个百分点。从信息化发展五个分类指数看：基础设施指数年平均增速为13.74%，产业技术指数年平均增速为14.04%，应用消费指数年平均增速为22.60%，知识支撑指数年平均增速为2.66%，发展效果指数年平均增速为7.20%。

3. 甘肃信息化水平在全国及西部地区所处的位置

“十一五”期间，甘肃信息化发展取得了可喜成绩，保持了快速增长，但由于过去基础比较薄弱，目前从全国看仍处于信息化发展比较落后的地区。2006年甘肃信息化发展总指数为0.517，当年全国平均数为0.611，甘肃在全国排第27位；2007年甘肃信息化发展总指数为0.529，全国平均数为0.633，甘肃排第28位；2008~2009年甘肃信息化发展总指数分别为0.557、0.581，全国平均数分别为0.654、0.681，甘肃排名为第26位。

2009年，甘肃信息化发展总指数（0.581）在西部地区十二省区排第8名，排在其后的是贵州（0.568）、广西（0.567）、云南（0.555）、西藏（0.539）。

2009年，西北五省区排名第一的是陕西（0.673），依次是宁夏（0.608）、新疆（0.600）、青海（0.585）、甘肃（0.581）。

（二）基础设施日趋完善，信息网络服务能力不断提高

1. 通信网络建设实现了跨越式发展

2010年，甘肃电信业务总量达到447.85亿元，年均增长22.5%，完成“十一五”规划目标值的149.28%。

“十一五”期间甘肃新增电信光缆13.79万公里，总长度达20.96万公里，是规划目标值的2.22倍。全省电话用户总数达到1732.89万户，电话普及率为65.75%；固定电话用户累计达431.18万户，主线普及率达16.36%；移动电话用户总数为1301.71万户，普及率达49.39%；全省行政村通电话率达到100%，其中固定电话村通率达到99.2%，移动电话村通率达到97.5%；各项指标均已完成规划目标。

2. 广播电视网络建设稳步推进

“十一五”期间，甘肃建成了以光缆为主，无线、卫星、微波为辅，全省联网、遍及城乡的广播电视传输网络。甘肃有线电视传输干线网总长48272.31公里，其中省级干线网3467.94公里，市（州）级干线网14285.9公里，县级及县级以下干线网22600.11公里，租用线路7918.36公里；有线电视用户数为195.17万户，其中数字电视用户90.68万户，数字电视工程稳步推进；广播电视人口综合覆盖率分别达到92.63%和92.91%；建设中短波发射台30座（702千瓦），调频转播发射台839座（242.898千瓦），电视转播发射台3183座（354.479千瓦），广播电台4座，电视台10座，广播电视台73座，广播电视资产总额达27.88亿元，基本解决了农村看电视听广播问题，实现了“十一五”规划提出的各项目标。

3. 计算机信息网络快速发展，互联网服务承载能力逐渐增强

随着互联网技术的进步和互联网应用的普及，互联网对甘肃经济社会发展的推动作用将日益明显。“十一五”期间甘肃互联网普及率快速提高，宽带接入快速增长，用户规模迅速

增大。2010 年，甘肃互联网省际出口带宽能力达 100GGbps，省内骨干传输能力达 10Gbps 以上，市（州）间计算机联网带宽达 155M；互联网用户快速增长，全省上网人数 111.98 万户，普及率达到 6.25%，其中基础电信运营企业宽带用户数达到 86.6 万户，互联网宽带用户普及率为 4.8%；全省备案网站 9700 个，IP 地址 811120 个。

4. 农村信息化体系建设初见成效

第一，构建了省、市、县、乡四级网络系统和信息服务体系，“村村通工程”成效显著。“十一五”期间，由甘肃省政府批准建立的以 1 个省级信息服务网络平台、87 个县级信息采集发布平台和 4461 个村级信息服务点为主要内容的“甘肃省农村信息公共服务网络工程”已正式启动。根据专业和突出甘肃特色产业，先后创办了“甘肃农业信息网”、“甘肃数字智能农业网”、“甘肃世行贷款牧业发展项目网”、“甘肃农机网”、“甘肃啤酒原料网”、“甘肃马铃薯信息网”等 14 个专业子网。全省已初步形成以省级农业信息服务平台为龙头，市、县信息网络为纽带，乡村信息服务站为网点，多系统宽领域的农业信息服务体系使农业信息网真正成为各级领导决策的助手，农技推广的能手和农民效益的帮手。

第二，信息服务支撑能力显著增强。2010 年全省 14 个市（州）农业部门中基本都成立了农业信息管理和服务机构，初步建立了省、市、县农业信息工作体系。

第三，农业信息服务方式不断创新。“甘肃农业信息网”开通以来，提供权威农业政策法规，宣传报道全省农业动态，及时发布农业市场信息，网上开展农业技术服务，开创了很多新的服务模式，日访问量达 8000 余次。目前，甘肃农业信息服务已初步形成了互联网、广播网、电视网、电话网和无线网的“五网合一”格局。

（三）信息化应用在经济和社会发展各个领域全面展开

1. 电子商务发展迅速

“十一五”以来，甘肃电子商务以年均 18% 的增速加快发展，电子商务平台建设取得积极进展。目前，已初步实现了通讯平台、数据交换平台、信息平台构架的网络平台建设目标，与“全球贸易网”等国际商务网络实现了连接，同时与商务部、各省（市）商务厅、驻海外经济商务参赞处、联合国代表团常驻组织、六大进出口商会以及海关总署等有关部委实现了联网；开通了“甘肃商务”网站，全省企业广泛接触电子商务的外经贸企业有近 730 余家，内贸企业 50000 余家，大型超市 10 余家；外贸方面基本实现了和全国其他节点的联网，实现了属地化领证，部分许可证的无纸化，并且在加工贸易进出口上完全应用了无纸化电子政务申报和电子商务应用结合；电子商务发展环境、支撑体系、技术服务和推广应用协调发展的格局基本形成；电子商务已成为甘肃重要的新兴产业，在国民经济和社会发展各领域的应用水平大幅提高并取得了明显成效，基本实现了“十一五”规划提出的各项预定目标。

2. 现代物流信息化体系初步建立

“十一五”期间，甘肃在西部地区率先启动了道路运输信息化建设工程，经过 5 年的努力，现已构建起了道路运输信息网络物理和应用两大平台，初步建成了全省智能运输信息平台和框架。以甘肃省道路运输信息中心为主的 14 个市（州）道路运输信息中心、86 个县

(区) 级信息站、150 个运输企业信息站，初步实现了省、市、县、运输单位四级联网运行。甘肃道路运输信息网站的开通，运政管理系统、GPS 车辆跟踪服务系统、道路运输视频系统和道路运输办公自动化系统软件的投入使用，让甘肃道路运输行业率先在全国实现了电子政务和电子商务两大功能，被交通部确定为第一批部、省联网的 13 个省（区）之一。

3. 金融业信息化服务趋于普及

通过金融行业的信息化，实现了以计算机和互联网为基础的电子清算系统和金融管理系统，带动了整个现代金融服务业的整体发展。目前，遍布全省的工、农、中、建、交、城等各商业银行网点及证券、保险等的金融服务已经实现了甘肃及全国的计算机联网，从脱机业务、经纪业务、决策信息化到业务信息化和决策智能化，为金融企业打造了高效的内部管理，为客户提供了全功能、个性化、全天候的金融服务。

4. 电子政务整体推进，政府监管服务能力明显增强

（1）电子政务应用水平不断提高。“十一五”期间，甘肃电子政务系统逐步完善，重要领域信息化应用得到长足发展。在宏观经济管理信息化方面，充实和完善了“甘肃经济信息网”，建成甘肃宏观经济数据库，满足政府宏观经济调控决策和社会各界对信息的需求；在财政、税收、工商、海关、公安、社保、审计等涉及市场监管和民生的重要领域，电子政务全业务、全流程、全覆盖应用已经取得很大进展；财政部门的“金财”，金融部门的“金卡”，税务部门的“金税”，公安部门的“金盾”，审计部门的“金审”，工商部门的“金信”，社保部门的“金保”，质检部门的“金质”，国土资源部门的“金土”等重点电子政务工程建设和应用成效显著，电子政务应用水平的不断提高，系统的逐步完善，已成为党和政府与群众紧密联系的桥梁和纽带。

（2）网站内容不断丰富，服务功能不断增强。2010 年，甘肃 14 个市、州及 86 个县（区）全部建立了政府网站。各地区落实《政府信息公开条例》，不断丰富网上信息公开的内容，在面向社会服务方面取得明显进步。主要表现为办事指南的数量更加丰富，分类更加合理，并充分整合地方信息资源，提供方便、快捷的信息服务，服务的数量多，内容丰富，在政务公开方面、网上办事、网上监管、网上执法、网上互动等方面有了较大的提升。

5. 企业信息化初见成效

甘肃工业企业紧紧围绕省委省政府提出的“工业强省”战略，用信息化技术改造提升传统产业，促进产业结构优化升级，在石油化工、冶金有色、装备制造、能源建材、食品医药等传统支柱行业稳步推进企业信息化发展，广泛开展电子商务建设，以信息化带动工业化初具规模，有效支撑了研发、生产、营销和企业管理各个方面，提高了企业的生产效率和管理水平；中小企业信息化应用也取得了一定突破，在推动中小企业信息化公共平台方面做了很多有意义的尝试；全省重点企业 80% 左右实现了办公自动化，50% 以上建立了管理信息系统，90% 左右建立了内部网，网上采购订货、资金交易及物流配送等现代商务手段正在蓬勃兴起。

6. 社会信息化全面展开，公众信息服务体系初见成效

（1）社会保障信息化。完成了“金保”工程建设项目。建立起省、市州二级劳动保障数

据中心。包括连接省、市州两级节点的省级广域主干网以及市域（州域）网络，终端延伸到包括街道（社区）在内的各级经办窗口。

建立了民政部门的低保信息系统工程。上联民政部，由省、市州、县区、街道、社区居委会五级构成覆盖全省100%低保业务管理单位的互联互通、资源共享、标准统一的网络信息体系，实现了低保业务的信息化、便民化、科学化和规范化。

（2）教育科技信息化。建立了联接省内高校和有关部门总计14个节点组成的兰州下一代科教城域网；建立了覆盖全省的现代化远程教育信息传输系统，加强信息技术在农村中小学的应用，构建了以县为主的农村远程教育运行环境体系；发挥信息化开放功能，实现学校与社会的网络联通，扩大教育资源的社会服务功能；按照甘肃省科技基础条件平台建设的总体部署，初步实现了全省自然科技资源、科学数据、科技文献等方面的信息共享；建立了科协部门的大众科普网，开展科学技术普及和培训，提高全民的科学技术素养。

（3）医疗卫生信息化。省、市、县、乡四级疾病监测网络不断完善，乡镇以上医疗机构全部实现法定传染病及突发公共卫生事件网络直报；建立了全省突发公共卫生事件应急指挥及决策信息系统，加强疫情和突发公共卫生事件应急指挥和监测，并将网络节点延伸至乡镇卫生院。

（4）人事管理信息化。完成了全省机关、企事业单位人员信息数据库建设，全方位地进行各类人员的动态分析和统计工作，为人才队伍结构调整和人事政策制定提供了保证和依据。

（5）旅游信息化。配合“金旅”工程，进一步完善甘肃旅游信息网，建立了甘肃旅游综合数据库、甘肃旅游政务网、甘肃旅游资讯网、甘肃旅游商务网。

（6）档案信息化。启动了各级档案管理信息化建设，重点是馆藏档案数字化，包括建立和完善国家档案信息数据库、多媒体档案数据库，实现了档案信息资源优势互补和共享。

（7）电子社区示范工程。选择典型地区开展了电子社区示范工程，积极培育社区居民的信息化消费意识，通过电子社区建设为电子商务拓展新的市场空间，在提升社区综合服务质量同时，促进了电子商务的发展。

（四）信息产业在甘肃国民经济中的战略地位进一步加强

1. 信息产业快速发展，总量规模不断扩大

“十一五”期间，甘肃信息产业快速发展，产业结构不断调整，产业聚集效应显现，已具备了一定的基础和规模。2010年，甘肃信息产业完成主营业务收入46.5亿元，与“十五”末同比增长56.06%；完成工业总产值24亿元，与“十五”末同比增长43.16%；完成增加值12.22亿元，与“十五”末同比增长30.57%；完成了信息化“十一五”规划确定的发展目标。全省信息产业规模以上行业统计内的企业达到79户，经认定的软件企业47户，计算机信息系统集成企业45户，计算机信息系统工程监理企业6户。

2. 通信业和电子制造业率先发展，辐射带动作用逐渐显现

通信业和电子制造业是“两化融合”的桥梁和纽带。“十一五”期间，甘肃通信业通过

优化结构，整合资源，壮大了三大通信运营商，规模效应进一步体现。2010年，甘肃电信业务总量达到447.85亿元，“十一五”期间年均增长22.5%。

电子制造业快速发展。2010年，甘肃电子制造业完成主营业务收入20.28亿元，与“十五”末同比增长16.45%；实现增加值6.97亿元，与“十五”末同比增长19.21%；集成电路封装、专用集成电路和特种半导体器件、军用电子装备及关键配件、电子专用设备、通信电缆等，在国内具有一定的知名度和较高的市场占有率，不少产品技术性能达到国内领先水平。其中甘肃虹光电子有限责任公司生产的军用磁控管的市场占有率超过30%，居国内第一；天水华天电子集团半导体集成电路和元器件封装规模已达50亿块，产业规模居国内第3位，是我国西部地区最大的半导体集成电路和元器件封装基地。

3. 软件服务业发展加快，计算机信息系统集成业成为支柱

在软件行业，2009年底软件业主营业务收入21.66亿元，通过“双软认定”的企业47户，计算机信息系统集成资质企业45户，计算机信息系统工程监理的企业6户；软件收入过千万企业56户，其中超亿元4户，较“十五”末的18户、2户，实现了量和质的飞跃。

4. 信息安全保障水平逐步提高

“十一五”期间，甘肃坚持积极防范、综合防范的方针，建立健全信息安全管理制度，建设和完善全省信息安全保障体系，规划并启动了包括密钥基础设施、信息安全检测、数字认证、信息安全监控、信息安全通报、冗灾备份体系等在内的重要基础设施建设，全面构建保障信息安全的技术支撑体系，加强了无线电管理及技术设施建设，保障通信、导航及信息安全。多部门信息安全保障联动工作机制初步建立，信息安全责任制进一步落实，基础信息网络和重要信息系统的安全防护水平明显提高。

（五）信息技术创新取得可喜成果

1. 企业自主创新能力不断增强

（1）初步形成三个产业集聚区：①天水微电子产业集聚区。②兰州安宁特种电子产业集聚区。③兰州高新区软件产业集聚区。

（2）三条产业链：①数字音视产业链。以兰光集团为龙头，联合广播电视运营商，大力发展信息家电、数字电视、数字电视相关产品运营服务和教育网络建设工程四大主导产品，形成数字音响视频产业链。②电子专用材料产业链。利用甘肃水电、硅矿石资源优势和工业硅冶炼能力强等有利条件，发展多晶硅、单晶硅材料及其下游的半导体材料、太阳能电池板等产品，形成电子专用材料产业链。③半导体照明产业链。利用天水电子三厂的各自优势发展LED芯片制造、封装及应用，形成半导体照明产业链。

（3）一个基地：电子专用设备制造基地。以兰州瑞德集团、45研究所为主，发展电子专用设备、通用自动化控制设备，集成电路封装和芯片制造所需光刻机、离子注入机、蒸发台、金丝球焊机、包封机及测试设备等。

（4）一个服务平台——信息化服务平台。为甘肃信息化建设特别是信息化工程提供大量的软件、信息工程系统人才，使信息工程发挥更大作用。已形成万维公司、飞天网景公司、

南特数码公司、号百公司、紫光智能公司、大成公司等61户软件开发与信息服务企业

2. 信息技术领域发明专利申请量不断提高

2009年，甘肃信息技术领域发明专利申请量1120件，比“十五”末的2005年（712件）发明专利申请量增长了57.3%，在西北五省区仅次于陕西位居第2位。

（六）信息化建设全面推进国民素质整体提高

1. 互联网快速发展

互联网作为重要的公共信息基础设施，对推动甘肃经济社会发展和提高全民信息素质作用日益明显。“十一五”期间，甘肃互联网用户保持快速增长态势。一是互联网接入宽带化趋势更加明显，宽带接入用户占全部互联网接入用户的比重为78%；二是网络信息资源得到一定的开发，一些网络指标排在全国前列，如网页数排全国13位，网页总字节数排12位，一周以内的网页更新周期排3位；三是网民数量增长很快，2010年甘肃互联网网民达600万人，比2005年增加475万人，增长3.8倍。四是网络概念正日渐深入人心，互联网强大的信息功能，网络娱乐、即时通信、信息检索等网络应用受到网民青睐，从人均资源上看，甘肃平均每万人拥有1.39个网站，甘肃人享有的网络基础资源大大提高。

2. 广播电视综合覆盖能力进一步提高

广播电视业是整个信息化的一个重要组成部分，对社会的进步、经济的发展及广大人民群众整体素质的提高起到了巨大的推动作用。2010年，甘肃经国家广电总局批准设置的广播电台有4座，其中省级1座，市级3座，广播节目84套，播出语言为藏、汉两种语言；电视台10座，其中省级1座，市级9座，发射台及转播站3205座，电视节目104套，播出语言为藏、汉两种语言；2010年甘肃广播人口综合覆盖率为92.63%，电视人口综合覆盖率为92.91%，全省已建成广播与电视、无线与有线、中短波与调频、卫星与光纤网络等技术手段相结合的传输网和广播电视网，基本形成了以中央台和省台节目为主体，有线和无线相结合，微波、光缆、卫星互为补充的传输、覆盖网络。

二、存在的主要问题

（一）基础设施建设方面

基础设施建设水平较低，信息网络设施不完备，建设高速率、大容量、广覆盖的主干宽带网络，功能先进完善的基本业务网，高度融合大范围宽带接入网等基础网络，仍然是制约甘肃信息化发展的瓶颈问题；加强宽带通信网、数字电视网和下一代互联网的建设，从业务、网络和终端等多层面推动“三网融合”是甘肃信息化建设的努力方向。

（二）信息化应用方面

（1）信息技术应用的广度和深度不够，信息化与工业化的结合度不够，不同行业、区域、城乡之间信息化水平差异明显。

（2）在电子商务领域，社会大众对电子商务认知度、参与度有待提高，而企业主体作用

发挥也不够；在电子政务领域，发展不平衡现象突出，信息公开不充分，跨部门业务协同和信息共享能力也亟待加强。

(3) 信息化对中小企业业务支撑与传统产业升级改造的效果不明显。大部分中小企业信息化程度普遍偏低，技术手段对中小企业业务支撑效果还不明显；多数传统产业的信息化改造在提升信息技术应用、产品升级、提高质量、控制污染和节能降耗等方面尚未取得重大突破。

(4) 信息化对数字城市支撑能力不足，综合深入应用尚存在差距。在城市地理、资源、环境、人口、经济、社会与城市设施，城市规划、建设、管理等信息进行采集、更新和集成，实现城市管理、决策、工作、学习、娱乐的数字化方面，还存在巨大的差距，在更深层次、更广度领域推进数字城市建设仍然任重道远。

(三) 信息产业发展方面

信息制造业水平低，规模小，产业链短，产品档次低，拳头产品和品牌产品少，市场占用份额低，产业竞争力不强，在全省经济发展中所处的位置低，发展后劲严重不足。

(四) 信息技术创新方面

一是自主创新能力弱，缺乏关键核心技术；二是自有品牌市场占有率低，产业创新能力不足，产学研结合程度不高；三是企业技术创新尚未形成以企业为主体的技术创新体系；四是引进、消化、吸收再创新问题仍未很好解决。

(五) 人才问题已经成为制约信息化发展的瓶颈

甘肃信息技术人才比较匮乏，人才结构性矛盾突出，缺乏具有创新能力的领军人才和高端信息化专项人才；受本地培养能力的限制，信息化建设从业人员特别是高级人才和复合型人才外流，呈现严重短缺现象。

(六) 信息化发展环境亟待改善

政策环境与发达省市相比还有较大差距，信息市场竞争和服务机制不完善，网络和信息安全隐患多，投入不足建设所需资金严重短缺。

三、"十二五"时期甘肃信息化发展的基本思路

"十二五"期间，甘肃信息化发展要夯实一个基础（综合信息基础设施），推动两个融合（"三网融合"和"两化融合"），实现三个突破（重大信息产业突破、重大应用领域突破、重大核心技术突破），提升四个水平（电子政务水平、企业信息化水平、区域信息化水平、社会信息化水平），形成三个体系（信息安全保障体系、法规制度保障体系、人才智力支撑体系）。力争到2015年，信息网络的建设和利用、信息技术的开发和应用水平得到显著提高，甘肃信息化建设达到西部省份平均水平；到2020年，全省信息化水平达到全国平均水平，基本实现国民经济和社会发展的信息化。

(一) 加大信息化基础设施投入

推动三网融合，构建新型基础设施服务平台。统筹规划电信网、互联网和广播电视网建

设，实现网络资源共建共享和互联互通。

统筹农村信息通信服务体系建设，建立面向“三农”的综合信息服务试点示范区，整合各类涉农信息资源，规范农村综合信息服务站点建设，构建面向农民、农村和农业的综合信息服务平台，完善县、乡、村三级信息服务网。

建立新型通信保障应急网络，形成社会化参与的应急通信保障新机制，对公众通信网络开展应急保障能力提升计划，全面提升国家应急通信保障能力。

（二）提高信息化应用水平

推行电子政务，提高政府行政效率和执政能力。完善甘肃电子政务网络基础设施和电子政务安全基础设施，加快整合各职能部门内部网络与电子政务网的互联互通，形成统一高效、功能适度、安全可靠的电子政务基础平台。

开展电子商务，探索现代商贸流通新模式。发挥重点行业、骨干企业、政府采购等电子商务应用的带动作用，鼓励企业积极应用电子商务，拓宽采购、销售渠道，优化供应链和价值链。

加快企业信息化进程。重点推动企业信息化向深度、集成度、广度上深入。一是进一步深入建立高层决策者、中层管理者、执行者所需的应用系统；二是根据企业内部数据标准，实现系统的互联互通，开展协同设计与制造；三是组织内部的信息化逐渐通过供应链管理、协同商务、网络化服务等各种应用向外延伸，信息技术将在产业链协作和资源配置方面发挥更大作用。

推动“数字城市”应用工程。利用数字化信息处理技术和网络通信技术，将城市的各种数字信息及城市的各种信息资源加以整合并充分利用，积极探索“数字城市”应用。

推进社会信息化，形成公众信息服务网络体系。全面推进信息技术在城市建设、城市管理、社会管理、市场管理等领域的广泛深入应用；加快文化、农业、科技、就业、教育、旅游、医疗、体育、社会保障等领域公共信息资源的开发利用，建设各类面向公众的公益性信息资源平台，构建公众信息服务网络体系，提高公共信息服务水平。

（三）加快信息产业发展不断提升竞争力

加快信息产业发展，充分发挥信息化的带动作用，发展一批具有核心竞争力的大公司和具有技术专长的中小企业，促进信息产业跨越式发展，使信息产业成为甘肃新的经济增长点。重点发展甘肃具有优势的半导体集成电路和元器件封装、半导体器件芯片制造、光电子—半导体产业、电子专用设备、通用自动化控制设备、专用通信电缆、电真空器件、军事电子装备、军用电子器件等产业。

加快软件产业跨越式发展。开发适合甘肃的特色应用软件，形成面向重点行业的完整软件产品体系；聚焦“两化融合”，加快工业软件的研发和应用；孵化一批高校软件企业，形成全面支撑甘肃经济和社会发展的服务能力，成为现代服务业的新亮点；发展以信息安全、电子商务、企业信息化应用系统等为主的软件产品，扩大产业规模。

加快发展信息网络服务、信息咨询服务、信息技术服务、电子商务服务、网络教育等新型信息服务业，促进信息资源产业发展，丰富和鼓励公众信息消费；强化公共服务，方便广大人民群众获取信息和知识。

(四)完善技术创新体系提高自主创新能力

第一是在信息技术创新方面，进一步完善以企业为主体、市场为导向、产学研相结合的技术创新体系；第二是加大研发投入，提高企业自主创新能力，在掌握关键核心技术方面有所突破；第三是对关键技术、共性技术、基础性技术等方面的创新进行梳理，形成核心技术项目或重点工程，争取纳入到政府的科技、技改、产业专项支持中，集中人力、物力、财力，组织企业、科研单位、高等院校、行业组织等各方面的力量进行突破，提高甘肃信息产业的创新能力及竞争力；第四是在信息技术引进方面，实现引进、消化、吸收、再创新的良性循环。

(五)推进“两化融合”促进产业结构优化升级

以企业为主体，围绕甘肃特色优势产业，重点加快能源、冶金、有色、化工、农畜产品加工等制造业生产过程控制自动化技术开发与应用。

通过信息技术改造提高工艺装备的智能化水平和企业信息集成水平，发展循环经济模式，加速高耗能行业的结构调整和优化升级。

以安全生产、提高产品质量和生产效益为重点，提高能源和资源的开发利用集约化程度，推进煤炭、矿业、电力和石油化工等基础行业的信息化建设。

在医药、食品、化工、纺织服装等流程制造行业，推进产品升级和工艺流程改造等方面的信息技术应用，提升传统流程制造业的竞争能力，实现生产过程的优化控制。

在煤矿、化工及危险化学品等重点安全生产领域建立、推广应用具有显著使用效果的灾害预报预警系统、安全监测监控系统、工业自动化系统、抗灾救灾决策指挥系统等集成系统和专用电子装备。

(六)加强人才培养培育创业环境

第一是构建从基础教育到在职培训的信息化教育培训体系；第二是开展多渠道、多形式和多层次的信息技术培训，提高全民信息化素质，营造全社会重视信息化、应用信息技术的良好环境；第三是创新人才引进、使用和激励的机制，制定对各行业、各部门信息化建设核心技术人员的分类管理制度，采取灵活的用人机制，提供较好的工作环境和待调，确保信息化人才引得进、留得住、用得上；第四是鼓励海外留学人员回甘创业，吸引省外信息化高级人才参与甘肃信息化建设，让更多信息技术高级人才、技术骨干为甘肃信息化建设服务。

(七)营造推进信息化建设的良好氛围

利用电视、广播、报刊、网络等媒体，采取多种形式，广泛宣传信息化的重要意义和作用；普及信息化基本知识，及时总结和推广信息化成功经验，提高社会各界尤其是各级领导干部和企业经营管理人员对信息化的认识水平；积极开展群众性、趣味性、多样性的信息知识普及活动，努力提高全民的信息化素质，形成全社会普遍认同和积极参与信息化建设的良好氛围。

撰稿人：国家统计局甘肃调查总队工业调查处　王　新

青海省信息化“十一五”规划完成情况的评估与分析

“十一五”期间，青海信息化工作显著加强，信息化水平大幅提升，在加快青海改革开放、产业升级、对外交往、改善民生、民族团结等方面发挥了重要作用。“十二五”时期，将是青海全面建设小康社会的关键时期，也是大力发展信息化、消除数字鸿沟、缩小青海与全国经济社会发展差距的重要时期。

一、信息化发展现状

“十一五”期间，在青海省委、省政府的正确领导下，各地区、各部门深入贯彻科学发展观，认真落实党中央、国务院《2006～2020国家信息化发展战略》的各项战略部署和方针政策，坚持从实际出发，立足省情，相继下发了《关于贯彻落实省委省政府领导重要批示，加快青海城乡信息化发展的实施意见》，制定了《青海省国民经济和社会发展信息化规划纲要（2008～2012）》、制发了《关于推进我省工业企业信息化建设的意见》和《关于加快通信基础设施建设，促进城乡信息化发展的政策举措》等文件。同时，在财力十分紧张的情况下，采取多种措施，切实加大信息化建设的投入，使青海信息化取得了突飞猛进的发展，电子政务普遍得到运用，一批重点项目相继建成，重点国有企业信息化水平提升，城乡居民信息技术普及率提高，全省信息化综合水平明显增强，对经济社会发展的支撑和保障作用越来越大。据资料显示，2009年青海信息化发展指数（Ⅱ）为0.585，较2006年提高了0.064，年均增长速度达到13.33%，超过同期全国年均增长11.81%的水平。

（一）信息基础设施能力快速提升

“十一五”期间，青海省信息化基础设施、基础能力得到进一步改善和提升。近年来，青海把信息化基础设施建设放在更加突出的地位，进一步加大了投资力度。使宽带网、移动网建设，WIFI热点覆盖，“光进铜退”等能力建设取得新的进展。截至2009年底，全省长途电话交换机容量达12.81万路端，局用交换机容量162.9万门，移动交换机容量38万门，光缆线路长度达5.76万公里，互联网宽带接入端口32.8万个，通信能力快速提高。全年完成电信业务总量89亿元，较2005年提高了2倍，增幅超过了全国平均水平；实现电信主营业务收入30.5亿元，比2005年增长了近1倍。全省电话（含移动）用户达420万户，其中，移动电话用户310.7万户，在电话用户总数中所占的比重达到74%，是固定电话用户的2.84

倍；电话普及率达到74.0部/百人，比2005年提高了29.8个百分点。拥有互联网网民154万人，占全省总人口的28.9%；互联网用户28.4万户，其中宽带用户27.9万户，互联网普及率5部/百人。通过多年建设发展，全省基本形成以光缆为主，连接全国，通达各州市地、县的大容量、高速率、技术先进的基础传输网，为全省信息化建设提供了良好的网络传输平台。有线宽带网络已覆盖全省所有市、州府、县府所在地。实现了“村村通电话，乡乡能上网”的“十一五”规划目标。

广播电视覆盖能力大大增强。全省广播人口综合覆盖率达到88.9%，电视人口综合覆盖率达94.3%；有线电视用户37.3万户，入户率26%；藏语安多语电视节目服务于青海及周边藏区270万使用安多语的群众。“村村通广播电视工程”取得突破性进展，已覆盖2100多个已通电行政村和近600个50户以上自然村，并对比较分散的农牧户实行了“卫星村”试点。“农村中央广播电视无线覆盖工程”已使全省80余万农牧民群众收看上中央电视台的节目。西宁市已基本完成有线数字化改造，并于2008年开始开展移动多媒体广播（CMMB）的试播。

（二）电子政务网络环境初步形成

2004年，省政府办公厅转发《青海省信息化建设管理规定（暂行）》和《青海省电子政务建设规划（2004~2010年）》后，青海的电子政务建设按照《规划》扎实有序地推进。电子政务内网横向联通了省直各机关单位，纵向连通了8个州（市、地）和46个县（区、市、行委），覆盖省州（地、市）县三级的全省统一电子政务内网网络平台基本建成，实现了公文网上传输和信息网上报送。8个州（市、地）和46个县建成了政务内网城域网。政务外网完成了连接省直各机关单位的省级城域网建设，实现了与国家政务外网的对接，已承载了纪检监察、劳动和社会保障、应急、扶贫、安全生产监察等业务应用系统和全国文化信息资源共享工程。纵向到县的党政视频会议系统已建成投入使用，成效显著。各级政务机关的计算机拥有量大幅提高，网络应用逐步普及，建立各级政府网站120多个，网站内容不断扩充和完善，已成为广大群众知情办事和信息公开的主要渠道。

建立了环境基础数据库、污染源监控系统、公众监督及现场执法等环境保护业务系统，提高了防污减排及环境管理能力。信息技术在公路运输行业管理、高等级公路通信、监控、收费业务中得到广泛应用。统计信息化建设得到长足发展，重大国情国力调查及常规统计报表的数据采集处理能力普遍提高。数字青海空间地理信息基础设施建设项目、信访信息系统、档案管理信息系统开始启动。“金税”、“金保”等国家重点业务系统在青海建设，并发挥了重要作用。

（三）农牧业信息化受到广泛重视

以服务“三农”和新农村建设为宗旨，建立了青海“农牧业信息网”、“农村经济信息网”和“星火科技网”等农业信息网站20余个，乡镇政府信息网站180余个，进行了村级、乡级信息服务站建设和电脑、电视、电话“三电合一”项目的试点和探讨。“金农”工程启动建设，科技信息服务、商务信息服务等业务在东部农业区初步开展，网上购销会等电子商务形式初步发挥功效。农村牧区党员干部现代远程教育工程开始建设，已建成地区开始发挥作用。

（四）教育信息化发展迅速

2002年以来，青海紧紧抓住国家现代远程教育试点省的机遇，规划实施了“青海省中小学现代远程教育工程”、“西部大学校园计算机网络建设工程”等项目，使青海的教育信息化迈上新台阶。2008年，全省建成农村中小学教学光盘播放点2889个、卫星教学收视点2781个，计算机教室967个。建成了省级基础教育资源中心，农村牧区中小学基本实现了三种模式的覆盖，可开展各种形式的现代远程教育和信息技术教育。高等院校全部建设了校园计算机网络，拥有完善的计算机教室、多媒体语音实验室、电子图书阅览室、计算机实验室等现代信息教育设施。建成了西宁市教育城域网，联通高校、部分中小学及相关教育行政管理单位近30家，实现了校园网与中国教育和科研网（CERNET）的高速联网，为教育资源共享和重大网络应用系统的运行创造了良好的条件。

（五）医疗卫生信息化稳步推进

近年来，青海逐步建成覆盖85%以上乡镇卫生院和100%疾病预防控制机构的疫情报告网，将全省各级综合医院、蒙藏医院、中医院、专科医院、妇幼保健机构、采供血机构、乡镇卫生院、省区卫生服务站、部分有条件的私人诊疗所纳入国家疾病控制管理信息系统，大大提高了报告疫情爆发、突发公共卫生事件的及时性和准确性。建设和开通了全省突发公共卫生事件、传染病个案、艾滋病专病、结核病专病、鼠疫专病及疾病预防基本信息、妇幼保健、健康危害因素、救灾防病等9个疾病预防管理信息系统。建立了全省医疗卫生机构数据库、医疗卫生人力数据库、医疗设备数据库、医疗卫生机构财务数据库、医疗服务数据库等卫生信息数据库。省和州（市、地）级医院建立了自己的局域网，建设运行了医院信息管理系统。配合新型农村合作医疗体系的建立，建设了覆盖全省城乡卫生院及合管办的全省新型农村合作医疗信息系统。

（六）城市信息化有了较快的发展

西宁市较早建成了城市公交电子收费（IC卡）系统，发行各类IC卡超过100万张，覆盖了西宁市的各类人员。继公交IC卡之后，近年又开发建设了城市公交智能化运营调度管理系统，已完成16条公交线路、574台车的GPS线路车辆改造；建成了智能化交通管理系统和“110”、“119”和“122”报警“三台合一”的指挥调度系统，实现了群众报警求助处置、重大突发事件警力调度、城市治安监控和道路交通监控管理的智能化、高效率。西宁、格尔木等市的街道办事处、居民社区开始接入互联网，使用计算机处理的业务范围不断拓宽。医疗保险信息系统已经基本覆盖了定点医疗机构200余家，成功地与定点医疗机构实施数据网上传输、查询、监督管理，个人账户实现了省级经办单位医保IC卡结算。

（七）企业信息化和电子商务在探索中前进

大型企业普遍使用先进的自动化生产线，实现了生产流程自动控制。具有一定规模的制造业企业已开始利用计算机辅助设计（CAD）、计算机辅助工艺过程设计（CAPP）、产品数据管理（PDM）等信息工程技术改造传统生产过程，一些企业成功实施了企业资源计划（ERP）系统，提高了劳动生产率和产品质量。大中型商业、物流业、零售业企业建设了商业智能管理系统，形成了商品统一采购、统一价格、统一配送、统一结算、统一管理的连锁经营格局，提升了管理水平和效益。多数大中型企业应用了办公自动化系统、财务管理系统，部分企业建立了跨省区的营销网络。中小企业普遍利用互联网查询市场供求信息，自建或利用中国中小企业网、青海经济信息网等网站进行企业及其产品的宣传，部分中小企业应用信息技术进行生产经营管理、产品设计开发、网络采购与销售。全省金融机构累计发卡230万张，支付系统、个人征信、信贷管理等金融业务系统已开始运行。

（八）信息化发展环境有了较大改善

青海省专门成立信息化领导小组，有力地推进了全省的信息化建设。省、州（市、地）两级和省直大部分单位设立信息化协调管理机构和工作机构，初步形成了推进信息化的工作保障体系。国家实施了电子签名法、政府信息公开条例，制定了信皂化发展战略，出台了电子政务、电子商务、信息安全、信息资源开发利用等一系列指导意见，省政府及有关部门陆续制定了相关贯彻落实意见，为青海省信息化发展指明了方向。全省公务员普遍接受了信息技术知识的培训。各类学校不断加强信息化人才的培养。公众尤其是国家公务人员的信息化意识不断增强．信息技能不断提高。

二、信息化发展存在的问题

近年来，青海省信息化建设取得了显著的成绩，在很大程度上改变了青海信息化发展滞后的局面，但也存在一些问题，主要表现在以下几个方面。

（一）对信息化重视程度不够，认识不够到位

对信息化的认识不同，会给地区带来完全不同的发展结果。由于电子政务、企业信息化、公共服务信息化带来的效益往往是社会效益，经济效益往往并不显著，导致人们缺乏对信息化战略意义的理解，仅仅将现代信息技术看做发展的一个工具或手段，甚至其中一些人还将信息化看做是一种时髦奢侈品或高级游戏机，因而对信息化建设缺乏紧迫感，工作不到位，在一定态度上阻碍了信息化的发展进程。

（二）信息化发展不平衡，数字鸿沟较大

青海信息化建设与全国、特别是先进地区比较，仍然处于后进状态。2009年青海信息化发展指数（Ⅱ）为0.585，仅相对于全国平均水平的86%和第一类地区（北京、上海）的58%，在全国31个省（市、区）中排名25位。2006～2009年青海信息化发展指数（Ⅱ）年均增长速度为13.3%，在西部12省区中排名第7位，处于中下水平。

省内信息化发展也存在较大差距。2009年，全省电话普及率为75.8%，其中农村7.78%；全省互联网用户28.4万户，但95%以上为在城镇用户；城镇居民每百户拥有计算机36.01台，农村居民仅为1.17台。

（三）业务应用不足、资源共享程度低

在信息化建设，尤其是电子政务和企业信息化的建设中，重网络建设、轻业务应用，重硬件设施、轻应用系统开发的现象普遍存在。一些单位过分强调本部门的特殊情况，各自规划，分散建设，自成体系，独立运行，而且数据格式、标准各异，不能实现信息资源共享和跨部门、跨区域、跨行业协调作业，有的成为“信息孤岛”，造成重复建设和资源浪费，也在很大程度上影响了电子政务建设的总体效益。在已建网络系统中，有的摆样子、图形式、搞形象工程，而开发应用不足、实质内容缺乏，质量层次低，使用率不高，服务能力不强。

（四）“硬技术”与“软环境”发展不均衡，投入不足

在推进信息化进程中注重硬件方面的投入，而标准、规范、人才等“软环境”方面投入不足，导致标准规范的缺失和专精尖人才的匮乏。加之青海省是一个经济欠发达的省份，建设资金紧张，政府可用于信息化建设的资金非常有限，系统建设投资、运行维护经费供给与实际工作需要存在较大差距。部分企业对信息化项目的作用和效益存有疑虑，积极性不高，投入不足。

三、加快信息化发展的对策建议

（一）完善信息基础设施建设，支撑全省信息化进程

1. 推进通信网络建设，提高宽带网络的应用范围和应用水平

加快本地网络覆盖及网络优化，提高网络的运行质量和效率。建设和调整本地交换网结构，结合接入网的建设，提高综合数字业务结构，使本地网成为多业务的接入平台，实现数据网和 PSTN 网的融合。加大光缆中继网的建设，适时应用光节点设备，构架全光网络，形成适应通信发展需要的大容量、高可靠性和灵活的基础传输网。移动通信系统顺应网络融合趋势整合网络资源，建成宽带、高速、承载综合业务的数据通信网，适时采用 NGN、智能网络 IPV6 等技术，逐步实现向下一代网络的平滑过渡。使“十一五”末电话普及率达到 70 部/百人，互联网用户普及率达到6%，基本实现乡乡能上网。

2. 推进广播电视网的建设，形成现代化的广播电视传输覆盖网

加强广播电视网建设，逐步形成以无线覆盖网为基础，以同步数字光纤干线和数字微波干线为骨架，以有线电视接入网为主体，以卫星覆盖网、宽带 IP 网、地面移动数字电视网为补充的多功能、多通道、交互式、现代化的新型广播电视传输覆盖网。

（二）加强电子政务基本网络建设，促进电子政务体系框架形成

1. 建设统一的电子政务平台，完善电子政务基础设施

继续推进省、州、县三级统一的内外网电子政务平台。完善政务内网，建设政务外网，依托业务应用，制定政策推动各级政务部门接入统一网络平台；推进已有纵向网与该平台的整合，形成覆盖省、州（市、地）、县及其所属工作机构的电子信息交互体系，为业务应用和协同办公提供基础环境。着力推进应急指挥信息系统的建设和内部办公信息系统的推广应

用，加大培训力度，保证基层信息化应用水平不断提升，保障电子政务应用真正发挥作用。

2. 以政务信息资源开发利用为主线，大力推进资源共享和业务协同

加快建立满足城乡公众、企事业单位经济社会生活需求、满足政府履行经济社会管理职能和服务公众需要的政务信息资源目录体系和交换服务体系，加强政务信息资源管理。鼓励企业、公众和其他组织开发信息资源，支持覆盖农业、资源、环境、科技、教育、文化、卫生、就业、交通、旅游、社会保障等重点领域的信息资源开发。规范公益性机构服务行为，妥善处理发展公益性信息服务和保护知识产权的关系。着力推进办公自动化和业务协同，推进行政许可项目的网上在线办理、电子监察，逐步推进跨部门信息共享。建立健全网站绩效评估机制，完善各级政府、各业务系统网站，形成以“中国青海”为枢纽的政务网站群，使之成为政府信息公开的重要渠道，实现政务信息公开的制度化、规范化。

3. 稳步推进重要业务系统建设，提高政府管理能力

围绕社会公众、企事业单位和政府业务发展的需要，结合政府行政体制改革，稳步推进经济调节、市场监管、社会管理和公共服务领域的电子政务业务系统建设。加快建设支持管理决策和业务工作的各类数据库，重点促进青海省人口、法人单位、地理空间、宏观经济等基础性资源库的建设和应用。妥善处理重点业务系统与统一业务平台、部门内业务和跨部门业务间、已有业务系统与新建业务系统之间的关系，加快建设“十二金”等国家确定的重点业务系统。

4. 积极推进社会事业信息化，提高政府公共服务能力

（1）社会保障领域。加快建立人力资源市场和社会保险信息网络系统，通过数据整合，逐步建立统一的个人基本信息库，将各类参保人员、城镇从业人员、转移就业的农牧区劳动力，以及各用人单位和参保单位全部纳入信息系统统一管理。建立劳动保障内网、外网的数据交换机制，做好省内外异地数据交换平台建设工作，确保信息化工作服务于全省劳动保障各项工作的顺利开展。加快劳动保障信息化应用平台建设，为广大老百姓提供方便快捷的窗口服务、电话咨询服务、网站服务、大屏幕触摸屏服务、劳动保障卡应用等各项公共服务，让青海的老百姓在就业、社会保险、劳动维权等方面真正享受到经济发展和改革开放的成果。

（2）公共卫生领域。建成集行政管理、卫生服务、医疗保障、疾病监测、卫生监督、疫情快报、妇幼卫生、科技教育、医疗救治、应急指挥、远程医疗咨询和远程医学教育等功能为一体的卫生信息体系。完善青海省卫生行政管理、公共卫生、新型农村合作医疗信息系统建设，开展医疗服务、医学科研与教育两大网络系统的建设。在公共卫生信息系统建设上，以突发公共卫生事件应急指挥信息系统为基础，整合建设目前现有的疾病控制网络系统，开展医疗救治信息系统与卫生监督检测信息系统建设。建设远程医疗网络服务资源，建设医院信息管理系统与公共卫生信息系统的数据交换平台，初步建立网上就医咨询与网上医疗服务信息系统。建立远程医学教育信息系统，建立医学教育科研信息及情报数据库。以新型农村合作医疗信息系统为基础，完善农村卫生信息系统建设，建立农牧民健康档案信息系统。

（3）公共交通领域。建设和完善目前交通行业各业务领域正在使用的应用系统（运输管理系统、养路费征管系统、公路管理养护系统、高速公路管理系统等），通过标准规范的制订、业务流程的优化和规范，建设和完善标准统一、更新及时、数据准确、分类清晰的各类业务数据库群，强化业务应用系统对数据资源整合的支撑力度，改善业务系统工作流程，完善各类业务应用系统功能，全面提升系统间的协同运行能力。

（三）推进农牧区和农牧业信息化，惠及广大农牧民

继续推动“村村通电话工程”和“村村通广播电视工程”，提高农牧区电话普及率和广播电视普及率。大力推进农牧区互联网建设，扩大互联网业务服务范围。推动各类涉农信息资源的集成与整合，强化为“三农”服务功能，加强农牧民信息员培训，加快乡（镇）村级信息服务站建设，提供党建、科技、教育、文化、产品供求等服务性信息，就近及时地为当地农牧民群众开展有效的信息服务。通过信息技术增强种植养殖大户、龙头企业的辐射带动作用，探索形成若干有一定影响力、具有青海特色的农业信息化应用的新典型和新模式。逐步提高农业生产过程的信息化水平，大力推进信息技术在农牧业产品加工、包装、贮藏、运输、销售等环节中的应用。

（四）整合科教文化信息资源，加大对外宣传力度

继续实施中小学“校园网”、“校校通”工程和现代远程教育工程，重点支持贫困、边远地区中小学接入远程教育系统，全面普及中小学信息技术教育。整合教育教学资源，建立教育信息资源信息库与有效的资源共享机制，使现代信息技术及教育信息资源在教学中得到广泛应用。

推进公共文化信息资源建设，加强互联网对外宣传，积极推进全省文化信息资源共享工程。加强互联网信息内容建设，规范网络文化传播秩序，树立正确的舆论导向，丰富优秀的公共文化信息，用先进的思想和文化占领新的宣传阵地。

（五）加快城市信息化发展，提高面向市民的服务水平

推进城市信息化，加大信息技术在城市建设和管理中的应用，逐步建立城市建设综合管理信息系统，提高城市规划、建设、管理和公共服务的质量。加强社区信息化的统一规划，开展社区信息化示范工程，以街道社区为基本单位，着力推进城市智能化小区建设，推进融合政务、卫生、教育、社会保障、娱乐等为一体的社区信息化服务体系建设。继续推进以城市 IC 卡为基础的便民服务工程，推动城市 IC 卡的应用从公交领域向基础设施缴费、小额消费等领域扩展。

（六）着力推进企业信息化，促进工业化与信息化融合

1. 推动传统产业在设计、生产、管理、销售等流程中加强信息技术应用与推广

在产品开发设计和工艺流程控制领域，推行计算机辅助设计/辅助制造/辅助工程/辅助工艺设计（CAD/CAM/CAE/CAPP）等现代信息技术的推广应用，提高企业信息技术应用创新水平。

在生产过程中，针对不同行业，推进传统产业的信息技术改造，建立管控一体化的生产

监控和自动控制系统，提高生产效率和产品质量。

在企业节能降耗中，以信息化推进节能技术创新，提升企业节能技术水平。着力推广和发展面向高耗能行业的节能降耗信息技术应用。

对全省信息化建设示范项目企业，重点推动集成应用；对处于单项信息技术应用阶段的中小企业，重点推动企业运用信息技术提高产品设计和开发能力，增强企业在生产经营和管理活动中的自动化控制水平；对信息化应用程度较低的小型企业，重点推广财务管理和办公自动化应用，引导企业通过互联网开展业务。

2. 加决信息化与企业生产、物流、电子商务的融合

逐步完善电子商务的基础设施、配套设施、服务与安全体系建设，大力推进电子商务应用。推广客户关系管理（CRM）、商业智能（BI）、供应链管理（SCM）等信息系统的应用，建设以产业链为基础的电子商务平台；推进企业间电子商务，实现生产企业与流通企业、上下游企业间的信息互动，以开放型的过程管理取代传统的功能管理，逐步使电子商务平台成为企业生产和营销活动的重要组成部分，实现企业信息资源的集成和共享。将西宁（国家级）经济技术开发区建设成为全国信息化与工业化融合的试点园区。

3. 积极扶持和发展软件产业和咨询服务业

大力支持工业应用软件、嵌入式软件和特色应用软件的开发，支持青海省具有自主知识产权的软件产品和特色的软件企业在全省企业信息化建设中提供技术支撑并逐步发展自己。引导扶持建立信息化咨询服务企业，为广大传统企业提供咨询、设计、监理、技术外包等中介服务，特别是为中小企业提供技术外包和网络平台等项服务。

4. 大力发展电子信息材料产业，为信息技术应用提供物质基础

依托青海能源优势和石英石资源优势，以及已有的铝、镁、工业硅、碳酸锂、碳酸锶等工业基础，大力发展电子材料产业，形成以电解铝和电解铜、电子级单晶硅产业为基础，大力延伸产业链条，发展铜箔、铝箔和晶体硅切片等产品，并以此为依托，继续延伸产业链，发展覆铜板、印刷电路板和集成电路等高附加值的电子信息产业，进一步提高优势资源的高效转化，逐步把电子材料产业发展成为青海省国民经济的支柱产业。

（七）进一步建设保障体系，改善信息化发展环境

1. 加强信息安全保障体系建设

认真贯彻执行国家信息安全战略，建立和完善青海省信息安全保障体系，强化信息安全工作管理体制。统筹规划并启动包括密钥管理基础设施、数字认证、安全检测、安全监控、安全通报、容灾备份体系等在内的重要基础设施建设，全面构建保障信息安全的技术支撑体系。加强无线电管理及基础设施建设，保障通信、导航及信息安全。建立健全相关的信息安全地方性法规、标准，强化信息安全管理，全面推行信息安全等级保护和风脸评估工作。开展网络与信息安全有关的知识教育和技能培训，加强网络安全监控，打击各种危害网络与信息内容安全的违法犯罪活动。

2. 加强政策法规和标准的制定

根据国家信息化法律、法规体系的基本要求，结合青海省实际，适时制定和完善青海省国民经济和社会信息化地方性法规和政策，使信息资源、信息市场、信息安全、信息保密、知识产权保护、政府信息公开等方面形成配套的政策法规体系，积极引导和促进全省信息化工作向法制化、规范化方向发展。

以遵循国家和行业的信息化标准体系为主，有针对性地制定青海省急需的地方性标准规范作为补充。要大力推进电子政务、电子商务、信息安全等应用领域的标准体系的应用，促进青海省信息化工作协调、有序发展。

（八）拓宽投资渠道，加大资金投入力度

深化投资体制改革，稳步增加政府信息化投入，建立政府投入的长效机制。一方面要在积极争取国家资金的同时，由省政府建立信息化建设专项资金，主要用于主干网等信息基础设施、政府管理信息化、社会公益项目建设以及重大项目的启动，在资金扶持上对相对欠发达地区给予倾斜。各州（地、市）、县根据自身财力情况支持信息化建设，保证信息化重点项目建设需要。

另一方面，要充分调动各方面的积极性，放宽市场准入，营造良好的财税政策环境，加强政策引导，鼓动、支持和培育对信息化建设的风险投资，建立风险投资机制。通过制定优惠政策，鼓励企业、社会团体、集体和个人投资信息化建设，努力探索建立以“政府为引导、企业为主体、社会多方参与”的多元化、社会化的投融资体制，形成政府和社会力量共同推进信息化建设的发展态势。

（九）构建信息化人才机制，加强信息化教育培训

建立信息化人才培育、使用机制，调整人才结构。要从“保住关键人才、用好现有人才、培养未来人才、引进外来人才”四个方面做好人才工作，采用多种方式稳定技术队伍，建立吸引省内外优秀人才的环境，使信息化人才队伍基本适应青海省信息化建设和应用发展的需要。

从教育抓起，坚持知识教育与能力建设相结合，切实抓好党政领导干部信息化知识和技能培训工作。坚持学历教育与在职教育相结合，举办多种形式、有针对性、实用性强的在职人员培训班，加强信息化骨干人才队伍建设。稳步实施一般干部的培训工作，基本形成多层次的信息化知识培训体系。

撰稿人：青海省统计局科研所　杨锡昆
青海省发改委　李生良

宁夏回族自治区信息化“十一五”规划完成情况的评估与分析

《国民经济和社会发展信息化“十一五”规划》从国家信息化总体发展水平、信息化应用、信息基础设施、信息产业、技术创新、国民信息素质等六个方面确立了信息化“十一五”时期的发展目标。五年来，在党中央、国务院正确领导下，自治区深入贯彻科学发展观，认真落实《2006～2020 国家信息化发展战略》的各项战略部署和方针政策，信息化“十一五”规划确定的总体目标和重点任务基本实现和完成，并确定了“十二五”信息化发展的工作目标和方向。

一、“十一五”期间自治区信息化发展现状

（一）自治区信息化发展的总体水平

根据《国民经济和社会发展信息化“十一五”规划》的要求，自治区信息化总水平在“十一五”时期需要再上新的台阶，2010 年信息化发展指数（Ⅱ）须超过 0.6。

目前，自治区这一发展战略目标的实现情况较好。2006～2010 年，自治区信息化发展指数（Ⅱ）分别为 0.544、0.551、0.573、0.608 和 0.632。图 1 为“十一五”期间自治区信息化发展指数（Ⅱ）与分类指数比较图。

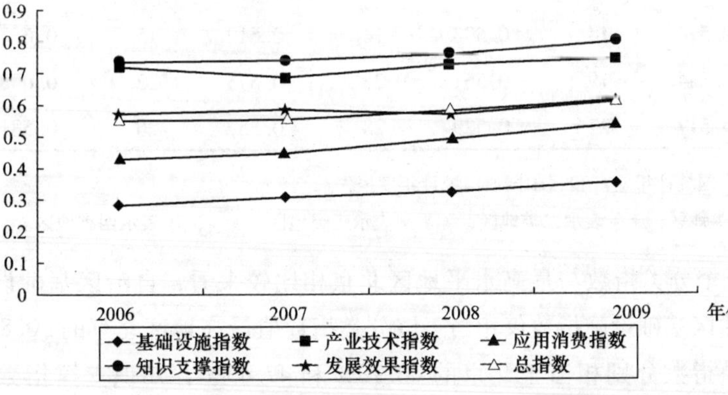

图 1　2006～2009 年宁夏回族自治区信息化发展指数（Ⅱ）与分类指数比较图

从信息化五个分类指数看，自治区知识支撑指数值最高，2009 年为 0.796；其次为产业

技术指数、发展效果指数和应用消费指数，2009 年指数值分别为 0.740、0.608 和 0.539；最低的是基础设施指数，为 0.355。截止到 2010 年自治区基本达到信息化发展总水平的战略目标，“十一五”期间信息化发展取得了长足进步（见表 1）。

表 1　2006～2009 年自治区信息化发展指数（Ⅱ）与分类指数比较表

	“十一五”时期			
	2006 年	2007 年	2008 年	2009 年
总指数	0.544	0.551	0.573	0.608
基础设施指数	0.282	0.301	0.321	0.355
产业技术指数	0.715	0.681	0.722	0.740
应用消费指数	0.428	0.448	0.498	0.539
知识支撑指数	0.729	0.742	0.759	0.796
发展效果指数	0.567	0.582	0.567	0.608

资料来源：《国家统计局研究参考资料第 133 期：信息化发展指数优化研究》和《宁夏统计年鉴》。

“十一五”期间，自治区一批信息化重大项目建设取得成效，全区信息化整体水平明显提高。2010 年自治区信息化发展水平指数（IDI）达到 0.632，信息产业增加值达到 10 亿元，占工业增加值的 1.9%（工业增加值 540 亿元）。同时，我们也应该认识到自治区信息化发展水平尚处在全国第三类地区的水平，与发达地区的差距较大（见表 2）。

表 2　全国及信息化四类地区总指数比较

	2006 年		2007 年		2008 年		2009 年	
	指数	排名	指数	排名	指数	排名	指数	排名
全国合计	0.611		0.633		0.654		0.681	
北京*	0.970	1	1.001	1	1.016	1	1.053	1
黑龙江**	0.574	14	0.593	14	0.612	15	0.637	15
宁夏***	0.544	19	0.551	23	0.573	22	0.608	21
甘肃****	0.517	27	0.529	28	0.557	26	0.581	26

数据来源：《中国统计年鉴》和《中国通信统计年度报告》

注：*表示一类地区；**表示二类地区；***表示三类地区；****表示四类地区。

从信息化五个分类指数与最高水平地区北京相比较来看，自治区基础设施指数差距最大。2009 年自治区基础设施指数仅相当于该分类指数值最高地区北京的 50.85%，应用消费指数和发展效果指数分别相当于北京的 60.70% 和 47.43%，知识支撑指数相当于北京的 67.40%，产业技术指数仅相当于北京的 60.80%。

总之，尽管在“十一五”期间，自治区信息化发展总体水平取得了长足的进步，但与发达地区以及全国水平相比，在信息化发展总指数和各分类指数方面仍然存在着不少的差距。

（二）自治区信息化应用

信息化应用是信息化建设中起决定性作用的一环，信息化“十一五”规划期间，信息化应用在经济社会两大领域全面推进。自治区电子政务稳步展开，政府职能逐渐向服务型转变；科技、教育、文化、医疗卫生、社会保障、环境保护等社会信息化领域步伐明显加快。

1. 电子政务建设已具规模，政府职能向服务型转变

自治区信息中心平台已基本建成，形成了高速宽带的党政内网和政务专网（外网），为自治区各机关、各市、县（区）互联互通、信息共享奠定了基础。自治区党委、政府印发《关于集中信息资源建设信息中心平台的决定》以来，由自治区党委办公厅牵头建设自治区党政内网和自治区政府办公厅牵头建设自治区政务专网（也称外网），自治区投资党政内网6000万元、政府专网5000万元，建设了自治区党委和政府数据中心，分别拥有小型机、PC服务器、光纤存储等设备80和70台套，建成了居于中心地位和枢纽的自治区信息中心平台，实现了与自治区党委各部门、政府各部门、人大、政协、检察院、法院，5市、22个县（区）和部分大型企业共196个网络节点、网络带宽为100～1000M高速连接，自治区、市、县三级党务内网和政务专网能够满足所有上网单位横向和纵向单位之间的信息传输。在此之上，已拥有公文交换、信息资源传播、数字图书馆、视频会议、应急指挥等应用系统。开通了宁夏回族自治区人民政府门户网站，实现了政府与公众的网上沟通。依托自治区政府专网平台，自治区政务服务中心建设了全区政务服务网上审批和公共服务及电子监察系统，经过试点，初步实现区市县乡村五级服务网络，形成了互为贯通、上下联动的政务服务体系。进驻政务中心的77个单位、843项审批服务事项实现了网上业务办公，累计受理行政审批服务事项59.7万件。

2. 领域信息化发展迅速，社会信息化的服务能力进一步增强

自治区各厅局委办基本建成了局域网，部分建立了业务专网，开发了一些初级的业务应用，开通了80多个各具特色的业务网站，社会管理和服务能力进一步增强。自治区发改委、财政厅、统计局、工商局、地税局、人保厅、卫生厅、国土资源厅等20多个厅局投资几百万元到几千万元不等，建立了上到对应的中央部委，下到5市、22个县（区），部分到乡镇的纵向业务专网，依托专网开展了本行业基本或部分业务工作的应用。例如，发改委实现了固定资产网上审批、企业投资项目备案工作；财政厅实现了国库集中支付、农民补贴支付工作；统计局实现了统计经济数据上报和查询工作；工商局实现了消费者申诉举报、企业网上年检等业务；税务部门实现了网上纳税和税收征管等业务；社保厅开展了劳动力管理和网上服务业务；卫生厅开展了疫情直报等业务；国土资源系统实现了土地矿产资源核心业务的自动化管理；教育部门建成1600个中小学校园网，基本实现了“校校通”；商务厅实施“三便民一推动”民生工程，建设了180多个“数字社区”便民点，实现了网上缴费等业务。全区各级党政部门及基层组织人均拥有计算机0.8台，85%以上的公务人员能够利用计算机进行办公和业务处理。

(三) 自治区信息化基础设施建设

信息化基础设施从物理层看由信息资源系统和信息网络两大部分组成。信息网络则由用户信息设备和通信网络（包括本地网络和长途网络）两部分组成。信息网络可分为互联网（计算机网)、电信网和广播电视网。近年来，信息网络不断向数字化、宽带化、综合化、智能化、个人化、泛在化、绿色化、全球化的方向发展，并呈现出“三网融合”的趋势。

“十一五”期间，自治区信息基础设施在“十五”快速发展的基础上，进一步实现了跨越式发展。不仅信息网络规模不断扩大，更是在3G、数字电视、互联网接入、重大工程建设、农村信息化建设等方面取得了质的突破。“十一五”期间自治区信息化设施已有良好基础，三网建设步伐加快。

1. 电信网建设实现了质的飞跃

自治区三大基础电信运营企业中国电信宁夏公司、中国移动宁夏公司、中国联通宁夏公司分别建成了大容量、高带宽、广覆盖的骨干传输和宽带接入的通信网络。光缆总长度超过3.2万公里，光纤铺设到了全区27个市、县（区），逐步进入到商业楼宇和百姓小区，形成了核心网络到五个地市的骨干带宽达到100G，到各县的带宽达到50G以上，县到乡、乡到行政村带宽千兆以上的宽带网络。2010年全区固定电话用户总数达114万户，普及率达19部/百人。移动通信网的建设取得了飞速发展，实现了GSM和CDMA网络在全区的覆盖，逐步向第三代移动通信TD∑-SCDMA、CDMA2000、WCDMA过渡，已在银川等主要市、县（区）实现了城区覆盖，开展了3G手机电视业务。全区移动电话用户467.8万户，普及率达76部/百人（见表3)。

2. 广播电视网络日益完善

自治区建成广播电视光缆干线2000多公里，形成了连接全区各市、县的2.5GSDH光纤骨干环网，并与全国广电光缆干线网连接。建成宁夏有线数字电视平台，实现了中央、外省、宁夏卫视及专业频道等数字广播电视节目的接收转播，具备了播出109多套数字电视节目的能力。完成了全区85%有线电视用户的数字平移，满足了用户对电视节目个性化消费的需求。发展有线数字电视用户达到60万户，有线电视综合覆盖率99.8%，广播覆盖率100%。

3. 互联网发展迅猛

自治区互联网出口带宽达到60G，通过光纤直连（EPON)、不对称数字用户线路（AD-SL）和无线宽带（WiFi）接入三种方式，实现了全区191个乡镇、466个社区、75%的行政村通3兆以上的宽带。全区互联网接入专线达1300多条，全区各级政府机关、企业等机构网站4050个。建设了宁夏信息港、宁夏政府门户网站、宁夏新闻网等一批介绍宁夏经济和社会发展情况，集视频、语音和数据的综合性网站。全社会计算机拥有量70万台，互联网用户46.9万，普及率达8%（见表3)。

表3　　2005~2009年自治区电话、电视以及互联网用户数完成情况

	2006年	2007年	2008年	2009年
电话用户数（部/百人）	60.8	67.9	72.9	80.4
电视用户数（部/百人）	109.75	107.34	104.14	104.27
互联网用户数（万人）	42	61	102	141
计算机用户数（台/百人）	26.41	29.57	38.56	48.47

资料来源：《中国统计年鉴》和《宁夏统计年鉴》。

（四）自治区信息产业发展

自治区信息产业总体规模继续扩大，在自治区经济各行业中处于领先地位。同时，信息产业的发展本身就是产业结构升级的重要途径之一。信息产业技术含量高，使得信息技术与农业、工业以及服务业很好地融合，从而进一步促进了各产业发展及其产业结构优化升级。

1. 农业信息化是建设现代农业和社会主义新农村的重要内容

自治区紧紧围绕中央社会主义新农村建设战略任务，结合宁夏农村实际，创新性地实施了“平台上移，服务下延”的新农村信息化建设模式，取得了突破性进展，走在全国的前列（见表4）。互联网电视（IPTV）实现了60套电视节目转播、72小时时移等功能，拥有了农村党建、文化共享、视频点播、股票信息、互联网信息等频道和增值服务，发展IPTV用户3500户。“三农”呼叫中心整合多个涉农部门资源。

表4　　2006~2009年自治区农村信息化发展情况

	2006年	2007年	2008年	2009年
农村电视机拥有量（台/百户）	118.83	123.00	129.00	131.33
农村计算机拥有量（台/百户）	0.17	0.17	1.00	1.17
农村人均通信支出（元）	131.67	136.14	137.64	128.28
农村人均娱乐支出（元）	103.75	108.40	106.76	128.71

资料来源：《中国统计年鉴》。

通过视频、语音等多种形式800多位农业科技专家为农民提供农业、医疗卫生、社保、劳务输出、创业等方面的咨询服务。宁夏农村综合信息服务网整合8个部门30多类涉农信息，内容涵盖农林技术、农产品供求、防灾减灾等方面，实现了商务、市场、科技等信息的上传下达、浏览查阅。按照“五个一标准”在全区2362个行政村建设了2802个农村信息服务站，实现了互联网经营、农村党员干部现代远程教育、文化信息资源共享等多项功能，基本形成了信息网络基础设施齐全的农村信息服务体系。截至目前，“三农”呼叫中心专家讲课、培训1000多次，解答各类问题18000多次。农村综合信息网发展种植养殖大户、种子、化肥等生产资料供应商会员3000家，网站访问量累计到了140万人次。通过信息服务站，发布农产品供求信息9.2万多条，实现农产品网上销售收入14.8亿元，组织党员培训、收看互联网视频等文化活动14万余场次，受益农民达310万人次。2008年自治区被工信部授予

“国家级社会主义新农村信息化工作省域示范”。

2. 信息化与工业化融合加快发展步伐

信息技术在企业的应用逐步拓宽，涉及办公自动化、财务管理、营销管理、生产管理、人力资源管理、电子商务等多个领域。自治区龙头企业中90%建立了内部局域网，86.7%的企业应用了财务管理系统（FM），95%的企业应用了办公自动化管理系统（OA），90%的企业应用了人力资源管理系统（HRM）；80%的企业应用了企业资源计划系统（ERP）；54%的企业应用了计算机辅助设计/计算机辅助制造（CAD/CAM）、50.5%的企业应用了客户关系管理（CRM）、23%的企业应用了供应链管理（SCM），18%的企业应用了产品数据管理（PDM）。自治区以首批实施制造业信息化工程为契机，加快了信息技术对传统产业的改造，传统产业的技术装备水平明显提高。神华宁煤集团、中国石油宁夏分公司、中色东方集团有限公司、青铜峡铝业、小巨人机床有限公司、吴忠仪表、共享集团、银川佳通轮胎有限公司等企业，积极采用计算机数字控制等技术，攻克了一批制造业信息化方面的技术难题，完成制造业信息化工程项目421个，将企业的信息流、资金流、物流、工作流进行集成和整合，实现了资源的优化配置，使企业在管理决策、生产经营、生产过程等环节走向现代化、科学化和信息化，提升了企业生产过程的自动化水平，促进了节能降耗，缩短了生产周期。2007年建成了宁夏中小企业信息服务平台，为全区中小企业提供了信息服务，全面提升了企业的综合经济实力和市场竞争能力，有效地促进自治区工业企业又好又快的发展。

3. 自治区信息产业持续发展

全区电子产品制造业保持了较快发展势头，整体水平明显提高。2010年，全区电子产品制造业实现工业总产值20.2亿元，工业增加值8.6亿元，同比增长56.5%。多晶硅、电容器、仪表器件等产品的技术已达到或接近国内外先进水平。从业人员2100人，产品主要出口日本、美国、欧洲、东南亚等国家和地区。多单晶硅产业初具规模，成为电子信息产业的增长极。软件及信息服务业快速发展，2010年，软件及信息服务收入完成4.50亿元，实现增加值1.8亿元，同比增长20%。有计算机系统集成资质企业20家，经认定的软件企业34家，从业人员3300人，主营业务收入过5000万元的企业6家。开发了一批具有自主知识产权的软件产品，特别是煤炭、医保、人口等领域软件，在区内外以形成了一定的竞争力。宁夏软件动漫园已初步形成集软件开发、系统集成、动漫制作和服务外包于一体的产业化基地，为全区国民经济和社会信息化提供必要的服务和支撑。

（五）自治区信息技术创新

技术创新是信息产业发展的第一推动力。信息化领域关键技术的突破，有力地加快了信息产业的发展和经济社会信息化的进程，而信息技术领域的发明专利申请量，则是衡量一个地区信息技术创新能力的重要指标。表5是宁夏与其他三类地区“十五”和“十一五”期间专利发明数的比较。我们可以看到。

表5　四类地区“十五”和“十一五”期间专利发明数比较　单位：件

	2000年	2001年	2002年	2003年	2004年	2005年	2006年	2007年	2008年	2009年
北　京	3409	4984	5785	7833	8608	12102	14226	18763	28394	29326
黑龙江	666	711	939	1151	1325	1598	1911	2386	3047	3384
宁　夏	112	98	105	101	89	106	172	112	160	182
甘　肃	221	256	227	324	334	712	550	600	952	1120

注：地区分类见表2。

资料来源：《中国统计年鉴》和《宁夏统计年鉴》。

在专利发明总数方面，宁夏虽然有着不少的进步，但与其他三类地区相比而言，差距还是很大的。这也是在“十二五”中，自治区需要进一步努力的方向。

同时，作为技术创新的依托，产业集聚效应及基地优势地位日益明显，在产业布局中的影响力不断增强。产业集群化发展有利于促进区域布局不断优化，从而推进区域的信息化。自治区大部分市、县（区）建设了区域性信息中心平台，建设了互联网门户网站，发布了一些基础信息。银川、平罗、永宁等市、县（区），积极探索适合本地特色的区域信息化建设模式，通过自建或基础电信外包方式建设了区域性的党政专网平台，实现了与所属约占65%的党政部门的网络连接。另外，依托农村信息化建设项目，100%行政村依靠村委会和450个社区依靠社区居委会建设了综合信息服务站，基本形成了自治区到市、县（区）专线网络，市、县（区）到乡镇、行政村、社区的互联网络的五级连接。

每个市、县（区）都建设了政府门户网站，以政府网站为载体，各地结合本地区的实际，加快与电子政务、领域信息化的融合，建设了各具特色的人口信息、生活服务等基础数据库，不同程度地开展了公文传输、政务信息公开、地区情况介绍、产业特色情况、党员远程教育、文化资源共享、计划生育服务、居家养老等信息化服务项目，其中平罗、永宁、金凤区等市、县（区）网站内容较为完善和丰富。在全国政府网站评估中，平罗县政府信息网和永宁政府公众网跻身全国百强政府网站行列。2009年，金凤区被工业和信息化部列为“信息化推进城乡一体化的试点”，初步形成了县（区）、乡镇（街道）、行政村（社区）“三级”信息管理和服务体系。

自治区以区域信息化为依托，努力打造宁夏的产业集聚效应，为信息技术创新发展营造一个良好的环境。

（六）自治区国民信息素质建设

“十一五”期间，自治区国民信息素质提高的发展目标进展顺利。政府主管部门和各级机构高度重视，相应地加大了财政投入的力度，切实改善了广大群众的信息环境和信息教育实施的基础条件，加大了信息教育和信息化基本技能培训的力度。

在这期间，自治区的信息化发展环境逐步优化，国民素质整体提高。由于自治区党委、政府以及各有关部门的重视，全区信息化发展环境逐步优化。成立了由自治区党委书记、政府主席担任组长、副组长的高规格信息化领导小组，统筹领导全区信息化建设。自治区各部门、各市、县区也都建立了“一把手”信息化的领导体制，积极推进领域和区域信息化建设。

2007年，自治区出台了《自治区党委、人民政府关于集中信息资源建设信息中心平台的决定》，全力推进自治区信息中心平台建设，适时下发了《宁夏回族自治区农村信息化建设规划与实施方案（2009～2012年）的通知》等一系列相关政策文件，全区信息资源整合和互联互通的能力进一步提升。自治区信息化专项资金逐年增加，保障了信息化重点项目的实施。初步形成信息化人才培训体系，各类教育机构开展了多层次的信息化培训，信息化人才培养规模不断扩大，信息化宣传与普及工作不断深入，有力地推进了全区信息化建设进程。

二、自治区信息化发展存在的问题

在看到自治区信息化发展成绩的时候，也应该看到全球数字鸿沟呈现扩大趋势，发展失衡现象日趋严重，自治区信息化建设与信息化发达省份、与人民群众增长的信息需求相比，整体水平仍然较低，还存在诸多的问题和挑战。

（一）信息化应用不够深入

全区信息化正由初级应用向深化应用方向转变，大多还停留在公文管理、信息报送的阶段，跨地区、跨部门的业务协同，与企业和公民互动应用还不够深入；自治区信息中心平台及区域性的信息平台利用率还不高，缺乏全局性的基础数据库，信息资源共享程度还比较低，信息化与工业化融合正在起步阶段。

（二）信息化资金投入需要加大

虽然信息化投资有了较大的改观，但是全区信息化总体投入还很不足，自治区信息化专项资金额度较小，资金来源渠道单一，需求与资金投入矛盾突出，影响到了一些重大项目的建设和运营。特别是中南部市、县区受财力条件的限制，对信息化投入甚少，制约了全区信息化的整体和协调发展。

（三）信息安全保障体系有待完善

随着网络边界的越来越宽、规模越来越大、层次越来越多、覆盖面越来越广，自治区信息中心平台与各部门信息中心之间、自治区信息中心平台到各市县（区）区域性平台之间、区域性平台之间到乡镇行政村之间，以及内网与专网之间的网络和信息关系变得更加复杂，对整个网络的信息安全提出了严峻挑战。

（四）信息产业小而分散，亟须整合

电子产品制造业、软件及信息服务业规模比较小，缺乏带动行业发展的大集团，研发能力比较弱，人才结构性矛盾突出，自主创新能力和产业核心竞争能力不强，公共技术支撑环境亟待改善。企业核心技术和产品普遍缺乏，经营管理方式粗放，人才结构不尽合理，高端

人才缺乏。

面临机遇和挑战，我们必须以改革创新的思路，认真贯彻落实信息化发展战略，统筹规划，整合资源，促进信息交流和共享，以信息化助推全区国民经济和社会事业的发展。

三、自治区信息化发展的战略目标

针对“十一五”期间信息化发展中存在的问题，自治区计划在未来五年投资25.3亿元，基本建成覆盖面广、先进适用的信息基础设施体系。信息技术广泛应用，两化融合取得重要进展，信息资源深度开发和充分利用，在线公共服务水平取得新突破，信息安全保障水平大幅提高，信息化发展环境更加完善。到2015年信息化发展水平指数达到0.715，信息化程度达到西部地区先进水平。信息产业增加值达到20.3亿元，占全区工业增加值的1.93%以上（工业增加值预计1050亿元），其中电子产品制造业16.4亿元、软件及信息服务产业3.9亿元。具体目标如下。

（一）信息化基础设施服务能力显著增强

建成和完善有线和无线多种传输方式相结合、覆盖全区城乡的高速宽带信息网络，电信网、广电网、互联网三网融合取得实质性进展，能够完全满足信息化发展的需要，特别是为边远地区和中低收入阶层信息化应用提供的普遍服务能力不断提高。广播电视综合覆盖率基本达到100%，全社会计算机拥有量达到120万台，互联网用户达到100万户。

（二）政务工作网络化的水平大幅提高

继续完善和提升自治区信息中心平台，建成全区统一的电子政务网络和政务信息资源交换与共享体系。50%以上的跨部门业务能够通过网络完成，重点应用系统建设取得突破性进展，门户网站成为政务信息公开和对社会公众服务的重要渠道，县以上国家机关基本实现办公网络化，50%以上公共服务业务在网上进行，基本形成满足市场监管、社会管理、公共服务的全区电子政务体系。

（三）工业和信息化融合作用效果明显

工业设计、分析、生产过程控制、产品质量控制、企业经营管理等方面的信息化、智能化水平全面提升，传统产业信息技术改造的深度和广度有较大提高，规模以上工业企业采用计算机辅助设计（CAD）、计算机辅助分析（CAE）、辅助制造（CAM）、辅助工艺（CAPP）、产品生命周期管理（PLM）、企业信息资源规划（ERP）等技术应用率达到90%以上，电子商务应用广泛开展，互联网应用普及率达到75%，中小企业达到60%以上。

（四）领域和区域信息化广泛发展

重点领域的信息资源数字化和共享水平明显提高，新农村信息化继续保持全国先进水平；社会保障、人口管理、宏观经济、综合治理、空间数据等社会管理和事业信息化水平明显提高。27个市、县（区）区域信息平台基本完善，提供的信息内容和信息服务基本满足政府、企业和社会的需求，全社会信息化覆盖面和普及程度不断提高。

（五）信息产业总体规模和水平有较大的突破

提高企业创新和研发能力，进一步提高硅项目和钽（铝）电容器项目生产规模和水平，电容器生产规模达到15亿只，多（单）晶硅生产规模达到1.2万吨。全区电子产品制造业工业总产值37.9亿元，电子产品制造业保持年均13.4%以上的增长速度。软件信息服务业实现营业收入超过10亿元，年均增长20%以上，从业人员超过1万人，宁夏软件动漫园成为西北有一定影响力的软件生产和出口基地。

四、对“十二五”时期自治区信息化发展的建议

（一）加强信息化的组织领导

在自治区信息化领导小组的统一领导下，进一步完善信息化工作机构，建立健全自治区、市和县（区）三级信息化工作体系。自治区各市、县（区）要依照自治区的模式，成立相应的信息化领导小组及工作机构，把信息化作为“一把手”工程，纳入领导工作的议事日程，切实做好本地区信息化工作。进一步提高宁夏重大信息化事项的决策能力，凡涉及自治区信息化重大政策和战略要经自治区信息化领导小组审定。进一步加强信息化发展战略研究，指导信息化宏观决策，科学制定信息化发展目标，以适应宁夏经济社会发展的大局。深化信息化工作管理，建立适应社会主义市场经济体制、分工合理、责任明确的信息化综合管理体制机制，形成规划制定、方案审定、项目管理、资源整合、服务协调、环境营造、人才培育的新机制。加强信息化主管部门的统筹协调职能，促进市与县（区）之间、各部门之间信息化工作的协同配合。

（二）加大信息化资金投入

深化改革，更新观念，在政府规划、政策导向的基础上，依照市场经济规律多渠道筹措信息化建设资金，建立多元投资体系。充分调动各级政府的积极性，加大政府对信息化建设的投资力度，将信息基础设施建设和信息化工作纳入国民经济和社会发展计划，保障信息化建设投入与国民经济增长相适应，加强对信息化建设资金使用的统筹管理，充分发挥市、县（区）两级财政的积极性，重点支持基础性、公益性的重大信息化项目建设，对信息化工作基础薄弱的地区和新农村信息化项目在资金投入上给予倾斜。充分调动各方面信息化建设的积极性，鼓励各单位、企业自筹资金建设，吸收利用国内外资金参与信息化建设。对于为政府服务的信息化工程和为社会公众服务的公益性信息化项目，采取政府引导、企业主导、社会参与的方式逐步建设完善。对于商业经营性的信息服务业，通过政府制定市场规则和鼓励政策，引入竞争机制，本着谁投资谁受益的原则，广泛吸纳区内外、国内外资金，由政府、企业和社会各方面投入发展。

（三）完善政策法规和技术规范

认真贯彻落实国家有关政策法规和行业标准，结合宁夏实际，分类分层制定、修订一批相关的政策规范。科学论证政务和公共服务领域的信息化投资项目，加快建立、规范政务和

公共服务领域信息化建设项目管理与审议制度，杜绝重复建设、重复投资。制定《自治区信息化专项资金管理办法》、《自治区加快“两化融合”的实施意见》、《加快支持我区软件产业发展的若干意见》等政策，适时研究制定和完善电子政务、两化融合、信息安全、信息网络管理、信息资源开发利用、信息共享交换管理、涉密信息管理、政务信息公开、信息产业发展、信息技术创新、风险投资、知识产权保护等方面的政策、制度和技术规范，推进信息化工作走上规范化、制度化、法制化轨道。

（四）加强信息安全保障体系建设

在自治区网络与信息安全协调小组的统一综合协调下，加强信息安全责任机制和协调联动机制建设，建立完善的信息安全管理体系，落实信息安全责任制。规范信息安全培训机构，建立健全信息安全人员执业资格认证和持证上岗制度。加强监督指导，定期开展网络信息安全检查和评估，重点保障基础信息网络安全。加强信息内容管理，构建健康的网络环境。加大执法力度，依法打击各类网络违法犯罪，保护公民通信隐私，增强全民信息安全意识、保障安全投入，进一步建立和完善信息安全建设投入制度，在信息化建设中同步考虑信息安全建设投入。根据信息化建设需要确定资金和信息安全保护等级，确定资金的投入比例，重点保障信息安全基础设施建设与运行维护、信息安全基础性工作、信息安全检查等经费。

（五）加强信息化人才队伍建设

加强信息化人才培养工作。充分利用区内外两种资源、两个市场，建立信息化人才战略高地。加大人才领域的国际合作，完善人才引进配套政策，吸引高级人才来宁夏服务。积极推行信息化高级雇员和信息主管制度，建立信息化人才培训基地，加大对公务员尤其是领导干部的信息化培训力度。加强农村信息化人才队伍建设，以市、县建立基层信息化推广服务体系和专业服务队伍。积极加强和各类教育培训机构合作，开展产学研合作和软件及信息服务业人员分层次、分类型的再培训、再教育，为企业培养急需的各类专业技术人才，拓宽大中专毕业生的就业渠道，实现优势互补，获得双赢。发挥宁夏信息产业协会等社会组织的作用。支持信息化行业组织发挥好行业服务、行业自律以及维护行业合法权益等作用，鼓励其在信息化标准制定、教育培训、宣传推广等方面积极开展工作。

（六）优化信息化应用的社会环境

加大宣传和普及力度。抓好提高全民信息能力行动纲要的落实。加强政府引导的力度，发动社会力量举办各类信息化宣传活动，采取多种形式和手段，有步骤、有重点地开展全民信息化培训。推动全社会对信息化推进的关注、支持和参与，支持建立面向大众的信息化服务平台，使更多的市民有机会接触、感受、学习和应用信息技术。加强对自主创新的支持力度。创造有利于自主创新产品和服务公平参与市场竞争的环境，在信息化项目建设过程中，以政府采购为杠杆，优先采用具有自主核心技术的软硬件产品和服务，拓展自主创新成果的市场空间，促进其产业化。积极支持建设信息安全、软件开发、测试测评等各类信息化研究基地，研发核心技术，并在信息化建设中推广应用。学习和借鉴先进经验，不断加强与国内外的信息化交流与合作，选择试点好的地区作为系统研究和推广的对象，努力借鉴一切先进的信息化推广经验和方法，促进宁夏信息化推进环境的不断优化。

撰稿人：宁夏大学经济管理学院　张会萍
倪全学
宁夏回族自治区经济和信息化委员会　文建国

新疆维吾尔自治区信息化“十一五”规划完成情况的评估与分析

进入21世纪以来，信息化在全世界迅猛发展，引领社会生产和社会生活发生深刻的变革，信息化发展水平日益成为决定国家生产力发展水平、衡量国家综合国力和国际竞争力的重要标志。“十一五”期间，新疆维吾尔自治区（以下简称“自治区”）党委和人民政府坚持以科学发展观为统领，积极稳步推进新疆信息化建设，为促进经济平稳较快发展做出了突出贡献。

一、新疆“十一五”信息化发展总体评价

为科学评价和监测信息化发展水平，国家统计局研究制定了信息化发展指数（Ⅱ）指标体系。该体系由信息化发展总指数、信息化发展5大分类指数和12个具体指标构成。我们利用该指标体系对新疆“十一五”期间信息化发展水平进行了系统监测。监测结果显示，“十一五”期间新疆信息化发展态势良好，信息化发展指数（Ⅱ）年平均增长13.3%，2009年达到0.600，比2005年提高了0.075，2010年预计达到0.619。新疆信息化发展迈上了新的台阶。但与全国相比，整体水平不高，信息化发展任重而道远。

（一）纵向看新疆信息化发展较快，但各方面发展不均衡

（1）知识支撑指数和产业技术指数水平较高。随着新疆对信息产业各方面建设力度的加大和基础教育不断加强，知识支撑指数和产业技术指数继续保持较高水平。2009年知识支撑指数达到0.825，比2005年提高了0.039，比全国平均水平高0.022，是五大分类指数中唯一一个高于全国平均水平的指数。产业技术指数2009年达到0.745，比2005年提高0.085。预计到2010年知识支撑指数和产业技术指数将分别达到0.835和0.766，其指数值分别比总指数值高35%和24%，它们是“十一五”期间信息化发展重要的推动力量。

（2）应用消费指数保持快速增长。随着互联网的普及程度不断提高，新疆互联网用户数快速增加，信息消费规模不断扩大。2009年应用消费指数达到0.565，比2005年提高0.166，年均增长30.8%，是五大分类指数中增长速度最快的；比全国平均水平低0.033，是与全国平均水平差距最小的指数。预计2010年新疆信息化应用消费指数将突破0.6，达到0.607，继续保持快速增长。

（3）基础设施指数和发展效果指数水平低，增长慢。2009年新疆信息化基础设施指数和

发展效果指数分别为0.316和0.55，与2005年相比，分别提高0.047和0.041，年均增长分别为10.16%和10.43%，是五大分类指数中水平最低、发展较慢的两类指数（见表1）。

表1　“十一五”时期新疆信息化发展指数（Ⅱ）及增长速度比较

	2005年	2006年	2007年	2008年	2009年	2010年	2005~2009年平均增长（%）
总指数	0.525	0.541	0.567	0.589	0.600	0.619	13.29
基础设施指数	0.269	0.290	0.299	0.310	0.316	0.327	10.16
产业技术指数	0.660	0.680	0.707	0.715	0.745	0.766	13.91
应用消费指数	0.400	0.419	0.488	0.568	0.565	0.607	30.81
知识支撑指数	0.786	0.804	0.815	0.820	0.825	0.835	1.15
发展效果指数	0.510	0.513	0.524	0.531	0.550	0.561	10.43

注：2010年为预测数。

资料来源：国家统计局信息化发展指数优化研究报告。

（二）横向看新疆信息化总体发展水平较低，在全国属第三类地区

全国内地31个省（自治区、直辖市）按信息化水平可划分为四个类型地区，第一类地区为信息化发展高水平地区，第二类地区为信息化发展中高水平地区，第三类地区为信息化发展中低水平地区，第四类地区为信息化发展低水平地区。新疆的信息化发展属第三类信息化发展中低水平地区（见表2）。

表2　2009年全国及信息化五类地区总指数与分类指数比较

	基础设施指数	产业技术指数	应用消费指数	知识支撑指数	发展效果指数	总指数
全国合计	0.389	0.914	0.598	0.803	0.701	0.681
第一类地区①	0.749	1.197	0.883	1.109	1.108	1.009
第二类地区②	0.445	0.916	0.640	0.833	0.686	0.704
第三类地区③	0.335	0.771	0.542	0.792	0.596	0.607
第四类地区④	0.278	0.738	0.509	0.730	0.580	0.567

注：①包括北京和上海。②包括天津、浙江、广东、江苏、辽宁、福建、陕西、山东、重庆、湖北、山西、吉林和黑龙江，共13个省（直辖市）。③包括海南、四川、湖南、内蒙古、河北、宁夏、新疆、安徽和江西，共9个省（自治区）。④包括青海、甘肃、河南、贵州、广西、云南和西藏，共7个省（自治区）。

资料来源：《国家统计局研究参考资料第133期：信息化发展指数优化研究》。

（1）信息化发展指数（Ⅱ）年均增长速度高于全国平均水平。“十一五”前四年，新疆信息化发展指数（Ⅱ）年均增长达13.29%，比全国年均增速高1.48个百分点，在全国各省中排第14位。

（2）信息化水平与全国平均水平的差距有所扩大。2009年新疆信息化发展总指数与全国平均水平的差距由2005年的0.064扩大到0.081，差距有所扩大，仅相当于全国2005年的水

平。五大分类指数中，产业技术指数仅相当于全国2003年的水平，发展效果指数低于全国2001年的水平。

（3）信息化水平在全国的排位有所后退。2009年新疆信息化发展水平在全国各省中排第22位，比2005年后退2位。其中基础设施指数后退位次最多，由2005年的第20位后退到2009年的第24位。在西部12个省区市信息化水平排序中，新疆位列第6位，比2005年后退1位。

（4）"7·5"事件对新疆信息化发展产生较大影响。2009年乌鲁木齐"7·5"事件发生后，为迅速平息事件，打击暴力犯罪，恢复社会秩序，新疆实行了近半年的信息和互联网管制，对信息化发展产生了较大影响。测算结果表明，2009年新疆信息化发展指数（Ⅱ）仅增长6.6%，低于全国的增长速度3.67个百分点，在全国31个省（自治区、直辖市）中排名最后。

二、新疆"十一五"时期信息化发展概况

（一）信息化基础设施建设稳步发展

信息基础设施建设在"十五"快速发展的基础上，继续保持稳步增长。2009年，新疆固定长途交换设备容量已达25.82万路端，本地电话局用交换机容量达930万门，光缆线路长度达19.84万公里，分别比2005年增长30.0%、12.6%和5.87倍。信息基础设施综合水平的快速提升，为通信业务转型和新兴业务的培育打下了坚实的基础。

1. 通信业务能力大幅提升

2009年，新疆固定电话用户达到573.1万户，其中城市电话用户409.6万户，农村电话用户140.8万户。移动电话用户1119.6万户，其中GSM用户994.6万户、CDMA用户125万户。随着移动业务的迅速普及，电信业结构调整明显。固定电话每百人拥有率2006年达到34.2部的最高值后，近三年持续下降，2009年为25.8部，下降了24.6%。而移动电话拥有率由2005年27.1部/百人迅速提高到2009年的52.2部/百人，增长了92.6%。在各项通信资费持续下调的情况下，城镇居民人均通信支出455.07元，农村居民人均通信支出121.26亿元，分别比2005年增长19.3%、31.6%。

2. 广播电视基本实现全覆盖

"十一五"期间新疆已形成由电视卫星、无线电视、有线电视和无线广播、有线广播多种形式相结合，卫星、光缆、电缆、微波和无线发射多种手段相配套的广播电视网络体系，有线广播电视传输干线总长近2万公里，有线电视用户数达到192.45万户。建立了全疆统一的数字电视平台，开通100多个频道。中央和自治区各级共投入资金3.64亿元，通过实施"农村广播电视节目无线覆盖工程"和"广播电视村村通工程"，解决了全区11883个20户以上广播电视盲点自然村，20户以上已通电自然村通广播电视率达到100%。

2010年，新疆广播综合人口覆盖率达到94.9%，电视综合人口覆盖率达到95.3%，分

别比2005年提高1.8和2.5个百分点；有线数字电视业务发展迅速，用户数达到131.35万户，占有线电视用户的比重达68.3%，比2007年提高57.4个百分点。广播节目和电视覆盖率的提高、有线数字电视用户规模的迅速扩大，有力推动了城市信息化和社会信息化进程。

3. 互联网普及率快速提高

"十一五"期间，电子计算机开始广泛进入寻常百姓家。2009年末，新疆居民每百户拥有计算机，城镇为45.19台，农村为1.68台，分别比2006年提高57.5%和5.5倍；互联网用户数达到133.7万人，比2005年增加27.9万户，增长26.4%；上网网民数达到634万人，比2005年增加508万人，增长4倍。互联网域名数达到40958个，其中CN域名数34545个，网站数为8317个（见表3）。

表3　　电话、电视以及互联网用户数

	2005年	2006年	2007年	2008年	2009年	2010年
固定电话用户数（万户）	612.2	706.9	678.1	634.9	573.1	547.5
移动电话用户数（万户）	531.3	671.1	808.3	1051.3	1119.6	1359.8
有线电视用户数（万户）	144.1	154.1	162.0	163.9	181.0	192.5
有线数字电视用户数（万户）			17.7	32.4	102.9	131.4
国际互联网用户数（万户）	105.8	123.7	157.8	142.8	133.7	161.1
广播综合人口覆盖率（%）	93.1	93.4	93.5	93.5	94.4	94.9
电视综合人口覆盖率（%）	92.8	93.1	93.5	93.5	94.8	95.3

注：2010年为预测数。

资料来源：《新疆统计年鉴2010》，新疆各年统计公报。

（二）信息化应用全面推进

信息化应用是信息化建设中决定性的一环。"十一五"期间，新疆信息化应用在经济社会领域全面推进，电子政务稳步展开；科技、教育、文化、医疗卫生、社会保障、环境保护等社会信息化领域步伐明显加快。

1. 电子政务应用全面展开

新疆建设了以自治区人民政府为中心联结全区各地州市政府（行署）、各政府部门、直属机构及各县市共900多个单位的光纤专线网络，形成了全疆电子政务内网骨干传输平台，并与自治区党委、人大、政协、生产建设兵团、高级法院等自治区级领导机关实现连接和应用，建成了包括300多家地区和单位的政府公文网上交换系统，大大提升了政府机关的办事效率。

自治区人民政府及14个地州（市）政府（行署）、36个自治区政府部门、98个县、市、区政府及各部门也都建立了基于互联网的公众网站，开展了"百件实事网上办"活动。"信息公开、网上办事、在线互动"等功能进一步完善，部分单位开展"在线审批"试点，促进了政府与公众的沟通，提高了各级政府的服务水平。县级电子政务试点工作顺利实施。

自治区财政、税务、工商、质检、食品药品安全、安全生产、审计、海关等业务系统建设不断完善。

自治区级基础数据库工作有序进展，人口、法人数据库不断完善，宏观经济数据库着手建立，基础地理信息数据库进一步深入。

2. “两化融合”工作不断深入

自治区两化融合工作取得进展，出台了《关于利用信息技术改造和提升传统产业的指导意见》，提出了推动新疆新型工业化进程的发展思路及任务措施。

企业信息化不断深入，信息技术应用水平不断提高。石油、化工、电力、冶金、有色、机电、轻工、建材、纺织、商贸流通、旅游服务等行业企业在设计、生产、管理、经营、商务以及安全生产、节能减排等各个领域广泛应用信息技术，部分重点行业企业信息化程度已达到国内领先水平。

自治区电子发展、中小企业、技术改造、科技等专项资金支持了一批企业信息技术应用类项目，取得较好效果。目前，86%的企业建立了企业内网，78%的企业采用了生产经营管理、行政管理信息系统，42%的企业建立了企业外部网站，机械制造行业63.2%的企业在设计领域普遍运用了计算机辅助设计（CAD）工具。制造业信息化示范工程取得突破，80%的大中型企业实现“双甩”（甩账表+甩图纸）目标。

3. 社会信息化程度进一步提高

交通、社会保障、医疗卫生、科技、教育、社会服务信息化进展迅速，大大提升了公众服务能力和服务水平。人力资源和社会保障公共服务信息化不断完善，劳动就业、社会保障信息系统覆盖所有地州、县市，并实现联网应用，开通了人事人才、劳动和社会保障网站及12333咨询服务电话。医院管理信息系统广泛应用，疾病报告管理信息系统基本建立，新型农牧区合作医疗信息化建设稳步推进。中小学远程教育站点建设覆盖全疆，教育门户网站不断完善，各地州市均建立了教育门户网站，全区31所高等院校建立了校园网并接入CERNET，中小学信息化装备水平不断提高。社区信息化建设取得初步进展，部分区、县、市建成了社区信息化应用平台，完善了社区管理的基础信息，提高了计划生育、社会保障、就业、医疗卫生、治安维稳等方面的管理服务水平。

4. 农村信息化成效明显

出台了自治区《关于实施新农村百千万信息服务行动的决定》，设立了农村信息化专项资金，为新疆农村信息化的建设提供了政策和资金的保障。开展了涉及12个地州31个县市的农村综合信息服务工作，农村综合信息服务体系进一步完善，信息服务工作全面展开，全疆互联网覆盖率达到88.4%。922个乡镇中，已有818个通了互联网，668个建立了网站（网页），农民经济合作组织有计算机并可以上网的占总数的33%。自治区农村党员干部远程教育网，已覆盖全区所有的县市、乡、建制村，建点率达98%，目前正向城市社区延伸。

自治区兴农网、昆仑网、农业信息网以及电信、移动、联通等电信运营企业、软件服务企业积极参与面向“三农”的信息服务工作，开展多种形式、各具特色的信息服务，一定程度解决了农牧民获取信息难的问题。开展了多种形式的面向农牧民的信息技术培训工作，提高了农牧民利用信息技术致富的能力。为拓宽新疆1600万亩享誉国内外的特色林果产品销售渠道，减少交易环节，采取“政府引导、企业化运作”的方式，筹建了新疆特色林果电子商务股份有限公司，建设了新疆特色林果电子商务平台，填补了新疆空白，为林果企业、种植大户、经纪人、专业合作组织、用户等提供方便、快捷、安全、实用的网络交易服务，促进我区林果产业发展。

5. “村村通”工程不断巩固加强

为保证广播电视“村村通”长期通，从2008年起，新疆自上而下成立了各级农村广播电视“村村通”运行维护管理机构，由财政全额拨款为每个乡镇聘用一名专职维护人员，自治区财政每年安排700多万元用于“村村通”工程运行维护。自治区还投入专项资金，为南疆三地州及全疆国贫县、区贫县、边境县共50个重点县（市），配备1辆“村村通”运行维护专用车和1台“村村通”用户管理信息系统专用计算机，为逐步建立农村广播电视运行维护长效机制提供了重要物质保障。各地、各级广电部门把“村村通工程”和“大喇叭工程”作为农村文化建设的重要内容，充分发挥农村广播电视在宣传群众、服务群众、教育群众、团结群众和维护稳定等方面的重要作用。逐步建立完善广播电视“村村通工程”服务体系，切实提高了运行维护管理的质量和水平，确保农村广播电视长期通、优质通。

6. 少数民族信息技术应用不断深入

少数民族文字软件开发取得长足进展，维哈柯文操作系统、办公套件、网站群管理系统、电子词典及一些应用软件研发成功并开始应用。面向中西亚的软件外包开始起步，开发了相关的俄文、阿拉伯文的软件产品，在哈萨克斯坦等中亚国家得到了初步的推广，目前已经累计实现出口创汇20多万美元。

少数民族语言文字信息技术标准研究取得突破，国标《信息技术维、哈、柯文编码字符集》通过审定并正式发布，国标《信息技术信息处理用维、哈、柯文字型白体、黑体》曲线字型标准通过国家标准审定与公示，《古代维吾尔文编码字符集》提案在国际标准化组织、美国2008年第52次WG2会议上正式通过。

（三）信息产业在国民经济和社会发展中的基础作用进一步增强

信息产业一般分为信息设备制造业、软件业和信息服务业三大领域，是“十一五”期间国家“大力发展的核心基础产业”和“重点培育的新产业群”。随着新疆信息化带动工业化战略的全面实施和产业结构调整力度的加大，信息产业已呈现出良好的发展势头，产业特色和产业优势逐步形成，在国民经济和社会发展中占据越来越重要的地位。

1. 产业规模不断扩大

2009年电子信息产品制造业年末平均从业人员2955人，比2005年增长28.4%。

2010年规模以上信息产业中电子信息产品制造业完成增加值1.18亿元，比上年增长11.8%；实现利润总额1.81亿元，比2005年增长1.6倍，占全部规模以上工业的0.4%；实现利税总额2.53亿元，增长1倍，占0.15%；资产总计14.23亿元，占0.5%。

2009 年，全区电子信息产业规模以上 114 家企业实现业务收入 46 亿元，利润 3.9 亿元，保持了 7 年持续增长，以电子铝箔为代表的电子材料、以光伏电子太阳能应用为代表的新能源产业初具规模。

2. 软件产业快速发展

软件产业进步较快，在个别领域形成了独有的优势和特色，初步实现了从产品到服务的转型。引进与自主创新相结合，开发出一批重大电子信息系统软件、智能化产品及嵌入式软件产品，建立了制造业数字化技术服务平台，初步形成产业化规模。

截止 2009 年，通过认定的软件企业 60 家，软件产品 214 个；信息系统集成企业 258 家，其中国家布局内重点软件企业 2 家，CMMI 认证企业 8 家。2009 年实现收入 32.24 亿，年均增长 30% 以上。其中软件业务收入 16.11 亿元，比上年增长 17.0%；软件产品收入 2.04 亿元，比上年增长 28%；系统集成和支持服务收入 12.09 亿元，比上年增长 15% 元。

3. 邮电通信行业增势迅猛

随着经济发展和人民生活水平的提高，邮政和电信业务快速增长，尤其是电信业，已进入了前所未有的大规模、高速度、高层次发展的黄金时期，在国民经济中的份额明显上升，有力地促进了社会经济的发展。2009 年，自治区邮电业务总量达到 479.65 亿元，比 2005 年增长 1.8 倍，年均增长 35.7%。其中电信业完成业务总量 466.30 亿元，占邮电通信业的 97.2%。2009 年，邮电通信业实现增加值 166 亿元，同比增长 13.9%，占 GDP 的比重为 3.9%。

2009 年，新疆移动电话短信业务量 61.4 万条，居西部第 9 位；互联网上网人数 634 万人，居西部第 5 位；移动电话年末用户 1113.0 万人，居西部第 8 位；其中 3G 移动用户 37 万户，居西部第 3 位。

4. 新型业务模式和体系不断涌现

2006 年新疆第一家电子认证服务企业——新疆数字认证中心成立，这也是新疆唯一的一家电子认证服务企业，它的出现成为我区服务业信息化的重要标志。数字证书在电子商务涉及的招标采购、网上银行、电子商务管理等各领域得到了广泛的应用。

尽管受到全球金融危机的冲击，新疆银行卡产业总体上依然保持了强劲的发展势头。截至 2010 年末，新疆银联标准卡已突破 2600 万张，全年新增 697 万张，同比增长 32.5%。全区银行卡跨行交易额 932 亿元，同比增长 74%，联网商户突破 4.8 万户，同比增长 40%；联网机具突破 6.1 万台，同比增长 27.8%，银行卡交易占社会商品零售总额的 25.8%。

（四）信息化发展环境逐步优化

2010 年，新疆人均 GDP 突破 3000 美元，达到 3690 美元。经济实力的不断增强，为信息化的进一步发展提供了广阔的市场。与此同时，各地区、各部门、各单位对网络与信息安全工作更加重视，网络与信息工作普遍有所加强，技术防护水平有所提高，网络与信息安全基础性工作得到加强，信息化发展环境逐步优化。

1. 信息化法律法规建设取得突破

《新疆维吾尔自治区信息化促进条例》于2009年9月25日由自治区第十一届人大常委会审议通过并正式发布，于2009年12月1日正式实施，成为自治区信息化工作指导性法规。

2. 网络与信息安全工作取得进展

自治区突发公共事件应用平台建设取得进展，政府综合管理和应急处置能力进一步提高。“十一五”以来，95%的政府单位明确了网络与信息安全工作机构，95%以上的政府单位落实了安全责任人，充实了信息安全专兼职人员，明确了信息安全检查工作负责人。初步形成了“领导重视、机构健全、人员到位”的网络与信息安全工作局面。

各地区、各部门和各单位网络与信息安全制度逐步建立健全，普遍使用国产信息技术产品，使用的信息安全软件产品国产化率达到98.1%，信息安全硬件产品国产化率达到99.4%，提高了网络与信息系统的可靠性和可信性，防护水平不断提高，有力地保障了网络与信息安全。

网络与信息安全事件应急工作开始起步，大多数单位制定了网络与信息安全事件应急预案，一些单位还初步确定了应急支撑技术队伍，初步建立了应急响应机制。

三、信息化建设存在的问题

“十一五”期间，新疆信息化发展取得了巨大成就，但总体水平仍然滞后，还存在许多问题，突出表现在以下方面。

（一）在基础设施建设方面

虽然新疆信息化基础设施建设在十一五期间发展较快，但整体来看，基础设施水平与全国平均水平、与东部地区相比，还有很大差距。信息化建设资金投入不足，依然存在重硬件轻软件、重建设轻应用的现象。同时，城乡之间、南北疆之间信息化基础条件差距很大，发展任务艰巨。

（二）在信息化应用方面

整体应用水平落后于实际需求，信息技术的潜能尚未得到充分挖掘，大部分领域应用效果也不够明显；电子商务还处在起步阶段，电子政务领域，发展水平低，信息公开不充分，跨部门业务协同和信息共享能力弱。中小企业信息化水平较低，企业信息化技术支撑和服务体系还不健全，两化融合的任务还比较艰巨。

（三）在信息产业发展方面

起步晚，规模小，发展缓慢。截止2009末，新疆仅有3家规模以上电子信息制造业企业，比2005年仅增加1家；软件业企业107家，在西部居第5位；外国和港澳台投资信息传输、计算机服务和软件业企业2家，比2005年减少2家。总体发展水平处于低端，高端行业、产品生产仍是空白。此外，受各种因素制约，信息化管理体制尚不完善，电信监管体制改革有待深化，信息化法制建设需要进一步加快和深化。

(四)在信息技术创新方面

资金短缺、人才匮乏、技术水平低、信息化滞后。新疆地方财力薄弱，金融业发展滞后，产业发展的融资成本较高，特别是中小企业融资难。高级技术人才、管理人才、产业工人缺乏。企业技术创新投入不足，工艺装备水平低，竞争力不强。信息化建设在国民经济和社会发展中的认识还有待进一步提高。

四、对“十二五”时期信息化发展的建议

(一)完善综合信息基础设施建设

进一步加强通信设施建设，发展多种形式的宽带接入，提高宽带接入率，实现互联网的广泛应用。加快数字广播、电视的建设与改造，促进数字广播、电视的普及覆盖。加快光纤宽带网络、第三代移动通信网络建设，促进“三网融合”。

加强信息安全保障体系建设，建立和推广以电子身份认证为核心的网络信任体系，建立电子政务安全监控及应急响应体系，全面开展重要信息系统安全风险评估工作，提高对网络安全事件应对和防范能力，加强基础信息网络和重要信息系统的信息安全工作，防止有害信息的传播，保障重要信息系统的可靠运行。建立数据备份和灾难恢复体系。

(二)积极推进政务信息化

结合政府职能的转变，按照政务公开、服务型政府的要求，以信息共享为突破口，进一步完善全区统一的电子政务网络平台，进一步实现政府职能的数字化、网络化，提高行政效率。

建设政府公共服务体系，推动服务型政府建设，以便民、利民为目的，把政府的服务延伸到街道、社区和村镇，广泛推行一窗式登记、一次性告知、一条龙审批、一单式收费的服务模式，为社会、企业和市民提供方便快捷的服务。

初步建立形成以应用服务为目的信息资源共享体系，提高信息资源开发利用和共享水平，实现部门间数据信息的实时交换和面向社会提供服务，提升政府管理和社会服务水平。

深化财税、审计、海关、工商、质检、食品药品安全等关键业务系统建设，完善数字化城市管理系统建设，加快推动城市空间地理信息、林业地理信息及影像传输、智能交通、安全生产监管、突发事件应急指挥、行政审批电子监察等重点业务系统建设。

加快应急指挥信息系统的建设，推进公安、水利、卫生、交通、地震、气象、质监、安全生产等部门的专业应急信息系统及地市级应急系统建设，提高政府协调管理和应急处置能力。

(三)深入推进国民经济信息化

加强信息技术在传统产业改造中的作用，改造和提升传统产业，发展特色优势产业，推进产业结构调整和传统产业的优化升级，优化资源配置。

推进信息化与工业化的融合，围绕工业产品研发设计、生产过程控制、企业管理、市场

营销、人力资源开发、新型业态培育、企业技术改造等环节，加大信息技术应用，提升企业生产自动化、智能化、企业管理现代化水平，培育新的经济增长点。

推广企业资源管理（ERP）、客户关系管理（CRM）和供应链管理（SCM）等应用，以骨干企业为龙头，构建产、供、销的协同式信息平台，推动产业链企业间信息资源的整合和业务协同。

支持信息技术在清洁生产、循环经济，节能减排、安全生产中的应用，加大对环境污染的监控和治理。

促进金融、旅游、交通和物流业快速发展；加快实现电子商务在商业、贸易、旅游、娱乐等领域的广泛应用，尽快形成一批具有一定地域辐射能力的专业性大型电子商务平台，促进经济发展模式创新；整合交通、检验检疫、海关、工商、税务等相关部门的物流信息资源，建设公共物流信息平台，形成较完善的物流信息化体系，促进现代物流业快速发展。

（四）扎实推进农村信息化

政府引导、整合资源，多方参与，构建统一的农村综合信息服务平台，进一步完善农村综合信息服务体系，强化农村综合信息服务信息员队伍，形成信息服务长效机制，更好地促进我区面向“三农”的农村信息服务。

建设农业数据中心、粮食数据中心，建立农产品监测预警系统、农业信息采集系统、农业科技信息联合服务系统、农产品和生产资料市场监管信息系统、农产品批发市场价格信息服务系统等（两个中心、五大系统），提高农业信息化应用程度。

支持信息技术在农业生产、管理中的应用，推广经济可用的农业灌溉控制系统、农业专家系统、农业生产管理系统、病虫害防治系统等。

推广乡镇综合管理信息系统、乡镇（村）财务管理系统，提高农村村务、政务管理能力。继续开展农牧民信息技术培训工作，普及农牧民利用信息技术的能力，缩小城乡信息化水平。

（五）全面推进社会信息化

进一步完善人力资源和社会保障信息系统建设，实现社会保障“一卡通”，建设统筹城乡、全国协调，支持经办、服务、监管、决策等全功能的信息管理系统，加强互联互通，促进社会保障各项业务的互动。加强卫生系统信息网络建设，加快突发公共卫生事件应急指挥、卫生执法监督、医疗救治等信息系统建设，增强疾病控制和救治能力，全面推进新型农牧区合作医疗信息化、城乡居民健康档案信息化。积极推行电子病历，促进医疗、医药和医保机构的信息共享和业务协同。

加快我区基础教育、高等教育和职业教育信息化进程，提高科研设备网络化应用水平，建设覆盖全疆的教育信息化网络，推动优质教育科研资源共享。积极发展现代远程教育，充分依托“农村中小学远程教育工程”促进优势教育资源共享。

加强就业信息统计、分析和发布工作，促进社会保险、社会救助、社会福利和慈善事业的网络化管理，加快档案信息管理利用平台建设，面向社会提供开放档案信息服务，提高工作效率，改善服务质量。

大力推进城市社区管理信息系统建设，完善社区基础信息资源库，加强常住人口和流动人口管理信息化建设，规范人口和育龄妇女信息管理，建立连接政府各服务部门的社区管理网络，促进城市管理资源整合，为公众提供便利的文化娱乐、电子商务、网上教育等服务，满足市民对各种生活信息的需求，提高社区管理和服务的信息化水平。

（六）大力发展信息产业和信息服务业

大力发展有特色的电子信息产品制造业、软件业、信息服务业。电子信息产品制造业继续支持电子铝箔、电子箔、MW 级低倍聚光太阳能并网发电项目等，适时发展具有新疆优势、市场前景好、技术含量高的电子信息产品。

加快发展软件产业，重点支持面向企业信息化、行业信息化、农村信息化、电子政务、电子商务的软件开发与技术服务，扶持一批骨干软件企业，建立具有我区特色的软件产业基地。

不断提升信息服务业，大力发展第三代移动通信、下一代互联网等新一代信息传输服务业，发展数字内容服务业，加强政务及公益性信息资源的开发利用和增值服务，推进商业性信息资源开发利用，大力发展面向新闻出版、广播影视、文化体育、医疗卫生、科技教育等公共文化领域的数字内容产品，繁荣数字内容服务市场。

（七）着力促进少数民族信息技术应用

积极培养少数民族信息技术人才，引进区外少数民族技术、成果和人才资源，建立高水平的创新与产业化队伍，通过国家专项基金“维、哈、柯语言文字软件开发及产业化”项目的实施，完善维哈柯文信息处理标准及技术支撑体系，推动产学研结合、重点开发一批维哈柯文基础关键软件，开展面向电子政务、农村信息化、新闻出版的维哈柯信息技术应用示范，形成维哈柯文信息处理技术持续创新，相关软件产业化和应用互动发展的基本局面，加快形成我区民文软件产业化集群优势。

（八）进一步强化网络与信息安全工作

坚持积极防御、综合防范的方针，以基础信息网络和重要信息系统安全为重点，全面提高网络与信息安全防护能力，创建安全健康的网络环境，保护公共利益，维护国家安全和社会稳定。

基本完成自治区网络与信息安全保障体系建设，建立健全网络与信息安全技术创新、技术保障、安全培训的机构。

完善自治区电子政务安全保护系统，建立具有较强的防攻击、防入侵、防病毒、防泄密、防篡改能力，具有较为严密的安全审计系统、漏洞扫描系统、入侵检查系统的网络与信息安全防护机制。广电、交通、电力、金融、医疗、社保、教育等基础信息网络和重要信息系统安全保护达到较高水平，核心系统安全保护等级达到 3 级或 3 级以上。

网络与信息安全基础性工作达到较高水平。95% 以上的政府机构全面完成信息系统安全等级保护工作，90% 以上的能源、交通、医疗、教育、公用事业等行业单位完成信息系统安全等级保护工作。90%以上的政府机构开展网络与信息系统安全风险评估，自治区每年至少组织一次全区网络与信息安全检查，重要信息系统的主管部门每年在系统内至少组织开展两次网络与信息安全检查。

建立并完善网络与信息安全应急工作机制。建立健全全区应急指挥系统及应急支撑平台，进一步完善，各级网络与信息安全事件应急预案。建设重要信息系统异地灾难备份中心，具备全部1级至6级的灾难备份功能，网络与信息安全培训教育工作达到较高水平。90%以上的网络与信息安全工作人员接受过培训或信息安全专业教育，其中80%以上持证上岗。

撰稿人：新疆维吾尔自治区经济与信息化委员会 苏国平
新疆维吾尔自治区统计局核算处 张 凡
新疆维吾尔自治区统计局科研所 古丽娜
新疆维吾尔自治区经济与信息化委员会 陈 辰
李婵娟

Chapter 3
Special Report
Hong Kong，Macao and Taiwan Statistical Evaluation Analysis Report of Informatization Development Index（Ⅱ）

第三部分

专题报告

港、澳、台信息化发展指数（Ⅱ）统计评估分析报告

香港特别行政区信息化发展指数（Ⅱ）统计评估分析报告

香港特别行政区是全球重要的贸易经济体系、外汇市场和金融中心，经济发展素以自由贸易、低税率和最少政府干预而著称。在信息化建设领域，香港特别行政区也取得了很好的成绩，不少国际研究所和世界权威机构发表报告，对香港给予很高的评价，例如世界有名的《经济学人》（*The Economist*）把香港信息化水平评为全球第7名，亚洲地区第1名；世界经济论坛发布的《2009～2010年全球信息技术报告》中，香港特别行政区在网络准备度指数排名中居世界第8位。这些领先的国际排名，进一步肯定了香港作为先进的数码网络城市的地位。

一、香港特别行政区信息化发展指数（Ⅱ）统计评估分析

（一）香港特别行政区信息化发展指数（Ⅱ）稳步快速提升

1. 2009年信息化发展指数（Ⅱ）达到0.95

香港特别行政区近10年的信息化总水平在不断攀升，2009年已跨上新的台阶，信息化发展指数（Ⅱ）达到0.95（见图1）。

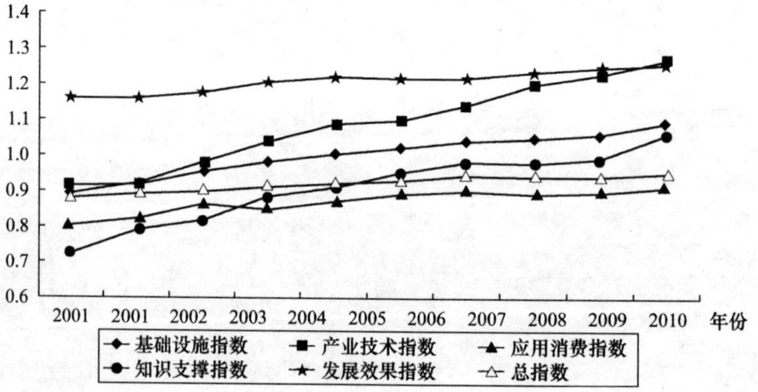

图1　2000～2009年中国香港信息化发展总指数及各分类指数比较

2000～2009年，香港特别行政区的信息化发展总指数分别为0.88、0.89、0.90、0.91、0.92、0.93、0.94、0.94、0.94、0.95，呈逐步上升趋势，各项分类指数均衡发

展，齐头并进。10年间，香港特别行政区的信息化发展一步一个脚印，取得了令世人瞩目的成就（见表1）。

表1　2001~2009年香港特别行政区的信息化发展指数（Ⅱ）与分类指数比较

	2000年	2001年	2002年	2003年	2004年	2005年	2006年	2007年	2008年	2009年
总指数	0.88	0.89	0.90	0.91	0.92	0.93	0.94	0.94	0.94	0.95
基础设施指数	0.89	0.92	0.95	0.98	1.00	1.02	1.04	1.05	1.06	1.09
产业技术指数	0.91	0.92	0.98	1.04	1.09	1.10	1.14	1.20	1.23	1.27
应用消费指数	0.80	0.82	0.86	0.85	0.87	0.89	0.90	0.89	0.90	0.91
知识支撑指数	0.72	0.79	0.82	0.88	0.91	0.95	0.98	0.98	0.99	1.06
发展效果指数	1.16	1.16	1.18	1.20	1.22	1.22	1.22	1.23	1.25	1.26

2. 2000~2009年信息化发展指数（Ⅱ）年均增长速度达4.4%

2000~2009年，香港特别行政区的信息化发展保持平稳快速增长态势，信息化发展指数（Ⅱ）年平均增长速度为4.4%。互联网普及程度和信息产业发展水平平稳快速提升。其中，应用消费指数和产业技术指数年均增长速度在所有分类指数中发展最快，分别达到7.3%和6.8%。

2006~2009年，香港特别行政区的信息化发展以平稳发展为主基调，信息化发展指数（Ⅱ）年平均增长速度为2.1%。其中，基础设施指数和应用消费指数年均增长速度在所有分类指数中发展最快，分别达到3.9%和3.7%。

（二）香港特别行政区信息化各个方面发展呈齐头并进之势

2000~2009年，香港特别行政区信息化五个分类指数都得到不同程度的提高。

1. 应用消费指数和产业技术指数水平最高

随着香港特别行政区对信息产业各方面建设力度的加大，信息产业的宏观环境及技术层面都得到了快速发展。与此同时，由于互联网普及率稳步提升，人均信息消费不断扩大，应用消费指数水平处于较高位置。2009年应用消费指数和产业技术指数分别达到0.91和1.27，产业技术指数值比总指数值高33%，应用消费指数值比总指数值略低4%。这两个分类指数10年间年均增长速度分别为7.3%和6.8%，它们是香港特别行政区过去10年间信息化发展重要的推动力量。

2. 基础设施指数和发展效果指数保持稳定增长

2000~2009年，香港特别行政区不断加强基础设施建设，电话、电视机、计算机拥有率快速提高，目前已成为世界上户均占有基础设施比重最高的地区之一。这不仅是特区政府对互联网基础设施建设不断加大力度的结果，也是互联网用户普及率程度较高的表现。到2009年，香港特别行政区信息化基础设施指数和发展效果指数分别达到1.09和1.26，10年间这两个分类指数年均增长速度分别为4.4%和2.6%。

3. 知识支撑指数增长放缓

经过前些年的快速增长，知识支撑指数已经提升到一个相对高的水准。近两年香港特别行政区信息化知识支撑指数增长放缓，其中2000~2009年的10年间，2006~2009年的5年间，年均增长速度均为1.0%。(见表2)。

表2　　2001~2009年香港信息化发展指数（Ⅱ）与分类指数增长速度比较

	2001年	2002年	2003年	2004年	2005年	2006年	2007年	2008年	2009年	2006~2009年平均	2000~2009年平均
总指数	7.5	9.1	3.2	6.7	5.2	3.8	0.5	0.8	5.4	2.1	4.4
基础设施指数	-0.4	10.2	8.2	5.6	0.6	4.6	5.3	1.9	4.7	3.9	4.4
产业技术指数	15.9	22.3	-3.2	10.3	12.4	4.8	-3.8	2.5	7.1	1.6	6.8
应用消费指数	17.4	8	4.8	12.3	8	7.1	1.2	1.2	9.2	3.7	7.3
知识支撑指数	0	2.5	1.3	1.5	0.2	0.2	0.3	1.8	0.9	1.0	1.0
发展效果指数	4.8	2.4	5.1	3.6	4.6	2.1	-0.3	-3.1	5.1	0.3	2.6

（三）香港特别行政区信息化发展水平评估分析

目前，香港特别行政区在信息机构、信息传播系统和信息技术水平上均处于世界领先地位，拥有形式多样的官方、半官方及民间信息咨询服务机构和信息传播媒介；拥有高效、优质的邮政服务体系，卫星通讯、光纤通讯、微波通讯等先进技术得到普遍应用。全香港电话密度居世界前列，人均国际电讯使用率及传呼机拥有量亦居世界榜首。同时，香港还是世界上第一个拥有全数码系统电讯网络的城市，人均图文传真、移动电话使用率居世界第2位，是世界的出版和印刷中心。国际新机构在香港设立亚太地区总部、分社或办事处，世界著名的跨国公司把香港作为其在亚太地区和世界各地的通讯中心。进入21世纪以来，信息化更显现出它举足轻重的作用，极大地促进了香港特别行政区国际金融中心的形成，奠定了香港经济发展的坚实基础，给香港经济注入全方位的活力，已成为香港经济不可或缺的支柱。

1. 信息化促进了香港特别行政区国际金融中心的形成

香港特别行政区是世界四大金融中心之一，金融业已成为香港最重要的经济部门，并在各个方面影响着世界经济的进程。据报道，全球最大的50家银行中，90%在香港从事经营活动或设有办事机构。香港的保险公司数量居亚洲第1位，它还是世界四大金市之一，而且是世界外汇重要市场之一，并为资金管理的主要中心。这些成绩的取得同信息化的发展是密不可分的。香港的经济政策经常被人引证，作为自由化发展模式的典范。香港经济的活力就在于它所奉行的“自由贸易”、“自由外汇”、“自由投资”等一系列政策，这就为香港经济的发展创造了良好的、公平的竞争环境，使得经济活动，尤其是国际经济活动日趋频繁。随着经济交往升温，从而带动了与之密切关联的金融信息交流，金融信息服务应运而生，使金融信息的加工、处理、传输应用水平不断提高。金融信息服务为香港经济提供了外汇、资金、证券市场等主要金融信息。除金融机构外，股票市场、黄金市场、期货市场等各种金融市场也定期向外界公布交易信息，有的信息公司还有自己的专用金融信息渠道。香港通讯领域的信息化为金融信息拓宽了渠道，现在很多香港人都用移动电话做不同的交易，如股票的买卖、银行的交易等，香港最早的移动系统就用在赛马投注上。香港的金融信息化水平一直处于世界领先地位。

2. 信息化奠定了香港特别行政区发达经济体的坚实基础

香港特别行政区有着发达的电信、电话系统和先进的电信基础设施。按人均计算，香港是世界上使用无线电传呼服务比率最高的地区之一，移动式无线电话用户数量居世界第2位；香港拥有现代化的地面卫星通讯站，与世界各地的通讯由陆地光缆和海底电缆、卫星、地面无线系统等相互连接，构成四通八达的通讯网络；香港是世界人均报刊数量最多的地区之一，仅次于美国、德国和日本，排名世界第4位的印刷品供应中心，使印刷业成为香港五大工业之一；香港还有近100家国外新闻单位和70多个国家（地区）政府的驻港机构或代表，美联社、路透社、合众国际社、法新社、新华社等国际著名通讯社都在香港设有分支单位。香港拥有一批在国际上享有盛誉的信息服务与开发机构，如国际商业资料公司、伟达公共关系顾问公司、基讯亚洲有限公司、新鸿基资料研究有限公司、获多利商业资料有限公司等。信息化使香港具有较高的社会信息环境整体水平，突出表现在以下三个方面：

（1）信息资源丰富。广播、电视、杂志、电讯、电话等媒体24小时不间断地向各行各业传播信息。

（2）信息渠道多，信息内容广。例如，国际商业资料公司、康巴斯国际信息服务有限公司等，它们少则在全球30～40个国家（地区），多则在70～80个国家（地区）设有若干个分支机构。由于这类机构设在不同的地区，任务不一，因此不仅使香港的信息渠道大增，而且信息的内容也更加丰富和广泛。

（3）信息时间差距小。无论何时何地，人们都可以了解到世界上最新的信息。

3. 信息化给香港特别行政区经济注入了全方位的活力

香港的信息开发服务机构形式极为多样化，服务对象和服务范围各有特色。它们当中有官方、半官方机构，也有民间机构；有本地机构，也有国外及内地驻港机构；有专门的机构，也有兼职的机构；有赢利机构，也有非赢利机构。在服务内容上，既有宏观的也有微观的；既提供信息支持、市场营销、市场调查等常规性服务，也有非常规服务的。在服务方式上，既有面对面的信息提供、问题解答，也有通过中间环节，比如出版专利、发表专题研究报告或通过经纪人等形式影响和帮助用户的间接服务；既有专题调研，为用户提供具体行动建议，直接输出智力成果的高级别服务，也有通过剪报的形式为用户收集反馈信息，或收集竞争对手、某个专题信息的一般性服务。香港的信息服务有以下四个显著特点。

（1）精于选择市场目标，避免信息服务的盲目性。如香港华南经济新闻社，只选取内地华南经济区为信息服务的对象。

（2）服务范围不追求“大而全”，而采用“舍大求专”的原则。在香港，没有综合性的信息机构，如香港贸易发展局只开展举办商展、专题研究、开发和建立商业信息系统三项服务。

(3) 依附集团，独立经营。香港不少大的财团、企业、公司大都有自己的信息公司，如新鸿基证券有限公司、恒生银行有限公司等。也就是说，信息业衍生、繁殖于其他产业之中，受其他产业的扶植，同时也为其扶植主体注入生机。

(4) 香港的信息机构十分重视本港信息输出和国外及内地信息输入，既重视外部信息，也重视本港信息。

4. 信息化已成为香港特别行政区经济的重要支柱产业

信息化在整个香港特别行政区的经济结构中占据越来越重要的地位。从第三产业内部看，产业重心由过去的批发零售及酒店旅游业转向金融保险、邮电通信、广播电视、计算机应用、广告及商业信息咨询服务。第三产业内部的这种重心转移，代表了香港产业格局的新趋向，说明信息化对经济增长的影响和贡献已愈来愈显著。信息工业的逐步崛起是香港信息化发展的一个重要趋势，目前主要的发展领域有：网络系统、商用通讯、信息技术的基础性教育设施、医用图像技术产品、医用电子器械和仪器、电子材料技术产品等。把发展信息产业打造成经济的支柱产业，香港特别行政区着重从以下三个方面入手：

(1) 大力发展信息产业，奠定香港特别行政区信息化建设的基础。作为全球通讯的枢纽之一，香港特别行政区的通讯基础设施十分发达。它是全球第一个采用全面数字化电话网络及实施可携性固网电话号码的大城市。2001 年底，全港就已有 500 万部电话和 390 万条电话线路，即每百人拥有 73 部电话或 58 条电话线路。为适应信息传递的需要，另有 41 万多条专用图文传真线路，平均每百条商业电话线路就有 23.3 条图文传真线路。移动无线电话服务的用户总数超过 570 万，普及率为 84%，居世界第 2 位。香港的电讯市场是世界上最自由的电讯市场之一，固定网络、移动电话、对外服务（国际长途电话）及设施（海底和陆上电缆、卫星）均已开放，提供便捷、优质和具有价格竞争力的电讯服务。2001 年 10 月，特区政府批准了四个“第三代”移动电话服务牌照，迈开了新的步伐。香港因其发达的电讯、电话系统和先进的通讯基础设施，成为东南亚电话密度最高的地区之一。

香港注重普及互联网应用。早在 2001 年，宽带网络就已覆盖了 97% 的家庭用户以及几乎所有的商业大厦。当时有 259 家互联网络服务提供商，互联网用户总数 270 多万。采用拨号连接形式的注册用户超过 200 万，平均每 100 人中便有 29.9 个用户。全港 60% 以上的住户拥有私人计算机，其中 50% 连上互联网。现在由香港和内地仲裁机构成立的亚洲域名争议解决中心，已获互联网域名及规约编号指定组织认可，成为全球第四个域名争议解决中心，也是亚洲第一个获得认可的域名争议解决中心。如此发达的信息业使香港具有较高的社会信息环境整体水平，并拥有丰富的信息资源，无论何时何地，人们都可以通过各种渠道把握世界上最新、最丰富的信息。

香港信息化的普及和发展，带动了香港经济的飞跃，推动了香港信息化建设的步伐。直到今天，香港依然凭借其强大的信息产业基础，在信息化进程上走在世界前列。强大的信息产业，为香港普及企业信息化时代奠定了基调。

(2) 推广智能卡。2003 年起，香港特区政府发出新一代的智能身份证，身份证内置有晶片，储存了持有人的资料数据、相片和指纹模板。晶片剩余的记忆空间可储存个人电子证书，让持有人在互联网上安全地进行电子交易。智能身份证也可用做图书馆的图书证，并可在自助服务站预订使用体育和康乐设施。目前，香港 16 ~ 65 岁年龄段的居民的智能卡持有率高达95%。近年来，深圳和澳门也开始接受智能卡消费，这一行之有效的方式还被推广到荷兰、迪拜等地。

智能卡的使用，给人们的生活带来了突破性的改变：去医院看病，只需刷卡，以往的病历及用药情况一目了然；学生到校刷卡，考勤、作业及在校表现等，家长都能全程掌握。在上海世博园香港中的案例馆，其场景原汁原味地反映了香港的“智能卡，智能城市，智能生活”。进入香港案例馆前，工作人员会给观众套上一个手环，只要将手环贴在读卡口上，大门就会自动打开。参观过程中，观众还可以使用手环和机器对话。在香港，乘车、购物、健身及支付费用……，只需一张智能卡就能全部完成。700 万人口的香港，拥有超过 2000 万张的智能卡。这些卡每天平均交易超过 1100 万宗，涉及金额超过 1 亿港元。在案例馆里除了一部用 360 度弧形屏幕表达“香港的对比”主题影片之外还有 14 个智能卡带来的智能城市生活故事生动有趣。智能卡使用的是无线射频识别技术，这些技术大力推广、普及应用后，带来了无法想象的智能生活。

(3) 积极推进信息化战略调整，努力打造香港特区“电子政府”。2001 ~ 2002 年是香港信息化建设进入发展战略大调整的关键时期。表现为：充分发挥基础设施和信息技术应用基础的既有优势，围绕信息产业，以“电子政府”为突破口，强调实用效果，推出了新的战略——“数码 21”资讯科技战略，即数码香港，连接全球。这一新战略包括五个方面：完善电子商务环境、确保政府带头发展电子商务、培育人才以配合信息经济发展、提高大众对数字技术的掌握能力及充分发挥香港在信息技术应用方面的优势。其根本目标在于，促使香港在急剧发展、竞争激烈的电子商务世界中“着着领先”。

在“数码 21”战略的指导下，香港持区政府加大“电子政府”建设力度，采取以用户为中心和“一站式”服务的方式，尽可能以电子途径处理政府内部的事务和提供公共服务，提高政府素质和工作效率，使有限的资源得到最大限度应用。香港第一期电子政务是 2001 年推出的“生活易”，主要是以政府为中心为市民提供服务，当时有 200 项电子政务服务及多种商业服务和内容。2004 年，发现电子政务服务使用率比较低，而且满意度不高。于是，在 2005 年推行一个新的概念，就是以民为本的“一站式”服务平台。2007 年，香港政府推出了“一站通”，即以民为本设计政府门户网站，以中立开放式向市民发布电子政务的内容。在 2007 年推出“一站通”以后，经过一年的使用，看到了市民对“一站通”的认同——每日平均有 2000 万的网站浏览量，浏览的页数从 1.6 增加到 24.5。香港特区政府每年都做客户满意度报告，2008 年市民的满意度是 87%。2008 年，香港的政府网站项目参加韩国首尔论坛，在电子政务评比中获得亚军，排名仅次于韩国。

“电子政府”是政府转型的长期过程，特区政府通过重组组织架构、业务流程以及重新决定工作优先次序等步骤来大力推进“电子政府”建设。市民通过这项计划可获得的电子公共服务项目有：递交报税表，缴纳税款及购买储税券；报名公开考试；查询职位空缺；换取驾驶执照及车辆牌照；购买统计数据及政府刊物；预约换领身份证及递交结婚通知书；选民登记；申领老龄卡；缴纳各种政府费用，更改储存于不同政府部门的个人资料；提供多种电子付款途径，如提款卡、信用卡 PPS（缴费）等。同时采用严密的网络和系统保安技术及程序。“一站通”的推出是政府发展电子公共服务的一个新的里程碑，标志着香港特区政府的公共服务采用以民为本概念的新的开始。

香港电子政务的建设水平在国际上居于前列。目前，香港已经为90%适合电子化的公共服务提供了电子化选择，如无纸化通关等。在香港的图书馆、商场、地铁及主要街道上，随处可见政府设立的公共信息服务站，市民可以由此进入“公共服务电子化”网站，接受来自50多个决策部门的180项网上公共服务。而“电子政府”在香港财经、审计、审批、税务等各部门的广泛实现，对促进香港电子商务的发展，提升全港信息化水平起到了非常重要的作用。

二、香港特别行政区信息化发展对内地的启示

香港特别行政区能取得经济社会发展的骄人成就，信息化起着不可估量的作用。其领先的管理理念、全面的技术覆盖、成熟的信息化应用均给世界留下了深刻印象。作为信息化建设领域起步较早的地区之一，香港确实有许多地方值得我们学习借鉴。

（一）信息业化的发展速度与其经济增长的速度要基本协调一致

香港特别行政区信息化的发展有力地改变了香港的经济面貌，增强了香港经济的国际竞争力。香港经济起飞于20世纪60年代，并于70年代以后进入全盛期。而香港的现代化信息业也始建于20世纪60年代，进入70年代以后，更是获得巨大发展。可见，香港信息业化的发展速度与其经济增长的速度是基本协调一致的。

香港信息化得益于经济的发展而逐步崛起，反过来又促进了经济的进一步繁荣，二者相辅相成，相得益彰。信息业对香港经济的促进作用包括间接作用和直接作用两个方面，间接作用是指信息业全面增强了香港经济的国际竞争力，开发了经济持续增长的潜力；直接作用是指信息业本身已经成为香港经济不可或缺的支柱产业。

香港在发展市场经济的同时大力建设信息事业的成功经验说明，信息化的发展要与市场经济的发展同步进行，信息化若超前于市场经济的发展，自己养活自己都有困难，其他事情也就无从谈起；反之，若发展滞后，又无法满足市场和社会的要求，影响到社会经济的发展。那么，如何在社会主义市场经济条件下，结合内地的实际情况，建设具有中国特色的社会主义信息事业，做到经济建设和信息事业建设协调并进，是一个值得认真思考和探索的课题。

（二）深化内地和香港特别行政区的电子商务合作

香港特区政府在电子政务上的一些做法，对内地一些科技开发区的电子政务建设有着很好的借鉴意义。香港建立全球首个电子投标系统，实现80%政务项目电子投标；应用第三代移动通讯服务、地理信息系统和全球卫星定位系统，鼎力打造移动政府；采取统一的政府网站外观与风格，树立香港特区政府的网上品牌形象；每日点击率超过180万次，勇夺斯德哥尔摩科技挑战奖的“公共服务电子化”旗舰网站，香港电子政务的成功已显而易见。内地如果要利用这个国际中心，迫切需要在信息化层面打通国际商贸中心，实现信息的直通车，主要有三个方面的内容需要考虑。

（1）尽快实现内地商贸与香港商贸业务系统的安全对接。香港商贸系统涉及前台的贸易通公司和后台的香港特区政府，双方协作处理与政府有关的电子贸易文件。内地的商贸系统需要做好这两个层面的对接，实现信息直通到香港的贸易商及承运商，促进内地电子商贸与国际社会零距离的融合。

（2）两地电子商务证书尽快实施相互交叉认证。两地应全面推广电子签名应用，联合规范认证机构和电子交易服务提供商的管理，保障电子贸易的安全和可靠。尽早成立顶级电子商务认证中心，通过国际性认证加入全球证书认证系统。

（3）联合推广储值卡，拓展应用范围，实现“一卡在手，走遍全中国”。香港智能卡在全港大部分公共交通工具上可以直接支付车费，同时也可在商店购物、餐厅消费以及缴纳泊车费用。该卡初步具备日常消费电子支付手段的功能，完全可以在优化后推广到内地，成为国内处于垄断地位的银行卡强有力的竞争对手。

过去10年间，香港和内地在信息化应用合作方面已经取得了一些进展，但继续合作的空间依然巨大。双方各有特点和优势，可通过优势互补拓展更大的合作空间。通过合作，香港可以利用信息化开拓内地的市场机遇，维持其国际地位；另一方面，内地可以借助香港在信息化应用、建设和运营管理方面的成功经验，促进自身的发展。

（三）用信息化缩小内地城乡之间的差距

香港一直以来都是市场经济运作，特区政府各项政策的制定都是以服务社会商业运转为基础，所以“电子政府”在建设伊始就非常注重以公众服务为出发点。而在内地，信息化基础普遍比较薄弱，城乡发展非常不平衡，加之没有现成经验可供借鉴，便采取了一种先政务后应用的战略步骤。内地农民有7亿之多，不少乡村有丰富物产，是个极具有潜力的消费市场。现时的问题只是欠缺技术和信息等市场诱因，把农村的资源与城市的需求，以及把城市企业的产品与农村对现代化的渴求配对起来。而使用电子商贸，就是在城乡之间架起一座桥梁，使农村成为城市企业的新兴市场，也使传统的农业迈向现代化和更具赚钱能力，为双方造就商机。农村信息化除了有利于农民接触新技术，使耕作现代化，增加收入和改善生计外，还能提升农村地区的发展机会，农民不再因为收入不足而放弃耕作，到城市打工谋生成为流动人口。从而缩小内地城乡之间的差距，有利用于维护内地社会的稳定。

农村信息化工程应将惠及贫穷农村的儿童教育为重点目标，尤其现时在很多山区农村连基本的教育基础设施也没有。在知识水平较低的情况下，即使推行农村信息化，受惠的也只是较富裕的一群人。因此，必须打造真正的“数字农村”，通过实现农村信息化向实现社会共同富裕迈进。

（四）加强两地的社会管理合作

信息化在社会管理方面效果显著，潜力巨大。两地身份证管理信息系统，应尽早对接，做到核实信息共享。香港的智能身份证，已经为港内居民提供了一个方便、快捷的服务平台、安全的电子商务环境和增值服务发展空间，是全民性的资讯基础设施。香港政府依靠智能身份证系统有效管理社会。而内地新建的流动人口信息系统，也可以通过与香港电子政务业务系统合作采集和更新信息，做到数据新和准，协同维护社会安全。

（五）学习香港经验尽快制定国家宽带发展战略，实现内地宽带化

2009 年世界银行对 120 多个国家和地区的经济分析表明，宽带服务渗透率每增加 10%，能够带来 1.3% 的经济增长。中国信息化虽然进展很快，但中国信息与通信技术的应用，大多还停留在发达国家 20 世纪 90 年代的水平，真正能够提高自主创新能力、提高国家竞争力的高端应用，还远没有成为主流。2009 年底中国的国际干线带宽平均到内地每个网民为 2.25Kbps，而 2007 年底香港已经是 24.5Kbps，内地不及香港当时水平的 1/10。所以要结合发展形势，从战略高度推动宽带化发展。宽带化不仅是国民经济发展的需要，也是社会发展必经的阶段。当前要从多方面落实促进宽带网建设和宽带业务应用的措施，真正做到如温总理所提出的“使信息网络产业成为推动产业升级、迈向信息社会的‘发动机’”。

（六）必须高度重视国家信息基础设施的安全建设

从全球发展态势看，信息技术是支撑世界经济长周期增长的主导因素，无论发达国家还是新兴发展中国家，都把电子信息产业作为重点发展的战略性产业。中国亦将其列为七大新兴战略产业之一。专家预测，“十二五”期间工业领域信息化的市场空间和价值无疑很大，据有关预测，信息化投资将占整个工业领域投资的 3% ~5%。未来 5 ~10 年，信息技术孕育着巨大商机，因而成为各国企业争夺的高地。而信息安全则是信息技术的基础。从目前情况看，国家基础设施信息化与国家信息基础设施的安全建设存在巨大空白。目前在国内外地铁运行过程中，通常会发生一些交通意外和技术设备故障等问题，造成了相当大的安全威胁，对这方面，香港铁路的信息化经验可能会提供一些借鉴和帮助。我们按照国际惯例将风险分为不同的层次，分析风险发生的可能性以及它对业务的影响，然后采取相应的措施来尽量防止这个可能性的发生，这是非常困难的，数据量很大，几乎每个风险分析都有相对应的团队。我们通过系统自动化，将所有的信息都加在一起，起到了预防的作用。为争夺先机和巨大市场，业务范围涉及机电设备、密封技术、润滑技术、电子设备、工业控制设备、传输设备、仪表仪器、能源投资等多个项目，加强基础设施的安全建设，弥补信息安全，防护空白十分重要。

信息化对社会经济发展的作用已成为社会生产要素之一，特别是在全球经济一体化的进程中，其重要性已逐步超越了资本、能源、原材料等其他生产要素。可以说，国与国、地区与地区、企业与企业之间，主要表现在对信息与知识的生产、传播、使用能力上。从香港的成功经验可以看到，信息技术的发展和应用使企业的运营效率得到提高，成本降低，为社会提供价格更低、质量更高的合格产品。受国际金融危机冲击严重，香港当前也存在贸易枢纽地位削弱、科技基础薄弱、产业空洞化等突出问题，为解决上述问题，特区政府提出加快产业转型升级的对策，2009 年又提出大力发展教育、医疗、检测及认证、环保、创新科技及创意文化等六项优势产业的政策措施。内地要充分抓住香港特区产业转型的极好机遇，共同把信息化水平提高到一个更加崭新的高度。

撰稿人：武汉大学经济与管理学院　熊　悦

澳门特别行政区信息化发展指数（Ⅱ）统计评估分析报告

近年来，信息技术正在以前所未有的速度推进信息化的发展进程，虚拟化、云计算、物联网、网络银行、移动支付等革命性新技术，逐步引导着社会经济发展方式的深刻变革。作为中国两个特别行政区之一的澳门，因其历史沿革、政治体制、经济发展、社会文化等方面具有鲜明的特点，使其在信息化发展方面呈现出不同的阶段特色。2006～2009年，澳门特别行政区的信息化进程在较高的水平上保持了快速发展的态势，信息化的基础设施、应用消费、知识支撑等指数都稳步增长，信息化发展效果稳中有升，信息化产业技术水平受全球金融危机影响而产生较大的波动，电子政务和电子商务水平都有了显著的提高。

一、信息化总体发展在较高的水平上得到快速提升

2006～2009年，澳门地区的信息化发展指数（Ⅱ）在较高的水平上保持了快速发展的趋势。

在此期间，澳门地区的信息化总指数值从0.900提高到0.970，和内地31个省（市、区）相比，其指数值一直仅次于排名第一的北京，高于排名第二的上海；和香港特别行政区、台湾地区相比，其指数值都明显低于这两个地区，因为它们的指数值都稳在1以上。从国际上看，其2008年的信息化发展总水平比较接近西班牙，后者在48个样本国家中排在第22位①，属于信息化发展中高水平地区（见表1）。根据五个信息化发展分类指数的发展趋势，预测2010年澳门信息化发展指数（Ⅱ）将达到0.995。

表1　澳门与其他代表性地区信息化发展指数（Ⅱ）比较表

	2005年	2006年	2007年	2008年	2009年
澳　门	0.885	0.900	0.911	0.949	0.970
北　京	0.957	0.970	1.001	1.016	1.053
上　海	0.845	0.871	0.906	0.931	0.965

① 详见前面对中国信息化发展指数（Ⅱ）总报告的分析。

续表

	2005 年	2006 年	2007 年	2008 年	2009 年
台　湾	1.021	1.025	1.022	1.029	1.031
香　港	1.017	1.036	1.048	1.060	1.092
西班牙	0.903	0.920	0.935	0949	—

从增长速度上看，2006~2009 年期间，澳门地区除了在 2008 年有了一个高达 20.92% 的较大增速之外，其余的都稳定在 4% 以下，4 年的平均增速为 4.98%。该平均增速要高于同期的台湾和香港，但却不及内地 31 个省（市、区）中任何一个行政区域，因为这些区域中平均增速最小的为北京，但它就已经超过了 8%。从国际上看，2008 年其高达 20.92% 的增长速度仅次于排名第一的卢森堡（见表 2）。①

表 2　澳门与其他代表性地区信息化发展指数（Ⅱ）增长速度的比较表　单位：%

	2006 年	2007 年	2008 年	2009 年	2006~2009 平均
澳　门	1.40	0.43	20.92	3.92	4.98
北　京	6.01	10.23	8.45	8.06	8.19
台　湾	0.33	-1.77	-0.25	-2.79	-1.66
香　港	3.75	0.54	0.84	5.37	2.12
卢森堡	4.36	-1.46	23.26	—	—

二、信息化的基础设施建设水平稳步快速增长

2006~2009 年，澳门地区的信息化基础设施指数保持了稳步快速增长的趋势。

2009 年，澳门地区的信息化发展指数（Ⅱ）值达到 1 以上，每年都比以北京和上海为最高水平的内地 31 个省（市、区）要高，但低于香港和台湾。从国际上，2008 年澳门的基础设施指数比较接近于瑞士和爱尔兰，属于信息化基础设施建设较为发达的地区（见表 3）。根据其指数在 2000~2009 年的发展趋势，预测 2010 年澳门信息化发展的基础设施指数将达到 1.180。

表 3　澳门与其他代表性地区信息化基础设施指数值比较表

	2005 年	2006 年	2007 年	2008 年	2009 年
澳　门	0.886	0.943	1.004	1.059	1.125
北　京	0.718	0.719	0.721	0.676	0.698
上　海	0.723	0.771	0.799	0.778	0.800
台　湾	1.053	1.074	1.085	1.101	1.132
香　港	1.095	1.141	1.201	1.226	1.273

① 这里的国际比较仅是针对本书所取的 48 个样本国家而言的，下同。

续表

	2005 年	2006 年	2007 年	2008 年	2009 年
瑞　士	0.989	1.014	1.048	1.084	—
爱尔兰	0.858	0.918	0.989	1.031	—

从信息化基础设施指数的增长速度看，澳门地区 2006～2009 年的平均增长速度达 6.51%，高于信息化发展总指数的速度，在五个分类指数中，仅次于信息化产业技术指数。和内地 31 个省（市、区）相比，其年平均增长速度值仅高于北京、上海、广东和浙江，属于增长速度较低的地区。但是，该速度值却高于香港和台湾。从国际上看，其 2008 年的增速接近于墨西哥，后者在 48 个样本国家中排在第 18 位（见表 4）。

表 4　　澳门与其他代表性地区信息化基础设施指数增长速度的比较表　　单位:%

	2006 年	2007 年	2008 年	2009 年	2006～2009 平均
澳　门	8.95	6.66	6.23	6.65	6.51
北　京	1.88	0.01	-6.09	3.00	-0.30
上　海	7.68	5.65	-1.35	2.48	3.61
广　东	4.85	7.12	-1.13	4.86	3.92
浙　江	5.30	9.35	3.59	5.66	5.97
台　湾	2.33	1.10	1.78	3.11	1.99
香　港	4.56	5.27	1.89	4.65	3.89
墨西哥	5.73	7.94	6.28	—	—

从分指标来看，澳门的电话拥有率从 2006 年的每百人 162.93 部上升到 2009 年的 222.19 部，年均增长 10.90%（见表 5）。根据澳门特别行政区统计暨普查局的数据，2009 年 12 月澳门地区的电话用户总数为 1208740 户。其中，固定电话用户数为 171360 户，比 2008 年 12 月减少 2.59%，比 2005 年减少 1.74%；移动电话用户数为 1037380 户，比 2008 年 12 月增加 11.24%。2006～2009 年期间，固定电话户数在 2007 年达到峰值，而移动电话户数持续增长，整体的电话用户数仍保持了不断攀升的态势。

从电视机拥有率来看，2006～2009 年基本稳定在每百人 97 台左右，每年略有提升，增速较小，年均 0.79%。从计算机拥有率上看，这 4 年间从 2006 年的每百人 38.41 台稳步提高到每百人 48.16 台，年均 42.89 台，年均增速为 7.83%（见表 5）。

表 5　　澳门特别行政区信息化基础设施各子指标的数据表

	2005 年	2006 年	2007 年	2008 年	2009 年	2006～2009 平均增速
电话拥有率（部/百人）	149.50	162.93	184.85	200.82	222.19	10.90%
电视机拥有率（台/百人）	95.35	96.11	96.88	97.64	98.41	0.79%
计算机拥有率（台/百人）	32.81	38.41	40.61	44.38	48.16	7.83%

三、信息化的产业技术发展有较大的波动

2006~2009年，澳门地区信息化产业技术指数的发展波动较大。

澳门地区信息化产业技术指数值在2006年达到0.701，但在2007年下降到0.638，随后逐步回升，到2009年时达到0.741（见表6），该数值接近于同年内地的西藏、宁夏和青海。这4年的数值均低于同期的香港和台湾。从国际上看，其2008年的指数值接近于阿塞拜疆和泰国，两者在48个样本国家中排在第40位和第41位。根据其指数在2000~2009年的发展趋势，预测2010年澳门信息化发展的产业技术指数将达到0.757。

表6　澳门与其他代表性地区信息化产业技术指数值比较表

	2005年	2006年	2007年	2008年	2009年
澳　门	0.742	0.701	0.638	0.733	0.741
西　藏	0.539	0.597	0.616	0.674	0.741
青　海	0.659	0.642	0.666	0.724	0.743
宁　夏	0.664	0.715	0.681	0.722	0.740
香　港	0.890	0.899	0.892	0.897	0.910
台　湾	1.277	1.278	1.276	1.272	1.256
阿塞拜疆	0.672	0.747	0.753	0.757	—
泰　国	0.693	0.714	0.715	0.700	—

从信息产业技术指数的发展速度看，其波动较为剧烈（见表7）。2006年和2007年的增速均为负值，而2008年的增速迅速提高到89.59%，随后在2009年又退到5.35%，4年平均增速为7.92%。该平均速度仅比同期内地排在最后一位的天津高，但要比台湾和香港要高出许多。从国际上看，其2008年的增速仅低于排在第1位的卢森堡。

表7　澳门与其他代表性地区信息化产业技术指数增长速度的比较表　单位:%

	2006年	2007年	2008年	2009年	2006~2009年平均
澳　门	-15.95	-20.10	89.59	5.35	7.92
天　津	2.60	5.45	10.05	-0.31	4.45
台　湾	-0.65	-1.65	-2.98	-9.00	-4.63
香　港	4.80	-3.79	2.48	7.05	1.64
卢森堡	4.64	-18.39	106.39	—	—

从分指标来看，产业技术指数波动较大的原因主要源于其每百万人发明专利申请量的波动。2007年其每百万人发明专利申请量仅为2006年的47.4%和2008年的35.0%（见表8）。进一步地，考虑到在这3年澳门地区的人口数量发生的变化较小（分别为49.9、52.6和

55.2 万人），因此可以推断波动的原因主要源自其发明专利申请量的绝对数值。此外，从表 8 中还可以看出，其人均电信收入在 4 年间的平均增速为 4.63%。

表 8　　澳门特别行政区信息化产业技术各子指标的数据表

	2005 年	2006 年	2007 年	2008 年	2009 年	2006～2009 年平均增速
人均电信收入（元/人）	5254.03	5512.12	6193.69	5779.16	6312.89	4.63%
每百万人发明专利申请量（个/百万人）	6.34	4.01	1.90	5.43	5.51	11.22%

四、信息化的应用消费水平稳中有升

2006～2009 年，澳门地区信息化应用消费指数稳步上升。

澳门地区的信息化应用消费指数值从 2006 年的 0.834 逐步提高到 2009 年的 0.911。这 4 年间，其指数值均高于台湾省和以北京与上海为最高水平的内地 31 个省（市、区），但低于香港。从国际上看，2008 年其指数值比较接近于立陶宛，后者在 48 个样本国家中排在第 28 位（见表 9）。根据其指数在 2000～2009 年的时间序列发展趋势，预测 2010 年澳门信息化发展的应用消费指数将达到 0.943。

表 9　　澳门与其他代表性地区信息化应用消费指数值比较表

	2005 年	2006 年	2007 年	2008 年	2009 年
澳　门	0.776	0.834	0.856	0.877	0.911
北　京	0.617	0.639	0.741	0.825	0.888
上　海	0.604	0.621	0.738	0.835	0.878
台　湾	0.767	0.760	0.728	0.726	0.711
香　港	0.946	0.976	0.977	0.988	1.057
立陶宛	0.722	0.776	0.838	0.875	—

从应用消费指数的增长速度上看，除了在 2006 年有一个高达 13.84% 的增速之外，其余 3 年都基本稳定在 5%～7% 之间，4 年的平均速度要高于同期的台湾和香港，但远远低于内地的平均增速 23.17%。从国际上看，其 2008 年的增速接近于比利时，后者在 48 个样本国家中排在第 36 位（见表 10）。

表 10　　澳门与其他代表性地区信息化应用消费指数增长速度的比较表　　单位：%

	2006 年	2007 年	2008 年	2009 年	2006～2009 年平均
澳　门	13.84	5.29	5.03	6.80	5.70
内地平均	17.02	33.06	23.75	18.86	23.17

续表

	2006 年	2007 年	2008 年	2009 年	2006~2009 年平均
台　湾	-1.80	-8.67	-1.48	-6.82	-5.78
香　港	7.05	1.22	1.15	9.16	3.74
比利时	3.86	7.82	5.07	—	—

从分指标来看，2006~2008 年澳门地区人均信息消费额稳步提升，到 2009 年略微下降，达到人均 9344.69 元人民币（按当年汇率折合），4 年平均增速为 3.72%。2006~2009 年，澳门每百人互联网用户数平均为 48.26 户，年均增长速度为 7.69%（见表 11）。根据澳门特区统计暨普查局的数据，2004~2009 年其互联网用户增长率、互联网总使用时数增长率和网民普及率基本上都逐年稳步变动（见图 1）。

表 11　　澳门特别行政区信息化应用消费各子指标的数据表

	2005 年	2006 年	2007 年	2008 年	2009 年	2006~2009 年平均增速
人均信息消费额（元/人）	8813.22	9152.84	9515.79	9866.92	9344.69	3.72%
每百人互联网用户数（户/百人）	43.32	46.39	49.22	54.10	48.26	7.69%

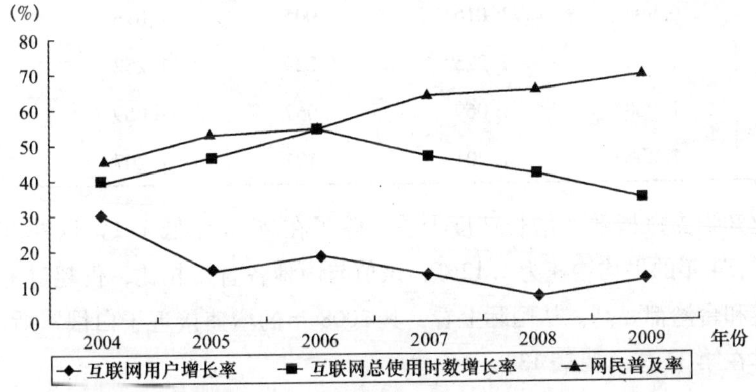

图 1　澳门特别行政区互联网使用情况

2009 年，澳门互联网用户数达到 14.34 万户，比 2006 年增长 36.18%；互联网使用时数为 3.4 亿小时，是 2006 年的 4.30 倍；网民普及率达到 70%，比 2006 年高出 15 个百分点。根据澳门易研网络研究实验室和澳门大学所做的《澳门互联网使用现状统计报告》，2008 年底澳门的家庭计算机联网率达到 81%，比 2007 年同期上升 4 个百分点，2009 年底该联网率更是攀升到 83%。从 2001~2009 年，宽带上网的家庭计算机比例由 22% 上升至 97%，拨号上网的比例则由 78% 下降至 1%。因此，宽带上网已经成为家庭计算机最主要的联网方式。此外，无线上网（包括由网络供应商提供的无线网络和用户在 WLan 网络内架设的无线网络）也在近些年出现持续的增长情况，比如由 2007 年的 27% 增长至 2008 年的 29%。可以说，无线上网逐渐成为接入互联网的另一种主要方式。事实上，由于澳门地理面积较小，要实现全城无线网络数字化及无线宽频并不困难，加上澳门人口较集中，可达到非常高的成本效益。关键的问题是要考虑选择何种无线网络传输技术最合适，以及研究传送速度及网络安全问题。

五、信息化的知识支撑水平稳步上升

2006～2009年，澳门地区信息化知识指数保持了稳步上升的态势。

澳门地区信息化知识支撑指数值从2006年的1.179逐步上升到2009年的1.220。这4年的指数值比同期的台湾省和以北京与上海为最高水平的内地31个省（市、区）都要高，但比香港低。从国际上看，其2008年的指数值比较接近于英国，后者在48个样本国家中排在第8位，属于信息化知识支撑指数较高的国家（见表12）。根据其指数在2000～2009年的发展趋势，预测2010年澳门信息化发展的知识支撑指数将达到1.234。

表12　澳门与其他代表性地区信息化知识支撑指数值比较表

	2005年	2006年	2007年	2008年	2009年
澳　门	1.160	1.179	1.200	1.207	1.220
北　京	1.127	1.147	1.155	1.167	1.181
上　海	0.994	1.016	1.005	1.016	1.037
台　湾	1.222	1.225	1.229	1.252	1.263
香　港	1.068	1.069	1.067	1.069	1.078
英　国	1.206	1.201	1.197	1.207	—

从信息化知识支撑指数的增长速度上看，除了在2008年低于1%以外，其余3年均在1%～2%之间，4年的平均增速为1.12%，该值与内地各省市相比，仅超过上海、陕西和广西，但比香港和台湾都要高。从国际上看，其2008年的增速接近于白俄罗斯，后者在48个样本国家中排在第34位（见表13）。

表13　澳门与其他代表性地区信息化知识支撑指数增长速度的比较表　　单位：%

	2006年	2007年	2008年	2009年	2006～2009年平均
澳　门	1.56	1.73	0.53	1.10	1.12
上　海	2.29	-1.33	1.23	2.26	1.11
陕　西	4.16	-1.51	2.40	-0.83	1.05
广　西	2.63	-12.78	0.57	0.94	-2.16
香　港	0.24	0.32	1.83	0.92	1.02
台　湾	0.11	-0.23	0.13	0.90	0.26
白俄罗斯	0.70	0.72	0.53	—	—

从分指标来看，第三产业从业人数占全社会劳动力人数的比重从2006年的76.5%上升至2009年的80.1%，年均水平为78.5%，比2005年高出3.8个百分点，4年平均增速为1.53%。教育指数从2006年的0.844逐步上升至2009年的0.862，年均0.853，比2005年提高了1.8%，4年平均增速为0.71%（见表14）。

表14 澳门特别行政区信息化知识支撑各子指标的数据表

	2005年	2006年	2007年	2008年	2009年	2006~2009年平均增速
信息产业从业人数占比（%）	74.7	76.5	78.6	78.9	80.1	1.53%
教育指数	0.838	0.844	0.850	0.856	0.862	0.71%

六、信息化的发展效果稳中略有提升

2006~2009年，澳门地区信息化发展效果指数稳中有微升。

澳门地区的信息化发展效果指数值从2006年的0.844逐步上升到2008年的0.869，但在2009年下降到0.854，年均0.855。这4年的指数值均低于同期的香港和台湾，与内地上海市的发展情况比较接近。从国际上看，其2008年的指数值比较接近于意大利和西班牙，而后两者在48个国家中分别排在第20位和第21位（见表15）。根据其指数在2000~2009年的发展趋势，预测2010年澳门信息化发展的发展效果指数将达到0.861。

表15 澳门与其他代表性地区信息化发展效果指数值比较表

	2005年	2006年	2007年	2008年	2009年
澳　门	0.860	0.844	0.854	0.869	0.854
上　海	0.807	0.832	0.850	0.868	0.934
台　湾	0.937	0.947	0.952	0.978	0.976
香　港	0.933	0.938	0.941	0.940	0.955
意大利	0.863	0.866	0.867	0.871	—
西班牙	0.841	0.850	0.860	0.868	—

从澳门地区信息化发展效果的增长速度上看，2007年的增速最高，达8.55%，2006年和2009年出现了负增长，4年平均增速为3.67%。该平均增速高于同期的台湾和香港，但要低于内地31个省（市、区）的平均水平。从国际上看，其2008年的增速接近于爱沙尼亚，后者在48个样本国家中排在第14位（见表16）。

从分指标看，澳门第三产业增加值占GDP的比重一直保持在86%左右，变化缓慢；全社会研发经费占GDP的比重也基本稳定在0.1%左右，要远低于香港和台湾；人均国内生产总值从2007年开始保持平稳，约为260000元人民币（见表17）。

表 16　澳门与其他代表性地区信息化发展效果指数增长速度的比较表　单位:%

	2006 年	2007 年	2008 年	2009 年	2006 ~ 2009 年平均
澳　门	-1.43	8.55	3.19	-0.28	3.67
内地平均	7.58	8.47	7.44	9.12	8.15
台　湾	1.68	0.59	1.32	-2.16	-0.12
香　港	2.12	-0.32	-3.15	5.07	0.32
爱沙尼亚	12.93	6.66	3.10	—	—

表 17　澳门特别行政区信息化发展效果各子指标的数据表

	2005 年	2006 年	2007 年	2008 年	2009 年	2006 ~ 2009 年平均增速
第三产业增加值占 GDP 的比重（%）	88.6	84.8	85.6	88.3	85.6	0.33%
全社会研发经费占 GDP 的比重（%）	0.1065	0.0908	0.0959	0.1009	0.1059	5.26%
人均国内生产总值（元/人）	198014.9	227153.1	270544.5	273804.1	266197	5.43%

七、电子政务水平得到迅速发展

2006 年以来，澳门特区政府持续优化公共网络服务，使得其电子政务水平得到迅速发展。

2005 年末至 2006 年初，澳门正式推出了《澳门特区政府电子政务发展纲领（2005 ~ 2009)》，提出“运用信息科技及行政现代化手段，提高政府部门施政质素和效率，降低行政运作成本，持续令市民得到贴身且满意的公共服务”。配合这项纲领，澳门政府制定了四个目标，分别是：提高政府内部行政效率、提升公共服务的素质和办事效率、降低行政运作成本和带动本地信息技术与相关行业的发展。为实现上述目标，澳门政府还制定出由六大范畴组成的全方位电子政务发展策略：法律与政策现代化、行政优化与重组、政府内部运作电子化、公共服务电子化、完善政府资讯基建和推广宣传与沟通。从 2007 年 3 月，澳门就已经开始收发电子公文。

为了配合特区政府“以民为本”的施政理念，2004 年民政总署决定开发一个一站式综合服务中心信息系统，把分散于澳门半岛和离岛的服务柜台集中在一个地方办公，让市民到一个地点就可以享受所有的服务。随后，在 2007 年和 2008 年设立市民服务中心和政府信息中心，以完善跨部门服务和咨询工作。2009 年 12 月正式启用了政府综合服务大楼，集合所有对外服务部门，采用视像电话系统等电子政务工具，为市民提供税务、政府信息、社会福利等“一站式”服务。政府还利用信息化手段推进公共服务改革，明确提出要推行和应用 e-

Pass、网上支付、网上报税和电子表格等具体电子化服务，提升服务效率。通过这些努力，目前澳门已经构建了一个集服务、信息和沟通为一体的公共服务网络，为市民提供了优质便捷的公共服务。

根据《澳门互联网使用现状统计报告》，2006年以来，每年都有70%左右的网民使用过政府网站服务，且超过90%的网民都是查资料（见表18和表19）。

表18　　澳门特别行政区网民使用政府网站频率的数据表　　单位:%

指　标	2006年	2007年	2008年	指标	2009年
每天都上	6	1	1	每天几次	3
一个星期多次	14	6	6	每天一次	4
一个月多次	29	17	16	每星期	17
一年多次	15	19	18	每月	19
少于每月	—	20	21	少于每月	26
绝少/从不	35	37	33	绝少/从不	27
不知道/很难说	2	2	5	不知道/很难说	4

注：2006～2008年的调查选项设置和2009年存在差异。

表19　　澳门特别行政区网民使用政府网站服务种类的数据表　　单位:%

	2006年	2007年	2008年	2009年
查资料	92	93	94	91
下载表格	19	13	16	9
下载资料	16	9	11	4
查询（用E-mail，留言板等）	15	10	8	10
投诉（用E-mail，留言板等）	3	1	2	1
建议（用E-mail，留言板等）	2	2	2	1
其他	7	5	4	7

注：调查时采用多项选择的方法。

此外，根据2010年3～5月澳门行政暨公职局对电子公共服务调研的结果，有43.5%的受访者对政府门户网站提供的信息和服务表示满意，有54%的受访者通过政府的网页（或电子邮件）向政府表达过意见，有80%的受访者曾在政府部门的网站下载使用电子表格。这些都表明澳门的电子政务取得了显著的成效。

八、电子商务水平得到较大提升

澳门是一个典型的微型经济体系，产业结构相对比较简单。在回归祖国后，政府确定了

“以博彩旅游业为龙头，以服务业为主体，其他行业协调发展”的产业结构定位，发挥着连接中国沿海地区的窗口和桥梁作用，当然其经济结构的特点，使得其经济发展表现出缺乏弹性和稳定性的缺点，容易受到外界的政治经济波动或危机的影响。

在回归初期，澳门的电子商务发展水平较低。以视频会议的推广为例，虽然澳门发展视频会议多年，但仍未成气候，除少数几家大公司偶尔采用外，多数中小企业对高昂的设备和传输专线费用望而却步。从互联网的运用来看，虽然部分公司已利用互联网设计网页作为辅助的推广方式，但多数停留在用自已的网站发布一些资讯，缺少更深层次的交易，也有一些企业提供了电子商务的网络平台，但仍然不是很成熟，也不广为市民熟悉。澳门电子商务发展水平较低的原因主要在于人力资源缺乏、市场容量小和企业规模小等制约因素。一方面，澳门缺乏足够多的电脑和科技应用专业人才。目前澳门还没有形成大规模的电子商务市场，因此对外来的高级人才缺乏吸引力；而本地高等学府培养的专业人才也未能与市场需求形成良性循环。另一方面，澳门本地的市场容量较小。由于建立网上服务需要高额投资和庞大的客户量为基础，所以只着眼于以中小客户为主的本地市场，限制了电子商务的发展。再者，澳门本地的企业规模以中小企业为主，资金实力有限，科技资讯应用程度较低。

近些年来，澳门特区政府和商界人士已意识到澳门推行电子商务的步伐与毗邻的地区相比显得较为缓慢的事实。为了建立并维护一个与外界交流的稳固的平台，政府和业界人士开始重视配套体系的建立并加强在技术层面的配置，来不断提升本地竞争力，使得自从2006年以来澳门的电子商务水平得到较大提升。作为促进澳门贸易投资的专门机构，澳门贸易投资促进局积极协助及推动本地企业利用电子商务网上平台来增强竞争力，拓展业务。为协助企业把握电子商务带来的商机，贸易投资促进局通过推出电子商务推广鼓励措施、设立电子商务示范专区、组织及举办一系列电子商务工作坊等活动，全方位地向本地工商业界推广电子商务，在资讯科技普及化的年代，为本地企业在电子商贸平台上推广业务迈出新的一步。企业使用贸易投资促进局“认可电子商贸营运商网站”提供的指定服务做业务推广，最高可获资助相关费用的70%，每家企业每年最高为累计澳门币20000元。截止到2010年5月，收到56家企业的申请，已批准其中的54家。

为了促进澳门电子商务的发展，澳门贸易投资促进局协同相关单位还开展了一系列的活动。2009年7月，由贸易投资促进局中小企服务中心、泛澳青年商会及电子商务协会联合主办召开了“创富 E. C. Job”研讨会，特邀专业人士进行讲解和分享经验，加深社会各界对电子商贸的认知，提供利用电子媒体创业的方法及实例，令本澳中小企业知晓利用电子技术是减低成本及最便捷的宣传方法，共同推动本澳的经济多元化发展，共度金融危机带来的难关。为了加强在本地推广使用电子商务的效果，eBay香港、澳门贸易投资促局中小企服务中心于2010年5月合办了“网上营商多面睇——如何利用网上平台拓展销售渠道”研讨会，双方于会上签署备忘录。根据备忘录的内容，双方致力促进合作，凭借资讯交流、教育培训以及研讨座谈会，并通过eBay香港的网上平台推广服务，协助本澳中小企推广业务。2010年10月，贸易投资促进局与阿里巴巴香港有限公司签署了谅解备忘录，使得阿里巴巴成为澳门特区首家认可电子商贸营运商，希冀通过阿里巴巴的网上平台及离线推广服务，协助澳门企业发展网上业务。2010 年 12 月 10 日，利达通黄页有限公司、澳门贸易投资促进局中小企服务中心也合办了“自助管理——电子商务”研讨会，签署了电子商务合作协议，等等。

综上所述，2006 ~ 2009 年澳门特别行政区的信息化发展取得了显著的进展，但与信息化发达地区比较尚有差距，特别是在信息化应用消费、产业技术和基础建设方面的差距较为突出。目前，澳门属于信息化发展中高水平的区域，为了迎接全球化、信息化的挑战，加快澳门信息化发展的步伐，应继续加大对信息化基础建设的投入，促进居民的计算机拥有率和无线上网的技术升级，充分发挥信息化的辐射效应，在促进经济保持平稳较快增长的同时，注重经济结构调整，加快产业结构升级，提高对信息产业研究与开发的投入，鼓励信息技术创新，改善信息化的发展环境，提高信息化发展效果。积极推进电子政务和电子商务建设水平，进一步完善一站式综合服务中心信息系统，采用新信息技术手段持续推进公共服务改革，加强国际合作，吸引或培养足够的管理人才和专业人才来发展电子商务，完善与电子商务有关的法律体系，建立适合电子商务的便捷物流体系，加大对电子商务推广鼓励措施的落实，大力发展网上博彩、网上旅游交易和在线商品交易。从整体上抓住全球信息化发展的机遇，尽快缩小与发达地区信息化发展水平之间的差距，以促进澳门地区综合竞争力的快速提高。

撰稿人：国家统计局研究所　何　强

中国台湾信息化发展指数（Ⅱ）统计评估分析报告

中国台湾信息化的发展无论是在市场竞争环境，还是在信息通讯网络建设以及信息服务产业等方面，都处于亚洲领先水平。根据世界经济论坛发布的《2009~2010年全球信息技术报告》；2009年中国台湾网络准备度指数位居世界第11位，在亚洲名列第2位，仅次于新加坡，信息化已成为驱动中国台湾经济、社会和生活持续发展的重要战略因素。

一、中国台湾信息化总体发展水平较高

（一）中国台湾信息化发展态势稳定

2000~2009年，中国台湾的信息化发展呈现出两个特点：一是始终保持较高的信息化发展水平。10年间，除2000年和2001年信息化发展指数（Ⅱ）值分别为0.96和0.98之外，其余8年的信息化发展指数（Ⅱ）值均在1以上（见表1），相比而言，中国大陆31个省（区、市）中只有北京市的信息化发展指数（Ⅱ）值在近几年达到1以上，这说明目前中国台湾的信息化总体水平处于较高的发展阶段。2009年中国台湾信息化发展指数（Ⅱ）比2000年前仅仅提高了0.03个点，说明中国台湾在经历了信息产业、服务与应用全面繁荣的信息化进程后，现已进入平稳发展期。

表1　　2001~2009年台湾省信息化发展指数（Ⅱ）与分类指数比较

	2000年	2001年	2002年	2003年	2004年	2005年	2006年	2007年	2008年	2009年
总指数	0.96	0.98	1.00	1.01	1.02	1.02	1.03	1.02	1.03	1.03
基础设施指数	0.94	0.99	1.05	1.07	1.06	1.05	1.07	1.08	1.10	1.13
产业技术指数	1.22	1.23	1.23	1.24	1.26	1.28	1.28	1.28	1.27	1.26
应用消费指数	0.69	0.73	0.76	0.77	0.79	0.77	0.76	0.73	0.73	0.71
知识支撑指数	1.05	1.04	1.05	1.06	1.07	1.07	1.07	1.07	1.07	1.08
发展效果指数	0.89	0.90	0.91	0.92	0.93	0.94	0.95	0.95	0.98	0.98

（二）中国台湾信息化各方面的发展程度不同

2000~2009年中国台湾信息化各方面的发展程度不尽相同（见图1）。从五个分类指数看，产业技术指数值、知识支撑指数值始终高于总指数，并且发展平稳；基础设施指数在10

年间显著攀升，指数值从2006年开始超过知识支撑指数；发展效果指数值低于总指数，但是发展态势稳定；应用消费指数在五个分类指数中相对较弱，不但指数值最低而且从2004年开始逐年下降，说明中国台湾信息化应用与消费有待提高。

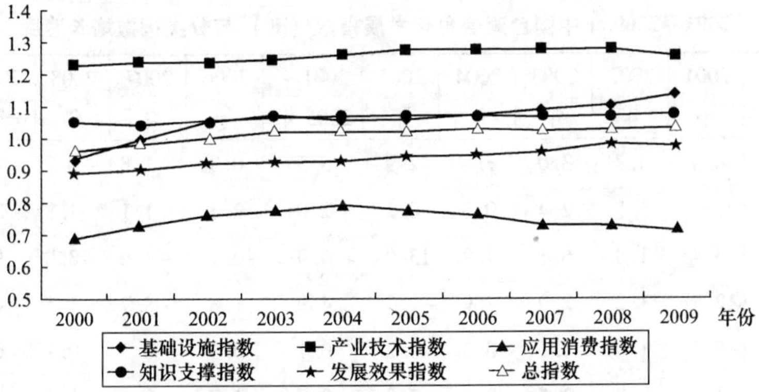

图1 中国台湾信息化指数与分类指数发展趋

（三）中国台湾信息化发展指数（Ⅱ）增速

2001～2009年，中国台湾信息化发展指数（Ⅱ）的增速经历了先快后慢两个阶段，即2001～2005年的快速增长阶段和2006～2009年的增速放缓阶段，两个阶段的增长特点如下。

第一阶段是快速增长阶段（2001～2005年），信息化发展指数（Ⅱ）的增速分别为4.4%、4.7%、3%、3.8%和2.9%，这5年的平均增速达到3.5%。在这一阶段，中国台湾信息化进入了全面繁荣期，各分类指数均高速增长，产业技术指数平均增长6.9%，应用消费指数平均增长4.9%，发展效果指数平均增长3.0%，基础设施指数平均增长2%，知识支撑指数平均增长0.7%。

第二阶段是增速逐渐放缓阶段（2006～2009年）。2006年信息化发展指数（Ⅱ）的增速明显放缓，仅增长0.3%，2007～2009年开始出现负增长，增速分别为-1.8%、-0.2%和-2.8%。第二阶段的平均增速仅为-1.7%，比第一阶段慢5.2个百分点。从分类指数看，基础设施指数在经历了2004年和2005年的低谷之后，在这一阶段有所回升，增速分别为2.3%、1.1%、1.8%和3.1%，这4年平均增长2.0%；而知识支撑指数增速稳定，平均增长0.3%；发展效果指数则平均增长-0.1%；产业技术指数和应用消费指数的增速下降较为明显，分别是-4.6%和-5.8%。

信息化发展指数（Ⅱ）在近几年增速放慢主要是受外部经济、产业环境和内部机制问题的双重影响。全球信息化的发展特征是日趋低价化与生命周期大大缩短，在这一背景下，中国台湾信息化在相同的发展战略和营运模式下必然会经历从高速成长期到稳定发展期的局面，以中国台湾信息产业为例，多数信息产业企业采用的是简单代工的经营模式，即只接受跨国公司的采购订单，然后进行设计、生产和交货，但是在生产成本压力与产品生命周期缩小的趋势下，高度统一的国际跨国公司供应链管理体系逐渐将组装、出货甚至售后服务也纳入代工企业的生产任务中，这使得采取传统信息产业经营模式的企业面临不小的成本挑战。由此可见，中国台湾正进入信息化发展的关键转型期，必须及时调整发展战略和营运模式，以适应瞬息万变的信息市场。

表 2　2001～2009 年中国台湾信息化发展指数（Ⅱ）与分类指数增长速度　单位:%

	2001年	2002年	2003年	2004年	2005年	2001～2005年	2006年	2007年	2008年	2009年	2006～2009年
总指数	4.4	4.7	3.0	3.8	2.9	3.5	0.3	-1.8	-0.2	-2.8	-1.7
基础设施指数	7.4	6.5	2.4	-0.5	-0.2	2.0	2.3	1.1	1.8	3.1	2.0
产业技术指数	3.4	1.8	6.1	7.9	13.0	6.9	-0.7	-1.6	-3.0	-9.0	-4.6
应用消费指数	12.9	11.2	2.9	7.9	-1.3	4.9	-1.8	-8.7	-1.5	-6.8	-5.8
知识支撑指数	-0.6	1.0	1.1	0.3	0.2	0.7	0.1	-0.2	0.1	0.9	0.3
发展效果指数	-1.2	3.0	2.5	3.5	2.9	3.0	1.7	0.6	1.3	-2.2	-0.1

（四）国际组织对中国台湾信息化的测评结果

为了量化比较世界各国在使用信息通信技术（ICT）方面取得的进展，一些国际组织也纷纷开展相关研究，确定了一系列 ICT 的核心指标，发布了多套具有国际可比性的 ICT 统计报告，中国台湾在这些权威报告中的排名处于不断上升的态势。

世界经济论坛（WEF）从 2001 年开始从信息化发展的整体环境、信息化准备程度、信息化应用程度三方面创建了网络准备指标（Networked Readiness Index），并对世界各国的信息化水平进行排名。根据 WEF 的测量结果，中国台湾信息化在世界各国中的排名不断上升，2004 年排名第 17 位，至 2009 年排名上升了 6 位，居世界第 11 位。

英国经济学人下属 EIU 开展的电子化准备度评价指标（e-Business Readiness Index）从 2000 年开始以信息技术、法规与政策的完备性、商业环境整体效率、电子商务社会文化多元性、e 化服务可得性等为测评内容，对全球 60 个国家和地区进行排名，中国台湾在所有参评国家和地区中排名前 20，特别是信息技术的联接度和 e 化服务的可得性两项的排名居世界前 3 位。

二、信息化的应用范围更加广泛

信息化在中国台湾社会有着广泛的应用，已经渗透到经济、农业、教育、医疗等多个方面，有力地推动了社会经济的可持续发展。信息化已经成为提升中国台湾综合实力的重要技术条件。

（一）电子商务不断发展

后金融危机时代，中国台湾的电子商务开始逐渐取代传统的商务模式，出现蓬勃发展期。据《2010 年中国信息年鉴》资料显示，2009 年中国台湾地区的网络购物营业额出现快速增长，网络购物市场规模超过600亿元人民币，占零售业的2%，并以每年30%左右的速度稳步增长。企业对个人（B2C）电子商务市场规模超过2000亿新台币，网店已超过2.5万家。

据中国台湾资讯工业策进会产业情报研究所的调查显示，2009年中国台湾地区电子商店的运营稳定，经营年限在5年以上的比例达到25%；进行网络跨国销售的电子商店比例为19%。使用网络购物的比例达95%，平均每人消费金额为8719新台币，使用网络拍卖的比例为78%，平均每人拍卖金额为7074新台币。30～39岁的女性是最主要的消费群体，占总消费群体的37.6%，信用卡在线全额支付成为最常使用的付款方式。

（二）农业信息化管理系统日臻完善

从20世纪50年代开始，中国台湾意识到对农业进行信息化管理的重要性，开始逐步建立各种资源数据库，并构建了较完善的农业电子商务系统和农业金融监理资讯系统。目前，中国台湾农业信息化的应用领域主要包括以下方面。

（1）遥感技术的应用。中国台湾农业遥感技术应用起步较早，所谓农业遥感技术是以先进的资讯与技术为基础的综合性农业经营管理技术，包括地理信息技术（GIS）、遥测技术（RS）、全球卫星定位技术（GPS）和自动控制技术等。20世纪80年代，中国台湾开始运用卫星遥感技术进行渔场、农作物生产面积、山坡地资源等调查评价。1997～1999两年的时间里就累计投入研究经费12716.5万新台币，开展包括卫星影像处理、空中扫描、卫星影像与地理资讯系统综合分析、遥测影像三维定位等技术研究，建立了各种遥感资源数据库。

（2）农业电子商务系统的构建。目前，中国台湾农业电子商务系统主要包括农产品价格查询预警系统和农产品运销电子商务系统。农产品价格查询预警系统可以向社会及时、准确地提供农产品物价资讯；而农产品运销电子商务系统主要由农产品运销全球资讯网、农产品运销组织电子化、农产品交易电子商务化、农业产销组织电子商务供应链体系4项内容组成。

（3）农业金融监理资讯系统的构建。中国台湾于2004年建置农业金融资讯网络平台和MIS管理系统平台，并以此为基础建立了完整的农业资讯网际网络申报系统及检查追踪管理系统。

（三）教育信息化制定强力战略组合

中国台湾教育信息化发展战略的一个明显特点是总体战略与局部战略相结合。总体战略与局部战略相结合的方法既保障了教育信息化的整体推进，又有利于不同区域实现教育信息化的个性发展。1981年前后，中国台湾的中小学教育就已经把“电子计算机简介”列为选修课。目前台湾有四项推广中小学教育信息化的政策，即《教育信息化基础建设计划》、《台北市教育信息化白皮书》、《高雄市教育信息化白皮书》和《中小学教育信息化总蓝图》。

三、中国台湾的信息产业蓬勃发展

中国台湾的高科技产业发展迅速，尤以信息产业最为突出。信息产业已成为岛内产业升级、经济转型、保持对外竞争力的最大发展动力。

（一）集成电路产业持续快速发展

中国台湾的集成电路（IC）工业始于1996年，其中，IC制造业积极调整与转型，产业规模持续成长与扩大，2009年，IC制造产值占IC产值的49.36%，已成为IC产业成长的重要支柱。迄今为止，中国台湾共有IC公司200多家，其中排名前10的IC公司（见表3）。

表3　台湾10大IC公司（2008）　单位：亿新台币

排　名	公　司	营业额	排　名	公　司	营业额
1	联发科	904.02	6	创意电子	92.82
2	联咏	261.76	7	威盛电子	79.26
3	奇景光电	250.00	8	钰创科技	75.60
4	群联电子	188.56	9	力锜科技	68.42
5	瑞昱	167.44	10	硅创电子	64.02

资料来源：台湾工研院（ITRI）。

2009年，中国台湾地区集成电路产业实现产值12497亿新台币，比2008年增长－7.2%。其中，设计业产值为3859亿新台币，比2008年增长2.9%；制造业产值为5766亿新台币，比2008年增长－11.9%；封装业产值为1996亿新台币，比2008年增长－10%；测试业产值为876亿新台币，比2008年增长－9.2%。表4列出2007～2010年中国台湾地区IC产业产值情况。

表4　2007～2010年台湾地区IC产业产值情况　单位：亿新台币

	2007年	2008年	2009年	2010年
IC设计业产值	3997	3749	3859	4354
IC制造业产值	7367	6542	5766	8083
IC封装业产值	2280	2217	1996	2720
IC测试业产值	1023	965	876	1217
产业整体产值	14667	13473	12497	16374

注：2010年为预测值。

资料来源：《2010年中国信息年鉴》。

（二）电脑产业稳定成长

目前，全球电脑产业的主要成长动能仍然以笔记本电脑为主。中国台湾该产业正朝着运算储存高能化、周边设备连结化、功能外观感官化、容积主板小型化四个主要方向发展。2009年，中国台湾仁宝、广达、鸿海和华硕四大笔记本电脑生产商全年的营业收入分别达到1.42兆新台币、7918亿新台币、6383亿新台币和2323亿新台币。其中，仁宝的全年营业收入增长率高达49%，笔记本电脑出货3785万台，创造了中国台湾笔记本代工厂出货新纪录。广达全年出货量为3590万台，比2008年的3650万台有所减少。2010年第二季度，根据IDC的中国台湾笔记本电脑产业调查季报显示，中国台湾笔记本电脑产业出货4485万台，与2009年同期相比增长超过40%。

（三）电脑显示器产业占领全球市场

全球销售的电脑显示器中，每两台中就有一台是中国台湾制造的。2009年第四季度，台湾地区平面显示器产值为3819.1亿新台币，比第三季度增长-4.8%。其中，面板产业产值为2673.7亿新台币，比第三季度增长-8%；关键零组件产业产值为1145.4亿新台币，比第三季度增长3.6%；在面板产业领域，2009年第四季度大尺寸TFT LCD面板产值为303.9亿新台币，TN/STN面板产值为62.8亿新台币，OLED面板产值为19.3亿新台币；在关键零组件产业领域，2009年第四季度彩色滤光片产值为325.1亿新台币，玻璃基板产业产值为379亿新台币，偏光板产业产值为116.2亿新台币，玻璃基板产业产值为379亿新台币，背光模块产业产值为325.1亿新台币。

四、信息化基础设施规模与服务水平明显提高

（一）通信服务得到进一步扩展

2009年中国台湾电信服务总收入为3632亿新台币。其中，移动通信收入为2158亿新台币，占电信服务总收入的59.43%；网际网络及价值服务为472亿新台币，占电信服务总收入的13%；室内电话为354亿新台币，占电信服务总收入的9.76%；电路出租为315亿新台币，占电信服务总收入的8.66%；国际电话为231亿新台币，占电信服务总收入的6.37%；长途电话和MOD收入分别为89亿和12亿新台币，占电信服务总收入的比重分别为2.46%和0.32%（见表5）。

表5　2004～2009年中国台湾地区各类电信服务用户数

	2004年	2005年	2006年	2007年	2008年	2009年
固定电话用户数（百万）	13.5	13.6	13.5	13.3	13.1	12.8
每百人用户数（户/百人）	59.6	59.8	58.9	57.9	56.8	55.5
移动电话用户数（百万）	22.8	22.2	23.2	24.3	25.4	27.0
每百人用户数（户/百人）	100.3	97.4	101.6	105.8	110.3	116.6

资料来源：《2010年中国信息年鉴》。

2009年中国台湾固定电话用户数和移动电话用户数分别达到1282万户和2696万

户。近年来，室内电话用户数呈现下降趋势。从2005年的峰值1362万户逐年减少，2006年用户数减少约10万户，2007年和2008年分别减少约20万户，到2009年则减少约30万户。同时，移动电话用户数则不断攀升，从2004年的2276万户上升到2009年的2676万户。

3G用户数首次超过2G用户数。2009年中国台湾3G用户数达到1580万户，比2008年增长39.8%，连续多年保持高速增长。2G和PHS用户数分别为980万户和140万户，均比2008年有所减少。

（二）互联网应用得到全方位发展

2009年中国台湾有线宽带网络用户数达到496万户，比2008年增加11万户。根据中国台湾资讯工业策进会的FIND（Focus On Internet's News & Data）中心2010年3月所做的国际网络调查报告，在几种主要的联网方式中，2009年第四季，XDASL用户数为256万户，由上一季的54%减至52%。有线电视缆线调制解调器宽带上网用户为76万户，占15%。光纤用户达到164万户，增加了12万户，占全部有线宽带用户数的33%。

表6　2005～2009年中国台湾有线宽带网络用户数增长率　单位：%

	2005年	2006年	2007年	2008年	2009年
有线宽带账号增长率	15	7	5	5	2

资料来源：《2010年中国信息年鉴》。

2009年中国台湾手机开通移动上网功能的用户数为1820万户，比2008年增加了29万户。其中，开通3G上网功能的用户持续快速增长，达到1421万户，比2008年增长了343万户，增长31.8%；使用GPRS和PHS上网的用户数分别为261万户和137万户，均比2008年有所下降。通过WAP上网的用户数仅为4328户，用户数连年持续减少（见表7）。

表7　2005～2009年台湾地区移动网络用户数增长情况　单位：万户

	2005年	2006年	2007年	2008年	2009年
GPRS	582	443	380	306	261
3G	118	327	653	1078	1421
PHS	96	136	147	146	137

资料来源：《2010年中国信息年鉴》。

根据中国台湾资讯工业策进会的调查（以户为统计单位），2009年中国台湾互联网普及率为78.7%，比2008年上升了2.6个百分点。从主要区域来看，台北有83.6%的家庭使用互联网，而北部地区有83.1%。2009年宽带普及率达到73.9%，比2008年的71.8%上升2.1个百分点。从主要区域来看，北部地区宽带普及率最高，为78.9%，其次是高雄，为77.4%。东部地区的宽带普及率较低，为65.9%（见表8）。

表 8　2005~2009 年中国台湾地区互联网各项指标情况（以户为统计单位）　单位:%

	2005 年	2006 年	2007 年	2008 年	2009 年
互联网普及率	67	72	71	76.1	78.7
宽带普及率	59	62	69	71.8	73.9

资料来源:《2010 年中国信息年鉴》。

2009 年中国台湾商用因特网账号总数为 2377 万户，比 2008 年增加了 294 万户。经常上网人口达到 1067 万人，比 2008 年增加 21 万人。上网普及率达到 46%，比 2008 年提高了 1 个百分点（见表 9）。

表 9　2005~2009 年台湾地区经常上网人口增长情况

	2005 年	2006 年	2007 年	2008 年	2009 年
经常上网人口（万人）	959	976	1003	1046	1067
增加量（万人）	43	17	27	43	21
上网普及率（%）	42	43	44	45	46

资料来源:《2010 年中国信息年鉴》。

七、加快中国台湾信息化进程的几点建议

（一）适时调整产业发展战略

中国台湾信息产业的发展面临着机遇与挑战，应认真总结地区信息产业的优势与弱势所在，及时调整信息产业发展战略，继续保持中国台湾在信息产业的优势。

中国台湾信息产业是以中小企业为主体的，并以低等级技术为切入点，主动纳入国际信息产业发展循环的体系，这种产业结构的优势是成本低、效率高，但同时也限制了技术水平的提高，而且中小企业无法承担初期耗资巨大的研发经费，也无力承担核心技术的深入开发。随着信息产品生命周期进一步缩短和价格不断下降，中国台湾信息企业的生存压力加大。此外，中国台湾信息产业结构不平衡的矛盾比较突出。产业以计算机硬件业为主，但相关软件业始终相对落后，直接影响了硬件产品的技术附加值和发展后动力。

针对上述问题，中国台湾一方面应该加大政策倾斜力度，利用各种政治或经济杠杆引导企业界重视信息化基础研究，中国台湾还可与高等院校和大型企业财团合作兴建“国家级实验室”，以支援产业技术开发；另一方面，中国台湾应该更加重视培育和发展软件业，特别是拓宽软件产品的外销市场，加强知识产权保护观念，使软件产业成为信息化增长的新主力。

（二）注重加强信息化人才建设

信息化发展的关键技术还是受制于人，但是近年来，随着中国台湾信息产业大量投资外移，中国台湾信息化人才外流的现象日益严重。对此，中国台湾应采取适当的对策措施，扭

转信息化人才逐渐弱势的局面。

首先，中国台湾要把人才发展放在经济和社会发展的总体发展战略中去，可以出台相关的信息行业优惠政策和信息化人才政策。可开办信息人才交流中心，提供信息教育培训；同时，积极发展电子政务，运用信息和传播技术改善政府部门包括公众服务传送的效率和有效性，带动全社会信息化的发展；增设一些公共网络服务平台，提供公益性的上网服务和培训，提高全民信息化意识和素质。

其次，中国台湾要立足信息技术教育，特别是学校教育，不仅要把信息教育引入全岛教育大纲，不断完善信息化教育质量和设施，推动教育信息化向更深层次、更高水平发展。广泛开展成人教育，大力发展远程教育、网络教育，发挥社会培训机构的作用，普遍开展培训，依托学校教育信息化平台，辐射周边地区，为居民提供不同层次、质优价廉的教育和培训服务。

最后，积极推广普及信息科学教育，完善社区服务中心、信息化体验中心等基础设施，探索建立社区教育体系，发挥指导带动作用。整合各类科普资源，加大信息化宣传力度，通过学校教育、继续教育、普及教育和社会教育等多种途径和形式，广泛提高全民的信息化意识和水平，形成全社会普遍认同和积极参与的良好氛围。

（三）发挥技术创新与开发潜能

技术创新是驱动知识经济的内在动力，也是发挥信息化竞争优势的关键，技术创新与产业竞争优势共同促进一国或地区的信息化增长。目前，中国台湾技术创新的特性在于，以代工制造为吸取技术知识的重要渠道，以企业自身为技术扩散的主体，以研发投资高的产业为主要的技术消费者而非生产者。这些技术创新的特性有其自身的优势，但是也存在一些劣势，首先，高科技信息化产业政策偏向对模仿性技术的引进，注重技术的实用价值多于基础研发和技术创新，基础技术多受制于其他国家的专利；其次，高科技厂商主动投入的研发经费比例与发达地区相比仍然偏低；最后，中国台湾市场规模有限，高科技厂商多以降低成本来获利，而不是通过投入研发来提升竞争力。

在鼓励科技创新过程中，中国台湾应能够根据不同时期的发展需要适时推出科技发展的指导性政策，并指定相关主管部门负责执行，形成一个能高效运作的政策机制，取得较好的政策效果。企业发展与技术创新能力密不可分，企业是技术创新的主要动力，技术创新是企业核心竞争力的关键所在。企业必须以市场为导向进行研发，必须面向市场，紧跟市场需求，努力做到生产一代、试制一代、研发一代、构思一代。中国台湾应充分重视和发挥科技企业的作用，利用创新型信息化技术解决行业发展中的重大技术问题，要制定各种引导、扶持政策，为科技创新活动提供资金、人才等方面的政策，要建立健全能够适应市场经济发展规律和研发要求的信息化科技服务体系。

撰稿人：西安市铁路医院 张 岩
国家统计局统计科学研究所 姜 澍

Chapter 4
Information Reports from International Organizations

第四部分

国际组织信息化报告

世界经济论坛《全球信息技术报告2009/2010》

《全球信息技术报告》是世界经济论坛从2001年开始发布的系列报告，其内容包括网络就绪指数、信息化可持续发展能力和信息通信技术的扩散使用。该报告是该领域内权威的研究成果之一，它提供了一个独特的国际标准，为判断国家是否充分受益于信息通信技术的进步提供了一个评估方法的框架，并依此来设立提高其经济的网络化准备度的国家政策。为了跟踪国际信息通信技术的发展情况，监测我国网络就绪度和信息化可持续发展能力，我们选取《全球信息技术报告2009/2010》之系列九的研究成果，着重分析世界网络就绪指数及其最新测评结果。同时，鉴于《全球信息技术报告2009/2010》的主题是“信息化可持续发展能力”，本文在第二部分重点探讨信息技术在促进经济和社会可持续发展的核心作用。

一、网络就绪指数及最新测算结果分析

从2002年开始，世界经济论坛已连续9年在其发布的《全球信息技术报告》中使用网络就绪指数对全球信息技术竞争力进行排名，具体参考了法律规范、基础设施等宏观信息技术环境、受教育程度以及企业和政府在信息技术研发方面的投入等因素，研究范围从75个国家和地区扩展到2009年的133个。目前已成为研究信息和通信技术如何影响各国发展进程和竞争力的权威评估报告。网络就绪指数（Networked Readiness Index，NRI）采用数十个指标进行评价，为分析各国信息化的优劣因素、评价ICT政策和制度环境提供了一套量化的参考指标。换言之，网络就绪指数就是指一个国家和地区融入网络世界所做的准备程度，其中也包含一个国家和地区加入未来网络世界的潜在能力。这个指数的目的在于把复杂、泛化的信息化评价转化为易于理解的指标。

（一）网络就绪指数指标体系的构成及计算方法

1. 网络就绪指数指标体系的构成

（1）网络就绪指数的评估原则。网络就绪指数通过评估信息通信技术的进步是否促进经济的发展，以及促进经济发展的程度来设计指数，主要遵循了三点原则。

第一，环境是促进网络就绪度的一个重要因素。提供给创新和信息通信技术使用的宏观环境在很大程度上影响了信息通信技术的应用。从这个意义上讲，政府和其他相关机构制定落实支撑市场和监管环境的政策法规具有非常重要的意义。

第二，尽管政府有职责建立一个信息通信技术和创新的宏观环境，但是为了达到理想的网络就绪度，也需要其他社会成员如企业、公众的共同努力。最近，一些网络化比较高的国家和地区中，如爱沙尼亚、以色列、韩国和新加坡，它们的政府和私营部门的共同努力，对于定义和实施信息通信技术发挥了重要的作用。

第三，信息通信技术就绪促进信息通信使用。准备和愿意利用信息通信技术，是决定社会信息通信有效使用的一个重要因素。哪些国家和地区更关注于信息通信技术的进步，这些国家或地区就更有可能充分有效地利用信息通信技术。

（2）网络就绪指数的指标体系。世界经济论坛的《全球信息技术报告》应用网络就绪指数衡量一个国家（地区）利用信息和通信技术所带来的机遇来推动经济发展及提高竞争力的可能性，建立了一个国际框架，勾画出能够催生这种能力的因素。

网络就绪指数有新旧两套指标体系。旧的网络就绪指数的指标主要从三个方面来衡量一个国家或地区对信息科技的应用。一是信息科技的总体宏观经济环境、监管和基础设施；二是个人、企业和政府三方利益相关者对使用信息科技，并从中受益的准备就绪程度；三是个人、商界和政府实际使用最新信息科技的情况。

具体来看，网络就绪指数的指标由网络使用指标、网络支撑指标两部分构成。

网络就绪指数 = 1/2 网络使用指数 + 1/2 网络支撑指数

其中，网络使用指数由相关的信息通信技术应用指标组成，如与互联网连接的计算机百分比、每台主机的互联网用户、每百人居民中的互联网用户、每百人居民中的移动电话用户、公共互联网接入的可获得性等。

网络支撑指标则由网络接入、网络政策、网络社会、网络经济等子级指标构成。这些子级指标又可细分为一系列微观指标，如网络接入指标包括信息基础设施、软硬件和其他支撑条件与环境，网络政策包括信息通信技术政策、商业和经济环境等；网络社会包括网络学习、信息机会和社会资本等；网络经济包括电子商务、电子政务和一般性基础设施等（见表1）。

表1　　网络就绪指数指标体系（旧）

<table>
<tr><th>网络就绪指数</th><th colspan="2">指　　标</th></tr>
<tr><td>网络应用</td><td colspan="2">ICT 应用数量和质量</td></tr>
<tr><td rowspan="2">有利因素</td><td>网络接入</td><td>信息化基础设施
（硬件、软件和各种支持设备）</td></tr>
<tr><td>有利因素</td><td>网络策略商务环境
经济环境</td></tr>
<tr><td>有利因素</td><td>网络社会</td><td>网络学习
ICT 机遇
社会资本</td></tr>
</table>

续表

网络就绪指数		指 标
有利因素	网络经济	电子商务
		电子政务
		一般基础设施

新的网络就绪指数指标在以前的基础上更加具体客观地来衡量各国和地区对信息技术的应用，包括三个方面。一是总体宏观经济环境、监管和基础设施；二是政府、企业和个人应用信息技术的准备就绪程度；三是政府、企业和个人最新信息技术的应用情况。网络就绪指数指标体系包括三个大类的分类指数和九个中类的分类指数，共计 68 个具体指标（见表 2）。

表 2　网络就绪指数指标体系（新）

总指数	分类指数		指 标
网络就绪指数	一、环境指数	市场环境指数	企业的成熟度、风险投资可获得性等 11 个指标
		政治环境指数	司法的独立性、立法机构的效力等 10 个指标
		基础设施指数	电话线路数量、科研机构的水平等 9 个指标
	二、就绪指数	个人就绪指数	手机通话费用、学校互联网接入等 8 个指标
		商务就绪指数	研发经费、员工培训程度等 10 个指标
		政务就绪指数	电子政务就绪指数、政府对 ICT 的优先权等 3 个指标
	三、使用指数	个人使用指数	移动电话用户数、个人电脑等 5 个指标
		商务使用指数	外国电信执照的发放、创新能力等 7 个指标
		政务使用指数	政府在 ICT 推广方面的成就等 5 个指标

2. 网络就绪指数的计算方法

新的网络就绪指标体系中共有 68 个具体指标，其中 29 个是定量指标，数据来源是国际电信联盟、世界银行及联合国等国际组织；其他 39 个变量属于定性指标，通过“执行层意见调查”（Executive Opinion Survey）收集数据，各分指数的权重相同。而二级分类指数由具体的定量指标和定性调查数据得到。具体过程如下。

（1）把所有的定量数据都“标准化”到 1 ~ 7 之间（定性调查数据的数据范围设计在 1 ~ 7 之间）。第 i 国家的指标 X 标准化后的变量值为 X_i^*，标准化前的变量值为 X_i；指标 X 在所有样本国家中的最小值为 X_{min}，最大值为 X_{max}；则：

$$X_i^* = 6 \times \left[\frac{X_i - X_{min}}{X_{man} - X_{min}} \right] + 1$$

因此，对大多数指标，数值越接近 7，表示信息化发展水平越高；对于那些数值大于 7，且数值越大，表示信息化发展水平越低的指标，还需要对 X_i 进行“逆转”处理。假设“逆转”处理后的指标值为 X_i^{**}，则 $X_i^{**} = 8 - X_i^*$。

经过上述处理后，所有的指标值都在1~7之间，数值越大，信息化发展水平越高。

（2）把每个二级分类指数包含的具体指标处理后进行算术平均，即可求出各个二级分类指数的值。

（二）网络就绪指数的最新测算结果分析

从已发布的“网络就绪指数”排名来看，全球各个国家（地区）信息化发展速度差异明显，世界信息化的发展呈现以下特点。

1. 欧洲各国网络就绪度依然靠前

欧洲仍然是世界上网络就绪度最高的地区，从2009~2010年的世界网络就绪指数排名可以看出，瑞典成为网络就绪度最高的国家，11个其他欧洲国家和地区也在前20位当中：瑞士（第4位）、芬兰（第6位）、荷兰（第9位）、挪威（第10位）、冰岛（第12位）、英国（第13位）、德国（第14位）、卢森堡（第17位）、法国（第18位）以及澳大利亚（第20位）。

北欧各个国家在它们的竞争性战略中充分利用信息通信技术，依靠大量的共同因素，使得它们能在一开始就一直保持很好的成绩。这些因素包括：有益于市场的信息通信技术、规章和环境基础设施；关注教育是主要的竞争手段，这是教育和研究系统能排名靠前的原因；个人和公共层级创新的文化环境；政府机构对信息通信技术的重视程度。正因为以上所提到的原因，北欧各个国家才能在信息通信技术渗透率和在国际市场的高技术创新产品贸易中取得较好的成绩。

欧盟旧成员15国呈现出更加复杂的情况，信息通信技术应用水平参差不齐。瑞典、德国、芬兰、荷兰、挪威、德国、英国、澳大利亚、法国、比利时（第22位）和爱尔兰（第24位）的网络就绪指数排名仍然保持在世界前列；意大利（第48位）、希腊（第56位）因为在某些方面欠缺而紧随其后，在这两个国家中市场和规章环境对信息通信技术和创新的发展没有起到较大的促进作用。爱沙尼亚（第25位）虽然比2008~2009年度下降了7位，但是仍然保持在欧盟新成员12国的第1位。自国家主权独立以来，爱沙尼亚已经成功地利用信息通信技术增强国家竞争力和繁荣市场经济。

2. 亚太地区整体发展不均衡，新加坡位于首位

占世界2/3人口的亚太地区，经济、政治和社会各方面发展不均衡，这也在网络就绪指数的评估中体现出来。2009~2010年度，在整个世界排名中，亚太地区涵盖了从排名第2位的新加坡到排名倒数第3位的帝汶岛。新加坡和中国香港位列前十，中国台湾也紧随其后。自2001年以来，中国、马来西亚和印度是网络就绪指数排名进步最快的国家。

新加坡居第2位、中国香港居第8位、中国台湾居第11位。中国台湾依然是世界信息化领域创新人数最多的地区，高科技产品出口量占出口总量的近一半；中国香港和新加坡信息化程度在亚太地区处于领先的水平，这得益于政府对信息和通信技术机构各部门的积极推进和扶持。

韩国2009~2010年度的网络就绪指数在世界排第15位，比2008~2009年度下降5位。

虽然在指数排名上有所下降，但是其网络就绪的发展情况良好。澳大利亚发展平稳，网络就绪指数在世界排第16位，这得益于其市场环境、激烈的竞争和有利的信息通信技术规章。新西兰和澳大利亚相似，指数值排第19位。尽管日本这几年来在网络就绪指数的排行榜上位次都不是很理想，但仍然是世界上创新度最高的国家之一。中国在2009~2010年的排名中有所提升，排名第37位，是自2001年以来取得的最好成绩。印度也较上年排名提升9位，位居世界第43位，这得益于其新的电信消费计算方法，提升了印度的个人就绪指数值。越南较2008~2009年上升16位，排名第54位，这是越南第一次进入网络就绪指数中等水平国家行列。

3. 拉丁美洲和加勒比海地区存在较大发展空间

拉丁美洲和加勒比海地区的网络就绪指数呈现出相当不同的情况。许多国家和地区利用最新的信息通信技术来优化巩固经济和社会的进步，而其他国家和地区进步缓慢。从拉丁美洲和加勒比海地区的网络就绪度来看，显示出较大的发展空间：没有一个国家和地区排名前20位，只有5个国家和地区排进了前50位，分别是巴巴多斯（第35位）、智利（第40位）、波多黎各（第45位）和哥斯达黎加（第49位）。

加勒比海的一个小岛巴巴多斯排第35位，连续两年位列拉丁美洲和加勒比海地区之首。智利相当稳定地排在第40位，在该地区一直处于较好的水平，特别是在跟政府就绪度和使用相关的方面。波多黎各排第45位，在复杂的企业部门的环境就绪度和使用方面表现出很强的竞争力。哥斯达黎加继续保持上升的趋势，与2008~2009年度相比上升9名，排第49位。巴西的表现没有什么变化，依然排第61位，主要靠企业和政府支撑。乌拉圭上升8位排第57位。巴拿马（第58位）、哥伦比亚（第60位）和牙买加（第66位）排名比较接近。

4. 撒哈拉以南非洲、中东和北非地区发展较滞后

在过去的几年报告中，大多数撒哈拉以南非洲国家的网络就绪指数在世界排名中较靠后，只有毛里求斯（第53位）和南非（第62位）处于中等水平之上。尽管过去几年一些国家采取措施促进其发展，但是大多地区还是处在排名的底部。

2009~2010年度网络就绪指数世界排名中，毛里求斯排第53位，位于撒哈拉以南非洲地区之首；南非2009~2010年度有所下降，世界排第62位；塞内加尔上升5名，排第75位，取代了博茨瓦纳（第86位）和尼日利亚（第99位）的地位。

排第39位的突尼斯再一次位居北非地区之首，相对2008~2009年度有小幅的下降。除了埃及从第76位上升到第70位以外，其他所有北非的国家排名比较稳定或者有所下降，例如利比亚从第101位下降到第103位，摩洛哥从第86位下降到第88位，阿尔及利亚从第108位下降到第113位。

值得庆幸的是，中东地区大体上继续保持良好的发展态势，主要表现在大多数中东地区国家更加广泛地采纳信息通信技术，并且将其作为经济多元化增长的一个重要手段。阿拉伯联合酋长国上升4位，在世界中排第23位，第一次取代了该地区的最好成绩保持者爱尔兰（第28位）；巴林岛从2008~2009年度开始就一直保持上升的趋势，上升9名，排第29位。

二、信息化可持续发展能力的专题分析

（一）中国信息化可持续发展情况

自19世纪80年代，信息通信技术成为一个充满活力的发展领域，尤其是互联网的出现使得大量的信息能够通过网络传输整合。然而信息通信技术一直备受争议，特别是涉及它未来的发展方向的时候，这是互联网特有的问题。许多国家探索信息通信技术产业的可持续发展模式，以适应人类文明的进步。跟其他国家一样，中国也不例外，在信息通信技术产业发展方面也有许多的经验和体会。

信息通信技术，特别是互联网的兴起对中国社会和经济的影响是显而易见的。在过去的30年里，信息通信技术在促进中国加入世贸组织中起着不可或缺的作用，并且信息通信技术在建立民主社会的过程中也起到了积极的促进作用。互联网产业在中国的地位变得越来越重要，发展非常迅速，以至于成为驱动国家经济发展和经营效率的主要推动力。与此同时，依附于互联网的其他产业也开始涌现，创造了更多的工作岗位。

1. 互联网产业兴起

2008年，中国的互联网服务市场包括互联网接入及互联网信息服务创造了1500亿元的收入。其中互联网接入占725亿元，56亿元来自信息数据中心，492亿元来自固定网络信息服务，181亿元来自无线应用协议（WAP）服务。在互联网信息服务市场中，主要的收入来源来自门户网站、搜索引擎广告和网络游戏、及时通讯软件和电子商务。在此背景下，一批中国的互联网公司快速成长为跨国公司，如腾讯、百度、阿里巴巴和网易等。同时，也出现了许多互联网新技术和服务的应用，如博客、播客、维基百科、社交网络服务和在线视频等都得到快速的增长。

2. 互联网交易成本大大降低，生产率得到提高

2008年，中国电子商务交易总额达到3.1万亿元，占社会商品零售总额的9.7%，B2C在线交易额超过1000亿元。中国有将近790万国际网络交易注册用户，其中，中国国内电子商务市场有3000万用户来自阿里巴巴。同时，互联网提高了支付清算的效率，加快了资金周转的速度。2008年，网上支付的数额达到人民币263.6万亿元，这是中国GDP的8倍之多，占非现金交易总量的23.3%。

3. 互联网新兴产业不断涌现，创造更多就业机会

互联网已经成为软件和服务外包产业的操作平台。2009年上半年，软件外包服务发展迅速，其总收入122.7亿元，同比增长87.7%。互联网与传统信息和文化的结合极大地促进了数字内容和娱乐产业的发展。2008年，中国数字内容产业产值达到2100亿元，年均增长45%，成为经济的新增长点。与此同时，快速发展的互联网经济已经创造出大量的知识型工作机会，弥补了失业导致的国家经济结构调整。此外，互联网经济很大程度上优化了就业结构。2008年，电信增值服务业就业人员约55.7万人，同时更多的就业机会也被创造出来。

4. 互联网应用扩大到社会、公共服务和文化领域

互联网在中国的个人应用得到广泛的普及。2009 年上半年，超过 2.3 亿中国人应用搜索引擎来搜索与工作、学习、日常生活有关的信息；超过 2.6 亿人使用网络浏览器查看新闻；1.8 亿人使用博客发布信息；2.9 亿人访问不同的网页收听音乐；0.88 亿人使用网络购物。互联网同时也成为政府、公共服务的重要组成部分，诸如工商登记注册、报税、社会安全等公共服务都成功地在互联网上运行。截止 2008 年，所有中央政府机构、98.5% 的市政府和 95% 的县政府建立了自己的门户网站；校园网络建设也已经初具规模，覆盖了 90% 的大学，35% 的专科学校，38000 所初等和高等中学；远程医疗在日常医务和主要传染病的检测中发挥了重要的作用。

5. 信息通信技术革新带来互联网的快速发展

中国互联网巨大增长的结果可以归因于 2008 年中国是世界上网民数量最多的国家。最近的一个调查表明，快速增长的原因是电信产业的制度改革所带来的信息通信技术需求的转变。例如，腾讯公司的即时通讯软件 QQ 的出现，使得腾讯从一个濒临破产的企业变成一个市值超过 1000 亿元的公司；百度在谷歌这一全球最大搜索引擎的竞争压力下，快速成长为一个全球性中文搜索引擎公司。

（二）世界信息化可持续发展能力

1. 关于信息通信技术与城市可持续竞争力问题

目前，超过世界一半的人口生活在城市地区。在新兴国家的大城市不仅仅是对发达国家的复制，当这些城市全球化时，它们有许多的相似之处。随着城市在国际舞台上越来越多地涌现出来，它们制定可持续的竞争策略，其中高速网络和科技发展成为吸引高技术人才和高科技企业的关键。因此，信息通信技术的应用程度直接影响了城市的可持续竞争力。

（1）城市的角色和轨迹。城市作为商业中心已经有数千年的历史，信息通信技术的兴起和作用使得城市发展成为一个更加复杂的中心。目前世界经济很大程度上依赖于城市的网络，这种网络连接的方式与国家间的网络大不相同。信息通信技术使得城市间可以通过一种全新的方式连接，信息通信技术和城市化进程相互促进发展，宽带网络很快成为城市的核心竞争力以及基础设施的一个重要组成部分。因此，城市的竞争力不仅是政府官员和市民所关注的问题，也是城市周边和农村共同关注的。一个国家的竞争力也是如此，与城市的综合能力密切相关。

（2）城市与技术采纳。长期以来，城市一直是技术应用的先驱者，这基于城市的能力和支撑服务以及与外界畅通的信息网络。随着家庭互联网的普及，在线服务的使用也快速发展。我们试图从全球的发展中吸取经验来提高城市的竞争力，特别是在那些新兴的国家中。这方面，我们从思科公司最近的三个研究中获取了相关信息：宽带渗透的调查、宽带质量的分析和市政府如何促进信息通信技术的应用。

（3）信息通信技术环境和应用。评估工作的目的在于研究市政府如何影响城市的信息通信技术环境，详细了解在城市的运作中如何应用信息通信技术。这项评估采用了思科提出的

框架模型，这个框架用来探究信息通信技术的环境和应用，从诊断的角度提供能够指导行动计划的依据。评估的第一阶段让我们可以触及在实践中出现的最前沿信息；第二阶段，每个城市以其发展可能性的上界以及存在的实践中最好的情况为基准来发现进步的途径。

2. 信息通信技术所带来的经济和社会效益

信息通信产业（包括电信运营商、计算机和软件制造商以及电子设备制造商）在推动全球经济中起到了越来越重要的作用。2003～2008 年，信息通信产业创造了 GDP 增长中 5% 的份额，占 2008 年 GDP 的 5.4%，预计到 2020 年这个数值将达到 8.7%。因为其产品的规模和天然属性，信息通信产业在促进经济增长、带动诸如教育医疗等其他产业发展方面起着重要的作用。麦肯锡公司的研究表明，到 2020 年，信息通信技术产业有可能降低全球 15% 的二氧化碳排放量。信息通信技术通过扩宽技术的使用来促进经济的增长，如高速互联网、移动宽带和计算机信息处理技术。在普及这些技术的同时，信息通信技术产业自身也得到了发展。信息通信技术作为经济增长的驱动力，在政府阻止全球金融危机的影响方面也起着重要作用。

除了经济效益以外，信息通信技术产业的特殊地位可以帮助建立一个可持续发展社会。麦肯锡公司的消费者调查显示，信息通信技术产业被认为是继医疗、农业和公共事业之后的第四个对社会发展起着重要推动作用的产业。自 2006 年开始，信息通信技术的重要性日益体现出来，在世界上没有其他哪个产业能像信息通信技术产业一样在很短的时间内拥有 40 亿的移动电话用户、4 亿家庭互联网用户。政府意识到信息通信技术能够带来较大的社会效益，因此各国政府启动大型的工程项目来促进健康水平、教育和政府公开信息服务的发展。

附表 1　2009～2010 和 2008～2009 年 133 个国家和地区网络就绪指数比较

国家和地区	2008～2009 年		2009～2010 年		国家和地区	2008～2009 年		2009～2010 年	
	指数	排名	指数	排名		指数	排名	指数	排名
瑞典	5.84	2	5.65	1	比利时	5.04	24	4.86	22
新加坡	5.67	4	5.64	2	阿拉伯联合酋长国	5.03	27	4.85	23
丹麦	5.85	1	5.54	3	爱尔兰	5.02	23	4.82	24
瑞士	5.58	5	5.48	4	爱沙尼亚	4.98	18	4.81	25
美国	5.68	3	5.46	5	马耳他	4.79	26	4.75	26
芬兰	5.53	6	5.44	6	马来西亚	4.76	28	4.65	27
加拿大	5.41	10	5.36	7	以色列	4.76	25	4.58	28
香港特区	5.30	12	5.33	8	巴林	4.68	37	4.58	29
荷兰	5.48	9	5.32	9	卡塔尔	4.63	29	4.53	30
挪威	5.49	8	5.22	10	斯洛文尼亚	4.57	31	4.51	31
中国台湾	5.30	13	5.20	11	塞浦路斯	4.53	33	4.48	32
冰岛	5.50	7	5.20	12	葡萄牙	4.52	30	4.41	33
英国	5.27	15	5.17	13	西班牙	4.50	34	4.37	34
德国	5.17	20	5.16	14	巴巴多斯	4.40	36	4.36	35
韩国	5.37	11	5.14	15	捷克共和国	4.38	32	4.35	36
澳大利亚	5.29	14	5.06	16	中国	4.38	46	4.31	37
卢森堡	5.10	21	5.02	17	沙特阿拉伯	4.34	40	4.30	38
法国	5.17	19	4.99	18	突尼斯	4.32	38	4.22	39
新西兰	5.04	22	4.94	19	智利	4.32	39	4.13	40
奥地利	5.22	16	4.94	20	立陶宛	4.40	35	4.12	41
日本	5.19	17	4.89	21	黑山	3.79	71	4.10	42

续表

国家和地区	2008~2009年		2009~2010年		国家和地区	2008~2009年		2009~2010年	
	指数	排名	指数	排名		指数	排名	指数	排名
印度	4.03	54	4.09	43	印度尼西亚	3.62	83	3.72	67
约旦	4.19	44	4.09	44	哈萨克斯坦	3.79	73	3.68	68
波多黎各	4.23	42	4.07	45	土耳其	3.91	61	3.68	69
匈牙利	4.28	41	3.98	46	埃及	3.76	76	3.67	70
泰国	4.14	47	3.97	47	保加利亚	3.80	68	3.66	71
意大利	4.16	45	3.97	48	斯里兰卡	3.79	72	3.65	72
哥斯达黎加	3.99	56	3.95	49	马其顿	3.67	79	3.64	73
阿曼	4.08	50	3.91	50	多米尼加共和国	3.76	75	3.64	74
克罗地亚	4.09	49	3.91	51	塞内加尔	3.67	80	3.63	75
拉脱维亚	4.10	48	3.90	52	科威特	3.98	57	3.62	76
毛里求斯	4.07	51	3.89	53	冈比亚	3.44	91	3.61	77
越南	3.79	70	3.87	54	墨西哥	3.84	67	3.61	78
斯洛伐克共和国	4.19	43	3.86	55	特里尼达和多巴哥	3.67	81	3.60	79
希腊	4.00	55	3.82	56	俄罗斯联邦	3.77	74	3.58	80
乌拉圭	3.85	65	3.81	57	萨尔瓦多	3.69	78	3.55	81
巴拿马	3.84	66	3.81	58	乌克兰	3.88	62	3.53	82
罗马尼亚	3.97	58	3.80	59	危地马拉	3.64	82	3.53	83
哥伦比亚	3.87	64	3.80	60	塞尔维亚	3.62	84	3.51	84
巴西	3.94	59	3.80	61	菲律宾	3.60	85	3.51	85
南非	4.07	52	3.78	62	博茨瓦纳	3.72	77	3.47	86
文莱	3.87	63	3.77	63	巴基斯坦	3.31	98	3.44	87
阿塞拜疆	3.93	60	3.75	64	摩洛哥	3.59	86	3.43	88
波兰	3.80	69	3.74	65	纳米比亚	3.44	92	3.40	89
牙买加	4.03	53	3.73	66	肯尼亚	3.35	97	3.40	90

续表

国家和地区	2008～2009年		2009～2010年		国家和地区	2008～2009年		2009～2010年	
	指数	排名	指数	排名		指数	排名	指数	排名
阿根廷	3.58	87	3.38	91	阿尔及利亚	3.14	108	3.05	113
秘鲁	3.47	89	3.38	92	厄瓜多尔	3.03	116	3.04	114
格鲁吉亚	3.48	88	3.38	93	乌干达	2.98	120	3.03	115
蒙古	3.43	93	3.36	94	莫桑比克	2.91	124	3.03	116
阿尔巴尼亚	3.23	105	3.27	95	柬埔寨	2.89	126	3.03	117
马里	3.18	107	3.27	96	孟加拉国	2.70	130	3.01	118
赞比亚	3.26	102	3.26	97	马拉维	3.12	110	3.01	119
加纳	3.25	103	3.25	98	坦桑尼亚	3.01	119	3.01	120
尼日利亚	3.45	90	3.25	99	马达加斯加	3.09	112	3.00	121
圭亚那	3.29	100	3.22	100	埃塞俄比亚	2.80	129	2.98	122
亚美尼亚	3.06	114	3.20	101	吉尔吉斯共和国	3.04	115	2.97	123
毛里塔尼亚	3.12	109	3.19	102	尼泊尔	2.85	127	2.95	124
利比亚	3.28	101	3.16	103	尼加拉瓜	2.90	125	2.95	125
科特迪瓦	3.12	111	3.16	104	苏里南	3.03	117	2.92	126
叙利亚	3.41	94	3.13	105	巴拉圭	2.93	122	2.88	127
洪都拉斯	3.41	95	3.13	106	喀麦隆	2.93	123	2.86	128
莱索托	3.02	118	3.12	107	布隆迪	2.63	131	2.80	129
布基纳法索	3.07	113	3.10	108	东帝汶	2.47	133	2.69	130
塔吉克斯坦	3.25	104	3.09	109	玻利维亚	2.82	128	2.68	131
波斯尼亚和黑塞哥维那	3.23	106	3.07	110	津巴布韦	2.49	132	2.67	132
贝宁	2.96	121	3.06	111	乍得	2.44	134	2.57	133
委内瑞拉	3.39	96	3.06	112					

附表 2　　133 个国家 2009～2010 年环境分指数排名

国家和地区	得　分	排　名	国家和地区	得　分	排　名
瑞典	5.85	1	西班牙	4.39	34
丹麦	5.67	2	智利	4.37	35
挪威	5.60	3	波多黎各	4.37	36
瑞士	5.58	4	马来西亚	4.37	37
芬兰	5.56	5	沙特阿拉伯	4.34	38
加拿大	5.48	6	南非	4.31	39
冰岛	5.47	7	捷克共和国	4.27	40
荷兰	5.45	8	约旦	4.18	41
新加坡	5.44	9	毛里求斯	4.12	42
美国	5.41	10	黑山	4.07	43
新西兰	5.36	11	立陶宛	4.06	44
英国	5.35	12	匈牙利	4.04	45
卢森堡	5.33	13	斯洛伐克共和国	4.02	46
澳大利亚	5.31	14	突尼斯	4.02	47
香港	5.23	15	拉脱维亚	4.02	48
德国	5.19	16	希腊	4.01	49
奥地利	5.08	17	泰国	3.99	50
爱尔兰	5.08	18	巴拿马	3.98	51
法国	5.04	19	阿曼	3.98	52
比利时	4.91	20	印度	3.96	53
中国台湾	4.86	21	纳米比亚	3.93	54
日本	4.86	22	意大利	3.86	55
爱沙尼亚	4.77	23	克罗地亚	3.86	56
阿拉伯联合	4.68	24	中国	3.85	57
塞浦路斯	4.66	25	罗马尼亚	3.80	58
以色列	4.65	26	土耳其	3.79	59
韩国	4.63	27	科威特	3.78	60
马耳他	4.61	28	保加利亚	3.77	61
卡塔尔	4.61	29	牙买加	3.77	62
斯洛文尼亚	4.55	30	阿塞拜疆	3.77	63
巴巴多斯	4.50	31	乌拉圭	3.75	64
葡萄牙	4.45	32	博茨瓦纳	3.75	65
巴林	4.45	33	印度尼西亚	3.74	66

续表

国家和地区	得　分	排　名	国家和地区	得　分	排　名
波兰	3.74	67	马里	3.29	101
特里尼达和多巴哥	3.73	68	乌干达	3.25	102
越南	3.72	69	坦桑尼亚	3.23	103
埃及	3.71	70	圭亚那	3.21	104
哥斯达黎加	3.70	71	阿尔巴尼亚	3.20	105
冈比亚	3.69	72	吉尔吉斯共和国	3.20	106
墨西哥	3.68	73	贝宁	3.17	107
巴西	3.67	74	亚美尼亚	3.17	108
摩洛哥	3.64	75	洪都拉斯	3.16	109
萨尔瓦多	3.60	76	利比亚	3.13	110
马其顿	3.60	77	毛里塔尼亚	3.13	111
多米尼加共和国	3.59	78	尼加拉瓜	3.10	112
文莱	3.58	79	叙利亚	3.10	113
哈萨克斯坦	3.58	80	莫桑比克	3.09	114
哥伦比亚	3.57	81	塔吉克斯坦	3.08	115
塞内加尔	3.54	82	巴拉圭	3.07	116
格鲁吉亚	3.54	83	科特迪瓦	3.05	117
斯里兰卡	3.53	84	波斯尼亚和黑塞哥维那	3.04	118
乌克兰	3.52	85	马达加斯加	3.04	119
俄罗斯联邦	3.50	86	阿尔及利亚	3.01	120
危地马拉	3.48	87	柬埔寨	3.01	121
秘鲁	3.48	88	孟加拉国	2.99	122
加纳	3.46	89	尼泊尔	2.96	123
塞尔维亚	3.45	90	厄瓜多尔	2.96	124
肯尼亚	3.44	91	东帝汶	2.91	125
赞比亚	3.42	92	喀麦隆	2.91	126
马拉维	3.36	93	埃塞俄比亚	2.90	127
蒙古	3.36	94	委内瑞拉	2.90	128
菲律宾	3.35	95	苏里南	2.86	129
莱索托	3.34	96	津巴布韦	2.85	130
尼日利亚	3.33	97	布隆迪	2.76	131
巴基斯坦	3.32	98	玻利维亚	2.75	132
阿根廷	3.31	99	乍得	2.41	133
布基纳法索	3.30	100			

附表3　　133个国家和地区2009～2010年使用分指数排名

国家和地区	得　分	排　名	国家和地区	得　分	排　名
韩　国	5.71	1	立陶宛	4.05	34
美　国	5.69	2	巴巴多斯	3.99	35
瑞　典	5.55	3	中　国	3.99	36
新加坡	5.55	4	塞浦路斯	3.94	37
中国台湾	5.53	5	匈牙利	3.92	38
香港特区	5.51	6	意大利	3.86	39
瑞　士	5.45	7	卡塔尔	3.8	40
加拿大	5.43	8	沙特阿拉伯	3.68	41
荷　兰	5.36	9	智　利	3.67	42
英　国	5.35	10	克罗地亚	3.67	43
丹　麦	5.3	11	波多黎各	3.67	44
德　国	5.2	12	斯洛伐克共和国	3.61	45
芬　兰	5.14	13	黑　山	3.58	46
日　本	5.04	14	巴　西	3.53	47
法　国	5.03	15	拉脱维亚	3.51	48
挪　威	4.94	16	突尼斯	3.5	49
澳大利亚	4.89	17	泰　国	3.44	50
冰　岛	4.86	18	约　旦	3.43	51
奥地利	4.85	19	哥伦比亚	3.41	52
以色列	4.69	20	乌拉圭	3.39	53
爱沙尼亚	4.67	21	哈萨克斯坦	3.36	54
比利时	4.66	22	阿　曼	3.33	55
卢森堡	4.65	23	文　莱	3.33	56
新西兰	4.6	24	保加利亚	3.33	57
马耳他	4.51	25	墨西哥	3.32	58
爱尔兰	4.49	26	波　兰	3.32	59
巴　林	4.48	27	希　腊	3.31	60
马来西亚	4.39	28	哥斯达黎加	3.31	61
西班牙	4.38	29	土耳其	3.31	62
阿拉伯联合酋长国	4.34	30	罗马尼亚	3.27	63
斯洛文尼亚	4.2	31	印　度	3.25	64
葡萄牙	4.08	32	马其顿	3.24	65
捷克共和国	4.07	33	巴拿马	3.18	66

续表

国家和地区	得 分	排 名
越南	3.17	67
阿塞拜疆	3.17	68
多米尼加共和国	3.16	69
埃 及	3.12	70
俄罗斯联邦	3.11	71
菲律宾	3.1	72
牙买加	3.1	73
科威特	3.09	74
毛里求斯	3.06	75
南 非	3.05	76
危地马拉	3.02	77
蒙 古	3.02	78
乌克兰	2.99	79
阿根廷	2.98	80
萨尔瓦多	2.95	81
斯里兰卡	2.94	82
塞内加尔	2.92	83
塞尔维亚	2.91	84
特立尼达和	2.9	85
印度尼西亚	2.9	86
摩洛哥	2.9	87
秘 鲁	2.88	88
阿尔巴尼亚	2.86	89
格鲁吉亚	2.84	90
冈比亚	2.79	91
肯尼亚	2.73	92
利比亚	2.72	93
巴基斯坦	2.71	94
洪都拉斯	2.7	95
委内瑞拉	2.7	96
博茨瓦纳	2.69	97
毛里塔尼亚	2.64	98
塔吉克斯坦	2.63	99
厄瓜多尔	2.6	100
科特迪瓦	2.58	101
尼日利亚	2.56	102
波斯尼亚和黑塞哥维那	2.55	103
纳米比亚	2.53	104
亚美尼亚	2.52	105
马 里	2.52	106
赞比亚	2.52	107
吉尔吉斯共和国	2.48	108
圭亚那	2.41	109
尼加拉瓜	2.4	110
马达加斯加	2.39	111
贝 宁	2.39	112
乌干达	2.38	113
柬埔寨	2.38	114
莱索托	2.37	115
喀麦隆	2.37	116
布基纳法索	2.36	117
莫桑比克	2.36	118
叙利亚	2.34	119
加 纳	2.34	120
巴拉圭	2.32	121
坦桑尼亚	2.3	122
马拉维	2.28	123
苏里南	2.26	124
阿尔及利亚	2.26	125
孟加拉国	2.22	126
玻利维亚	2.2	127
埃塞俄比亚	2.2	128
尼泊尔	2.16	129
东帝汶	2.15	130
乍 得	2.14	131
布隆迪	2.08	132
津巴布韦	2.01	133

附表 4　133 个国家和地区 2009~2010 年就绪分指数排名

国家和地区	得　分	排　名	国家和地区	得　分	排　名
新加坡	5.94	1	巴　林	4.8	34
丹　麦	5.64	2	斯洛文尼亚	4.78	35
芬　兰	5.6	3	日　本	4.77	36
瑞　典	5.56	4	越　南	4.7	37
阿拉伯联合酋长国	5.53	5	捷克共和国	4.7	38
瑞　士	5.42	6	葡萄牙	4.69	39
美　国	5.29	7	约　旦	4.67	40
冰　岛	5.28	8	黑　山	4.64	41
香港特区	5.25	9	巴巴多斯	4.61	42
中国台湾	5.22	10	印度尼西亚	4.53	43
马来西亚	5.19	11	斯里兰卡	4.49	44
卡塔尔	5.18	12	毛里求斯	4.48	45
加拿大	5.16	13	泰　国	4.48	46
荷兰	5.15	14	塞内加尔	4.43	47
马耳他	5.14	15	阿　曼	4.42	48
突尼斯	5.13	16	哥伦比亚	4.42	49
挪　威	5.13	17	以色列	4.41	50
德　国	5.11	18	文　莱	4.39	51
中　国	5.1	19	冈比亚	4.37	52
卢森堡	5.09	20	智利	4.35	53
韩　国	5.07	21	西班牙	4.34	54
印　度	5.07	22	罗马尼亚	4.34	55
比利时	5.01	23	牙买加	4.32	56
爱沙尼亚	4.98	24	阿塞拜疆	4.31	57
澳大利亚	4.97	25	乌拉圭	4.3	58
法　国	4.92	26	巴基斯坦	4.3	59
爱尔兰	4.91	27	巴拿马	4.27	60
奥地利	4.9	28	立陶宛	4.25	61
新西兰	4.87	29	巴　西	4.19	62
沙特阿拉伯	4.87	30	克罗地亚	4.19	63
塞浦路斯	4.84	31	意大利	4.19	64
哥斯达黎加	4.83	32	埃　及	4.19	65
英　国	4.81	33	塞尔维亚	4.18	66

续表

国家和地区	得　分	排　名	国家和地区	得　分	排　名
拉脱维亚	4. 18	67	巴基斯坦	3. 81	101
波多黎各	4. 17	68	塔吉克斯坦	3. 78	102
波　兰	4. 17	69	厄瓜多尔	3. 76	103
特里尼达和多巴哥	4. 17	70	纳米比亚	3. 75	104
多米尼加共和国	4. 16	71	加　纳	3. 75	105
希　腊	4. 14	72	肯尼亚	3. 75	106
俄罗斯联邦	4. 12	73	冈比亚	3. 73	107
哈萨克斯坦	4. 1	74	赞比亚	3. 71	108
马其顿	4. 09	75	马拉维	3. 69	109
乌克兰	4. 09	76	摩尔多瓦	3. 67	110
萨尔瓦多	4. 08	77	亚美尼亚	3. 64	111
危地马拉	4. 08	78	科特迪瓦	3. 64	112
菲律宾	4. 06	79	马达加斯加	3. 64	113
圭亚那	4. 05	80	毛里塔尼亚	3. 63	114
肯尼亚	4. 01	81	吉尔吉斯斯坦	3. 63	115
科威特	4	82	巴拉圭	3. 62	116
马　里	3. 99	83	喀麦隆	3. 59	117
南　非	3. 99	84	坦桑尼亚	3. 59	118
匈牙利	3. 98	85	莱索托	3. 57	119
博茨瓦纳	3. 97	86	尼加拉瓜	3. 57	120
加　纳	3. 96	87	玻利维亚	3. 55	121
叙利亚	3. 95	88	马　里	3. 53	122
斯洛伐克共和国	3. 95	89	尼泊尔	3. 49	123
土耳其	3. 94	90	柬埔寨	3. 46	124
亚美尼亚	3. 89	91	布基纳法索	3. 38	125
保加利亚	3. 87	92	贝　宁	3. 34	126
阿尔及利亚	3. 87	93	莫桑比克	3. 31	127
尼日利亚	3. 86	94	孟加拉国	3. 25	128
科特迪瓦	3. 85	95	埃塞俄比亚	3. 21	129
埃塞俄比亚	3. 85	96	乌干达	3. 15	130
阿根廷	3. 84	97	布隆迪	3. 15	131
赞比亚	3. 84	98	津巴布韦	3. 09	132
墨西哥	3. 83	99	乍　得	3. 02	133
孟加拉国	3. 82	100			

撰稿人：国家统计局统计科学研究所　熊友达
姜　澍
北京邮电大学经济管理学院　陈志君

国际电信联盟《衡量信息社会发展报告 2010》

国际电信联盟（ITU）在全球电信和信息通信技术统计数据的收集和传播方面发挥着主导作用。近年来该机构一直在积极研究建立新的统计工具进行信息化发展水平测算，探索和制定信息化综合评价指数的统计方法和指标体系，使得各国能够在全球和区域范围内评估和定位各自信息社会的进程。

在 ITU 发布的研究报告《衡量信息社会发展报告 2010》中，它采用了两个基准工具来监测全球信息社会的发展，分别是最新版本的信息化发展指数（ICT Development Index，IDI_{ITU}）和 ICT 综合价格指数（ICT Price Basket）。该报告着重分析了信息通信技术在全球、区域以及国家层面的发展趋势，阐述了促进信息社会变革的主要驱动力，同时它还对全球数字鸿沟的演变进行了监测。

一、信息化宏观市场最新发展

2008 年以来，尽管世界经济出现了一定程度的衰退，但全球信息通信技术服务（如移动电话和互联网）的使用量仍不断增长。截至 2009 年底，全世界移动电话用户数达到 46 亿，相当于全球人口的 67%。2008 年，发展中国家移动电话普及率突破 50% 大关，2009 年底则达到约 57%，虽然这仍远低于普及率超过 100% 的发达国家平均水平，但发展速度依然显著。事实上，自 2005 年（当时移动普及率只有 23%）以来，发展中国家的移动电话普及率已经翻番。

尽管发展速度较慢，但全球互联网的应用发展也在不断普及之中。2009 年，全世界互联网用户数达到 17 亿，约占全球人口的 26%。在发达国家，这一比例比发展中国家高得多，发展中国家 5 人中仍有 4 人未享受到上网的好处。在发展中国家中，仅中国的互联网用户就占了1/3。截至 2009 年底，发达国家的互联网普及率达到 64%，发展中国家仅为 18%（如果不算中国，则只有 14%）。

增加上网人数的一个重要挑战是固定宽带接入有限，到目前为止全世界固定宽带用户仍主要集中在发达国家和部分发展中国家，而发展中国家中固定宽带用户半数以上在中国。2008 年，发达国家的宽带普及率为 23%，而发展中国家仅为 4%（如果不算中国，则为 2%），中国超越美国成为世界上最大的固定宽带市场。

值得一提的是，全球目前在移动宽带领域出现了可喜的发展态势。越来越多的国家和地区引入高速移动互联网接入，这将进一步增加互联网用户的数量，在发展中国家中尤其如此。移动宽带用户数量确已稳步增长，其在2008年已超过固定宽带用户。截至2009年底，全世界约有6.4亿移动宽带用户和4.9亿固定宽带用户。

二、信息化发展指数（IDI_{ITU}）及其监测分析

（一）IDI_{ITU}指标体系

IDI_{ITU}的主要目标是衡量四个方面：一是衡量和跟踪世界各国的信息通信技术进程和发展；二是对世界各个国家和地区信息化水平进行测算和比较，即指数是全球性的，既反映发达国家也反映发展中国家；三是衡量数字鸿沟，即反映不同信息化发展水平国家间的差距；四是衡量信息化发展潜力，反映一个国家能在何种程度上根据现有能力和技能来利用信息通信技术，以促进增长和发展。为此，ITU设置了包含3个分类指数、11个具体指标的IDI_{ITU}指数指标体系（见表1）。

表1　信息化发展指数（IDI_{ITU}）指标体系

总指数	分类指数	指标
信息化发展指数	ICT获取指数	1. 每百人固定电话线长
		2. 每百人移动电话用户数
		3. 每名用户国际互联网带宽
		4. 家庭计算机拥有率
		5. 家庭接入互联网比重
	ICT使用指数	6. 每百人互联网用户数
		7. 每百人固定互联网用户数
		8. 每百人移动互联网用户数
	ICT技能指数	9. 成人识字率
		10. 初中毛入学率
		11. 高中毛入学率

（二）IDI_{ITU}计算方法

1. 权重的确定

IDI_{ITU}各分类指数的权重是根据其作用的大小来确定。为了便于计算，分类指数下具体指标的权重采用等权重的方法来确定（见表2）。

表 2 信息化发展指数（IDI_{ITU}）权重表 单位:%

分类指数	总权重	指标	权重
ICT 获取指数	40	1. 每百人固定电话线长	20
		2. 每百人移动电话用户数	20
		3. 每名用户国际互联网带宽	20
		4. 家庭计算机拥有率	20
		5. 家庭接入互联网比重	20
ICT 使用指数	40	6. 每百人互联网用户数	33
		7. 每百人固定互联网用户数	33
		8. 每百人移动互联网用户数	33
ICT 技能指数	20	9. 成人识字率	33
		10. 初中毛入学率	33
		11. 高中毛入学率	33

2. 阈值的确定和数据标准化

信息化发展指数的阈值，是从便于比较各国的差距及每年的变化等因素来确定的，标准化公式是从便于观察数字鸿沟目标而确定的（见表 3）。

表 3 各具体指标阈值和标准化公式

指　标	阈　值	标准化公式	标准化值	指数计算公式
ICT 获取				
a. 每百人固定电话线长	60	a/60	z1	z1 ×0. 2
b. 每百人移动电话用户数	170	b/170	z2	z2 ×0. 2
c. 每名用户国际互联网带宽	100000	Log（c）/5	z3	z3 ×0. 2
d. 家庭计算机拥有率	100	d/100	z4	z4 ×0. 2
e. 家庭接入互联网比重	100	e/100	z5	z5 ×0. 2
ICT 使用				
f. 每百人互联网用户数	100	f/100	z6	z6 ×0. 33
g. 每百人固定互联网用户数	60	g/60	z7	z7 ×0. 33
h. 每百人移动互联网用户数	100	h/100	z8	z8 ×0. 33
ICT 技能				
i. 成人识字率	100	i/100	z9	z9 ×0. 33
g. 初中毛入学率	100	j/100	z10	z10 ×0. 33
k. 高中毛入学率	100	k/100	z11	z11 ×0. 33

3. 总指数与分类指数的计算公式

信息化发展指数（IDI_{ITU}）总指数与分类指数的权重和计算公式见表 4。

表 4　　总指数与分类指数的权重和计算公式

指数及指标	公　式	权　重
ICT 获取指数（L）	y1 + y2 + y3 + y4 + y5	0.4
y1. 每百人固定电话线长	z1 ×0.2	
y2. 每百人移动电话用户数	z2 ×0.2	
y3. 每名用户国际互联网带宽	z3 ×0.2	
y4. 家庭计算机拥有率	z4 ×0.2	
y5. 家庭接入互联网比重	z5 ×0.2	
ICT 使用指数（M）	y6 + y7 + y8	0.4
y6. 每百人互联网用户数	z6 ×0.33	
y7. 每百人固定互联网用户数	z7 ×0.33	
y8. 每百人移动互联网用户数	z8 ×0.33	
ICT 技能指数（N）	y9 + y10 + y11	0.2
y9. 成人识字率	z9 ×0.33	
y10. 初中毛入学率	z10 ×0.33	
y11. 高中毛入学率	z11 ×0.33	
ICT 发展总指数	［（L×0.4）+（M×0.4）+（N×0.2）］×10	

（三）IDI_{ITU}监测结果分析

《衡量信息社会发展报告 2010》采用信息化发展指数（IDI_{ITU}）测算和比较了全球 159 个国家和地区在 2007～2008 年间的信息化发展情况。报告显示，该指数涉及的所有 159 个国家和地区得分均有所提高，证明信息化的不断普及以及全球向信息社会过渡的整体趋势。通过比较各国 IDI_{ITU}得分和排名，可以发现全球信息化发展呈现以下特点。

1. 信息化发展不平衡，发展中国家任重道远

2008 年排名前 10 位的国家是瑞典、卢森堡、韩国、丹麦、荷兰、冰岛、瑞士、日本、挪威和英国。除日、韩两个国家外，其余国家均来自在信息化基础设施和服务普及方面处于世界领先的欧洲地区。在大多数欧洲国家，移动电话普及率超过 100%，近 2/3 的欧洲人使用互联网。总的来说，IDI_{ITU}排名靠前的国家是发达国家，而 IDI_{ITU}排名最后的大部分国家是最不发达国家中的低收入国家。

2007～2008 年，发展中国家的 IDI_{ITU}得分和排名普遍有所上升，最显著的是巴林、希腊、马其顿、中国、尼日利亚、阿联酋和越南。尽管其中有些国家的 IDI_{ITU}排名仍然较低，如尼日利亚和越南，但得分和排名的攀升表明了这些国家在信息社会发展道路上所取得的进展。

该时期中国的 IDI_{ITU}得分从 3.03 增长到 3.23，是全球 IDI_{ITU}指数增长较快的国家之一。中国在信息化可接入性和使用方面，是全球进步最快的国家，全球固定线路的平均年增长

率仅为3.4%，而中国为11%，这主要是由于中国对无线本地环路（WLL）的大量投入。中国固定宽带用户的普及率为5%，是亚太地区同等经济收入水平国家中最高的地区。

2. 信息化不同方面的发展各具特点

对 IDI_{ITU}的三个分指数进行仔细分析后可以发现，与2002～2008年只有信息化获取指数增长速度较快不同，2007～2008年，获取指数和使用指数平均增长速度相同。这证明越来越多的国家正朝着更广泛ICT使用的方向发展，获取指数增长平稳，使用指数增长加快，这在很大程度上是宽带使用不断普及的结果。2007～2008年技能指数变化不大，因为它基于衡量扫盲和教育的代理指标，而大多数国家，特别是发达国家，在这方面已达到较高的水平。

整体 IDI_{ITU}表现最好的国家往往在获取和使用指数的排名上亦靠前。在ICT获取领域取得突出进展的国家包括亚美尼亚、克罗地亚、爱沙尼亚、马其顿等，这反映在它们的固定或移动电话、国际互联网带宽或家庭使用互联网和计算机的显著增加。在使用指数中上升最快的国家和地区包括巴林、格鲁吉亚、希腊、哈萨克斯坦、老挝等，这反映在它们的互联网使用以及固定或移动宽带普及的大幅增加。

3. 数字鸿沟依然存在，亟待改进

数字鸿沟仍是各国及国际组织信息化政策制定机构的工作重点，国际电信联盟信息化发展指数的主要目标之一就是帮助监测和评估数字鸿沟，指出有待改进的领域。

虽然发达国家的 IDI_{ITU} 值平均比发展中国家高得多，但过去几年的增长势头同样强劲。发达国家和发展中国家的最大差异体现在ICT使用指数上，发展中国家仍远落后于发达国家，特别是在移动和固定宽带的普及方面。

报告指出，虽然2008年世界范围内数字鸿沟略有缩小，但仍然很大。ICT水平非常高的国家和ICT水平较低的国家之间尤为如此。尽管最发达国家ICT发展速度相对较慢，但ICT水平较高的国家仍取得显著进步，拉大了与排名靠后的国家之间的距离。鉴于部分ICT指标的发展所需时间相对较短，只要其ICT部门能够得到充分的政策关注，ICT水平低的国家就能较快赶上。

三、ICT综合价格指数（ICT Price Basket）及其监测分析

（一）指标体系及计算方法

ICT综合价格指数是国际电信联盟于2009年推出的信息化发展监测工具，旨在用来衡量和比较各国的ICT价格。它由固定电话分价格指数、移动电话分价格指数和固定宽带分价格指数平均加权而得。ICT综合价格指数按照信息化服务的相对价格排列国家顺序，据此衡量并比较服务的可支付性（见表5）。

表 5　　ICT 综合价格指数指标体系及计算方法

总指数	分类指数	计算方法
ICT综合价格指数	A. 固定电话分价格指数	固定电话月租金 +30 个本地电话话费（按 15 个高峰期和 15 个非高峰期电话、每个电话 3 分钟计算）
	B. 移动电话分价格指数	25 个拨出电话话费（按已有话务类型比重计算）+30 条短信费用
	C. 固定宽带分价格指数	固定宽带月租金（按 1GB 流量计算）
ICT 综合价格指数 =（A/3 + B/3 + C/3）/每月人均国民总收入（GNI）		

（二）信息化服务成本对信息化发展的影响机理

信息化服务的成本影响着信息化的发展和使用，因此，更低的价格有可能增加接入和使用，而 ICT 的接入和使用水平的提高可能导致降价，运营商的规模经济会得到加强。市场自由化程度和竞争的扩大也会降低价格，进而推动信息化发展达到更高水平。ICT 综合价格指数使政策制定者能够对比各国的信息化服务成本，并为它们提供寻找降低价格途径的出发点。例如，通过引入或强化竞争、通过审查具体资费政策以及通过评估运营商的收入和效率等方式实现降价。

IDI_{ITU}和 ICT 综合价格指数密切相关：IDI_{ITU}值高则价格相对较低，反之亦然。此外，对IDI_{ITU}值高于 5 的 41 个国家和地区而言，其 ICT 综合价格指数值不到该国月人均国民总收入（GNI）的 2%。相反，所有 ICT 综合价格指数值超过 10 的国家，其 IDI_{ITU}值低于 3。这表明当价格低于某一特定门限值时，价格就仅是影响信息化发展的一个相关因素。

（三）ICT 综合价格指数测评结果分析

《衡量信息社会发展报告 2010》对全球 161 个国家和地区的 2008 ~ 2009 年间 ICT 服务的综合价格进行了详细的统计和分析。报告显示，ICT 综合价格水平下降已经成为一种国际现象。

数据显示，2008 ~ 2009 年间，ICT 综合价格指数中所包含的 161 个国家和地区的信息化服务成本几乎均有所下降，平均降幅达 15%。固定宽带服务价格降幅最大，达到 42%，而移动电话和固定电话服务价格则分别下降了 25% 和 20%。

其中，中国三项主要通信业务服务价格都出现了较大规模的下降，特别是固定电话服务价格在人均国民总收入中的占比更是下降了 51.1%，而移动电话服务价格和固定宽带服务价格占人均国民总收入的比例也分别出现了 17.5% 和 23.6% 的降幅。

2009 年，ICT 综合价格指数的平均相当于各国人均国民总收入的 13%。信息化服务价格相对其国民收入最低的 10 个国家和地区分别是：中国澳门、中国香港、新加坡、科威特、卢森堡、美国、丹麦、挪威、英国和冰岛。总体而言，发达国家国民为信息化服务支付的收入（占收入比为 1.5%）比发展中国家国民在此方面的投入（占收入比为 17.5%）要高。这表明，除少数特例外，发达国家信息化服务的可承受性往往更强于发展中国家，最不发达国家的信息化服务的可承受性最差。

对三个分价格指数的分析表明，各国、各区域及不同服务间的价格变化幅度相当大。

1. 固定电话分价格指数

固定电话价格相对最低的10个国家在收入水平、发展现状和地理位置方面各不相同。它们包括伊朗、阿拉伯联合酋长国、白俄罗斯、新加坡、科威特、韩国和美国等。固定电话分价格指数价格水平降幅最大的10个国家全部为低收入非洲国家，这些国家的固定电话资费相对较高。

2. 移动电话分价格指数

移动电话分价格指数水平最低的10个国家和地区包括中国香港、挪威、丹麦、新加坡和奥地利等。移动电话服务价格相对较低的国家在整体ICT综合价格指数中的排名较高且普遍是高收入国家。2008~2009年间，移动电话资费出现大幅下降的国家包括阿塞拜疆（降幅为81%）、斯里兰卡（降幅为67%）、尼泊尔（降幅为64%）、乌克兰（降幅为58%）和墨西哥（降幅为52%）。

各地区间的移动电话平均价格差别很大。欧洲移动电话价格仅占月收入的1.1%，而非洲地区这一比例高达17.7%。原独联体（CIS）地区的移动电话服务可承受性相对较强（平均占收入的2.7%），而美洲和亚太地区的这一百分比约为3%，阿拉伯国家为4.6%。尽管发达国家价格下降速度稍快，移动电话服务价格仍占月收入的1.2%，而在发展中国家这一百分比为7.8%。

3. 固定宽带分价格指数

由于固定宽带综合价格占月人均国民总收入的122%，迄今为止它仍然是ICT综合价格指数中最昂贵的一个分价格指数。宽带价格相对最低的国家基本上都是在ICT综合价格指数排名中名列前茅的国家。它们是在ICT发展指数方面排名高的高收入国家和地区，如中国香港、新加坡、丹麦、卢森堡、美国、英国、瑞士和瑞典。

按区域对固定宽带服务价格进行比较后可以看出，各区域之间，主要是非洲与其他区域之间的价格水平相差悬殊。平均算来，在非洲地区，高速互联网连接的服务价格占月人均国民总收入的500%，因而该区域大多数人仍无法用上固定宽带。在阿拉伯国家和亚太区域，固定宽带综合价格分别占收入的71%和46%，而在美洲和原独联体区域，该百分比约为10%。欧洲的固定宽带服务价格水平不到平均月收入的2%，这是迄今为止固定宽带服务价格最低的地区。

发达国家和发展中国家之间的宽带价格差距同样明显，按购买力平价（PPP）计算，两大群体的平均价格分别为28美元和190美元。在发展中国家，宽带接入仍然是最昂贵且价格可承受性最差的一项服务。2009年，仍然有28个国家的固定宽带综合价格超过月人均国民总收入，这些国家在IDI_{ITU}的排名均相对靠后，从而进一步说明服务的价格可承受性对于建设包容性信息社会至关重要。

四、信息化所带来的经济和社会效益分析

国际电信联盟信息化监测指数的主要目标之一是衡量信息通信技术的发展潜力，或各国可运用信息化推动增长和发展的程度。

信息化能够产生范围广泛的各种经济效应，这些效应能够直接或间接地增加社会福利并促进社会发展。其直接效应包括ICT发展以及新兴相关技术研发带来的生产率提高。间接效应包括服务部门的贸易创造和贸易便利化，基于ICT的改革所创造的就业机会，公司和工人们的灵活性有所加强，以及新商业模式和机会的创造。由于衡量和跟踪此类效应需面临数据方面的挑战，因此研究由此造成的更广泛的社会经济影响受到制约。

报告指出，信息化能够带来重要的经济效益和社会效益，包括属于发展目标范畴的各种效益。运用ICT家庭数据进行的分析显示，更好的教育状况会导致更高的家庭互联网接入率，这为各国指出了一个可能的发展方向，可由此着手获取潜在的ICT益处。在有互联网接入的家庭与女性劳动力参与之间也存在某种数据相关性，意味着可以通过ICT获得更多的潜在益处。可以直接或间接地获得上述益处，例如通过推进性别平等，特别是ICT使用方面的性别平等，以及帮助妇女参与经济活动来实现。实际上可用的数据表明，使用互联网在男性和女性间的差别往往相对较小，在大多数发展中国家低于10%。

尽管这些只是初步迹象，仍有待进一步研究，但相关分析确实指出了ICT使用的重要性，并表明这是为建设包容性信息社会而制定的信息化政策应包含的一个关键领域。如IDI_{ITU}框架本身表明的，ICT应用是信息化发展进程的第二阶段，ICT益处的最大化取决于使用ICT的方式。

附表 1　　世界各国家和地区信息化发展指数（IDI_{ITU}）排名结果

国家和地区	2008 年		2007 年		国家和地区	2008 年		2007 年	
	指数	排名	指数	排名		指数	排名	指数	排名
瑞典	7.85	1	7.27	1	意大利	6.15	28	5.91	24
卢森堡	7.71	2	6.98	6	阿联酋	6.11	29	5.20	33
韩国	7.68	3	7.23	2	希腊	6.03	30	5.28	31
丹麦	7.53	4	7.18	3	马耳他	5.82	31	5.48	29
荷兰	7.37	5	7.06	5	葡萄牙	5.77	32	5.32	30
冰岛	7.23	6	7.06	4	巴林	5.67	33	4.95	35
瑞士	7.19	7	6.83	8	匈牙利	5.64	34	5.18	34
日本	7.12	8	6.89	7	立陶宛	5.55	35	5.22	32
挪威	7.11	9	6.78	9	克罗地亚	5.53	36	4.95	37
英国	7.07	10	6.70	12	捷克	5.45	37	4.92	39
中国香港	7.04	11	6.78	10	斯洛伐克	5.38	38	4.86	41
芬兰	7.02	12	6.70	11	塞浦路斯	5.37	39	4.91	40
德国	6.95	13	6.60	13	波兰	5.29	40	4.95	36
新加坡	6.95	14	6.47	15	拉脱维亚	5.28	41	4.95	38
澳大利亚	6.90	15	6.51	14	文莱	5.07	42	4.77	42
新西兰	6.81	16	6.38	16	保加利亚	4.87	43	4.42	43
奥地利	6.72	17	6.25	19	罗马尼亚	4.73	44	4.11	48
法国	6.55	18	6.09	22	卡塔尔	4.68	45	4.25	45
美国	6.54	19	6.33	17	圣文森特和格林纳丁斯	4.59	46	4.10	49
爱尔兰	6.52	20	6.14	20	黑山	4.57	47	4.36	44
加拿大	6.49	21	6.30	18	俄罗斯	4.54	48	4.13	46
爱沙尼亚	6.41	22	5.86	25	阿根廷	4.38	49	4.13	47
比利时	6.36	23	6.10	21	乌拉圭	4.34	50	3.96	51
中国澳门	6.29	24	5.73	28	马其顿	4.32	51	3.40	63
西班牙	6.27	25	5.84	26	沙特阿拉伯	4.24	52	3.76	54
斯洛文尼亚	6.26	26	5.77	27	塞尔维亚	4.23	53	3.85	52
以色列	6.19	27	5.93	23	智利	4.20	54	3.99	50

续表

国家和地区	2008年		2007年		国家和地区	2008年		2007年	
	指数	排名	指数	排名		指数	排名	指数	排名
白俄罗斯	4.07	55	3.77	53	黎巴嫩	3.17	82	3.02	78
马来西亚	3.96	56	3.66	55	阿尔巴尼亚	3.12	83	2.74	84
土耳其	3.90	57	3.63	56	伊朗	3.08	84	2.73	86
乌克兰	3.87	58	3.56	58	突尼斯	3.06	85	2.74	83
特里尼达和多巴哥	3.83	59	3.61	57	越南	3.05	86	2.61	93
巴西	3.81	60	3.49	61	厄瓜多尔	2.95	87	2.73	85
委内瑞拉	3.67	61	3.33	66	亚美尼亚	2.94	88	2.66	89
巴拿马	3.66	62	3.39	64	多米尼加	2.91	89	2.73	87
哥伦比亚	3.65	63	3.27	69	菲律宾	2.87	90	2.61	95
波黑	3.65	64	3.38	65	斐济	2.81	91	2.69	88
科威特	3.64	65	3.54	59	南非	2.79	92	2.64	91
塞舌尔群岛	3.64	66	3.44	62	叙利亚	2.76	93	2.65	90
牙买加	3.54	67	3.52	60	巴拉圭	2.75	94	2.46	98
马尔代夫	3.54	68	3.11	72	蒙古	2.71	95	2.61	94
哈萨克斯坦	3.47	69	3.17	70	埃及	2.70	96	2.44	100
哥斯达黎加	3.46	70	3.31	67	摩洛哥	2.68	97	2.33	103
阿曼	3.45	71	3.17	71	古巴	2.66	98	2.62	92
毛里求斯	3.44	72	3.30	68	吉尔吉斯斯坦	2.65	99	2.52	96
摩尔多瓦	3.37	73	3.11	73	阿尔及利亚	2.65	100	2.47	97
约旦	3.33	74	2.98	78	玻利维亚	2.62	101	2.39	101
秘鲁	3.27	75	3.03	74	佛得角	2.62	102	2.27	107
泰国	3.27	76	3.03	75	萨尔瓦多	2.61	103	2.45	99
墨西哥	3.25	77	3.03	76	危地马拉	2.53	104	2.35	102
利比亚	3.24	78	2.92	79	斯里兰卡	2.51	105	2.32	104
中国	3.23	79	3.03	77	洪都拉斯	2.50	106	2.32	105
格鲁吉亚	3.22	80	2.87	80	印度尼西亚	2.46	107	2.15	108
阿塞拜疆	3.18	81	2.77	82	土库曼斯坦	2.38	108	2.27	106

续表

国家和地区	2008年		2007年		国家和地区	2008年		2007年	
	指数	排名	指数	排名		指数	排名	指数	排名
博茨瓦纳	2.30	109	2.08	110	科特迪瓦	1.45	135	1.37	133
乌兹别克斯坦	2.25	110	2.06	113	赞比亚	1.42	136	1.26	142
塔吉克斯坦	2.25	111	2.11	109	孟加拉	1.41	137	1.34	137
尼加拉瓜	2.18	112	2.08	112	喀麦隆	1.40	138	1.37	132
加蓬	2.16	113	2.08	111	安哥拉	1.40	139	1.31	138
纳米比亚	2.04	114	1.95	114	多哥	1.36	140	1.27	140
斯威士兰	1.90	115	1.78	115	贝宁	1.35	141	1.20	146
加纳	1.75	116	1.54	119	尼泊尔	1.34	142	1.27	141
印度	1.75	117	1.62	116	海地	1.31	143	1.24	143
老挝	1.74	118	1.60	117	马达加斯加	1.31	144	1.27	139
缅甸	1.71	119	1.60	118	乌干达	1.30	145	1.21	144
柬埔寨	1.70	120	1.53	120	马拉维	1.28	146	1.20	145
肯尼亚	1.69	121	1.52	121	马里	1.19	147	1.08	149
尼日利亚	1.65	122	1.36	134	卢旺达	1.19	148	1.11	148
不丹	1.62	123	1.48	124	坦桑尼亚	1.17	149	1.05	151
冈比亚	1.62	124	1.50	123	刚果（金）	1.16	150	1.13	147
吉布提	1.57	125	1.48	125	巴布亚新几内亚	1.08	151	1.06	150
毛里塔尼亚	1.57	126	1.43	128	厄立特里亚	1.08	152	1.03	152
苏丹	1.57	127	1.50	122	莫桑比克	1.05	153	0.97	154
巴基斯坦	1.54	128	1.45	127	埃塞俄比亚	1.03	154	0.97	153
也门	1.52	129	1.48	126	布基纳法索	0.98	155	0.93	155
津巴布韦	1.51	130	1.43	129	几内亚比绍	0.97	156	0.88	156
塞内加尔	1.49	131	1.34	136	几内亚	0.93	157	0.85	158
刚果	1.48	132	1.36	135	尼日尔	0.90	158	0.86	157
莱索托	1.46	133	1.40	131	乍得	0.79	159	0.73	159
科摩罗	1.46	134	1.41	130					

附表 2　　2009 年世界各国家和地区 ICT 综合价格指数比较

排名	国家和地区	ICT 综合价格指数	固定电话分价格指数占人均 GNI 的比重	移动电话分价格指数占人均 GNI 的比重	固定宽带分价格指数占人均 GNI 的比重
1	中国澳门	0.23	0.30	0.09	0.30
2	中国香港	0.26	0.27	0.03	0.49
3	新加坡	0.33	0.27	0.14	0.58
4	科威特	0.37	0.27	0.24	0.60
5	卢森堡	0.40	0.42	0.18	0.59
6	美国	0.40	0.32	0.39	0.50
7	丹麦	0.41	0.50	0.13	0.59
8	挪威	0.41	0.41	0.12	0.70
9	英国	0.57	0.64	0.44	0.63
10	冰岛	0.58	0.48	0.25	1.00
11	加拿大	0.58	0.53	0.51	0.71
12	芬兰	0.59	0.46	0.33	0.97
13	瑞士	0.60	0.58	0.62	0.60
14	瑞典	0.60	0.62	0.35	0.84
15	奥地利	0.61	0.71	0.18	0.94
16	以色列	0.61	0.83	0.67	0.33
17	荷兰	0.75	0.66	0.71	0.87
18	比利时	0.75	0.91	0.56	0.78
19	韩国	0.79	0.29	0.68	1.41
20	德国	0.81	0.92	0.27	1.23
21	爱尔兰	0.82	1.06	0.51	0.88
22	阿联酋	0.82	0.20	0.21	2.03
23	哥斯达黎加	0.84	0.80	0.46	1.24
24	意大利	0.86	0.96	0.62	0.98
25	澳大利亚	0.86	0.77	1.04	0.77
26	巴林	0.87	0.33	0.46	1.82
27	白俄罗斯	0.87	0.23	0.77	1.62

续表

排名	国家和地区	ICT 综合价格指数	固定电话分价格指数占人均 GNI 的比重	移动电话分价格指数占人均 GNI 的比重	固定宽带分价格指数占人均 GNI 的比重
28	马耳他	0.88	0.41	0.78	1.45
29	塞浦路斯	0.92	1.32	0.27	1.19
30	特立尼达和多巴哥	0.93	1.41	0.47	0.91
31	斯洛文尼亚	0.95	0.98	0.79	1.09
32	法国	0.95	0.83	1.00	1.02
33	希腊	1.02	1.06	0.99	1.00
34	俄罗斯	1.02	0.67	0.73	1.66
35	日本	1.09	0.72	1.39	1.18
36	西班牙	1.11	1.07	1.19	1.08
37	沙特阿拉伯	1.12	0.71	0.58	2.06
38	葡萄牙	1.28	1.60	0.54	1.69
39	新西兰	1.28	1.42	1.20	1.23
40	立陶宛	1.28	1.45	0.86	1.54
41	波兰	1.37	1.76	0.97	1.39
42	拉脱维亚	1.46	1.13	0.74	2.52
43	爱沙尼亚	1.49	1.11	1.03	2.34
44	塞尔维亚	1.60	0.82	1.09	2.88
45	阿曼	1.64	1.25	0.61	3.06
46	马来西亚	1.65	0.82	0.85	3.27
47	毛里求斯	1.67	1.06	0.84	3.11
48	墨西哥	1.69	2.08	1.04	1.95
49	克罗地亚	1.72	1.70	1.62	1.83
50	乌克兰	1.79	1.06	1.62	2.70
51	哈萨克斯坦	1.82	0.38	1.71	3.36
52	马尔代夫	1.87	1.36	1.14	3.11
53	罗马尼亚	1.87	2.92	1.60	1.10
54	圣基茨和尼维斯	2.09	1.07	1.19	4.01

续表

排名	国家和地区	ICT综合价格指数	固定电话分价格指数占人均GNI的比重	移动电话分价格指数占人均GNI的比重	固定宽带分价格指数占人均GNI的比重
55	斯洛伐克	2.10	1.88	2.06	2.36
56	乌拉圭	2.10	1.82	1.84	2.64
57	巴拿马	2.18	2.34	0.96	3.23
58	匈牙利	2.18	2.25	1.44	2.84
59	捷克	2.18	2.12	1.28	3.13
60	安提瓜和巴布达	2.19	1.29	1.08	4.21
61	斯里兰卡	2.25	3.18	0.61	2.95
62	土耳其	2.39	1.77	3.07	2.34
63	卡塔尔	2.42	0.91	0.86	5.49
64	阿尔及利亚	2.43	1.19	1.77	4.35
65	突尼斯	2.64	1.02	2.63	4.27
66	阿根廷	2.71	0.64	2.28	5.20
67	巴巴多斯	2.79	2.54	1.38	4.44
68	黑山	2.81	1.85	1.18	5.40
69	委内瑞拉	2.99	1.17	3.72	4.07
70	蒙古	3.02	0.47	2.55	6.04
71	牙买加	3.07	2.38	1.38	5.47
72	黎巴嫩	3.08	1.95	3.00	4.29
73	塞舌尔	3.09	1.30	1.31	6.66
74	不丹	3.16	1.91	1.26	6.30
75	中国	3.21	0.92	1.51	7.19
76	波黑	3.25	2.33	2.49	4.93
77	保加利亚	3.37	3.01	3.85	3.24
78	埃及	3.40	1.97	2.76	5.46
79	格林纳达	3.43	2.44	1.69	6.15
80	智利	3.49	3.01	1.30	6.15
81	印度	3.64	3.50	1.57	5.84

续表

排名	国家和地区	ICT 综合价格指数	固定电话分价格指数占人均 GNI 的比重	移动电话分价格指数占人均 GNI 的比重	固定宽带分价格指数占人均 GNI 的比重
82	圣卢西亚	3. 72	2. 52	2. 29	6. 35
83	伊朗	3. 87	0. 07	1. 21	10. 33
84	斐济	3. 94	2. 34	3. 29	6. 19
85	马其顿	3. 97	3. 89	3. 89	4. 12
86	圣文森特和格林纳丁斯	4. 11	2. 53	1. 94	7. 86
87	巴西	4. 14	2. 19	5. 66	4. 58
88	泰国	4. 15	3. 52	1. 00	7. 94
89	南非	4. 20	4. 45	2. 60	5. 54
90	多米尼加	4. 29	3. 36	2. 33	7. 18
91	哥伦比亚	4. 29	1. 46	2. 46	8. 96
92	阿尔巴尼亚	4. 30	1. 86	4. 18	6. 86
93	萨尔瓦多	4. 47	3. 96	2. 44	7. 01
94	亚美尼亚	4. 94	1. 46	2. 08	11. 28
95	博茨瓦纳	5. 46	3. 33	1. 50	11. 54
96	约旦	5. 51	3. 43	2. 08	11. 01
97	厄瓜多尔	5. 56	0. 42	3. 10	13. 15
98	印度尼西亚	5. 81	3. 33	1. 67	12. 44
99	阿塞拜疆	5. 82	0. 78	1. 39	15. 27
100	秘鲁	5. 98	4. 30	2. 69	10. 96
101	多米尼克	5. 99	2. 74	3. 22	12. 02
102	巴拉圭	6. 16	3. 65	2. 92	11. 91
103	摩尔多瓦	6. 65	2. 34	6. 70	10. 91
104	纳米比亚	6. 95	3. 71	3. 65	13. 47
105	佛得角	7. 09	1. 93	5. 98	13. 37
106	苏里南	7. 32	0. 55	2. 22	19. 21
107	危地马拉	7. 39	3. 48	3. 27	15. 42
108	巴基斯坦	7. 56	3. 49	1. 28	17. 89

续表

排名	国家和地区	ICT 综合价格指数	固定电话分价格指数占人均 GNI 的比重	移动电话分价格指数占人均 GNI 的比重	固定宽带分价格指数占人均 GNI 的比重
109	叙利亚	7.73	0.72	4.38	18.08
110	格鲁吉亚	8.62	1.70	3.68	20.49
111	密克罗尼西亚	9.04	4.10	2.52	20.49
112	伯利兹	9.15	5.50	4.67	17.28
113	菲律宾	9.25	10.12	3.95	13.68
114	越南	9.34	2.86	4.37	20.80
115	摩洛哥	9.69	10.93	10.32	7.83
116	苏丹	10.80	4.12	3.60	24.70
117	圭亚那	16.73	2.17	6.27	41.75
118	玻利维亚	18.06	19.28	6.01	28.89
119	尼加拉瓜	19.68	5.26	15.54	38.25
120	安哥拉	21.45	5.76	3.83	54.76
121	汤加	21.90	3.03	2.76	59.90
122	吉布提	25.00	8.61	7.02	59.36
123	尼泊尔	25.73	8.93	3.69	64.58
124	莱索托	28.03	14.20	14.35	55.56
125	吉尔吉斯斯坦	28.21	2.05	4.65	77.93
126	塞内加尔	29.79	29.74	10.29	49.34
127	肯尼亚	29.81	15.69	11.66	62.07
128	加纳	31.36	6.84	7.63	79.60
129	科特迪瓦	31.61	26.54	14.04	54.27
130	乌兹别克斯坦	34.30	1.50	1.41	263.03
131	瓦努阿图	35.18	12.22	6.67	86.64
132	孟加拉国	35.55	3.61	3.05	116.31
133	也门	35.64	0.83	6.09	277.82
134	塔吉克斯坦	35.83	1.77	5.71	727.27
135	萨摩亚	36.08	4.46	3.78	202.44

续表

排名	国家和地区	ICT 综合价格指数	固定电话分价格指数占人均 GNI 的比重	移动电话分价格指数占人均 GNI 的比重	固定宽带分价格指数占人均 GNI 的比重
136	斯威士兰	36.15	2.35	6.10	408.56
137	老挝	37.24	6.10	5.63	315.12
138	赞比亚	37.37	31.10	16.07	64.92
139	毛里塔尼亚	37.93	17.07	14.16	82.58
140	埃塞俄比亚	37.98	3.76	10.19	2085.05
141	尼日利亚	38.88	5.90	10.74	108.61
142	几内亚	39.60	9.22	9.60	1546.19
143	圣多美和普林西比	40.20	11.31	9.29	243.88
144	喀麦隆	40.60	14.74	14.58	92.49
145	柬埔寨	41.86	15.65	9.94	177.03
146	巴布亚新几内亚	41.98	4.76	21.19	168.43
147	冈比亚	42.20	7.26	19.33	945.43
148	科摩罗	46.65	17.73	22.23	685.44
149	马里	46.76	19.50	20.78	114.61
150	卢旺达	47.68	23.70	19.34	257.64
151	贝宁	47.69	17.34	25.74	204.63
152	乌干达	50.33	28.29	22.71	555.35
153	马拉维	52.85	13.84	44.70	2038.33
154	坦桑尼亚	53.72	33.30	27.85	173.35
155	布基纳法索	54.96	28.82	36.06	228.13
156	马达加斯加	55.48	35.80	30.63	297.23
157	中非	55.78	29.51	37.84	3891.20
158	莫桑比克	56.16	42.62	25.85	260.22
159	缅甸	58.18	4.92	69.61	155.40
160	多哥	58.52	38.39	37.16	558.39
161	尼日尔	67.58	47.01	55.74	966.90

撰稿人：国家统计局统计科学研究所　杨京英
姜　澍
何　强
北京邮电大学经济管理学院　龚振炜

信息社会世界高峰会议《ICT 核心指标报告》

《ICT 核心指标报告》第一版于 2005 年末在信息社会世界高峰会议（WSIS）突尼斯阶段会议期间出版，是在“ICT 促发展伙伴关系”成员推动下与相关国家统计机构和政策制定机构密切协商的成果。

“ICT 促发展伙伴关系”于信息社会世界高峰会议第一阶段会议之后的 2004 年 6 月创立，目前成员包括欧盟统计局（Eurostat)、国际电信联盟（ITU)、经济合作与发展组织(OECD)、联合国贸易和发展会议（UNCTAD)、联合国经济社会事务司（UNDESA)、联合国教育科学和文化组织（UNESCO）统计研究所（UIS)、世界银行及联合国的四个区域性委员会（联合国非洲经济委员会、联合国拉丁美洲和加勒比经济委员会、联合国亚太经济和社会委员会及联合国西亚经济和社会委员会)。“伙伴关系”的工作是制定在各国之间具有可比性的可靠的 ICT 统计数据。

ICT 核心指标清单的主要目的是帮助各国收集（或计划收集）ICT 统计数据，以制定高质量的、在各国之间具有可比性的数据。经修订的核心指标清单含有 46 项 ICT 指标和 2 项参考指标。

一、ICT 基础设施和接入核心指标

基础设施和接入指标可分为两大类。其中，一类指标数值越高意味着 ICT 基础设施和接入发展状况越好，而另一类为资费指标，通常数值越低表示发展状况越好。这些指标有几种呈现方式，包括使用人口加权（每 100 居民中的比例，占居民的比例，占人口的百分比)，月支出（按绝对值及占人均月收入的百分比）以及占居住区的百分比。

这些指标有若干数据来源，其中一个主要来源是对电信主管机构和一些私营公司进行的年度调查，其他来源包括电信监管机构、部委和运营商提供的报告。由于数据是从服务提供商而非用户那里采集的，因此可广泛提供给发达经济体和发展中经济体。为了帮助在这一领域实现统计数据标准化，对这些定义将定期审核，从而反映技术变革和新增业务(见表 1)。

表1　ICT基础设施和接入核心指标

编　号	指　标
A1	每100居民的固定电话线数
A2	每100居民中的移动蜂窝电话用户数
A3	每100居民中的固定互联网用户数
A4	每100居民中的固定宽带互联网用户数
A5	每100居民中的移动宽带用户数
A6	每居民的国际互联网带宽（比特/秒/居民）
A7	移动蜂窝电话网覆盖的人口百分比
A8	每月固定宽带互联网接入资费及占人均月收入百分比
A9	每月移动蜂窝预付资费及占人均月收入的百分比
A10	有公共互联网接入中心（PIAC）的居民点百分比

下面对每一个指标进行简要介绍。

A1：每100居民的固定电话线数

固定电话线指连接用户终端设备到公用电话交换网（PSTN）的电话线路，并且在电话局有专用端口。这个术语与电信文件中常用的“主站”和“直接交换线路”（DEL）两个术语同义。它可能不同于接入线路或签约订购用户。ISDN通道、公用付费电话和固定无线用户的数目都包括在内。每100居民中的固定电话线用固定电话线数除以总人口再乘以100来计算。

A2：每100居民中的移动蜂窝电话用户数

移动蜂窝电话用户指订购接入到使用蜂窝技术的公用移动网络的便携电话，从而提供PSTN接入。这包括模拟和数字系统，其中包括IMT-2000（第三代，3G）。后付费和预付费用户均包括在内。预付费用户是那些在合理的期限内（例如3个月）账户被使用的用户，不包括过去3个月未发起或未接收呼叫的非活动用户。每100居民移动蜂窝电话用户数用移动蜂窝电话用户数除以总人口然后再乘以100来计算。

A3：每100居民中的固定互联网用户数

固定互联网签约付费用户指拥有固定接入的互联网用户总数，包括拨号和全固定宽带用户：线缆调制解调器、DSL互联网用户、其他固定宽带和出租线路互联网用户。每100居民中固定线路互联网用户数用固定互联网用户数除以总人口然后再乘以100来计算。用户应该有别于使用者，用户是订购某项互联网接入业务的实体，使用者会比用户要多，因为一项订购可以同时为若干使用者提供服务。

A4：每100居民中的固定宽带互联网用户数

固定线路互联网用户指订购公共互联网付费高速接入（TCP/IP连接）的实体（如企业或个人）。高速接入被定义为单向或双向速率不低于256千比特/秒。固定宽带互联网包括线缆调制解调器、DSL、光纤及其他固定宽带技术，其中不包括通过移动蜂窝网络接入数据通信接入（包括互联网）。每100居民中的固定宽带互联网用户数用固定宽带互联网用户数除以总人口然后再乘以100来计算。

A5：每100居民中的移动宽带用户数

移动宽带用户是订购以宽带速率接入数据通信的移动蜂窝网络（指单向或双向速率大于或等于256千比特/秒）的用户，例如，WCDMA、HSDPA、CDMA2000 1xEV - DO 和 CDMA2000 1xEV - DV，而无论使用何种设备接入互联网（掌上计算机、笔记本计算机或移动电话等），这些业务一般指3G或3.5G业务。每100居民移动宽带用户用移动宽带用户数除以总人口然后再乘以100来计算。

A6：每居民的国际互联网带宽（比特/秒/居民）

这是指有可能提供给一个国家每位居民的国际互联网带宽，用比特/秒/居民表示。国际互联网带宽指骨干运营商所提供的承载互联网流量的能力，以比特/秒为单位。每居民国际互联网带宽用带宽量（单位为比特/秒）除以总人口来计算。这一指标的另一种衍生指标为每互联网用户国际互联网带宽。

A7：移动蜂窝电话网覆盖的人口百分比

这是指一个国家居住在移动蜂窝信号服务区域内的居民比例，而无论他们是否选择使用该项服务。移动蜂窝电话网络覆盖的人口百分比衡量拥有移动蜂窝电话和订购此项业务的人理论上使用移动蜂窝业务的能力。移动蜂窝电话网络覆盖的人口百分比用移动蜂窝信号覆盖范围内的居民人数除以总人口然后再乘以100来计算，以百分比表示。

A8：每月固定宽带互联网接入资费及占人均月收入百分比

该指标由两部分组成：每月固定宽带互联网接入资费、每月固定宽带互联网接入资费占人均月收入的百分比。每月固定宽带互联网接入资费代表最低为256千比特/秒的连接价格最低廉的宽带接入方案。国际电联把从各国收集的资费编辑成数据（直接从互联网业务提供商（ISP）网站或通过与ISP直接通信进行的问卷调查收集）。每月收费不包括安装费及调制解调器租赁费。

A9：每月移动蜂窝预付资费及占人均月收入的百分比

该指标由两部分组成：每月移动蜂窝预付资费、每月移动蜂窝预付资费占人均月收入的百分比。每月移动蜂窝预付资费基于OECD每月低端用户组的方法进行统计，包括每月按预定比例使用25次去话（本网、外网及与固网之间）及发送30次短消息的费用。

A10：有公共互联网接入中心（PIAC）的居民点百分比

公共互联网接入中心（PIAC）是一个全天或部分时间内向公众提供互联网接入的指定场所、位置或中心。PIAC包括电信服务中心、数字社区中心、网吧、图书馆、教育中心和其他向普通公众提供互联网接入的类似场所。所有这类中心至少应拥有一台公用计算机，提供互联网接入。居民点可指一个国家的国家统计机关为调查目的所使用的村庄、乡镇或计数区域。拥有公共互联网接入中心的居民点百分比用至少拥有一个PIAC的居民点数目除以该国居民点总数，然后将结果乘以100来计算。

二、家庭及个人接入并使用 ICT 的核心指标

有关家庭和个人接入并使用 ICT 的核心指标目前总共有 13 项，其中 6 项是有关家庭接入 ICT 的指标，6 项是有关个人使用 ICT 的指标，还有 1 项有关家庭接通电力的参考指标（见表 2）。

表 2　　家庭和个人接入及使用 ICT 的核心指标

编　号	指　标
HH1	拥有收音机的家庭比例
HH2	拥有电视机的家庭比例
HH3	拥有电话的家庭比例
HH4	拥有计算机的家庭比例
HH5	在过去 12 个月中使用过计算机的个人比例
HH6	拥有互联网接入的家庭比例
HH7	在过去 12 个月中使用过互联网的个人比例
HH8	在过去 12 个月中个人使用互联网的地点
HH9	在过去 12 个月中个人进行的互联网活动
HH10	在过去 12 个月中使用移动蜂窝电话的个人比例
HH11	拥有不同接入类型的互联网接入的家庭比例
HH12	过去 12 个月个人使用互联网的频率
HHR1	通电的家庭比例

ICT 家庭统计数据一般由国家统计局通过家庭调查收集。多数发达经济体若干年来一直使用经济合作与发展组织（OECD）和欧盟统计局（Eurostat）推荐的调查问卷样本采集这些统计数据。从一开始就了解 ICT 接入和 ICT 使用之间的差别是十分重要的，因为这是一个根本差别：ICT 接入指的是住宅内 ICT 的可用性；ICT 使用指的是家庭的一个或更多成员使用 ICT 的情况，无论是在住宅还是其他地方。下面对每一个指标进行简要介绍。

HH1：拥有收音机的家庭比例

指调查范围内的家庭在家中接入（而非使用）收音机的情况。收音机被定义为能够使用常见频率（如 FM、AM、LW 和 SW）接收无线电广播信号的设备，它包括集成在小轿车或闹钟及数字音频播放器（MP3 播放器）的收音机，但不包括集成在移动电话或计算机里的收音机。

HH2：拥有电视机的家庭比例

指调查范围内的家庭在家中接入（而非使用）电视机的情况。电视机被定义为能够使用常见接入方式（如无线、有线和卫星）接收广播电视信号的设备。它不包括与其他设备集成

的电视功能特性，例如计算机或移动电话等。

HH3：拥有电话的家庭比例

指调查范围内的家庭在家中接入（而非使用）电话的情况。这一指标分为以下四个部分：拥有任何类型电话的家庭比例、仅拥有固定电话的家庭比例、仅拥有移动蜂窝电话的家庭比例、拥有固定和移动蜂窝电话的家庭比例。

HH4：拥有计算机的家庭比例

指调查范围内的家庭在家中接入（而非使用）计算机的情况。计算机指台式或笔记本计算机，其中不包括具有嵌入式计算能力的设备，例如移动电话、个人数字助理（掌上计算机）或电视机。

HH5：在过去12个月中使用过计算机的个人比例

指在过去12个月中调查范围内的个人在任何地点使用计算机的情况。使用计算机的个人比例用在过去12个月中调查范围内在任何地点使用过计算机的人数除以调查范围内的总人数来计算，将得出结果乘以100，以百分比表示。

HH6：拥有互联网接入的家庭比例

指调查范围内的家庭在家中接入（而非使用）互联网的情况。互联网是一个世界范围的公共计算机网络，可接入包括万维网在内的若干通信业务，并可承载电子邮件、新闻、娱乐和数据文档。

HH7：在过去12个月中使用过互联网的个人比例

指在过去12个月中调查范围内的个人在任何地点接入（而非使用）互联网的情况。互联网的使用可通过任何能够提供互联网接入的设备（不仅是计算机）进行，包括移动电话、掌上计算机、游戏机和数字电视。接入可通过固定或移动网络进行。

HH8：在过去12个月中个人使用互联网的地点

场所按照对下述范式问题的回应类别加以定义，它们分别为：家中、工作中、教学场所、其他人家中、社区互联网接入设施、商业互联网接入设施、在任何地方通过移动电话和在任何地方通过其他移动接入设备。

HH9：在过去12个月中个人进行的互联网活动

互联网活动按照下述范式问题中的反映类别加以定义，其中包括：获取有关货物或服务信息，获取有关健康或保健服务信息，了解一般政府组织信息，与一般政府组织开展互动、发送或接收电子邮件，采用互联网/VoIP通话、发布信息或即时消息、采购或订购货物或服务、网上银行、教育或学习活动，播放或下载视频或计算机游戏，下载影音资料或软件，阅读或下载在线报纸等。

HH10：在过去12个月中使用移动蜂窝电话的个人比例

移动蜂窝电话被定义为订购了某项使用蜂窝技术的公共移动蜂窝电话业务、可提供PSTN接入的便携式电话。其中包括模拟和数字系统，及IMT-2000（3G）。包括后付费和预付费两类账户。使用移动电话不需要用户必须拥有或支付该部电话，它可能是通过工作、朋友或者家庭成员获得的，也可能为几个人共同拥有，或者使用可能是通过公用电话呼叫服务购买的。

HH11：拥有不同接入类型的互联网接入的家庭比例

互联网接入业务按照对以下的范式问题的回应类别进行定义，应将它们汇总到下述大类中：窄带、固定宽带、移动宽带。窄带包括速率低于256千比特/秒的模拟调制解调器（通过标准电话线拨号）、ISDN（综合业务数据网）、DSL，以及广告下载速率低于256千比特/秒的移动电话和其他形式的接入。固定宽带指单向或双向速率至少为256千兆比特/秒的技术，例如DSL（数字用户线路）、线缆调制解调器、高速出租线路、光纤到户、电力线、卫星、固定无线、无线局域网和WiMAX。移动宽带指单向或双向速率至少为256千兆比特/秒的技术，例如，在欧洲被称为统一移动电信系统（UMTS）的宽带CDMA（W－CDMA）；由高速上行分组接入（HSUPA）作为补充的高速下行分组接入（HSDPA）、CDMA2000 1xEV－DO和CDMA2000 1xEV－DV。

HH12：过去12个月个人使用互联网的频率

指过去12个月调查范围内的个人在任何场所互联网的使用频率，包括：至少一天一次、至少一周一次、少于一周一次。如果各国希望获得更详尽的信息，可以增加更多的频率类别。

HHR1：通电的家庭比例

该指标是一个参考指标，之所以纳入这个指标，是因为很多ICT的运行都需要电力。电力接入可能通过电网/主电源线连接，或通过本地发电设施（包括住所所在地）。本地电力包括燃油发电机产生的电力，或者从风能、水能或太阳能等再生资源产生的电力。其中不包括仅使用能源储蓄设施，如电池（尽管可能用它们来储存来自其他资源的电力）。

三、企业使用ICT的核心指标

有关企业使用ICT的核心指标目前总共有12项指标（见表3）。

表3　企业使用ICT的核心指标

编　号	指　标
B1	使用计算机的企业比例
B2	经常使用计算机工作的雇员比例
B3	使用互联网的企业比例
B4	经常使用互联网的雇员比例
B5	利用网络进行宣传推广的企业比例
B6	拥有内联网的企业比例
B7	通过互联网接收订单的企业比例
B8	通过互联网发出订单的企业比例
B9	通过不同接入类型使用互联网的企业比例

续表

编　号	指　标
B10	拥有局域网（LAN）的企业比例
B11	拥有外联网的企业比例
B12	使用互联网开展不同类型活动的企业比例

ICT 接入的概念并不针对企业，因为一般认为企业中的任何人都可使用任何现有 ICT 技术。有关企业使用 ICT 的统计数据通常由国家统计局通过企业使用 ICT 情况的独立调查或另一企业调查中 ICT 使用情况问题的模块收集。大多数 OECD 和欧盟国家多年来一直坚持收集企业使用 ICT 情况的统计数据，其中多数每年都进行独立的调查。其他经济体也已开始使用“伙伴关系”推荐的核心指标和相关标准收集整理企业使用 ICT 的指标。

按照惯例，企业使用 ICT 的指标用百分比表示。在构建企业所用核心指标的分指标时，可使用行业和企业规模作为参考的依据，如制造业中使用计算机的企业比例。下面对每一个指标进行简要介绍。

B1：使用计算机的企业比例

指在统计期中调查范围内的企业对计算机的使用（而非接入）。计算机指台式机或笔记本电脑，不包括具有某些嵌入式计算功能的设备，如移动蜂窝电话、个人数字助理（PDA）或电视机。

B2：经常使用计算机工作的雇员比例

雇员指为企业工作的所有人员，并不仅指文职人员。这包括短期和临时雇员、家庭工作者和自雇人员，有偿或无偿的情况均包括在内。该指标统计结果不仅反映雇员使用 ICT 的水平，还反映国家的工业发展概况。这是因为工作中使用 ICT 的情况随行业和职业的不同而有所不同。因此，在制造业占较大比重的国家，该指标的结果相对较低，因为与文职人员相比，制造业工人使用 ICT 的可能性更小。在发展中国家这一现象可能更为显著。因此，建议对该指标进行各国间比较时，应至少以行业大类（如制造业及其他）对数据进行分类。

B3：使用互联网的企业比例

指调查范围内的企业在统计期中对互联网的使用情况，无论该企业是否使用计算机（因为可通过其他途径接入互联网）。任何具备互联网接入功能的设备（不仅仅是计算机）都可为互联网的使用提供方便，包括移动电话、PDA、游戏机和数字电视，且可通过固定或移动网络使用。

B4：经常使用互联网的雇员比例

该指标的主要统计问题与 B2 相同，即结果不仅反映雇员使用 ICT 的水平，还反映国家的工业发展概况。

B5：利用网络进行宣传推广的企业比例

利用网络进行宣传推广包括网站、网页或在其他实体网站（包括相关业务）上进行宣传推广，但不包括列入在线企业名录或企业无法控制页面内容的任何其他网页。使用“利用网络进行宣传推广”一词而非“网站”的根据是在万维网上搞宣传推广比拥有一个网站本身更为重要。

B6：拥有内联网的企业比例

内联网指使用互联网协议的内部通信网络，目的是实现组织内部（以及与其他授权人之间）的沟通。它通常设置防火墙进行访问控制。

B7：通过互联网接收订单的企业比例

指在统计期调查范围内企业通过互联网进行销售的行为，是企业使用指标中两个电子商务衡量指标之一。接收的订单指通过互联网接收的订单，无论是否在网上付款，包括通过网站、专门的互联网市场、外联网、经互联网的电子数据交换（EDI）、由互联网带动的手机和电子邮件收到的订单。收到的订单不包括取消或未完成的订单。

B8：通过互联网发出订单的企业比例

该指标是企业使用指标中另一个电子商务衡量指标。对发出订单的理解与指标 B7 相同。

B9：通过不同接入类型使用互联网的企业比例

互联网接入服务在问题范本中被定义为：窄带、固定宽带和移动宽带。其定义与指标 HH11 相同。

B10：拥有局域网（LAN）的企业比例

局域网指在局部地区，如单一建筑物、部门或网站，连接计算机的网络，可为无线网络。

B11：拥有外联网的企业比例

外联网是用互联网协议与供应商、销售商、客户或其他业务伙伴安全共享本企业信息的封闭网络。它可以是企业内联网的安全扩展，以允许外部用户访问本企业内网的某些部分，也可以是该企业网站的专用区域，业务伙伴在登录页面通过验证后可以导航。

B12：使用互联网开展不同类型活动的企业比例

此类活动包括：发送或接收电子邮件、互联网/VoIP 电话、发布信息或即时消息、了解商品或服务信息、与一般政府机构沟通、网上银行、获得其他金融服务、提供客户服务、在线交付产品、内部和外部招聘、员工培训等。

四、ICT（制造）行业的核心指标

该行业是主要生产 ICT 商品或服务的总体企业，有两个核心指标来描述 ICT（制造）行业的活动（见表 4）。

表 4　　ICT（制造）行业的核心指标

编　号	指　标
ICT1	整个业务部门中 ICT 行业劳动力的比例
ICT2	ICT 行业占总增值量份额

ICT 行业的统计数据通常利用为国民核算和其他目的收集就业、收入和支出数据的部门调查结果进行编制。虽然一些国家进行专门的 ICT 部门调查，但大多数还是利用现有的行业统计数据。OECD 和 Eurostat 根据成员国收集的数据编制 ICT 部门数据。

有关 ICT 行业的核心指标是以 ICT 行业的劳动力/增加值在整个业务部门中所占的比例表示的，二者均以百分比表示。下面对每一个指标进行简要介绍。

ICT1：整个业务部门中 ICT 行业劳动力的比例

指 ICT 行业劳动力占整个业务部门劳动力的比例。劳动力指从事生产活动的所有从业人员。

ICT2：ICT 行业占总增值量份额

指 ICT 行业的总增值量占整个业务部门增值量的比例。特定行业的总增值量表示其对国家国内生产总值（GDP）的贡献，有时被称为行业 GDP，但并不直接进行衡量（而是在国民经济核算框架下估算）。在一般情况下，它是生产（生产总值）和中间投入（生产最终产品所需的能源、材料和服务）之间的差额。

五、ICT 商品国际贸易的核心指标

有两个核心指标来描述 ICT 商品国际贸易，二者以各国收集的用于海关的行政贸易数据为基础（见表 5）。

表 5　　ICT 商品国际贸易的核心指标

编 号	指 标
ICT3	ICT 商品进口在总进口量中的百分比
ICT4	ICT 商品出口在总出口量中的百分比

ICT 商品国际贸易的核心指标是以其贸易额占总贸易的比例表示的，二者均以百分比表示。下面对每一个指标进行简要介绍。

ICT3：ICT 商品进口在总进口量中的百分比

指的是 ICT 商品进口在总进口量中所占的百分比，二者均以货币额表示。各国贸易统计数据中含有大量详细的贸易数据。根据所使用的专门或总贸易体系的不同，与该指标相关的主要统计问题是不同国家对再出口和再进口的处理方式不同。在一些国家，再进口是单独上报的，因而 ICT 的再进口额（包括在这些国家的 ICT 进口额中）通常很小。

ICT4：ICT 商品出口在总出口量中的百分比

对该指标的理解与指标 ICT3 相同。

六、教育中的 ICT 核心指标

目前有关教育中的 ICT 核心指标总共有 9 项，包括 8 个教育中的 ICT 指标，以及有关电

力供应的学校比例的参考指标（见表6）。

表6　　教育中的ICT核心指标

编　号	指　标
ED1	拥有教育用收音机的学校比例
ED2	拥有用于教育用电视机的学校比例
ED3	拥有电话通信设备的学校比例
ED4	提供计算机辅助教学的学校中学生数与计算机数之比
ED5	拥有不同类别互联网接入的学校比例
ED6	学校中享有互联网接入的学生比例
ED7	ICT相关领域高等教育机构中录取的学生比例
ED8	学校中具有ICT资格的教师比例
EDR1	享有供电的学校比例

教育中的ICT指标已接受了广泛的测试和咨询。指标选择的主要原则包括政策相关性、可靠数据采集的可行性、数据采集负担最小化和国际可比性。这些指标大多是通过国家一级的年度学校普查的行政数据进行搜集的。普查工作可由教育部门的统计单位或国家统计局进行。

有证据表明，ICT对增加学习机会有积极的影响。ICT通过改革传统的教学体制改善教学学习过程，提高学习成果的质量，促进先进技能的形成，维持终身学习，并加强机构管理。必须明确，ICT是传统教学的辅助工具，而非替代手段。下面对每一个指标进行简要介绍。

ED1：拥有教育用收音机的学校比例

收音机定义为能够使用普通频率，如FM、AM、LW和SW接收无线电广播信号的独立设备。除非明确用于教育目的，否则内置在其他设备（如随身听、汽车收音机、时钟收音机、录音磁带或CD播放机/录音机）的收音机不在考虑范围。收音机辅助教学既包括无线电广播教育，还包括交互式广播教学（IRI）。

ED2：拥有用于教育用电视机的学校比例

电视定义为能够使用普通接入手段（如无线、有线和卫星）接收广播电视信号的独立设备。内置入其他设备（如计算机、掌上电脑、智能电话或移动电话）的电视广播接收机只在明确用于教育目的时才在考虑范围。电视辅助教学与无线电广播教育类似，但增加了视频优势。它通过片段、动画、仿真、视觉效果和戏剧化将抽象的概念讲活。

ED3：拥有电话通信设备的学校比例

电话通信设备指将一个教育机构的终端设备（如电话机、传真机）接入公众交换电话网（PSTN）的固定电话线、电缆连接（如有线电话）和其他可持续性通信技术，并提供电话交换专用端口。接入被定义为能够使特定教育机构实际拥有和使用设备的服务定购。该指标指学校直接拥有的电话设备。在该校工作或学习的个人所拥有的移动电话不属于学校的电话通信设备。

ED4：提供计算机辅助教学的学校中学生数与计算机数之比

计算机指可编程的电子设备，能够储存、检索和处理数据，并以高度结构化的方式共享信息。它根据一套指令进行高速数学或逻辑运算。计算机包括个人电脑、连接到主机和微型计算机进行共享使用的终端。它表明在计算机辅助教学的学校使用计算机提高或扩大计算机辅助教学的可能性，但不衡量学校中对计算机的实际使用情况。

ED5：拥有不同类别互联网接入的学校比例

该指标分为四部分：拥有任何互联网接入的学校比例、仅有固定窄带接入的学校比例、仅有固定宽带接入的学校比例和既有固定窄带也有固定宽带接入的学校比例。具体互联网相关定义与指标 HH11 相同。

ED6：学校中享有互联网接入的学生比例

该指标衡量的是学校中有权使用作为教学辅助的互联网试验室的学生比例。它衡量学生接入用于教育目的互联网的情况，不考虑学生对互联网的实际使用情况。所指学校包括提供小学、初中和高中教育的学校。

ED7：ICT 相关领域高等教育机构中录取的学生比例

ICT 相关领域的录取可能受到教育机构现有能力的约束，因此可能并不代表实际的需求。ICT 相关领域包括涵盖下列四个教育和培训领域之一的课程：视听技术和媒体制作、计算机科学、计算机使用和电子及自动化。利用特定的 ICT 相关领域创建分指标可能有助于这些领域的监测。

ED8：学校中具有 ICT 资格的教师比例

ICT 具有资格的教师指根据国家确定的资格标准接受服务前或服务中专门 ICT 培训的教师。该指标仅指出可提供 ICT 课程教学的熟练教师队伍，并不一定意味着登记合格的教师实际教授 ICT 课程，也并不一定确保实际提供 ICT 课程教学。

EDR1：享有供电的学校比例

该指标是参考指标。它衡量电力可用性，这是在学校引入大多数 ICT 设备的前提条件。电力指永久的电源，如电力网/市电连接、风能、水能、太阳能和永久燃料发电机，可支持 ICT 基础设施充分和可持续地用于教育目的。许多国家认为将供电项目列入学校问卷调查表毫无意义。在这种情况下，国内专家应提供享有供电的学校的大约数目，并指出该数据仅为估算数据。

撰稿人：国家统计局统计科学研究所　杨京英
何　强
北京邮电大学经济管理学院　龚振炜

Chapter 5
China and Worldwide Informatization Statistical Data

第五部分

中国及世界信息化统计数据

1. 全国数据汇总概览
Summary Overview of National Statistical Data

1-1 人口与教育
Population and Education

指　数	单位	2005	2006	2007	2008	2009
全国总人口 Total Population	万人	130756	131448	132129	132802	133446
按城乡划分: Population by Urban and Rural Residence						
城镇人口	万人	56157	57706	59379	60667	62186
农村人口	万人	74471	73742	72750	72135	71288
城镇人口比重	%	43	44	45	46	47
农村人口比重	%	57	56	55	54	46
平均家庭户规模	人/户	3.13	3.17	3.17	3.16	3.15
按性别划分 Population by Sex						
男性人口	万人	8584882①	604303②	602740③	598339④	591871⑤
女性人口	万人	8400884①	588363②	585999③	580182④	573115⑤
按年龄划分 Population by Age						
0-14 岁人口	万人	3321029①	220280②	212476③	204088④	196517⑤
15-64 岁人口	万人	12123681①	862690②	865052③	862020④	855269⑤
65 岁以上人口	万人	1541056①	109696②	111212③	112413④	113199⑤
按学历划分 Population by Educational Attainment						
6 岁及 6 岁以上	万人	15878355①	1118855②	1116037③	1106434④	1091868⑤
未上过学人数	万人	1646360①	98335②	89448③	82987④	77716⑤
小学学历人数	万人	5285045①	370014②	354873③	344870④	328934⑤
初中学历人数	万人	6088659①	436273②	448897③	452929④	455002⑤
高中学历人数	万人	1975098①	144652②	149635③	151474④	150648⑤
大专及以上学历人数	万人	883192①	69581②	73184③	74175④	79567⑤

注：①②③④⑤抽样比例分别为 1.325%、0.907‰、0.900‰、0.887‰和 0.873‰。

续表（continued）

指　　数	单位	2005	2006	2007	2008	2009
高等学校普通本、专科 Schools in Undergraduate or Specialized Courses in Institutions of Higher Education						
学校数	所	1792	1867	1908	2263	2305
毕（结）业生数	人	3067956	3774708	4477907	5119498	5311023
教职工数	人	1742073	1872601	1974526	2051029	2111451
中等职业学校（机构）: Secondary Vocational Schools or Institutions						
毕业生数	人	3491921	3926271	4312433	4710924	5096654
教职工数	人	889171	922007	956076	973431	969477
普通高中: Regular Senior Secondary Schools						
学校数	所	16092	16153	15681	15206	14607
毕业生数	人	6615713	7270693	7883143	8360593	8237220
教职工数	人	5720244	5784564	5809730	5815712	5845444
普通初中: Regular Junior Secondary Schools						
学校数	所	61885	60550	59109	57701	56167
毕业生数	人	21065150	20623876	19568428	18628943	17947254
专任教师数	人	3471839	3463478	3464296	3468957	3513438
普通小学: Regular Primary Schools						
学校数	所	366213	341639	320061	300854	280184
毕业生数	人	20194768	19284838	18701708	18649512	18051997
教职工数	人	6132155	6119992	6133815	6132903	6135536
每十万人口各级学校平均在校生数: Number of Students per 100 000 Population						
幼儿园	人	1676	1731	1787	1873	2001
小学	人	8358	8192	8037	7819	7584
初中阶段	人	4781	4557	4364	4227	4097
高中阶段	人	3070	3321	3409	3463	3495
高等学校	人	1613	1816	1924	2042	2128

1-2 国民经济与信息产业
National Economy and Information Industry

指　　数	单位	2005	2006	2007	2008	2009
国内生产总值 Gross Domestic Product	亿元	183217	211924	257306	300670	340507
第一产业	亿元	22420	24040	28627	34000	35226
第二产业	亿元	87365	103162	124799	146183	157639
第三产业	亿元	73433	84721	103880	120487	147642
第一产业占 GDP 比重	%	12. 2	11. 3	11. 1	11. 3	10. 3
第二产业占 GDP 比重	%	47. 7	48. 7	48. 5	48. 6	46. 3
第三产业占 GDP 比重	%	40. 1	40. 0	40. 4	40. 1	43. 4
人均国内生产总值 GDP per Capital	元/人	14185	16500	20169	23708	25575
国内生产总值增长率 Growth Rate of GDP	%	10. 4	11. 6	13. 0	9. 0	13. 2
第一产业	%	5. 2	5. 0	3. 7	5. 5	3. 6
第二产业	%	11. 7	13. 0	14. 7	9. 3	7. 8
第三产业	%	10. 5	12. 1	13. 8	9. 5	22. 5
人均国内生产总值增长率 Growth Rate of GDP per Capital	%	9. 8	11. 0	12. 5	8. 4	7. 9
全社会就业人员数 Total Employed Persons	万人	75825		76990	77480	77995
第一产业	万人	33970		31444	30654	29708
第二产业	万人	18084		20629	21109	21684
第三产业	万人	23771		24917	25717	26603
第一产业占比重	%	44. 8		40. 8	39. 6	38. 1
第二产业占比重	%	23. 8		26. 8	27. 2	27. 8
第三产业占比重	%	31. 4		32. 4	33. 2	34. 1
全社会研发经费占 GDP 比重 Social R&D Funds Ratio of GDP	%	1. 3		1. 4	1. 4	1. 5
发明专利申请受理数 Number of Inventions Application Accepted	件	93485	122318	153060	194579	229096
每百万人发明专利申请受理数	件	72	93	116	147	172
电信业务总量 Telecom Business Volume	亿元	11403. 0	14595. 4	18591. 3	22247. 7	25553. 6
电信主营业务收入	亿元	5840. 1	6491. 8	7398. 6	8148. 0	8424. 3
人均电信主营业务收入	元/人	446. 6	493. 9	560. 0	613. 5	631. 2
信息产业增加值 Value-added of the Information Industry	万亿元	1. 31	1. 56	1. 76	1. 96	2. 08

1－3 信息技术与应用
Information Technology and Applications

指 数	单位	2005	2006	2007	2008	2009
电话拥有量 Ownership of Telephones	万部	74386.1	82889.4	91273.5	98203.5	106107.2
固定电话拥有量	万部	35043.3	36781.2	36544.9	34080.5	31368.8
移动电话拥有量	万部	39342.8	46108.2	54728.6	64123.0	74738.4
每百人电话拥有量 Ownership of Telephone per 100 Inhabitants	部	57.3	63.4	69.4	74.3	79.9
每百人固定电话拥有量	部	27.0	28.1	27.8	25.8	23.6
每百人移动电话拥有量	部	30.3	35.3	41.6	48.5	56.3
每百人电视机拥有量 Ownership of Television per 100 Inhabitants	台	35.9	37.9	38.0	35.7	37.5
城镇每百户彩色电视机拥有量	台	134.8	137.4	137.8	132.9	135.7
农村每百户彩色电视机拥有量	台	105.8	106.9	106.5	109.1	116.6
每百人计算机拥有量 Ownership of Computer per 100 Inhabitants	台	6.1	7.0	8.3	9.5	11.6
城镇平均每百户计算机拥有量	台	41.5	47.2	53.8	59.3	65.7
农村平均每百户计算机拥有量	台	2.1	2.7	3.7	5.4	7.5
互联网网民数 Number of Internet Users	万人	11100	13700	21000	29800	38400
每百人互联网用户数	人	8.5	10.4	15.9	22.4	28.8
每百人互联网宽带用户数	人		5085.3	6641.4	8342.5	10322.6

1-4 信息消费
Information Consumption

指　　数	单位	2005	2006	2007	2008	2009
城镇居民平均收入 Per Capita Annual Income of Urban Households	元	11320.77	12719.19	14908.61	17067.78	18858.09
城镇居民人均消费性支出 Per Capita Annual Consumption Expenditure of Urban Households	元	7942.88	8696.55	9997.47	11242.85	12264.55
食品	元	2914.39	3111.92	3628.03	4259.81	4478.54
衣着	元	800.51	901.78	1042.00	1165.91	1284.20
居住	元	808.66	904.19	982.28	1145.41	1228.91
家庭设备用品及服务	元	446.52	498.48	601.80	691.83	786.94
医疗保健	元	600.85	620.54	699.09	786.20	856.41
交通通信	元	996.72	1147.12	1357.41	1417.12	1682.57
交通	元	499.63	606.92	759.12	804.41	1040.88
通信	元	497.09	540.20	598.28	612.71	641.70
教育文化娱乐服务	元	1097.46	1203.03	1329.16	1358.26	1472.76
文化娱乐	元	526.14	591.04	690.76	736.09	826.88
文化娱乐用品	元	280.21	310.26	343.17	354.82	381.32
文化娱乐服务	元	245.93	280.78	347.59	381.27	445.56
其他商品和服务	元	277.75	309.49	357.70	418.31	474.21
农村居民平均纯收入 Per Capita Annual Net Income of Rural Households	元	3254.93	3587.04	4140.36	4760.62	5153.17
农村居民人均消费性支出 Per Capita Annual Consumption Expenditure of Rural Households	元	2555.40	2415.47	3223.85	3660.68	3993.45
食品	元	1162.16	835.48	1388.99	1598.75	1636.04
衣着	元	148.57	167.34	193.45	211.80	232.50
居住	元	370.16	438.31	573.80	678.80	805.01
家庭设备用品及服务	元	111.44	126.07	149.13	173.98	204.81
医疗保健	元	168.09	191.51	210.24	245.97	287.54
交通通信	元	244.98	288.76	328.40	360.18	402.91
通信	元	122.18	135.98	144.74	155.73	153.66
文教娱乐用品及服务	元	295.48	305.13	305.66	314.53	340.56
文娱用品及服务	元	141.66	149.91	158.85	170.46	191.21
其他商品和服务	元	54.52	62.87	74.19	76.67	84.10

1－5 中国信息化发展指数（Ⅱ）比较表
Informatization Development Index（Ⅱ）of China

指　数	单位	2005	2006	2007	2008	2009	2010*
信息化发展指数（Ⅱ）Informatization Development Index（Ⅱ）		0.589	0.611	0.633	0.654	0.681	0.700
基础设施指数 Infrastructure Index		0.309	0.335	0.354	0.359	0.389	0.413
产业技术指数 Industrial & Technological Index		0.808	0.840	0.869	0.897	0.914	0.938
应用消费指数 Applications & Consumptions Index		0.442	0.461	0.505	0.551	0.598	0.620
知识支撑指数 Knowledge Supports Index		0.752	0.772	0.777	0.792	0.803	0.821
发展效果指数 Development Effects Index		0.633	0.647	0.659	0.670	0.701	0.707
信息化发展指数（Ⅱ）增长速度 Growth Rate of Informatization Development Index（Ⅱ）	%	13.66	11.60	14.06	11.31	10.27	7.87
基础设施指数增长速度 Growth Rate of Infrastructure Index	%	18.39	10.48	9.15	5.27	11.63	7.62
产业技术指数增长速度 Growth Rate of Industrial & Technological Index	%	25.67	20.36	18.94	18.03	10.02	14.63
应用消费指数增长速度 Growth Rate of Applications & Consumptions Index	%	16.10	17.02	33.06	23.75	18.86	8.47
知识支撑指数增长速度 Growth Rate of Knowledge Supports Index	%	0.75	2.55	0.67	2.08	1.72	2.25
发展效果指数增长速度 Growth Rate of Development Effects Index	%	7.42	7.58	8.47	7.44	9.12	6.38

注：2010 年的为预测数。

1-6 世界信息化发展指数（Ⅱ）比较表
Informatization Development Index（Ⅱ）of the World

指　数	单位	2005	2006	2007	2008
信息化发展指数（Ⅱ） **Informatization Development Index（Ⅱ）**		0.770	0.782	0.793	0.805
基础设施指数 Infrastructure Index		0.344	0.366	0.384	0.408
产业技术指数 Industrial & Technological Index		1.041	1.045	1.049	1.049
应用消费指数 Applications & Consumptions Index		0.610	0.624	0.645	0.663
知识支撑指数 Knowledge Supports Index		0.969	0.979	0.981	1.005
发展效果指数 Development Effects Index		0.888	0.895	0.908	0.900
信息化发展指数（Ⅱ）增长速度 **Growth Rate of Informatization Development Index（Ⅱ）**	%	5.16	4.40	4.11	2.53
基础设施指数增长速度 Growth Rate of Infrastructure Index	%	10.34	8.79	3.69	6.26
产业技术指数增长速度 Growth Rate of Industrial & Technological Index	%	5.31	2.25	3.40	-0.25
应用消费指数增长速度 Growth Rate of Applications & Consumptions Index	%	8.07	7.47	9.42	5.93
知识支撑指数增长速度 Growth Rate of Knowledge Supports Index	%	0.43	1.04	0.24	2.33
发展效果指数增长速度 Growth Rate of Development Effects Index	%	1.64	2.44	3.80	-1.65

2. 人口与教育
Population and Education

2-1 全国总人口
Total Population by Region

单位：万人 (10 000 persons)

地区	Region	2005	2006	2007	2008	2009
全 国	**National Total**	**130756**	**131448**	**132129**	**132802**	**133446**
北 京	Beijing	1538	1581	1633	1695	1729
天 津	Tianjin	1043	1075	1115	1176	1200
河 北	Hebei	6851	6898	6943	6989	7130
山 西	Shanxi	3355	3375	3393	3411	3480
内蒙古	Inner Mongolia	2386	2397	2405	2414	2463
辽 宁	Liaoning	4221	4271	4298	4315	4402
吉 林	Jilin	2716	2723	2730	2734	2789
黑龙江	Heilongjiang	3820	3823	3824	3825	3902
上 海	Shanghai	1778	1815	1858	1888	1926
江 苏	Jiangsu	7475	7550	7625	7677	7832
浙 江	Zhejiang	4898	4980	5060	5120	5209
安 徽	Anhui	6120	6110	6118	6135	6259
福 建	Fujian	3535	3558	3581	3604	3677
江 西	Jiangxi	4311	4339	4368	4400	4489
山 东	Shandong	9248	9309	9367	9417	9607
河 南	Henan	9380	9392	9360	9429	9619
湖 北	Hubei	5710	5693	5699	5711	5826
湖 南	Hunan	6326	6342	6355	6380	6509
广 东	Guangdong	9194	9304	9449	9544	9734
广 西	Guangxi	4660	4719	4768	4816	4913
海 南	Hainan	828	836	845	854	871
重 庆	Chongqing	2798	2808	2816	2839	2896
四 川	Sichuan	8212	8169	8127	8138	8301
贵 州	Guizhou	3730	3757	3762	3793	3869
云 南	Yunnan	4450	4483	4514	4543	4635
西 藏	Tibet	277	281	284	287	293
陕 西	Shaanxi	3720	3735	3748	3762	3838
甘 肃	Gansu	2594	2606	2617	2628	2681
青 海	Qinghai	543	548	552	554	565
宁 夏	Ningxia	596	604	610	618	630
新 疆	Xinjiang	2010	2050	2095	2131	2174

2-2 城镇人口
Urban Population by Region

单位：万人 (10 000 persons)

地 区	Region	2005	2006	2007	2008	2009
全 国	**National Total**	**56157**	**57706**	**59379**	**60667**	**62186**
北 京	Beijing	1284	1333	1380	1439	1492
天 津	Tianjin	783	814	851	908	958
河 北	Hebei	2580	2652	2795	2928	3025
山 西	Shanxi	1411	1452	1494	1539	1576
内蒙古	Inner Mongolia	1126	1166	1206	1248	1293
辽 宁	Liaoning	2477	2519	2544	2591	2607
吉 林	Jilin	1426	1442	1451	1455	1461
黑龙江	Heilongjiang	2027	2045	2061	2119	2123
上 海	Shanghai	1584	1610	1648	1673	1702
江 苏	Jiangsu	3742	3918	4057	4169	4295
浙 江	Zhejiang	2742	2814	2894	2949	2999
安 徽	Anhui	2170	2267	2368	2485	2581
福 建	Fujian	1671	1708	1744	1798	1864
江 西	Jiangxi	1593	1678	1738	1820	1914
山 东	Shandong	4158	4291	4379	4483	4576
河 南	Henan	2872	3050	3214	3397	3577
湖 北	Hubei	2465	2494	2525	2581	2631
湖 南	Hunan	2338	2455	2571	2689	2767
广 东	Guangdong	5573	5862	5966	6048	6110
广 西	Guangxi	1565	1635	1728	1838	1904
海 南	Hainan	373	385	399	410	424
重 庆	Chongqing	1264	1311	1361	1419	1475
四 川	Sichuan	2709	2802	2893	3044	3168
贵 州	Guizhou	1001	1032	1062	1104	1135
云 南	Yunnan	1311	1367	1426	1499	1554
西 藏	Tibet	74	79	80	65	69
陕 西	Shaanxi	1384	1461	1522	1584	1641
甘 肃	Gansu	778	810	827	845	860
青 海	Qinghai	213	215	221	227	233
宁 夏	Ningxia	252	260	269	278	288
新 疆	Xinjiang	746	778	820	845	860

2-3 农村人口
Rural Population by Region

单位：万人 (10 000 persons)

地区	Region	2005	2006	2007	2008	2009
全国	**National Total**	**74471**	**73742**	**72750**	**72135**	**71288**
北京	Beijing	252	248	253	256	263
天津	Tianjin	259	261	264	268	270
河北	Hebei	4264	4246	4148	4061	4009
山西	Shanxi	1940	1923	1899	1872	1851
内蒙古	Inner Mongolia	1260	1231	1199	1166	1129
辽宁	Liaoning	1743	1752	1754	1724	1712
吉林	Jilin	1289	1281	1279	1279	1279
黑龙江	Heilongjiang	1791	1778	1763	1706	1703
上海	Shanghai	194	205	210	215	219
江苏	Jiangsu	3726	3632	3569	3509	3430
浙江	Zhejiang	2152	2166	2166	2171	2181
安徽	Anhui	3944	3843	3750	3650	3550
福建	Fujian	1861	1850	1837	1806	1763
江西	Jiangxi	2713	2661	2630	2580	2518
山东	Shandong	5081	5018	4988	4935	4894
河南	Henan	6499	6342	6146	6032	5910
湖北	Hubei	3242	3199	3174	3130	3089
湖南	Hunan	3982	3887	3784	3691	3639
广东	Guangdong	3612	3442	3483	3496	3528
广西	Guangxi	3090	3084	3040	2978	2952
海南	Hainan	453	451	446	444	440
重庆	Chongqing	1533	1497	1455	1420	1384
四川	Sichuan	5499	5367	5234	5094	5017
贵州	Guizhou	2724	2725	2700	2689	2663
云南	Yunnan	3132	3116	3088	3044	3017
西藏	Tibet	202	202	204	222	221
陕西	Shaanxi	2334	2274	2226	2178	2131
甘肃	Gansu	1814	1796	1790	1783	1775
青海	Qinghai	330	333	331	327	324
宁夏	Ningxia	343	344	341	340	337
新疆	Xinjiang	1262	1272	1275	1286	1299

2-4 城镇人口比重
Urban Population Proportion

单位:% (%)

地 区	Region	2005	2006	2007	2008	2009
全 国	**National Average**	**42.99**	**43.90**	**44.94**	**45.68**	**46.59**
北 京	Beijing	83.62	84.33	84.50	84.90	85.00
天 津	Tianjin	75.11	75.73	76.31	77.23	78.01
河 北	Hebei	37.69	38.44	40.25	41.90	43.00
山 西	Shanxi	42.11	43.01	44.03	45.11	45.99
内蒙古	Inner Mongolia	47.20	48.64	50.15	51.71	53.40
辽 宁	Liaoning	58.70	58.99	59.20	60.05	60.35
吉 林	Jilin	52.52	52.97	53.16	53.21	53.32
黑龙江	Heilongjiang	53.10	53.50	53.90	55.40	55.50
上 海	Shanghai	89.09	88.70	88.70	88.60	88.60
江 苏	Jiangsu	50.11	51.90	53.20	54.30	55.60
浙 江	Zhejiang	56.02	56.50	57.20	57.60	57.90
安 徽	Anhui	35.50	37.10	38.70	40.50	42.10
福 建	Fujian	47.30	48.00	48.70	49.90	51.40
江 西	Jiangxi	37.00	38.68	39.80	41.36	43.18
山 东	Shandong	45.00	46.10	46.75	47.60	48.32
河 南	Henan	30.65	32.47	34.34	36.03	37.70
湖 北	Hubei	43.20	43.80	44.30	45.20	46.00
湖 南	Hunan	37.00	38.71	40.45	42.15	43.20
广 东	Guangdong	60.68	63.00	63.14	63.37	63.40
广 西	Guangxi	33.62	34.64	36.24	38.16	39.20
海 南	Hainan	45.20	46.10	47.20	48.00	49.13
重 庆	Chongqing	45.20	46.70	48.34	49.99	51.59
四 川	Sichuan	33.00	34.30	35.60	37.40	38.70
贵 州	Guizhou	26.87	27.46	28.24	29.11	29.89
云 南	Yunnan	29.50	30.50	31.60	33.00	34.00
西 藏	Tibet	26.65	28.21	28.30	22.61	23.80
陕 西	Shaanxi	37.23	39.12	40.62	42.10	43.50
甘 肃	Gansu	30.02	31.09	31.59	32.15	32.65
青 海	Qinghai	39.25	39.26	40.07	40.86	41.90
宁 夏	Ningxia	42.28	43.00	44.02	44.98	46.10
新 疆	Xinjiang	37.15	37.94	39.15	39.64	39.85

2-5 农村人口比重
Rural Population Proportion

单位:% (%)

地区	Region	2005	2006	2007	2008	2009
全国	**National Average**	**57.01**	**56.10**	**55.06**	**54.32**	**45.68**
北京	Beijing	16.38	15.67	15.50	15.10	15.00
天津	Tianjin	24.89	24.27	23.69	22.77	21.99
河北	Hebei	62.31	61.56	59.75	58.10	57.00
山西	Shanxi	57.89	56.99	55.97	54.89	54.01
内蒙古	Inner Mongolia	52.80	51.36	49.85	48.29	46.60
辽宁	Liaoning	41.30	41.01	40.80	39.95	39.65
吉林	Jilin	47.48	47.03	46.84	46.79	46.68
黑龙江	Heilongjiang	46.90	46.50	46.10	44.60	44.50
上海	Shanghai	10.91	11.30	11.30	11.40	11.40
江苏	Jiangsu	49.89	48.10	46.80	45.70	44.40
浙江	Zhejiang	43.98	43.50	42.80	42.40	42.10
安徽	Anhui	64.50	62.90	61.30	59.50	57.90
福建	Fujian	52.70	52.00	51.30	50.10	48.60
江西	Jiangxi	63.00	61.32	60.20	58.64	56.82
山东	Shandong	55.00	53.90	53.25	52.40	51.68
河南	Henan	69.35	67.53	65.66	63.97	62.30
湖北	Hubei	56.80	56.20	55.70	54.80	54.00
湖南	Hunan	63.00	61.29	59.55	57.85	56.80
广东	Guangdong	39.32	37.00	36.86	36.63	36.60
广西	Guangxi	66.38	65.36	63.76	61.84	60.80
海南	Hainan	54.80	53.90	52.80	52.00	50.87
重庆	Chongqing	54.80	53.30	51.66	50.01	48.41
四川	Sichuan	67.00	65.70	64.40	62.60	61.30
贵州	Guizhou	73.13	72.54	71.76	70.89	70.11
云南	Yunnan	70.50	69.50	68.40	67.00	66.00
西藏	Tibet	73.35	71.79	71.70	77.39	76.20
陕西	Shaanxi	62.77	60.88	59.38	57.90	56.50
甘肃	Gansu	69.98	68.91	68.41	67.85	67.35
青海	Qinghai	60.75	60.74	59.93	59.14	58.10
宁夏	Ningxia	57.72	57.00	55.98	55.02	53.90
新疆	Xinjiang	62.85	62.06	60.85	60.36	60.15

2-6 平均家庭户规模
Average Family Size

单位：人/户 (person/household)

地 区	Region	2005	2006	2007	2008	2009
全国	**National Average**	**3.13**	**3.17**	**3.17**	**3.16**	**3.15**
北 京	Beijing	2.70	2.64	2.65	2.58	2.53
天 津	Tianjin	2.92	2.96	3.00	3.02	2.96
河 北	Hebei	3.32	3.30	3.30	3.32	3.29
山 西	Shanxi	3.38	3.40	3.36	3.32	3.26
内蒙古	Inner Mongolia	2.91	3.01	2.96	2.97	2.91
辽 宁	Liaoning	2.92	2.94	2.91	2.84	2.86
吉 林	Jilin	3.14	3.06	3.04	3.03	3.08
黑龙江	Heilongjiang	2.97	2.99	2.92	2.84	2.88
上 海	Shanghai	2.65	2.65	2.65	2.61	2.59
江 苏	Jiangsu	2.91	3.00	2.99	3.02	2.98
浙 江	Zhejiang	2.73	2.84	2.84	2.81	2.80
安 徽	Anhui	3.02	3.09	3.04	3.04	3.04
福 建	Fujian	2.99	3.13	3.10	3.05	2.96
江 西	Jiangxi	3.29	3.37	3.42	3.53	3.64
山 东	Shandong	2.90	2.94	2.94	2.96	2.98
河 南	Henan	3.42	3.38	3.40	3.39	3.34
湖 北	Hubei	3.08	3.09	3.09	3.08	3.08
湖 南	Hunan	3.14	3.11	3.17	3.23	3.29
广 东	Guangdong	3.40	3.41	3.39	3.41	3.30
广 西	Guangxi	3.38	3.52	3.58	3.55	3.57
海 南	Hainan	3.84	3.93	3.85	3.75	3.75
重 庆	Chongqing	2.83	2.98	2.91	2.88	2.75
四 川	Sichuan	2.95	2.97	3.03	3.03	3.01
贵 州	Guizhou	3.45	3.57	3.54	3.60	3.61
云 南	Yunnan	3.59	3.64	3.65	3.63	3.58
西 藏	Tibet	5.03	4.85	4.70	4.60	4.71
陕 西	Shaanxi	3.26	3.24	3.22	3.19	3.16
甘 肃	Gansu	3.67	3.72	3.69	3.60	3.58
青 海	Qinghai	3.67	3.67	3.65	3.67	3.58
宁 夏	Ningxia	3.58	3.66	3.64	3.57	3.47
新 疆	Xinjiang	3.47	3.61	3.54	3.53	3.49

2-7 男性人口
Male Population by Region

单位：万人 (10 000 persons)

地 区	Region	2005①	2006②	2007③	2008④	2009⑤
全 国	**National Total**	**8584882**	**604303**	**602740**	**598339**	**591871**
北 京	Beijing	103122	7046	7243	7530	7705
天 津	Tianjin	69308	4768	4956	4986	5298
河 北	Hebei	455500	32179	32330	32103	31671
山 西	Shanxi	225294	15766	15829	15611	15503
内蒙古	Inner Mongolia	161560	11310	11201	11185	11012
辽 宁	Liaoning	280107	19811	19778	19583	19344
吉 林	Jilin	182545	12772	12697	12527	12465
黑龙江	Heilongjiang	255867	18034	17781	17540	17310
上 海	Shanghai	118419	8209	8325	8435	8363
江 苏	Jiangsu	485494	33832	33967	33709	33718
浙 江	Zhejiang	328876	22972	23447	23358	22954
安 徽	Anhui	406651	28953	28463	28469	28195
福 建	Fujian	235254	16593	16463	16342	16048
江 西	Jiangxi	290449	20535	20425	20253	20050
山 东	Shandong	611975	43164	43033	42513	42411
河 南	Henan	630613	44191	44047	42929	42511
湖 北	Hubei	384490	26858	26640	26215	26070
湖 南	Hunan	428236	29953	30075	29812	29087
广 东	Guangdong	616339	43780	43606	43920	42960
广 西	Guangxi	319740	22606	22617	22578	22541
海 南	Hainan	57525	4030	4030	4012	4054
重 庆	Chongqing	186623	13167	13088	12878	12683
四 川	Sichuan	541978	38769	37813	37341	36402
贵 州	Guizhou	254202	17919	17888	17736	17464
云 南	Yunnan	303893	21394	21266	21290	21008
西 藏	Tibet	18149	1259	1270	1253	1256
陕 西	Shaanxi	248660	17389	17324	17233	16965
甘 肃	Gansu	173235	12205	12162	12010	11921
青 海	Qinghai	36328	2563	2556	2524	2482
宁 夏	Ningxia	39733	2822	2822	2817	2809
新 疆	Xinjiang	134718	9452	9597	9649	9611

注：①②③④⑤抽样比例分别为1.325%、0.907‰、0.900‰、0.887‰和0.873‰

2-8 女性人口
Female Population by Region

单位：万人 (10 000 persons)

地区	Region	2005①	2006②	2007③	2008④	2009⑤
全国	**National Total**	**8400884**	**588363**	**585999**	**580182**	**573115**
北京	Beijing	100461	7248	7311	7284	7390
天津	Tianjin	68752	4926	4940	5129	5175
河北	Hebei	451355	31495	31171	30879	30572
山西	Shanxi	218802	15416	15240	15167	14875
内蒙古	Inner Mongolia	154324	10870	10865	10631	10487
辽宁	Liaoning	278620	19420	19539	19405	19085
吉林	Jilin	176968	12471	12370	12237	11884
黑龙江	Heilongjiang	249780	17470	17412	17149	16755
上海	Shanghai	116932	8316	8384	8420	8452
江苏	Jiangsu	503960	35642	35536	35459	34653
浙江	Zhejiang	319465	22551	22397	22543	22519
安徽	Anhui	403444	27928	27783	27029	26443
福建	Fujian	232669	16262	16291	16142	16049
江西	Jiangxi	280223	19534	19519	19370	19136
山东	Shandong	612167	42789	42662	42457	41456
河南	Henan	611003	42989	42412	41978	41463
湖北	Hubei	371334	26211	25767	25482	24792
湖南	Hunan	409126	28842	28307	27835	27732
广东	Guangdong	600667	41671	42043	41794	42021
广西	Guangxi	297097	20705	20824	20674	20350
海南	Hainan	52076	3666	3666	3653	3551
重庆	Chongqing	183744	12838	12762	12667	12601
四川	Sichuan	545031	37555	37388	36381	36069
贵州	Guizhou	239513	16747	16699	16390	16316
云南	Yunnan	285146	19965	20003	19658	19451
西藏	Tibet	18517	1315	1317	1323	1300
陕西	Shaanxi	243750	17185	17059	16766	16539
甘肃	Gansu	170129	11904	11828	11730	11484
青海	Qinghai	35574	2485	2488	2484	2452
宁夏	Ningxia	39159	2718	2738	2716	2695
新疆	Xinjiang	131097	9229	9275	9355	9367

注：①②③④⑤抽样比例分别为1.325%、0.907‰、0.900‰、0.887‰和0.873‰。

2－9 0～14岁人口
Population Aged 0～14 by Region

单位：万人 (10 000 persons)

地 区	Region	2005①	2006②	2007③	2008④	2009⑤
全 国	**National Total**	**3321029**	**220280**	**212476**	**204088**	**196517**
北 京	Beijing	20932	1426	1401	1438	1497
天 津	Tianjin	17488	1171	1123	1087	1054
河 北	Hebei	160282	10583	10639	10115	10274
山 西	Shanxi	94573	6264	6068	5602	5241
内蒙古	Inner Mongolia	53884	3598	3462	3251	3059
辽 宁	Liaoning	79560	4915	4984	4729	4243
吉 林	Jilin	52084	3312	3286	3029	2963
黑龙江	Heilongjiang	74876	4972	4630	4408	4202
上 海	Shanghai	21182	1338	1331	1332	1271
江 苏	Jiangsu	153721	10400	9911	9515	9357
浙 江	Zhejiang	103086	6826	6721	6435	6298
安 徽	Anhui	187067	12135	11738	11163	10522
福 建	Fujian	86487	5896	5767	5764	5481
江 西	Jiangxi	143226	9826	9047	8995	8622
山 东	Shandong	194922	13132	13206	13245	13132
河 南	Henan	262380	18224	17613	16848	16089
湖 北	Hubei	142736	9011	8230	7591	7357
湖 南	Hunan	156693	10588	9796	9611	9784
广 东	Guangdong	260401	17285	16386	15835	14734
广 西	Guangxi	146466	9629	9517	9453	9122
海 南	Hainan	25964	1709	1643	1650	1553
重 庆	Chongqing	76551	5059	4892	4857	4649
四 川	Sichuan	237516	15181	14392	12794	12472
贵 州	Guizhou	139899	9459	9416	8888	8377
云 南	Yunnan	142052	9387	9297	9063	8700
西 藏	Tibet	10010	631	562	566	505
陕 西	Shaanxi	96302	6392	5968	5592	5305
甘 肃	Gansu	80364	5251	4967	4899	4420
青 海	Qinghai	17307	1140	1131	1088	1034
宁 夏	Ningxia	20438	1336	1305	1266	1176
新 疆	Xinjiang	62580	4206	4047	3978	4024

注：①②③④⑤抽样比例分别为1.325%、0.907‰、0.900‰、0.887‰和0.873‰。

2-10 15~64岁人口

Population Aged 15~64 by Region

单位：万人 (10 000 persons)

地区	Region	2005①	2006②	2007③	2008④	2009⑤
全国	**National Total**	**12123681**	**862690**	**865052**	**862020**	**855269**
北京	Beijing	160636	11263	11669	11852	12075
天津	Tianjin	107195	7500	7699	7785	8263
河北	Hebei	672457	47687	47235	47362	46457
山西	Shanxi	315280	22741	22733	22752	22680
内蒙古	Inner Mongolia	236945	16853	16802	16795	16621
辽宁	Liaoning	424584	30162	30152	29840	29767
吉林	Jilin	279851	19846	19573	19475	19222
黑龙江	Heilongjiang	392334	27667	27417	27116	26913
上海	Shanghai	186010	12805	12997	13324	13176
江苏	Jiangsu	728207	51392	51841	51535	50788
浙江	Zhejiang	476673	34128	34249	34576	34139
安徽	Anhui	541274	38938	38600	38372	38571
福建	Fujian	340481	23886	23686	23473	23396
江西	Jiangxi	379303	26841	27323	27306	27399
山东	Shandong	907427	64611	64140	63440	62563
河南	Henan	876943	61929	62300	61415	60425
湖北	Hubei	543773	38862	38998	38869	38330
湖南	Hunan	595873	42001	42556	41978	40685
广东	Guangdong	866533	62093	62959	63402	63891
广西	Guangxi	411440	29789	29934	29753	29776
海南	Hainan	74277	5321	5371	5329	5385
重庆	Chongqing	253202	17969	17937	17633	17708
四川	Sichuan	730821	52518	52547	52488	51161
贵州	Guizhou	313312	22413	22302	22460	22610
云南	Yunnan	402662	28860	28898	28659	28282
西藏	Tibet	24397	1779	1853	1839	1872
陕西	Shaanxi	353629	25097	25101	25147	24884
甘肃	Gansu	238196	17076	17146	16902	17033
青海	Qinghai	50254	3556	3584	3576	3554
宁夏	Ningxia	53701	3874	3908	3909	3953
新疆	Xinjiang	186012	13233	13540	13660	13690

注：①②③④⑤抽样比例分别为1.325%、0.907‰、0.900‰、0.887‰和0.873‰。

2-11 65岁以上人口
Population Aged 65 and Over by Region

单位：万人 (10 000 persons)

地 区	Region	2005①	2006②	2007③	2008④	2009⑤
全 国	**National Total**	**1541056**	**109696**	**111212**	**112413**	**113199**
北 京	Beijing	22014	1605	1484	1524	1524
天 津	Tianjin	13377	1023	1074	1242	1156
河 北	Hebei	74117	5405	5626	5504	5512
山 西	Shanxi	34244	2178	2268	2424	2457
内蒙古	Inner Mongolia	25056	1728	1802	1769	1818
辽 宁	Liaoning	54583	4155	4181	4419	4419
吉 林	Jilin	27577	2084	2208	2260	2164
黑龙江	Heilongjiang	38437	2864	3147	3163	2951
上 海	Shanghai	28159	2382	2381	2198	2368
江 苏	Jiangsu	107525	7683	7751	8118	8225
浙 江	Zhejiang	68581	4569	4874	4889	5035
安 徽	Anhui	81754	5807	5908	5963	5545
福 建	Fujian	40954	3073	3301	3247	3220
江 西	Jiangxi	48143	3403	3574	3322	3165
山 东	Shandong	121794	8211	8350	8285	8171
河 南	Henan	102292	7027	6546	6643	7460
湖 北	Hubei	69314	5197	5179	5237	5175
湖 南	Hunan	84797	6206	6031	6059	6351
广 东	Guangdong	90071	6073	6305	6477	6356
广 西	Guangxi	58931	3892	3991	4045	3993
海 南	Hainan	9360	666	682	686	667
重 庆	Chongqing	40614	2977	3020	3055	2927
四 川	Sichuan	118672	8625	8261	8440	8838
贵 州	Guizhou	40504	2794	2870	2778	2794
云 南	Yunnan	44325	3112	3074	3225	3478
西 藏	Tibet	2259	165	172	172	179
陕 西	Shaanxi	42480	3086	3313	3260	3315
甘 肃	Gansu	24804	1782	1877	1939	1952
青 海	Qinghai	4341	352	329	343	345
宁 夏	Ningxia	4753	330	347	358	374
新 疆	Xinjiang	17223	1242	1285	1366	1264

注：①②③④⑤抽样比例分别为1.325%、0.907‰、0.900‰、0.887‰和0.873‰。

2-12 65岁以上人口
Population Aged 65 and Over by Region

单位：万人 (10 000 persons)

地区	Region	2005①	2006②	2007③	2008④	2009⑤
全国	**National Total**	**1541056**	**109696**	**111212**	**112413**	**113199**
北京	Beijing	22014	1605	1484	1524	1524
天津	Tianjin	13377	1023	1074	1242	1156
河北	Hebei	74117	5405	5626	5504	5512
山西	Shanxi	34244	2178	2268	2424	2457
内蒙古	Inner Mongolia	25056	1728	1802	1769	1818
辽宁	Liaoning	54583	4155	4181	4419	4419
吉林	Jilin	27577	2084	2208	2260	2164
黑龙江	Heilongjiang	38437	2864	3147	3163	2951
上海	Shanghai	28159	2382	2381	2198	2368
江苏	Jiangsu	107525	7683	7751	8118	8225
浙江	Zhejiang	68581	4569	4874	4889	5035
安徽	Anhui	81754	5807	5908	5963	5545
福建	Fujian	40954	3073	3301	3247	3220
江西	Jiangxi	48143	3403	3574	3322	3165
山东	Shandong	121794	8211	8350	8285	8171
河南	Henan	102292	7027	6546	6643	7460
湖北	Hubei	69314	5197	5179	5237	5175
湖南	Hunan	84797	6206	6031	6059	6351
广东	Guangdong	90071	6073	6305	6477	6356
广西	Guangxi	58931	3892	3991	4045	3993
海南	Hainan	9360	666	682	686	667
重庆	Chongqing	40614	2977	3020	3055	2927
四川	Sichuan	118672	8625	8261	8440	8838
贵州	Guizhou	40504	2794	2870	2778	2794
云南	Yunnan	44325	3112	3074	3225	3478
西藏	Tibet	2259	165	172	172	179
陕西	Shaanxi	42480	3086	3313	3260	3315
甘肃	Gansu	24804	1782	1877	1939	1952
青海	Qinghai	4341	352	329	343	345
宁夏	Ningxia	4753	330	347	358	374
新疆	Xinjiang	17223	1242	1285	1366	1264

注：①②③④⑤抽样比例分别为1.325%、0.907‰、0.900‰、0.887‰和0.873‰。

2－13　未上过学人数

Population of No Schooling by Region

单位：万人　　　　（10 000 persons）

地　区	Region	2005①	2006②	2007③	2008④	2009⑤
全　国	**National Total**	**1646360**	**98335**	**89448**	**82987**	**77716**
北　京	Beijing	7697	596	490	472	440
天　津	Tianjin	6603	392	457	424	381
河　北	Hebei	58381	3665	3674	2939	2971
山　西	Shanxi	21630	1281	1191	1193	1234
内蒙古	Inner Mongolia	31560	1872	1669	1631	1557
辽　宁	Liaoning	25497	1690	1519	1481	1345
吉　林	Jilin	20311	1270	1133	1094	978
黑龙江	Heilongjiang	30028	1718	1527	1433	1553
上　海	Shanghai	12505	790	701	675	663
江　苏	Jiangsu	96151	5982	5296	5081	4473
浙　江	Zhejiang	71599	4322	4172	3928	3470
安　徽	Anhui	125436	7647	7815	6726	6181
福　建	Fujian	52608	3200	3231	2990	2466
江　西	Jiangxi	48835	2930	2429	2226	1836
山　东	Shandong	140084	7206	6477	6200	5917
河　南	Henan	101730	6546	5969	5552	5278
湖　北	Hubei	78240	4635	4152	3727	3764
湖　南	Hunan	62996	3378	2996	3140	2886
广　东	Guangdong	67240	4023	3330	3268	2954
广　西	Guangxi	45454	2341	2241	2206	2094
海　南	Hainan	8748	596	550	550	510
重　庆	Chongqing	37514	2188	1785	1740	1654
四　川	Sichuan	150815	8328	7039	6792	6276
贵　州	Guizhou	83420	5146	4512	4014	3731
云　南	Yunnan	96592	5744	5467	4632	4849
西　藏	Tibet	15016	965	827	818	885
陕　西	Shaanxi	44316	2830	2737	2513	2283
甘　肃	Gansu	59141	4405	3866	3530	3300
青　海	Qinghai	14906	840	781	704	632
宁　夏	Ningxia	11607	699	617	458	476
新　疆	Xinjiang	19703	1109	801	849	678

注：①②③④⑤抽样比例分别为1.325%、0.907‰、0.900‰、0.887‰和0.873‰。

2-14 小学学历人数

Population of Primary School by Region

单位：万人 (10 000 persons)

地区	Region	2005①	2006②	2007③	2008④	2009⑤
全 国	**National Total**	**5285045**	**370014**	**354873**	**344870**	**328934**
北 京	Beijing	28028	1887	1850	1898	1878
天 津	Tianjin	28890	1984	1789	1794	1759
河 北	Hebei	254380	18523	17772	17335	16223
山 西	Shanxi	124513	7946	7743	7429	7052
内蒙古	Inner Mongolia	83456	6324	6249	5945	5577
辽 宁	Liaoning	145201	9816	9818	9538	8485
吉 林	Jilin	104191	6935	6576	5988	6028
黑龙江	Heilongjiang	138865	10011	8995	8835	8081
上 海	Shanghai	36037	2251	2326	2299	2166
江 苏	Jiangsu	270481	19809	18943	18053	17778
浙 江	Zhejiang	218873	14588	14599	14405	14001
安 徽	Anhui	254019	17313	16923	16690	15505
福 建	Fujian	159882	11445	11328	11161	10092
江 西	Jiangxi	209474	14951	13306	13056	11817
山 东	Shandong	331391	24377	22941	22367	21705
河 南	Henan	327316	22770	21676	19928	19769
湖 北	Hubei	227281	15311	14433	14376	13274
湖 南	Hunan	262644	19157	17783	17181	16228
广 东	Guangdong	372059	25865	23909	23203	22200
广 西	Guangxi	224461	14696	14229	14055	13612
海 南	Hainan	31312	2045	1996	1867	1859
重 庆	Chongqing	147268	10345	9846	9424	9303
四 川	Sichuan	439004	31263	29681	28278	27099
贵 州	Guizhou	200332	14169	14127	13495	13391
云 南	Yunnan	255810	17830	18081	18386	17080
西 藏	Tibet	14164	1039	1164	1131	1052
陕 西	Shaanxi	145308	9837	9414	9264	8917
甘 肃	Gansu	118587	7867	7765	7901	7697
青 海	Qinghai	22575	1754	1784	1877	1874
宁 夏	Ningxia	24015	1719	1679	1673	1558
新 疆	Xinjiang	85226	6187	6149	6039	5875

注：①②③④⑤抽样比例分别为1.325%、0.907‰、0.900‰、0.887‰和0.873‰。

2-15 初中学历人数

Population of Junior Secondary School by Region

单位：万人 (10 000 persons)

地区	Region	2005①	2006②	2007③	2008④	2009⑤
全国	**National Total**	**6088659**	**436273**	**448897**	**452929**	**455002**
北京	Beijing	63027	4058	4225	4499	4364
天津	Tianjin	50103	3387	3546	3587	3785
河北	Hebei	391553	28185	28441	28487	28577
山西	Shanxi	192850	13859	13997	14052	13756
内蒙古	Inner Mongolia	114065	8353	8315	8741	8562
辽宁	Liaoning	244140	16992	17137	17035	17546
吉林	Jilin	143398	10107	10382	10600	10607
黑龙江	Heilongjiang	211122	15111	15766	15695	15787
上海	Shanghai	81520	5332	5490	5576	5506
江苏	Jiangsu	370726	25582	26528	27524	27275
浙江	Zhejiang	212998	15020	15389	15581	15624
安徽	Anhui	276259	20384	20393	20657	21334
福建	Fujian	151251	10492	10268	10414	10122
江西	Jiangxi	183396	12496	12901	13147	13650
山东	Shandong	479871	33858	35648	35484	35933
河南	Henan	539866	38637	38945	38750	38264
湖北	Hubei	276577	18850	19226	19150	19438
湖南	Hunan	308624	21835	22447	22059	22800
广东	Guangdong	462511	33848	35053	34729	34816
广西	Guangxi	215420	16332	17658	17974	17756
海南	Hainan	41203	3120	3150	3196	3208
重庆	Chongqing	111705	8202	9094	9261	8594
四川	Sichuan	309710	22388	24094	24676	23962
贵州	Guizhou	119830	9647	9921	10642	10924
云南	Yunnan	132722	10808	10533	11108	11841
西藏	Tibet	2799	265	311	315	305
陕西	Shaanxi	181467	12723	12804	12665	12998
甘肃	Gansu	92812	6963	7277	7283	7345
青海	Qinghai	16520	1295	1269	1231	1186
宁夏	Ningxia	22730	1682	1803	1918	1957
新疆	Xinjiang	87885	6463	6888	6894	7179

注：①②③④⑤抽样比例分别为1.325%、0.907‰、0.900‰、0.887‰和0.873‰。

2-16 高中学历人数

Population of Senior Secondary School by Region

单位：万人　　　　(10 000 persons)

地　区	Region	2005①	2006②	2007③	2008④	2009⑤
全　国	**National Total**	**1975098**	**144652**	**149635**	**151474**	**150648**
北　京	Beijing	49266	3188	3207	3319	3290
天　津	Tianjin	27873	2118	2227	2404	2431
河　北	Hebei	101848	6801	6678	7030	6556
山　西	Shanxi	54343	4279	4241	4292	4441
内蒙古	Inner Mongolia	45675	3093	3128	2886	3041
辽　宁	Liaoning	73033	5511	5427	5329	5247
吉　林	Jilin	51242	4071	4017	4219	3747
黑龙江	Heilongjiang	70264	5030	5170	5206	5005
上　海	Shanghai	56630	4144	4223	4101	4106
江　苏	Jiangsu	138515	10071	9866	10331	9808
浙　江	Zhejiang	74175	5568	5490	5461	5727
安　徽	Anhui	69520	5087	5028	5310	5268
福　建	Fujian	53429	3810	4132	3925	4191
江　西	Jiangxi	56016	4163	5261	5382	5937
山　东	Shandong	144346	10767	10747	11468	10402
河　南	Henan	131090	9245	10219	10565	10389
湖　北	Hubei	96636	7692	7866	7882	7841
湖　南	Hunan	108558	7633	8258	8165	7843
广　东	Guangdong	176299	12144	13151	13684	14766
广　西	Guangxi	56149	4643	4293	4163	4270
海　南	Hainan	14558	965	996	1029	949
重　庆	Chongqing	35557	2681	2707	2564	2821
四　川	Sichuan	78538	6605	7071	7012	7192
贵　州	Guizhou	29927	2032	2324	2354	2180
云　南	Yunnan	33857	2579	2640	2571	2681
西　藏	Tibet	700	67	70	80	92
陕　西	Shaanxi	65714	4960	5199	5023	4636
甘　肃	Gansu	35882	2608	2790	2550	2607
青　海	Qinghai	7161	503	514	483	467
宁　夏	Ningxia	8534	620	637	656	667
新　疆	Xinjiang	29764	1972	2057	2029	2052

注：①②③④⑤抽样比例分别为1.325%、0.907‰、0.900‰、0.887‰和0.873‰。

2-17 大专及以上学历人数
Population of College and Higher Level by Region

单位：万人 （10 000 persons）

地区	Region	2005[①]	2006[②]	2007[③]	2008[④]	2009[⑤]
全国	**National Total**	**883192**	**69581**	**73184**	**74175**	**79567**
北京	Beijing	48001	4042	4213	3986	4433
天津	Tianjin	18601	1415	1498	1501	1713
河北	Hebei	40036	2340	2454	2818	3233
山西	Shanxi	23197	1949	2105	2092	2198
内蒙古	Inner Mongolia	23660	1367	1560	1539	1619
辽宁	Liaoning	44404	3601	3765	4128	4371
吉林	Jilin	22832	1690	1790	1793	1913
黑龙江	Heilongjiang	30888	2074	2151	1980	2131
上海	Shanghai	40549	3496	3457	3707	3855
江苏	Jiangsu	63909	4794	5355	4621	4995
浙江	Zhejiang	33115	3631	3727	4148	4335
安徽	Anhui	29007	2499	2054	2063	2360
福建	Fujian	21877	1793	1741	1774	2918
江西	Jiangxi	19946	1719	2638	2309	2447
山东	Shandong	50909	4630	4652	4369	4728
河南	Henan	48450	3331	3237	3703	4006
湖北	Hubei	36287	3885	4057	3965	3662
湖南	Hunan	34917	2777	3384	3519	3254
广东	Guangdong	66510	4589	5207	5667	5512
广西	Guangxi	22556	1820	1606	1308	1613
海南	Hainan	5524	386	447	407	482
重庆	Chongqing	16122	1102	918	1019	1300
四川	Sichuan	35297	3239	2901	3038	3844
贵州	Guizhou	14897	866	1026	1108	1035
云南	Yunnan	18117	1184	1540	1334	1152
西藏	Tibet	293	25	29	41	40
陕西	Shaanxi	28734	2445	2525	2802	2885
甘肃	Gansu	13637	746	864	999	1053
青海	Qinghai	4682	278	331	347	403
宁夏	Ningxia	4895	370	380	390	425
新疆	Xinjiang	21340	1498	1567	1699	1658

注：①②③④⑤抽样比例分别为1.325%、0.907‰、0.900‰、0.887‰和0.873‰。

2-18 各地区高等学校普通本、专科学校数

Number of Schools in Undergraduate or Specialized Courses in Institutions of Higher Education by Region

单位：所 (unit)

地 区	Region	2005	2006	2007	2008	2009
全 国	**National Total**	**1792**	**1867**	**1908**	**2263**	**2305**
北 京	Beijing	77	80	79	85	86
天 津	Tianjin	42	45	46	55	55
河 北	Hebei	86	88	88	105	109
山 西	Shanxi	59	56	59	69	71
内蒙古	Inner Mongolia	33	37	37	39	41
辽 宁	Liaoning	76	78	79	104	107
吉 林	Jilin	44	45	44	55	55
黑龙江	Heilongjiang	62	65	68	78	78
上 海	Shanghai	58	60	60	66	66
江 苏	Jiangsu	114	116	118	146	148
浙 江	Zhejiang	68	68	73	98	99
安 徽	Anhui	81	83	89	104	106
福 建	Fujian	53	63	72	81	84
江 西	Jiangxi	67	66	66	82	85
山 东	Shandong	99	108	110	125	126
河 南	Henan	83	84	82	94	99
湖 北	Hubei	85	86	86	118	120
湖 南	Hunan	93	96	99	115	115
广 东	Guangdong	102	105	109	125	125
广 西	Guangxi	51	55	56	68	68
海 南	Hainan	15	15	14	16	17
重 庆	Chongqing	35	38	38	47	50
四 川	Sichuan	68	74	76	90	92
贵 州	Guizhou	34	36	37	45	47
云 南	Yunnan	44	50	51	59	61
西 藏	Tibet	4	6	6	6	6
陕 西	Shaanxi	72	76	76	88	89
甘 肃	Gansu	33	33	34	39	39
青 海	Qinghai	11	11	11	9	9
宁 夏	Ningxia	13	13	13	15	15
新 疆	Xinjiang	30	31	32	37	37

2－19　各地区高等学校普通本、专科毕（结）业生数
Number of Graduates with Degree or Diplomas in Undergraduate or Specialized Courses in Institutions of Higher Education by Region

单位：人　　　　　　　　　　　　　　　　　　　　　　　　　　　　　　　(person)

地区	Region	2005	2006	2007	2008	2009
全国	**National Total**	**3067956**	**3774708**	**4477907**	**5119498**	**5311023**
北京	Beijing	120016	135490	141990	152179	155142
天津	Tianjin	69211	81983	92288	101728	101369
河北	Hebei	180377	221049	240674	271335	282705
山西	Shanxi	88344	108431	132101	141214	153422
内蒙古	Inner Mongolia	39474	55653	67204	73554	75805
辽宁	Liaoning	144984	154970	169576	202312	206211
吉林	Jilin	83982	102484	108700	117946	127411
黑龙江	Heilongjiang	100791	130973	148883	169988	174380
上海	Shanghai	103435	110520	118512	122069	126925
江苏	Jiangsu	229679	257296	309593	380924	412672
浙江	Zhejiang	133051	162531	183863	203203	218226
安徽	Anhui	116958	144183	181209	191120	205749
福建	Fujian	64792	94979	114073	130379	142814
江西	Jiangxi	97781	141085	218965	264549	213303
山东	Shandong	224611	268384	355735	411143	431598
河南	Henan	165159	202144	267225	302492	334115
湖北	Hubei	187920	262591	276005	351854	328202
湖南	Hunan	150981	191257	209802	244706	254253
广东	Guangdong	157082	196036	233129	282469	309190
广西	Guangxi	64871	82295	103165	110662	121457
海南	Hainan	11788	16436	19581	23391	30844
重庆	Chongqing	59381	76512	89962	99747	114515
四川	Sichuan	139328	173287	228028	247707	252214
贵州	Guizhou	38681	53233	61743	66050	64212
云南	Yunnan	47731	63566	73039	79311	85891
西藏	Tibet	3172	3846	4346	5840	8454
陕西	Shaanxi	140592	162314	195450	217294	211963
甘肃	Gansu	49886	57381	63315	75051	84082
青海	Qinghai	8227	8609	9547	9753	10437
宁夏	Ningxia	8817	11008	14076	15238	16391
新疆	Xinjiang	36854	44182	46128	54290	57071

2-20 各地区普通高等学校（机构）教职工数

Number of Teachers and Staff in Regular Schools or Institutions of Higher Education by Region

单位：人 (person)

地 区	Region	2005	2006	2007	2008	2009
全 国	**National Total**	**1742073**	**1872601**	**1974526**	**2051029**	**2111451**
北 京	Beijing	114253	118927	124799	129237	131184
天 津	Tianjin	39434	42229	42391	43294	44611
河 北	Hebei	75881	80809	86152	88603	92104
山 西	Shanxi	47589	49421	53750	55417	56804
内蒙古	Inner Mongolia	27510	31136	31653	33233	34932
辽 宁	Liaoning	82816	84535	87215	89848	91974
吉 林	Jilin	54689	56727	58531	59035	59770
黑龙江	Heilongjiang	65662	68252	72316	74348	75062
上 海	Shanghai	70623	71651	71838	73068	74540
江 苏	Jiangsu	120440	132275	145981	154001	157000
浙 江	Zhejiang	64491	69730	73704	75986	77852
安 徽	Anhui	52947	57588	62277	65540	68293
福 建	Fujian	41874	46238	50622	53521	56334
江 西	Jiangxi	62082	65996	68830	71226	72123
山 东	Shandong	109920	121167	128761	134072	136753
河 南	Henan	75782	83359	88217	95932	103617
湖 北	Hubei	107459	114485	119736	120816	123693
湖 南	Hunan	80766	86031	90417	93303	94428
广 东	Guangdong	90771	100317	107079	110034	115969
广 西	Guangxi	35409	39235	41872	46174	48304
海 南	Hainan	7698	8532	9634	10615	11666
重 庆	Chongqing	35787	40022	42707	45596	47173
四 川	Sichuan	78764	88782	92599	95432	97568
贵 州	Guizhou	23664	25492	26290	27211	29006
云 南	Yunnan	28894	31928	33911	36255	37896
西 藏	Tibet	2033	2669	2888	2990	3082
陕 西	Shaanxi	82317	87981	90306	94196	96485
甘 肃	Gansu	26019	28197	29568	30708	31576
青 海	Qinghai	5830	6038	6127	6242	6418
宁 夏	Ningxia	7177	7585	7865	8365	8599
新 疆	Xinjiang	23492	25267	26490	26731	26635

2－21 各地区中等职业学校（机构）毕业生数
Number of Graduates in Secondary Vocational Schools or Institutions by Region

单位：人 (person)

地区	Region	2005	2006	2007	2008	2009
全国	**National Total**	**3491921**	**3926271**	**4312433**	**4710924**	**5096654**
北京	Beijing	61837	60968	60581	57901	56788
天津	Tianjin	37749	40614	41814	50633	56138
河北	Hebei	212430	236419	277234	312073	348086
山西	Shanxi	100235	109527	133543	148896	152871
内蒙古	Inner Mongolia	55109	60433	62121	74932	77083
辽宁	Liaoning	121551	125932	130513	129789	147303
吉林	Jilin	52454	59549	68088	69512	81580
黑龙江	Heilongjiang	72172	101637	76586	75263	93863
上海	Shanghai	61196	60699	58129	58095	56959
江苏	Jiangsu	197237	238245	283992	305559	316447
浙江	Zhejiang	218780	232408	219044	222799	206479
安徽	Anhui	144932	173287	219520	269384	275297
福建	Fujian	110036	124853	127020	136510	149669
江西	Jiangxi	120609	172836	175091	200345	183916
山东	Shandong	330584	379869	394091	396785	418900
河南	Henan	316127	335796	387673	402395	466854
湖北	Hubei	129436	168598	220461	264826	307813
湖南	Hunan	187911	215907	256378	269438	273181
广东	Guangdong	189083	198252	221502	245300	277650
广西	Guangxi	97685	102070	114824	131577	147542
海南	Hainan	12598	14087	16642	20270	22003
重庆	Chongqing	100472	103218	99933	94009	122220
四川	Sichuan	192461	222391	224125	265395	286549
贵州	Guizhou	43770	47250	62027	75594	82599
云南	Yunnan	90520	88677	93140	103236	117236
西藏	Tibet	2930	2280	2197	2436	3603
陕西	Shaanxi	127128	140053	159520	174525	184594
甘肃	Gansu	54637	54087	61882	75489	84114
青海	Qinghai	5836	7939	9175	13798	19356
宁夏	Ningxia	15856	17133	18464	21329	20547
新疆	Xinjiang	28560	31257	37123	42831	59414

2-22 各地区中等职业学校（机构）教职工数

Number of Teachers and Staff in Secondary Vocational Schools or Institutions by Region

单位：人 (person)

地 区	Region	2005	2006	2007	2008	2009
全 国	**National Total**	**889171**	**922007**	**956076**	**973431**	**969477**
北 京	Beijing	19382	18084	17127	16129	15371
天 津	Tianjin	12632	12015	11222	12022	12012
河 北	Hebei	61288	65432	68138	70274	68061
山 西	Shanxi	27498	29906	33017	32534	33213
内蒙古	Inner Mongolia	18481	18835	19923	21225	21443
辽 宁	Liaoning	36456	36913	35821	34817	34312
吉 林	Jilin	25454	27343	27369	28261	28189
黑龙江	Heilongjiang	23597	24657	25967	26163	27227
上 海	Shanghai	17179	16325	15496	14835	14477
江 苏	Jiangsu	53503	56821	59115	59985	58727
浙 江	Zhejiang	41676	41121	40119	38797	37845
安 徽	Anhui	29623	31076	32455	34577	34798
福 建	Fujian	24245	24680	24342	23961	23747
江 西	Jiangxi	24352	27084	29199	30497	29713
山 东	Shandong	80192	79641	83815	84290	81291
河 南	Henan	64371	69875	76058	79075	82720
湖 北	Hubei	36658	39907	43120	44847	42244
湖 南	Hunan	39753	43243	46733	45475	44459
广 东	Guangdong	49087	50740	52189	53571	56156
广 西	Guangxi	29667	30114	32030	33635	32596
海 南	Hainan	4149	3869	4427	5073	5712
重 庆	Chongqing	19248	18933	19619	19845	18075
四 川	Sichuan	48120	52717	48357	50731	51172
贵 州	Guizhou	12617	12573	14483	14693	15412
云 南	Yunnan	23630	23625	25164	26171	27062
西 藏	Tibet	1214	753	725	745	797
陕 西	Shaanxi	29090	29251	31984	30624	31115
甘 肃	Gansu	17612	17749	17972	19534	19731
青 海	Qinghai	2227	2408	2569	3100	3140
宁 夏	Ningxia	2650	2912	2901	3204	3326
新 疆	Xinjiang	13520	13405	14620	14741	15334

2-23 各地区普通高中学校数

Number of Regular Senior Secondary Schools by Region

单位：所 (unit)

地区	Region	2005	2006	2007	2008	2009
全国	**National Total**	**16092**	**16153**	**15681**	**15206**	**14607**
北京	Beijing	335	335	328	325	305
天津	Tianjin	232	231	221	221	218
河北	Hebei	816	801	761	713	661
山西	Shanxi	581	589	569	559	544
内蒙古	Inner Mongolia	359	359	342	324	306
辽宁	Liaoning	476	470	445	435	426
吉林	Jilin	293	296	291	278	262
黑龙江	Heilongjiang	475	475	463	445	430
上海	Shanghai	334	317	309	283	273
江苏	Jiangsu	849	838	781	737	710
浙江	Zhejiang	611	611	603	594	582
安徽	Anhui	760	786	779	782	769
福建	Fujian	627	636	616	610	606
江西	Jiangxi	617	587	549	540	476
山东	Shandong	813	787	750	682	632
河南	Henan	945	955	920	908	868
湖北	Hubei	653	689	668	655	622
湖南	Hunan	800	800	773	742	684
广东	Guangdong	981	1005	1019	1018	1020
广西	Guangxi	529	537	522	493	478
海南	Hainan	107	111	110	110	108
重庆	Chongqing	277	286	262	268	267
四川	Sichuan	796	809	806	775	758
贵州	Guizhou	473	482	485	456	451
云南	Yunnan	443	452	465	460	457
西藏	Tibet	25	45	23	23	24
陕西	Shaanxi	639	641	636	615	586
甘肃	Gansu	497	495	493	480	463
青海	Qinghai	144	142	141	138	126
宁夏	Ningxia	102	100	97	93	82
新疆	Xinjiang	503	486	454	444	413

2-24 各地区普通高中毕业生数
Number of Graduates in Regular Senior Secondary Schools by Region

单位：人 (person)

地区	Region	2005	2006	2007	2008	2009
全国	**National Total**	**6615713**	**7270693**	**7883143**	**8360593**	**8237220**
北京	Beijing	73260	78037	78408	78468	70132
天津	Tianjin	57263	69891	72169	75230	70624
河北	Hebei	396263	450595	472248	482330	468982
山西	Shanxi	196934	222176	231748	258789	251434
内蒙古	Inner Mongolia	136562	157028	170116	187557	183055
辽宁	Liaoning	201852	224519	249165	256952	248791
吉林	Jilin	133095	146440	164307	168436	168843
黑龙江	Heilongjiang	161301	181583	193767	203680	206616
上海	Shanghai	101825	102088	102425	95088	70377
江苏	Jiangsu	426520	449680	475774	499083	513126
浙江	Zhejiang	259874	291952	293508	295892	285788
安徽	Anhui	300950	332059	396525	437481	449248
福建	Fujian	182591	201834	233965	242178	248971
江西	Jiangxi	239755	256998	266478	286828	279087
山东	Shandong	575243	622155	645455	648601	590834
河南	Henan	536570	573592	650962	749826	701747
湖北	Hubei	383420	410721	443093	449676	449917
湖南	Hunan	340207	378477	408711	429998	415666
广东	Guangdong	374445	429856	479969	534880	568989
广西	Guangxi	193531	201957	223144	234161	236627
海南	Hainan	30677	32472	38193	45461	51332
重庆	Chongqing	133654	141448	144197	156906	161360
四川	Sichuan	373219	414133	439911	456714	449660
贵州	Guizhou	119161	137065	149254	161279	165392
云南	Yunnan	116031	127676	153311	173903	183772
西藏	Tibet	7684	9868	12332	14383	13312
陕西	Shaanxi	259637	277374	313222	330531	325393
甘肃	Gansu	138165	164257	179335	194146	192269
青海	Qinghai	25355	29313	31802	33651	34396
宁夏	Ningxia	36741	40027	42520	43245	44190
新疆	Xinjiang	103928	115422	127129	135240	137290

2－25 各地区普通高中教职工数

Number of Teachers and Staff in Regular Senior Secondary Schools by Region

单位：人 (person)

地 区	Region	2005	2006	2007	2008	2009
全 国	**National Total**	**5720244**	**5784564**	**5809730**	**5815712**	**5845444**
北 京	Beijing	75837	75402	73945	72693	71831
天 津	Tianjin	55322	54851	53921	53596	53079
河 北	Hebei	345193	340581	335392	323940	313983
山 西	Shanxi	193835	198703	202150	202627	204293
内蒙古	Inner Mongolia	121784	123928	123577	123351	122818
辽 宁	Liaoning	180016	177916	177652	178899	180483
吉 林	Jilin	124819	125398	123597	122270	123360
黑龙江	Heilongjiang	176524	174745	172633	172718	172299
上 海	Shanghai	75451	73275	71118	68886	67614
江 苏	Jiangsu	337789	340852	342348	340480	338838
浙 江	Zhejiang	194890	198158	200535	203645	205628
安 徽	Anhui	228966	241850	246653	252154	256731
福 建	Fujian	167811	171006	173281	172244	172383
江 西	Jiangxi	183459	182336	181218	180406	182827
山 东	Shandong	470584	462298	454940	445545	442448
河 南	Henan	431625	434114	434657	432748	434544
湖 北	Hubei	273146	275389	275150	271629	267265
湖 南	Hunan	305413	300958	294108	288168	285576
广 东	Guangdong	360341	377490	395636	412718	429596
广 西	Guangxi	191316	191906	192345	190766	190755
海 南	Hainan	34331	36686	38046	39327	40117
重 庆	Chongqing	112965	114144	117053	119637	122328
四 川	Sichuan	306141	311353	312861	314058	317312
贵 州	Guizhou	138949	144303	145453	148292	152175
云 南	Yunnan	153997	160042	164588	169569	175959
西 藏	Tibet	9006	9477	10861	11528	12249
陕 西	Shaanxi	191041	193560	195705	198259	198656
甘 肃	Gansu	111495	118578	122762	127143	128635
青 海	Qinghai	22370	23047	23357	23429	23587
宁 夏	Ningxia	25828	26852	27308	27895	29920
新 疆	Xinjiang	120000	125366	126880	127092	128155

2-26 各地区普通初中学校数
Number of Regular Junior Secondary Schools by Region

单位：所 (unit)

地区	Region	2005	2006	2007	2008	2009
全国	**National Total**	**61885**	**60550**	**59109**	**57701**	**56167**
北京	Beijing	404	372	361	349	342
天津	Tianjin	408	376	373	365	353
河北	Hebei	3918	3663	3403	3172	2887
山西	Shanxi	2698	2618	2509	2427	2316
内蒙古	Inner Mongolia	1224	1125	1040	967	890
辽宁	Liaoning	1798	1767	1736	1707	1686
吉林	Jilin	1341	1295	1263	1232	1226
黑龙江	Heilongjiang	2112	2041	1951	1910	1817
上海	Shanghai	487	477	477	491	489
江苏	Jiangsu	2292	2260	2255	2209	2181
浙江	Zhejiang	1913	1848	1801	1783	1771
安徽	Anhui	3188	3301	3264	3181	3087
福建	Fujian	1403	1384	1368	1353	1330
江西	Jiangxi	2184	2145	2099	2082	2103
山东	Shandong	3591	3388	3289	3211	3118
河南	Henan	5262	5090	4944	4810	4703
湖北	Hubei	2578	2509	2440	2356	2275
湖南	Hunan	3760	3594	3484	3387	3348
广东	Guangdong	3301	3327	3297	3334	3322
广西	Guangxi	2358	2239	2142	2075	2019
海南	Hainan	456	463	466	460	434
重庆	Chongqing	1137	1087	1099	1057	1037
四川	Sichuan	4199	4372	4287	4162	4051
贵州	Guizhou	2193	2151	2189	2170	2163
云南	Yunnan	1814	1814	1816	1812	1791
西藏	Tibet	93	73	94	96	94
陕西	Shaanxi	2088	2047	2001	1968	1923
甘肃	Gansu	1553	1660	1637	1623	1618
青海	Qinghai	367	356	354	353	323
宁夏	Ningxia	316	303	294	284	273
新疆	Xinjiang	1449	1405	1376	1315	1197

2-27 各地区普通初中毕业生数

Number of Graduates in Regular Junior Secondary Schools by Region

单位：人 (person)

地 区	Region	2005	2006	2007	2008	2009
全 国	**National Total**	**21065150**	**20623876**	**19568428**	**18628943**	**17947254**
北 京	Beijing	156388	124250	108682	104702	101811
天 津	Tianjin	136812	124325	108328	98490	96873
河 北	Hebei	1384009	1330344	1153189	1052699	990746
山 西	Shanxi	632597	606995	595929	610377	615374
内蒙古	Inner Mongolia	345067	334285	311655	304293	288700
辽 宁	Liaoning	555596	541891	468608	464040	475495
吉 林	Jilin	375973	374768	333374	315945	302619
黑龙江	Heilongjiang	565215	536646	476082	447270	436335
上 海	Shanghai	154468	120283	109842	105832	99884
江 苏	Jiangsu	1203306	1213543	1115151	1024349	962848
浙 江	Zhejiang	637297	594032	536363	538120	591487
安 徽	Anhui	1125179	1178202	1144171	1083637	1015772
福 建	Fujian	576832	602290	564786	495367	477911
江 西	Jiangxi	742480	694356	620158	600680	519065
山 东	Shandong	1497648	1344839	1264743	1080149	995664
河 南	Henan	1983617	1878809	1891059	1830655	1631829
湖 北	Hubei	1055083	1061845	997673	960997	923759
湖 南	Hunan	1251757	1162280	948844	774204	693293
广 东	Guangdong	1368854	1425940	1434350	1429971	1481488
广 西	Guangxi	745439	730511	740477	695820	644905
海 南	Hainan	130345	145244	151156	155861	152741
重 庆	Chongqing	384891	388027	382694	389032	407488
四 川	Sichuan	1137068	1113295	1114171	1118303	1121999
贵 州	Guizhou	627254	650318	645490	624484	615496
云 南	Yunnan	614981	635183	608837	605241	620762
西 藏	Tibet	29396	35827	39463	41539	42401
陕 西	Shaanxi	712394	699797	703443	687886	663225
甘 肃	Gansu	423489	431380	449213	451348	463372
青 海	Qinghai	68123	71245	70081	72923	65712
宁 夏	Ningxia	87233	86851	92051	92871	93231
新 疆	Xinjiang	356359	386275	388365	371858	354969

2-28 各地区普通初中教职工数

Number of Teachers and Staff in Regular Junior Secondary Schools by Region

单位：人 (person)

地 区	Region	2005	2006	2007	2008	2009
全 国	**National Total**	**3471839**	**3463478**	**3464296**	**3468957**	**3513438**
北 京	Beijing	31095	29958	29774	30031	30423
天 津	Tianjin	27330	26533	26281	26305	26471
河 北	Hebei	216566	208902	201370	193632	186179
山 西	Shanxi	118220	119964	120624	119673	119901
内蒙古	Inner Mongolia	67007	66258	64599	64166	64217
辽 宁	Liaoning	106439	103425	102391	101369	101548
吉 林	Jilin	69956	68643	67708	66724	67985
黑龙江	Heilongjiang	109095	106740	104549	103631	102719
上 海	Shanghai	33557	33332	33362	33120	33617
江 苏	Jiangsu	191014	190280	189396	187646	188255
浙 江	Zhejiang	110015	111540	114054	117588	119638
安 徽	Anhui	145867	152801	154959	156442	160745
福 建	Fujian	98982	98462	98467	98740	99446
江 西	Jiangxi	116568	114222	112461	113254	117933
山 东	Shandong	269057	260512	257628	255408	259943
河 南	Henan	289035	284540	280912	276205	278050
湖 北	Hubei	169084	167572	166540	163666	160662
湖 南	Hunan	193125	183779	178044	173650	174179
广 东	Guangdong	221224	228956	238399	247359	256571
广 西	Guangxi	117132	116325	117840	117468	118241
海 南	Hainan	21062	22044	23155	24108	24760
重 庆	Chongqing	68223	68575	71985	74126	76451
四 川	Sichuan	186516	189524	190912	194553	202326
贵 州	Guizhou	97083	100153	101861	105076	107889
云 南	Yunnan	101925	104419	106323	110324	115487
西 藏	Tibet	6239	6574	7629	8160	8777
陕 西	Shaanxi	115038	115656	116582	116903	117107
甘 肃	Gansu	70023	74025	76215	79439	80433
青 海	Qinghai	13479	13802	13771	13679	13790
宁 夏	Ningxia	15335	15802	16243	16518	18255
新 疆	Xinjiang	76548	80160	80262	79994	81440

2－29 各地区普通小学学校数
Number of Regular Primary Schools by Region

单位：所 (unit)

地区	Region	2005	2006	2007	2008	2009
全国	**National Total**	**366213**	**341639**	**320061**	**300854**	**280184**
北京	Beijing	1403	1310	1235	1202	1160
天津	Tianjin	1062	1023	1003	993	983
河北	Hebei	20883	19162	17340	16205	14447
山西	Shanxi	24339	21647	19527	17167	14722
内蒙古	Inner Mongolia	5850	4884	4177	3605	3139
辽宁	Liaoning	9311	8434	7670	6987	6037
吉林	Jilin	7393	7010	6736	6450	6184
黑龙江	Heilongjiang	9995	9288	8738	8142	7202
上海	Shanghai	650	626	615	672	751
江苏	Jiangsu	6261	5940	5668	5233	5013
浙江	Zhejiang	6101	5471	4813	4417	4147
安徽	Anhui	20142	18204	17240	16116	14974
福建	Fujian	10560	9867	9388	8566	7849
江西	Jiangxi	14727	14244	13178	12890	13021
山东	Shandong	15871	14611	14064	13503	12858
河南	Henan	33026	31410	30677	30214	29420
湖北	Hubei	12631	11422	10210	9302	8544
湖南	Hunan	17108	15859	14677	13929	13263
广东	Guangdong	21228	20512	19891	19271	18506
广西	Guangxi	15500	15152	14873	14590	14290
海南	Hainan	3106	3050	2915	2741	2520
重庆	Chongqing	9558	8754	7990	7575	7096
四川	Sichuan	19305	17372	15834	13993	12437
贵州	Guizhou	14258	14076	13645	13107	12862
云南	Yunnan	18747	18127	17163	16573	15826
西藏	Tibet	890	880	884	885	884
陕西	Shaanxi	20711	18590	16316	14185	11583
甘肃	Gansu	14963	14685	14002	13424	12637
青海	Qinghai	2898	2841	2727	2556	2047
宁夏	Ningxia	2527	2373	2276	2202	2131
新疆	Xinjiang	5209	4815	4589	4159	3651

2-30 各地区普通小学毕业生数
Number of Graduates in Regular Primary Schools by Region

单位：人 (person)

地区	Region	2005	2006	2007	2008	2009
全国	**National Total**	**20194768**	**19284838**	**18701708**	**18649512**	**18051997**
北京	Beijing	93486	90799	112332	112268	110730
天津	Tianjin	106447	106075	105340	88171	91481
河北	Hebei	1174631	1085840	935394	802024	733936
山西	Shanxi	635578	635295	579615	552111	583791
内蒙古	Inner Mongolia	327773	311752	251506	272053	279222
辽宁	Liaoning	499069	506789	480567	459368	428542
吉林	Jilin	330055	311724	295174	292573	270309
黑龙江	Heilongjiang	443962	427035	398638	390554	389841
上海	Shanghai	110428	108520	105530	104362	113558
江苏	Jiangsu	1055231	978186	936047	859130	772743
浙江	Zhejiang	552525	620416	628052	624785	572363
安徽	Anhui	1162472	1104018	960163	1039349	983747
福建	Fujian	547122	526101	535109	504960	439042
江西	Jiangxi	648849	538387	542814	654800	694818
山东	Shandong	1133143	1016943	1038746	1074800	1094727
河南	Henan	1918974	1667126	1601925	1689027	1657467
湖北	Hubei	1020710	946634	832908	715128	646753
湖南	Hunan	815684	716297	712920	702820	710261
广东	Guangdong	1674305	1754494	1803140	1867640	1835297
广西	Guangxi	844177	774149	779536	767242	730648
海南	Hainan	171364	178501	176553	171102	169341
重庆	Chongqing	447168	450958	462753	467435	431041
四川	Sichuan	1187842	1221708	1247914	1253417	1166577
贵州	Guizhou	742112	731361	751878	763062	784574
云南	Yunnan	693217	686863	714598	732309	733099
西藏	Tibet	47960	48655	52238	52721	50850
陕西	Shaanxi	724600	679839	652625	617895	555577
甘肃	Gansu	502605	506371	478740	485899	492700
青海	Qinghai	80983	76135	70580	69450	78005
宁夏	Ningxia	104704	104005	96452	113757	111121
新疆	Xinjiang	397592	373862	361921	349300	339836

2－31 各地区普通小学教职工数
Number of Teachers and Staff in Regular Primary Schools by Region

单位：人 (person)

地区	Region	2005	2006	2007	2008	2009
全国	**National Total**	**6132155**	**6119992**	**6133815**	**6132903**	**6135536**
北京	Beijing	61352	61313	60973	60944	60428
天津	Tianjin	49629	47916	46304	45850	44999
河北	Hebei	343697	338714	340019	340315	344343
山西	Shanxi	208261	209485	211230	210066	210015
内蒙古	Inner Mongolia	138645	138487	138691	138962	139539
辽宁	Liaoning	190548	180474	176926	173159	170584
吉林	Jilin	163366	160189	156555	153377	152641
黑龙江	Heilongjiang	188256	184214	181778	179467	176830
上海	Shanghai	50031	48610	48421	51010	54841
江苏	Jiangsu	289751	288430	286319	282805	281600
浙江	Zhejiang	177886	179848	181181	182810	184495
安徽	Anhui	271815	268327	266213	261835	258827
福建	Fujian	177134	173913	170605	169868	166446
江西	Jiangxi	200291	202991	206173	205668	208702
山东	Shandong	410394	415117	420353	420552	421057
河南	Henan	502187	505033	509962	512237	515839
湖北	Hubei	232888	225803	220326	216119	213347
湖南	Hunan	261560	263305	264623	265680	266878
广东	Guangdong	463715	467730	474573	476680	477034
广西	Guangxi	233177	234827	241987	243695	245745
海南	Hainan	56516	57578	57880	57975	57299
重庆	Chongqing	127433	126432	131335	130550	128118
四川	Sichuan	337939	336132	334156	333343	331434
贵州	Guizhou	196785	200576	202413	208798	208696
云南	Yunnan	232227	234630	235153	239302	247201
西藏	Tibet	14967	16646	18450	18715	19293
陕西	Shaanxi	203262	200256	198058	196323	193530
甘肃	Gansu	135276	140031	141716	145597	144144
青海	Qinghai	28551	29209	28393	28115	27814
宁夏	Ningxia	34663	33981	33763	33457	33979
新疆	Xinjiang	149953	149795	149286	149629	149838

2-32 每十万人口幼儿园平均在校人数
Number of Kindergarten Students per 100 000 Population

单位：人 (person)

地区	Region	2005	2006	2007	2008	2009
全国	**National Average**	**1676**	**1731**	**1787**	**1873**	**2001**
北京	Beijing	1355	1284	1356	1388	1462
天津	Tianjin	1999	1858	1774	1730	1756
河北	Hebei	1791	1950	1965	2004	2165
山西	Shanxi	1923	1830	1861	1775	1885
内蒙古	Inner Mongolia	1207	1220	1211	1276	1401
辽宁	Liaoning	1626	1695	1705	1724	1806
吉林	Jilin	1092	1196	1143	1169	1192
黑龙江	Heilongjiang	988	1084	1117	1144	1110
上海	Shanghai	1659	1686	1726	1769	1874
江苏	Jiangsu	1864	2009	2236	2330	2517
浙江	Zhejiang	2801	2836	2967	3149	3263
安徽	Anhui	1120	1198	1280	1431	1529
福建	Fujian	2354	2464	2584	2772	2989
江西	Jiangxi	1673	1870	2032	2117	2553
山东	Shandong	1803	1730	1754	1870	1921
河南	Henan	1580	1681	1697	1758	1820
湖北	Hubei	988	1125	1151	1303	1456
湖南	Hunan	1227	1403	1478	1667	1893
广东	Guangdong	2576	2385	2393	2459	2614
广西	Guangxi	1816	2162	2169	2247	2343
海南	Hainan	1469	1637	1554	1610	1674
重庆	Chongqing	1718	1897	1907	2039	2227
四川	Sichuan	1750	1903	1911	1966	2098
贵州	Guizhou	1771	1943	1950	1962	1970
云南	Yunnan	1750	1851	1925	1984	2029
西藏	Tibet	350	330	395	516	560
陕西	Shaanxi	1332	1357	1314	1470	1525
甘肃	Gansu	1334	1320	1267	1291	1365
青海	Qinghai	1532	1621	1624	1708	1830
宁夏	Ningxia	1735	1721	1756	1857	2022
新疆	Xinjiang	1495	1095	1766	1887	2302

2-33 每十万人口小学平均在校人数
Number of Primary Education Students per 100 000 Population

单位：人 (person)

地区	Region	2005	2006	2007	2008	2009
全国	**National Average**	**8358**	**8192**	**8037**	**7819**	**7584**
北京	Beijing	3312	3077	4216	4039	3818
天津	Tianjin	5205	4955	4784	4673	4314
河北	Hebei	7348	6864	6747	6851	6992
山西	Shanxi	10502	10067	9879	9471	8934
内蒙古	Inner Mongolia	6696	6554	6611	6456	6186
辽宁	Liaoning	6322	6034	5742	5508	5229
吉林	Jilin	5999	5729	5644	5497	5344
黑龙江	Heilongjiang	5774	5505	5338	5185	4977
上海	Shanghai	3102	3002	2938	3178	3554
江苏	Jiangsu	6532	6097	5685	5352	5158
浙江	Zhejiang	7254	6930	6736	6567	6350
安徽	Anhui	9041	9122	8993	8505	7936
福建	Fujian	7783	7616	7259	6902	6653
江西	Jiangxi	8967	9277	9623	9705	9608
山东	Shandong	6703	6737	6811	6757	6656
河南	Henan	10156	10630	10847	11075	11157
湖北	Hubei	7134	6853	6505	6330	6291
湖南	Hunan	6268	6786	7014	7214	7353
广东	Guangdong	12850	11497	10937	10122	9301
广西	Guangxi	9261	9874	9589	9329	9069
海南	Hainan	12918	12648	11763	10726	9766
重庆	Chongqing	8359	9020	8492	7968	7331
四川	Sichuan	8189	8789	8527	7984	7582
贵州	Guizhou	12135	12718	12412	12488	12046
云南	Yunnan	9994	10163	10112	9992	9776
西藏	Tibet	11952	11896	11409	10980	10635
陕西	Shaanxi	9179	8739	8180	7644	7215
甘肃	Gansu	11591	11505	10922	10278	9611
青海	Qinghai	9404	9614	9694	9750	9620
宁夏	Ningxia	11789	11691	11602	11290	10857
新疆	Xinjiang	10921	10438	10043	9604	9264

2-34 每十万人口初中阶段平均在校人数
Number of Junior Secondary Students per 100 000 Population

单位：人 (person)

地区	Region	2005	2006	2007	2008	2009
全国	**National Average**	**4781**	**4557**	**4364**	**4227**	**4097**
北京	Beijing	2154	1874	2106	1991	1881
天津	Tianjin	3507	3219	2985	2722	2441
河北	Hebei	5460	4924	4442	3949	3461
山西	Shanxi	5773	5714	5557	5286	5110
内蒙古	Inner Mongolia	4556	4316	3927	3640	3478
辽宁	Liaoning	3724	3554	3462	3345	3151
吉林	Jilin	4031	3704	3531	3381	3209
黑龙江	Heilongjiang	4464	4091	3830	3647	3503
上海	Shanghai	2683	2477	2355	2289	2257
江苏	Jiangsu	4658	4264	3949	3650	3337
浙江	Zhejiang	3625	3532	3604	3656	3452
安徽	Anhui	5535	5590	5275	5072	4854
福建	Fujian	5040	4670	4387	4225	3927
江西	Jiangxi	4700	4194	3915	3996	4302
山东	Shandong	4313	3902	3618	3563	3630
河南	Henan	5869	5767	5401	5173	5030
湖北	Hubei	5317	5312	5014	4598	4147
湖南	Hunan	4439	3935	3526	3374	3360
广东	Guangdong	5572	5175	5191	5269	5277
广西	Guangxi	4793	4920	4706	4445	4289
海南	Hainan	5699	5741	5678	5489	5221
重庆	Chongqing	4016	4603	4689	4796	4678
四川	Sichuan	3987	4385	4460	4461	4380
贵州	Guizhou	5356	5539	5436	5504	5602
云南	Yunnan	4362	4318	4367	4457	4505
西藏	Tibet	4415	4626	4865	4927	4989
陕西	Shaanxi	5782	5705	5456	5181	4792
甘肃	Gansu	5261	5569	5460	5427	5369
青海	Qinghai	4219	4148	4012	3754	3879
宁夏	Ningxia	4843	4943	4771	4868	4856
新疆	Xinjiang	6114	5822	5442	5083	4823

2-35 每十万人口高中阶段平均在校人数
Number of Senior Secondary Students per 100 000 Population

单位：人 (person)

地区	Region	2005	2006	2007	2008	2009
全国	**National Average**	**3070**	**3321**	**3409**	**3463**	**3495**
北京	Beijing	3727	3488	3223	2788	2475
天津	Tianjin	3910	3848	3686	3452	3040
河北	Hebei	3375	3618	3715	3724	3698
山西	Shanxi	3462	3851	4051	4250	4444
内蒙古	Inner Mongolia	3132	3379	3567	3488	3644
辽宁	Liaoning	2981	3172	3090	3021	2947
吉林	Jilin	2598	2906	2905	2937	3053
黑龙江	Heilongjiang	2413	2549	2580	2746	2898
上海	Shanghai	3341	2782	2393	2201	1982
江苏	Jiangsu	3692	4058	4029	3903	3677
浙江	Zhejiang	3745	3539	3351	3165	3151
安徽	Anhui	2890	3520	3744	3789	3687
福建	Fujian	3581	3826	3813	3734	3725
江西	Jiangxi	3457	3612	3631	3620	3616
山东	Shandong	3631	3711	3661	3538	3330
河南	Henan	3199	3652	3940	4079	4149
湖北	Hubei	3345	4079	4347	4575	4480
湖南	Hunan	3190	3594	3618	3349	3205
广东	Guangdong	3035	3089	3244	3550	3950
广西	Guangxi	2320	2771	2935	3039	3081
海南	Hainan	2285	2649	2956	3241	3611
重庆	Chongqing	2716	3389	3523	3917	4028
四川	Sichuan	2585	3057	3103	3246	3442
贵州	Guizhou	1840	2261	2435	2543	2647
云南	Yunnan	1836	2059	2218	2408	2578
西藏	Tibet	1473	1894	2248	2292	2082
陕西	Shaanxi	3853	4285	4532	4797	4901
甘肃	Gansu	2983	3334	3515	3767	3969
青海	Qinghai	2398	2752	3119	3522	3763
宁夏	Ningxia	3248	3406	3527	3822	4167
新疆	Xinjiang	2699	2906	3131	3229	3208

2-36 每十万人口高等学校平均在校人数
Number of Higher Education Students per 100 000 Population

单位：人 (person)

地区	Region	2005	2006	2007	2008	2009
全国	**National Average**	**1613**	**1816**	**1924**	**2042**	**2128**
北京	Beijing	6580	6897	6826	6750	6410
天津	Tianjin	4340	4600	4600	4534	4432
河北	Hebei	1443	1630	1712	1811	1871
山西	Shanxi	1611	1790	1863	1979	2050
内蒙古	Inner Mongolia	1303	1413	1507	1650	1794
辽宁	Liaoning	2141	2379	2498	2621	2659
吉林	Jilin	2144	2359	2493	2659	2695
黑龙江	Heilongjiang	1887	2090	2207	2352	2420
上海	Shanghai	3838	4206	4317	4371	4393
江苏	Jiangsu	2015	2301	2542	2679	2786
浙江	Zhejiang	1886	2115	2246	2324	2303
安徽	Anhui	1110	1351	1485	1658	1742
福建	Fujian	1427	1656	1788	1937	2039
江西	Jiangxi	1768	2105	2111	2062	2118
山东	Shandong	1598	1811	1917	2071	2153
河南	Henan	1119	1331	1455	1648	1774
湖北	Hubei	2176	2542	2683	2724	2829
湖南	Hunan	1452	1719	1838	1966	2040
广东	Guangdong	1462	1591	1718	1821	1952
广西	Guangxi	993	1228	1273	1352	1436
海南	Hainan	1133	1374	1602	1800	2001
重庆	Chongqing	1474	1906	2043	2192	2317
四川	Sichuan	1204	1414	1500	1637	1732
贵州	Guizhou	838	910	904	969	1043
云南	Yunnan	904	1042	1081	1174	1298
西藏	Tibet	1139	1014	1174	1279	1317
陕西	Shaanxi	2349	2549	2683	2880	3045
甘肃	Gansu	1211	1427	1548	1687	1806
青海	Qinghai	905	935	930	1033	1080
宁夏	Ningxia	1278	1511	1518	1610	1721
新疆	Xinjiang	1329	1416	1414	1414	1430

3. 国民经济与信息产业
Information Technology and Applications

3－1 国内及地区生产总值
Gross Domestic and Regional Product

单位：亿元 (100 million yuan)

地 区	Region	2005	2006	2007	2008	2009
全 国	**National Average**	**183217.4**	**211923.5**	**257305.6**	**300670.0**	**340506.9**
北 京	Beijing	6886.31	7861.04	9353.32	10488.03	12153.03
天 津	Tianjin	3697.62	4344.27	5050.40	6354.38	7521.85
河 北	Hebei	10096.11	11515.76	13709.50	16188.61	17235.48
山 西	Shanxi	4179.52	4714.99	5733.35	6938.73	7358.31
内蒙古	Inner Mongolia	3895.55	4841.82	6091.12	7761.80	9740.25
辽 宁	Liaoning	7860.85	9214.21	11023.49	13461.57	15212.49
吉 林	Jilin	3620.27	4275.12	5284.69	6424.06	7278.75
黑龙江	Heilongjiang	5511.50	6201.45	7065.00	8310.00	8587.00
上 海	Shanghai	9164.10	10366.37	12188.85	13698.15	15046.45
江 苏	Jiangsu	18305.66	21645.08	25741.15	30312.61	34457.30
浙 江	Zhejiang	13437.85	15742.51	18780.44	21486.92	22990.35
安 徽	Anhui	5375.12	6131.10	7364.18	8874.17	10062.82
福 建	Fujian	6568.93	7584.36	9249.13	10823.11	12236.53
江 西	Jiangxi	4056.76	4670.53	5500.25	6480.33	7655.18
山 东	Shandong	18516.87	22077.36	25965.91	31072.06	33896.65
河 南	Henan	10587.42	12362.79	15012.46	18407.78	19480.46
湖 北	Hubei	6520.14	7581.32	9230.68	11330.38	12961.10
湖 南	Hunan	6511.34	7508.87	9200.00	11156.64	13059.69
广 东	Guangdong	22366.54	26159.52	31084.40	35696.46	39482.56
广 西	Guangxi	4075.75	4828.51	5955.65	7171.58	7759.16
海 南	Hainan	894.57	1031.85	1223.28	1459.23	1654.21
重 庆	Chongqing	3066.92	3452.14	4122.51	5096.66	6530.01
四 川	Sichuan	7385.11	8637.81	10505.30	12506.25	14151.28
贵 州	Guizhou	1979.06	2270.89	2741.90	3333.40	3912.68
云 南	Yunnan	3472.89	3981.31	4741.31	5700.10	6169.75
西 藏	Tibet	250.21	291.01	342.19	395.91	441.36
陕 西	Shaanxi	3772.69	4520.07	5465.79	6851.32	8169.80
甘 肃	Gansu	1933.98	2276.70	2702.40	3176.11	3387.56
青 海	Qinghai	543.32	639.50	783.61	961.53	1081.27
宁 夏	Ningxia	606.26	710.76	889.20	1098.51	1353.31
新 疆	Xinjiang	2604.19	3045.26	3523.16	4203.41	4277.05

3-2 国内及地区第一产业生产总值
Gross Domestic and Regional Product of Primary Industry

单位：亿元 (100 million yuan)

地　区	Region	2005	2006	2007	2008	2009
全　国	**National Average**	**22420**	**24040**	**28627**	**34000**	**35226**
北　京	Beijing	97.99	98.04	101.26	112.81	118.29
天　津	Tianjin	112.38	118.23	110.19	122.58	128.85
河　北	Hebei	1503.07	1606.48	1804.72	2034.60	2207.34
山　西	Shanxi	262.42	276.77	269.68	302.48	477.59
内蒙古	Inner Mongolia	589.56	649.62	762.10	906.98	929.60
辽　宁	Liaoning	882.41	976.37	1133.40	1302.00	1414.90
吉　林	Jilin	625.61	672.76	783.80	916.70	980.57
黑龙江	Heilongjiang	684.60	737.59	915.38	1089.10	1154.33
上　海	Shanghai	80.34	93.80	101.84	111.80	113.82
江　苏	Jiangsu	1461.49	1545.01	1816.24	2100.00	2261.86
浙　江	Zhejiang	892.83	925.10	986.02	1095.43	1163.08
安　徽	Anhui	966.49	1028.66	1200.18	1418.08	1495.45
福　建	Fujian	841.20	896.17	1002.11	1157.75	1182.74
江　西	Jiangxi	727.37	786.14	905.77	1060.38	1098.66
山　东	Shandong	1963.51	2138.90	2509.14	3002.65	3226.64
河　南	Henan	1892.01	2049.92	2217.66	2658.80	2769.05
湖　北	Hubei	1082.13	1140.41	1378.00	1780.00	1795.90
湖　南	Hunan	1274.15	1332.23	1626.52	2007.40	1969.69
广　东	Guangdong	1428.27	1577.12	1695.57	1970.23	2010.27
广　西	Guangxi	912.50	1032.47	1241.35	1453.90	1458.49
海　南	Hainan	300.75	344.48	361.07	437.61	462.19
重　庆	Chongqing	463.40	425.81	482.39	575.40	606.80
四　川	Sichuan	1481.14	1595.48	2032.00	2366.15	2240.61
贵　州	Guizhou	368.94	393.17	446.38	547.85	550.27
云　南	Yunnan	669.81	749.81	837.35	1020.94	1067.60
西　藏	Tibet	48.04	50.90	54.89	60.51	63.88
陕　西	Shaanxi	435.77	488.48	592.63	753.72	789.64
甘　肃	Gansu	308.06	333.35	385.97	463.00	497.05
青　海	Qinghai	65.34	69.64	83.41	105.58	107.40
宁　夏	Ningxia	72.08	79.54	97.89	120.00	127.25
新　疆	Xinjiang	509.99	527.80	628.72	691.10	759.74

3-3 国内及地区第二产业生产总值

Gross Domestic and Regional Product of Secondary Industry

单位：亿元 (100 million yuan)

地 区	Region	2005	2006	2007	2008	2009
全 国	**National Average**	**87364.6**	**103162.0**	**124799.0**	**146183.4**	**157638.8**
北 京	Beijing	2026.51	2191.43	2509.40	2693.15	2855.55
天 津	Tianjin	2051.17	2488.29	2892.53	3821.07	3987.84
河 北	Hebei	5232.50	6115.01	7241.80	8777.42	8959.83
山 西	Shanxi	2353.16	2748.33	3438.58	4265.77	3993.80
内蒙古	Inner Mongolia	1773.21	2327.44	3154.56	4271.03	5114.00
辽 宁	Liaoning	3953.28	4729.50	5853.10	7512.11	7906.34
吉 林	Jilin	1580.83	1915.29	2475.45	3064.63	3541.92
黑龙江	Heilongjiang	2971.68	3365.31	3695.58	4365.90	4060.72
上 海	Shanghai	4452.92	5028.37	5678.51	6235.92	6001.78
江 苏	Jiangsu	10355.03	12250.84	14306.40	16663.81	18566.37
浙 江	Zhejiang	7166.15	8509.57	10148.45	11580.33	11908.49
安 徽	Anhui	2221.17	2648.13	3289.12	4137.35	4905.22
福 建	Fujian	3200.26	3743.71	4549.42	5415.77	6005.30
江 西	Jiangxi	1917.47	2320.74	2840.92	3414.88	3919.45
山 东	Shandong	10628.62	12751.20	14776.53	17702.17	18901.83
河 南	Henan	5514.14	6724.61	8282.83	10477.92	11010.50
湖 北	Hubei	2810.01	3365.08	3966.68	4963.61	6038.08
湖 南	Hunan	2596.71	3151.70	3916.44	4933.08	5687.19
广 东	Guangdong	11339.93	13431.82	15939.10	18402.64	19419.70
广 西	Guangxi	1510.68	1878.56	2425.29	3037.74	3381.54
海 南	Hainan	220.07	287.86	364.26	434.40	443.43
重 庆	Chongqing	1259.12	1500.97	1892.10	2433.27	3448.77
四 川	Sichuan	3067.23	3775.19	4641.30	5790.10	6711.87
贵 州	Guizhou	826.63	980.78	1148.27	1408.71	1476.62
云 南	Yunnan	1432.76	1712.60	2051.08	2451.09	2582.53
西 藏	Tibet	63.52	80.10	98.48	115.76	136.63
陕 西	Shaanxi	1849.28	2440.50	2964.56	3842.08	4236.42
甘 肃	Gansu	838.56	1043.19	1279.32	1471.43	1527.24
青 海	Qinghai	264.61	331.16	417.78	529.40	575.33
宁 夏	Ningxia	281.23	349.83	451.82	581.24	662.32
新 疆	Xinjiang	1164.79	1459.30	1647.55	2086.74	1929.59

3-4 国内及地区第三产业生产总值
Gross Domestic and Regional Product of Tertiary Industry

单位：亿元 (100 million yuan)

地 区	Region	2005	2006	2007	2008	2009
全 国	**National Average**	**73432.9**	**84721.4**	**103879.6**	**120486.6**	**147642.1**
北 京	Beijing	4761.81	5580.81	6742.66	7682.07	9179.19
天 津	Tianjin	1534.07	1752.63	2047.68	2410.73	3405.16
河 北	Hebei	3360.54	3938.94	4662.98	5376.59	6068.31
山 西	Shanxi	1563.94	1727.44	2025.09	2370.48	2886.92
内蒙古	Inner Mongolia	1532.78	1814.42	2174.46	2583.79	3696.65
辽 宁	Liaoning	3173.32	3545.28	4036.99	4647.46	5891.25
吉 林	Jilin	1413.83	1687.07	2025.44	2442.73	2756.26
黑龙江	Heilongjiang	1855.22	2086.00	2454.04	2855.00	3371.95
上 海	Shanghai	4620.92	5244.20	6408.50	7350.43	8930.85
江 苏	Jiangsu	6489.14	7849.23	9618.52	11548.80	13629.07
浙 江	Zhejiang	5378.87	6307.85	7645.96	8811.17	9918.78
安 徽	Anhui	2187.46	2471.94	2874.88	3318.74	3662.15
福 建	Fujian	2527.47	2974.67	3697.60	4249.59	5048.49
江 西	Jiangxi	1411.92	1563.65	1753.56	2005.07	2637.07
山 东	Shandong	5924.74	7187.26	8680.24	10367.23	11768.18
河 南	Henan	3181.27	3721.44	4511.97	5271.06	5700.91
湖 北	Hubei	2628.00	3075.83	3886.00	4586.77	5127.12
湖 南	Hunan	2640.48	3084.96	3657.04	4216.16	5402.81
广 东	Guangdong	9598.34	11195.53	13449.73	15323.59	18052.59
广 西	Guangxi	1652.57	1917.47	2289.00	2679.94	2919.13
海 南	Hainan	373.75	420.51	497.95	587.22	748.59
重 庆	Chongqing	1347.97	1564.79	1748.02	2087.99	2474.44
四 川	Sichuan	2836.74	3267.14	3832.00	4350.00	5198.80
贵 州	Guizhou	783.49	908.05	1147.25	1376.84	1885.79
云 南	Yunnan	1370.32	1544.31	1852.88	2228.07	2519.62
西 藏	Tibet	139.65	160.01	188.82	219.64	240.85
陕 西	Shaanxi	1390.61	1594.76	1908.60	2255.52	3143.74
甘 肃	Gansu	787.36	900.16	1037.11	1241.68	1363.27
青 海	Qinghai	213.37	240.78	282.42	326.55	398.54
宁 夏	Ningxia	252.79	281.39	339.49	397.27	563.74
新 疆	Xinjiang	929.41	1058.16	1246.89	1425.57	1587.72

3-5 第一产业生产总值占国内及地区生产总值比重
Primary Industry Ratio of Gross Domestic and Regional Product

单位:% (%)

地区	Region	2005	2006	2007	2008	2009
全国	**National Average**	**12.2**	**11.3**	**11.1**	**11.3**	**10.3**
北京	Beijing	1.4	1.2	1.1	1.1	1.0
天津	Tianjin	3.0	2.7	2.2	1.9	1.7
河北	Hebei	14.9	14.0	13.2	12.6	12.8
山西	Shanxi	6.3	5.9	4.7	4.4	6.5
内蒙古	Inner Mongolia	15.1	13.4	12.5	11.7	9.5
辽宁	Liaoning	11.2	10.6	10.3	9.7	9.3
吉林	Jilin	17.3	15.7	14.8	14.3	13.5
黑龙江	Heilongjiang	12.4	11.9	13.0	13.1	13.4
上海	Shanghai	0.9	0.9	0.8	0.8	0.8
江苏	Jiangsu	8.0	7.1	7.1	6.9	6.6
浙江	Zhejiang	6.6	5.9	5.3	5.1	5.1
安徽	Anhui	18.0	16.8	16.3	16.0	14.9
福建	Fujian	12.8	11.8	10.8	10.7	9.7
江西	Jiangxi	17.9	16.8	16.5	16.4	14.4
山东	Shandong	10.6	9.7	9.7	9.7	9.5
河南	Henan	17.9	16.6	14.8	14.4	14.2
湖北	Hubei	16.6	15.0	14.9	15.7	13.9
湖南	Hunan	19.6	17.7	17.7	18.0	15.1
广东	Guangdong	6.4	6.0	5.5	5.5	5.1
广西	Guangxi	22.4	21.4	20.8	20.3	18.8
海南	Hainan	33.6	33.4	29.5	30.0	27.9
重庆	Chongqing	15.1	12.3	11.7	11.3	9.3
四川	Sichuan	20.1	18.5	19.3	18.9	15.8
贵州	Guizhou	18.6	17.3	16.3	16.4	14.1
云南	Yunnan	19.3	18.8	17.7	17.9	17.3
西藏	Tibet	19.2	17.5	16.0	15.3	14.5
陕西	Shaanxi	11.6	10.8	10.8	11.0	9.7
甘肃	Gansu	15.9	14.6	14.3	14.6	14.7
青海	Qinghai	12.0	10.9	10.6	11.0	9.9
宁夏	Ningxia	11.9	11.2	11.0	10.9	9.4
新疆	Xinjiang	19.6	17.3	17.8	16.4	17.8

3-6 第二产业生产总值占国内及地区生产总值比重
Secondary Industry Ratio of Gross Domestic and Regional Product

单位:% (%)

地区	Region	2005	2006	2007	2008	2009
全国	**National Average**	**47.7**	**48.7**	**48.5**	**48.6**	**46.3**
北京	Beijing	29.4	27.9	26.8	25.7	23.5
天津	Tianjin	55.5	57.3	57.3	60.1	53.0
河北	Hebei	51.8	53.1	52.8	54.2	52.0
山西	Shanxi	56.3	58.3	60.0	61.5	54.3
内蒙古	Inner Mongolia	45.5	48.1	51.8	55.0	52.5
辽宁	Liaoning	50.3	51.3	53.1	55.8	52.0
吉林	Jilin	43.7	44.8	46.8	47.7	48.7
黑龙江	Heilongjiang	53.9	54.3	52.3	52.5	47.3
上海	Shanghai	48.6	48.5	46.6	45.5	39.9
江苏	Jiangsu	56.6	56.6	55.6	55.0	53.9
浙江	Zhejiang	53.3	54.1	54.0	53.9	51.8
安徽	Anhui	41.3	43.2	44.7	46.6	48.7
福建	Fujian	48.7	49.4	49.2	50.0	49.1
江西	Jiangxi	47.3	49.7	51.7	52.7	51.2
山东	Shandong	57.4	57.8	56.9	57.0	55.8
河南	Henan	52.1	54.4	55.2	56.9	56.5
湖北	Hubei	43.1	44.4	43.0	43.8	46.6
湖南	Hunan	39.9	42.0	42.6	44.2	43.5
广东	Guangdong	50.7	51.3	51.3	51.6	49.2
广西	Guangxi	37.1	38.9	40.7	42.4	43.6
海南	Hainan	24.6	27.9	29.8	29.8	26.8
重庆	Chongqing	41.1	43.5	45.9	47.7	52.8
四川	Sichuan	41.5	43.7	44.2	46.3	47.4
贵州	Guizhou	41.8	43.2	41.9	42.3	37.7
云南	Yunnan	41.3	43.0	43.3	43.0	41.9
西藏	Tibet	25.4	27.5	28.8	29.2	31.0
陕西	Shaanxi	49.0	54.0	54.2	56.1	51.9
甘肃	Gansu	43.4	45.8	47.3	46.3	45.1
青海	Qinghai	48.7	51.8	53.3	55.1	53.2
宁夏	Ningxia	46.4	49.2	50.8	52.9	48.9
新疆	Xinjiang	44.7	47.9	46.8	49.6	45.1

3－7 第三产业生产总值占国内及地区生产总值比重

Tertiary Industry Ratio of Gross Domestic and Regional Product

单位:%　　　　(%)

地区	Region	2005	2006	2007	2008	2009
全国	**National Average**	**40.1**	**40.0**	**40.4**	**40.1**	**43.4**
北京	Beijing	69.1	71.0	72.1	73.2	75.5
天津	Tianjin	41.5	40.3	40.5	37.9	45.3
河北	Hebei	33.3	34.2	34.0	33.2	35.2
山西	Shanxi	37.4	36.6	35.3	34.2	39.2
内蒙古	Inner Mongolia	39.3	37.5	35.7	33.3	38.0
辽宁	Liaoning	40.4	38.5	36.6	34.5	38.7
吉林	Jilin	39.1	39.5	38.3	38.0	37.9
黑龙江	Heilongjiang	33.7	33.6	34.7	34.4	39.3
上海	Shanghai	50.4	50.6	52.6	53.7	59.4
江苏	Jiangsu	35.4	36.3	37.4	38.1	39.6
浙江	Zhejiang	40.0	40.1	40.7	41.0	43.1
安徽	Anhui	40.7	40.3	39.0	37.4	36.4
福建	Fujian	38.5	39.2	40.0	39.3	41.3
江西	Jiangxi	34.8	33.5	31.9	30.9	34.4
山东	Shandong	32.0	32.6	33.4	33.4	34.7
河南	Henan	30.0	30.1	30.1	28.6	29.3
湖北	Hubei	40.3	40.6	42.1	40.5	39.6
湖南	Hunan	40.6	41.1	39.8	37.8	41.4
广东	Guangdong	42.9	42.8	43.3	42.9	45.7
广西	Guangxi	40.5	39.7	38.4	37.4	37.6
海南	Hainan	41.8	40.8	40.7	40.2	45.3
重庆	Chongqing	44.0	45.3	42.4	41.0	37.9
四川	Sichuan	38.4	37.8	36.5	34.8	36.7
贵州	Guizhou	39.6	40.0	41.8	41.3	48.2
云南	Yunnan	39.5	38.8	39.1	39.1	40.8
西藏	Tibet	55.8	55.0	55.2	55.5	54.6
陕西	Shaanxi	36.9	35.3	34.9	32.9	38.5
甘肃	Gansu	40.7	39.5	38.4	39.1	40.2
青海	Qinghai	39.3	37.7	36.0	34.0	36.9
宁夏	Ningxia	41.7	39.6	38.2	36.2	41.7
新疆	Xinjiang	35.7	34.7	35.4	33.9	37.1

3-8 人均国内和地区生产总值
Gross Domestic and Regional Product per Capital

单位：元　　　　　　　　　　　　　　　　　　　　　　　　　　　　　　(yuan)

地区	Region	2005	2006	2007	2008	2009
全国	**National Average**	**14185**	**16500**	**20169**	**23708**	**25575**
北京	Beijing	41297	47603	56044	68260	70452
天津	Tianjin	32518	38827	45829	60077	62574
河北	Hebei	13433	15999	20033	25168	24581
山西	Shanxi	11355	13322	16835	22091	21522
内蒙古	Inner Mongolia	14841	18915	25092	34888	40282
辽宁	Liaoning	17251	20552	25725	33853	35239
吉林	Jilin	12130	14828	19168	25466	26595
黑龙江	Heilongjiang	13117	15276	18510	23530	22447
上海	Shanghai	46777	54421	65347	79193	78989
江苏	Jiangsu	22319	27179	33689	42910	44744
浙江	Zhejiang	25175	30065	37128	45717	44641
安徽	Anhui	7879	9484	12015	15687	16408
福建	Fujian	16944	20253	25662	32623	33840
江西	Jiangxi	8579	10185	12562	16008	17335
山东	Shandong	18262	22444	27723	35829	35894
河南	Henan	10311	12558	16060	21219	20597
湖北	Hubei	10388	12541	16064	21508	22677
湖南	Hunan	9475	11272	14405	18975	20428
广东	Guangdong	22205	26724	32713	40709	41166
广西	Guangxi	7986	9712	12408	16208	16045
海南	Hainan	9879	11936	14631	18600	19254
重庆	Chongqing	9980	11750	14622	19521	22920
四川	Sichuan	8233	9948	12893	16654	17339
贵州	Guizhou	4591	5459	6835	9556	10309
云南	Yunnan	7120	8461	10496	13632	13539
西藏	Tibet	8310	9838	12109	15011	15295
陕西	Shaanxi	8996	11449	14350	19760	21688
甘肃	Gansu	6795	8260	10335	13115	12872
青海	Qinghai	9128	11095	13836	18832	19454
宁夏	Ningxia	9305	11175	13743	19377	21777
新疆	Xinjiang	11912	14149	16860	21544	19942

3－9 国内和地区生产总值增长率
Growth Rate of Gross Domestic and Regional Product

单位:% (%)

地 区	Region	2005	2006	2007	2008	2009
全 国	**National Average**	**10.4**	**11.6**	**13.0**	**9.0**	**13.2**
北 京	Beijing	11.8	12.8	13.3	9.0	15.9
天 津	Tianjin	14.7	14.5	15.2	16.5	18.4
河 北	Hebei	13.4	13.4	12.8	10.1	6.5
山 西	Shanxi	12.6	11.8	14.4	8.3	6.0
内蒙古	Inner Mongolia	23.8	19.0	19.1	17.2	25.5
辽 宁	Liaoning	12.3	13.8	14.5	13.1	13.0
吉 林	Jilin	12.1	15.0	16.1	16.0	13.3
黑龙江	Heilongjiang	11.6	12.1	12.0	11.8	3.3
上 海	Shanghai	11.1	12.0	14.3	9.7	9.8
江 苏	Jiangsu	14.5	14.9	14.9	12.3	13.7
浙 江	Zhejiang	12.8	13.9	14.7	10.1	7.0
安 徽	Anhui	11.6	12.8	13.9	12.7	13.4
福 建	Fujian	11.6	14.8	15.2	13.0	13.1
江 西	Jiangxi	12.8	12.3	13.0	12.6	18.1
山 东	Shandong	15.2	14.8	14.3	12.1	9.1
河 南	Henan	14.2	14.4	14.6	12.1	5.8
湖 北	Hubei	12.1	13.2	14.5	13.4	14.4
湖 南	Hunan	11.6	12.2	14.5	12.8	17.1
广 东	Guangdong	13.8	14.6	14.7	10.1	10.6
广 西	Guangxi	13.2	13.6	15.1	12.8	8.2
海 南	Hainan	10.2	12.5	14.8	9.8	13.4
重 庆	Chongqing	11.5	12.2	15.6	14.3	28.1
四 川	Sichuan	12.6	13.3	14.2	9.5	13.2
贵 州	Guizhou	11.6	11.6	13.7	10.2	17.4
云 南	Yunnan	9.0	11.9	12.5	11.0	8.2
西 藏	Tibet	12.1	13.3	14.0	10.1	11.5
陕 西	Shaanxi	12.6	12.8	14.6	15.6	19.2
甘 肃	Gansu	11.8	11.5	12.3	10.1	6.7
青 海	Qinghai	12.2	12.2	12.5	12.7	12.5
宁 夏	Ningxia	10.9	12.7	12.7	12.2	23.2
新 疆	Xinjiang	10.9	11.0	12.2	11.0	1.8

3-10 第一产业生产总值增长率
Growth Rate of Primary Industry Gross Product

单位:% (%)

地 区	Region	2005	2006	2007	2008	2009
全 国	**National Average**	**5.2**	**5.0**	**3.7**	**5.5**	**3.6**
北 京	Beijing	-4.8	0.1	3.3	11.4	4.9
天 津	Tianjin	9.9	5.2	-6.8	11.2	5.1
河 北	Hebei	9.7	6.9	12.3	12.7	8.5
山 西	Shanxi	3.6	5.5	-2.6	12.2	57.9
内蒙古	Inner Mongolia	16.5	10.2	17.3	19.0	2.5
辽 宁	Liaoning	14.6	10.6	16.1	14.9	8.7
吉 林	Jilin	11.5	7.5	16.5	17.0	7.0
黑龙江	Heilongjiang	16.5	7.7	24.1	19.0	6.0
上 海	Shanghai	-16.9	16.8	8.6	9.8	1.8
江 苏	Jiangsu	11.1	5.7	17.6	15.6	7.7
浙 江	Zhejiang	9.4	3.6	6.6	11.1	6.2
安 徽	Anhui	3.7	6.4	16.7	18.2	5.5
福 建	Fujian	8.1	6.5	11.8	15.5	2.2
江 西	Jiangxi	2.2	8.1	15.2	17.1	3.6
山 东	Shandong	10.4	8.9	17.3	19.7	7.5
河 南	Henan	14.8	8.3	8.2	19.9	4.1
湖 北	Hubei	6.1	5.4	20.8	29.2	0.9
湖 南	Hunan	10.2	4.6	22.1	23.4	-1.9
广 东	Guangdong	14.7	10.4	7.5	16.2	2.0
广 西	Guangxi	12.5	13.1	20.2	17.1	0.3
海 南	Hainan	6.0	14.5	4.8	21.2	5.6
重 庆	Chongqing	7.4	-8.1	13.3	19.3	5.5
四 川	Sichuan	6.2	7.7	27.4	16.4	-5.3
贵 州	Guizhou	10.4	6.6	13.5	22.7	0.4
云 南	Yunnan	10.8	11.9	11.7	21.9	4.6
西 藏	Tibet	10.9	6.0	7.8	10.2	5.6
陕 西	Shaanxi	10.3	12.1	21.3	27.2	4.8
甘 肃	Gansu	9.5	8.2	15.8	20.0	7.4
青 海	Qinghai	13.0	6.6	19.8	26.6	1.7
宁 夏	Ningxia	10.7	10.3	23.1	22.6	6.0
新 疆	Xinjiang	14.7	3.5	19.1	9.9	9.9

3-11 第二产业生产总值增长率
Growth Rate of Secondary Industry Gross Product

单位:% (%)

地区	Region	2005	2006	2007	2008	2009
全国	**National Average**	**11.7**	**13.0**	**14.7**	**9.3**	**7.8**
北京	Beijing	25.8	8.1	14.5	7.3	6.0
天津	Tianjin	31.5	21.3	16.2	32.1	4.4
河北	Hebei	12.9	16.9	18.4	21.2	2.1
山西	Shanxi	30.0	16.8	25.1	24.1	-6.4
内蒙古	Inner Mongolia	33.1	31.3	35.5	35.4	19.7
辽宁	Liaoning	20.6	19.6	23.8	28.3	5.2
吉林	Jilin	14.6	21.2	29.2	23.8	15.6
黑龙江	Heilongjiang	-5.8	13.2	9.8	18.1	-7.0
上海	Shanghai	17.5	12.9	12.9	9.8	-3.8
江苏	Jiangsu	18.8	18.3	16.8	16.5	11.4
浙江	Zhejiang	18.5	18.7	19.3	14.1	2.8
安徽	Anhui	2.4	19.2	24.2	25.8	18.6
福建	Fujian	8.5	17.0	21.5	19.0	10.9
江西	Jiangxi	20.2	21.0	22.4	20.2	14.8
山东	Shandong	21.8	20.0	15.9	19.8	6.8
河南	Henan	22.1	22.0	23.2	26.5	5.1
湖北	Hubei	-6.2	19.8	17.9	25.1	21.6
湖南	Hunan	17.3	21.4	24.3	26.0	15.3
广东	Guangdong	27.6	18.4	18.7	15.5	5.5
广西	Guangxi	17.3	24.4	29.1	25.3	11.3
海南	Hainan	22.0	30.8	26.5	19.3	2.1
重庆	Chongqing	6.6	19.2	26.1	28.6	41.7
四川	Sichuan	14.0	23.1	22.9	24.8	15.9
贵州	Guizhou	15.7	18.6	17.1	22.7	4.8
云南	Yunnan	9.0	19.5	19.8	19.5	5.4
西藏	Tibet	10.3	26.1	22.9	17.5	18.0
陕西	Shaanxi	30.5	32.0	21.5	29.6	10.3
甘肃	Gansu	10.6	24.4	22.6	15.0	3.8
青海	Qinghai	16.5	25.2	26.2	26.7	8.7
宁夏	Ningxia	17.5	24.4	29.2	28.6	13.9
新疆	Xinjiang	15.3	25.3	12.9	26.7	-7.5

3-12 第三产业生产总值增长率
Growth Rate of Tertiary Industry Gross Product

单位:% (%)

地区	Region	2005	2006	2007	2008	2009
全国	**National Average**	**10.5**	**12.1**	**13.8**	**9.5**	**22.5**
北京	Beijing	85.3	17.2	20.8	13.9	19.5
天津	Tianjin	20.8	14.2	16.8	17.7	41.3
河北	Hebei	21.6	17.2	18.4	15.3	12.9
山西	Shanxi	59.8	10.5	17.2	17.1	21.8
内蒙古	Inner Mongolia	75.5	18.4	19.8	18.8	43.1
辽宁	Liaoning	12.4	11.7	13.9	15.1	26.8
吉林	Jilin	38.9	19.3	20.1	20.6	12.8
黑龙江	Heilongjiang	18.9	12.4	17.6	16.3	18.1
上海	Shanghai	29.6	13.5	22.2	14.7	21.5
江苏	Jiangsu	20.8	21.0	22.5	20.1	18.0
浙江	Zhejiang	22.7	17.3	21.2	15.2	12.6
安徽	Anhui	27.9	13.0	16.3	15.4	10.3
福建	Fujian	8.7	17.7	24.3	14.9	18.8
江西	Jiangxi	18.8	10.7	12.1	14.3	31.5
山东	Shandong	18.8	21.3	20.8	19.4	13.5
河南	Henan	19.9	17.0	21.2	16.8	8.2
湖北	Hubei	14.5	17.0	26.3	18.0	11.8
湖南	Hunan	17.8	16.8	18.5	15.3	28.1
广东	Guangdong	62.6	16.6	20.1	13.9	17.8
广西	Guangxi	35.4	16.0	19.4	17.1	8.9
海南	Hainan	22.5	12.5	18.4	17.9	27.5
重庆	Chongqing	28.0	16.1	11.7	19.4	18.5
四川	Sichuan	14.8	15.2	17.3	13.5	19.5
贵州	Guizhou	44.3	15.9	26.3	20.0	37.0
云南	Yunnan	31.6	12.7	20.0	20.2	13.1
西藏	Tibet	26.3	14.6	18.0	16.3	9.7
陕西	Shaanxi	29.8	14.7	19.7	18.2	39.4
甘肃	Gansu	51.6	14.3	15.2	19.7	9.8
青海	Qinghai	18.0	12.8	17.3	15.6	22.0
宁夏	Ningxia	62.3	11.3	20.6	17.0	41.9
新疆	Xinjiang	24.7	13.9	17.8	14.3	11.4

3-13 人均国内和地区生产总值增长率
Growth Rate of Gross Domestic and Regional Product per Capital

单位:% (%)

地区	Region	2005	2006	2007	2008	2009
全国	**National Average**	**9.8**	**11.0**	**12.5**	**8.4**	**7.9**
北京	Beijing	10.6	15.3	17.7	21.8	3.2
天津	Tianjin	17.0	19.4	18.0	31.1	4.2
河北	Hebei	18.4	19.1	25.2	25.6	-2.3
山西	Shanxi	16.3	17.3	26.4	31.2	-2.6
内蒙古	Inner Mongolia	27.9	27.5	32.7	39.0	15.5
辽宁	Liaoning	19.9	19.1	25.2	31.6	4.1
吉林	Jilin	15.7	22.2	29.3	32.9	4.4
黑龙江	Heilongjiang	15.9	16.5	21.2	27.1	-4.6
上海	Shanghai	11.1	16.3	20.1	21.2	-0.3
江苏	Jiangsu	21.4	21.8	24.0	27.4	4.3
浙江	Zhejiang	13.8	19.4	23.5	23.1	-2.4
安徽	Anhui	12.9	20.4	26.7	30.6	4.6
福建	Fujian	13.2	19.5	26.7	27.1	3.7
江西	Jiangxi	16.6	18.7	23.3	27.4	8.3
山东	Shandong	22.4	22.9	23.5	29.2	0.2
河南	Henan	23.3	21.8	27.9	32.1	-2.9
湖北	Hubei	15.5	20.7	28.1	33.9	5.4
湖南	Hunan	13.8	19.0	27.8	31.7	7.7
广东	Guangdong	17.1	20.4	22.4	24.4	1.1
广西	Guangxi	17.8	21.6	27.8	30.6	-1.0
海南	Hainan	10.8	20.8	22.6	27.1	3.5
重庆	Chongqing	14.1	17.7	24.4	33.5	17.4
四川	Sichuan	14.7	20.8	29.6	29.2	4.1
贵州	Guizhou	17.0	18.9	25.2	39.8	7.9
云南	Yunnan	11.7	18.8	24.1	29.9	-0.7
西藏	Tibet	12.8	18.4	23.1	24.0	1.9
陕西	Shaanxi	15.3	27.3	25.3	37.7	9.8
甘肃	Gansu	13.9	21.6	25.1	26.9	-1.9
青海	Qinghai	15.5	21.5	24.7	36.1	3.3
宁夏	Ningxia	11.3	20.1	23.0	41.0	12.4
新疆	Xinjiang	15.6	18.8	19.2	27.8	-7.4

3-14 全社会就业人员数
Total Employed Persons

单位：万人 (10 000 persons)

地区	Region	2005	2007	2008	2009
全国	**National Average**	**75825**	**76990**	**77480**	**77995**
北京	Beijing	920.4	1111.4	1173.8	1255.1
天津	Tianjin	426.9	432.7	503.1	507.3
河北	Hebei	3467.3	3567.2	3651.7	3899.7
山西	Shanxi	1476.4	1550.1	1583.5	1599.6
内蒙古	Inner Mongolia	1041.1	1081.5	1103.3	1142.5
辽宁	Liaoning	1978.6	2071.3	2098.2	2190.0
吉林	Jilin	1099.4	1096.2	1143.5	1184.7
黑龙江	Heilongjiang	1625.8	1659.9	1670.2	1687.5
上海	Shanghai	855.9	876.6	896.0	929.2
江苏	Jiangsu	3877.7	4193.2	4384.1	4536.1
浙江	Zhejiang	3202.9	3615.4	3691.9	3825.2
安徽	Anhui	3484.7	3597.6	3594.6	3689.7
福建	Fujian	1868.5	1998.9	2079.8	2168.9
江西	Jiangxi	2107.5	2195.6	2223.3	2244.1
山东	Shandong	5110.8	5262.2	5352.5	5449.8
河南	Henan	5662.4	5772.7	5835.5	5948.8
湖北	Hubei	2676.3	2763.0	2875.6	3024.5
湖南	Hunan	3658.3	3749.3	3811.0	3907.7
广东	Guangdong	4702.1	5292.8	5478.0	5643.3
广西	Guangxi	2703.1	2759.6	2807.2	2862.6
海南	Hainan	377.7	414.8	412.1	431.4
重庆	Chongqing	1720.8	1789.5	1837.1	1878.5
四川	Sichuan	4603.5	4778.6	4874.5	4945.2
贵州	Guizhou	2215.8	2283.0	2301.6	2341.1
云南	Yunnan	2461.3	2600.8	2679.5	2730.2
西藏	Tibet	140.4	153.7	160.4	169.1
陕西	Shaanxi	1882.9	1922.0	1946.6	1919.5
甘肃	Gansu	1347.6	1374.4	1388.7	1406.6
青海	Qinghai	267.6	276.3	276.8	285.5
宁夏	Ningxia	299.6	309.5	303.9	328.5
新疆	Xinjiang	764.3	800.8	813.7	829.2

3-15 第一产业就业人员数
Primary Industry Employed Persons

单位：万人 (10 000 persons)

地　区	Region	2005	2007	2008	2009
全　国	**National Average**	**33970**	**31444**	**30654**	**29708**
北　京	Beijing	62. 2	65. 3	66. 0	65. 7
天　津	Tianjin	80. 5	77. 9	78. 1	77. 7
河　北	Hebei	1562. 3	1488. 7	1488. 4	1483. 6
山　西	Shanxi	641. 8	638. 9	642. 8	635. 8
内蒙古	Inner Mongolia	560. 5	569. 3	556. 7	558. 0
辽　宁	Liaoning	718. 9	703. 3	698. 2	694. 4
吉　林	Jilin	523. 9	513. 4	511. 0	516. 6
黑龙江	Heilongjiang	787. 7	773. 4	775. 6	781. 0
上　海	Shanghai	61. 1	53. 8	49. 4	47. 6
江　苏	Jiangsu	1076. 7	950. 3	917. 1	896. 9
浙　江	Zhejiang	791. 1	693. 3	671. 6	659. 3
安　徽	Anhui	1778. 2	1651. 4	1605. 3	1579. 6
福　建	Fujian	702. 5	648. 3	647. 8	638. 6
江　西	Jiangxi	967. 4	914. 3	903. 9	882. 3
山　东	Shandong	2056. 5	1960. 1	2001. 2	1994. 4
河　南	Henan	3138. 8	2920. 3	2847. 3	2764. 9
湖　北	Hubei	1133. 9	1071. 0	1016. 7	990. 1
湖　南	Hunan	1962. 0	1900. 5	1889. 9	1876. 4
广　东	Guangdong	1548. 7	1546. 7	1552. 6	1536. 7
广　西	Guangxi	1518. 7	1521. 1	1549. 4	1561. 2
海　南	Hainan	215. 1	221. 8	221. 5	226. 1
重　庆	Chongqing	779. 5	703. 8	681. 2	655. 7
四　川	Sichuan	2329. 9	2212. 3	2192. 7	2158. 3
贵　州	Guizhou	1272. 0	1207. 5	1206. 0	1210. 5
云　南	Yunnan	1709. 2	1684. 7	1678. 6	1672. 7
西　藏	Tibet	86. 3	88. 5	89. 3	92. 2
陕　西	Shaanxi	956. 4	932. 7	910. 4	877. 6
甘　肃	Gansu	770. 5	748. 2	734. 4	739. 3
青　海	Qinghai	131. 6	122. 6	123. 3	122. 6
宁　夏	Ningxia	145. 1	141. 5	136. 4	130. 8
新　疆	Xinjiang	407. 1	416. 3	419. 9	425. 8

3-16 第二产业就业人员数
Secondary Industry Employed Persons

单位：万人 (10 000 persons)

地 区	Region	2005	2007	2008	2009
全 国	**National Average**	**18084**	**20629**	**21109**	**21684**
北 京	Beijing	226.4	255.6	256.5	263.8
天 津	Tianjin	173.3	181.3	203.9	209.4
河 北	Hebei	1048.4	1148.7	1195.5	1214.7
山 西	Shanxi	385.8	414.1	417.4	419.4
内蒙古	Inner Mongolia	162.8	183.6	186.2	193.3
辽 宁	Liaoning	504.4	524.3	534.7	559.6
吉 林	Jilin	201.8	214.0	227.8	239.7
黑龙江	Heilongjiang	339.7	359.5	343.0	343.9
上 海	Shanghai	331.3	348.5	352.1	347.5
江 苏	Jiangsu	1493.4	1830.4	1945.4	2030.9
浙 江	Zhejiang	1339.9	1653.5	1715.5	1795.4
安 徽	Anhui	762.7	925.6	971.7	1041.7
福 建	Fujian	582.3	705.8	739.7	775.7
江 西	Jiangxi	464.3	578.4	609.6	635.5
山 东	Shandong	1558.6	1721.9	1691.5	1741.2
河 南	Henan	1251.7	1487.0	1563.9	1674.7
湖 北	Hubei	521.8	619.8	706.7	814.7
湖 南	Hunan	639.4	734.2	762.2	814.9
广 东	Guangdong	1443.1	1776.7	1831.5	1922.7
广 西	Guangxi	302.1	557.4	561.9	582.1
海 南	Hainan	40.1	44.4	46.6	49.3
重 庆	Chongqing	370.6	461.2	488.6	519.5
四 川	Sichuan	845.8	996.2	1068.3	1110.1
贵 州	Guizhou	228.5	262.7	261.2	268.3
云 南	Yunnan	245.1	301.4	328.2	353.4
西 藏	Tibet	12.9	16.2	16.8	18.2
陕 西	Shaanxi	348.3	381.0	403.5	432.5
甘 肃	Gansu	184.8	198.3	198.6	204.8
青 海	Qinghai	46.5	56.8	59.0	62.8
宁 夏	Ningxia	66.7	70.1	76.2	84.7
新 疆	Xinjiang	101.7	109.5	111.5	116.3

3－17 第三产业就业人员数
Tertiary Industry Employed Persons

单位：万人 (10 000 persons)

地区	Region	2005	2007	2008	2009
全国	**National Average**	**23771**	**24917**	**25717**	**26603**
北京	Beijing	631.8	790.5	851.3	925.6
天津	Tianjin	173.1	173.6	221.2	220.2
河北	Hebei	856.6	929.8	967.8	1201.4
山西	Shanxi	448.7	497.1	523.3	544.5
内蒙古	Inner Mongolia	317.9	328.6	360.4	391.2
辽宁	Liaoning	755.2	843.6	865.3	936.0
吉林	Jilin	373.8	368.8	404.8	428.4
黑龙江	Heilongjiang	498.4	527.0	551.6	562.6
上海	Shanghai	463.5	474.3	494.5	534.2
江苏	Jiangsu	1307.6	1412.5	1521.6	1608.4
浙江	Zhejiang	1071.8	1268.6	1304.8	1370.4
安徽	Anhui	943.7	1020.6	1017.5	1068.4
福建	Fujian	583.7	644.7	692.2	754.6
江西	Jiangxi	675.8	702.9	709.8	726.4
山东	Shandong	1495.6	1580.3	1659.8	1714.1
河南	Henan	1271.9	1365.5	1424.2	1509.2
湖北	Hubei	1020.5	1072.3	1152.1	1219.7
湖南	Hunan	1056.9	1114.6	1158.8	1216.3
广东	Guangdong	1710.3	1969.5	2094.0	2183.9
广西	Guangxi	882.2	681.1	695.8	719.3
海南	Hainan	122.5	148.6	144.0	156.1
重庆	Chongqing	570.7	624.4	667.3	703.2
四川	Sichuan	1427.8	1570.2	1613.5	1676.9
贵州	Guizhou	715.3	812.8	834.4	862.3
云南	Yunnan	507.0	614.6	672.7	704.1
西藏	Tibet	41.2	49.0	54.4	58.7
陕西	Shaanxi	578.2	608.3	632.6	609.3
甘肃	Gansu	392.3	427.9	455.7	462.5
青海	Qinghai	89.6	96.9	94.5	100.1
宁夏	Ningxia	87.8	97.8	91.4	113.0
新疆	Xinjiang	255.4	275.0	282.3	287.2

3-18 第一产业就业人员数占全社会就业人数比重
Primary Industry Ratio of Total Employed Persons

单位:% (%)

地 区	Region	2005	2007	2008	2009
全 国	**National Average**	**44.8**	**40.8**	**39.6**	**38.1**
北 京	Beijing	6.8	5.9	5.6	5.2
天 津	Tianjin	18.9	18.0	15.5	15.3
河 北	Hebei	45.1	41.7	40.8	38.0
山 西	Shanxi	43.5	41.2	40.6	39.7
内蒙古	Inner Mongolia	53.8	52.6	50.5	48.8
辽 宁	Liaoning	36.3	34.0	33.3	31.7
吉 林	Jilin	47.7	46.8	44.7	43.6
黑龙江	Heilongjiang	48.4	46.6	46.4	46.3
上 海	Shanghai	7.1	6.1	5.5	5.1
江 苏	Jiangsu	27.8	22.7	20.9	19.8
浙 江	Zhejiang	24.7	19.2	18.2	17.2
安 徽	Anhui	51.0	45.9	44.7	42.8
福 建	Fujian	37.6	32.4	31.1	29.4
江 西	Jiangxi	45.9	41.6	40.7	39.3
山 东	Shandong	40.2	37.2	37.4	36.6
河 南	Henan	55.4	50.6	48.8	46.5
湖 北	Hubei	42.4	38.8	35.4	32.7
湖 南	Hunan	53.6	50.7	49.6	48.0
广 东	Guangdong	32.9	29.2	28.3	27.2
广 西	Guangxi	56.2	55.1	55.2	54.5
海 南	Hainan	57.0	53.5	53.8	52.4
重 庆	Chongqing	45.3	39.3	37.1	34.9
四 川	Sichuan	50.6	46.3	45.0	43.6
贵 州	Guizhou	57.4	52.9	52.4	51.7
云 南	Yunnan	69.4	64.8	62.6	61.3
西 藏	Tibet	61.4	57.6	55.7	54.5
陕 西	Shaanxi	50.8	48.5	46.8	45.7
甘 肃	Gansu	57.2	54.4	52.9	52.6
青 海	Qinghai	49.2	44.4	44.5	42.9
宁 夏	Ningxia	48.4	45.7	44.9	39.8
新 疆	Xinjiang	53.3	52.0	51.6	51.3

3－19 第二产业就业人员数占全社会就业人数比重
Secondary Industry Ratio of Total Employed Persons

单位:% (%)

地区	Region	2005	2007	2008	2009
全国	**National Average**	**23.8**	**26.8**	**27.2**	**27.8**
北京	Beijing	24.6	23.0	21.8	21.0
天津	Tianjin	40.6	41.9	40.5	41.3
河北	Hebei	30.2	32.2	32.7	31.1
山西	Shanxi	26.1	26.7	26.4	26.2
内蒙古	Inner Mongolia	15.6	17.0	16.9	16.9
辽宁	Liaoning	25.5	25.3	25.5	25.6
吉林	Jilin	18.4	19.5	19.9	20.2
黑龙江	Heilongjiang	20.9	21.7	20.5	20.4
上海	Shanghai	38.7	39.8	39.3	37.4
江苏	Jiangsu	38.5	43.7	44.4	44.8
浙江	Zhejiang	41.8	45.7	46.5	46.9
安徽	Anhui	21.9	25.7	27.0	28.2
福建	Fujian	31.2	35.3	35.6	35.8
江西	Jiangxi	22.0	26.3	27.4	28.3
山东	Shandong	30.5	32.7	31.6	31.9
河南	Henan	22.1	25.8	26.8	28.2
湖北	Hubei	19.5	22.4	24.6	26.9
湖南	Hunan	17.5	19.6	20.0	20.9
广东	Guangdong	30.7	33.6	33.4	34.1
广西	Guangxi	11.2	20.2	20.0	20.3
海南	Hainan	10.6	10.7	11.3	11.4
重庆	Chongqing	21.5	25.8	26.6	27.7
四川	Sichuan	18.4	20.8	21.9	22.4
贵州	Guizhou	10.3	11.5	11.3	11.5
云南	Yunnan	10.0	11.6	12.2	12.9
西藏	Tibet	9.2	10.6	10.4	10.8
陕西	Shaanxi	18.5	19.8	20.7	22.5
甘肃	Gansu	13.7	14.4	14.3	14.6
青海	Qinghai	17.4	20.6	21.3	22.0
宁夏	Ningxia	22.3	22.7	25.1	25.8
新疆	Xinjiang	13.3	13.7	13.7	14.0

3-20 第三产业就业人员数占全社会就业人数比重
Tertiary Industry Ratio of Total Employed Persons

单位:% (%)

地区	Region	2005	2007	2008	2009
全国	**National Average**	**31.4**	**32.4**	**33.2**	**34.1**
北京	Beijing	68.6	71.1	72.5	73.7
天津	Tianjin	40.5	40.1	44.0	43.4
河北	Hebei	24.7	26.1	26.5	30.8
山西	Shanxi	30.4	32.1	33.0	34.0
内蒙古	Inner Mongolia	30.5	30.4	32.7	34.2
辽宁	Liaoning	38.2	40.7	41.2	42.7
吉林	Jilin	34.0	33.6	35.4	36.2
黑龙江	Heilongjiang	30.7	31.8	33.0	33.3
上海	Shanghai	54.2	54.1	55.2	57.5
江苏	Jiangsu	33.7	33.7	34.7	35.5
浙江	Zhejiang	33.5	35.1	35.3	35.8
安徽	Anhui	27.1	28.4	28.3	29.0
福建	Fujian	31.2	32.3	33.3	34.8
江西	Jiangxi	32.1	32.0	31.9	32.4
山东	Shandong	29.3	30.0	31.0	31.5
河南	Henan	22.5	23.7	24.4	25.4
湖北	Hubei	38.1	38.8	40.1	40.3
湖南	Hunan	28.9	29.7	30.4	31.1
广东	Guangdong	36.4	37.2	38.2	38.7
广西	Guangxi	32.6	24.7	24.8	25.1
海南	Hainan	32.4	35.8	34.9	36.2
重庆	Chongqing	33.2	34.9	36.3	37.4
四川	Sichuan	31.0	32.9	33.1	33.9
贵州	Guizhou	32.3	35.6	36.3	36.8
云南	Yunnan	20.6	23.6	25.1	25.8
西藏	Tibet	29.3	31.9	33.9	34.7
陕西	Shaanxi	30.7	31.6	32.5	31.7
甘肃	Gansu	29.1	31.1	32.8	32.9
青海	Qinghai	33.5	35.1	34.2	35.1
宁夏	Ningxia	29.3	31.6	30.1	34.4
新疆	Xinjiang	33.4	34.3	34.7	34.6

3-21 全社会研发经费占GDP比重
Social R&D Funds Ratio of GDP

单位:% (%)

地 区	Region	2005	2006	2007	2008
全 国	**National Average**	**1.3**	**1.4**	**1.4**	**1.5**
北 京	Beijing	5.6	5.5	5.6	5.3
天 津	Tianjin	2.0	2.2	2.3	2.5
河 北	Hebei	0.6	0.7	0.7	0.7
山 西	Shanxi	0.6	0.8	0.9	0.9
内蒙古	Inner Mongolia	0.3	0.3	0.4	0.4
辽 宁	Liaoning	1.6	1.5	1.5	1.4
吉 林	Jilin	1.1	1.0	1.0	0.8
黑龙江	Heilongjiang	0.9	0.9	0.9	1.0
上 海	Shanghai	2.3	2.5	2.6	2.6
江 苏	Jiangsu	1.5	1.6	1.7	1.9
浙 江	Zhejiang	1.2	1.4	1.5	1.6
安 徽	Anhui	0.9	1.0	1.0	1.1
福 建	Fujian	0.8	0.9	0.9	0.9
江 西	Jiangxi	0.7	0.8	0.9	1.0
山 东	Shandong	1.1	1.1	1.2	1.4
河 南	Henan	0.5	0.6	0.7	0.7
湖 北	Hubei	1.2	1.3	1.2	1.3
湖 南	Hunan	0.7	0.7	0.8	0.9
广 东	Guangdong	1.1	1.2	1.3	1.4
广 西	Guangxi	0.4	0.4	0.4	0.5
海 南	Hainan	0.2	0.2	0.2	0.2
重 庆	Chongqing	1.0	1.1	1.1	1.2
四 川	Sichuan	1.3	1.3	1.3	1.3
贵 州	Guizhou	0.6	0.6	0.5	0.6
云 南	Yunnan	0.6	0.5	0.6	0.5
西 藏	Tibet	0.1	0.2	0.2	0.3
陕 西	Shaanxi	2.5	2.2	2.3	2.1
甘 肃	Gansu	1.0	1.1	1.0	1.0
青 海	Qinghai	0.5	0.5	0.5	0.4
宁 夏	Ningxia	0.5	0.7	0.9	0.7
新 疆	Xinjiang	0.3	0.3	0.3	0.4

3-22 各地区发明专利申请受理数合计
Number of Inventions Application Accepted by Region

单位：件 (piece)

地区	Region	2005	2006	2007	2008	2009
全国	**National Average**	**93485**	**122318**	**153060**	**194579**	**229096**
北京	Beijing	12102	14226	18763	28394	29326
天津	Tianjin	4470	4981	5364	6281	6367
河北	Hebei	1273	1597	2094	2380	2811
山西	Shanxi	610	965	1212	2053	2422
内蒙古	Inner Mongolia	307	430	565	695	719
辽宁	Liaoning	3267	4368	5516	6493	7125
吉林	Jilin	1290	1335	1635	1895	2166
黑龙江	Heilongjiang	1598	1911	2386	3047	3384
上海	Shanghai	10441	12050	15212	17831	22012
江苏	Jiangsu	6582	10214	16578	22601	31779
浙江	Zhejiang	6776	8333	9532	12063	15646
安徽	Anhui	903	1274	1602	2729	4465
福建	Fujian	1202	1437	2170	2701	3842
江西	Jiangxi	713	823	1012	1016	1502
山东	Shandong	4801	7237	8795	13714	13983
河南	Henan	1703	2404	2875	4954	4952
湖北	Hubei	2038	2827	3705	4616	6065
湖南	Hunan	2594	3578	3670	5335	4416
广东	Guangdong	12887	21351	26692	28099	32247
广西	Guangxi	641	679	945	1086	1280
海南	Hainan	176	246	278	331	456
重庆	Chongqing	918	1204	1601	1997	3845
四川	Sichuan	2256	2930	3406	4098	6260
贵州	Guizhou	782	923	874	873	1336
云南	Yunnan	776	1005	1014	1474	1637
西藏	Tibet	12	21	23	39	71
陕西	Shaanxi	1693	1815	2412	3775	5858
甘肃	Gansu	712	550	600	952	1120
青海	Qinghai	103	79	91	148	175
宁夏	Ningxia	106	172	112	160	182
新疆	Xinjiang	320	381	476	482	662

3-23 各地区每百万人发明专利申请受理数
Number of Inventions Application Accepted per Million People by Region

单位：件 (piece)

地区	Region	2005	2006	2007	2008	2009
全国	**National Average**	**72**	**93**	**116**	**147**	**172**
北京	Beijing	787	900	1149	1675	1696
天津	Tianjin	429	463	481	534	531
河北	Hebei	19	23	30	34	39
山西	Shanxi	18	29	36	60	70
内蒙古	Inner Mongolia	13	18	23	29	29
辽宁	Liaoning	77	102	128	150	162
吉林	Jilin	48	49	60	69	78
黑龙江	Heilongjiang	42	50	62	80	87
上海	Shanghai	587	664	819	944	1143
江苏	Jiangsu	88	135	217	294	406
浙江	Zhejiang	138	167	188	236	300
安徽	Anhui	15	21	26	44	71
福建	Fujian	34	40	61	75	105
江西	Jiangxi	17	19	23	23	33
山东	Shandong	52	78	94	146	146
河南	Henan	18	26	31	53	51
湖北	Hubei	36	50	65	81	104
湖南	Hunan	41	56	58	84	68
广东	Guangdong	140	229	282	294	331
广西	Guangxi	14	14	20	23	26
海南	Hainan	21	29	33	39	52
重庆	Chongqing	33	43	57	70	133
四川	Sichuan	27	36	42	50	75
贵州	Guizhou	21	25	23	23	35
云南	Yunnan	17	22	22	32	35
西藏	Tibet	4	7	8	14	24
陕西	Shaanxi	46	49	64	100	153
甘肃	Gansu	27	21	23	36	42
青海	Qinghai	19	14	16	27	31
宁夏	Ningxia	18	28	18	26	29
新疆	Xinjiang	16	19	23	23	30

3-24 各地区电信业务总量
Telecom Business Volume by Region

单位：亿元 (100 million yuan)

地区	Region	2005	2006	2007	2008	2009
全国	**National Average**	**11403.02**	**14595.38**	**18591.33**	**22247.72**	**25553.58**
北京	Beijing	372.37	468.39	634.59	751.86	881.55
天津	Tianjin	163.25	211.81	282.90	333.19	364.06
河北	Hebei	498.36	608.15	810.45	1014.96	1149.28
山西	Shanxi	256.79	306.83	410.72	530.47	599.00
内蒙古	Inner Mongolia	188.23	244.35	353.33	454.21	542.20
辽宁	Liaoning	420.25	532.00	669.69	786.01	917.77
吉林	Jilin	246.39	321.16	393.15	442.81	504.32
黑龙江	Heilongjiang	314.63	380.25	483.13	572.58	660.05
上海	Shanghai	371.18	509.89	668.32	797.64	840.02
江苏	Jiangsu	670.94	934.85	1210.02	1453.83	1658.54
浙江	Zhejiang	798.95	997.09	1281.73	1487.40	1625.30
安徽	Anhui	258.26	331.98	420.28	530.26	664.60
福建	Fujian	493.81	604.02	756.25	841.64	941.95
江西	Jiangxi	241.84	296.34	383.31	466.26	560.42
山东	Shandong	667.01	917.36	1168.15	1425.22	1593.35
河南	Henan	517.60	680.82	884.89	1075.29	1219.77
湖北	Hubei	347.31	429.39	550.95	675.58	796.26
湖南	Hunan	344.36	464.48	603.85	734.05	858.31
广东	Guangdong	2069.43	2587.66	2979.13	3440.39	3847.33
广西	Guangxi	312.06	372.19	465.02	569.34	671.82
海南	Hainan	70.88	93.04	119.21	154.12	184.17
重庆	Chongqing	199.56	263.77	350.33	407.53	465.66
四川	Sichuan	436.59	563.51	746.34	889.18	1118.15
贵州	Guizhou	165.20	215.44	283.37	361.14	453.24
云南	Yunnan	253.58	317.78	458.57	564.82	663.58
西藏	Tibet	15.29	20.39	29.54	39.37	51.28
陕西	Shaanxi	307.13	404.12	506.40	614.02	715.68
甘肃	Gansu	129.44	159.13	211.47	279.69	352.47
青海	Qinghai	30.30	37.94	51.88	81.83	88.10
宁夏	Ningxia	44.54	57.09	76.79	93.77	116.71
新疆	Xinjiang	164.33	219.39	294.34	368.19	448.62

3-25 各地区电信主营业务收入
Main Telecom Business Revenue by Region

单位：亿元 (100 million yuan)

地区	Region	2005	2006	2007	2008	2009
全国	**National Average**	**5840.12**	**6491.80**	**7398.60**	**8148.00**	**8424.30**
北京	Beijing	310.82	330.29	361.06	399.61	404.00
天津	Tianjin	93.24	93.30	103.62	119.21	124.50
河北	Hebei	239.70	270.05	310.96	353.37	355.70
山西	Shanxi	138.59	153.86	175.45	197.44	204.30
内蒙古	Inner Mongolia	88.77	97.83	113.50	131.32	147.40
辽宁	Liaoning	236.78	263.78	304.64	343.66	349.50
吉林	Jilin	103.62	109.02	123.33	136.08	144.40
黑龙江	Heilongjiang	147.65	158.44	171.98	192.94	201.50
上海	Shanghai	296.86	333.62	373.07	417.40	418.40
江苏	Jiangsu	408.93	466.59	544.25	612.23	641.30
浙江	Zhejiang	396.75	448.94	526.05	578.15	584.60
安徽	Anhui	142.91	163.18	191.02	220.38	240.00
福建	Fujian	214.75	239.37	275.29	315.75	325.30
江西	Jiangxi	106.11	122.57	141.02	157.31	170.70
山东	Shandong	340.59	374.83	437.43	492.67	509.60
河南	Henan	232.89	263.46	303.33	343.56	351.70
湖北	Hubei	174.55	200.41	230.35	257.20	282.10
湖南	Hunan	176.99	202.20	231.77	263.47	292.40
广东	Guangdong	910.65	988.49	1116.67	1211.72	1211.90
广西	Guangxi	122.75	140.82	164.77	185.91	201.40
海南	Hainan	35.33	39.74	46.67	54.60	59.90
重庆	Chongqing	102.96	109.89	120.70	138.59	147.80
四川	Sichuan	225.75	250.58	293.65	327.95	357.20
贵州	Guizhou	73.09	84.27	101.92	122.34	137.60
云南	Yunnan	116.45	132.32	153.38	177.49	193.10
西藏	Tibet	11.72	13.12	15.61	18.28	22.30
陕西	Shaanxi	121.31	137.85	163.32	190.63	210.10
甘肃	Gansu	61.71	69.03	79.14	92.53	103.50
青海	Qinghai	16.88	19.49	23.46	28.35	30.50
宁夏	Ningxia	22.17	24.62	27.86	32.14	36.20
新疆	Xinjiang	82.13	91.15	104.38	121.53	126.50

3-26 人均电信主营业务收入
Main Telecom Business Revenue per Capital by Region

单位：元 (yuan)

地区	Region	2005	2006	2007	2008	2009
全国	**National Average**	**446.64**	**493.87**	**559.95**	**613.54**	**631.16**
北京	Beijing	2020.96	2089.10	2211.04	2357.60	2301.99
天津	Tianjin	893.97	867.95	929.32	1013.66	1013.71
河北	Hebei	349.87	391.49	447.87	505.60	505.66
山西	Shanxi	413.08	455.89	517.11	578.85	596.09
内蒙古	Inner Mongolia	372.05	408.15	471.92	544.01	608.57
辽宁	Liaoning	560.95	617.62	708.79	796.43	809.22
吉林	Jilin	381.52	400.36	451.77	497.73	527.09
黑龙江	Heilongjiang	386.53	414.45	449.73	504.42	526.66
上海	Shanghai	1669.63	1838.12	2007.90	2210.82	2177.67
江苏	Jiangsu	547.06	618.00	713.78	797.48	830.22
浙江	Zhejiang	810.03	901.48	1039.62	1129.21	1128.57
安徽	Anhui	233.51	267.08	312.22	359.21	390.24
福建	Fujian	607.50	672.76	768.74	876.12	893.68
江西	Jiangxi	246.15	282.48	322.85	357.51	385.14
山东	Shandong	368.29	402.65	466.99	523.17	538.10
河南	Henan	248.29	280.52	324.07	364.36	370.72
湖北	Hubei	305.69	352.03	404.19	450.36	490.61
湖南	Hunan	279.78	318.82	364.70	412.97	456.45
广东	Guangdong	990.48	1062.44	1181.78	1269.61	1257.42
广西	Guangxi	263.42	298.40	345.57	386.02	413.81
海南	Hainan	426.69	475.40	552.32	639.31	695.70
重庆	Chongqing	367.96	391.34	428.64	488.16	516.96
四川	Sichuan	274.90	306.74	361.33	402.99	436.41
贵州	Guizhou	195.95	224.29	270.92	322.55	362.30
云南	Yunnan	261.68	295.17	339.80	390.69	422.45
西藏	Tibet	422.94	466.78	549.79	637.09	765.01
陕西	Shaanxi	326.11	369.08	435.75	506.73	557.00
甘肃	Gansu	237.90	264.90	302.40	352.11	392.72
青海	Qinghai	310.88	355.73	425.01	511.75	549.55
宁夏	Ningxia	372.01	407.69	456.69	520.11	579.01
新疆	Xinjiang	408.62	444.66	498.23	570.30	586.02

3-27 各地区信息产业增加值
Added Value of Information Industry by Region

单位：元 (yuan)

地区	Region	2005	2006	2007	2008	2009
全国	**National Average**					
北京	Beijing					
天津	Tianjin					
河北	Hebei					
山西	Shanxi					
内蒙古	Inner Mongolia					
辽宁	Liaoning					
吉林	Jilin					
黑龙江	Heilongjiang					
上海	Shanghai					
江苏	Jiangsu					
浙江	Zhejiang					
安徽	Anhui					
福建	Fujian					
江西	Jiangxi					
山东	Shandong					
河南	Henan					
湖北	Hubei					
湖南	Hunan					
广东	Guangdong					
广西	Guangxi					
海南	Hainan					
重庆	Chongqing					
四川	Sichuan					
贵州	Guizhou					
云南	Yunnan					
西藏	Tibet					
陕西	Shaanxi					
甘肃	Gansu					
青海	Qinghai					
宁夏	Ningxia					
新疆	Xinjiang					

4. 信息技术与应用
Information Technology and Applications

4-1 电话拥有量
Ownership of Telephones

单位：万部 (10 000 units)

地区	Region	2005	2006	2007	2008	2009
全国	**National Average**	**74386.1**	**82889.4**	**91273.5**	**98203.5**	**106107.2**
北京	Beijing	2403.1	2476.1	2512.9	2501.2	2718.6
天津	Tianjin	931.5	1026.0	1136.3	1260.9	1377.8
河北	Hebei	3367.1	3851.2	4341.5	4671.6	5132.8
山西	Shanxi	1779.4	1843.2	2243.5	2501.5	2713.1
内蒙古	Inner Mongolia	1237.8	1393.7	1550.1	1806.9	2057.6
辽宁	Liaoning	2985.2	3259.1	3626.0	4025.8	4411.2
吉林	Jilin	1671.7	1856.4	2040.9	1984.6	2155.5
黑龙江	Heilongjiang	2188.8	2317.9	2530.4	2674.3	2739.5
上海	Shanghai	2440.9	2721.8	2797.6	2896.3	3048.7
江苏	Jiangsu	5613.3	6097.9	6539.0	6925.3	7602.7
浙江	Zhejiang	4918.1	5403.0	5945.3	6274.3	6577.9
安徽	Anhui	2396.4	2718.1	2904.3	3095.0	3421.9
福建	Fujian	2700.8	3013.4	3291.2	3799.1	3883.9
江西	Jiangxi	1627.7	1813.9	2067.2	2124.2	2296.5
山东	Shandong	4983.2	5460.0	6232.0	7049.0	7567.1
河南	Henan	3611.4	4296.2	4769.1	5063.4	5450.8
湖北	Hubei	2637.7	3007.5	3219.5	3707.4	4225.2
湖南	Hunan	2494.0	2835.7	3119.2	3497.6	3921.3
广东	Guangdong	9849.1	10756.8	11585.2	11969.0	12301.9
广西	Guangxi	1890.6	2119.4	2276.4	2472.3	2747.7
海南	Hainan	434.2	488.9	563.7	620.9	679.2
重庆	Chongqing	1632.3	1790.1	1900.0	1969.8	2068.6
四川	Sichuan	3267.1	3688.0	4138.4	4542.0	5018.1
贵州	Guizhou	975.9	1147.7	1354.0	1678.6	1904.5
云南	Yunnan	1496.5	1713.1	1973.6	2252.2	2519.5
西藏	Tibet	98.9	128.3	142.6	157.7	177.9
陕西	Shaanxi	1797.4	2097.1	2539.0	2793.4	3152.4
甘肃	Gansu	956.4	1152.8	1271.7	1414.3	1648.6
青海	Qinghai	245.1	298.0	344.9	366.6	410.3
宁夏	Ningxia	320.0	362.5	410.0	444.8	497.3
新疆	Xinjiang	1122.3	1359.1	1485.7	1663.5	1663.5

4－2 固定电话拥有量
Ownership of Fixed Telephones

单位：万部 (10 000 units)

地 区	Region	2005	2006	2007	2008	2009
全 国	**National Average**	**35043.3**	**36781.2**	**36544.9**	**34080.5**	**31368.8**
北 京	Beijing	943.7	905.1	914.6	884.9	893.1
天 津	Tianjin	428.9	424.8	398.0	395.9	385.3
河 北	Hebei	1581.6	1600.2	1526.7	1457.5	1343.9
山 西	Shanxi	873.2	853.6	823.1	803.0	758.8
内蒙古	Inner Mongolia	525.5	519.6	503.2	462.5	441.6
辽 宁	Liaoning	1627.0	1647.1	1667.1	1604.3	1529.1
吉 林	Jilin	756.0	718.6	729.8	621.7	581.3
黑龙江	Heilongjiang	1056.5	1051.3	1081.2	1028.0	870.2
上 海	Shanghai	996.7	1112.3	1021.1	1015.4	935.5
江 苏	Jiangsu	3059.1	3224.9	3225.8	2968.3	2662.4
浙 江	Zhejiang	2231.8	2390.7	2417.1	2297.6	2118.6
安 徽	Anhui	1349.5	1501.4	1494.3	1379.9	1267.3
福 建	Fujian	1398.5	1474.5	1482.5	1431.0	1244.8
江 西	Jiangxi	829.3	880.6	884.8	846.9	748.5
山 东	Shandong	2637.9	2544.0	2493.9	2421.1	2225.3
河 南	Henan	1796.3	1945.0	1854.6	1562.4	1460.6
湖 北	Hubei	1236.4	1324.2	1278.9	1178.7	1088.3
湖 南	Hunan	1227.8	1341.2	1321.2	1257.3	1166.9
广 东	Guangdong	3442.5	3639.3	3743.1	3573.3	3366.7
广 西	Guangxi	869.5	916.3	892.1	848.4	787.6
海 南	Hainan	230.3	249.0	239.9	224.7	182.8
重 庆	Chongqing	688.9	725.5	723.1	688.1	627.7
四 川	Sichuan	1577.4	1711.2	1738.0	1689.7	1551.2
贵 州	Guizhou	466.5	493.9	520.0	499.6	451.1
云 南	Yunnan	597.7	644.2	627.2	616.3	583.1
西 藏	Tibet	52.0	67.8	68.9	70.7	53.9
陕 西	Shaanxi	859.3	913.5	926.3	881.2	815.0
甘 肃	Gansu	548.0	607.4	585.3	519.0	453.9
青 海	Qinghai	113.5	125.4	123.2	119.4	109.3
宁 夏	Ningxia	138.9	143.9	140.2	121.5	114.5
新 疆	Xinjiang	591.0	688.0	677.4	612.2	550.5

4-3 移动电话拥有量
Ownership of Mobile Telephones

单位：万部 (10 000 units)

地 区	Region	2005	2006	2007	2008	2009
全 国	**National Average**	**39342.8**	**46108.2**	**54728.6**	**64123.0**	**74738.4**
北 京	Beijing	1459.4	1571.0	1598.3	1616.3	1825.5
天 津	Tianjin	502.6	601.2	738.3	865.0	992.5
河 北	Hebei	1785.5	2251.0	2814.8	3214.1	3788.9
山 西	Shanxi	906.2	989.6	1420.4	1698.5	1954.3
内蒙古	Inner Mongolia	712.3	874.1	1046.9	1344.4	1616.0
辽 宁	Liaoning	1358.2	1612.0	1958.9	2421.5	2882.1
吉 林	Jilin	915.7	1137.8	1311.1	1362.9	1574.2
黑龙江	Heilongjiang	1132.3	1266.6	1449.2	1646.3	1869.3
上 海	Shanghai	1444.2	1609.5	1776.5	1880.9	2113.2
江 苏	Jiangsu	2554.2	2873.0	3313.2	3957.0	4940.3
浙 江	Zhejiang	2686.3	3012.3	3528.2	3976.7	4459.3
安 徽	Anhui	1046.9	1216.7	1410.0	1715.1	2154.6
福 建	Fujian	1302.3	1538.9	1808.7	2368.1	2639.1
江 西	Jiangxi	798.4	933.3	1182.4	1277.3	1548.0
山 东	Shandong	2345.3	2916.0	3738.1	4627.9	5341.8
河 南	Henan	1815.1	2351.2	2914.5	3501.0	3990.2
湖 北	Hubei	1401.3	1683.3	1940.6	2528.7	3136.9
湖 南	Hunan	1266.2	1494.5	1798.0	2240.3	2754.4
广 东	Guangdong	6406.6	7117.5	7842.1	8395.7	8935.2
广 西	Guangxi	1021.1	1203.1	1384.3	1623.9	1960.1
海 南	Hainan	203.9	239.9	323.8	396.2	496.4
重 庆	Chongqing	943.4	1064.6	1176.9	1281.7	1440.9
四 川	Sichuan	1689.7	1976.8	2400.4	2852.3	3466.9
贵 州	Guizhou	509.4	653.8	834.0	1179.0	1453.4
云 南	Yunnan	898.8	1068.9	1346.4	1635.9	1936.4
西 藏	Tibet	46.9	60.5	73.7	87.0	124.0
陕 西	Shaanxi	938.1	1183.6	1612.7	1912.2	2337.4
甘 肃	Gansu	408.4	545.4	686.4	895.3	1194.7
青 海	Qinghai	131.6	172.6	221.7	247.2	301.0
宁 夏	Ningxia	181.1	218.6	269.8	323.3	382.8
新 疆	Xinjiang	531.3	671.1	808.3	1051.3	1113.0

4-4 每百人电话拥有量
Ownership of Telephone per 100 Inhabitants

单位：部 (unit)

地区	Region	2005	2006	2007	2008	2009
全 国	**National Average**	**57.3**	**63.4**	**69.4**	**74.3**	**79.9**
北 京	Beijing	161.0	160.9	158.9	153.2	160.4
天 津	Tianjin	91.0	98.3	105.7	113.1	117.2
河 北	Hebei	49.4	56.3	62.9	67.3	73.4
山 西	Shanxi	53.4	54.9	66.5	73.8	79.5
内蒙古	Inner Mongolia	51.9	58.4	64.7	75.1	85.2
辽 宁	Liaoning	70.8	77.2	84.9	93.6	102.2
吉 林	Jilin	61.7	68.4	74.9	72.7	78.9
黑龙江	Heilongjiang	57.4	60.7	66.2	70.0	71.7
上 海	Shanghai	140.1	153.1	154.2	155.9	161.4
江 苏	Jiangsu	75.6	81.5	86.6	90.8	99.1
浙 江	Zhejiang	104.2	110.3	119.3	124.0	128.5
安 徽	Anhui	37.1	44.4	47.6	50.6	55.8
福 建	Fujian	76.9	85.2	92.5	106.1	107.7
江 西	Jiangxi	44.8	47.0	51.7	52.9	52.2
山 东	Shandong	54.2	59.0	67.0	75.2	80.3
河 南	Henan	37.2	45.8	50.7	54.1	57.8
湖 北	Hubei	43.9	52.7	56.6	65.1	74.0
湖 南	Hunan	37.2	44.8	49.2	55.1	61.5
广 东	Guangdong	118.7	117.0	124.5	126.7	128.9
广 西	Guangxi	38.7	45.5	48.2	51.9	57.1
海 南	Hainan	53.1	59.1	67.4	73.5	79.5
重 庆	Chongqing	52.3	63.9	67.7	69.9	72.9
四 川	Sichuan	37.5	44.9	50.7	55.9	61.7
贵 州	Guizhou	24.9	30.7	36.0	24.8	50.2
云 南	Yunnan	33.9	38.5	44.0	49.9	55.4
西 藏	Tibet	36.1	46.4	50.7	55.5	62.0
陕 西	Shaanxi	48.5	56.4	68.0	74.5	83.8
甘 肃	Gansu	36.5	44.4	48.8	54.0	62.8
青 海	Qinghai	45.5	54.9	63.0	66.4	74.0
宁 夏	Ningxia	54.4	60.8	67.9	72.9	80.4
新 疆	Xinjiang	57.2	67.6	72.4	79.4	78.0

4-5 每百人固定电话拥有量
Ownership of Fixed Telephone per 100 Inhabitants

单位:部 (unit)

地区	Region	2005	2006	2007	2008	2009
全国	**National Average**	**27.0**	**28.1**	**27.8**	**25.8**	**23.6**
北京	Beijing	63.2	58.9	57.8	54.2	52.7
天津	Tianjin	41.9	40.7	37.0	35.5	32.8
河北	Hebei	23.2	23.4	22.1	21.0	19.2
山西	Shanxi	26.2	25.4	24.4	23.7	22.2
内蒙古	Inner Mongolia	22.0	21.8	21.0	19.2	18.3
辽宁	Liaoning	38.6	39.0	39.0	37.3	35.4
吉林	Jilin	27.9	26.5	26.8	22.8	21.3
黑龙江	Heilongjiang	27.7	27.5	28.3	26.9	22.8
上海	Shanghai	57.2	62.6	56.3	54.7	49.5
江苏	Jiangsu	41.2	43.1	42.7	38.9	34.7
浙江	Zhejiang	47.3	48.8	48.5	45.4	41.4
安徽	Anhui	20.9	24.5	24.5	22.6	20.7
福建	Fujian	39.8	41.7	41.7	40.0	34.5
江西	Jiangxi	19.4	20.4	20.4	19.4	17.0
山东	Shandong	28.7	27.5	26.8	25.8	23.6
河南	Henan	18.5	20.7	19.7	16.7	15.5
湖北	Hubei	20.6	23.2	22.5	20.7	19.1
湖南	Hunan	18.3	21.2	20.8	19.8	18.3
广东	Guangdong	41.5	39.5	40.2	37.8	35.3
广西	Guangxi	17.8	19.7	18.9	17.8	16.4
海南	Hainan	28.2	30.1	28.7	26.6	21.4
重庆	Chongqing	22.1	25.9	25.8	24.4	22.1
四川	Sichuan	18.1	20.8	21.3	20.8	19.1
贵州	Guizhou	11.9	13.2	13.8	7.4	11.9
云南	Yunnan	13.5	14.5	14.0	13.7	12.8
西藏	Tibet	19.0	24.5	24.5	24.9	18.8
陕西	Shaanxi	23.2	24.6	24.8	23.5	21.7
甘肃	Gansu	20.9	23.4	22.5	19.8	17.3
青海	Qinghai	21.1	23.1	22.5	21.6	19.7
宁夏	Ningxia	23.6	24.1	23.2	19.9	18.5
新疆	Xinjiang	30.1	34.2	33.0	29.2	25.8

4-6 每百人移动电话拥有量
Ownership of Mobile Telephone per 100 Inhabitants

单位：部 (unit)

地 区	Region	2005	2006	2007	2008	2009
全 国	**National Average**	**30.3**	**35.3**	**41.6**	**48.5**	**56.3**
北 京	Beijing	97.8	102.1	101.1	99.0	107.7
天 津	Tianjin	49.1	57.6	68.7	77.6	84.4
河 北	Hebei	26.2	32.9	40.8	46.3	54.2
山 西	Shanxi	27.2	29.5	42.1	50.1	57.3
内蒙古	Inner Mongolia	29.9	36.6	43.7	55.9	66.9
辽 宁	Liaoning	32.2	38.2	45.9	56.3	66.8
吉 林	Jilin	33.8	41.9	48.1	49.9	57.6
黑龙江	Heilongjiang	29.7	33.2	37.9	43.1	48.9
上 海	Shanghai	82.9	90.5	97.9	101.2	111.9
江 苏	Jiangsu	34.4	38.4	43.9	51.9	64.4
浙 江	Zhejiang	56.9	61.5	70.8	78.6	87.1
安 徽	Anhui	16.2	19.9	23.1	28.0	35.1
福 建	Fujian	37.1	43.5	50.8	66.1	73.2
江 西	Jiangxi	18.6	21.6	27.3	29.2	35.2
山 东	Shandong	25.5	31.5	40.2	49.4	56.7
河 南	Henan	18.7	25.1	31.0	37.4	42.3
湖 北	Hubei	23.3	29.5	34.1	44.4	54.9
湖 南	Hunan	18.9	23.6	28.4	35.3	43.2
广 东	Guangdong	77.2	77.4	84.3	88.9	93.6
广 西	Guangxi	20.9	25.8	29.3	34.1	40.7
海 南	Hainan	24.9	29.0	38.7	46.9	58.1
重 庆	Chongqing	30.2	38.0	41.9	45.5	50.8
四 川	Sichuan	19.4	24.1	29.4	35.1	42.6
贵 州	Guizhou	13.0	17.4	22.2	17.4	38.3
云 南	Yunnan	20.4	24.0	30.0	36.2	42.6
西 藏	Tibet	17.1	21.9	26.2	30.6	43.2
陕 西	Shaanxi	25.3	31.8	43.2	51.0	62.1
甘 肃	Gansu	15.6	21.0	26.3	34.2	45.5
青 海	Qinghai	24.4	31.8	40.5	44.8	54.3
宁 夏	Ningxia	30.8	36.7	44.7	53.0	61.9
新 疆	Xinjiang	27.1	33.4	39.4	50.2	52.2

4-7 每百人电视机拥有量
Ownership of Television per 100 Inhabitants

单位：台 (unit)

地 区	Region	2005	2006	2007	2008	2009
全 国	**National Average**	**35.9**	**37.9**	**38.0**	**35.7**	**37.5**
北 京	Beijing	54.6	51.6	54.0	47.2	48.0
天 津	Tianjin	43.7	40.9	44.5	43.0	42.6
河 北	Hebei	35.2	37.2	37.0	35.6	36.1
山 西	Shanxi	31.3	32.8	33.1	33.1	33.7
内蒙古	Inner Mongolia	36.3	35.6	35.1	33.7	34.4
辽 宁	Liaoning	39.2	39.0	39.7	39.7	40.9
吉 林	Jilin	37.1	37.4	38.8	36.1	37.8
黑龙江	Heilongjiang	36.7	36.6	36.9	35.2	35.9
上 海	Shanghai	66.8	68.2	69.3	61.1	63.2
江 苏	Jiangsu	48.4	49.6	50.6	48.9	50.5
浙 江	Zhejiang	58.4	58.8	60.4	57.1	59.6
安 徽	Anhui	39.3	40.5	40.1	36.3	37.1
福 建	Fujian	44.3	45.5	45.2	42.3	44.2
江 西	Jiangxi	37.2	38.9	38.3	35.8	37.7
山 东	Shandong	38.6	39.3	39.5	36.5	37.4
河 南	Henan	32.0	34.7	34.4	32.1	33.3
湖 北	Hubei	37.9	39.5	39.1	34.8	35.7
湖 南	Hunan	34.7	37.9	36.9	34.1	34.5
广 东	Guangdong	35.7	38.1	40.8	36.3	36.5
广 西	Guangxi	33.0	35.2	34.4	31.4	32.5
海 南	Hainan	24.2	26.4	27.2	26.6	27.9
重 庆	Chongqing	39.2	44.1	42.7	38.3	39.3
四 川	Sichuan	39.4	41.6	40.1	34.6	36.1
贵 州	Guizhou	24.4	29.5	27.6	25.4	26.5
云 南	Yunnan	25.7	30.6	28.3	28.7	29.4
西 藏	Tibet	13.8	17.4	15.6	15.9	17.4
陕 西	Shaanxi	34.9	37.4	37.2	33.2	34.4
甘 肃	Gansu	28.8	30.3	29.6	28.5	29.0
青 海	Qinghai	27.3	29.4	29.6	26.0	26.6
宁 夏	Ningxia	30.4	31.1	31.4	32.2	33.0
新 疆	Xinjiang	30.4	29.5	28.4	26.5	27.1

4-8 城镇平均每百户彩色电视机拥有量
Ownership of Color TV Set per 100 Urban Households

单位：台 (set)

地 区	Region	2005	2006	2007	2008	2009
全 国	**National Average**	**134.8**	**137.4**	**137.8**	**132.9**	**135.7**
北 京	Beijing	152.8	155.3	147.0	134.0	137.6
天 津	Tianjin	136.3	135.9	134.8	129.9	127.8
河 北	Hebei	124.3	126.7	126.3	117.8	118.0
山 西	Shanxi	113.7	115.0	113.1	110.5	111.0
内蒙古	Inner Mongolia	113.3	113.4	108.7	109.4	110.4
辽 宁	Liaoning	122.1	123.5	121.7	119.3	121.8
吉 林	Jilin	126.6	128.9	125.8	117.7	120.6
黑龙江	Heilongjiang	112.4	114.6	111.3	106.9	107.6
上 海	Shanghai	176.7	178.7	183.4	180.4	185.0
江 苏	Jiangsu	153.2	158.0	161.1	162.9	166.8
浙 江	Zhejiang	178.6	181.0	182.9	176.2	181.6
安 徽	Anhui	132.4	134.0	140.9	137.4	140.1
福 建	Fujian	164.5	169.4	166.9	169.5	175.5
江 西	Jiangxi	139.3	144.0	144.1	143.0	146.1
山 东	Shandong	118.3	120.4	122.2	119.5	121.1
河 南	Henan	124.6	127.2	126.9	120.3	124.6
湖 北	Hubei	131.7	135.8	135.0	126.3	130.5
湖 南	Hunan	129.2	129.6	125.6	124.3	124.4
广 东	Guangdong	155.3	160.1	154.2	143.1	142.8
广 西	Guangxi	140.4	138.4	139.7	132.8	135.5
海 南	Hainan	117.3	124.2	123.2	118.0	118.2
重 庆	Chongqing	155.3	161.3	153.4	141.6	144.6
四 川	Sichuan	138.9	141.6	137.3	129.4	134.1
贵 州	Guizhou	124.5	125.2	122.0	118.9	122.0
云 南	Yunnan	122.1	125.9	121.9	119.4	122.4
西 藏	Tibet	135.0	104.7	116.3	121.8	127.2
陕 西	Shaanxi	128.9	130.1	130.1	123.7	125.4
甘 肃	Gansu	118.0	115.0	113.7	107.4	108.9
青 海	Qinghai	111.7	113.3	116.1	103.0	104.7
宁 夏	Ningxia	108.6	109.8	107.3	104.1	104.3
新 疆	Xinjiang	105.7	108.0	105.3	104.5	104.6

4-9 农村平均每百户彩色电视机拥有量
Ownership of Color TV Set per 100 Rural Households

单位：台 (set)

地 区	Region	2005	2006	2007	2008	2009
全 国	**National Average**	**105.8**	**106.9**	**106.5**	**109.1**	**116.6**
北 京	Beijing	135.1	135.3	134.8	135.2	138.0
天 津	Tianjin	117.8	119.7	122.2	123.7	124.0
河 北	Hebei	116.7	118.9	119.2	121.6	121.0
山 西	Shanxi	104.2	108.9	112.4	113.1	115.0
内蒙古	Inner Mongolia	101.8	103.3	102.3	102.5	102.3
辽 宁	Liaoning	111.3	112.0	110.5	112.4	113.2
吉 林	Jilin	108.3	105.3	110.7	109.5	113.8
黑龙江	Heilongjiang	108.7	108.7	109.0	109.0	109.2
上 海	Shanghai	178.7	185.7	195.5	198.8	200.7
江 苏	Jiangsu	136.1	142.7	142.4	143.5	145.4
浙 江	Zhejiang	154.5	157.9	159.0	163.7	170.0
安 徽	Anhui	116.9	119.0	114.0	116.5	113.9
福 建	Fujian	123.5	123.8	119.6	122.4	125.0
江 西	Jiangxi	117.7	119.7	118.2	112.9	118.9
山 东	Shandong	110.2	113.5	112.5	114.6	117.3
河 南	Henan	108.2	109.7	111.0	109.2	110.3
湖 北	Hubei	110.6	113.1	111.0	113.0	112.9
湖 南	Hunan	107.2	109.3	107.9	108.6	109.6
广 东	Guangdong	112.2	114.1	115.7	116.5	118.4
广 西	Guangxi	110.1	113.2	111.2	111.2	112.2
海 南	Hainan	80.8	87.5	91.7	91.5	99.6
重 庆	Chongqing	104.2	105.8	102.7	105.0	103.3
四 川	Sichuan	112.7	112.4	110.5	111.5	113.2
贵 州	Guizhou	79.8	84.5	88.0	87.6	90.5
云 南	Yunnan	85.9	90.5	91.8	95.8	96.5
西 藏	Tibet	51.0	58.3	55.4	61.9	69.8
陕 西	Shaanxi	110.7	113.6	113.7	113.0	114.2
甘 肃	Gansu	106.1	103.4	107.8	109.7	111.1
青 海	Qinghai	93.8	97.3	100.2	101.5	103.3
宁 夏	Ningxia	115.2	118.8	123.0	129.0	131.3
新 疆	Xinjiang	97.0	100.4	99.2	98.7	101.5

4-10 每百人计算机拥有量
Ownership of Computer per 100 Inhabitants

单位：台 (set)

地区	Region	2005	2006	2007	2008	2009
全国	**National Average**	**6.09**	**7.02**	**8.26**	**9.49**	**11.60**
北京	Beijing	29.43	32.71	31.64	30.95	31.78
天津	Tianjin	13.66	15.84	17.74	18.94	22.34
河北	Hebei	4.50	5.35	6.57	7.69	9.50
山西	Shanxi	3.86	4.69	5.69	7.00	8.72
内蒙古	Inner Mongolia	3.81	4.43	5.54	6.65	8.41
辽宁	Liaoning	6.98	7.46	9.38	11.39	14.21
吉林	Jilin	5.06	6.06	7.28	8.38	10.11
黑龙江	Heilongjiang	4.75	5.30	6.76	8.10	9.67
上海	Shanghai	28.58	31.94	36.62	39.03	39.23
江苏	Jiangsu	8.48	10.86	13.14	13.26	15.98
浙江	Zhejiang	14.01	15.34	17.96	20.16	21.98
安徽	Anhui	3.22	4.31	5.60	7.40	8.93
福建	Fujian	9.55	10.93	12.58	15.52	16.87
江西	Jiangxi	3.99	4.49	5.51	6.25	8.68
山东	Shandong	7.52	8.71	10.00	11.17	13.54
河南	Henan	2.97	3.57	4.49	5.46	7.46
湖北	Hubei	6.15	7.13	7.84	8.15	9.71
湖南	Hunan	4.31	5.10	5.86	5.95	7.55
广东	Guangdong	13.62	14.87	16.03	17.00	19.05
广西	Guangxi	4.74	4.78	5.61	7.51	9.75
海南	Hainan	3.30	4.08	4.94	6.29	7.55
重庆	Chongqing	8.23	11.05	10.68	10.30	11.20
四川	Sichuan	3.75	4.56	5.73	6.51	8.11
贵州	Guizhou	1.96	2.43	3.44	3.72	5.32
云南	Yunnan	2.56	2.79	3.21	3.81	5.74
西藏	Tibet	1.07	0.59	1.14	1.47	2.45
陕西	Shaanxi	3.28	4.35	5.60	7.82	10.00
甘肃	Gansu	1.93	2.48	3.04	3.51	4.87
青海	Qinghai	2.32	3.30	3.73	4.09	5.16
宁夏	Ningxia	2.76	3.13	3.68	4.99	8.21
新疆	Xinjiang	2.55	3.06	3.90	4.83	6.22

4-11 城镇平均每百户计算机拥有量
Ownership of Computer per 100 Urban Households

单位：台 (set)

地区	Region	2005	2006	2007	2008	2009
全国	**National Average**	**41.5**	**47.2**	**53.8**	**59.3**	**65.7**
北京	Beijing	89.2	95.7	91.6	85.9	97.0
天津	Tianjin	51.1	59.2	66.6	70.8	79.5
河北	Hebei	37.6	42.7	49.7	55.3	57.3
山西	Shanxi	30.2	35.2	39.1	47.2	49.5
内蒙古	Inner Mongolia	23.2	26.8	31.9	37.3	43.2
辽宁	Liaoning	32.9	35.0	44.4	51.2	61.0
吉林	Jilin	30.1	34.7	40.6	45.6	50.6
黑龙江	Heilongjiang	25.9	28.4	34.4	37.9	42.2
上海	Shanghai	81.1	90.6	103.9	109.0	123.2
江苏	Jiangsu	46.4	52.5	59.0	68.2	75.7
浙江	Zhejiang	59.5	64.8	73.8	79.5	84.5
安徽	Anhui	26.0	33.9	40.8	50.7	56.1
福建	Fujian	54.9	63.1	68.6	80.9	89.2
江西	Jiangxi	32.0	37.3	45.0	50.7	54.9
山东	Shandong	45.6	52.7	58.9	64.0	70.9
河南	Henan	31.8	35.0	40.3	46.6	51.7
湖北	Hubei	42.4	47.3	52.1	51.9	57.6
湖南	Hunan	34.9	39.4	44.2	43.1	47.8
广东	Guangdong	70.3	74.5	78.8	83.2	91.5
广西	Guangxi	46.7	46.9	53.6	67.6	71.9
海南	Hainan	26.2	33.5	38.6	47.5	49.7
重庆	Chongqing	51.3	70.0	62.7	58.2	62.0
四川	Sichuan	32.3	38.1	45.9	49.1	55.6
贵州	Guizhou	24.0	29.8	40.4	43.4	52.5
云南	Yunnan	29.4	32.4	35.7	40.2	46.5
西藏	Tibet	19.0	9.5	18.4	30.0	35.1
陕西	Shaanxi	27.9	34.9	42.2	55.9	62.3
甘肃	Gansu	23.0	28.7	33.1	35.2	38.2
青海	Qinghai	21.7	30.6	33.8	35.3	36.0
宁夏	Ningxia	23.2	26.4	29.6	38.6	48.5
新疆	Xinjiang	23.9	28.7	34.7	41.3	45.2

4－12 农村平均每百户计算机拥有量
Ownership of Computer per 100 Rural Households

单位：台 (set)

地 区	Region	2005	2006	2007	2008	2009
全 国	**National Average**	**2.1**	**2.7**	**3.7**	**5.4**	**7.5**
北 京	Beijing	29.9	36.1	41.5	45.6	52.3
天 津	Tianjin	6.0	8.5	10.2	11.0	12.5
河 北	Hebei	1.2	2.0	2.8	4.1	6.1
山 西	Shanxi	0.6	1.4	3.4	3.5	6.2
内蒙古	Inner Mongolia	0.3	0.5	0.8	1.0	1.9
辽 宁	Liaoning	2.6	3.2	2.4	4.0	5.9
吉 林	Jilin	0.2	0.3	1.2	2.4	4.6
黑龙江	Heilongjiang	0.7	1.4	2.6	4.5	7.9
上 海	Shanghai	32.0	38.0	43.3	46.8	54.3
江 苏	Jiangsu	2.9	11.1	16.9	6.7	8.2
浙 江	Zhejiang	11.2	15.9	20.6	25.7	31.1
安 徽	Anhui	0.8	1.2	2.0	3.3	4.3
福 建	Fujian	4.9	7.5	10.9	13.9	17.9
江 西	Jiangxi	2.0	1.1	1.6	1.9	3.4
山 东	Shandong	2.3	2.4	3.5	5.0	10.8
河 南	Henan	0.6	1.0	2.2	2.7	4.1
湖 北	Hubei	1.1	2.3	2.0	3.0	5.2
湖 南	Hunan	0.9	0.9	1.2	1.8	3.0
广 东	Guangdong	9.3	10.2	12.5	14.3	16.2
广 西	Guangxi	0.5	0.9	1.0	1.4	3.0
海 南	Hainan	1.5	1.1	1.5	1.5	1.8
重 庆	Chongqing	0.2	0.4	1.4	1.1	1.8
四 川	Sichuan	0.6	0.8	1.6	2.2	3.7
贵 州	Guizhou	0.4	0.7	1.1	1.1	1.0
云 南	Yunnan	0.7	0.4	0.6	0.8	1.2
西 藏	Tibet	0.4	0.2	0.2	0.2	
陕 西	Shaanxi	0.5	0.7	1.5	2.5	4.6
甘 肃	Gansu	0.3	0.4	1.1	1.9	2.7
青 海	Qinghai	0.2	0.2	1.0	1.2	
宁 夏	Ningxia	0.2	0.2	0.7	0.8	4.0
新 疆	Xinjiang	0.3	0.4	1.1	1.7	

4-13 互联网网民数
Number of Internet Users

单位：万人 (10 000 persons)

地区	Region	2005	2006	2007	2008	2009
全国	**National Average**	**11100**	**13700**	**21000**	**29800**	**38400**
北京	Beijing	428	468	737	980	1103
天津	Tianjin	229	260	287	485	564
河北	Hebei	486	631	762	1334	1842
山西	Shanxi	269	380	536	819	1064
内蒙古	Inner Mongolia	116	160	322	385	575
辽宁	Liaoning	372	483	783	1138	1595
吉林	Jilin	201	271	434	520	726
黑龙江	Heilongjiang	316	366	476	620	912
上海	Shanghai	463	510	830	1110	1171
江苏	Jiangsu	790	1027	1757	2084	2765
浙江	Zhejiang	707	977	1509	2108	2452
安徽	Anhui	276	337	587	723	1069
福建	Fujian	397	516	866	1379	1629
江西	Jiangxi	187	285	511	610	790
山东	Shandong	988	1126	1256	1983	2769
河南	Henan	396	517	956	1283	2007
湖北	Hubei	463	532	706	1050	1469
湖南	Hunan	348	408	690	999	1406
广东	Guangdong	1486	1831	3344	4554	4860
广西	Guangxi	330	374	560	734	1030
海南	Hainan	69	117	144	216	244
重庆	Chongqing	189	220	356	598	803
四川	Sichuan	609	690	809	1103	1635
贵州	Guizhou	109	142	224	433	573
云南	Yunnan	241	275	303	548	844
西藏	Tibet	9	16	36	47	53
陕西	Shaanxi	314	395	517	790	995
甘肃	Gansu	125	152	219	327	535
青海	Qinghai	29	37	60	130	154
宁夏	Ningxia	32	42	61	102	141
新疆	Xinjiang	126	155	363	625	634

4－14 每百人互联网用户数
Internet Users per 100 People

单位：人 （person）

地 区	Region	2005	2006	2007	2008	2009
全 国	**National Average**	**8.5**	**10.4**	**15.9**	**22.4**	**28.8**
北 京	Beijing	27.8	29.6	45.1	57.8	63.8
天 津	Tianjin	22.0	24.2	25.7	41.2	47.0
河 北	Hebei	7.1	9.2	11.0	19.1	25.8
山 西	Shanxi	8.0	11.3	15.8	24.0	30.6
内蒙古	Inner Mongolia	4.9	6.7	13.4	16.0	23.4
辽 宁	Liaoning	8.8	11.3	18.2	26.4	36.2
吉 林	Jilin	7.4	10.0	15.9	19.0	26.0
黑龙江	Heilongjiang	8.3	9.6	12.5	16.2	23.4
上 海	Shanghai	26.0	28.1	44.7	58.8	60.8
江 苏	Jiangsu	10.6	13.6	23.0	27.2	35.3
浙 江	Zhejiang	14.4	19.6	29.8	41.2	47.1
安 徽	Anhui	4.5	5.5	9.6	11.8	17.1
福 建	Fujian	11.2	14.5	24.2	38.3	44.3
江 西	Jiangxi	4.3	6.6	11.7	13.9	17.6
山 东	Shandong	10.7	12.1	13.4	21.1	28.8
河 南	Henan	4.2	5.5	10.2	13.6	20.9
湖 北	Hubei	8.1	9.3	12.4	18.4	25.2
湖 南	Hunan	5.5	6.4	10.9	15.7	21.6
广 东	Guangdong	16.2	19.7	35.4	47.7	49.9
广 西	Guangxi	7.1	7.9	11.7	15.2	21.0
海 南	Hainan	8.3	14.0	17.0	25.3	28.0
重 庆	Chongqing	6.8	7.8	12.6	21.1	27.7
四 川	Sichuan	7.4	8.5	10.0	13.6	19.7
贵 州	Guizhou	2.9	3.8	6.0	11.4	14.8
云 南	Yunnan	5.4	6.1	6.7	12.1	18.2
西 藏	Tibet	3.3	5.7	12.7	16.4	18.1
陕 西	Shaanxi	8.4	10.6	13.8	21.0	25.9
甘 肃	Gansu	4.8	5.8	8.4	12.4	20.0
青 海	Qinghai	5.3	6.8	10.9	23.5	27.3
宁 夏	Ningxia	5.4	7.0	10.0	16.5	22.4
新 疆	Xinjiang	6.3	7.6	17.3	29.3	29.2

4-15 每百人互联网宽带用户数
Broadband Internet Users per 100 People

单位：人 (person)

地区	Region	2006	2007	2008	2009
全国	**National Average**	**5085.3**	**6641.4**	**8342.5**	**10322.6**
北京	Beijing	281.2	347.8	409.4	451.8
天津	Tianjin	89.7	113.2	141.4	158.7
河北	Hebei	167.4	249.8	387.0	522.7
山西	Shanxi	113.8	146.9	214.5	279.9
内蒙古	Inner Mongolia	65.6	84.7	114.6	157.1
辽宁	Liaoning	218.8	286.5	418.1	502.9
吉林	Jilin	86.0	127.7	175.9	227.9
黑龙江	Heilongjiang	153.6	191.4	238.8	277.2
上海	Shanghai	448.1	335.0	390.6	434.0
江苏	Jiangsu	378.8	552.8	722.0	929.4
浙江	Zhejiang	432.0	566.0	691.9	821.1
安徽	Anhui	109.6	158.8	186.8	258.3
福建	Fujian	181.6	225.1	288.7	360.3
江西	Jiangxi	100.7	154.3	180.5	238.7
山东	Shandong	296.9	425.4	621.7	747.4
河南	Henan	170.8	242.8	374.5	503.9
湖北	Hubei	174.8	243.9	286.4	361.3
湖南	Hunan	172.6	215.6	221.0	286.0
广东	Guangdong	509.4	707.3	956.9	1123.6
广西	Guangxi	114.1	148.4	182.4	248.3
海南	Hainan	23.5	28.2	36.7	48.9
重庆	Chongqing	83.8	116.5	157.7	201.0
四川	Sichuan	189.8	245.1	322.4	396.1
贵州	Guizhou	48.4	68.4	84.6	112.8
云南	Yunnan	99.5	117.0	138.8	172.6
西藏	Tibet	3.7	6.0	7.2	8.8
陕西	Shaanxi	90.3	131.1	172.9	221.3
甘肃	Gansu	42.0	60.4	66.5	86.6
青海	Qinghai	10.6	15.5	21.3	27.9
宁夏	Ningxia	14.3	19.7	25.3	33.9
新疆	Xinjiang	55.1	76.5	106.1	122.1

5. 信息消费
Information Consumption

5-1 各地区城镇居民平均收入
Per Capita Annual Income of Urban Households by Region

单位：元 (yuan)

地区	Region	2005	2006	2007	2008	2009
全 国	**National Average**	**11320.77**	**12719.19**	**14908.61**	**17067.78**	**18858.09**
北 京	Beijing	19533.33	22417.16	24575.58	27677.94	30673.68
天 津	Tianjin	13563.32	15476.04	17828.15	21174.04	23565.67
河 北	Hebei	9616.80	10887.19	12335.96	14141.41	15675.75
山 西	Shanxi	9538.56	10793.89	12468.41	13858.98	14983.15
内蒙古	Inner Mongolia	9565.14	10811.87	12977.07	15195.44	16951.35
辽 宁	Liaoning	9837.20	11230.03	13438.43	15836.25	17757.70
吉 林	Jilin	9122.99	10245.28	11798.58	13606.03	15155.16
黑龙江	Heilongjiang	8722.47	9721.90	10882.21	12264.06	13689.85
上 海	Shanghai	20602.90	22808.57	26101.54	29759.13	32402.97
江 苏	Jiangsu	13329.95	15248.66	17686.48	20175.57	22494.94
浙 江	Zhejiang	17877.36	19954.03	22583.83	24980.78	27119.30
安 徽	Anhui	9184.55	10574.51	12499.34	14159.46	15691.94
福 建	Fujian	13407.60	15102.39	16983.26	19686.15	21692.35
江 西	Jiangxi	9042.45	10014.61	11984.00	13463.58	15047.19
山 东	Shandong	11607.82	13222.85	15366.26	17548.97	19336.91
河 南	Henan	9145.98	10339.20	12082.99	13907.80	15408.04
湖 北	Hubei	9395.10	10533.34	12382.93	14174.27	15698.11
湖 南	Hunan	10106.07	11146.07	12997.91	14577.27	16078.12
广 东	Guangdong	16249.89	17725.56	19618.89	21678.51	24116.46
广 西	Guangxi	10022.40	10624.30	13182.57	15393.18	17032.89
海 南	Hainan	8670.15	10081.70	11792.05	13598.60	14909.28
重 庆	Chongqing	11079.15	12548.91	13441.17	15217.73	16990.30
四 川	Sichuan	9003.59	10117.00	12009.81	13685.10	15323.76
贵 州	Guizhou	8385.08	9439.31	11066.43	12185.62	13793.38
云 南	Yunnan	9994.65	10848.10	12296.42	14118.03	15680.27
西 藏	Tibet	10659.31	9540.86	11951.67	13647.53	14978.95
陕 西	Shaanxi	8902.26	9938.19	11482.13	13847.12	15311.29
甘 肃	Gansu	8738.11	9586.46	10859.69	11669.33	12918.04
青 海	Qinghai	8766.68	9803.13	11428.29	12867.33	14150.25
宁 夏	Ningxia	8744.86	10002.03	11793.08	14118.64	15550.75
新 疆	Xinjiang	8693.67	9689.07	11302.99	12478.61	13602.18

5-2 各地区城镇居民人均消费性支出
Per Capita Annual Consumption Expenditure of Urban Households by Region

单位：元 (yuan)

地区	Region	2005	2006	2007	2008	2009
全国	**National Average**	**7942.88**	**8696.55**	**9997.47**	**11242.85**	**12264.55**
北京	Beijing	13244.20	14825.41	15330.44	16460.26	17893.30
天津	Tianjin	9653.26	10548.05	12028.88	13422.47	14801.35
河北	Hebei	6699.67	7343.49	8234.97	9086.73	9678.75
山西	Shanxi	6342.63	7170.94	8101.84	8806.55	9355.10
内蒙古	Inner Mongolia	6928.60	7666.61	9281.46	10828.62	12369.87
辽宁	Liaoning	7369.27	7987.49	9429.73	11231.48	12324.58
吉林	Jilin	6794.71	7352.64	8560.30	9729.05	10914.44
黑龙江	Heilongjiang	6178.01	6655.43	7519.28	8622.97	9629.60
上海	Shanghai	13773.41	14761.75	17255.38	19397.89	20992.35
江苏	Jiangsu	8621.82	9628.59	10715.15	11977.55	13153.00
浙江	Zhejiang	12253.74	13348.51	14091.19	15158.30	16683.48
安徽	Anhui	6367.67	7294.73	8531.90	9524.04	10233.98
福建	Fujian	8794.41	9807.71	11055.13	12501.12	13450.57
江西	Jiangxi	6109.39	6645.54	7810.73	8717.37	9739.99
山东	Shandong	7457.31	8468.40	9666.61	11006.61	12012.73
河南	Henan	6038.02	6685.18	7826.72	8837.46	9566.99
湖北	Hubei	6736.56	7397.32	8701.18	9477.51	10294.07
湖南	Hunan	7504.99	8169.30	8990.72	9945.52	10828.23
广东	Guangdong	11809.87	12432.22	14336.87	15527.97	16857.50
广西	Guangxi	7032.80	6791.95	8151.26	9627.40	10352.38
海南	Hainan	5928.79	7126.78	8292.89	9408.48	10086.65
重庆	Chongqing	8623.29	9398.69	9890.31	11146.80	12144.06
四川	Sichuan	6891.27	7524.81	8691.99	9679.14	10860.20
贵州	Guizhou	6159.29	6848.39	7758.69	8349.21	9048.29
云南	Yunnan	6996.90	7379.81	7921.83	9076.61	10201.81
西藏	Tibet	8617.11	6192.57	7532.07	8323.54	9034.31
陕西	Shaanxi	6656.46	7553.28	8427.06	9772.07	10705.67
甘肃	Gansu	6529.20	6974.21	7875.78	8308.62	8890.79
青海	Qinghai	6245.26	6530.11	7512.39	8192.56	8786.52
宁夏	Ningxia	6404.31	7205.57	7817.28	9558.29	10280.00
新疆	Xinjiang	6207.52	6730.01	7874.27	8669.36	9327.55

5-3 各地区城镇居民人均食品支出
Per Capita Annual Food Expenditure of Urban Households by Region

单位：元 (yuan)

地区	Region	2005	2006	2007	2008	2009
全国	**National Average**	**2914.39**	**3111.92**	**3628.03**	**4259.81**	**4478.54**
北京	Beijing	4215.56	4560.52	4934.05	5561.54	5936.11
天津	Tianjin	3542.90	3680.22	4249.31	5005.09	5404.53
河北	Hebei	2315.76	2492.26	2789.85	3155.40	3250.77
山西	Shanxi	2056.79	2252.50	2600.37	2974.76	3071.93
内蒙古	Inner Mongolia	2177.63	2323.55	2824.89	3553.48	3772.63
辽宁	Liaoning	2860.98	3102.13	3560.21	4378.14	4680.85
吉林	Jilin	2356.00	2457.21	2842.68	3307.14	3637.32
黑龙江	Heilongjiang	2071.62	2215.68	2633.18	3128.10	3397.41
上海	Shanghai	4940.06	5248.95	6125.45	7108.62	7344.83
江苏	Jiangsu	3205.79	3462.66	3928.71	4544.64	4773.67
浙江	Zhejiang	4140.34	4393.40	4892.58	5522.56	5604.72
安徽	Anhui	2781.50	3091.28	3384.38	3905.05	4051.40
福建	Fujian	3595.20	3854.26	4296.22	5078.85	5336.36
江西	Jiangxi	2495.09	2636.93	3192.61	3633.05	3881.56
山东	Shandong	2512.73	2711.65	3180.64	3699.42	3954.34
河南	Henan	2067.51	2215.32	2707.44	3079.82	3272.75
湖北	Hubei	2625.41	2868.39	3455.98	3996.27	4160.51
湖南	Hunan	2689.39	2850.94	3243.88	3970.42	4174.55
广东	Guangdong	4265.19	4503.86	5056.68	5866.91	6225.22
广西	Guangxi	2906.73	2857.40	3398.09	4082.99	4129.55
海南	Hainan	2819.96	3097.71	3546.67	4226.90	4507.81
重庆	Chongqing	3135.65	3415.92	3674.28	4418.34	4576.23
四川	Sichuan	2709.69	2838.22	3580.14	4255.48	4391.73
贵州	Guizhou	2458.30	2649.02	3122.46	3597.94	3755.61
云南	Yunnan	2997.06	3102.46	3562.33	4272.29	4460.58
西藏	Tibet	3830.45	3107.90	3836.51	4262.77	4581.60
陕西	Shaanxi	2401.52	2588.91	3063.69	3586.13	3988.57
甘肃	Gansu	2352.82	2408.37	2824.42	3183.79	3359.30
青海	Qinghai	2267.36	2366.42	2803.45	3315.94	3548.85
宁夏	Ningxia	2228.63	2444.98	2760.74	3352.83	3432.23
新疆	Xinjiang	2257.44	2386.97	2760.69	3235.77	3386.33

5-4 各地区城镇居民人均衣着支出
Per Capita Annual Clothing Expenditure of Urban Households by Region

单位：元 (yuan)

地 区	Region	2005	2006	2007	2008	2009
全 国	**National Average**	**800.51**	**901.78**	**1042.00**	**1165.91**	**1284.20**
北 京	Beijing	1184.14	1442.42	1512.88	1571.74	1795.68
天 津	Tianjin	698.91	864.89	1024.15	1153.66	1362.56
河 北	Hebei	787.33	849.58	975.94	1137.22	1190.19
山 西	Shanxi	933.03	1016.69	1064.61	1137.71	1162.00
内蒙古	Inner Mongolia	1047.91	1168.93	1396.86	1616.56	1857.19
辽 宁	Liaoning	740.83	846.91	1017.65	1187.41	1338.84
吉 林	Jilin	826.21	907.61	1127.09	1259.62	1419.12
黑龙江	Heilongjiang	877.96	971.44	1021.45	1217.04	1403.72
上 海	Shanghai	940.45	1026.87	1330.05	1520.61	1593.08
江 苏	Jiangsu	804.23	886.82	990.03	1166.91	1297.95
浙 江	Zhejiang	1264.06	1383.63	1406.20	1546.46	1614.66
安 徽	Anhui	763.54	869.55	906.47	1010.61	1080.06
福 建	Fujian	708.79	784.71	940.72	1105.31	1171.88
江 西	Jiangxi	647.80	725.72	915.09	969.58	1053.01
山 东	Shandong	925.94	1091.22	1238.34	1394.11	1548.75
河 南	Henan	806.39	919.31	1053.13	1141.76	1270.74
湖 北	Hubei	806.67	877.01	1046.62	1099.16	1210.32
湖 南	Hunan	790.70	868.23	1017.59	1090.72	1146.25
广 东	Guangdong	673.90	719.26	814.57	975.06	1064.33
广 西	Guangxi	519.96	477.67	656.69	772.28	855.60
海 南	Hainan	309.45	375.42	452.85	491.84	581.66
重 庆	Chongqing	849.53	1038.98	1171.15	1294.30	1503.49
四 川	Sichuan	640.91	754.93	949.74	1042.45	1178.38
贵 州	Guizhou	702.90	832.74	910.30	851.50	1012.14
云 南	Yunnan	643.94	745.08	859.65	1026.50	1102.14
西 藏	Tibet	1051.80	734.83	880.10	1011.82	1086.42
陕 西	Shaanxi	673.07	768.47	910.29	1047.61	1209.96
甘 肃	Gansu	806.26	854.00	939.89	1022.62	1169.70
青 海	Qinghai	690.76	724.96	898.54	945.14	1043.40
宁 夏	Ningxia	776.51	874.39	994.47	1178.88	1260.58
新 疆	Xinjiang	825.98	953.03	1183.69	1245.02	1357.05

5-5 各地区城镇居民人均居住支出

Per Capita Annual Residence Expenditure of Urban Households by Region

单位：元 (yuan)

地区	Region	2005	2006	2007	2008	2009
全国	**National Average**	**808.66**	**904.19**	**982.28**	**1145.41**	**1228.91**
北京	Beijing	1039.78	1212.89	1246.19	1286.32	1290.22
天津	Tianjin	1291.60	1368.20	1417.45	1528.28	1505.70
河北	Hebei	762.08	864.92	917.19	1097.41	1142.83
山西	Shanxi	727.91	830.38	991.77	1250.87	1319.45
内蒙古	Inner Mongolia	722.62	802.26	941.79	1028.19	1246.21
辽宁	Liaoning	792.75	909.42	1047.04	1270.95	1293.00
吉林	Jilin	845.45	984.95	1062.46	1285.28	1394.94
黑龙江	Heilongjiang	695.23	755.32	784.51	941.25	1026.77
上海	Shanghai	1412.11	1435.72	1412.10	1646.19	1913.22
江苏	Jiangsu	794.94	997.53	1020.09	1042.10	1148.85
浙江	Zhejiang	1059.36	1229.25	1168.08	1333.69	1485.90
安徽	Anhui	590.27	694.17	850.24	988.12	1219.83
福建	Fujian	1071.86	1233.49	1261.18	1300.10	1394.91
江西	Jiangxi	646.16	742.93	728.76	851.15	935.44
山东	Shandong	751.69	838.17	1027.58	1247.04	1280.04
河南	Henan	651.98	737.00	795.39	963.59	1004.37
湖北	Hubei	683.89	752.56	856.97	914.26	999.49
湖南	Hunan	771.47	871.70	869.59	960.82	1074.69
广东	Guangdong	1181.42	1254.69	1444.91	1748.16	1814.00
广西	Guangxi	769.77	826.86	803.04	891.33	1021.11
海南	Hainan	585.40	743.60	819.02	1106.39	1000.32
重庆	Chongqing	882.41	954.56	968.45	1096.82	1120.60
四川	Sichuan	705.43	728.43	690.27	819.28	973.02
贵州	Guizhou	583.46	627.23	718.65	836.54	747.57
云南	Yunnan	543.10	585.35	673.07	739.20	943.67
西藏	Tibet	517.53	612.67	628.35	634.94	689.76
陕西	Shaanxi	653.40	746.59	831.27	1007.68	1018.23
甘肃	Gansu	680.78	716.35	768.28	846.26	801.21
青海	Qinghai	666.38	653.04	641.93	802.73	790.50
宁夏	Ningxia	711.21	890.97	910.68	1069.15	1128.12
新疆	Xinjiang	571.72	698.66	736.99	781.90	856.78

5-6 各地区城镇居民人均家庭设备用品及服务支出

Per Capita Annual Household Facilities, Articles and Services Expenditure of Urban Households by Region

单位：元 (yuan)

地 区	Region	2005	2006	2007	2008	2009
全 国	**National Average**	**446.52**	**498.48**	**601.80**	**691.83**	**786.94**
北 京	Beijing	852.18	977.47	981.13	1096.57	1225.68
天 津	Tianjin	524.20	634.39	760.56	817.18	911.92
河 北	Hebei	414.49	460.27	546.75	574.84	628.49
山 西	Shanxi	359.44	441.82	477.74	471.65	563.82
内蒙古	Inner Mongolia	394.37	464.55	561.71	672.64	797.77
辽 宁	Liaoning	304.80	362.10	439.28	507.40	607.51
吉 林	Jilin	279.58	318.65	407.35	510.49	543.69
黑龙江	Heilongjiang	282.78	319.37	355.67	494.49	547.87
上 海	Shanghai	800.30	877.59	959.49	1182.24	1365.39
江 苏	Jiangsu	586.84	647.52	707.31	813.45	923.32
浙 江	Zhejiang	609.18	615.45	666.02	713.31	828.96
安 徽	Anhui	290.88	336.99	465.68	579.59	589.73
福 建	Fujian	455.36	525.65	645.40	722.17	859.06
江 西	Jiangxi	426.99	451.32	587.40	623.17	761.85
山 东	Shandong	503.36	526.29	661.03	806.35	885.04
河 南	Henan	376.27	431.02	549.14	633.32	684.79
湖 北	Hubei	371.00	401.22	550.16	604.40	759.24
湖 南	Hunan	450.97	513.63	603.18	674.84	798.40
广 东	Guangdong	605.12	633.03	853.18	947.54	1052.57
广 西	Guangxi	420.66	360.62	491.03	603.84	754.79
海 南	Hainan	304.05	405.81	519.99	565.51	585.72
重 庆	Chongqing	583.50	615.74	706.77	842.09	1043.06
四 川	Sichuan	422.73	505.83	562.02	590.51	679.16
贵 州	Guizhou	335.68	446.53	463.56	525.70	589.35
云 南	Yunnan	291.17	335.14	280.62	331.94	393.22
西 藏	Tibet	476.27	211.10	271.29	310.22	356.86
陕 西	Shaanxi	371.81	478.58	513.08	618.16	683.51
甘 肃	Gansu	366.20	403.80	505.16	546.23	559.06
青 海	Qinghai	356.53	420.31	484.71	538.54	505.32
宁 夏	Ningxia	417.38	480.70	480.84	596.81	636.88
新 疆	Xinjiang	309.97	364.11	475.23	535.31	552.50

5-7 各地区城镇居民人均医疗保健支出

Per Capita Annual Health Care and Medical Services Expenditure of Urban Households by Region

单位：元 (yuan)

地区	Region	2005	2006	2007	2008	2009
全国	**National Average**	**600.85**	**620.54**	**699.09**	**786.20**	**856.41**
北京	Beijing	1295.76	1322.36	1294.07	1563.10	1389.45
天津	Tianjin	996.35	1049.33	1163.98	1220.92	1273.38
河北	Hebei	642.71	737.43	833.51	808.88	971.29
山西	Shanxi	538.70	589.97	640.22	769.79	789.92
内蒙古	Inner Mongolia	533.36	555.00	719.13	869.71	992.73
辽宁	Liaoning	751.16	767.13	879.08	913.13	1018.44
吉林	Jilin	675.77	671.44	854.80	914.47	1120.44
黑龙江	Heilongjiang	613.15	634.30	729.55	864.89	978.79
上海	Shanghai	796.82	762.92	857.11	755.29	1002.14
江苏	Jiangsu	579.32	600.69	689.37	794.63	808.37
浙江	Zhejiang	831.79	852.27	859.06	933.11	984.62
安徽	Anhui	400.34	441.42	554.44	633.93	716.87
福建	Fujian	478.41	513.61	502.41	540.63	591.50
江西	Jiangxi	326.46	357.03	385.91	483.96	550.25
山东	Shandong	579.01	624.06	708.58	799.79	885.16
河南	Henan	472.31	520.57	626.55	790.87	875.52
湖北	Hubei	499.34	517.19	525.32	675.32	694.61
湖南	Hunan	601.34	632.52	668.53	790.95	784.66
广东	Guangdong	704.90	707.86	752.52	836.39	925.62
广西	Guangxi	466.04	401.06	542.07	529.36	538.17
海南	Hainan	351.06	369.33	503.78	536.40	604.15
重庆	Chongqing	629.32	705.72	749.51	878.25	982.73
四川	Sichuan	442.83	449.87	511.78	564.93	648.31
贵州	Guizhou	403.43	329.77	354.52	471.39	535.43
云南	Yunnan	663.01	600.08	631.70	606.86	708.78
西藏	Tibet	338.57	221.70	272.81	317.08	352.31
陕西	Shaanxi	605.31	612.30	678.38	862.70	863.36
甘肃	Gansu	492.23	562.74	564.25	654.82	746.77
青海	Qinghai	554.11	542.93	613.24	610.02	701.37
宁夏	Ningxia	535.92	578.75	645.98	816.87	921.86
新疆	Xinjiang	499.16	472.35	598.78	643.48	684.01

5-8 各地区城镇居民人均交通通信支出

Per Capita Annual Transport and Communications Expenditure of Urban Households by Region

单位：元 (yuan)

地区	Region	2005	2006	2007	2008	2009
全国	**National Average**	**996.72**	**1147.12**	**1357.41**	**1417.12**	**1682.57**
北京	Beijing	1943.48	2173.26	2328.51	2293.23	2767.85
天津	Tianjin	998.01	1092.87	1309.94	1567.87	1968.37
河北	Hebei	772.34	875.43	1010.51	1062.31	1151.15
山西	Shanxi	604.35	825.18	1027.99	931.33	1095.77
内蒙古	Inner Mongolia	755.51	928.48	1123.82	1191.70	1557.03
辽宁	Liaoning	744.02	797.64	1033.36	1295.70	1493.17
吉林	Jilin	733.50	815.02	873.88	954.96	1305.45
黑龙江	Heilongjiang	596.97	665.01	746.03	749.05	922.77
上海	Shanghai	1983.72	2332.83	3153.72	3373.19	3498.65
江苏	Jiangsu	1050.88	1203.45	1303.02	1357.96	1721.87
浙江	Zhejiang	2097.41	2492.01	2473.40	2392.63	3290.63
安徽	Anhui	676.86	788.25	891.38	920.77	1013.38
福建	Fujian	1048.71	1232.70	1606.90	1777.06	1993.77
江西	Jiangxi	567.52	600.16	732.97	872.57	1145.16
山东	Shandong	902.32	1175.57	1333.63	1410.45	1719.68
河南	Henan	636.57	762.08	858.33	915.12	1033.99
湖北	Hubei	649.87	763.14	903.02	890.12	953.69
湖南	Hunan	801.27	965.09	986.89	971.05	1233.82
广东	Guangdong	2333.05	2394.66	2966.08	2623.08	2979.88
广西	Guangxi	703.39	785.01	932.87	1376.03	1598.68
海南	Hainan	728.29	1154.87	1401.89	1303.50	1548.76
重庆	Chongqing	929.92	976.02	1118.79	1044.36	1189.03
四川	Sichuan	827.66	1009.35	1074.91	1121.45	1416.49
贵州	Guizhou	625.44	775.07	895.04	871.15	983.13
云南	Yunnan	930.59	1076.93	1034.71	1216.46	1587.19
西藏	Tibet	1309.95	694.21	866.33	966.74	1062.83
陕西	Shaanxi	630.16	824.46	866.76	967.52	1071.48
甘肃	Gansu	638.63	703.07	861.47	817.17	894.35
青海	Qinghai	691.25	753.07	785.27	787.63	975.91
宁夏	Ningxia	705.69	774.57	859.04	1096.32	1363.63
新疆	Xinjiang	757.09	765.72	890.30	1003.89	1198.65

5-9 各地区城镇居民人均交通支出
Per Capita Annual Transport Expenditure of Urban Households by Region

单位：元 (yuan)

地 区	Region	2005	2006	2007	2008	2009
全 国	**National Average**	**499.63**	**606.92**	**759.12**	**804.41**	**1040.88**
北 京	Beijing	1100.66	1232.07	1401.13	1466.34	1885.02
天 津	Tianjin	505.26	520.62	689.06	889.99	1214.72
河 北	Hebei	385.26	453.56	522.18	556.27	636.57
山 西	Shanxi	188.51	354.47	544.38	452.47	526.25
内蒙古	Inner Mongolia	320.08	458.34	613.08	719.84	1021.50
辽 宁	Liaoning	282.18	330.32	486.68	679.96	911.78
吉 林	Jilin	319.08	398.10	414.30	516.17	827.92
黑龙江	Heilongjiang	232.85	261.85	321.53	349.26	476.52
上 海	Shanghai	1161.33	1395.54	2079.06	2321.78	2425.79
江 苏	Jiangsu	632.27	747.28	811.86	854.38	1172.70
浙 江	Zhejiang	1298.95	1628.22	1531.10	1454.63	2359.80
安 徽	Anhui	258.97	289.64	396.59	437.85	492.08
福 建	Fujian	384.29	523.85	837.87	929.07	1103.16
江 西	Jiangxi	191.38	189.01	242.40	401.45	676.56
山 东	Shandong	476.71	703.84	827.40	898.17	1192.13
河 南	Henan	177.07	259.45	320.64	390.37	499.95
湖 北	Hubei	242.81	321.12	413.65	436.56	469.21
湖 南	Hunan	296.19	451.08	451.17	454.13	701.19
广 东	Guangdong	1557.60	1593.77	2012.62	1618.43	1941.39
广 西	Guangxi	317.77	415.37	512.25	781.38	994.41
海 南	Hainan	350.96	720.90	937.64	836.14	1038.01
重 庆	Chongqing	324.43	336.57	520.37	470.32	592.51
四 川	Sichuan	402.68	511.17	532.73	548.48	752.21
贵 州	Guizhou	219.51	279.39	386.34	400.19	436.24
云 南	Yunnan	390.74	530.64	478.32	685.69	1028.76
西 藏	Tibet	520.43	193.93	285.67	357.20	438.90
陕 西	Shaanxi	217.62	373.69	410.75	461.65	517.58
甘 肃	Gansu	243.33	276.42	399.12	380.32	440.26
青 海	Qinghai	347.14	338.29	350.05	389.43	555.79
宁 夏	Ningxia	291.37	324.11	418.98	592.15	885.16
新 疆	Xinjiang	375.77	344.70	449.70	552.94	743.58

5-10 各地区城镇居民人均通信支出
Per Capita Annual Communications Expenditure of Urban Households by Region

单位：元 (yuan)

地区	Region	2005	2006	2007	2008	2009
全国	**National Average**	**497.09**	**540.20**	**598.28**	**612.71**	**641.70**
北京	Beijing	842.82	941.18	927.38	826.89	882.83
天津	Tianjin	492.74	572.25	620.88	677.88	753.64
河北	Hebei	387.08	421.87	488.33	506.05	514.58
山西	Shanxi	415.84	470.71	483.61	478.86	569.52
内蒙古	Inner Mongolia	435.44	470.15	510.74	471.86	535.53
辽宁	Liaoning	461.83	467.33	546.68	615.74	581.39
吉林	Jilin	414.42	416.91	459.58	438.78	477.53
黑龙江	Heilongjiang	364.12	403.16	424.50	399.79	446.25
上海	Shanghai	822.39	937.29	1074.66	1051.41	1072.85
江苏	Jiangsu	418.61	456.17	491.16	503.58	549.17
浙江	Zhejiang	798.46	863.78	942.30	938.00	930.83
安徽	Anhui	417.89	498.61	494.79	482.92	521.30
福建	Fujian	664.42	708.85	769.02	847.99	890.61
江西	Jiangxi	376.14	411.15	490.57	471.12	468.60
山东	Shandong	425.61	471.74	506.23	512.28	527.55
河南	Henan	459.50	502.64	537.69	524.75	534.04
湖北	Hubei	407.06	442.02	489.36	453.56	484.49
湖南	Hunan	505.08	514.01	535.72	516.92	532.62
广东	Guangdong	775.45	800.89	953.46	1004.65	1038.49
广西	Guangxi	385.63	369.64	420.62	594.64	604.27
海南	Hainan	377.33	433.98	464.25	467.36	510.75
重庆	Chongqing	605.49	639.46	598.42	574.04	596.52
四川	Sichuan	424.99	498.17	542.17	572.96	664.29
贵州	Guizhou	405.93	495.68	508.70	470.96	546.89
云南	Yunnan	539.86	546.28	556.39	530.77	558.43
西藏	Tibet	789.51	500.28	580.65	609.54	623.94
陕西	Shaanxi	412.54	450.77	456.02	505.88	553.89
甘肃	Gansu	395.30	426.65	462.35	436.85	454.09
青海	Qinghai	344.11	414.78	435.22	398.20	420.12
宁夏	Ningxia	414.32	450.46	440.06	504.17	478.47
新疆	Xinjiang	381.32	421.03	440.60	450.95	455.07

5－11 各地区城镇居民人均教育文化娱乐服务支出

Per Capita Annual Education, Culture and Recreation Services Expenditure of Urban Households by Region

单位：元 (yuan)

地 区	Region	2005	2006	2007	2008	2009
全 国	**National Average**	**1097.46**	**1203.03**	**1329.16**	**1358.26**	**1472.76**
北 京	Beijing	2186.55	2514.76	2383.96	2383.52	2654.98
天 津	Tianjin	1283.70	1452.17	1639.83	1608.97	1740.85
河 北	Hebei	795.43	827.72	895.06	946.38	982.21
山 西	Shanxi	932.53	1007.92	1054.05	1041.91	1070.60
内蒙古	Inner Mongolia	968.81	1052.65	1245.09	1383.53	1504.36
辽 宁	Liaoning	849.53	853.92	1052.94	1145.46	1283.68
吉 林	Jilin	800.22	890.22	997.75	1071.80	1028.06
黑龙江	Heilongjiang	802.49	843.94	938.21	906.19	956.85
上 海	Shanghai	2272.76	2431.74	2653.67	2874.54	3138.98
江 苏	Jiangsu	1287.90	1467.36	1699.26	1799.75	1968.03
浙 江	Zhejiang	1849.73	1946.15	2158.32	2195.58	2295.32
安 徽	Anhui	666.42	869.23	1169.99	1160.14	1225.36
福 建	Fujian	1106.95	1321.33	1426.34	1453.18	1504.96
江 西	Jiangxi	805.41	894.58	973.38	945.99	1066.94
山 东	Shandong	1039.99	1201.97	1191.18	1277.43	1332.97
河 南	Henan	805.08	847.12	936.55	988.95	1048.14
湖 北	Hubei	904.76	997.74	1120.29	1037.24	1208.46
湖 南	Hunan	1138.67	1182.18	1285.24	1110.11	1207.72
广 东	Guangdong	1669.09	1813.86	1994.86	1936.38	2168.88
广 西	Guangxi	998.87	850.90	1050.04	1081.54	1111.13
海 南	Hainan	652.03	791.24	837.83	930.87	961.95
重 庆	Chongqing	1391.11	1449.49	1237.35	1267.03	1351.90
四 川	Sichuan	909.03	976.33	1031.81	947.01	1150.73
贵 州	Guizhou	811.73	938.37	1035.96	934.73	1146.35
云 南	Yunnan	775.61	754.69	705.51	732.95	798.69
西 藏	Tibet	678.26	359.34	441.02	419.59	465.84
陕 西	Shaanxi	1081.92	1280.14	1230.74	1281.58	1430.22
甘 肃	Gansu	942.75	1034.42	1058.66	936.33	1025.47
青 海	Qinghai	803.08	793.72	953.87	880.86	889.32
宁 夏	Ningxia	769.97	846.72	863.36	1043.72	1075.88
新 疆	Xinjiang	741.35	819.72	896.79	812.36	855.53

5-12 各地区城镇居民人均文化娱乐支出
Per Capita Annual Culture and Recreation Expenditure of Urban Households by Region

单位：元 (yuan)

地 区	Region	2005	2006	2007	2008	2009
全 国	**National Average**	**526.14**	**591.04**	**690.76**	**736.09**	**826.88**
北 京	Beijing	1261.79	1540.15	1507.04	1574.28	1730.31
天 津	Tianjin	567.31	702.62	866.22	893.73	1023.64
河 北	Hebei	386.81	411.61	499.38	559.79	621.23
山 西	Shanxi	383.70	468.02	471.72	471.12	522.47
内蒙古	Inner Mongolia	464.04	536.95	691.75	815.18	874.89
辽 宁	Liaoning	320.40	342.68	443.43	475.33	549.59
吉 林	Jilin	298.14	398.37	417.18	495.64	366.69
黑龙江	Heilongjiang	322.63	359.69	381.01	354.46	432.93
上 海	Shanghai	1136.60	1206.45	1450.10	1708.58	1947.75
江 苏	Jiangsu	631.62	745.63	972.80	1048.78	1123.75
浙 江	Zhejiang	877.04	893.52	960.43	1017.03	1113.82
安 徽	Anhui	313.63	326.12	502.06	526.70	587.48
福 建	Fujian	575.55	688.46	797.58	766.83	907.49
江 西	Jiangxi	412.60	474.05	499.79	557.52	642.94
山 东	Shandong	493.35	569.43	614.83	697.33	760.33
河 南	Henan	383.35	423.86	481.28	524.60	570.51
湖 北	Hubei	387.47	440.69	528.80	466.25	580.03
湖 南	Hunan	556.50	608.93	662.79	566.60	630.82
广 东	Guangdong	913.15	1010.23	1182.83	1215.80	1390.30
广 西	Guangxi	470.74	452.61	600.64	597.93	707.55
海 南	Hainan	304.92	352.15	404.98	471.13	503.49
重 庆	Chongqing	618.58	632.89	641.22	730.60	813.03
四 川	Sichuan	459.35	496.14	517.96	524.95	625.68
贵 州	Guizhou	428.71	514.41	545.95	498.49	710.72
云 南	Yunnan	438.18	433.09	403.83	438.66	519.79
西 藏	Tibet	250.17	87.43	177.44	214.13	265.13
陕 西	Shaanxi	380.10	506.69	544.79	584.29	750.30
甘 肃	Gansu	436.86	489.31	535.59	507.93	598.74
青 海	Qinghai	442.56	457.06	534.68	491.90	522.07
宁 夏	Ningxia	381.67	520.25	487.44	578.63	637.54
新 疆	Xinjiang	285.10	357.74	407.78	395.30	451.59

5-13 各地区城镇居民人均文化娱乐用品支出
Per Capita Annual Recreation Articles Expenditure of Urban Households by Region

单位：元 (yuan)

地 区	Region	2005	2006	2007	2008	2009
全 国	**National Average**	**280.21**	**310.26**	**343.17**	**354.82**	**381.32**
北 京	Beijing	677.36	809.41	788.83	800.12	820.73
天 津	Tianjin	382.50	432.74	498.69	497.75	555.89
河 北	Hebei	234.71	243.91	312.87	373.89	369.61
山 西	Shanxi	215.48	260.58	247.85	214.38	253.52
内蒙古	Inner Mongolia	263.24	307.47	351.84	433.52	412.40
辽 宁	Liaoning	194.40	206.67	290.47	287.00	313.61
吉 林	Jilin	176.88	235.27	242.95	284.30	198.72
黑龙江	Heilongjiang	180.88	209.70	222.86	186.59	229.59
上 海	Shanghai	647.16	702.85	740.99	834.70	957.49
江 苏	Jiangsu	362.03	404.61	474.30	500.05	516.36
浙 江	Zhejiang	412.50	448.58	465.09	438.42	470.50
安 徽	Anhui	194.04	200.70	259.91	250.33	283.53
福 建	Fujian	319.35	370.62	370.38	335.87	410.40
江 西	Jiangxi	184.49	212.52	215.70	234.75	247.33
山 东	Shandong	328.13	354.57	383.45	434.99	453.05
河 南	Henan	208.65	231.62	235.78	278.34	284.68
湖 北	Hubei	192.73	221.30	243.89	215.71	269.42
湖 南	Hunan	251.25	269.64	288.02	244.17	255.52
广 东	Guangdong	353.93	406.00	468.75	456.49	472.12
广 西	Guangxi	250.92	230.76	301.42	278.45	341.34
海 南	Hainan	162.66	206.84	216.61	241.78	257.77
重 庆	Chongqing	359.55	354.83	321.04	370.63	371.34
四 川	Sichuan	230.52	221.29	221.29	216.68	266.26
贵 州	Guizhou	204.82	226.57	235.94	221.73	309.29
云 南	Yunnan	213.22	190.87	163.41	183.89	213.45
西 藏	Tibet	121.58	35.93	88.70	109.54	151.60
陕 西	Shaanxi	210.97	280.33	284.74	286.80	345.85
甘 肃	Gansu	257.10	277.38	238.53	254.68	306.54
青 海	Qinghai	218.99	199.33	273.70	245.99	277.53
宁 夏	Ningxia	219.56	284.18	263.91	301.01	351.95
新 疆	Xinjiang	182.77	230.45	241.16	251.77	255.80

5-14 各地区城镇居民人均文化娱乐服务支出

Per Capita Annual Recreation Services Expenditure of Urban Households by Region

单位：元 (yuan)

地区	Region	2005	2006	2007	2008	2009
全国	**National Average**	**245.93**	**280.78**	**347.59**	**381.27**	**445.56**
北京	Beijing	584.43	730.74	718.21	774.16	909.58
天津	Tianjin	184.81	269.88	367.53	395.98	467.75
河北	Hebei	152.10	167.70	186.51	185.90	251.62
山西	Shanxi	168.22	207.44	223.87	256.74	268.95
内蒙古	Inner Mongolia	200.80	229.48	339.91	381.66	462.49
辽宁	Liaoning	126.00	136.01	152.96	188.33	235.98
吉林	Jilin	121.26	163.10	174.23	211.34	167.97
黑龙江	Heilongjiang	141.75	149.99	158.15	167.87	203.34
上海	Shanghai	489.44	503.60	709.11	873.88	990.26
江苏	Jiangsu	269.59	341.02	498.50	548.73	607.39
浙江	Zhejiang	464.54	444.94	495.34	578.61	643.32
安徽	Anhui	119.59	125.42	242.15	276.37	303.95
福建	Fujian	256.20	317.84	427.20	430.96	497.09
江西	Jiangxi	228.11	261.53	284.09	322.77	395.61
山东	Shandong	165.22	214.86	231.38	262.34	307.28
河南	Henan	174.70	192.24	245.50	246.26	285.83
湖北	Hubei	194.74	219.39	284.91	250.54	310.61
湖南	Hunan	305.25	339.29	374.77	322.43	375.30
广东	Guangdong	559.22	604.23	714.08	759.31	918.18
广西	Guangxi	219.82	221.85	299.22	319.48	366.21
海南	Hainan	142.26	145.31	188.37	229.35	245.72
重庆	Chongqing	259.03	278.06	320.18	359.97	441.69
四川	Sichuan	228.83	274.85	296.67	308.27	359.42
贵州	Guizhou	223.89	287.84	310.01	276.76	401.43
云南	Yunnan	224.96	242.22	240.42	254.77	306.34
西藏	Tibet	128.59	51.50	88.74	104.59	113.53
陕西	Shaanxi	169.13	226.36	260.05	297.49	404.45
甘肃	Gansu	179.76	211.93	297.06	253.25	292.20
青海	Qinghai	223.57	257.73	260.98	245.91	244.54
宁夏	Ningxia	162.11	236.07	223.53	277.62	285.59
新疆	Xinjiang	102.33	127.29	166.62	143.53	195.79

5－15 各地区城镇居民人均其他商品和服务支出

Per Capita Annual Miscellaneous Goods and Services Expenditure of Urban Households by Region

单位：元 (yuan)

地区	Region	2005	2006	2007	2008	2009
全国	**National Average**	**277.75**	**309.49**	**357.70**	**418.31**	**474.21**
北京	Beijing	526.76	621.74	649.66	704.24	833.32
天津	Tianjin	317.58	405.99	463.64	520.49	634.05
河北	Hebei	209.51	235.88	266.16	304.28	361.83
山西	Shanxi	189.88	206.48	245.07	228.53	281.61
内蒙古	Inner Mongolia	328.39	371.19	468.17	512.81	641.96
辽宁	Liaoning	325.18	348.23	400.16	533.29	609.09
吉林	Jilin	277.98	307.56	394.29	425.30	465.42
黑龙江	Heilongjiang	237.81	250.37	310.67	321.95	395.41
上海	Shanghai	627.20	645.13	763.80	937.21	1136.06
江苏	Jiangsu	311.92	362.56	377.37	458.10	510.94
浙江	Zhejiang	401.88	436.37	467.52	520.95	578.67
安徽	Anhui	197.87	203.83	309.30	325.82	337.36
福建	Fujian	329.11	341.96	375.98	523.83	598.13
江西	Jiangxi	193.97	236.87	294.60	337.91	345.78
山东	Shandong	242.29	299.48	325.64	372.01	406.75
河南	Henan	221.91	252.76	300.19	324.03	376.70
湖北	Hubei	195.62	220.08	242.82	260.74	307.75
湖南	Hunan	261.18	285.00	315.82	376.62	408.14
广东	Guangdong	377.20	405.00	454.09	594.45	627.01
广西	Guangxi	247.38	232.43	277.43	290.04	343.33
海南	Hainan	178.55	188.80	210.85	247.08	296.28
重庆	Chongqing	221.85	242.26	264.01	305.60	377.02
四川	Sichuan	232.99	261.85	291.32	338.03	422.38
贵州	Guizhou	238.35	249.66	258.21	260.27	278.71
云南	Yunnan	152.42	180.07	174.23	150.42	207.53
西藏	Tibet	414.27	250.82	335.66	400.38	438.68
陕西	Shaanxi	239.26	253.84	332.84	400.68	440.35
甘肃	Gansu	249.53	291.46	353.65	301.40	334.95
青海	Qinghai	215.79	275.66	331.38	311.72	331.86
宁夏	Ningxia	259.00	314.49	302.17	403.71	460.82
新疆	Xinjiang	244.80	269.45	331.80	411.63	436.70

5-16 各地区农村居民平均纯收入
Per Capita Annual Net Income of Rural Households by Region

单位：元 (yuan)

地 区	Region	2005	2006	2007	2008	2009
全 国	**National Average**	**3254.93**	**3587.04**	**4140.36**	**4760.62**	**5153.17**
北 京	Beijing	7346.26	8275.47	9439.63	10661.92	11668.59
天 津	Tianjin	5579.87	6227.94	7010.06	7910.78	8687.56
河 北	Hebei	3481.64	3801.82	4293.43	4795.46	5149.67
山 西	Shanxi	2890.66	3180.92	3665.66	4097.24	4244.10
内蒙古	Inner Mongolia	2988.87	3341.88	3953.10	4656.18	4937.80
辽 宁	Liaoning	3690.21	4090.40	4773.43	5576.48	5958.00
吉 林	Jilin	3263.99	3641.13	4191.34	4932.74	5265.91
黑龙江	Heilongjiang	3221.27	3552.43	4132.29	4855.59	5206.76
上 海	Shanghai	8247.77	9138.65	10144.62	11440.26	12482.94
江 苏	Jiangsu	5276.29	5813.23	6561.01	7356.47	8003.54
浙 江	Zhejiang	6659.95	7334.81	8265.15	9257.93	10007.31
安 徽	Anhui	2640.96	2969.08	3556.27	4202.49	4504.32
福 建	Fujian	4450.36	4834.75	5467.08	6196.07	6680.18
江 西	Jiangxi	3128.89	3459.53	4044.70	4697.19	5075.01
山 东	Shandong	3930.55	4368.33	4985.34	5641.43	6118.77
河 南	Henan	2870.58	3261.03	3851.60	4454.24	4806.95
湖 北	Hubei	3099.20	3419.35	3997.48	4656.38	5035.26
湖 南	Hunan	3117.74	3389.62	3904.20	4512.46	4909.04
广 东	Guangdong	4690.49	5079.78	5624.04	6399.79	6906.93
广 西	Guangxi	2494.67	2770.48	3224.05	3690.34	3980.44
海 南	Hainan	3004.03	3255.53	3791.37	4389.97	4744.36
重 庆	Chongqing	2809.32	2873.83	3509.29	4126.21	4478.35
四 川	Sichuan	2802.78	3002.38	3546.69	4121.21	4462.05
贵 州	Guizhou	1876.96	1984.62	2373.99	2796.93	3005.41
云 南	Yunnan	2041.79	2250.46	2634.09	3102.60	3369.34
西 藏	Tibet	2077.90	2435.02	2788.20	3175.82	3531.72
陕 西	Shaanxi	2052.63	2260.19	2644.69	3136.46	3437.55
甘 肃	Gansu	1979.88	2134.05	2328.92	2723.79	2980.10
青 海	Qinghai	2151.46	2358.37	2683.78	3061.24	3346.15
宁 夏	Ningxia	2508.89	2760.14	3180.84	3681.42	4048.33
新 疆	Xinjiang	2482.15	2737.28	3182.97	3502.90	3883.10

5－17　各地区农村居民人均消费性支出

Per Capita Annual Consumption Expenditure of Rural Households by Region

单位：元　　(yuan)

地　区	Region	2005	2006	2007	2008	2009
全　国	**National Average**	**2555.40**	**2415.47**	**3223.85**	**3660.68**	**3993.45**
北　京	Beijing	5315.71	5681.09	6399.27	7284.65	8897.59
天　津	Tianjin	3035.96	3261.91	3538.31	3825.43	4273.15
河　北	Hebei	2165.72	2246.29	2786.77	3125.55	3349.74
山　西	Shanxi	1877.70	2039.80	2682.57	3097.54	3304.76
内蒙古	Inner Mongolia	2446.17	2378.60	3256.15	3618.11	3968.42
辽　宁	Liaoning	2805.94	2740.97	3368.16	3814.03	4254.03
吉　林	Jilin	2305.98	2398.45	3065.44	3443.24	3902.90
黑龙江	Heilongjiang	2544.65	2365.23	3117.44	3844.73	4241.27
上　海	Shanghai	7277.94	7807.08	8844.88	9119.67	9804.37
江　苏	Jiangsu	3567.11	3658.19	4786.15	5328.37	5804.45
浙　江	Zhejiang	5432.95	5819.70	6801.60	7534.09	7731.70
安　徽	Anhui	2196.23	2050.09	2754.04	3284.11	3655.02
福　建	Fujian	3292.63	3217.66	4053.47	4661.94	5015.72
江　西	Jiangxi	2483.70	2111.73	2994.49	3309.21	3532.66
山　东	Shandong	2735.77	2867.30	3621.57	4077.05	4417.18
河　南	Henan	1891.57	1875.98	2676.41	3044.21	3388.47
湖　北	Hubei	2430.19	2099.64	3090.00	3652.57	3725.24
湖　南	Hunan	2756.43	2444.90	3377.38	3804.97	4020.87
广　东	Guangdong	3707.73	3421.56	4202.32	4872.46	5019.81
广　西	Guangxi	2349.60	1917.97	2747.47	2985.03	3231.14
海　南	Hainan	1969.09	1759.26	2556.56	2883.10	3088.56
重　庆	Chongqing	2142.12	1600.58	2526.70	2884.92	3142.14
四　川	Sichuan	2274.17	1816.09	2747.27	3127.94	4141.40
贵　州	Guizhou	1552.39	1167.92	1913.71	2165.70	2421.95
云　南	Yunnan	1789.00	1597.26	2637.18	2990.61	2924.85
西　藏	Tibet	1723.76	1435.41	2217.62	2199.59	2399.47
陕　西	Shaanxi	1896.48	1938.60	2559.59	2979.37	3349.23
甘　肃	Gansu	1819.58	1365.33	2017.21	2400.95	2766.45
青　海	Qinghai	1976.03	1657.87	2446.50	2896.62	3209.41
宁　夏	Ningxia	2094.48	1824.87	2528.76	3094.86	3347.94
新　疆	Xinjiang	1924.41	1696.40	2350.58	2691.79	2950.63

5-18 各地区农村居民人均食品支出
Per Capita Annual Food Expenditure of Rural Households by Region

单位：元 (yuan)

地区	Region	2005	2006	2007	2008	2009
全国	**National Average**	**1162.16**	**835.48**	**1388.99**	**1598.75**	**1636.04**
北京	Beijing	1735.95	1836.31	2132.51	2470.72	2808.92
天津	Tianjin	1171.39	1133.62	1367.75	1568.95	1848.11
河北	Hebei	888.37	685.98	1025.72	1192.93	1195.65
山西	Shanxi	830.48	659.02	1033.68	1206.69	1224.60
内蒙古	Inner Mongolia	1054.26	726.06	1280.05	1483.61	1578.57
辽宁	Liaoning	1127.23	866.55	1334.18	1549.00	1563.33
吉林	Jilin	1003.22	818.37	1240.93	1362.44	1371.12
黑龙江	Heilongjiang	923.59	747.54	1077.34	1267.68	1331.07
上海	Shanghai	2683.89	2824.99	3259.48	3731.27	3639.14
江苏	Jiangsu	1569.27	1283.17	1968.88	2202.58	2275.28
浙江	Zhejiang	2061.44	2001.40	2430.60	2779.10	2812.39
安徽	Anhui	999.79	697.37	1192.57	1454.18	1494.19
福建	Fujian	1517.60	1310.07	1870.32	2162.30	2304.14
江西	Jiangxi	1220.53	777.45	1492.02	1633.12	1609.20
山东	Shandong	1087.65	916.49	1369.20	1551.77	1618.66
河南	Henan	858.97	596.73	1017.43	1165.81	1220.36
湖北	Hubei	1192.26	686.75	1479.04	1711.34	1668.35
湖南	Hunan	1433.01	918.18	1675.16	1947.52	1967.54
广东	Guangdong	1789.42	1498.49	2087.58	2388.91	2425.55
广西	Guangxi	1186.71	752.23	1378.78	1594.67	1572.82
海南	Hainan	1134.75	768.24	1430.31	1537.55	1639.34
重庆	Chongqing	1130.35	577.76	1376.00	1537.59	1542.12
四川	Sichuan	1244.36	675.71	1435.52	1627.58	1740.59
贵州	Guizhou	819.87	392.85	998.39	1119.64	1093.94
云南	Yunnan	975.72	530.84	1226.69	1483.16	1410.00
西藏	Tibet	1185.23	500.57	1079.83	1153.37	1190.01
陕西	Shaanxi	812.93	612.12	941.81	1115.66	1175.29
甘肃	Gansu	858.89	381.12	944.14	1132.53	1142.05
青海	Qinghai	893.32	450.66	1069.04	1220.02	1164.07
宁夏	Ningxia	922.54	523.86	1019.35	1288.47	1395.42
新疆	Xinjiang	803.82	494.47	939.03	1146.69	1225.93

5-19 各地区农村居民人均衣着支出

Per Capita Annual Clothing Expenditure of Rural Households by Region

单位：元 (yuan)

地区	Region	2005	2006	2007	2008	2009
全国	**National Average**	**148.57**	**167.34**	**193.45**	**211.80**	**232.50**
北京	Beijing	378.66	451.63	513.44	577.81	654.36
天津	Tianjin	257.26	265.16	286.33	292.52	324.63
河北	Hebei	155.52	167.75	185.68	203.74	217.82
山西	Shanxi	202.35	227.43	260.88	276.23	283.20
内蒙古	Inner Mongolia	150.01	184.07	228.40	239.96	271.88
辽宁	Liaoning	221.02	242.96	281.19	298.82	335.93
吉林	Jilin	168.21	189.90	227.96	254.05	286.97
黑龙江	Heilongjiang	184.11	198.85	254.01	308.49	345.69
上海	Shanghai	366.44	417.57	475.51	467.33	496.14
江苏	Jiangsu	191.15	222.59	251.29	276.39	306.62
浙江	Zhejiang	318.86	368.52	405.32	454.79	473.11
安徽	Anhui	117.41	138.18	166.31	180.04	203.37
福建	Fujian	186.70	213.26	235.61	263.59	291.72
江西	Jiangxi	124.52	130.06	147.71	157.75	162.58
山东	Shandong	159.73	197.11	224.18	250.29	265.59
河南	Henan	132.36	159.46	189.71	209.75	225.64
湖北	Hubei	125.01	144.26	168.64	187.07	195.45
湖南	Hunan	127.89	137.66	161.79	169.06	182.46
广东	Guangdong	143.50	151.11	162.33	177.67	192.68
广西	Guangxi	79.48	79.91	86.90	91.19	91.82
海南	Hainan	66.35	75.15	86.26	89.89	108.03
重庆	Chongqing	95.96	113.27	136.34	160.34	198.60
四川	Sichuan	116.35	132.85	156.65	174.59	197.06
贵州	Guizhou	79.59	88.56	99.44	112.46	125.35
云南	Yunnan	80.33	93.61	112.52	119.63	137.19
西藏	Tibet	182.45	175.18	245.00	248.68	266.73
陕西	Shaanxi	124.36	138.33	161.08	175.50	208.00
甘肃	Gansu	92.33	97.23	112.20	134.66	157.29
青海	Qinghai	156.11	160.51	191.80	200.26	224.73
宁夏	Ningxia	143.09	159.10	184.26	217.17	256.26
新疆	Xinjiang	171.40	182.85	218.18	218.61	261.26

5－20 各地区农村居民人均居住支出
Per Capita Annual Residence Expenditure of Rural Households by Region

单位：元 (yuan)

地 区	Region	2005	2006	2007	2008	2009
全 国	**National Average**	**370.16**	**438.31**	**573.80**	**678.80**	**805.01**
北 京	Beijing	854.35	859.33	1023.21	1162.96	1798.88
天 津	Tianjin	614.29	664.43	674.81	699.21	674.67
河 北	Hebei	398.90	512.50	627.98	696.14	796.62
山 西	Shanxi	200.56	300.56	392.78	486.75	584.07
内蒙古	Inner Mongolia	334.69	316.74	473.98	569.60	609.29
辽 宁	Liaoning	378.21	479.84	513.11	601.71	793.91
吉 林	Jilin	256.66	306.94	399.11	530.69	737.07
黑龙江	Heilongjiang	526.99	483.31	691.02	871.51	946.84
上 海	Shanghai	1319.76	1657.68	2097.21	1806.08	2102.96
江 苏	Jiangsu	512.47	610.53	752.73	860.35	969.76
浙 江	Zhejiang	914.06	1182.44	1498.50	1659.88	1488.95
安 徽	Anhui	344.86	355.93	479.46	650.51	813.12
福 建	Fujian	457.26	504.67	660.55	777.51	821.21
江 西	Jiangxi	326.20	344.34	474.49	559.39	725.11
山 东	Shandong	445.71	548.00	682.13	804.75	945.81
河 南	Henan	317.97	405.70	615.62	712.61	875.83
湖 北	Hubei	310.27	340.37	434.91	651.50	702.62
湖 南	Hunan	307.28	398.01	508.33	629.75	691.59
广 东	Guangdong	530.30	558.80	763.01	964.53	946.14
广 西	Guangxi	379.65	372.76	554.14	535.45	677.92
海 南	Hainan	146.00	202.27	305.90	391.04	348.50
重 庆	Chongqing	231.15	223.51	263.73	328.97	406.36
四 川	Sichuan	234.05	292.49	366.45	469.73	1138.72
贵 州	Guizhou	235.50	253.00	329.64	427.40	588.42
云 南	Yunnan	225.79	378.06	586.07	626.12	496.66
西 藏	Tibet	84.24	384.06	418.83	324.07	383.20
陕 西	Shaanxi	211.71	336.57	512.40	598.59	697.43
甘 肃	Gansu	240.74	247.41	295.23	387.83	648.63
青 海	Qinghai	329.33	348.33	359.74	568.79	820.84
宁 夏	Ningxia	345.93	397.84	450.55	582.47	501.75
新 疆	Xinjiang	333.19	358.29	445.02	492.77	514.72

5-21 各地区农村居民人均家庭设备及服务支出

Per Capita Annual Household Facilities, Articles and Services Expenditure of Rural Households by Region

单位：元 (yuan)

地区	Region	2005	2006	2007	2008	2009
全国	**National Average**	**111.44**	**126.07**	**149.13**	**173.98**	**204.81**
北京	Beijing	326.89	303.46	340.15	402.56	528.00
天津	Tianjin	117.11	122.41	126.74	153.61	187.83
河北	Hebei	101.49	115.82	140.45	151.94	170.40
山西	Shanxi	68.93	98.26	120.86	138.26	156.27
内蒙古	Inner Mongolia	84.41	97.95	117.64	128.80	148.03
辽宁	Liaoning	100.42	112.15	142.07	158.91	185.50
吉林	Jilin	81.92	105.11	120.95	124.80	168.36
黑龙江	Heilongjiang	73.77	79.26	104.99	130.00	161.03
上海	Shanghai	458.11	481.04	451.40	503.96	480.62
江苏	Jiangsu	167.97	199.48	228.51	250.11	286.37
浙江	Zhejiang	260.45	288.02	338.80	364.05	374.31
安徽	Anhui	106.36	116.76	144.23	165.53	229.66
福建	Fujian	154.42	167.33	184.21	222.86	260.68
江西	Jiangxi	96.36	105.68	121.54	155.00	181.91
山东	Shandong	136.54	158.71	195.99	240.91	273.77
河南	Henan	82.69	104.75	136.37	169.61	203.81
湖北	Hubei	110.04	134.17	166.25	234.92	229.32
湖南	Hunan	114.31	129.51	152.60	171.11	203.65
广东	Guangdong	152.12	148.10	163.85	189.01	206.36
广西	Guangxi	95.47	110.09	112.24	124.01	157.93
海南	Hainan	92.28	87.85	93.26	104.07	132.19
重庆	Chongqing	95.78	117.24	138.34	167.74	209.37
四川	Sichuan	102.13	112.21	142.64	163.99	219.63
贵州	Guizhou	61.69	64.91	70.93	94.36	115.39
云南	Yunnan	67.03	83.75	107.15	118.97	147.80
西藏	Tibet	81.24	117.00	133.26	140.06	148.62
陕西	Shaanxi	83.61	94.88	106.80	155.07	195.92
甘肃	Gansu	74.09	77.78	91.40	95.58	142.72
青海	Qinghai	83.96	90.12	122.17	110.35	132.54
宁夏	Ningxia	77.16	104.32	109.27	123.91	169.01
新疆	Xinjiang	68.03	70.79	91.45	97.58	107.28

5-22 各地区农村居民人均医疗保健支出

Per Capita Annual Health Care and Medical Services Expenditure of Rural Households by Region

单位：元 (yuan)

地 区	Region	2005	2006	2007	2008	2009
全 国	**National Average**	**168.09**	**191.51**	**210.24**	**245.97**	**287.54**
北 京	Beijing	504.20	575.80	629.56	709.44	867.87
天 津	Tianjin	179.18	263.24	306.19	301.06	299.79
河 北	Hebei	134.77	166.34	188.06	219.32	289.27
山 西	Shanxi	102.90	142.66	170.85	210.32	240.94
内蒙古	Inner Mongolia	176.44	232.76	281.46	320.62	416.87
辽 宁	Liaoning	233.53	267.86	265.01	283.37	409.64
吉 林	Jilin	193.57	256.28	311.37	380.71	511.50
黑龙江	Heilongjiang	253.52	253.84	272.49	351.05	434.25
上 海	Shanghai	561.72	549.44	571.06	697.11	738.94
江 苏	Jiangsu	198.56	232.30	263.85	290.93	322.99
浙 江	Zhejiang	415.63	459.39	452.44	532.06	609.07
安 徽	Anhui	133.68	165.02	177.04	199.44	227.10
福 建	Fujian	154.03	162.26	174.12	197.85	219.02
江 西	Jiangxi	154.68	159.14	167.71	205.68	232.78
山 东	Shandong	188.48	221.80	230.84	280.49	301.55
河 南	Henan	123.41	140.55	173.19	215.00	242.87
湖 北	Hubei	135.37	172.44	178.77	210.36	236.31
湖 南	Hunan	168.19	196.54	219.95	244.17	258.07
广 东	Guangdong	203.85	197.00	199.31	259.00	232.00
广 西	Guangxi	123.39	123.91	149.01	154.32	205.16
海 南	Hainan	93.00	110.92	95.55	123.82	129.26
重 庆	Chongqing	142.65	159.68	168.57	197.15	242.60
四 川	Sichuan	144.45	160.31	174.75	209.22	258.13
贵 州	Guizhou	71.79	76.76	79.31	96.38	133.15
云 南	Yunnan	122.33	138.16	167.92	181.97	197.55
西 藏	Tibet	44.44	54.37	50.00	53.84	71.50
陕 西	Shaanxi	165.82	195.61	222.51	251.23	329.26
甘 肃	Gansu	113.96	127.35	149.82	164.72	180.09
青 海	Qinghai	152.33	192.77	229.28	270.06	291.34
宁 夏	Ningxia	198.84	187.60	239.40	318.77	356.39
新 疆	Xinjiang	169.28	189.69	210.69	244.59	316.55

5-23 各地区农村居民人均交通和通信支出

Per Capita Annual Transport and Communications Expenditure of Rural Households by Region

单位：元 (yuan)

地 区	Region	2005	2006	2007	2008	2009
全 国	**National Average**	**244.98**	**288.76**	**328.40**	**360.18**	**402.91**
北 京	Beijing	615.49	698.14	778.52	950.53	1132.09
天 津	Tianjin	327.58	441.32	400.11	402.87	481.27
河 北	Hebei	221.96	285.70	318.19	346.73	350.92
山 西	Shanxi	160.27	224.23	268.75	328.74	324.89
内蒙古	Inner Mongolia	293.32	361.83	375.58	406.74	466.34
辽 宁	Liaoning	300.71	337.08	361.77	426.47	416.41
吉 林	Jilin	284.86	295.99	337.46	355.58	355.99
黑龙江	Heilongjiang	256.58	267.05	335.28	395.02	427.35
上 海	Shanghai	747.54	779.88	883.71	879.57	1212.38
江 苏	Jiangsu	363.76	465.17	543.97	614.23	691.56
浙 江	Zhejiang	618.26	664.81	782.98	851.06	968.17
安 徽	Anhui	196.72	237.15	258.29	280.63	302.23
福 建	Fujian	365.60	431.40	465.40	534.68	570.24
江 西	Jiangxi	229.59	250.93	277.15	301.68	295.76
山 东	Shandong	294.37	352.19	422.36	452.55	533.55
河 南	Henan	159.73	220.83	269.46	290.79	310.11
湖 北	Hubei	223.16	246.07	281.12	290.44	307.22
湖 南	Hunan	218.96	249.70	278.78	286.01	341.27
广 东	Guangdong	411.64	443.46	443.24	483.66	558.78
广 西	Guangxi	214.07	239.48	245.97	261.85	275.57
海 南	Hainan	178.00	205.68	248.08	261.57	357.29
重 庆	Chongqing	163.05	186.57	208.69	238.43	260.33
四 川	Sichuan	171.50	203.63	241.49	256.08	324.05
贵 州	Guizhou	99.22	122.47	154.52	159.61	175.08
云 南	Yunnan	99.81	157.25	216.67	248.25	313.26
西 藏	Tibet	79.26	104.30	156.57	147.21	224.83
陕 西	Shaanxi	163.17	216.66	254.74	270.63	300.32
甘 肃	Gansu	155.03	174.60	186.17	234.69	237.92
青 海	Qinghai	208.43	255.82	292.10	316.75	341.13
宁 夏	Ningxia	178.47	226.41	265.76	299.29	365.59
新 疆	Xinjiang	183.00	209.46	234.70	276.31	319.39

5-24 各地区农村居民人均通信支出

Per Capita Annual Communications Expenditure of Rural Households by Region

单位：元 (yuan)

地 区	Region	2005	2006	2007	2008	2009
全 国	**National Average**	**122.18**	**135.98**	**144.74**	**155.73**	**153.66**
北 京	Beijing	266.92	302.35	310.06	342.74	361.09
天 津	Tianjin	161.73	231.08	189.64	174.18	184.27
河 北	Hebei	111.24	137.68	153.77	165.17	156.87
山 西	Shanxi	110.28	127.91	126.43	169.03	168.86
内蒙古	Inner Mongolia	169.06	183.22	170.69	161.05	160.39
辽 宁	Liaoning	186.66	197.49	191.39	202.67	162.14
吉 林	Jilin	160.94	151.41	177.47	163.38	130.22
黑龙江	Heilongjiang	156.50	161.90	190.78	210.83	206.67
上 海	Shanghai	309.91	313.34	301.13	274.16	371.77
江 苏	Jiangsu	144.90	176.32	205.04	227.78	220.56
浙 江	Zhejiang	235.36	230.44	298.29	333.65	273.87
安 徽	Anhui	121.46	150.01	143.37	147.18	155.47
福 建	Fujian	231.63	248.07	222.73	255.14	254.72
江 西	Jiangxi	152.17	171.90	185.49	162.88	121.03
山 东	Shandong	138.85	141.33	160.32	164.37	163.68
河 南	Henan	115.30	145.65	168.80	166.75	160.17
湖 北	Hubei	139.78	142.53	152.34	147.99	156.07
湖 南	Hunan	138.02	132.99	151.33	152.25	147.32
广 东	Guangdong	136.82	148.31	142.48	185.24	194.74
广 西	Guangxi	117.36	112.76	110.90	113.16	104.16
海 南	Hainan	92.22	77.29	82.15	93.78	117.83
重 庆	Chongqing	106.16	122.24	111.62	131.05	130.60
四 川	Sichuan	88.06	100.50	121.80	130.83	151.97
贵 州	Guizhou	64.40	78.32	87.82	86.29	97.39
云 南	Yunnan	57.90	79.77	116.51	108.32	110.22
西 藏	Tibet	47.77	75.16	104.94	92.82	131.99
陕 西	Shaanxi	106.82	118.46	134.02	141.50	155.25
甘 肃	Gansu	95.96	105.95	99.92	125.46	120.80
青 海	Qinghai	103.76	140.90	161.89	160.14	146.85
宁 夏	Ningxia	104.78	131.67	136.14	137.64	128.28
新 疆	Xinjiang	92.17	115.17	116.15	124.12	121.26

5－25 各地区农村居民人均文教娱乐用品及服务支出

Per Capita Annual Education, Culture and Recreation and Services Expenditure

单位：元 (yuan)

地 区	Region	2005	2006	2007	2008	2009
全 国	**National Average**	**295.48**	**305.13**	**305.66**	**314.53**	**340.56**
北 京	Beijing	796.99	844.08	870.12	883.35	960.41
天 津	Tianjin	328.86	315.59	312.07	324.47	371.85
河 北	Hebei	225.79	265.38	243.30	250.07	263.53
山 西	Shanxi	279.54	339.75	370.97	380.70	416.94
内蒙古	Inner Mongolia	309.40	398.47	423.75	399.35	390.85
辽 宁	Liaoning	376.93	354.59	362.78	387.97	437.79
吉 林	Jilin	261.09	346.79	339.77	341.70	376.76
黑龙江	Heilongjiang	277.00	279.69	312.32	437.57	496.42
上 海	Shanghai	936.51	919.94	857.47	855.30	942.76
江 苏	Jiangsu	478.94	544.14	642.52	713.23	818.45
浙 江	Zhejiang	722.95	731.65	750.69	747.00	843.34
安 徽	Anhui	256.80	290.74	283.17	294.84	312.05
福 建	Fujian	356.54	333.55	356.26	390.15	421.69
江 西	Jiangxi	276.26	287.51	252.78	236.01	254.77
山 东	Shandong	377.16	408.84	424.89	417.27	399.95
河 南	Henan	177.66	198.58	212.36	214.38	234.01
湖 北	Hubei	271.86	292.34	284.13	267.13	281.68
湖 南	Hunan	329.28	341.70	293.89	278.67	291.01
广 东	Guangdong	360.73	303.37	254.94	272.87	296.72
广 西	Guangxi	226.38	198.17	172.45	172.73	192.54
海 南	Hainan	198.70	238.47	223.98	288.49	287.85
重 庆	Chongqing	249.71	189.73	195.97	211.83	237.38
四 川	Sichuan	225.16	196.64	177.19	173.26	206.67
贵 州	Guizhou	160.91	138.13	147.31	122.10	151.59
云 南	Yunnan	182.62	177.89	181.73	168.55	177.66
西 藏	Tibet	28.20	64.27	65.39	62.26	61.14
陕 西	Shaanxi	297.33	296.07	304.54	351.99	380.38
甘 肃	Gansu	257.88	228.43	208.90	219.91	217.35
青 海	Qinghai	109.53	118.66	135.13	148.86	173.75
宁 夏	Ningxia	177.90	168.85	192.00	192.57	217.21
新 疆	Xinjiang	159.32	157.00	166.27	168.99	158.13

5-26 各地区农村居民人均文娱用品及服务支出

Per Capita Annual Culture, Recreation and Services Expenditure of Rural Households by Region

单位：元 (yuan)

地　区	Region	2005	2006	2007	2008	2009
全　国	**National Average**	**141.66**	**149.91**	**158.85**	**170.46**	**191.21**
北　京	Beijing	459.92	516.95	550.05	583.44	625.92
天　津	Tianjin	145.34	152.70	164.85	180.23	218.65
河　北	Hebei	109.80	131.97	135.74	147.92	166.68
山　西	Shanxi	115.02	157.76	166.02	172.14	203.47
内蒙古	Inner Mongolia	148.20	203.26	235.43	235.30	227.31
辽　宁	Liaoning	142.16	142.30	152.78	161.00	187.43
吉　林	Jilin	97.28	155.19	142.06	158.01	134.38
黑龙江	Heilongjiang	111.36	119.20	126.83	171.16	224.61
上　海	Shanghai	468.34	456.41	468.57	508.38	584.99
江　苏	Jiangsu	234.89	276.50	367.83	415.63	467.34
浙　江	Zhejiang	342.79	335.92	334.05	346.02	409.24
安　徽	Anhui	120.85	109.08	121.51	133.86	149.61
福　建	Fujian	185.38	173.79	199.21	205.88	254.28
江　西	Jiangxi	141.53	152.36	129.79	139.09	153.52
山　东	Shandong	178.92	193.69	219.31	227.78	228.13
河　南	Henan	84.60	99.36	109.13	113.72	127.37
湖　北	Hubei	116.42	129.12	134.12	120.08	135.20
湖　南	Hunan	160.93	176.01	151.56	142.23	152.00
广　东	Guangdong	197.35	168.96	151.16	171.33	190.20
广　西	Guangxi	106.69	105.41	98.64	95.49	122.61
海　南	Hainan	92.92	106.13	108.26	146.01	150.66
重　庆	Chongqing	111.04	82.84	101.56	122.15	142.76
四　川	Sichuan	113.78	99.93	88.95	96.04	112.37
贵　州	Guizhou	84.98	75.72	77.63	65.12	93.98
云　南	Yunnan	103.17	102.08	104.02	100.87	115.62
西　藏	Tibet	10.40	15.64	26.31	31.77	34.80
陕　西	Shaanxi	104.46	117.19	134.81	160.48	199.55
甘　肃	Gansu	119.50	108.05	105.69	119.29	126.90
青　海	Qinghai	60.36	68.33	75.75	83.13	102.00
宁　夏	Ningxia	88.18	103.75	108.40	106.76	128.71
新　疆	Xinjiang	61.27	68.52	75.60	82.23	83.47

5－27 各地区农村居民人均其他商品与服务支出

Per Capita Annual Miscellaneous Goods and Services Expenditure of Rural Households by Region

单位：元 (yuan)

地 区	Region	2005	2006	2007	2008	2009
全 国	**National Average**	**54.52**	**62.87**	**74.19**	**76.67**	**84.10**
北 京	Beijing	103.18	112.33	111.75	127.29	147.06
天 津	Tianjin	40.29	56.14	64.30	82.75	85.01
河 北	Hebei	38.92	46.82	57.40	64.68	65.55
山 西	Shanxi	32.66	47.88	63.81	69.85	73.85
内蒙古	Inner Mongolia	43.64	60.72	75.29	69.43	86.59
辽 宁	Liaoning	67.90	79.94	108.05	107.78	111.53
吉 林	Jilin	56.44	79.07	87.89	93.27	95.12
黑龙江	Heilongjiang	49.09	55.68	69.98	83.41	98.62
上 海	Shanghai	203.97	176.52	249.04	179.06	191.44
江 苏	Jiangsu	84.98	100.80	134.41	120.56	133.42
浙 江	Zhejiang	121.31	123.47	142.26	146.14	162.36
安 徽	Anhui	40.61	48.95	52.98	58.94	73.30
福 建	Fujian	100.47	95.13	107.00	113.01	127.02
江 西	Jiangxi	55.57	56.62	61.08	60.58	70.53
山 东	Shandong	46.13	64.15	71.98	79.00	78.30
河 南	Henan	38.76	49.37	62.26	66.27	75.85
湖 北	Hubei	62.23	83.24	97.13	99.80	104.29
湖 南	Hunan	57.50	73.60	86.88	78.67	85.30
广 东	Guangdong	116.17	121.23	128.06	136.82	161.58
广 西	Guangxi	44.45	41.45	47.98	50.81	57.37
海 南	Hainan	60.00	70.68	73.23	86.67	86.10
重 庆	Chongqing	33.48	32.83	39.06	42.87	45.38
四 川	Sichuan	36.18	42.25	52.56	53.49	56.55
贵 州	Guizhou	23.82	31.23	34.16	33.75	39.03
云 南	Yunnan	35.37	37.71	38.43	43.97	44.73
西 藏	Tibet	38.70	35.65	68.74	70.09	53.45
陕 西	Shaanxi	37.55	48.36	55.71	60.70	62.63
甘 肃	Gansu	26.65	31.41	29.36	31.05	40.40
青 海	Qinghai	43.03	41.00	47.23	61.54	61.00
宁 夏	Ningxia	50.55	56.89	68.17	72.20	86.32
新 疆	Xinjiang	36.38	33.85	45.25	46.24	47.37

6. 中国信息化发展指数（Ⅱ）比较表
Informatization Development Index（Ⅱ）of China

6-1 中国各地区信息化发展指数（Ⅱ）比较表
Informatization Development Index（Ⅱ）by Region of China

地 区	Region	2005	2006	2007	2008	2009
全 国	**National Average**	**0.589**	**0.611**	**0.633**	**0.654**	**0.681**
北 京	Beijing	0.957	0.970	1.001	1.016	1.053
天 津	Tianjin	0.721	0.736	0.751	0.787	0.820
河 北	Hebei	0.522	0.540	0.560	0.581	0.609
山 西	Shanxi	0.539	0.564	0.585	0.616	0.644
内蒙古	Inner Mongolia	0.525	0.543	0.565	0.584	0.614
辽 宁	Liaoning	0.626	0.639	0.666	0.687	0.723
吉 林	Jilin	0.581	0.594	0.612	0.621	0.643
黑龙江	Heilongjiang	0.563	0.574	0.593	0.612	0.637
上 海	Shanghai	0.845	0.871	0.906	0.931	0.965
江 苏	Jiangsu	0.627	0.655	0.690	0.713	0.749
浙 江	Zhejiang	0.675	0.700	0.731	0.759	0.787
安 徽	Anhui	0.505	0.531	0.545	0.567	0.594
福 建	Fujian	0.592	0.614	0.645	0.682	0.712
江 西	Jiangxi	0.521	0.535	0.555	0.562	0.588
山 东	Shandong	0.568	0.592	0.610	0.641	0.664
河 南	Henan	0.492	0.516	0.535	0.556	0.574
湖 北	Hubei	0.569	0.594	0.609	0.630	0.656
湖 南	Hunan	0.542	0.565	0.579	0.596	0.615
广 东	Guangdong	0.676	0.699	0.738	0.761	0.781
广 西	Guangxi	0.518	0.531	0.535	0.548	0.567
海 南	Hainan	0.528	0.552	0.572	0.595	0.621
重 庆	Chongqing	0.571	0.597	0.613	0.632	0.662
四 川	Sichuan	0.539	0.560	0.575	0.585	0.616
贵 州	Guizhou	0.483	0.509	0.519	0.531	0.568
云 南	Yunnan	0.480	0.498	0.508	0.537	0.555
西 藏	Tibet	0.440	0.465	0.491	0.523	0.539
陕 西	Shaanxi	0.581	0.595	0.613	0.636	0.673
甘 肃	Gansu	0.511	0.517	0.529	0.557	0.581
青 海	Qinghai	0.506	0.521	0.537	0.564	0.585
宁 夏	Ningxia	0.517	0.544	0.551	0.573	0.608
新 疆	Xinjiang	0.525	0.541	0.567	0.589	0.600

6-2 中国各地区信息化基础设施指数比较表
Infrastructure Index by Region of China

地区	Region	2005	2006	2007	2008	2009
全国	**National Average**	**0.309**	**0.335**	**0.354**	**0.359**	**0.389**
北京	Beijing	0.718	0.719	0.721	0.676	0.698
天津	Tianjin	0.449	0.462	0.502	0.517	0.539
河北	Hebei	0.281	0.309	0.328	0.336	0.359
山西	Shanxi	0.270	0.284	0.315	0.336	0.359
内蒙古	Inner Mongolia	0.289	0.302	0.319	0.340	0.373
辽宁	Liaoning	0.356	0.371	0.400	0.427	0.464
吉林	Jilin	0.319	0.339	0.365	0.353	0.382
黑龙江	Heilongjiang	0.306	0.316	0.335	0.342	0.356
上海	Shanghai	0.723	0.771	0.799	0.778	0.800
江苏	Jiangsu	0.413	0.442	0.467	0.470	0.507
浙江	Zhejiang	0.544	0.564	0.603	0.608	0.637
安徽	Anhui	0.267	0.293	0.304	0.301	0.323
福建	Fujian	0.403	0.432	0.454	0.484	0.502
江西	Jiangxi	0.278	0.292	0.304	0.299	0.316
山东	Shandong	0.320	0.339	0.362	0.372	0.398
河南	Henan	0.234	0.267	0.281	0.282	0.304
湖北	Hubei	0.288	0.319	0.329	0.330	0.360
湖南	Hunan	0.252	0.285	0.294	0.295	0.318
广东	Guangdong	0.474	0.487	0.520	0.509	0.524
广西	Guangxi	0.249	0.274	0.280	0.283	0.309
海南	Hainan	0.236	0.262	0.287	0.304	0.328
重庆	Chongqing	0.321	0.380	0.381	0.365	0.380
四川	Sichuan	0.270	0.300	0.311	0.302	0.328
贵州	Guizhou	0.170	0.206	0.214	0.181	0.248
云南	Yunnan	0.197	0.230	0.234	0.251	0.274
西藏	Tibet	0.144	0.180	0.184	0.197	0.222
陕西	Shaanxi	0.273	0.306	0.335	0.342	0.377
甘肃	Gansu	0.214	0.240	0.249	0.258	0.285
青海	Qinghai	0.229	0.263	0.283	0.277	0.300
宁夏	Ningxia	0.263	0.282	0.301	0.321	0.355
新疆	Xinjiang	0.269	0.290	0.299	0.310	0.316

6-3 中国各地区信息化产业技术指数比较表
Industrial & Technological Index by Region of China

地区	Region	2005	2006	2007	2008	2009
全国	**National Average**	**0.808**	**0.840**	**0.869**	**0.897**	**0.914**
北京	Beijing	1.136	1.151	1.178	1.218	1.217
天津	Tianjin	1.024	1.030	1.038	1.053	1.053
河北	Hebei	0.664	0.693	0.727	0.746	0.760
山西	Shanxi	0.673	0.723	0.752	0.809	0.825
内蒙古	Inner Mongolia	0.634	0.671	0.707	0.735	0.744
辽宁	Liaoning	0.831	0.864	0.894	0.917	0.925
吉林	Jilin	0.759	0.765	0.792	0.813	0.827
黑龙江	Heilongjiang	0.748	0.770	0.796	0.827	0.838
上海	Shanghai	1.095	1.113	1.139	1.159	1.176
江苏	Jiangsu	0.842	0.890	0.945	0.981	1.014
浙江	Zhejiang	0.910	0.935	0.956	0.983	1.006
安徽	Anhui	0.616	0.658	0.690	0.749	0.799
福建	Fujian	0.758	0.781	0.829	0.857	0.890
江西	Jiangxi	0.630	0.652	0.680	0.687	0.727
山东	Shandong	0.765	0.809	0.837	0.886	0.888
河南	Henan	0.640	0.680	0.707	0.766	0.765
湖北	Hubei	0.717	0.758	0.793	0.821	0.850
湖南	Hunan	0.725	0.764	0.775	0.818	0.805
广东	Guangdong	0.925	0.976	1.003	1.012	1.022
广西	Guangxi	0.617	0.630	0.670	0.689	0.708
海南	Hainan	0.690	0.728	0.749	0.774	0.808
重庆	Chongqing	0.722	0.751	0.784	0.813	0.877
四川	Sichuan	0.686	0.718	0.744	0.768	0.812
贵州	Guizhou	0.638	0.662	0.669	0.679	0.726
云南	Yunnan	0.639	0.671	0.681	0.725	0.738
西藏	Tibet	0.539	0.597	0.616	0.674	0.741
陕西	Shaanxi	0.745	0.759	0.797	0.849	0.895
甘肃	Gansu	0.676	0.658	0.675	0.728	0.749
青海	Qinghai	0.659	0.642	0.666	0.724	0.743
宁夏	Ningxia	0.664	0.715	0.681	0.722	0.740
新疆	Xinjiang	0.660	0.680	0.707	0.715	0.745

6-4 中国各地区信息化应用消费指数比较表
Applications & Consumptions Index by Region of China

地区	Region	2005	2006	2007	2008	2009
全国	**National Average**	**0.442**	**0.461**	**0.505**	**0.551**	**0.598**
北京	Beijing	0.617	0.639	0.741	0.825	0.888
天津	Tianjin	0.534	0.561	0.578	0.683	0.750
河北	Hebei	0.417	0.438	0.460	0.518	0.563
山西	Shanxi	0.425	0.458	0.490	0.546	0.597
内蒙古	Inner Mongolia	0.416	0.437	0.490	0.509	0.567
辽宁	Liaoning	0.437	0.456	0.510	0.569	0.644
吉林	Jilin	0.419	0.445	0.488	0.512	0.555
黑龙江	Heilongjiang	0.424	0.438	0.462	0.488	0.548
上海	Shanghai	0.604	0.621	0.738	0.835	0.878
江苏	Jiangsu	0.463	0.492	0.567	0.599	0.662
浙江	Zhejiang	0.516	0.552	0.625	0.702	0.750
安徽	Anhui	0.400	0.413	0.449	0.466	0.503
福建	Fujian	0.476	0.503	0.573	0.668	0.718
江西	Jiangxi	0.405	0.427	0.466	0.481	0.506
山东	Shandong	0.455	0.471	0.486	0.540	0.595
河南	Henan	0.401	0.417	0.455	0.480	0.523
湖北	Hubei	0.428	0.442	0.470	0.504	0.557
湖南	Hunan	0.426	0.436	0.468	0.495	0.536
广东	Guangdong	0.519	0.545	0.657	0.742	0.777
广西	Guangxi	0.422	0.426	0.462	0.493	0.530
海南	Hainan	0.417	0.461	0.487	0.549	0.574
重庆	Chongqing	0.436	0.446	0.477	0.537	0.591
四川	Sichuan	0.424	0.437	0.452	0.478	0.522
贵州	Guizhou	0.388	0.404	0.423	0.454	0.474
云南	Yunnan	0.413	0.420	0.426	0.462	0.497
西藏	Tibet	0.395	0.384	0.448	0.476	0.471
陕西	Shaanxi	0.427	0.452	0.477	0.531	0.572
甘肃	Gansu	0.405	0.417	0.438	0.465	0.508
青海	Qinghai	0.402	0.420	0.455	0.534	0.559
宁夏	Ningxia	0.405	0.428	0.448	0.498	0.539
新疆	Xinjiang	0.400	0.419	0.488	0.568	0.565

6-5 中国各地区信息化知识支撑指数比较表
Knowledge Supports Index by Region of China

地 区	Region	2005	2006	2007	2008	2009
全 国	**National Average**	**0.752**	**0.772**	**0.777**	**0.792**	**0.803**
北 京	Beijing	1.127	1.147	1.155	1.167	1.181
天 津	Tianjin	0.877	0.887	0.882	0.916	0.916
河 北	Hebei	0.719	0.714	0.735	0.749	0.785
山 西	Shanxi	0.776	0.795	0.801	0.811	0.821
内蒙古	Inner Mongolia	0.749	0.763	0.764	0.787	0.804
辽 宁	Liaoning	0.848	0.858	0.876	0.883	0.899
吉 林	Jilin	0.805	0.823	0.812	0.830	0.840
黑龙江	Heilongjiang	0.776	0.783	0.797	0.809	0.811
上 海	Shanghai	0.994	1.016	1.005	1.016	1.037
江 苏	Jiangsu	0.780	0.795	0.792	0.805	0.816
浙 江	Zhejiang	0.763	0.785	0.790	0.802	0.813
安 徽	Anhui	0.671	0.704	0.695	0.719	0.730
福 建	Fujian	0.739	0.754	0.758	0.778	0.804
江 西	Jiangxi	0.756	0.762	0.780	0.788	0.800
山 东	Shandong	0.728	0.758	0.759	0.773	0.780
河 南	Henan	0.687	0.700	0.708	0.724	0.735
湖 北	Hubei	0.803	0.828	0.831	0.852	0.853
湖 南	Hunan	0.745	0.768	0.771	0.779	0.788
广 东	Guangdong	0.823	0.831	0.842	0.853	0.860
广 西	Guangxi	0.770	0.792	0.723	0.728	0.734
海 南	Hainan	0.770	0.782	0.806	0.805	0.820
重 庆	Chongqing	0.758	0.783	0.793	0.811	0.824
四 川	Sichuan	0.711	0.745	0.761	0.772	0.785
贵 州	Guizhou	0.695	0.734	0.749	0.780	0.789
云 南	Yunnan	0.605	0.634	0.652	0.689	0.693
西 藏	Tibet	0.532	0.568	0.600	0.643	0.636
陕 西	Shaanxi	0.753	0.779	0.771	0.789	0.786
甘 肃	Gansu	0.678	0.681	0.703	0.740	0.747
青 海	Qinghai	0.698	0.743	0.742	0.755	0.773
宁 夏	Ningxia	0.695	0.729	0.742	0.759	0.796
新 疆	Xinjiang	0.786	0.804	0.815	0.820	0.825

6－6 中国各地区信息化发展效果指数比较表
Development Effects Index by Region of China

地区	Region	2005	2006	2007	2008	2009
全国	**National Average**	**0.633**	**0.647**	**0.659**	**0.670**	**0.701**
北京	Beijing	1.185	1.194	1.211	1.196	1.282
天津	Tianjin	0.721	0.740	0.755	0.767	0.841
河北	Hebei	0.530	0.545	0.550	0.558	0.577
山西	Shanxi	0.550	0.561	0.570	0.579	0.617
内蒙古	Inner Mongolia	0.540	0.544	0.548	0.549	0.584
辽宁	Liaoning	0.656	0.647	0.647	0.639	0.682
吉林	Jilin	0.601	0.598	0.603	0.596	0.608
黑龙江	Heilongjiang	0.558	0.566	0.575	0.594	0.633
上海	Shanghai	0.807	0.832	0.850	0.868	0.934
江苏	Jiangsu	0.635	0.657	0.677	0.709	0.745
浙江	Zhejiang	0.641	0.665	0.681	0.698	0.731
安徽	Anhui	0.574	0.587	0.587	0.603	0.615
福建	Fujian	0.585	0.600	0.611	0.621	0.646
江西	Jiangxi	0.534	0.542	0.547	0.558	0.592
山东	Shandong	0.574	0.585	0.608	0.634	0.660
河南	Henan	0.499	0.515	0.523	0.528	0.540
湖北	Hubei	0.608	0.624	0.625	0.646	0.662
湖南	Hunan	0.565	0.574	0.584	0.595	0.629
广东	Guangdong	0.640	0.654	0.670	0.688	0.722
广西	Guangxi	0.531	0.535	0.540	0.547	0.554
海南	Hainan	0.529	0.527	0.531	0.546	0.576
重庆	Chongqing	0.615	0.627	0.629	0.634	0.640
四川	Sichuan	0.604	0.602	0.609	0.606	0.635
贵州	Guizhou	0.526	0.540	0.541	0.559	0.605
云南	Yunnan	0.544	0.537	0.546	0.557	0.573
西藏	Tibet	0.591	0.596	0.608	0.624	0.625
陕西	Shaanxi	0.710	0.680	0.687	0.672	0.734
甘肃	Gansu	0.584	0.587	0.579	0.596	0.615
青海	Qinghai	0.545	0.539	0.541	0.530	0.551
宁夏	Ningxia	0.556	0.567	0.582	0.567	0.608
新疆	Xinjiang	0.510	0.513	0.524	0.531	0.550

6-7 中国各地区信息化发展指数（Ⅱ）增长速度比较表
Growth Rate of Informatization Development Index (Ⅱ) by Region of China

单位:% (%)

地 区	Region	2005	2006	2007	2008	2009
全 国	**National Average**	**13.66**	**11.60**	**14.06**	**11.31**	**10.27**
北 京	Beijing	13.82	6.01	10.23	8.45	8.06
天 津	Tianjin	10.72	7.05	6.15	12.48	11.51
河 北	Hebei	16.08	12.31	12.99	14.42	10.60
山 西	Shanxi	13.76	17.77	13.64	18.60	10.46
内蒙古	Inner Mongolia	15.05	14.86	21.51	12.01	13.97
辽 宁	Liaoning	10.52	9.47	16.25	12.02	11.56
吉 林	Jilin	12.06	9.36	13.87	7.10	8.91
黑龙江	Heilongjiang	13.96	7.85	11.70	11.78	11.47
上 海	Shanghai	13.14	7.52	13.04	8.22	11.53
江 苏	Jiangsu	18.81	16.44	20.89	10.83	12.98
浙 江	Zhejiang	22.69	11.23	13.15	10.67	8.52
安 徽	Anhui	18.02	15.87	17.08	16.46	15.66
福 建	Fujian	13.38	11.08	17.80	14.86	10.95
江 西	Jiangxi	16.38	12.84	16.70	6.15	13.57
山 东	Shandong	14.65	12.73	10.29	17.75	8.30
河 南	Henan	18.67	16.67	18.10	15.83	9.43
湖 北	Hubei	13.48	13.34	11.92	11.55	12.65
湖 南	Hunan	17.57	12.93	13.15	13.04	8.40
广 东	Guangdong	13.80	13.01	16.77	7.70	8.24
广 西	Guangxi	17.75	6.59	12.94	12.10	9.98
海 南	Hainan	14.11	18.10	11.18	14.23	11.72
重 庆	Chongqing	19.69	12.38	12.38	13.37	17.49
四 川	Sichuan	16.73	11.65	10.92	9.73	15.65
贵 州	Guizhou	19.81	15.91	12.48	12.48	21.83
云 南	Yunnan	12.58	9.49	7.48	19.35	11.96
西 藏	Tibet	4.82	16.81	28.30	21.38	15.35
陕 西	Shaanxi	14.54	11.72	13.49	18.22	15.78
甘 肃	Gansu	22.54	7.06	11.06	17.20	12.87
青 海	Qinghai	20.85	9.99	14.02	20.49	8.84
宁 夏	Ningxia	11.14	18.30	7.55	17.42	15.76
新 疆	Xinjiang	6.62	11.22	21.23	14.11	6.60

6-8 中国各地区信息化基础设施指数增长速度比较表
Growth Rate of Infrastructure Index by Region of China

单位:% (%)

地区	Region	2005	2006	2007	2008	2009
全国	**National Average**	**18.39**	**10.48**	**9.15**	**5.27**	**11.63**
北京	Beijing	11.83	1.88	0.01	-6.09	3.00
天津	Tianjin	17.84	5.83	9.45	3.49	6.87
河北	Hebei	27.87	12.80	11.38	6.69	11.35
山西	Shanxi	19.94	9.70	14.45	11.35	11.33
内蒙古	Inner Mongolia	17.95	8.96	11.43	10.72	14.02
辽宁	Liaoning	17.27	5.16	12.52	10.53	12.37
吉林	Jilin	23.80	10.44	11.09	1.79	11.29
黑龙江	Heilongjiang	23.75	5.72	12.44	6.98	7.97
上海	Shanghai	16.31	7.68	5.65	-1.35	2.48
江苏	Jiangsu	31.88	12.80	9.71	0.81	11.01
浙江	Zhejiang	31.25	5.30	9.35	3.59	5.66
安徽	Anhui	27.54	18.90	12.05	9.64	11.02
福建	Fujian	18.57	9.33	7.65	10.55	4.91
江西	Jiangxi	44.84	7.32	10.37	3.11	14.25
山东	Shandong	16.80	8.80	9.58	5.49	10.16
河南	Henan	25.10	17.21	11.92	7.18	15.78
湖北	Hubei	24.07	13.48	5.41	2.64	11.83
湖南	Hunan	21.55	15.96	7.39	1.94	13.30
广东	Guangdong	20.91	4.85	7.12	-1.13	4.86
广西	Guangxi	30.09	8.27	7.02	10.99	14.40
海南	Hainan	27.35	14.65	12.69	11.41	11.08
重庆	Chongqing	11.04	23.02	-0.20	-3.49	5.15
四川	Sichuan	24.14	15.63	11.60	3.40	13.14
贵州	Guizhou	16.67	22.69	17.46	-10.33	49.92
云南	Yunnan	15.23	13.86	7.33	11.06	21.46
西藏	Tibet	16.80	3.28	30.73	13.40	29.32
陕西	Shaanxi	19.58	18.71	16.22	12.80	14.66
甘肃	Gansu	14.40	18.46	10.08	7.45	18.96
青海	Qinghai	17.94	23.59	9.42	1.05	13.25
宁夏	Ningxia	23.98	9.22	10.01	15.18	25.79
新疆	Xinjiang	13.84	11.65	10.34	8.95	9.68

6-9 中国各地区信息化产业技术指数增长速度比较表
Growth Rate of Industrial & Technological Index by Region of China

单位:% (%)

地区	Region	2005	2006	2007	2008	2009
全国	**National Average**	**25.67**	**20.36**	**18.94**	**18.03**	**10.02**
北京	Beijing	20.87	8.86	16.76	26.21	-0.56
天津	Tianjin	13.48	2.60	5.45	10.05	-0.31
河北	Hebei	19.89	18.25	22.34	12.89	7.91
山西	Shanxi	13.42	33.81	19.18	40.22	9.31
内蒙古	Inner Mongolia	12.62	24.55	23.28	18.92	6.65
辽宁	Liaoning	9.79	21.12	20.13	14.81	4.58
吉林	Jilin	16.71	4.08	17.50	12.95	8.97
黑龙江	Heilongjiang	15.54	13.37	16.67	19.91	6.64
上海	Shanghai	29.29	11.57	16.28	12.73	9.76
江苏	Jiangsu	29.13	33.30	38.11	23.57	20.97
浙江	Zhejiang	45.39	16.12	13.95	16.84	13.72
安徽	Anhui	33.40	27.87	21.26	42.44	34.51
福建	Fujian	25.74	14.77	32.15	18.82	20.72
江西	Jiangxi	9.44	14.73	18.22	5.20	26.32
山东	Shandong	27.17	29.54	18.38	33.57	1.40
河南	Henan	32.00	26.97	17.76	41.73	-0.14
湖北	Hubei	21.65	27.15	22.86	17.88	18.86
湖南	Hunan	40.88	25.77	8.37	29.02	-4.17
广东	Guangdong	18.57	35.49	17.16	5.83	5.78
广西	Guangxi	26.41	8.93	26.77	12.74	11.36
海南	Hainan	19.46	24.92	13.99	16.78	21.93
重庆	Chongqing	52.49	18.52	21.06	18.81	47.32
四川	Sichuan	33.16	21.08	17.32	15.85	29.02
贵州	Guizhou	51.93	15.82	7.67	9.08	31.16
云南	Yunnan	8.80	20.68	7.65	29.73	8.49
西藏	Tibet	-17.23	41.44	13.11	41.83	49.26
陕西	Shaanxi	32.18	9.97	25.25	36.12	31.01
甘肃	Gansu	64.30	-5.87	11.39	37.22	13.43
青海	Qinghai	58.83	-4.78	16.92	41.19	11.65
宁夏	Ningxia	13.70	34.84	-11.76	27.45	11.42
新疆	Xinjiang	10.76	12.80	17.13	7.01	18.69

6-10 中国各地区信息化应用消费指数增长速度比较表
Growth Rate of Applications & Consumptions Index by Region of China

单位:% (%)

地区	Region	2005	2006	2007	2008	2009
全国	**National Average**	**16.10**	**17.02**	**33.06**	**23.75**	**18.86**
北京	Beijing	8.10	11.89	26.84	15.09	29.20
天津	Tianjin	11.65	16.51	8.91	32.83	38.00
河北	Hebei	20.94	20.90	18.33	41.38	18.89
山西	Shanxi	19.38	30.81	21.73	28.43	20.47
内蒙古	Inner Mongolia	18.37	26.77	58.20	12.13	31.33
辽宁	Liaoning	22.43	16.33	38.63	27.09	27.82
吉林	Jilin	11.88	25.65	33.68	12.57	16.12
黑龙江	Heilongjiang	17.81	12.84	19.54	16.51	33.66
上海	Shanghai	6.84	7.34	36.24	19.89	34.32
江苏	Jiangsu	21.94	22.84	46.97	13.30	23.39
浙江	Zhejiang	22.01	19.85	31.23	21.48	15.46
安徽	Anhui	21.63	17.25	45.38	13.10	24.91
福建	Fujian	16.21	19.70	38.45	31.88	17.19
江西	Jiangxi	18.16	32.01	43.26	10.46	13.65
山东	Shandong	17.38	12.62	10.67	32.22	22.29
河南	Henan	26.95	22.29	48.95	18.35	23.77
湖北	Hubei	11.54	12.94	23.31	20.19	25.72
湖南	Hunan	19.61	11.61	37.38	18.52	20.32
广东	Guangdong	9.94	13.98	47.55	21.27	21.88
广西	Guangxi	19.32	4.74	33.43	22.20	18.31
海南	Hainan	27.85	40.20	16.16	30.61	12.17
重庆	Chongqing	18.20	9.81	30.78	37.68	24.43
四川	Sichuan	19.98	12.36	12.84	20.82	25.61
贵州	Guizhou	14.99	24.40	32.03	42.43	13.41
云南	Yunnan	12.93	8.47	6.70	40.18	21.83
西藏	Tibet	18.39	19.71	78.26	18.34	-6.60
陕西	Shaanxi	14.63	22.58	19.27	31.52	19.73
甘肃	Gansu	11.11	14.80	25.57	24.57	25.45
青海	Qinghai	26.74	21.12	37.18	55.49	8.11
宁夏	Ningxia	3.40	26.43	21.34	39.38	19.80
新疆	Xinjiang	3.47	19.77	69.33	35.83	-1.71

6-11 中国各地区信息化知识支撑指数增长速度比较表
Growth Rate of Knowledge Supports Index by Region of China

单位:%　　　　(%)

地区	Region	2005	2006	2007	2008	2009
全国	**National Average**	**0.75**	**2.55**	**0.67**	**2.08**	**1.72**
北京	Beijing	1.80	1.77	0.75	1.02	1.20
天津	Tianjin	-0.05	1.12	-0.86	5.03	-0.18
河北	Hebei	1.01	-1.85	5.31	1.85	8.17
山西	Shanxi	-0.53	2.83	0.94	1.71	1.62
内蒙古	Inner Mongolia	-0.43	1.63	-0.30	4.25	2.67
辽宁	Liaoning	-0.54	1.38	2.56	0.89	2.16
吉林	Jilin	-2.52	2.84	-2.36	3.01	1.50
黑龙江	Heilongjiang	-0.28	0.72	2.12	2.11	0.41
上海	Shanghai	2.33	2.29	-1.33	1.23	2.26
江苏	Jiangsu	3.39	2.22	-0.98	1.98	1.59
浙江	Zhejiang	0.33	2.83	1.04	1.25	1.41
安徽	Anhui	-3.29	4.63	-0.70	2.53	1.83
福建	Fujian	2.64	1.71	1.11	2.72	3.66
江西	Jiangxi	-0.78	-0.06	2.38	0.69	1.60
山东	Shandong	2.09	4.12	-0.34	2.29	1.04
河南	Henan	1.29	2.15	1.56	2.46	2.35
湖北	Hubei	0.70	3.07	0.18	2.61	0.19
湖南	Hunan	-0.53	3.35	0.01	1.32	1.47
广东	Guangdong	2.40	1.06	1.22	1.66	0.94
广西	Guangxi	1.36	2.63	-12.78	0.57	0.94
海南	Hainan	-0.62	1.60	4.38	-0.64	2.24
重庆	Chongqing	1.88	3.28	1.33	2.71	1.88
四川	Sichuan	-0.77	4.29	2.44	1.27	1.81
贵州	Guizhou	-0.18	5.42	2.67	3.72	1.18
云南	Yunnan	0.14	3.93	5.86	5.84	1.23
西藏	Tibet	2.42	6.68	5.45	7.08	-0.71
陕西	Shaanxi	-1.44	4.16	-1.51	2.40	-0.83
甘肃	Gansu	1.27	0.36	4.15	5.25	0.87
青海	Qinghai	0.79	6.20	-0.20	1.05	2.38
宁夏	Ningxia	-0.84	4.47	2.39	0.68	7.26
新疆	Xinjiang	0.33	2.57	0.89	0.74	0.41

6－12 中国各地区信息化发展效果指数增长速度比较表
Growth Rate of Development Effects Index by Region of China

单位:%　　　　(%)

地 区	Region	2005	2006	2007	2008	2009
全 国	**National Average**	**7.42**	**7.58**	**8.47**	**7.44**	**9.12**
北 京	Beijing	26.49	5.66	6.77	6.01	7.45
天 津	Tianjin	10.68	9.16	7.78	11.00	13.16
河 北	Hebei	10.69	11.47	7.60	9.27	6.70
山 西	Shanxi	16.58	11.67	11.89	11.29	9.57
内蒙古	Inner Mongolia	26.75	12.41	14.92	14.02	15.16
辽 宁	Liaoning	3.67	3.36	7.42	6.79	10.86
吉 林	Jilin	10.42	3.78	9.43	5.19	6.67
黑龙江	Heilongjiang	12.99	6.61	7.72	13.37	8.66
上 海	Shanghai	10.96	8.73	8.35	8.61	8.86
江 苏	Jiangsu	7.71	11.05	10.66	14.51	7.95
浙 江	Zhejiang	14.46	12.02	10.19	10.19	6.34
安 徽	Anhui	10.83	10.69	7.39	14.60	6.05
福 建	Fujian	3.75	9.87	9.62	10.35	8.26
江 西	Jiangxi	10.22	10.23	9.28	11.30	12.04
山 东	Shandong	9.78	8.58	13.17	15.18	6.60
河 南	Henan	8.03	14.73	10.30	9.41	5.39
湖 北	Hubei	9.45	10.06	7.83	14.43	6.67
湖 南	Hunan	6.35	7.96	12.59	14.40	11.10
广 东	Guangdong	17.15	9.69	10.80	10.89	7.75
广 西	Guangxi	11.58	8.40	10.25	14.01	4.92
海 南	Hainan	-3.52	9.13	8.69	12.98	11.20
重 庆	Chongqing	14.86	7.21	8.95	11.16	8.65
四 川	Sichuan	7.12	4.90	10.41	7.34	8.66
贵 州	Guizhou	15.65	11.23	2.55	17.52	13.46
云 南	Yunnan	25.79	0.52	9.85	9.96	6.78
西 藏	Tibet	3.70	12.91	13.94	26.26	5.47
陕 西	Shaanxi	7.76	3.18	8.23	8.29	14.35
甘 肃	Gansu	21.61	7.52	4.10	11.51	5.65
青 海	Qinghai	-0.03	3.80	6.78	3.67	8.82
宁 夏	Ningxia	15.44	16.56	15.75	4.39	14.51
新 疆	Xinjiang	4.72	9.33	8.44	18.01	5.93

7. 世界信息化发展指数（Ⅱ）比较表
Informatization Development Index（Ⅱ）of the World

7－1 世界主要国家信息化发展指数（Ⅱ）比较表
Informatization Development Index（Ⅱ）by Nation of the World

国家和地区	Country and Region	2005	2006	2007	2008
世 界	**World**	**0.770**	**0.782**	**0.793**	**0.805**
澳大利亚	Australia	1.031	1.041	1.053	1.067
奥地利	Austria	1.022	1.042	1.064	1.082
阿塞拜疆	Azerbaijan	0.512	0.529	0.553	0.584
白俄罗斯	Belarus	0.672	0.691	0.721	0.729
比利时	Belgium	0.958	0.968	0.982	0.994
保加利亚	Bulgaria	0.731	0.752	0.773	0.792
加拿大	Canada	1.039	1.055	1.068	1.083
中 国	China	0.589	0.611	0.633	0.654
哥伦比亚	Colombia	0.595	0.614	0.646	0.663
克罗地亚	Croatia	0.821	0.842	0.869	0.889
捷 克	Czech Republic	0.832	0.853	0.870	0.894
丹 麦	Denmark	1.123	1.139	1.137	1.159
爱沙尼亚	Estonia	0.873	0.903	0.901	0.934
芬 兰	Finland	1.053	1.062	1.070	1.081
法 国	France	0.996	1.012	1.043	1.056
德 国	Germany	1.054	1.070	1.086	1.101
希 腊	Greece	0.851	0.872	0.888	0.894
危地马拉	Guatemala	0.485	0.518	0.524	0.539
洪都拉斯	Honduras	0.492	0.512	0.530	0.547
匈牙利	Hungary	0.837	0.855	0.880	0.898
冰 岛	Iceland	1.058	1.068	1.078	1.079
印 度	India	0.418	0.429	0.445	0.456
爱尔兰	Ireland	0.957	0.992	1.017	1.041
意大利	Italy	0.916	0.932	0.943	0.954

续表（continued）

国家和地区	Country and Region	2005	2006	2007	2008
日　本	Japan	1.087	1.096	1.110	1.122
韩　国	Korea, Rep. of	1.023	1.037	1.053	1.057
吉尔吉斯斯坦	Kyrgyz Republic	0.520	0.539	0.571	0.587
拉脱维亚	Latvia	0.855	0.887	0.900	0.918
立陶宛	Lithuania	0.790	0.810	0.834	0.859
卢森堡	Luxembourg	1.029	1.060	1.059	1.094
马来西亚	Malaysia	0.713	0.720	0.746	0.765
墨西哥	Mexico	0.657	0.664	0.677	0.684
蒙　古	Mongolia	0.537	0.555	0.576	0.600
荷　兰	Netherlands	1.074	1.096	1.123	1.142
挪　威	Norway	1.130	1.129	1.154	1.163
波　兰	Poland	0.771	0.793	0.811	0.826
葡萄牙	Portugal	0.808	0.824	0.848	0.868
新加坡	Singapore	0.973	0.977	1.008	1.020
斯洛伐克	Slovak Republic	0.799	0.812	0.850	0.860
斯洛文尼亚	Slovenia	0.880	0.891	0.901	0.917
西班牙	Spain	0.903	0.920	0.935	0.949
斯里兰卡	Sri Lanka	0.492	0.503	0.520	0.538
瑞　典	Sweden	1.201	1.222	1.229	1.251
瑞　士	Switzerland	1.080	1.089	1.099	1.114
泰　国	Thailand	0.574	0.588	0.602	0.614
乌克兰	Ukraine	0.680	0.707	0.718	0.729
英　国	United Kingdom	1.123	1.138	1.165	1.181
美　国	United States	1.121	1.132	1.147	1.156

7-2 世界主要国家信息化基础设施指数比较表
Infrastructure Index by Nation of the World

国家和地区	Country and Region	2005	2006	2007	2008
世　界	**World**	**0.344**	**0.366**	**0.384**	**0.408**
澳大利亚	Australia	0.898	0.926	0.954	0.973
奥地利	Austria	0.920	0.983	1.038	1.090
阿塞拜疆	Azerbaijan	0.245	0.222	0.259	0.344
白俄罗斯	Belarus	0.349	0.409	0.455	0.497
比利时	Belgium	0.716	0.736	0.770	0.802
保加利亚	Bulgaria	0.507	0.572	0.625	0.654
加拿大	Canada	0.945	0.991	1.031	1.086
中　国	China	0.309	0.335	0.354	0.359
哥伦比亚	Colombia	0.291	0.336	0.368	0.412
克罗地亚	Croatia	0.614	0.681	0.748	0.816
捷　克	Czech Republic	0.660	0.656	0.671	0.698
丹　麦	Denmark	1.143	1.192	1.155	1.247
爱沙尼亚	Estonia	0.749	0.800	0.748	0.848
芬　兰	Finland	0.819	0.833	0.849	0.882
法　国	France	0.833	0.882	0.913	0.950
德　国	Germany	0.934	0.982	1.042	1.091
希　腊	Greece	0.636	0.661	0.705	0.740
危地马拉	Guatemala	0.177	0.224	0.301	0.347
洪都拉斯	Honduras	0.126	0.170	0.238	0.298
匈牙利	Hungary	0.581	0.619	0.683	0.710
冰　岛	Iceland	0.790	0.803	0.817	0.833
印　度	India	0.095	0.120	0.144	0.166
爱尔兰	Ireland	0.858	0.918	0.989	1.031
意大利	Italy	0.741	0.790	0.823	0.835

续表（continued）

国家和地区	Country and Region	2005	2006	2007	2008
日　本	Japan	0. 876	0. 913	0. 951	0. 984
韩　国	Korea, Rep. of	0. 697	0. 702	0. 733	0. 746
吉尔吉斯斯坦	Kyrgyz Republic	0. 136	0. 180	0. 264	0. 308
拉脱维亚	Latvia	0. 743	0. 810	0. 817	0. 838
立陶宛	Lithuania	0. 640	0. 671	0. 704	0. 730
卢森堡	Luxembourg	0. 891	1. 002	1. 000	1. 024
马来西亚	Malaysia	0. 407	0. 413	0. 459	0. 504
墨西哥	Mexico	0. 320	0. 339	0. 367	0. 391
蒙　古	Mongolia	0. 154	0. 196	0. 244	0. 310
荷　兰	Netherlands	1. 111	1. 206	1. 322	1. 405
挪　威	Norway	1. 314	1. 370	1. 413	1. 456
波　兰	Poland	0. 472	0. 528	0. 554	0. 569
葡萄牙	Portugal	0. 581	0. 602	0. 634	0. 667
新加坡	Singapore	0. 712	0. 735	0. 788	0. 806
斯洛伐克	Slovak Republic	0. 568	0. 614	0. 708	0. 707
斯洛文尼亚	Slovenia	0. 619	0. 629	0. 649	0. 692
西班牙	Spain	0. 676	0. 726	0. 749	0. 753
斯里兰卡	Sri Lanka	0. 123	0. 154	0. 196	0. 241
瑞　典	Sweden	1. 415	1. 480	1. 554	1. 621
瑞　士	Switzerland	0. 989	1. 014	1. 048	1. 084
泰　国	Thailand	0. 239	0. 273	0. 318	0. 353
乌克兰	Ukraine	0. 379	0. 481	0. 512	0. 511
英　国	United Kingdom	1. 242	1. 312	1. 390	1. 460
美　国	United States	1. 045	1. 081	1. 124	1. 151

7-3 世界主要国家信息化产业技术指数比较表
Industrial & Technological Index by Nation of the World

国家和地区	Country and Region	2005	2006	2007	2008
世 界	**World**	**1.041**	**1.045**	**1.049**	**1.049**
澳大利亚	Australia	1.072	1.081	1.078	1.094
奥地利	Austria	1.122	1.119	1.122	1.108
阿塞拜疆	Azerbaijan	0.672	0.747	0.753	0.757
白俄罗斯	Belarus	0.838	0.839	0.881	0.877
比利时	Belgium	0.971	0.967	0.962	0.981
保加利亚	Bulgaria	0.831	0.830	0.827	0.845
加拿大	Canada	1.069	1.079	1.072	1.070
中 国	China	0.808	0.840	0.869	0.897
哥伦比亚	Colombia	0.547	0.550	0.574	0.574
克罗地亚	Croatia	0.967	0.959	0.971	0.972
捷 克	Czech Republic	0.924	0.935	0.962	0.970
丹 麦	Denmark	1.153	1.142	1.160	1.151
爱沙尼亚	Estonia	0.827	0.878	0.903	0.932
芬 兰	Finland	1.152	1.153	1.154	1.148
法 国	France	1.101	1.101	1.106	1.098
德 国	Germany	1.201	1.199	1.199	1.199
希 腊	Greece	0.966	0.981	0.995	1.007
危地马拉	Guatemala	0.384	0.458	0.385	0.386
洪都拉斯	Honduras	0.478	0.508	0.524	0.540
匈牙利	Hungary	0.954	0.953	0.955	0.949
冰 岛	Iceland	1.106	1.097	1.132	1.093
印 度	India	0.465	0.472	0.491	0.505
爱尔兰	Ireland	1.104	1.110	1.114	1.119
意大利	Italy	1.066	1.072	1.074	1.072

续表（continued）

国家和地区	Country and Region	2005	2006	2007	2008
日　本	Japan	1. 353	1. 345	1. 340	1. 340
韩　国	Korea, Rep. of	1. 326	1. 335	1. 339	1. 324
吉尔吉斯斯坦	Kyrgyz Republic	0. 653	0. 668	0. 680	0. 673
拉脱维亚	Latvia	0. 885	0. 894	0. 899	0. 905
立陶宛	Lithuania	0. 792	0. 792	0. 797	0. 832
卢森堡	Luxembourg	0. 982	0. 990	0. 940	1. 048
马来西亚	Malaysia	0. 787	0. 791	0. 814	0. 835
墨西哥	Mexico	0. 658	0. 664	0. 675	0. 677
蒙　古	Mongolia	0. 717	0. 756	0. 778	0. 798
荷　兰	Netherlands	1. 008	0. 998	0. 987	0. 990
挪　威	Norway	1. 120	1. 119	1. 126	1. 115
波　兰	Poland	0. 893	0. 904	0. 924	0. 941
葡萄牙	Portugal	0. 843	0. 856	0. 886	0. 928
新加坡	Singapore	1. 061	1. 059	1. 068	1. 079
斯洛伐克	Slovak Republic	0. 844	0. 866	0. 900	0. 875
斯洛文尼亚	Slovenia	1. 049	1. 037	1. 055	1. 052
西班牙	Spain	1. 009	1. 010	1. 017	1. 023
斯里兰卡	Sri Lanka	0. 559	0. 560	0. 564	0. 596
瑞　典	Sweden	1. 137	1. 137	1. 144	1. 137
瑞　士	Switzerland	1. 145	1. 147	1. 148	1. 142
泰　国	Thailand	0. 693	0. 714	0. 715	0. 700
乌克兰	Ukraine	0. 858	0. 869	0. 851	0. 863
英　国	United Kingdom	1. 158	1. 167	1. 173	1. 157
美　国	United States	1. 234	1. 242	1. 252	1. 250

7-4 世界主要国家信息化应用消费指数比较表
Applications & Consumptions Index by Nation of the World

国家和地区	Country and Region	2005	2006	2007	2008
世 界	**World**	**0.610**	**0.624**	**0.645**	**0.663**
澳大利亚	Australia	1.027	1.038	1.063	1.087
奥地利	Austria	0.970	1.010	1.054	1.086
阿塞拜疆	Azerbaijan	0.252	0.296	0.354	0.414
白俄罗斯	Belarus	0.596	0.620	0.641	0.664
比利时	Belgium	0.965	0.994	1.029	1.046
保加利亚	Bulgaria	0.603	0.639	0.688	0.720
加拿大	Canada	1.043	1.063	1.082	1.102
中 国	China	0.442	0.461	0.505	0.551
哥伦比亚	Colombia	0.496	0.523	0.607	0.681
克罗地亚	Croatia	0.743	0.777	0.821	0.863
捷 克	Czech Republic	0.751	0.836	0.871	0.939
丹 麦	Denmark	1.120	1.158	1.152	1.172
爱沙尼亚	Estonia	0.913	0.934	0.961	0.982
芬 兰	Finland	1.080	1.112	1.130	1.157
法 国	France	0.880	0.906	1.018	1.054
德 国	Germany	1.021	1.050	1.075	1.099
希 腊	Greece	0.715	0.767	0.780	0.871
危地马拉	Guatemala	0.479	0.506	0.523	0.542
洪都拉斯	Honduras	0.442	0.464	0.471	0.479
匈牙利	Hungary	0.771	0.819	0.868	0.923
冰 岛	Iceland	1.194	1.203	1.212	1.221
印 度	India	0.310	0.322	0.346	0.347
爱尔兰	Ireland	0.841	0.931	0.974	1.019
意大利	Italy	0.800	0.816	0.833	0.862

续表（continued）

国家和地区	Country and Region	2005	2006	2007	2008
日　本	Japan	1. 044	1. 051	1. 083	1. 094
韩　国	Korea, Rep. of	1. 021	1. 041	1. 052	1. 063
吉尔吉斯斯坦	Kyrgyz Republic	0. 381	0. 400	0. 420	0. 438
拉脱维亚	Latvia	0. 776	0. 846	0. 899	0. 930
立陶宛	Lithuania	0. 722	0. 776	0. 838	0. 875
卢森堡	Luxembourg	1. 068	1. 077	1. 125	1. 144
马来西亚	Malaysia	0. 790	0. 818	0. 854	0. 855
墨西哥	Mexico	0. 577	0. 584	0. 596	0. 604
蒙　古	Mongolia	0. 391	0. 413	0. 440	0. 437
荷　兰	Netherlands	1. 125	1. 140	1. 168	1. 187
挪　威	Norway	1. 156	1. 102	1. 149	1. 185
波　兰	Poland	0. 739	0. 775	0. 809	0. 843
葡萄牙	Portugal	0. 761	0. 786	0. 820	0. 840
新加坡	Singapore	0. 977	0. 963	1. 020	1. 033
斯洛伐克	Slovak Republic	0. 845	0. 847	0. 907	0. 971
斯洛文尼亚	Slovenia	0. 874	0. 902	0. 922	0. 946
西班牙	Spain	0. 870	0. 893	0. 922	0. 956
斯里兰卡	Sri Lanka	0. 345	0. 367	0. 399	0. 405
瑞　典	Sweden	1. 143	1. 175	1. 138	1. 192
瑞　士	Switzerland	1. 064	1. 079	1. 094	1. 123
泰　国	Thailand	0. 520	0. 536	0. 555	0. 586
乌克兰	Ukraine	0. 433	0. 448	0. 474	0. 505
英　国	United Kingdom	1. 054	1. 054	1. 099	1. 131
美　国	United States	1. 071	1. 079	1. 098	1. 115

7-5 世界主要国家信息化知识支撑指数比较表
Knowledge Supports Index by Nation of the World

国家和地区	Country and Region	2005	2006	2007	2008
世 界	**World**	**0.969**	**0.979**	**0.981**	**1.005**
澳大利亚	Australia	1.211	1.211	1.212	1.214
奥地利	Austria	1.123	1.120	1.125	1.136
阿塞拜疆	Azerbaijan	0.927	0.925	0.926	0.925
白俄罗斯	Belarus	0.939	0.945	0.950	0.954
比利时	Belgium	1.179	1.182	1.183	1.179
保加利亚	Bulgaria	1.021	1.027	1.025	1.030
加拿大	Canada	1.207	1.212	1.217	1.216
中 国	China	0.752	0.772	0.777	0.792
哥伦比亚	Colombia	1.006	1.025	1.036	1.008
克罗地亚	Croatia	0.991	1.011	1.012	1.005
捷 克	Czech Republic	1.025	1.024	1.024	1.030
丹 麦	Denmark	1.193	1.198	1.200	1.209
爱沙尼亚	Estonia	1.078	1.083	1.072	1.077
芬 兰	Finland	1.165	1.168	1.168	1.164
法 国	France	1.180	1.180	1.186	1.186
德 国	Germany	1.128	1.131	1.129	1.128
希 腊	Greece	1.121	1.129	1.129	1.011
危地马拉	Guatemala	0.767	0.784	0.785	0.793
洪都拉斯	Honduras	0.810	0.816	0.814	0.826
匈牙利	Hungary	1.088	1.091	1.090	1.101
冰 岛	Iceland	1.172	1.179	1.186	1.198
印 度	India	0.598	0.607	0.615	0.630
爱尔兰	Ireland	1.129	1.135	1.138	1.153
意大利	Italy	1.109	1.116	1.119	1.132

续表 (continued)

国家和地区	Country and Region	2005	2006	2007	2008
日　本	Japan	1. 112	1. 115	1. 117	1. 125
韩　国	Korea, Rep. of	1. 125	1. 134	1. 139	1. 152
吉尔吉斯斯坦	Kyrgyz Republic	0. 911	0. 915	0. 935	0. 949
拉脱维亚	Latvia	1. 085	1. 079	1. 081	1. 103
立陶宛	Lithuania	1. 049	1. 056	1. 065	1. 091
卢森堡	Luxembourg	1. 205	1. 213	1. 208	1. 237
马来西亚	Malaysia	0. 964	0. 961	0. 976	0. 991
墨西哥	Mexico	1. 008	1. 013	1. 023	1. 034
蒙　古	Mongolia	0. 901	0. 908	0. 913	0. 921
荷　兰	Netherlands	1. 184	1. 191	1. 191	1. 188
挪　威	Norway	1. 214	1. 215	1. 215	1. 217
波　兰	Poland	1. 009	1. 016	1. 018	1. 025
葡萄牙	Portugal	1. 027	1. 029	1. 032	1. 044
新加坡	Singapore	1. 166	1. 176	1. 173	1. 185
斯洛伐克	Slovak Republic	1. 016	1. 023	1. 020	1. 028
斯洛文尼亚	Slovenia	1. 016	1. 035	1. 030	1. 043
西班牙	Spain	1. 117	1. 123	1. 128	1. 145
斯里兰卡	Sri Lanka	0. 820	0. 816	0. 818	0. 831
瑞　典	Sweden	1. 208	1. 205	1. 208	1. 211
瑞　士	Switzerland	1. 157	1. 156	1. 155	1. 167
泰　国	Thailand	0. 836	0. 836	0. 840	0. 849
乌克兰	Ukraine	1. 034	1. 051	1. 063	1. 069
英　国	United Kingdom	1. 206	1. 201	1. 197	1. 207
美　国	United States	1. 220	1. 218	1. 220	1. 231

7-6 世界主要国家信息化发展效果指数比较表
Development Effects Index by Nation of the World

国家和地区	Country and Region	2005	2006	2007	2008
世 界	**World**	**0.888**	**0.895**	**0.908**	**0.900**
澳大利亚	Australia	0.944	0.951	0.956	0.966
奥地利	Austria	0.977	0.975	0.981	0.990
阿塞拜疆	Azerbaijan	0.463	0.458	0.475	0.481
白俄罗斯	Belarus	0.637	0.642	0.677	0.650
比利时	Belgium	0.957	0.960	0.966	0.963
保加利亚	Bulgaria	0.690	0.690	0.701	0.709
加拿大	Canada	0.932	0.931	0.938	0.941
中 国	China	0.633	0.647	0.659	0.670
哥伦比亚	Colombia	0.637	0.634	0.643	0.642
克罗地亚	Croatia	0.789	0.781	0.792	0.788
捷 克	Czech Republic	0.800	0.816	0.824	0.833
丹 麦	Denmark	1.007	1.004	1.017	1.016
爱沙尼亚	Estonia	0.798	0.819	0.819	0.834
芬 兰	Finland	1.051	1.044	1.047	1.055
法 国	France	0.987	0.990	0.991	0.991
德 国	Germany	0.983	0.987	0.986	0.988
希 腊	Greece	0.820	0.823	0.831	0.838
危地马拉	Guatemala	0.614	0.620	0.623	0.628
洪都拉斯	Honduras	0.603	0.602	0.603	0.595
匈牙利	Hungary	0.789	0.796	0.800	0.804
冰 岛	Iceland	1.028	1.056	1.044	1.050
印 度	India	0.621	0.624	0.631	0.632
爱尔兰	Ireland	0.852	0.864	0.871	0.884
意大利	Italy	0.863	0.866	0.867	0.871

续表（continued）

国家和地区 Country and Region		2005	2006	2007	2008
日 本	Japan	1.048	1.055	1.062	1.066
韩 国	Korea, Rep. of	0.949	0.976	1.001	0.997
吉尔吉斯斯坦	Kyrgyz Republic	0.520	0.534	0.556	0.567
拉脱维亚	Latvia	0.787	0.807	0.803	0.814
立陶宛	Lithuania	0.745	0.756	0.764	0.767
卢森堡	Luxembourg	1.001	1.020	1.019	1.016
马来西亚	Malaysia	0.618	0.619	0.629	0.640
墨西哥	Mexico	0.724	0.720	0.722	0.716
蒙 古	Mongolia	0.522	0.500	0.506	0.531
荷 兰	Netherlands	0.943	0.943	0.946	0.941
挪 威	Norway	0.847	0.839	0.866	0.843
波 兰	Poland	0.742	0.743	0.747	0.752
葡萄牙	Portugal	0.829	0.848	0.869	0.862
新加坡	Singapore	0.948	0.952	0.991	0.999
斯洛伐克	Slovak Republic	0.723	0.712	0.716	0.721
斯洛文尼亚	Slovenia	0.838	0.851	0.847	0.855
西班牙	Spain	0.841	0.850	0.860	0.868
斯里兰卡	Sri Lanka	0.613	0.616	0.622	0.620
瑞 典	Sweden	1.101	1.111	1.099	1.094
瑞 士	Switzerland	1.046	1.047	1.050	1.056
泰 国	Thailand	0.580	0.581	0.583	0.580
乌克兰	Ukraine	0.696	0.685	0.689	0.696
英 国	United Kingdom	0.955	0.957	0.967	0.953
美 国	United States	1.034	1.037	1.042	1.035

7-7 世界主要国家信息化发展指数(Ⅱ)增长速度比较表
Growth Rate of Informatization Development Index (Ⅱ) by Nation of the World

单位:% (%)

国家和地区	Country and Region	2005	2006	2007	2008
世　界	**World**	**5.16**	**4.40**	**4.11**	**2.53**
澳大利亚	Australia	5.02	2.30	2.51	4.94
奥地利	Austria	4.17	2.32	4.17	1.14
阿塞拜疆	Azerbaijan	-1.94	35.46	18.06	18.09
白俄罗斯	Belarus	14.19	25.03	21.81	4.41
比利时	Belgium	2.25	1.45	2.84	3.90
保加利亚	Bulgaria	9.08	7.05	7.03	7.78
加拿大	Canada	4.79	3.93	1.72	1.31
中　国	China	13.66	11.60	14.06	11.31
哥伦比亚	Colombia	14.56	8.38	17.81	8.01
克罗地亚	Croatia	4.21	3.72	6.63	3.91
捷　克	Czech Republic	4.59	7.53	8.32	6.33
丹　麦	Denmark	0.76	1.25	2.70	2.25
爱沙尼亚	Estonia	5.13	12.73	4.56	7.20
芬　兰	Finland	-0.89	1.91	2.55	1.32
法　国	France	3.08	2.33	6.27	1.49
德　国	Germany	2.25	1.64	3.01	2.05
希　腊	Greece	6.05	7.80	4.88	6.23
危地马拉	Guatemala	14.86	25.67	1.80	2.88
洪都拉斯	Honduras	10.19	15.44	9.20	7.52
匈牙利	Hungary	6.24	4.19	7.59	2.91
冰　岛	Iceland	3.07	-0.41	5.79	-4.86
印　度	India	15.33	14.07	15.81	5.10
爱尔兰	Ireland	2.30	6.85	4.86	3.78
意大利	Italy	2.66	3.23	2.83	2.39

续表（continued）

国家和地区	Country and Region	2005	2006	2007	2008
日　本	Japan	-0.59	-0.89	0.33	1.98
韩　国	Korea, Rep. of	7.41	3.94	2.92	-1.84
吉尔吉斯斯坦	Kyrgyz Republic	19.80	14.12	15.00	7.55
拉脱维亚	Latvia	11.01	11.88	7.60	3.70
立陶宛	Lithuania	8.63	5.43	9.00	8.62
卢森堡	Luxembourg	2.21	4.36	-1.46	23.26
马来西亚	Malaysia	5.96	3.58	9.19	5.43
墨西哥	Mexico	6.76	3.76	4.69	2.08
蒙　古	Mongolia	4.09	16.82	14.57	10.09
荷　兰	Netherlands	3.38	1.16	2.32	2.27
挪　威	Norway	2.99	0.06	5.03	0.22
波　兰	Poland	7.84	6.69	7.57	5.36
葡萄牙	Portugal	5.72	5.47	9.14	7.40
新加坡	Singapore	-0.51	0.87	5.88	1.48
斯洛伐克	Slovak Republic	3.18	5.67	12.70	0.57
斯洛文尼亚	Slovenia	5.50	1.84	4.66	3.61
西班牙	Spain	4.42	4.24	4.36	3.27
斯里兰卡	Sri Lanka	16.45	12.29	16.43	12.50
瑞　典	Sweden	0.07	2.13	2.51	1.77
瑞　士	Switzerland	0.05	0.84	2.74	1.73
泰　国	Thailand	10.21	7.91	5.96	3.56
乌克兰	Ukraine	18.25	11.51	7.70	11.05
英　国	United Kingdom	3.29	3.74	4.64	-0.76
美　国	United States	2.89	2.38	2.44	0.63

7-8 世界主要国家信息化基础设施指数增长速度比较表
Growth Rate of Infrastructure Index by Nation of the World

单位:% (%)

国家和地区	Country and Region	2005	2006	2007	2008
世 界	**World**	**10.34**	**8.79**	**3.69**	**6.26**
澳大利亚	Australia	4.00	3.06	2.95	1.85
奥地利	Austria	5.26	7.18	5.73	5.11
阿塞拜疆	Azerbaijan	21.47	10.03	20.78	48.67
白俄罗斯	Belarus	13.49	100.80	30.29	18.85
比利时	Belgium	4.82	3.66	4.83	4.40
保加利亚	Bulgaria	16.43	11.74	7.65	9.96
加拿大	Canada	8.28	4.56	3.82	4.80
中 国	China	18.39	10.48	9.15	5.27
哥伦比亚	Colombia	26.09	18.66	17.21	18.41
克罗地亚	Croatia	11.88	10.68	9.71	8.71
捷 克	Czech Republic	3.55	0.70	3.42	4.89
丹 麦	Denmark	4.70	4.10	-5.39	10.86
爱沙尼亚	Estonia	6.08	6.25	-11.05	9.99
芬 兰	Finland	1.18	1.96	2.01	3.77
法 国	France	7.36	6.21	3.49	4.04
德 国	Germany	7.01	5.33	6.12	4.80
希 腊	Greece	4.60	3.52	6.53	4.55
危地马拉	Guatemala	10.97	19.37	21.02	10.08
洪都拉斯	Honduras	17.77	30.06	29.72	21.42
匈牙利	Hungary	1.60	11.59	17.22	1.64
冰 岛	Iceland	2.91	2.16	1.60	1.87
印 度	India	31.16	45.85	20.41	13.33
爱尔兰	Ireland	4.82	7.25	7.65	4.46
意大利	Italy	8.68	5.80	4.68	2.67

续表（continued）

国家和地区	Country and Region	2005	2006	2007	2008
日　本	Japan	4. 75	4. 14	4. 11	3. 46
韩　国	Korea, Rep. of	2. 64	0. 83	4. 17	1. 58
吉尔吉斯斯坦	Kyrgyz Republic	21. 34	34. 08	36. 35	16. 94
拉脱维亚	Latvia	11. 73	14. 87	0. 18	3. 75
立陶宛	Lithuania	17. 51	3. 67	7. 37	6. 29
卢森堡	Luxembourg	1. 19	11. 04	0. 55	2. 29
马来西亚	Malaysia	13. 40	2. 83	10. 57	8. 56
墨西哥	Mexico	13. 28	5. 73	7. 94	6. 28
蒙　古	Mongolia	10. 57	25. 34	20. 44	21. 17
荷　兰	Netherlands	13. 65	8. 23	9. 24	6. 30
挪　威	Norway	4. 13	3. 86	2. 44	2. 60
波　兰	Poland	11. 71	13. 13	4. 57	3. 68
葡萄牙	Portugal	6. 88	4. 13	5. 33	4. 25
新加坡	Singapore	-7. 31	2. 30	6. 28	-0. 55
斯洛伐克	Slovak Republic	8. 76	8. 92	14. 67	0. 56
斯洛文尼亚	Slovenia	3. 75	1. 17	2. 94	5. 61
西班牙	Spain	5. 33	11. 69	3. 80	0. 55
斯里兰卡	Sri Lanka	27. 69	21. 87	21. 65	16. 74
瑞　典	Sweden	6. 01	4. 34	5. 13	4. 39
瑞　士	Switzerland	2. 67	2. 43	3. 21	3. 27
泰　国	Thailand	9. 10	11. 34	13. 05	9. 54
乌克兰	Ukraine	32. 69	23. 05	3. 85	2. 32
英　国	United Kingdom	12. 75	5. 43	5. 88	5. 23
美　国	United States	3. 73	3. 60	3. 91	2. 26

7-9 世界主要国家信息化产业技术指数增长速度比较表
Growth Rate of Industrial & Technological Index by Nation of the World

单位:% (%)

国家和地区	Country and Region	2005	2006	2007	2008
世 界	**World**	**5.31**	**2.25**	**3.40**	**-0.25**
澳大利亚	Australia	10.17	5.29	-1.00	11.45
奥地利	Austria	8.46	-2.11	1.40	-8.91
阿塞拜疆	Azerbaijan	-29.03	118.83	8.23	6.66
白俄罗斯	Belarus	16.51	0.25	42.53	-3.73
比利时	Belgium	1.10	-2.06	-1.82	11.36
保加利亚	Bulgaria	4.47	1.29	1.62	10.84
加拿大	Canada	3.53	6.53	-2.36	-1.87
中 国	China	25.67	20.36	18.94	18.03
哥伦比亚	Colombia	17.72	1.29	17.24	-0.60
克罗地亚	Croatia	4.26	-2.01	7.21	1.79
捷 克	Czech Republic	3.17	6.46	20.71	7.10
丹 麦	Denmark	-4.06	-5.41	11.89	-6.20
爱沙尼亚	Estonia	-4.34	35.33	15.83	17.80
芬 兰	Finland	-8.94	1.32	0.88	-4.03
法 国	France	0.90	-0.59	3.65	-5.22
德 国	Germany	-0.23	-1.91	0.60	-0.62
希 腊	Greece	11.31	9.37	8.12	9.48
危地马拉	Guatemala	7.84	66.02	-33.99	-21.96
洪都拉斯	Honduras	10.90	22.92	10.26	10.70
匈牙利	Hungary	0.05	-1.27	3.18	-4.28
冰 岛	Iceland	-5.75	-4.94	23.18	-22.23
印 度	India	16.22	2.86	14.35	9.41
爱尔兰	Ireland	-4.26	3.83	3.30	2.00
意大利	Italy	1.53	4.22	1.35	-1.56

续表（continued）

国家和地区	Country and Region	2005	2006	2007	2008
日　本	Japan	-10.97	-4.98	-2.64	0.31
韩　国	Korea, Rep. of	16.41	6.14	2.90	-9.82
吉尔吉斯斯坦	Kyrgyz Republic	14.78	11.04	7.89	-0.73
拉脱维亚	Latvia	8.10	6.74	4.13	4.62
立陶宛	Lithuania	7.67	0.92	5.69	22.16
卢森堡	Luxembourg	3.23	4.64	-18.39	106.39
马来西亚	Malaysia	1.08	2.81	14.67	12.55
墨西哥	Mexico	8.35	5.94	6.83	0.19
蒙　古	Mongolia	-9.44	39.50	16.38	18.91
荷　兰	Netherlands	-4.73	-6.19	-6.98	0.10
挪　威	Norway	2.11	-1.27	4.84	-6.46
波　兰	Poland	1.08	7.42	13.48	12.64
葡萄牙	Portugal	13.72	6.95	18.87	27.90
新加坡	Singapore	0.86	-2.23	5.66	6.89
斯洛伐克	Slovak Republic	-7.40	13.49	23.46	-8.33
斯洛文尼亚	Slovenia	4.98	-4.54	11.69	0.00
西班牙	Spain	5.90	0.36	4.98	3.17
斯里兰卡	Sri Lanka	29.22	0.32	3.53	20.10
瑞　典	Sweden	-5.86	0.65	5.56	-3.08
瑞　士	Switzerland	-3.60	1.09	1.54	-2.88
泰　国	Thailand	19.29	13.67	4.54	-7.04
乌克兰	Ukraine	10.46	9.44	-6.94	9.12
英　国	United Kingdom	-1.39	8.09	4.90	-10.34
美　国	United States	5.06	5.37	5.93	-0.49

7-10 世界主要国家信息化应用消费指数增长速度比较表
Growth Rate of Applications & Consumptions Index by Nation of the World

单位:% (%)

国家和地区	Country and Region	2005	2006	2007	2008
世 界	**World**	**8.07**	**7.47**	**9.42**	**5.93**
澳大利亚	Australia	4.81	0.65	7.75	6.35
奥地利	Austria	3.52	5.97	9.58	6.61
阿塞拜疆	Azerbaijan	-2.56	41.97	42.40	23.51
白俄罗斯	Belarus	27.59	17.72	13.60	7.64
比利时	Belgium	4.46	3.86	7.82	5.07
保加利亚	Bulgaria	20.43	17.77	18.82	12.08
加拿大	Canada	6.84	6.07	4.07	4.80
中 国	China	16.10	17.02	33.06	23.75
哥伦比亚	Colombia	21.14	17.92	43.45	21.93
克罗地亚	Croatia	6.21	9.46	9.02	9.08
捷 克	Czech Republic	6.79	23.80	11.33	14.40
丹 麦	Denmark	2.51	6.33	2.77	6.07
爱沙尼亚	Estonia	15.57	8.66	12.53	4.63
芬 兰	Finland	1.94	5.59	6.01	6.12
法 国	France	5.95	5.13	21.15	8.80
德 国	Germany	3.34	3.37	5.85	5.80
希 腊	Greece	10.43	23.92	5.56	26.31
危地马拉	Guatemala	24.80	24.74	13.03	13.37
洪都拉斯	Honduras	22.29	21.14	5.29	5.41
匈牙利	Hungary	23.38	8.11	12.74	14.13
冰 岛	Iceland	11.39	-2.61	1.29	2.00
印 度	India	16.67	17.50	35.52	3.77
爱尔兰	Ireland	8.29	18.95	9.15	11.47
意大利	Italy	2.44	3.79	5.53	9.53

续表（continued）

国家和地区	Country and Region	2005	2006	2007	2008
日　本	Japan	1.65	-2.64	0.66	4.07
韩　国	Korea, Rep. of	9.92	5.70	2.64	4.00
吉尔吉斯斯坦	Kyrgyz Republic	57.19	14.71	14.39	12.47
拉脱维亚	Latvia	15.91	22.58	24.75	2.90
立陶宛	Lithuania	12.00	15.11	21.89	7.28
卢森堡	Luxembourg	2.01	0.08	7.99	6.62
马来西亚	Malaysia	15.67	10.21	12.45	0.47
墨西哥	Mexico	5.83	3.81	5.32	3.59
蒙　古	Mongolia	18.42	19.11	26.10	-2.19
荷　兰	Netherlands	8.33	2.21	6.23	5.37
挪　威	Norway	6.81	-3.79	10.30	6.90
波　兰	Poland	18.85	9.69	12.50	6.96
葡萄牙	Portugal	6.17	7.01	11.95	6.66
新加坡	Singapore	-0.56	0.41	9.23	1.15
斯洛伐克	Slovak Republic	11.05	5.02	21.94	9.18
斯洛文尼亚	Slovenia	16.66	5.73	6.28	8.38
西班牙	Spain	6.93	4.59	7.47	9.62
斯里兰卡	Sri Lanka	16.94	36.82	50.50	19.69
瑞　典	Sweden	-0.66	3.62	0.11	9.03
瑞　士	Switzerland	1.39	0.24	7.52	5.43
泰　国	Thailand	21.86	8.70	8.74	14.16
乌克兰	Ukraine	34.35	19.62	33.82	35.28
英　国	United Kingdom	3.41	4.10	8.56	6.52
美　国	United States	3.78	1.89	1.96	3.70

7-11 世界主要国家信息化知识支撑指数增长速度比较表
Growth Rate of Knowledge Supports Index by Nation of the World

单位:%　　(%)

国家和地区	Country and Region	2005	2006	2007	2008
世　界	**World**	**0.43**	**1.04**	**0.24**	**2.33**
澳大利亚	Australia	0.30	0.00	0.05	0.16
奥地利	Austria	-0.82	-0.28	0.47	1.02
阿塞拜疆	Azerbaijan	-0.41	-0.31	0.11	-0.06
白俄罗斯	Belarus	0.93	0.70	0.72	0.53
比利时	Belgium	-0.32	0.24	0.11	-0.34
保加利亚	Bulgaria	0.90	0.60	-0.25	0.56
加拿大	Canada	1.21	0.40	0.40	-0.07
中　国	China	0.75	2.55	0.67	2.08
哥伦比亚	Colombia	-0.35	2.00	1.09	-2.78
克罗地亚	Croatia	0.99	2.26	0.05	-0.71
捷　克	Czech Republic	0.30	-0.14	0.00	0.55
丹　麦	Denmark	0.17	0.41	0.19	0.76
爱沙尼亚	Estonia	1.13	0.49	-1.14	0.48
芬　兰	Finland	0.24	0.22	-0.02	-0.29
法　国	France	0.85	-0.02	0.55	-0.03
德　国	Germany	0.81	0.21	-0.13	-0.14
希　腊	Greece	0.57	0.71	0.06	-11.02
危地马拉	Guatemala	2.03	2.33	0.04	0.89
洪都拉斯	Honduras	-1.14	1.01	-0.36	1.15
匈牙利	Hungary	0.94	0.31	-0.08	1.00
冰　岛	Iceland	0.21	0.62	0.56	1.00
印　度	India	2.91	1.60	1.45	2.36
爱尔兰	Ireland	-0.30	0.60	0.28	1.30
意大利	Italy	0.09	0.62	0.24	1.16

续表（continued）

国家和地区	Country and Region	2005	2006	2007	2008
日　本	Japan	0. 62	0. 29	0. 10	0. 80
韩　国	Korea, Rep. of	0. 83	0. 83	0. 51	1. 15
吉尔吉斯斯坦	Kyrgyz Republic	0. 37	0. 49	2. 82	1. 73
拉脱维亚	Latvia	2. 20	-0. 55	0. 18	2. 09
立陶宛	Lithuania	0. 87	0. 77	0. 97	2. 57
卢森堡	Luxembourg	2. 83	0. 65	-0. 34	2. 40
马来西亚	Malaysia	0. 62	-0. 30	1. 61	1. 62
墨西哥	Mexico	0. 83	0. 52	0. 99	1. 05
蒙　古	Mongolia	-0. 49	0. 87	0. 70	0. 59
荷　兰	Netherlands	-0. 64	0. 60	0. 00	-0. 32
挪　威	Norway	0. 04	0. 09	0. 02	0. 18
波　兰	Poland	0. 30	0. 77	0. 25	0. 75
葡萄牙	Portugal	-1. 03	0. 26	0. 22	1. 26
新加坡	Singapore	0. 25	0. 82	-0. 23	1. 06
斯洛伐克	Slovak Republic	0. 76	0. 67	-0. 36	0. 74
斯洛文尼亚	Slovenia	-0. 68	2. 01	-0. 47	1. 26
西班牙	Spain	0. 30	0. 59	0. 47	1. 54
斯里兰卡	Sri Lanka	4. 05	-0. 37	0. 37	2. 09
瑞　典	Sweden	0. 33	-0. 22	0. 19	0. 25
瑞　士	Switzerland	-0. 77	-0. 05	-0. 05	0. 96
泰　国	Thailand	1. 49	-0. 10	0. 63	1. 42
乌克兰	Ukraine	1. 28	1. 79	1. 23	0. 61
英　国	United Kingdom	-0. 11	-0. 47	-0. 28	0. 75
美　国	United States	0. 09	-0. 13	0. 20	0. 85

7-12 世界主要国家信息化发展效果指数增长速度比较表
Growth Rate of Development Effects Index by Nation of the World

单位:% (%)

国家和地区	Country and Region	2005	2006	2007	2008
世 界	**World**	**1.64**	**2.44**	**3.80**	**-1.65**
澳大利亚	Australia	5.81	2.49	2.79	4.91
奥地利	Austria	4.41	0.85	3.68	1.84
阿塞拜疆	Azerbaijan	0.82	6.77	18.80	11.66
白俄罗斯	Belarus	12.44	5.71	21.90	-1.24
比利时	Belgium	1.19	1.53	3.28	-0.99
保加利亚	Bulgaria	3.16	3.86	7.30	5.43
加拿大	Canada	4.09	2.10	2.68	-1.11
中 国	China	7.42	7.58	8.47	7.44
哥伦比亚	Colombia	8.22	2.03	10.06	3.08
克罗地亚	Croatia	-2.32	-1.79	7.15	0.70
捷 克	Czech Republic	9.12	6.85	6.13	4.72
丹 麦	Denmark	0.49	0.80	4.05	-0.24
爱沙尼亚	Estonia	7.21	12.93	6.66	3.10
芬 兰	Finland	1.13	0.45	3.85	1.03
法 国	France	0.36	0.93	2.49	-0.13
德 国	Germany	0.34	1.21	2.58	0.43
希 腊	Greece	3.32	1.49	4.14	1.82
危地马拉	Guatemala	28.68	15.88	8.92	12.02
洪都拉斯	Honduras	1.15	2.05	1.06	-1.05
匈牙利	Hungary	5.20	2.24	4.89	2.07
冰 岛	Iceland	6.57	2.70	2.31	-6.96
印 度	India	9.67	2.55	7.32	-3.39
爱尔兰	Ireland	2.92	3.64	3.93	-0.36
意大利	Italy	0.56	1.72	2.34	0.14

续表（continued）

国家和地区 Country and Region		2005	2006	2007	2008
日　本	Japan	1.00	-1.25	-0.57	1.24
韩　国	Korea, Rep. of	7.25	6.22	4.36	-6.12
吉尔吉斯斯坦	Kyrgyz Republic	5.30	10.28	13.53	7.35
拉脱维亚	Latvia	17.08	15.78	8.74	5.16
立陶宛	Lithuania	5.10	6.67	9.06	4.80
卢森堡	Luxembourg	1.80	5.41	2.86	-1.37
马来西亚	Malaysia	-0.97	2.34	6.65	3.94
墨西哥	Mexico	5.50	2.77	2.39	-0.73
蒙　古	Mongolia	1.38	-0.73	9.25	11.98
荷　兰	Netherlands	0.30	0.97	3.11	-0.08
挪　威	Norway	1.87	1.39	7.55	-2.14
波　兰	Poland	7.24	2.42	7.06	2.80
葡萄牙	Portugal	2.85	9.02	9.33	-3.06
新加坡	Singapore	4.21	3.04	8.46	-1.15
斯洛伐克	Slovak Republic	2.76	0.26	3.81	0.70
斯洛文尼亚	Slovenia	2.79	4.81	2.85	2.81
西班牙	Spain	3.65	3.98	5.10	1.46
斯里兰卡	Sri Lanka	4.37	2.78	6.07	3.90
瑞　典	Sweden	0.51	2.28	1.54	-1.75
瑞　士	Switzerland	0.56	0.51	1.48	1.86
泰　国	Thailand	-0.68	5.92	2.84	-0.30
乌克兰	Ukraine	12.48	3.67	6.52	7.94
英　国	United Kingdom	1.78	1.56	4.15	-5.96
美　国	United States	1.81	1.19	0.19	-3.15

Chapter 6
Index System and Methodology

CHINA STATISTICAL MONITORING ANNUAL REPORT

第六部分

指标体系与统计方法

中国信息化发展指数指标体系与统计方法研究

国家统计局统计科学研究所　信息化统计评价研究组

一、信息化发展指数及其相关概念的定义

(一) 信息的定义

信息是对客观世界中各种事物的变化和特征的反映，是客观事物之间相互作用和联系的表征，是客观事物经过感知或认识后的再现。换言之，信息是事物生存的方式或运动的状态以及这种方式、状态的直接或间接表述。信息的核心是“减少不确定性的一种客观存在和能动过程”。

信息具有的主要特征包括：①客观性和真实性；②时效性；③无限性；④可替代性；⑤共享性；⑥传递性。此外，信息还具有扩散性、滞后性、不完全性、可开发性、储存性等。

(二) 信息技术的定义

信息技术是借助以微电子学为基础的计算机技术和电信技术的结合而形成的手段，是对声音的、图像的、文字的、数字的和各种传感信号的信息进行获取、加工处理、存储、传播和使用的能动技术。

根据国际标准化组织和国际电工委员会的定义，信息技术是针对信息的采集、描述、加工、保护、传输交流、处理、管理、组织、储存和补救等而采用的系统与工具的规范、设计及其开发。

信息技术具有以下主要特点：

(1) 知识密集性。一项信息技术从创新到成熟，从开发阶段到应用推广阶段，是大量知识技术投资的结果，高度凝聚了研究开发人员的智力心血。同时，信息技术在使用推广方面更需要一定的知识水平作基础。

(2) 高度的带动性与增值性。信息技术通过创新提高劳动生产率，从而增加本身和其他行业的产出。美国商务部在《数字经济：2002》报告中指出，经过对 1989 ~ 1995 年劳动生产率年平均增长率的研究发现，较多使用信息技术的行业比较少使用信息技术的行业劳动生产率年平均高出 2.26 个百分点，到了 1995 ~ 2000 年，这一差距增大到 2.49 个百分点。当今社会经济的发展更证明了信息技术的带动性与增值性。

(3) 高额的投入性、极强的时效性和巨大的风险性。信息技术领域对研究与开发费用和

建设投资特别是初始投资的需要量越来越大。然而每项信息技术从设计开发到研制成功，再到投入使用及最终落伍淘汰，不仅技术的生命周期越来越短，而且还有可能刚研制出来便不再是主流技术，根本没机会投入使用。因此，伴随着每项信息技术的高额投入和极强时效，它的开发推广过程中存在着巨大风险性，为其成功带来了极高的增值性。

从根本上看，信息技术是计算机技术、电信和网络技术、微电子技术等三个关键领域中所出现的科技进展的集成产物。依托信息技术而建立的信息网络系统将打破传统的国界限制，使世界向着全球化方向发展。随着信息技术的发展，几乎没有什么人、也没有什么工作能够摆脱信息技术的影响。

（三）信息化

信息化（informatization）是指国民经济和社会结构框架的重心从物理性空间向信息或知识性空间转移的过程。它表现为以高科技的信息技术为手段，对社会经济结构、产业结构等进行改造、改组或重新定向，通过提高产品与经济活动中信息与知识的含量，推动全社会达到更高级、更有组织、更高效率的经济发展水平。

1998年，联合国教科文组织在代表联合国出版的《知识社会》一书中对信息化的定义为："信息化既是一个技术的进程，又是一个社会的进程。它要求在产品或服务的生产过程中实现管理流程、组织机构、生产技能以及生产工具的变革。"

第一届国务院信息化领导小组在《信息化规划》中提出国家信息化的定义为：国家信息化就是在国家统一规划组织下，在农业、工业、科学技术、国防及社会生活各个方面应用现代信息技术，深入开发、广泛利用信息资源，加速国家实现现代化的进程。

（四）信息化发展指数（IDI）

信息化发展指数（IDI）是一个评价经济社会信息化发展水平的综合性指标，可以用来衡量社会利用信息通信技术来创建、获取、使用和分享信息及知识的能力，以及信息化发展对经济社会发展的推动作用。

统计指数是反映经济社会现象数量变动程度的相对数。统计指数在社会经济领域内广泛应用。例如，在分析宏观经济的重要指标中，物价指数（CPI）就是一个综合统计指数，它是监测市场经济活动与反映政府货币政策的一个重要参考指标。又如，国际社会用来反映人类社会进步程度的人文发展指数，也是一个综合统计指数。统计指数具有独特的功能：一方面统计指数能综合反映复杂社会经济总体在时间和空间方面的变动方向和变动程度。在社会经济现象中，很多指标的量纲不统一，存在着不能直接加总或不能直接对比的复杂总体，为了反映和研究这些复杂总体的变动方向和变动程度，为政府决策提供量化的参考依据，可以通过编制统计指数来解决；另一方面统计指数可以综合性分析和测定社会经济受各种不同因素变动的影响。社会经济总体的变化中包含着多种因素，有数量因素和质量因素，还有结构性因素等，通过编制统计指数，可以分析和测定各种因素变动对总体变动的影响。

信息化的发展覆盖了国家和地区经济、社会、政治、文化等建设的全局，涉及的范围很广，综合性很强，很难用单一指标（如计算机拥有率、互联网用户数等）来全面反映信息化的水平和发展状况。因此，可以通过编制信息化发展指数，来更全面、更准确、更概括性地评估和分析信息化发展及其变化情况。同时，编制信息化发展指数有助于综合反映信息化各种指标在时间和空间方面的整体变动方向和程度，并且通过测算信息化指数的变动情况，可以对国家或地区信息化发展水平和进程进行总体性的监测与分析。

二、信息化发展指数指标体系的建立与优化

（一）信息化发展指数的建立

近些年来，信息化对经济社会的发展日益显现出极为重要而深远的影响，它在全球化和社会转型中发挥着越来越重要的作用，信息化发展水平已经成为衡量国家综合国力与国际竞争力的重要标志。对中国而言，为了科学制定信息化发展战略，一个基础性的工作就是研究如何量化地比较和评价近年来中国信息化发展与应用的水平，比较和评价中国信息化水平在国际上所处的地位，比较和评价中国各省的信息化发展水平和发展差距。这项研究已经成为经济社会发展中亟待解决的重要课题之一。

2004 ~ 2005 年，国务院信息化办公室研究制定 2010 年和 2020 年国家信息化发展战略时，国家发展和改革委员会也开始研究制定国家“十一五”信息化发展规划，两单位分别委托国家统计局进行信息化统计调查和中国各省信息化水平测算评价的研究工作。国家统计局为此开展了全国信息化水平专项统计调查，同时“信息化统计评价研究组”研究编制了信息化发展指数（IDI），对全国和各省信息化发展情况进行综合评价和比较研究，分析中国信息化水平在世界主要国家中的地位及与发达国家的差距。该项研究支持了国家制定信息化发展战略及编制信息化“十一五”规划进行综合量化评估的需求。

2006 年，在国家发展和改革委员会制定的《国民经济和社会发展信息化“十一五”规划》中首次引入了国家统计局研究制定的信息化发展指数（IDI）的指标体系和数据，并据此在“十一五”期间每年监测全国及各省（区、市）的信息化发展水平和发展进程。2010 年，为在“十二五”期间继续追踪、了解和综合反映中国及各省信息化发展的进程，研究和分析信息化发展中的问题，科学地制定中国信息化发展战略和发展规划，国家工业和信息化部委托“信息化统计评价研究组”在国家信息化“十一五”规划的综合性指标——信息化发展指数（IDI）基础上，优化信息化发展指数（IDI）指标体系，进一步完善统计监测方法，研究制定国家信息化“十二五”规划的综合评价指标，从而为“十二五”期间准确把握中国及各省信息化发展水平和发展进程提供科学的、量化的依据。

为了便于区分，我们对用于“十一五”国家信息化规划的信息化发展指数称之为信息化发展指数〈Ⅰ〉（IDI_{CN}Ⅰ）；而对优化后、用于“十二五”国家信息化规划的信息化发展指数称之为信息化发展指数〈Ⅱ〉（IDI_{CN}Ⅱ）。

（二）指标体系编制原则

我们在建立信息化发展指数指标体系时，既考虑到指标的系统性、综合性和衔接性，又

考虑到直接指标与间接指标的配合使用，着力解决指标体系科学性和可获得性之间的矛盾。具体来讲，我们遵循了如下一些基本原则：

1. 科学性原则

从信息及信息化的基本理论与定义出发，选取能准确反映信息化发展规律和发展水平的指标，以准确反映信息化发展水平、发展状况和发展特点。

2. 完整性原则

选出的指标既能全面反映信息化发展总水平，又能反映信息化各个方面（各要素）发展水平。

3. 综合性原则

精选出来的系列指标要具有概括性和综合性，能够用尽可能少而精确的指标来全面反映信息化发展水平。

4. 可操作性原则

在考虑具有科学性的基础上，不仅要使选取的指标能客观地反映发展进程，而且还要求所设指标能够获取较为准确的数据，使量化的评价与监测工作可以进行。

5. 可比性原则

指标体系既要符合中国国情，能反映中国信息化水平的实际，也要考虑能够进行国家间和地区间信息化发展水平的比较。最终结果在横向上（世界主要国家间或中国各省间）和纵向上（各个时期）具有可比性，能够进行评价比较与分析。特别是在信息化评价指数的统计方法上，要尽可能与国际通行标准接轨。

6. 导向性原则

任何一种指标体系的设置，在实施中都将起到引导和导向作用。信息化发展指数在国家信息化规划实施中的应用，不仅要引导各个地区重视信息化基础设施的建设，更要重视信息化的应用和效果，从而推动经济结构调整和经济发展方式转变，实现信息化与工业化的加速融合，更快地迈向信息化社会，同时缩小我国地区之间、我国与发达国家之间的数字鸿沟。

（三）信息化发展指数〈Ⅰ〉的指标体系

信息化发展指数〈Ⅰ〉是国家信息化“十一五”规划中唯一一个综合指标。该指数的指标体系由信息化基础设施指数、使用指数、知识指数、环境与效果指数和信息消费指数五个分类指数共计 10 个具体指标组成（见表 1）。

表 1　信息化发展指数〈Ⅰ〉的指标体系

基础设施指数	1. 电视机拥有率（台/百人）
	2. 固定电话主线拥有率（条/百人）
	3. 移动电话拥有率（部/百人）
	4. 计算机拥有率（台/百人）

续表

使用指数	5. 每百人互联网用户数（户/百人）
知识指数	6. 教育指数（国外：成人识字率×2/3＋综合入学率×1/3） 国内：成人识字率×2/3＋平均受教育年限×1/3）
环境与效果指数	7. 信息产业增加值占 GDP 比重（%）① 8. 信息产业研究与试验发展经费占 GDP 比重（%）② 9. 人均 GDP（美元/人）
信息消费指数	10. 信息消费系数（%）

注：①用第三产业增加值占 GDP 比重代替。②用全社会研究与试验发展经费占 GDP 比重代替。

总指数与分类指数是一个总体系，各分类指数是相互促进和相互制约的有机整体。信息化发展指数的各类指数及其作用具体如下。

1. 基础设施指数

在当时的社会发展阶段下，基础设施方面的差距被认为是各个国家发展信息化的主要障碍，如果没有足够的基础设施，就根本无法应用信息通信技术，也无法接入互联网。这一类的指标代表了“三网”的应用与发展水平，既包括传统的信息化指标，如每百人电视机数、每百人电话主线数，又包括代表先进 ICT 技术的指标，如每百人移动电话用户数和每百人计算机数。固定电话和移动电话都能提供话音、传真和数据通信，以后也都将成为接入互联网的主要载体。计算机在信息化发展进程的重要性是不言而喻的，它是接入互联网最重要的基础设施。

2. 使用指数

信息化应用可以从互联网用户的规模来反映，因此这里选用每百人互联网用户数这一指标。

3. 知识指数

知识水平对新技术使用能力有着非常重要的影响。知识是人们应用信息通信技术的必要素质，知识水平越高，应用信息通信技术的技能越高。这里用国际通用的教育指数来反映人们应用信息通信技术的知识和能力，即由成人识字率和综合入学率两个指标加权平均得到知识指数。而在国内，由于数据的限制，综合入学率由平均受教育年限来替代。但为了便于国际对比，研究组根据国外口径的中国教育指数，对中国各省的教育指数进行了相应的调整。

4. 环境与效果指数

这反映了信息化发展的经济基础以及全社会在信息化方面投入和产出的综合情况，通过信息产业增加值占 GDP 比重、信息产业研究与开发经费占 GDP 比重、人均 GDP 这 3 个指标来描述。人均 GDP 与信息化发展密不可分，一方面它能够反映社会信息化投入的能力和个人信息消费的潜力；另一方面还反映出信息化对于经济发展的影响和效果。

5. 信息消费指数

信息社会是一个“人人可以创建、获取、使用和分享信息及知识，使每个人均能充分发挥自己的潜力并持续提高生活品质"的社会，个人的信息消费水平在信息化发展过程中将会越来越高，信息消费系数反映了信息消费水平。

（四）对信息化发展指数〈Ⅰ〉优化的必要性

2005~2010年，在国家"十一五"信息化规划中所应用的信息化发展指数很好地监测和分析了我国及各省（市、区）信息化发展的总体水平和各方面的进程与变化。但是，一方面随着新的信息技术不断出现，信息技术应用水平不断提高，我国信息化发展水平的评价和监测指标也需要随之进行调整；另一方面，国际社会随着信息化发展不断推出新的信息化综合评价指数，我们的研究和分析也需要与之相衔接，因此有必要对我国"十一五"信息化规划中所应用的信息化发展指数指标体系和统计评价方法进行优化。

1. 新信息技术的出现，需要新的统计指标来反映

随着新的信息技术不断出现，应用领域也在不断地扩大。

（1）在3G新技术和网络应用上，我国已经进行了较大规模的3G基础设施建设，这将使我国的信息化整体水平迈上一个新的台阶。

（2）"三网融合"不仅是将现有网络资源有效整合、互联互通，而且会形成新的服务和运营机制，有利于信息产业结构的优化，以及整个经济发展方式的转变。

（3）我国电子商务逐步渗入各行各业和社会生活的各个层面，应用效果逐步凸显。

（4）"物联网"被称为继计算机、互联网之后，世界信息产业的第三次浪潮。在这个全新产业中，我国的技术研发水平处于世界前列，具有重大的影响力。

现代信息技术主要以网络化、数字化、智能化和泛在化为发展趋势。我国信息化整体水平的提高也将主要依赖于这些方面的发展。新技术的不断涌现将大大提升我国的信息化水平，从而对人们的社会生活和国民经济的影响也越来越显著，各种新的消费方式和用户需求也在被不断创建。随着新的信息技术不断涌现，现有的指标体系需要及时做出相应调整，增加反映信息技术和产业发展方面的内容。

2. 国际社会不断推出新的综合评价指数，需要与之相衔接

我们对信息化发展水平的统计监测，既要对我国政府制定的发展目标进行跟踪，又要在与世界各国的比较中反映我国的变化。这需要与国际上的统计监测方法相衔接，即具有可比性。因此需要及时研究国际社会对信息化综合评价指数的改进情况，对指标体系和统计方法进行相应调整。

目前，以国际电信联盟（ITU）为主导的，由联合国贸易与发展会议、联合国教科文组织、世界经济论坛等多个国际组织参与的信息化评价综合指数的研究不断深入，如近些年来，各有关国际组织相继推出了数字接入指数（DAI）、数字鸿沟指数（DDIX）、信息化机遇指数（ICT－OI）、数字机遇指数（DOI）、信息化发展指数（IDIITU）、信息化扩散指数（ICT－DI）和网络就绪指数（NRI）等。这些信息化综合指数统计监测结果的发布表明，一方面国际社会高度重视对信息化发展水平的综合统计监测，从多个角度反映全球信息化发展的阶段和进程；另一方面国际社会对信息化综合统计监测的研究是在不断深化的，特别是对

信息化统计评价指标体系的研究是随着全球信息化的深入发展而不断更新和深化的。

3. 需要对国家“十一五”信息化规划评估中的部分不适应指标进行调整

在对国家“十一五”信息化发展目标的评估中，我们发现有个别指标的数据出现不同步的变化，这主要是由于信息技术的提高所致，从而导致若继续使用这些指标将不能有效地反映信息化发展的水平和特征，因此需要对这些指标进行调整。

例如，固定电话方面，由于近年来移动电话普及率的快速提高和各种新信息技术的普及，我国“十一五”期间移动通信持续快速发展，固定电话被替代的趋势逐渐增强。工业和信息化部发布的数据显示，自2007年7月我国固定电话用户数达到3.7亿户的历史峰值后，固定电话用户数连年下降，到2010年3月底，我国固定电话用户为3.1亿户，下降了16%；同期，我国移动电话用户数达到7.8亿户，上升了53%。为了更准确地反映信息通信水平，需要对现有指标体系中的固定电话指标做出相应调整。

又如，信息消费指数方面，“十一五”期间我国信息消费指数出现了负增长。信息消费指数下降的原因主要是：一方面，由于近几年来已经成熟的信息通信技术产品（如手机、电视机、计算机等）出现价格下降趋势，同时电信资费的价格也在不断下降；另一方面，尽管居民家庭的信息消费支出额在不断增加，但由于居民在居住、购车和食品消费等方面支出加大，并使这几项支出占居民家庭消费支出的比重有所上升，从而导致信息消费方面的支出占比重相应有所下降。据统计，2008年城镇居民家庭在居住和食品消费方面的支出分别增长16.6%和17.4%，家庭拥有汽车率增长45.7%；与此同时，城镇居民家庭的信息消费支出额也在增加，但仅增长4.6%，从而使城镇居民家庭信息消费支出占总消费支出的比重下降了0.89个百分点。由于以上原因，我国近几年的信息消费指数有所下降，这使得用该指标评价信息消费的情况有所失真，因此需要进行调整。

（五）信息化发展指数〈Ⅱ〉的指标体系

1. 信息化发展指数〈Ⅱ〉指标体系的优化思路

信息通信技术的迅速普及和渗透对经济、社会、政治、文化和人民生活等方面都产生了重大的影响，因此，在优化信息化发展指数指标体系时，对信息化发展水平的评价一方面应突出以基础设施支撑、产业技术支撑、知识支撑为信息化发展的基础，另一方面也要突出信息应用消费和发展效果的信息化发展目标（见图1）。

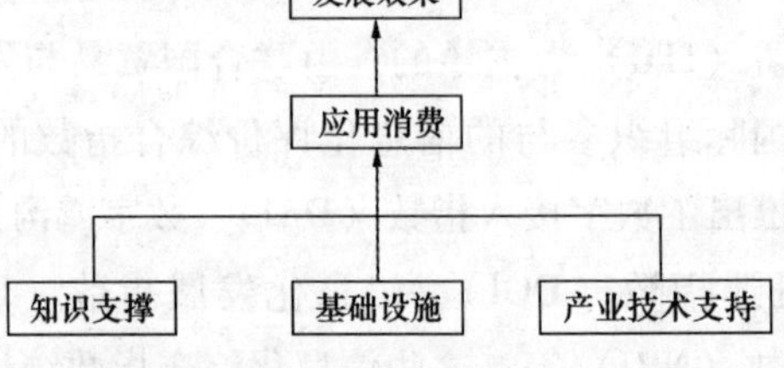

图1 信息化发展指数〈Ⅱ〉指标体系优化结构图

优化后的信息化发展指数（即信息化发展指数〈Ⅱ〉）指标体系由五个分类指数构成，

初步确定了19个具体指标。五个分类指数包括基础设施指数、产业技术指数、知识支撑指数、应用消费指数和发展效果指数。从总体上看各分类指数的作用，前三个指数分别监测信息化基础设施建设情况、产业和技术发展情况以及知识支撑情况，后两个指数从信息化的应用消费和宏观经济环境与效果方面，监测信息化进程与发展状况（见表2）。

表2　信息化发展指数指标体系优化设计表

总指数	分类指数	可供选择的指标
信息化发展指数〈Ⅱ〉	一、基础设施指数	1. 电话拥有率 2. 电视机拥有率 3. 计算机拥有率
	二、产业技术指数	4. 宽带接入速率 5. 信息产业增加值增长率 6. 信息技术发明专利申请量占比重 7. 信息安全水平指数 8. 人均电信业产值 9. 信息产业贡献率
	三、应用消费指数	10. 政府信息在线处理率 11. 人均信息消费额 12. 电子商务交易额占比重 13. 每百人互联网用户数 14. 宽带互联网用户率
	四、知识支撑指数	15. 信息产业从业人员占比重 16. 教育指数
	五、发展效果指数	17. 信息产业增加值占 GDP 比重 18. 信息产业研发经费占 GDP 比重 19. 人均国内生产总值

2. 各个分类指数的统计监测作用

（1）基础设施指数的统计监测作用。基础设施是信息化发展的基本物质条件。目前，我国正在积极推动“三网融合”的试点工作，即电信网、计算机网和电视网三大网络通过技术改造来支持包括语音、数据、图像等综合多媒体的网络产业和信息化的发展。因此，根据新阶段我国信息化基础设施建设的这一趋势，我们选取电话拥有率、计算机拥有率以及电视机拥有率三个指标，反映“三网融合”的基础设施状况和水平。基础设施分类指数与优化前的变化不大，只是将原有指标体系中的固定电话拥有率与移动电话拥有率合并为一个指标，即电话拥有率。

（2）产业技术指数的统计监测作用。信息产业和信息通信技术发展的水平，直接反映了信息化的进程，也影响到社会公众是否能够享受到高质量的信息化成果。该类指数可由下列指标构成：宽带接入速率、信息技术发明专利申请量比重、信息产业增加值增长率、信息产业贡献率、人均电信业产值和信息安全水平指数。

A. 反映信息通信技术的指标。

——宽带接入速率。宽带接入速率是高速信息社会的标志，就我国而言，3.6亿的宽带用户数量虽居世界首位，但仍以ADSL网络接入为主的方式依然是我国宽带发展的瓶颈。据美国通信工业协会的数据显示，中国的宽带平均速率为1.8Mbps，仅相当于韩国的8.7%，因此对该指标进行监测的意义较大，但受限于该指标没有分省数据，最终放弃使用。

——信息技术发明专利申请量比重。信息技术发明专利申请量体现信息技术的创新能力和开发能力，按照现行发明、实用新型专利申请数的国际统计分类标准，比较接近的是G部（物理）和H部（电学），但是考虑到用物理和电学专利申请数代替信息技术发明专利申请量会出现口径过窄的问题，所以最终采用每百万人发明专利申请量代替该指标。

B. 反映信息产业的指标。

——信息产业增加值增长率。该指标能够直观地反映出信息产业的发展状况，在缺乏相应数据的情况下，本指标体系假设信息产业增加值增长率和第三产业增加值增长率具有相似的发展态势，并用后者代替前者进行监测。尽管如此，第三产业增加值增长率指标由于受宏观经济环境影响较易出现反复波动，有时很难反映信息产业本身的发展现状，加之增长率高而基数低的国家并不能说明比增长率低而基数高国家在信息产业领域发展得更好，因此，本研究拟采用其他指标。

——信息产业贡献率。该指标是量化信息产业增长对整个国民经济增长贡献程度的指标。该指标同样由于缺少信息产业增加值数据，但用第三产业贡献率这一指标代替信息产业贡献率仍会出现难以直接反映信息产业状况的问题。故本研究最终选择放弃使用该指标。

——人均电信业产值。该指标一方面反映了电信运营商的盈利状况，另一方面也能反映人们对电信产品的消费水平。该指标具有较强的国际可比性，且数据的可操作性也较好，故本研究将人均电信业产值这一指标选入产业技术指数的统计监测体系之内。

C. 反映信息安全的指标。

信息安全事关国家安全和信息化的发展，信息安全技术是信息社会健康有序发展的重要保障因素之一，因此有必要设立信息安全水平指数，但是由于没有相应的统计标准和制度，无法收集相关数据，在实际测算中没有计算该指数。

（3）应用消费指数的统计监测作用。应用消费指数反映信息技术在人们社会工作与生活中的应用水平，共包括三个指标，即政府信息在线处理率、人均信息消费额以及电子商务交易额占全社会消费品零售额的比重，它们分别从政府、社会和企业视角对信息化应用水平进行监测。

——政府信息在线处理率。随着政务信息化逐渐成为国家信息化建设的重点，政府信息的披露与共享走向了电子化、网络化和实时化，目前各级政府多数已建立门户网站，但是政府信息在线处理量仍然偏低。因此，本体系拟采用政府信息在线处理率来反映政府应用信息化成果的水平，但由于无法收集相关数据，在实际测算中没有计算该指标。

——人均信息消费额。信息消费这一新型消费领域的拓展，将给信息产业带来新的增长点。在原有指标体系中采用信息消费系数来反映居民家庭信息消费情况，但由于信息消费系数在反映信息消费情况时具有阶段性特点，因此需要对该指标进行调整。在优化的指标体系中拟采用人均信息消费额，即在居民家庭消费支出中，用于购买和享受信息类商品和服务的人均支出金额。

——电子商务交易额占全社会消费品零售额的比重。随着互联网逐渐成为推动我国经济增长的新引擎，电子商务交易越来越被广泛地使用。据中国国务院新闻办公室2010年6月发布的《中国互联网状况》白皮书，2009年中国电子商务交易额超过3.6万亿元。电子商务专业化服务体系正在形成，数字认证、电子支付、物流配送等电子商务应用支撑体系正在逐步形成，因此优化的指标体系拟采用电子商务交易额占全社会消费品零售额比重来测算社会信息消费水平。但是，由于电子商务交易额统计制度不完善，无法收集相关数据，在实际测算中没有计算该指标。

（4）知识支撑指数的统计监测作用。知识水平对新技术使用能力有着非常重要的影响。知识是人们应用信息通信技术的必要素质，知识水平越高，应用信息通信技术的技能越高。该指数包括2个指标，即教育指数和信息产业从业人数占全社会劳动力人数的比重。

——教育指数。这里用国际通用的教育指数来反映人们应用信息通信技术的知识和能力，即由成人识字率和综合入学率两个指标加权平均得到知识支撑指数，而对于国内的计算，由于数据的限制，综合入学率由平均受教育年限来替代。

——信息产业从业人员占比重。信息人才是国民经济信息化的能动因素，信息人才的特点是拥有相对较多的、更新较快的知识和技术，这些人才更多地被吸收在信息产业及其相关部门工作。用信息产业从业人数占全社会劳动力人数的比重这一指标，来反映信息产业的人力资本质量和水平。但在实际测算中由于数据的可得性，我们变通地采用了第三产业从业人数来替代信息产业从业人数。

（5）发展效果指数的统计监测作用。该指数反映信息化发展的经济基础以及全社会在信息化方面投入和产出的综合情况。从人类社会发展的进程来看，其整体演进的历史可以看做是一个从传统的农业社会到工业社会，再到信息化社会的过程，信息化的发展与其所处的经济发展阶段和发展水平紧密相关。国家只有在经济实力和经济结构优化程度以及科技能力达到一定水平时，才可能进入信息化社会。为此，拟采用人均GDP指标来反映经济实力因素，用信息产业增加值占GDP比重指标来反映相应的经济结构优化程度，用信息产业研究与开发经费占GDP比重来反映信息化发展的科技支持水平，从而从宏观角度衡量信息化的发展环境支撑因素以及发展的效果。因此，该指数设置了3个指标，即信息产业增加值占GDP比重、信息产业研究与开发经费占GDP比重、人均GDP。但在实际测算中由于数据的可得性，我们变通地采用了全社会研发经费来替代信息产业研究与开发经费、第三产业增加值占GDP比重替代信息产业增加值GDP比重。

3. 数据来源分析

课题组对理论上优化后的信息化发展指数中的各指标，通过寻找数据来源进行链接后发现，多数指标能够找到官方统计数据，个别指标虽然很重要，但没有数据来源，无法找到数据来源链接，其基本情况可参见表3。

表3　数据链接——优化后的指标体系以及各指标的数据链接情况

编号	指标名称	指标解释及数据特征	数据链接
1	电话拥有率	固定电话与移动电话普及率之和	《中国通信统计年度报告》
2	电视机拥有率	按人口计算的电视机数	《中国统计年鉴》
3	计算机拥有率	按人口计算的计算机数	《中国统计年鉴》
4	宽带接入速率	数据可获得性较差（无分省）	《中国通信统计年度报告》
5	信息产业增加值增长率	数据可获得性、可比性较差	工业和信息化部
6	信息技术发明专利申请量占比重	每百万人口平均的发明专利申请量	《中国统计年鉴》
7	信息安全水平指数	数据可获得性较差	无
8	人均电信业产值	按人口计算的电信收入	《全国电信业统计公报》
9	信息产业贡献率	数据可获得性、可比性较差	工业和信息化部
10	政府信息在线处理率	数据可获得性较差	无
11	人均信息消费额	家庭支出中人均信息消费额	《中国统计年鉴》
12	电子商务交易额占比重	数据可获得性较差	无
13	每百人互联网用户数	按人口计算的互联网用户数	《中国互联网络发展状况统计报告》
14	宽带互联网用户率	互联网用户中的宽带用户数(数据可比性较差)	《中国互联网络发展状况统计报告》
15	信息产业从业人员占比重	用第三产业从业人数占全社会劳动人口比重替代	《中国统计年鉴》
16	教育指数	国外：成人识字率×2/3+综合入学率×1/3 国内：成人识字率×2/3+平均受教育年限×1/3	《中国统计年鉴》、联合国开发计划署《人文发展报告》
17	信息产业增加值占GDP比重	用第三产业增加值占GDP比重替代	《中国统计年鉴》
18	信息产业研发经费占GDP比重	用全社会研发经费支出占GDP比重替代	《中国统计年鉴》
19	人均国内生产总值	按人口计算的人均GDP	《中国统计年鉴》

数据链接较差的情况，一方面反映了信息化统计调查是个新的研究领域，还有很多创新性的工作需要开展和研究，另一方面也反映了目前我国信息化统计调查方面与国家决策需求方面还存在着较大的差距。信息化在全球的迅速发展，不仅对世界各国的经济社会发展产生了深远影响，而且对信息化的理论研究，特别是信息化发展水平的评价指标体系、统计调查体系及分析方法研究也提出了新的要求。但是，目前我国从国家到地方，尚未建立系统完整的信息化统计体系，就如全国政协十一届二次会议提案中所指出的“这样就造成了信息化规划和资金投入缺乏决策依据，信息化的建设和运行效果缺乏绩效评价，各级决策和管理部门难以对全国或一个区域信息化发展情况形成系统全面的概念和了解”。因此，急需建立完善的信息化统计调查体系，为信息化建设提供更加全面和有效的统计服务，为政府制定信息化发展战略提供科学的量化依据。

4. 可操作的优化指标体系——信息化发展指数〈Ⅱ〉

经过对各指标的数据链接情况分析，我们放弃了数据可获得性较差而无法参加计算的第4、第5、第7、第9、第10、第12和第14项指标，从而最终确定了优化后的信息化发展指数指标体系，为5个分类指数和12个具体指标（见表4）。

表4　信息化发展指数〈Ⅱ〉的指标体系

总指数	分类指数	指　　标
信息化发展指数〈Ⅱ〉	一、基础设施指数	1. 电话拥有率（部/百人） 2. 电视机拥有率（台/百人） 3. 计算机拥有率（台/百人）
	二、产业技术指数	4. 人均电信业产值（元/人） 5. 每百万人发明专利申请量（个/百万人）
	三、应用消费指数	6. 互联网普及率（户/百人） 7. 人均信息消费额（元/人）
	四、知识支撑指数	8. 信息产业从业人数占比重（%） 9. 教育指数（国外：成人识字率×2/3＋综合入学率×1/3 国内：成人识字率×2/3＋平均受教育年限×1/3）
	五、发展效果指数	10. 信息产业增加值占比重（%） 11. 信息产业研发经费占比重（%） 12. 人均国内生产总值（元/人）

三、指数统计方法与统计模型

（一）指数计算方法

信息化发展指数的计算采用了简单线性加权的方法，通过对每个具体指标的标准化数据进行加权计算，分别得出各个分类指数，然后通过各个分类指数加权计算得出总指数。

具体计算公式为：

$$IDI = \sum_{i=1}^{n} W_i (\sum_{j=1}^{m} W_{ij} P_{ij})$$

其中，IDI（Informatization Development Index）为国家或地区信息化发展指数的数值，n 为信息化发展指数分类的个数，m 表示信息化应用水平第类指数的指标个数。W_i 为第 i 类指数在总指数中的权重，且 $\sum_{i=1}^{n} W_i = 1$。P_{ij} 为第 i 类的第 j 项指标标准化后的值。W_{ij} 为第 j 个指标在第 i 类指数中的权重，且 $\sum_{j=1}^{n} W_{ij} = 1$。

（二）数据标准化方法

在对各指标计算前，需要将各指标数据进行标准化处理，消除各指标的量纲，使其能够进行相加计算。具体步骤如下。

1. 确定指标数据阈值

每个指标的阈值包括最大阈值和最小阈值。为了便于在较长的时期内对区域信息化发展水平进行持续、统一地监测，对每个指标的这两种阈值均采用固定数值，其大小依据各个指标在各区域 2000 ~ 2015 年的观测值和预测值以及其他相关计算因素来确定。具体数值可参见表 5。

表 5　信息化发展指数〈Ⅱ〉实际采用指标的阈值表

指标名称	最小阈值	最大阈值
电话拥有率（部/百人）	0	200
电视机拥有率（台/百人）	0	100
计算机拥有率（台/百人）	0	100
人均电信业产值（元/人）	1	20000
每百万人发明专利申请量（个/百万人）	1	1000
互联网普及率（户/百人）	0	100
人均信息消费额（元/人）	1	50000
第三产业从业人数占比重（%）	0	80
教育指数①	—	—
第三产业增加值占比重（%）	0	85
全社会研发经费占比重（%）	0	5
人均国内生产总值（元/人）	1	700000

注：①教育指数本身即为 0 ~ 1 之间的数值，所以无需再确定阈值。

2. 标准化计算

对指标进行标准化计算，可以使量纲不同的各类指标值转化为可以直接进行相加计算的数值。标准化计算分以下两种情况。

（1）一般标准化方法。如果各地区之间指标数值分布均匀，则采用如下一般标准化公式计算：

$$Z_i = \frac{X_i - X_{\min}}{X_{\max} - X_{\min}}$$

其中，X_i 为指标值；$X_{\min}$ 为最小阈值；$X_{\max}$ 为最大阈值。

（2）对数标准化计算方法。如果各地区之间指标数值差别较大，则采用取对数的标准化计算方法，以尽力消除指标数据差别较大带来的不利影响，其计算公式为：

$$Z_i = \frac{\lg X_i - \lg X_{\min}}{\lg X_{\max} - \lg X_{\min}}$$

其中，X_i 为指标值；$X_{\min}$ 为最小阈值；$X_{\max}$ 为最大阈值。

（三）指数权重设计

在计算指数的过程中，涉及如何将不同子指标和各分类指数加总成综合指数的权重设计问题。

理论研究证明，当存在 m 个评价主体分别对 n 个子指标的赋权信息时，使得评价主体间差异最小化的最优权重为这 m 个权重向量的算术平均值；当不存在评价主体对 n 个子指标的赋权信息时，对这些子指标赋予同样的权重，是使得大量评价主体在最大可能分歧情形时评价差异最小化的近似最优赋权方法。

本研究的赋权方法采用专家评分法，即对各指标赋予的权重为专家们赋权的平均值。信息化研究专家的调查问卷汇总结果可参见表6。从该表看出，专家对五个分类指数赋权的平均值基本为相近的权重。

表6　各分类指数专家赋权结果数据表　单位：%

分类指数	平均权重	分类指数	平均权重
基础设施指数	22	知识支撑指数	19
产业技术指数	17	发展效果指数	21
应用消费指数	21		

近年来关于权重的赋值，世界上主要国际组织对信息化综合统计指数的测算研究中，权重的设计基本都采用平均赋权的方法，如数字接入指数（DAI）、数字鸿沟指数（DDIX）、信息化机遇指数（ICT－OI）、信息化发展指数（IDI_{ITU}）、信息化扩散指数（ICT－DI）和网络就绪指数（NRI）等。此外，一些其他类型的社会经济指数也采用了平均赋权方法，如国际社会用来反映人类社会进步程度的人文发展指数（HDI），它在三个分类指数的汇总上采用的就是平均赋权方法。

综合两方面因素，课题组最终确定对信息化发展指数的五个分类指数以及各分类指数的各个指标都采用平均赋权方法。

(四) 统计模型与预测方法

为了确定国家“十二五”信息化规划的目标，我们需要运用统计模型选择预测的方法，对 2010 ~ 2015 年每个指标的数据进行预测。在实际对信息化发展水平预测过程中，我们主要采用的统计模型和预测方法有以下四种。

第一种：线性模型方法

如果指标对应的时间序列数据在样本期间呈线性分布，经检验拟合效果较好，则采用线性模型的方法。

该模型的计算公式为：

$$Y_t = \alpha + \beta t + \varepsilon_t$$

其中，Y_t 为各指标在第 t 期的取值，α 和 β 为参数，ε_t 为随机项。

第二种：多项式模型方法

如果指标对应的时间序列数据在样本期间呈非线性分布，使用多项式模型进行模拟发现模型的拟合度较高，则采用多项式模型的方法。

该模型的计算公式为：

$$Y_t = \alpha_0 + \alpha_1 t + \alpha_2 t^2 + L + \alpha_n t^n + \varepsilon_t$$

其中，Y_t 为各指标在第 t 期的取值，α_0、α_1、α_2、L、α_n 为参数，n 为自然数，ε_t 为随机项。

第三种：对数模型方法

如果指标对应的时间序列数据在样本期间呈对数分布，经检验拟合效果较好，则采用对数模型的方法。

该模型的计算公式为：

$$Y_t = \alpha + \beta \ln t + \varepsilon_t$$

其中，Y_t 为各指标在第 t 期的取值，α 和 β 为参数，ε_t 为随机项。

第四种：结合国家规划目标进行预测的方法

这种方法是将国家对信息化发展“十二五”规划方案的目标值与我们对各指标计算的预测值相结合来进行确定的。该方法的优点是有利于与国家的发展规划保持一致。在反映全国整体情况的各项子指标中，每百人互联网用户数在 2015 年的目标值，就是结合国务院新闻办公室发布的《中国互联网状况》白皮书的相关内容与计算的预测值相结合而确定的。

(五) 调整系数计算方法

1. 调整系数的概念

通常一套科学的评价体系应随着时间和空间的演进而进行合理的调整，使之更加契合评价的目的。由于调整前后指标体系发生了改变，需要通过设定一个比例系数使得前后指标体系的计算结果之间能进行科学地衔接，使之具有可比性，该比例系数即调整系数。这里的调整系数是针对指标体系而言的。

由于国家“十二五”信息化规划综合指标的研究与设置是对国家“十一五”信息化规划中综合指标的延续和优化，因此为了对“十一五”规划和“十二五”规划这两套综合指标体系进行科学地衔接，需要确定两套体系计算结果之间的调整方法和调整系数，以使具有可比性。

2. 调整系数的计算方法

具体的计算步骤为：首先，使用两套体系分别对2000～2010年的信息化发展总指数进行计算；其次，将原有方法计算数值与优化后方法计算数值相除，可以得到各年份中各指标和各分类指数的对应比值；再次，选择计算系数的时期；最后，将“十一五”期间计算出的各年对应比值数据，采用算术平均的方法进行计算，所得结果即为最终的调整系数。经过计算，信息化发展指数〈Ⅱ〉的调整系数为1.31。

3. 可比性指数值——对测算结果大于1的阐述

一般指数的数值都应分布在0～1之间，但为了更加客观、科学地反映各区域信息化的进展，使“十一五”与“十二五”信息化发展指数具有可比性，我们采用调整系数对“十一五”与“十二五”期间两套指标体系进行调整和衔接，对这样计算出的结果我们称为可比性指数。

可比性指数超过1的主要原因是：

第一，在对“十二五”信息化发展目标进行规划和计算时，课题组是以2000～2010年各区域各指标的观测值和预测值为基础而确定的，但有些指标（比如人均GDP）各区域的数据并不全部密集地分布在某个特点的区域，存在少量数据出现异常的偏大现象。为了更好地测度大多数区域的特征，最大阈值的选取主要依据那些大部分不异常数据的特征而定，致使剩余的少量指标数据偏大的区域对应的指数值超过了1。

第二，为了连续观察信息化进程和变化情况，课题组设计了调整系数，使得“十一五”与“十二五”信息化发展指数具有可比性，即对已经发展到一定水平的信息化发展进程进行扩展的、可持续性的观察和监测，这可能使得在以“十一五”基础上计算的信息化发展指数值进行调整后超过1。

（六）发展速度计算方法

为了反映信息化发展情况，我们需要计算信息化发展指数的发展速度。对反映某一个地区信息化水平在不同年份间的发展变化情况，课题组对实物量指标采用逐层计算发展速度的方法，即计算国家或地区信息化发展指数指标体系中每个实物量指标的发展速度，然后用加权平均汇总计算的方法，得到该国家或地区信息化发展指数和分类指数的发展速度。

（七）规划目标完成进度计算方法

为了监测和分析“十二五”期间我国信息化发展指数〈Ⅱ〉的完成情况和完成进度，需要对规划目标中的总指数和五个分类指数完成进度进行测算，其计算方法为：

$$\text{规划目标完成进度} = \frac{\text{报告期指数预测值} - \text{2010 年指数预测值}}{\text{2015 年指数目标值} - \text{2010 年指数预测值}} \times 100\%$$

通过计算各指标和指数目标规划值计划完成程度的计算，来判断总指数和各分类指数的完成情况，以及与目标的差距。

(八) 信息化发展指数的聚类分析

我们用系统聚类分析的方法，将各中国各地区或各国家的信息化发展指数值相近的归为一类，将差距较大的归入不同的类，然后用类方差来检验分类结果，以达到“类内差异小，类间差异大”的效果。本课题根据信息化发展指数计算结果和国家及地区信息化发展水平，将进行测算比较的世界48个国家（地区）和中国各省市的信息化发展水平分别划分为四个类型。

(九) 信息化发展指数的雷达图分析

雷达图是专门用来进行多指标体系比较分析的专业图表。它为每个指标定义一个单独的直线轴，用从图中心点到轴上某点的距离表示指标的取值，用户可以根据各指标对应的距离长短来比较其相对大小，较大的距离表示该指标的发展情况相对较好，较小的距离表示该指标有待于进一步发展。如果指标间的差距较大，将在雷达图上呈现不规则的多边形，表示各指标间的发展呈现不均衡的态势。本研究将对信息化发展的五个分类指数绘制雷达图，进而分析各分类指数在信息化发展中的特点。